U0839367

2019上海教育年鉴

SHANGHAI EDUCATIONAL YEARBOOK

上海市教育委员会　编

上海人民出版社

上海教育概览（2018）

基础教育

中小学、幼儿园、特殊教育、工读学校总数	3123所↑
幼儿园	1627所↑
小学	721所↓
中学	833所↑
特殊教育学校	30所
工读学校	12所
中小学、幼儿园、特殊教育学校、工读学校在校学生总数	196.74万人↑
幼儿园在园幼儿数	57.14万人↓
小学在校学生数	80.02万人↑
普通初中在校学生数	43.25万人↑
普通高中在校学生数	15.82万人↓
特殊教育在校学生数	0.44万人↑
工读学校在校学生数	0.07万人
义务教育入学率	99.9%以上
初中毕业生数	8.43万人↓
高中阶段毕业生数（含普通高中、普通中专、职业高中、技工学校）	8.14万人↓
高考统考考生数	7万余人
647所高校在沪实际录取学生数	近6万人↓

中等职业教育

普通中等职业学校总数	80所↓
职业高中	23所↓
中等专业学校	50所
中等技工学校	7所
普通中等职业学校全日制在校学生总数	8.86万人↓

高等教育

普通高等学校总数	64所
普通高校本专科在校学生总数	51.78万人↑
本科在校学生数	38.35万人↑
高职高专在校学生数	13.43万人↓
研究生培养机构（不包括中科院在沪分院和煤炭院上海分院）	49家
在读研究生数	17.88万人↑
在读博士生数	3.47万人↑
在读硕士生数	14.41万人↑
研究生招生数（含科研机构）	6.36万人↑
博士生招生数	0.9万人↑
硕士生招生数	5.46万人↓
普通高等学校本专科招生数	14.34万人↑
本科生招生数	9.82万人↑
专科生招生数	4.53万人↓
普通高校本专科毕业生数	13.25万人↓

成人中等高等学历教育

成人中高等学历教育学校总数	26所
独立设置成人高校	14所
独立设置中等专业学校	12所
成人高等教育和中等专业教育在校学生总数	27.97万人↑
成人本专科在校学生数	12.86万人↓
网络本专科在校学生数	13.75万人↓
成人中专在校学生数	1.36万人↓
成人本专科招生数	4.56万人↓
成人网络本专科招生数	5.56万人↑

成人中专招生数	0.5万人
成人本专科毕业生人数	4.62万人↓
成人网络本专科毕业生人数	4.2万人
成人中专毕业生人数	0.51万人↓

非学历教育

成人职业技术培训机构	631所↓
民办非学历高等教育机构	210所↓
校外教育机构总数	23所
少年宫	19所
少年科技站	3所
少年之家	1所
各类老年教育机构	5973个↓

中外合作办学

中外合作办学机构	29个
中外合作办学项目	159个
外籍人员子女学校数	36所
外籍人员子女学校在读学生数	30404名
在沪普通高校来华留学生数	60870人↑

教工队伍

中小学教职工总数	13.98万人↑
小学专任教师数	5.68万人↑
中学专任教师数	5.93万人↑
普通高校教职工总数	7.51万人↑
普通高校专任教师数	4.46万人↑
正高级职称教师数	0.85万人↑
副高级职称教师数	1.44万人↑
中级职称教师数	1.72万人↑
市属高校教职工总数	4.26万人↑
市属高校专任教师数	2.82万人↑
中央部委属高校教职工总数	3.25万人↑
中央部委属高校专任教师数	1.64万人↑

教育经费

全市一般公共预算教育支出预算	918亿元↑
市本级一般公共预算教育支出预算	283.6亿元↓
区级一般公共预算教育支出预算	634.4亿元↑

注: ↑表示统计数据与上年相比有所增加, ↓表示统计数据与上年相比有所减少。

4月22日，教育部、上海市政府在沪召开深化上海教育综合改革2018年度工作推进会

10月29日，上海市学习贯彻全国教育大会精神宣讲会举行。市委副书记尹弘作宣讲报告

9月8日，鲁慧茹、徐红、郑时龄、邱蔚六、闻玉梅、庄松林、周美琴、卞建鸿8位教育工作者获第四届“上海市教育功臣”称号

12月13日，第十届长三角教育一体化发展会议在上海召开。上海、江苏、浙江、安徽三省一市共同签署《长三角地区教育更高质量一体化发展战略协作框架协议》和《长三角地区教育一体化发展三年行动计划》

6月28-29日，上海9所高校进行综合评价录取改革试点的校测面试。图为考生排队进入考场

9月8日，举行上海市第34个教师节主题活动，“改革先锋”“上海市教育事业杰出贡献奖”获得者于漪带领新入职教师代表庄严宣誓

6月4日，上海高校“学习新思想　千万师生同上一堂课活动”动员大会暨首场授课在同济大学举行

在马克思诞辰200周年、《共产
种中外版《共产党宣言》上海首

11月30日，“与改革开放同行”上海市教育系统庆祝改革开放40周年主题活动在上海大学举行

70周年之际，5月5–14日，“全球2200
学举行

6月21日，“奋斗吧，我和我的国！”音频思政课首讲在中共一大会址纪念馆开讲

4月16–18日，在上海展览中心举行的第十五届上海教育博览会聚焦新时代美育。图为高校展区

11月1日，上海市大学生平安志愿者行动总队成立大会在同济大学举行

8月13日，基于2017年对全国青少年学生进行大样本抽样调查的调研报告《中国儿童青少年体育健身指数评估报告（2017）》在上海面向社会公开发布

5月5日，上海教师书法·板书·钢笔字·中国画大赛在上海第二工业大学举行。图为比赛现场

8月17日，为落实“援藏援疆万名教师支教计划”，上海170名援疆教师赴新疆完成支教任务

2月23日，上海市公安局和上海市教委共同启动“公共安全教育开学第一课”活动

7月，全市509个爱心暑托班开班。图为爱心暑托班学生正在绘制地图路线

3月10日，“公办民办同招”首个校园开放日，上海多所公办中小学打开校门，以丰富多彩的课程和活动，为学生和家长提供了解学校的平台

9月28日，“携手新时代，美丽中国行—全国中小学生研学实践教育活动”启动仪式在上海东方绿舟青少年校外活动营地举行。图为研学实践教育营地授旗仪式

12月12日，主题为“科创时代的教育使命——网络素养教育”的第三届未成年人思想道德建设国际研讨会在中国（上海）创业者公共实训基地召开

11月15日，新时代基础教育创新发展论坛在金山区举行

6月16日，上海科技大学举行2018届毕业典礼暨学位授予仪式，首届199名本科生毕业

3月28日，以“民族情·梦想路”为主题的上海市2018届高校毕业生春季校园招聘会暨少数民族毕业生专场招聘会在上海第二工业大学举行

9–12月，2018年上海市大学生安全知识竞赛举行。图为总决赛现场

11月18日，“青春放歌——上海大学生校园歌会”在复旦大学举办

2018年上海高校本科招生数为9.82万人。8月，本科新生陆续到校报到

5月30日至6月3日，“汇创青春”—上海大学生文化创意作品展示活动在杨浦区上海国际时尚中心举行。图为大学生舞台走秀现场

月3日，第四届中国“互联网+”大学生创新创业大赛在复旦大学启动

4月16—21日，以“理想与信念”为主题的全国第五届大学生艺术展演活动在沪举行

11月28日，上海市中等职业学校“匠心匠艺”优质课堂教学展示研讨会在上海市商贸旅游学校举行

6月15日，杨浦职业学校学生徐澳门在第45届世界技能大赛全国选拔赛（上海赛区）车身修理项目中获总分第一

4-5月，2018年上海市学生职业体验日开设400余项体验活动

12月10日，上海市中等职业学校第五届“璀璨星光”校园文化节闭幕式举行。图为琵琶重奏“阳光照耀在塔什库尔干”

10月13日，上海九九重阳节“长者风范•天伦之乐”展演活动在东方明珠广播电视塔举行，上海老年大学教育联盟的学员们以多种形式讴歌改革开放40周年成就

4月11日，中国老年大学协会国际老年教育研究中心落户上海老年大学，图为揭牌仪式

4月23日是世界读书日，“朗读亭”亮相复旦大学，吸引众多师生前来体验

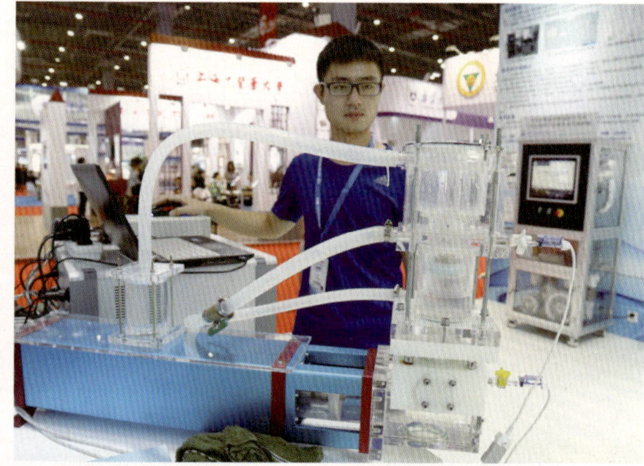

9月19–24日，第二十届中国工业博览会在国家会展中心（上海）举行。图为上海高校展台

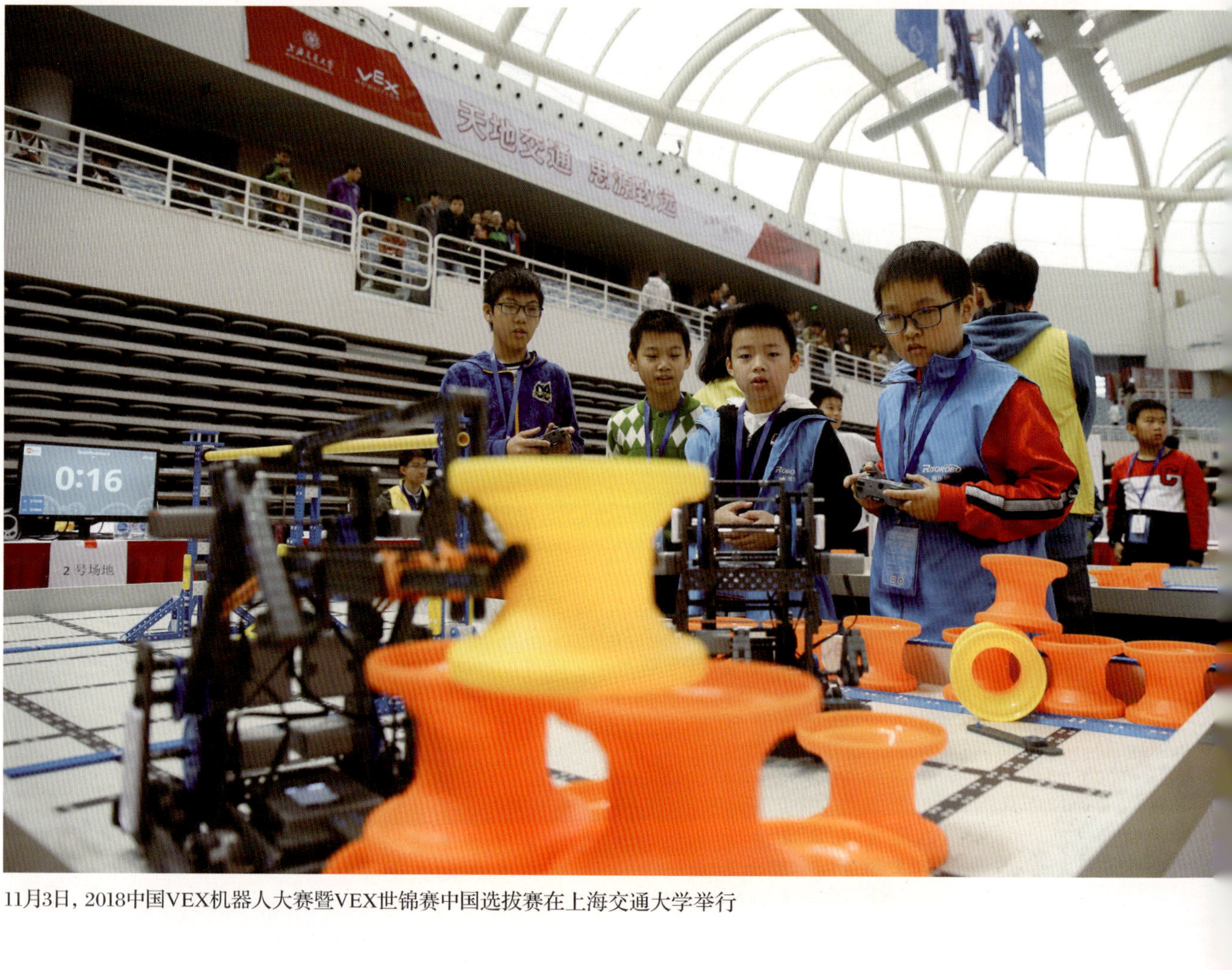

11月3日，2018中国VEX机器人大赛暨VEX世锦赛中国选拔赛在上海交通大学举行

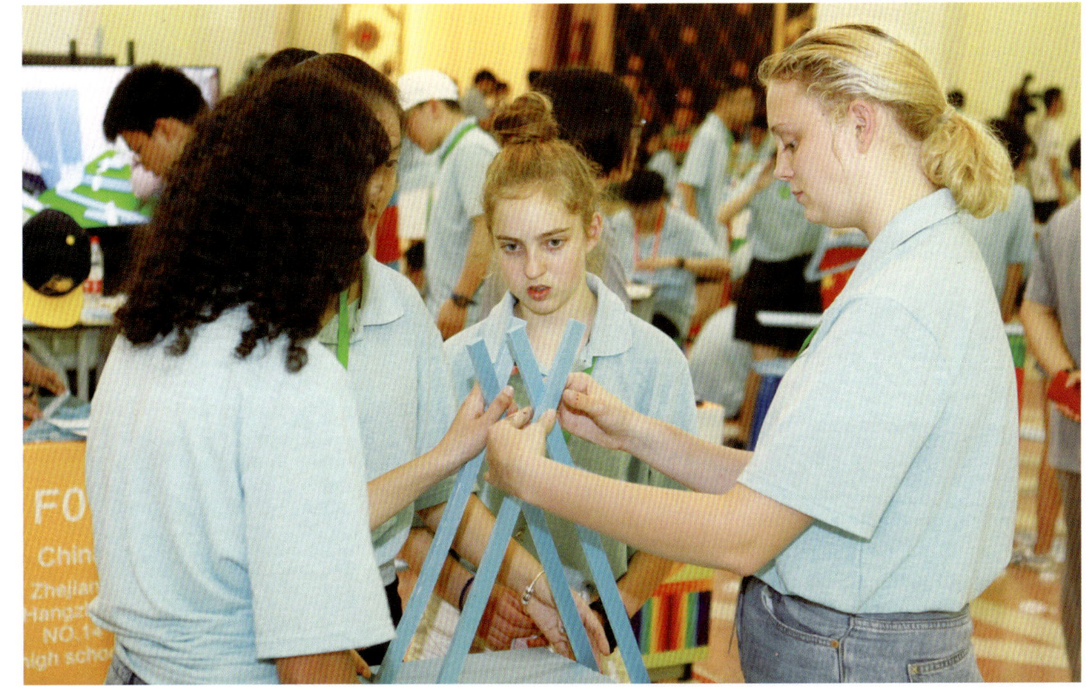

7月21日，“明日科技之星”国际邀请赛在上海展览中心举行。图为外国参赛队队员在制作“创意桥梁”

7月6日，2018英特尔科技环保进社区活动启动，让孩子们在家门口就能亲身体验各类科技环保活动

12月23日，第五届上海青少年STEMx实践展示交流活动在同济大学第二附属中学举行

6月10日，上海市中小学非通用语种学习计划成果展示活动举行。图为学生用阿拉伯语表演歌舞剧《新丝绸之路》

7月2日，由纽约爱乐乐团与上海交响乐团共同策划的2018MISA小作曲家工作坊启动

9月23日，2018校园中华戏曲大赛颁奖展演在上海保利大剧院上演

6月5日，上海市书香校园建设工作总结推进会暨上海学生阅读联盟青衿书苑读书会第六期主题读书活动，在上海市西南位育中学举行。图为西南位育中学学生进行阅读展示

7月3日，上海学生合唱团师生参加第二十八届巴托克国际合唱比赛及民谣音乐节，获童声组冠军和匈牙利歌曲最佳演绎奖

9月23日，“行走中的传统文化”上海市青少年民族文化培训系列活动暨学生艺术实践工作坊展示交流活动举行

9月25日，第七届上海大学生原创音乐大赛在上海财经大学开幕

7月8–14日，2018中国（上海）国际青少年校园足球邀请赛在上海举行。墨西哥帕丘卡队获赛事冠军

5月26–27日，“留动中国—在华留学生阳光运动文化之旅”活动上海选拔赛举行。图为留学生参观中国传统文化——“龙凤字”展示

10月29日，上海工程技术大学举行姐妹友好城市走秀活动

12月，新一轮中英数学教师交流项目启动，一批英国的小学数学老师陆续走进上海中小学数学课堂

7月7–9日，长三角百名国际学生汇聚上海，体验改革开放40年来长三角地区的发展成就。图为学生们参观洋山深水港

12月7日，《少年日报》双语小记者采访德国驻上海总领事馆教育处领事

6月2日，上海高校国际学生太极拳友谊赛在上海大学附属中学体育馆举行

7月18—31日，第十届上海国际友好城市青少年夏令营在上海举行

12月29日，上海高校首届“四校”篮球邀请赛落幕，上海交通大学队夺冠

12月7日，上海市冰雪运动进校园活动中，单板滑雪世界冠军刘佳宇与大家分享成长经历

7月7日，上海海洋大学龙舟队代表国家队获第五届亚洲龙舟锦标赛冠军

编辑说明

一、《上海教育年鉴》是上海市教育委员会编纂的按年度发布上海教育改革和发展情况的专业性年鉴。它是上海各级教育行政部门、各级各类学校执行党和国家的教育法律法规与方针政策、做好教育工作的经验总结，是上海教育事业发展进程的真实记录。

二、编纂本年鉴是为教育管理决策、教育科学研究提供参考，为宣传交流上海教育改革与发展成就设立窗口，为关注和研究上海教育的相关单位与个人提供信息资料。

三、本年鉴的基本内容有："特载""各级各类教育""区域教育""高等学校""教育科研与考试、评估机构""教育电视与报刊""教育人物""大事记""法律 法规 规章 文件""教育统计"。

四、本年鉴栏目为"栏目—分目—条目"三级结构层次，以条目为主要载体。为便于检索，卷首设中英文目录，卷末有索引。索引分主题词索引、人名索引和串文图片索引。

五、本年鉴记述时限为2018年1月1日至12月31日，部分内容、数据涉及2018年前，个别资料延续到2019年3月。

六、本年鉴稿件由上海市教育委员会相关处室、直属单位，各区教育行政部门，各高等院校等有关单位提供。

目 录

特 载

各级各类教育

综合类

长宁区

静安区

普陀区

虹口区

杨浦区

崇明区

高等学校

复旦大学

上海大学

上海理工大学

上海海事大学

上海海洋大学

上海中医药大学

上海师范大学

上海对外经贸大学

华东政法大学

上海工程技术大学

上海政法学院

上海商学院

上海公安学院

教育电视与报刊

上海教育电视台

上海教育报刊总社

教育人物

大事记

法律　法规　规章　文件

教育统计

索　引

Contents

Special Articles

Various Educations at Different Levels

Basic Education

Vocational Education

Higher Education

Non-government Education

Lifelong Education

Spoken and Written Language Affairs

International Exchanges and Communion with Hong Kong, Macau and Taiwan

Special Report

Education in Districts

Huangpu District

Xuhui District

Changning District

Jing'an District

Putuo District

Hongkou District

Yangpu District

Minhang District

Pudong New District

Jinshan District

Songjiang District

Chongming District

Higher Educational Institutions

Fudan University

Shanghai Jiao Tong University

Shanghai Jiao Tong University School of Medical

Shanghai University of Engineering Science

Shanghai Maritime University

Shanghai Ocean University

Shanghai University of Traditional Chinese Medicine

Shanghai Normal University

Shanghai University of International Business and Economics

East China University of Political Science and Law

Shanghai Institute of Technology

Shanghai Tech University

NYU Shanghai

Shanghai Conservatory of Music

Shanghai Theatre Academy

Shanghai Jianqiao University

Shanghai Xing Wei College

Shanghai Institute of Visual Art

Shanghai Lida University

Shanghai Xingjian College

Shanghai Urban Construction Vocational College

Shanghai Communications Polytechnic

Shanghai Jiguang Polytechnic College

Shanghai Industry and Commerce Foreign Language College

Shanghai Bangde College

Shanghai Zhongqiao College

Shanghai Film Art Academy

Shanghai Open University

Institutions of Scientific Research, Examination and Evaluation on Education

Shanghai Academy of Educational Sciences

Shanghai Education Evaluation Institute

Educational TV and Press

Shanghai Education Television Station

Shanghai Educational Press Group

Educational Personage

Chronicles

Laws, Regulations and Documents

Educational Statistics

Index

特　载

Special Articles

全面提升新时代研究生党建工作质量 着力培养担当民族复兴大任的新青年

中共上海市教育卫生工作委员会书记 虞丽娟

党的十九大报告指出，青年一代有理想、有本领、有担当，国家就有前途，民族就有希望。高校作为青年人才集聚地、蓄水池，发挥着为党吸收新鲜血液、传承党的使命责任的重要作用。研究生作为青年精英群体，是国家各个领域"国之栋梁"的摇篮，其思想政治素质、科学文化素养和使命责任担当水平，直接关系我们党、国家和民族的前途命运。特别是随着当今世界多极化、经济全球化、社会信息化、文化多样化的深入发展，我们在如何引领和影响青年一代精英群体上面临着深刻挑战。我们必须把研究生党建工作放到一个新的历史高度，才能培养出能够始终走在时代前列、勇敢肩负起时代重任的新青年。

一、提高政治站位，深刻认识加强新时代研究生党建工作的重大意义

加强新时代研究生党建工作是落实新时代党的建设总要求的重要举措。党的十八大以来，习近平总书记从战略和全局的高度，对党的建设和组织工作作出了一系列重要论述，为高校党建工作指明了方向。研究生党建工作是高校党建工作的重要组成部分，加强研究生党建工作，把优秀的知识分子凝聚到党的队伍和事业中来，是高校推进新时代党的建设新的伟大工程的重要举措。

加强新时代研究生党建工作是加强和改进高校思想政治工作的必然要求。研究生党建工作是研究生思想政治工作的重要组成部分，是统筹高校研究生教育和管理工作的灵魂。加强研究生党建工作是落实全国思政工作会议精神的必然要求，对于提高研究生教育质量和政治素质，增强高校党组织的凝聚力和战斗力，具有极为重要的战略意义。

加强新时代研究生党建工作是实施人才强国战略的迫切需求。研究生是未来推进中国特色社会主义伟大事业的中坚和骨干力量。加强研究生党建工作，建立一支政治立场坚定、文化素质较高的研究生党员队伍，培养和输送中国特色社会主义建设者和接班人，对于贯彻实施人才强国战略和坚持党管人才的原则具有重大的现实意义。

二、抓住重点环节，着力提升研究生党建工作水平

研究生党建工作既有高校学生党建的共性因素，又有着鲜明的自身特点，具体实践中，必须坚持矛盾普遍性与特殊性相结合的辩证思维，在遵循大学生党建工作一般规律与逻辑基础上，采取针对性措施加以推进。近年来，上海高校研究生党建工作在教育部党组和市委领导下，注重顶层设计，坚持精准施策，主要在四个方面作出了探索实践：

第一，注重统筹推进研究生党支部建设。研究生党支部作为高校党的基层组织，是党联系广大研究生的桥梁纽带，是贯彻党的教育方针和促进研究生培养的重要阵地，必须抓紧抓实。近年来，上海高校全面建立党建工作、意识形态工作、党风廉政建设和党内监督工作三大主体责任同部署、同推进、同考核"三同"机制，推动基层党建责任层层压实、从严治党要求向研究生党支部有效延伸。制定《关于加强和改进新形势下高校院（系）党的建设的若干意见》《关于进一步加强高校学生党支部建设的意见》等制度，从宏观层面，加强对高校基层党建特别是学生党建工作的指导，为研究生党支部建设提供基本遵循。着力优化研究生党支部设置，按照“党的组织覆盖、党的工作覆盖”和“支部有活力、党员起作用”要求，支持高校在按学科、专业设立研究生党支部的基础上，针对研究生特点，从最大限度发挥基层党支部凝聚力和战斗力角度出发，探索在实验室、重大课题组、创新平台、附属医院科室等研究生集聚的地方灵活设立党支部，促进党的组织全覆盖、党的工作更务实。

第二，注重加强研究生党支部书记队伍建设。把抓好研究生党支部书记队伍建设作为研究生支部建设的重要着力点，注重选育结合、价值引领。在推动高校选优配强研究生党支部书记基础上，每年定期举办高校学生党支部书记示范培训班，对研究生、本科生党支部书记进行集中轮训，充分发挥示范效应。各高校也结合实际创新研究生党支部书记培养方法。比如同济大学实施“卓越领航”工程，着眼提升研究生党支部书记等党员骨干队伍能力素质，成立学生党支部书记联合会，建立学生党支部书记联席会议制度，依托学生党支部书记训练营、学生党支部书记论坛、“红色大课堂”暑期实践等平台锤炼学生党支部书记能力素质；华东理工大学定期举办“研思班”，对研究生新生党支部书记进行包括集中学习、专题研究、实践考察等内容的系统培训，提升了研究生党支部书记政策理论水平和党务工作能力。

第三，注重落实研究生党员教育管理制度。针对研究生党员综合素质较高、专业能力较强等特点，有针对性地做好教育管理工作。深入推进“两学一做”学习教育常态化制度化，重点聚焦落实习近平新时代中国特色社会主义思想进教材、进课堂、进头脑“三进”工作，形成实施方案和任务清单，确保学习教育实效。构建全过程教育机制，研究生从入学开始就接受党的启蒙教育，入党积极分子递交入党申请书后接受校院校两级党校系统培训，针对预备党员、全体学生党员以及毕业班党员等分别进行专题培训；同时，建立入党公开答辩机制，提高党员发展质量，通过实施定岗明责、述责答辩、群众满意度测评等，形成研究生党员在校在学期间接受全过程教育的机制。坚持把组织生活作为规范党内政治生活、强化学生党员教育的重要载体，每年统一印制师生《党支部工作记录本》，加强对包括研究生在内的高校学生党支部组织生活情况指导检查；全面推广“主题党日”，常态化组织开展优秀“主题党日”和组织生活观摩交流活动，并通过视频展播、节目展演等多种形式，引领带动研究生党员组织生活质量整体提升。目前，党员组织生活“指导性内容＋自选动作”的做法已在上海高校中全面推广并取得积极成效。

第四，注重发挥党支部和党员的示范引领作用。按照“示范带动、突出特色、分类指导、整体推进”思路，每年确定一批研究生党支部建设“示范点”，形成示范带动效应。各高校积极发挥优秀党支部辐射作用，比如上海财经大学建立“黄大年式教师团队师生联合党支部”，实施“党支部培育计划”，推行党支部建设“清单式”引导评估，激发了研究生党支部活力。结合学习实践，定期表彰先进典型，亮出精神标杆，使研究生党员“学”有方向、“做”有目标。各高校立足实际创新实践路径，比如上海大学构建了“榜样选树、榜样宣传、榜样学习、榜样再教育”四位一体的系统化“榜样管理”模式，激发研究生学习先进、创先争优的内在动力；上海理工大学定期开展优秀研究生党支部书记和优秀研究生党员评选，组织典型谈建设、亮成绩、明目标、话感悟，展示新时代青年党员学生干部的良好风貌，有效发挥了榜样示范作用。

三、坚持对标争先，引领新时代研究生党建工作高质量创新发展

近期，教育部党组印发《关于高校党组织“对标争先”建设计划的实施意见》，启动实施新时代高校党建示范创建和质量创优工作，并对研究生党建“双创”项目单列计划、专门部署。这是写好教育“奋进之笔”和推动新时代研究生党建工作的重要举措，有利于推动研究生党支部建设全面过硬全面进步，有利于推动研究生党员更好地发挥先锋模范作用，有利于提升新时代研究生党建工作质量。上海高校将深入贯彻全国和上海市组织工作会议精神，认真落实教育部党组有关部署要求，以实施上海高校新时代基层党建质量提升工程为抓手，努力推动研究生党建工作实现高质量创新发展。重点实施四项计划：

一是实施基层党组织“攀登”计划。按照“攀高峰、登高原、强基础”的总体思路，开展上海市党建工作示范高校和特色高校、标杆院系、样板支部创建，着力推动包括研究生党支部在内的各级党组织工作更加规范、质量全面提升。二是实施党员“先锋”计划。结合开展“不忘初心、牢记使命”主题教育，开展组织生活创优、党员成长引领、时代先锋建功等行动，激励广大研究生党员充分发挥先锋模范作用，努力成为“爱国、励志、求真、力行”的表率。三是实施党务工作者“红领”计划。落实“万名书记进党校工程”，重点对教师、研究生等基层党支部书记进行培训；抓好专职组织员职业化、专业化培养，重点围绕推进研究生党员教育管理等工作，努力打造一支适应时代要求的高素质专业化党务工作队伍。四是实施党建工作“筑力”计划。通过党建工作阵地拓展、党建智慧平台打造等举措，着力提升高校党建工作科学化信息化水平，努力建强每一个研究生党支部，增强每一位研究生党员的思想政治素养，为培养担当民族复兴大任的时代新人提供坚强组织保证。

（原载《中国研究生》2018年第10期）

在2018年秋季上海高校党政负责干部会议上的讲话（提纲）

上海市教育委员会主任　陆　靖

（2018年8月29日）

一、强教学之本，教学是高校发展的根本之道

2018年6月，教育部召开新时代全国高校本科教育工作会议。会议强调，把本科教育放在人才培养的核心地位、教育教学的基础地位、新时代教育发展的前沿地位。

（一）优选“食材”，提供丰富多样的高质量课程。一方面，继续加强市级精品课程建设及其示范作用。通过精品课程引领，充分发挥课堂育人的主渠道功能，激发学生对课程的学习兴趣。另一方面，继续加强优质在线课程建设。在政策支撑上，制定出台能有效引导和激励全市高校和教师积极参与在线课程建设与应用的政策文件。在课程标准上，研究实施具备国际视野并扎根本土情境的在线课程质量标准。在课程资源上，不断完善全市范围内优质课程教学资源的共建共享机制，在此基础上研究制定基于在线的跨校辅修专业途径。

（二）丰富“口味”，设计个性化差异化培养方案。启动实施“一流本科建设试点”工作，力争开展一批一流本科专业建设，汇聚一批一流教学师资，落实一批一流教学资源，形成一批人才培养创新机制，建设一批一流本科人才示范引领基地。

（三）精心“烹饪”，健全成长性诊断评估体系。一是继续开展本科教学审核评估工作。二是继续开展本科专业评估和工程论证。三是建立教学基本状态数据常态监测平台。

二、筑科研之基，科研是高校发展的动力引擎

党的十九大报告明确指出，“要瞄准世界科技前沿，强化基础研究，实现前瞻性基础研究、引领性原创成果重大突破”，强调要“加强应用基础研究”，为建设科技强国提供有力支撑。近期，教育部启动实施“高等学校基础研究珠峰计划”。按照国家基础研究的战略部署，结合上海创建具有全球影响力的科创中心的要求，增强三方面工作：

（一）在前沿基础研究布局上着力。作为中国在相关基础前沿领域最具代表性的学术高峰，前沿科学中心以瞄准国际一流水平为目标。同时，对在“非共识项目”和“无人区”问题上进行探索的高校，培育和遴选一批前沿科学中心，率先实现前瞻性基础研究、引领性原创成果的重大突破，在关键领域自主创新中发挥前沿引领作用。

（二）在高峰高原学科建设上用力。一是延长“长板”，精准支持并激励引导相关学科不断巩固扩大学科优势和影响力，不断提升学科建设水平和国际国内竞争力，保持领跑优势。二是补齐“短板”，加大对具有较好发展基础、较大挖掘潜力、比较优势相对突出的物理学、化学等基础学科的支持。三是加固“底板”，对已布点的8个Ⅳ类高峰学科的建设成效开展阶段性考核。

（三）在科研基地平台建设上发力。一方面，组织高校积极开展教育部重点实验室和工程研究中心前期论证工作。另一方面，推荐高校积极申报省部共建协同创新中心。

三、铸教师之魂，教师是高校发展的第一资源

办大学，关键是师资。高层次人才队伍的集聚，为上海高等教育事业改革发展发挥了关键引领作用。从整体情况看，“标兵”渐远、“追兵”已近的格局日趋明确；从发展指标看，部分指标上海已明显低于北京、江苏；从人才政策看，兄弟省市持续加大引育力度对上海形成“倒逼”效应。7 月 30 日，市委、市政府正式印发《关于本市全面深化新时代教师队伍建设改革的实施意见》，下半年将围绕落实《实施意见》，坚持抓住一批关系教师队伍建设改革的重点、难点问题，以点带面，推动面上工作有效开展。

一是制订一批配套文件。加紧研制市教卫工作党委系统高层次人才队伍建设的实施意见、高校青年英才揽蓄工程实施办法、上海教师行为规范等文件，解决突出问题、突破重要瓶颈、形成特色经验。

二是推进一批重点工作。重点推进教师党支部建设、课程思政、教师育德意识和育德能力等工作。重点抓好教师职前培养、探索提高师范类专业生均拨款标准、创新发展教师在职培养培训机制、健全高校教师全过程培养体系、完善高校教育教学教师激励计划等工作。建立健全教师荣誉体系，营造尊师重教的社会氛围。

三是破解一批关键难题。以落实《实施意见》政策突破为依据，争取能够在多年来束缚教师发展的绩效工资、岗位结构比例、人才住房和编制等问题上有所突破。

各级各类教育

Various Educations at Different Levels

【2018年上海教育概况】 2018年，上海教育工作全面贯彻落实党的十九大精神，以习近平新时代中国特色社会主义思想为指导，按照国家和上海市中长期教育规划纲要、上海市教育综合改革的总体部署，坚持改革创新、依法治教，推进各级各类教育质量提升、内涵发展，按照既定时间节点，顺利完成各项工作。

一、2018年上海教育事业发展基本情况

2018年，全市共有中小学、幼儿园、特殊教育学校及工读学校3223所，其中：幼儿园1627所，比上年增加36所；小学721所，比上年减少20所；中学833所，比上年增加15所；特殊教育学校30所，工读学校12所。共有在校学生196.74万人，其中：幼儿园57.14万人，比上年减少0.2%；小学80.02万人，比上年增加1.9%；普通初中43.25万人，比上年增加5.1%；普通高中15.82万人，比上年减少0.4%；特殊教育学生0.44万人，比上年增加2.3%；工读学校学生0.07万人。义务教育入学率保持在99%以上，普及九年制义务教育的各项指标均达到或超过国家标准。

全市初中毕业生8.43万人，比上年减少0.56万人，高中阶段新生入学率达99.4%。高中阶段（含普通高中、普通中专、职业高中、技工学校）毕业生8.14万人，比上年减少0.07万人。全市2018年高考统考考生7万余人，646所高校在沪实际录取近6万名学生。

全市共有普通中等职业学校80所，其中：职业高中23所，中等专业学校50所，中等技工学校7所。共有全日制在校生8.86万人，比上年减少2.5%。

全市共有普通高等学校64所。普通高校本专科在校学生51.78万人，比上年增加0.6%。其中：本科在校生38.35万人，比上年增加1.9%；高职高专在校生13.43万人，比上年减少3.2%。2018年全市高校招收普通本专科生14.34万人，毕业13.25万人。

全市共有研究生培养机构49家（不包括中科院在沪分院和煤炭院上海分院），共有研究生17.88万人（含全日制和非全日制），其中：博士生3.47万人，硕士生14.41万人。

全市共有成人中高等学历教育学校26所，其中：独立设置成人高校14所，成人中专12所。成人高等教育和中等专业教育在校学生27.97万人，其中：成人本专科在校生12.86万人，网络本专科在校生13.75万人，成人中专1.36万人。成人本专科招生4.56万人，毕业4.62万人；网络本专科招生5.56万人，比上年增加0.9%，毕业4.20万人；成人中专招生0.50万人，毕业0.51万人。

全市2018年研究生招生6.36万人（含全日制和非全日制），其中：博士生0.90万人，硕士生5.46万人。普通本专科招生14.34万人，比上年增加0.4%，其中：本科生9.82万人，比上年增加0.9%；专科生4.53万人，比上年减少0.4%。成人本专科招生4.56万人，比上年增加0.2%，其中：本科生3.42万人，比上年增加15.2%；专科生1.14万人，比上年减少27.8%。

全市共有成人职业技术培训机构631所，结业生170万人次。民办非学历高等教育机构210所。全市共有校外教育机构23所，其中少年宫19所，少年科技站3所，少年之家1所，教职工总数1364人。共有各类老年教育机构5973个，接受教育的老年人总数208万余人。

全市共有中外合作办学机构和项目188个，其中机构29个，项目159个。开展学历教育的机构和项目166个，非学历教育22个。全市共有外籍人员子女学校36所，在读学生30404人。2018年上海各普通高校来华留学生60870人，学位生总数22127人，比上年提高1.4%。2018年全市在校港澳台学生总人数为14739人，其中高校2255人，中小学幼儿园6649人。

全市中小学教职工总数13.98万人，其中小学专任教师5.68万人，中学专任教师5.93万人。

全市普通高校教职工总数7.51万人，其中专任教师4.46万人。市属高校教职工4.26万人，比上年增加2.4%，其中专任教师2.82万人，比上年增加0.09万人；中央部委属高校教职工3.25万人，比上年增加0.6%，其中专任教师1.64万人，比上年增加0.02万人。普通高校专任教师中，正高级职称教师0.85万人，占19.0%；副高级职称教师1.44万人，占32.3%；中级职称教师1.72万人，占38.6%。

2018年,上海教育经费继续稳步增长。全市一般公共预算教育支出918亿元。其中:市本级一般公共预算教育支出预算283.6亿元;区级一般公共预算教育支出预算634.4亿元。

二、强化立德树人根本任务,培育学生发展核心素养

(一)推进习近平新时代中国特色社会主义思想和党的十九大精神进教材进课堂进头脑

创新课堂形式。打造"实体课堂""空中课堂""行走的课堂",提升课堂亲和力和针对性。制定发布上海高校"学习新思想 千万师生同上一堂课"活动方案。组建市、校两级讲师团,开展全市巡讲,发挥名师示范引领作用。坚持"开门办思政",打造"奋斗吧,我和我的国"音频、视频直播课。开展2018年思政课教师社会实践研修,组织5000余支主题实践小分队、68000余名学生分赴全国各地开展实践调研。

(二)启动上海高校思政工作"三圈三全十育人"综合改革

实施上海高校思想政治工作质量提升工程。上海获批全国首批"三全育人"试点区,2所高校入选首批整体试点校,4个高校二级学院入选首批试点学院。制定实施"三圈三全十育人"综合改革方案,构建高校思政"三圈三全十育人"工作体系,加快形成全员全过程全方位育人格局。

加强思政课教师队伍建设。开展分层分类培训,组织思政课骨干教师主题研修,开展2018年版思政课新教材网络培训和集体备课。遴选12个思政课教师研修基地,打造同城教学资源共享平台(思政易家),推出一批思政课教学论坛,组织高职高专思政课教学比赛、"形势与政策"课教学比赛等。

加强大学生思政教育。开展高校辅导员队伍建设专项情况调研,组织辅导员队伍建设月系列活动。对标"十育人"要求,遴选辅导员工作精品项目,开展培育探索。布点10个日常主题教育活动规范化建设项目。配齐专职少数民族辅导员。

深化以思政课为核心的高校课程思政教育教学改革。创新建设"4+1+X"上海高校思政课课程体系,推进"中国系列"思政课选修课,建成逾60门课并覆盖全市高校,推出5门在线课,形成一批示范课堂。实施上海高校马克思主义学院马克思主义理论学科建设专项行动计划,研制上海高校马克思主义学院分类评价指标,推动高校思政课教学科研机构规范化建设。健全"公办扶民办"机制,落实每所示范马克思主义院结对3所非示范马克思主义院。

(三)落实《中小学德育工作指南》

深化学科德育。基本编制完成历史、道德与法治等9门学科德育教学指南、学校综合德育活动指导意见、中等职业学校课程德育指导意见。形成1000多堂覆盖全学科的"特色示范课堂""学科德育精品课"资源库,启动中小学"中国系列"课程建设。持续建设8个上海市学科德育协同研究中心、35个中小学骨干教师德育实训基地、17个覆盖全学段的中小学班主任带头人工作室。

开展各类评选评估。完成三好学生、市中小学(中职校)道德实践风尚人物(美德少年)、家庭教育示范校、"十佳""百优"班主任等评选。18个落实《中小学德育工作指南》案例获评2018年全国中小学德育工作典型经验。联合举办长三角班主任基本功大赛、长三角未成年人思想道德建设与新时代城乡一体化学校少年宫发展论坛,成立长三角地区中小学德育工作联盟。

(四)推进校内外育人共同体建设

推进校外教育。研制上海市加强和改进新时代未成年人校外教育的实施意见、加强初中生社会实践管理工作的实施办法。推进高中生社会实践,建立近1900个学生社会实践基地,提供学生实践岗位逾67万个。做好中小学生研学旅行实践教育,举办教育部"全国中小学生研学实践教育活动"现场会,推出一批研学实践的精品路线、优秀课程。上海博物馆等10家单位被教育部命名为"全国中小学生研学实践教育基地",金山区青少年实践活动中心命名为"全国中小学生研学实践教育营地"。

做好未成年人暑期工作。发放《2018年上海市未成年人暑期活动汇编》等"暑期大礼包",组织232家市级学校少年宫错峰提供888个活动项目,22所中职校提供108个体验活动,推动各街(镇)推出近3000

项活动项目，会同市校外联成员单位及校外活动场所等提供185个市级活动项目。开展“小学生爱心暑托班”市政府实事工程项目，开办509个办班点，覆盖近5万名小学生。

（五）完善心理健康教育和家庭教育服务体系

加强心理健康教育。开展中小学心理健康教育教师队伍建设督查，督促指导学校配齐配强心理健康教育专、兼职教师。建成16所全国中小学心理健康教育特色校，4个上海市、区心理健康教育示范中心，72所心理健康教育示范校、达标校。推动医教结合协同服务机制建设，成立上海中小学、中职校危机干预中心组。出台《关于加强中小学生涯教育的指导意见》。

完善家庭教育。开展家庭教育工作督查，规范学校家长委员会建设，强化家长学校的家庭教育指导功能，建立班级微信群等家校互动平台的管理制度。

（六）推进学生文体和健康教育活动

加强学校体育工作。推进学校体育课程改革建设，印发《上海市小学体育兴趣化、初中体育多样化学校体育课程改革指导意见（试行）》。组织开展中小学体育课程实施情况专项评估，指导做好小学1—5年级增加1节体育课的实施工作。推进校园足球改革试验区、试点县（区）、特色学校、满天星精英训练营建设。研究建立中小学“一条龙”学校体育项目布局体系，完善人才培养机制。开展市级奥林匹克教育示范学校、冰雪运动特色学校遴选工作。以校园足球为引领，推进足球、篮球、排球、田径运动队联盟建设。推进黄浦、浦东、长宁建设区级学生课外体育活动中心。加强市级单项体育训练基地建设，完善运动队选拔管理机制。研究完善初中毕业升学体育考试实施方案。加强高校高水平运动队建设。组织开展普及与提高相结合的各类体育赛事活动。指导发布全国首部面向普通学生的运动技能等级标准，在杨浦区、松江区开展体育素养测评试点，研究建立学生体育素养评价指标体系。

推进学校美育工作。依托上海戏剧学院、上海师范大学等高校资源，试点“戏剧、舞蹈、音乐、影视、戏曲”课程改革。加强中华优秀文化艺术传承基地和学校建设。完成第三届市艺术教育委员会换届工作。承办全国第五届大学生艺术展演，400余所高校近万名师生参加，首创艺术创新与实践工作坊，首次举办市学校艺术教育博览会。探索建立中小学艺术“一条龙”项目布局。推进五大学生艺术联盟运行。推进市学校艺术教育评估中心建设。

加强学校食品卫生安全工作。促进学校食品安全管理平台规范有序运行，推进“放心学校食堂”建设。组织开展食品安全专项检查。推动高校食品安全追溯体系建设，实现与市级监测平台数据对接。加强学校传染病防控工作，印发《上海市学校结核病防控工作规范》（2018版），加强中小学生健康体检管理，推进高校卫生保健管理平台运行。加强学生体质健康监测与管理，在静安等8个区的24所学校开展青少年近视干预研究项目。加强中小学健康宣教，推进健康教育课程资源建设，组织编制《学生健康知识手册》《中小学食品安全手册》等读本，推进急救知识和技能实践体验。组织开展“食育”工作。印发《上海市教育委员会等七部门关于在学校推进生活垃圾分类管理工作的通知》，开展垃圾分类进校园等主题宣传活动。

推进科普工作。举办第十六届上海市百万青少年争创“明日科技之星”评选活动并增设小学组和高校组，共遴选出上海市青少年“明日科技之星”50名和上海市“明日科技之星”提名奖50名。推进上海市青少年科学创新实践工作站工作，优化站点布局，完善实践工作站三级管理体系。举办2018（第七届）上海国际青少年科技博览会暨“明日科技之星”国际邀请赛，来自12个国家和地区40个参展团队的200名青少年展示了科技创新作品。举办上海市第十三届青少年科技节——上海市第十一届青少年创新峰会暨2018上海市青少年科学研究院年会。

加强国防教育。出台《关于深化学生军事训练改革的实施办法》，完善学校军训工作机制。举办“走进边防线——青少年国防教育系列活动”。组织参加全国学生军事训练营，承办全国学生军事五项赛。完成高校征兵工作，大学生应征入伍占比连续3年位居全国第一。

推进教育系统后勤现代化和校园生态文明建设。研制上海高校后勤现代化建设标准和实施意见。发起成立长三角高校后勤协同创新发展联盟。启动上海市中小学和中职学校后勤运行综合调研和风险评估。完善学生食堂运行监测体系，推进学生食堂"6T"标准化建设。推进学校节能环保，完成高校200栋大型公建分项计量和第一批13所学校节能监管平台验收。加强生态文明教育，支持"青未来"品牌建设。开展校园生态文明指数和生态文明知识普及率考核标准研究。修订《上海市学校能源审计导则》，开展"第七轮环保三年行动计划"绿色学校创建工作。推动学生社区标准化建设，开展社区综合体示范项目建设。加强后勤信息化、标准化和公务用车管理。

三、深化教育综合改革和招生考试制度改革，优化教育资源布局

（一）深化教育综合改革

贯彻落实全国教育大会精神。出台《关于深入学习贯彻全国教育大会精神的若干意见》，围绕"1+7+1"九个方面，明确31条贯彻落实主要思路和基本举措，召开教育系统人才工作会议和专题研修班。筹备召开上海市教育大会，研制《迈向2035：上海全面实现教育现代化》和《上海市加快推进教育现代化攻坚行动计划（2018—2020年）》。

深化部市共建合作协商机制。召开深化上海教育综合改革2018年度工作推进会。印发《教育部 上海市人民政府2018年共同深化教育综合改革重点工作备忘》，明确部市共同深化上海教育综合改革10项重点项目。

建立健全教育综合改革成果推广交流机制。扩大教育改革成果区域共享辐射，推广可复制可推广的经验做法。与江西省上饶市人民政府签订《教育领域综合改革交流协作框架协议》，组织实施2018年江西省上饶市学校校长领导力提升培训班，组织上海专家学者赴上饶地区开展实地跟踪交流，召开"上上合作"专题研讨会，加强双方交流与互访。

推进长三角教育一体化发展。制定《长三角教育一体化发展的战略规划》《需要教育部重点支持的政策清单》《长三角地区教育更高质量一体化发展的战略协作框架协议》和《长三角地区教育一体化发展三年行动计划》。开展34项长三角教育协作市级统筹协作项目和基层特色协作项目。召开第十届长三角教育一体化发展会议，组建成立"长三角区域教育现代化监测中心"，研制"长三角区域教育现代化指标体系"。围绕产教融合、校企合作等，筹划成立首批4家"长三角地区联合职业教育集团"。成立"长三角教育人才服务联盟"，设立"长三角高校技术转移联盟"。联合创设"长三角地区开放教育学分银行"，探索学生校际流动与培养互认机制，推进地区内课程互选和学分互认。

深化教育体制改革。创新办学模式和管理机制，推动市政府与文化和旅游部共建上海音乐学院、上海戏剧学院，与海关总署共建上海海关学院等。深化医教协同，支持复旦大学深化医学教育管理体制改革。推进高校布局结构调整。研究设置"五年一贯制"职业院校工作方案。以上海立达职业技术学院为基础组建上海立达学院。上海电力学院更名为上海电力大学。

（二）深化招生考试改革

深化高考综合改革。制定印发《关于进一步深化本市高考综合改革试点工作的若干意见》。2018年秋季高考与普通高校集中录取平稳顺利，投档成功率较高，志愿填报更加精准。综合评价录取改革校测规范，平稳有序。组织春季考试招生，首次采取考后填报志愿方式，继续试点"一档两投"的投档方式。组织专科层次依法自主招生，首次对应届中职校考生采用文化素质测试与职业技能测试成绩相结合的办法进行录取。

落实高考综合改革配套举措。开展普通高中学生综合素质评价信息采集工作。完成2018届高三学生综合素质评价信息推送使用工作。颁布修订后的普通高中学业水平考试及学生综合素质评价管理办法。发布2019年各场次普通高中学业水平考试命题要求。开展高中生研究性学习真实性认证工作。启动高中学校建设标准研制工作。

推进高中阶段招生考试改革。完成中考改革方案发布及相关宣讲培训工作。研制上海初中学业水平考试实施办法、初中学生综合素质评价实施办法以及道德与法治、历史学科日常考核办法。开发初中学生综合素质评价管理系统。开展初中学业水平考试命题研究。研制出台初中外语听说测试标准化考场的建设标准,启动初中理科实验室考场建设标准研究。

(三)推进教育基本建设

推进基础教育和职业教育项目建设。完成各区基础教育"十三五"基本建设规划项目中期评估和调整工作。指导各区"一场一馆一池"(学生剧场、室内体育馆、室内游泳池)建设工作。推进基础教育学校无障碍环境建设。开展部分区塑胶场地建设管理工作检查。推进高中学校校舍建设标准编制工作。指导、协调推进上海市公用事业学校、上海市工商外国语学校、上海市医药学校央财投资计划项目建设。

推进高校基建项目。推进上海海洋大学新建游泳馆、上海健康医学院综合医技实训楼工程以及华东政法大学松江校区拓展工程等项目。指导上海立信会计金融学院、上海第二工业大学推进浦东校区建设,指导上海出版印刷高等专科学校推进奉贤校区建设,指导上海健康医学院以及上海交通大学医学院推进浦东新校区建设。加快推进相关高校计划内建设项目。指导委属公办高校做好本年度市级建设财力计划调整及2019年市级建设财力计划申报工作。开展委属公办高校2019年维修项目出库评审及批复工作。

四、深化课程与评价改革,促进基础教育优质均衡发展

(一)加强托幼工作

规范3岁以下幼儿托育服务工作。研制出台《关于促进和加强本市3岁以下幼儿托育服务工作的指导意见》《上海市3岁以下幼儿托育机构管理暂行办法》《上海市3岁以下幼儿托育机构设置标准(试行)》《上海市3岁以下幼儿托育机构从业人员与幼儿园师资队伍建设三年行动计划》。建设上海托育服务信息管理平台。

推进学前教育。加大学前教育资源建设,落实全年新建、改扩建30所幼儿园的建设目标。启动新一轮学前教育三年行动计划编制工作,开展"全面二孩"政策后的学前教育资源建设和配置调查研究。承接教育部"我是幼儿园教师"全国学前教育宣传月启动仪式。

(二)深化课程与评价改革

深化课程改革。研制上海市深化基础教育课程改革指导意见。推进义务教育国家统编三科教材的推广使用,完成有关教材的修改及配套资源开发。推进第二轮学校课程领导力行动研究和实践。开展区域课程管理平台工作标准研究。开展高中国际课程班年检,推进4门核心课程教育教学研究与培训,加强国际课程本土化实施研究。推进高中慕课平台建设,推动课程学习和效果认证。

推进高中非统编教材编制。研制普通高中课程实施方案、普通高中非统编教材编制指引、总体编制计划等。依托高校各学科人文社科重点研究基地,组建各科教材编写团队,加强教材编制人员交流培训。完成教材出版社遴选工作。

推动义务教育教学改革。深化"基于课程标准的教学与评价"工作,组织开展《基于单元纸笔测试评价的调控研究》等9项课题研究。推进小幼衔接,研制《上海市小学低年级主题式综合活动课程指导纲要》,并在16所小学和黄浦区先行开展小学低年级主题式综合活动课程试点。组织6个区18所学校开展儿童学习基础素养的课堂转化研究,举办第一届学习基础素养项目化学习峰会。

推进基础教育评价改革。推出上海市中小学校"绿色指标"升级版,组织实施2018年度初中阶段"绿色指标"综合测评。推出上海市基础教育环境质量评估指标,开展区域试测。启动高中学校综合质量评价指标体系研制工作。

（三）推进基础教育优质均衡发展

推进义务教育优质均衡发展。启动城乡学校携手共进计划中期评估，提升76所郊区学校办学水平。举行学区化集团化办学城市论坛，研制促进紧密型学区和集团建设的意见，共形成190个学区和集团，覆盖70%以上的义务教育学校。启动新一轮推动新优质学校集群发展政策研究。实施公办初中强校工程，着力提升128所实验校办学水平。开展农村义务教育“空心化”调研，启动农村小规模学校和寄宿制学校建设政策研究。推进城乡一体化发展，指导督促各区完成2018年义务教育“五项标准”建设目标，贯彻执行义务教育生均经费基本标准。

引领特色普通高中项目建设。推进上海特色普通高中建设，命名第二批市特色普通高中学校——上海市甘泉外国语中学、华东政法大学附属中学、上海海事大学附属北蔡高级中学。完成10所学校的特色高中创建复评和初评。举行5次特色普通高中展示活动、2场分组交流。

（四）完善基础教育管理服务

优化基础教育管理和服务。稳妥做好义务教育招生工作，首次实施公民办小学同步招生，民办小学报名人数、竞争热度比以往有明显下降。加强民办学校招生规范管理，加大违规查处力度。研制幼升小和小升初入学准备指南，提出多元化综合素质评价框架。研制居住证新政配套的来沪人员随迁子女就读各级各类学校实施意见。推进“大班额”消除计划和小学生课后服务。

推进特殊教育规划落实。印发《上海市特殊教育三年行动计划（2018—2020年）》，启动新一轮建设。推进特殊教育向中职阶段延伸，修订《上海市中等职业学校学生学籍管理实施办法》，印发《上海市特殊职业学校（班）课程方案》。深化医教结合，完善特殊教育评估工作机制，推进基于评估的教育教学改革。研制上海市基础教育学校无障碍环境建设指南，加强资源教室建设。编制特殊教育学校义务教育阶段教学用书目录，加强教研活动。

加强内地民族班教育管理服务。召开内地民族班管理平台工作会议。落实2018年度上海内地民族班招生工作计划。指导民族班办班学校加强教育教学管理。发挥内派教师作用，做好新疆班学生的思政教育和生活服务。

五、深化教育教学改革，保障职业教育优势发展

（一）提升职业教育质量

调整优化《上海现代职业教育体系建设规划（2015—2030年）》。对标上海产业地图，增强职业教育与区域产业、经济发展的匹配性，梳理18个行业155个人才需求紧缺岗位，开展人才需求分析和专业结构调整，促进教育链、人才链与产业链、创新链有机衔接。

实施上海高等职业教育创新发展三年行动计划。编写上海市《高等职业教育创新发展行动计划（2015—2018年）》2017年度绩效总报告。完成2018年上海高等学历继续教育拟招生专业备案工作，组织开展2019年高校高等学历继续教育学习站点设置报送工作。开展2018年上海高职高专院校养老类专业学生社会实践项目申报工作。

优化专业结构布局。加紧布局新兴专业，研制《上海高校学前教育专业优化布局三年行动计划（2018—2020年）》，支持相关应用型本科高校开设人工智能、大飞机制造、大数据等相关专业。调整关闭有色金属冶炼、火电厂仪表安装等近150个专业点，中高职院校不再新增金融类专业。针对已有专业设置但人才缺口较大的专业，如学前教育、养老护理等，通过新增专业点、扩大培养规模、加强在职培训等方式，加快培养力度和规模。

健全学校内部质量监控体系。推进中职校教学工作诊断与改进，制定并颁布《上海市中等职业学校专业教学工作自主诊断与改进实施方案》。开展高职院校教学诊断与改进专家库建设，推进高职院校教学诊断与改进。完成中职质量年度报告编制工作，16个区教育行政部门全部参加，中职学校参与面100%。组织2018年度上海高职高专院校市级精品课程、教学团队申报工作。开展上海市高职实验(实训)室调研,覆盖全市21所高职院校、479个专业点、1790间实训室。

(二) 深化职业教育内涵建设

构建现代职教体系。扩大中高职贯通试点,新增25个中高职贯通专业点,共设置165个中高职贯通专业点,共86个专业,涉及中职学校53所、高职院校29所,招生约6100人。扩大中本贯通试点,新增14个中本贯通专业点,共设置52个中本贯通专业点,含29个专业,涉及中职学校33所,本科院校15所,招生约1600人。完成第二批高本贯通培养试点立项评审工作,新增6个专业试点。

推动现代职业教育体系质量标准建设。颁布《中高职教育贯通专业人才培养方案的指导意见(试行)》《关于开展中高职教育贯通专业教学标准开发的通知》《开展中高职、中本高水平专业建设的通知》等,立项23门中高专业教学标准和42个贯通高水平专业,加强高水平示范引领的贯通专业建设及师资队伍建设。

深化教育教学改革。研制上海中职"匠心匠艺"优质课堂建设五年方案,完成128门"十九大"精神进课堂国家级示范课建设。制定上海中职学校示范性品牌专业及品牌专业开放课程建设及验收工作方案,组织汽车类8个专业点进行试点评估,立项148门在线开放课程。制定并出版上海市中职学校计算机网络技术等10个专业教学标准,启动新一批10个专业教学标准的开发与修订。立项29门市级精品课程建设项目,完成2018年立项的精品课程(2.0)验收。新建4个开放实训中心,完成28个开放实训中心运行绩效实地评估。启动新一批4个国际水平教学标准的开发与试点,汇编了28个典型案例。启动第六批8个专业点的"双证融通"专业改革试点工作。完成高职"双证融通"试点相关专业学生备案工作。

(三) 提升学生综合职业素养

组织参加各类技能大赛。组织学生参加2018年全国职业院校技能大赛,获24枚金牌、46枚银牌、79枚铜牌,获奖率达到77.6%。启动第八届"星光计划"职业院校技能大赛。加强2019年世界技能大赛基地建设和选手培养。

深化职业体验日活动。组织"教博会体验活动""学校职业体验活动"和"职业小达人"中小学生暑期职业体验活动,共有64所中职校提供近400个体验项目,约6万人次中小学生参加体验活动,12余万人次走进职业学校。开展上海高职院校"职业体验日"活动,共有22所高职院校(含本科高职院校)向全市中小学生开放体验项目88个,开展活动201场次。

加强校园文化建设。组织"璀璨星光"第五届校园文化节活动。成立"星光舞蹈团",为中职学生搭建更多展示风采的舞台。组织中职校师生组成文化志愿者交流团出访美国、秘鲁,开展4场展示交流活动。

六、创新人才培养模式,推进高等教育内涵发展

(一) 推进"双一流"建设

指导上海高校开展"双一流"建设。制订印发《关于本市统筹推进一流大学和一流学科建设实施意见》,有序推进上海高校"双一流"建设。组织承办全国"双一流"建设现场推进会。推进同济大学上海国际知识产权学院建设、上海海洋大学高水平特色大学建设。

推进高水平地方高校建设。继续指导上海大学、上海中医药大学等相关高校推进高水平地方高校建设。启动新一轮高水平地方高校试点建设遴选工作。研制《关于推进高校分类发展实施高水平地方应用型高校试点建设方案》,启动高水平应用型高校试点建设。研制关于遴选新一批研究型高校开展高水平地方高校试点建设方案,扩大高水平研究型高校建设范围,增强高水平地方高校试点建设溢出效应。

推进高峰高原学科建设。根据《上海高校高峰高原学科建设第二阶段(2018—2020年)实施方案》,综合考虑国家、上海战略任务需求和学科发展情况,研制《上海高校高峰学科动态调整工作方案》,实施高峰学科动态调整。将6个第四轮学科评估中获评A+的非高峰高原学科动态增补为Ⅰ类高峰学科、获评A+的2个Ⅱ类高峰学科以及1个Ⅰ类高原学科调整升格为Ⅰ类高峰学科,新增布点2个Ⅳ类高峰学科。完成

5个基础学科Ⅱ类高峰学科布点工作。完成Ⅳ类高峰学科建设第一阶段考核工作。指导地方高校做好第一阶段人才引进分析工作。

提升高校学科建设水平。分析第四轮学科评估结果，形成《关于上海高校“双一流”学科、高峰高原学科参评第四轮学科评估结果总体情况分析报告》。加强学科建设动态监测与跟踪管理，完成高校学科发展系列跟踪简报。

（二）服务支撑上海科技创新中心建设

推进上海市协同创新中心建设。完成19所高校共25家上海市协同创新中心的2018年度经费预算评审、2019年度建设任务书填报评审、2017年成果和2018年工作计划汇编、省部共建协同创新中心的推荐申报工作。组织专家组对25家协同创新中心的实体化运作、建设成效等情况进行实地考察，并根据考察结果调整部分中心支持经费额度。

推进科技成果转移转化工作。完成12家市属高校技术转移中心的试点工作绩效评价。推动完成复旦大学朱依谆等科研团队享受科技成果转化奖励税收优惠。组织相关高校完成科技成果转化年度报告的填报工作。组织相关市属高校申报科技成果转化和技术转移基地。完成2017年度科技成果转移转化典型案例汇编工作。

（三）推进高校分类评价工作

完善高校分类评价机制。研制出台《关于深入推进上海高校分类管理评价促进高等教育内涵式发展的指导意见》，固化上海高校分类评价研究成果，初步建立高校分类管理评价的制度框架。组织开展上海61所高校分类评价测试。

推进高校分类评价结果运用。研制与分类评价结果挂钩的具体操作方案，推动分类评价结果在高水平建设高校遴选、内涵建设经费分配、绩效工资分配动态调整、高校党政负责干部选拔调整和绩效考核等方面的运用。

（四）提升高校办学质量

加强应用型人才培养。深化专业学位研究生教育综合改革，成立上海深化专业学位研究生教育综合改革（临床医学）专家组和上海深化专业学位研究生教育综合改革推进工作小组。开展应用型本科专业试点工作，2018年批准立项建设26个专业。探索上海市普通高校目录外应用型本科专业设置省级审批试点工作，2018年审批通过5个目录外本科专业。

推进高校学科专业建设。开展学位点动态调整，市级统筹增列4个硕士学位授权点额度，学校自主动态调整共有上海交通大学等8所高校申请撤销27个学位点，申请增列9个学位授权点。开展工程硕士、博士专业学位授权点调整工作。

推进研究生教育综合改革。制定《上海高等学校创新人才培养机制，发展一流研究生教育试点方案》，完成2019年一流研究生教育行动计划项目的申报和评审工作。开展2018年科学道德与学风建设宣讲。

提升本科教学质量。印发《上海高等学校创新人才培养机制　推进一流本科建设试点方案》，启动实施上海高等学校一流本科建设引领计划，首批立项建设35个项目。完成年度本科新专业申报工作，共向教育部申报备案专业36个、国控专业2个、审批专业5个。组织市属高校研究制定少数民族预科生培养方案。组织完成市级精品课程、全英语示范性课程、优质在线课程等验收和立项申报评审工作以及国家精品在线课程遴选推荐工作。开展2018年度卓越新闻双千计划选派工作。组织开展2018年上海市级实验教学示范中心申报评审工作，遴选推荐33个项目申报国家虚拟仿真实验教学项目。

构建高等教育质量保障体系。开展学位论文（包含学士、硕士、博士学位论文）买卖、代写行为处理工作专项检查。开展艺术类招生考试自查与督查。推进上海学位与研究生教育质量年度报告（2017—2018年）编制工作。完成2017年上海硕士学位论文抽检工作。组织开展2017年上海市级高等教育教学成果奖评选工作，共评选出特等奖39项，一等奖195项，二等奖240项。上海共获得2018年国家级高等教育教学成果奖一等奖7项、二等奖31项。组织完成对华东政法大学等6所市属高校的审核评估工作。组织开展2016—2017学年本科教学质量年报的评议反馈和2017—2018学年本科教学质量年报的编制发布工作。

七、优化终身教育服务体系，深化学习型社会建设

（一）推进终身教育内涵建设

深化上海市民终身学习体验基地建设。拓展体验项目和网上体验基地，推进体验课程的开发和实践。新增国际乒联博物馆和中国乒乓球博物馆作为"乒乓文化"市级体验基地，市级体验基地拓展至10个。在嘉兴南湖纪念馆、嘉善巧克力工厂等挂牌上海市民终身学习体验基地，实现跨区域联动合作。推进区级市民体验基地建设，打造品牌项目。组织开展2018上海市民体验学习嘉年华活动。

开展上海市民终身学习人文行走项目试点工作。"市民终身学习人文修身行走"工作扩大试点至11个区，形成"7个一"（一张地图、一本手册、一组视频、一组语音、一组二维码、一块学习分享区域、一队志愿者）建设标准，成立特聘专家团及导师团队，建设红色文化、江南文化及海派文化三条人文行走线路，全市参与首轮人文行走人数超过5万人次。

推进终身教育学习资源配送工作。开展市民学习需求调研，拓展市民学习资源渠道，编制下发《2018年终身学习资源配送手册》，完善线上配送服务平台建设。全年汇集183门课程、2777个配送资源，点击率2.3万次，向全市403个终身教育机构配送各类书籍、光盘、学习体验卡等实体学习资源5.5万个。

加大数字化学习推进力度。推进上海学习网建设，注册用户数443万，在线课程达3万门，各类电子书刊7万多册，有声图书6000个，在线试卷15万套。组建老年教育慕课联盟，培育制作86门课程上线，平台集中式组班101个，用户学习人次为2.3万人次。

推进老年教育。推进老年教育信息化平台建设，全市完成信息化管理和数据对接的区达到13个、市级老年教育办学机构2个，市民注册学员达到12万人。实施老年教育场所倍增计划。加大老年教育兼职教师注册制工作力度。全年共有77个机构、合计2205名兼职教师参与注册制工作，探索老年教育兼职教师师资库共享机制。加强社区教育志愿者管理。

（二）深化学习型社会建设

推进市民终身学习需求与能力监测工作。加强上海市民终身学习需求与能力监测研究院建设，完善市民终身学习监测体系的制度建构，探索建立常态化监测运行模式。召开上海市民终身学习需求与能力监测研究阶段性成果发布会，向全社会公开上海市民终身学习能力与需求监测指标和首次监测结果，宣告上海成为全国第一个将市民学习能力和需求监测纳入学习型城市建设总体制度框架的城市。

推进百万在岗人员学力提升计划。推进学历教育专业教学改革，探索实施在岗人员职业资格证书、技能证书等职业培训成果与学历教育学分的认定和转换，累计覆盖在岗人员数量超过37.3万人次。拓展实施精品培训项目，完成64名工匠学员的研修培训。完成首期230名托育服务从业人员培训。

深化各类学习团队建设。培育五星级老年学习团队105个、一星级老年学习团队2151个。挂牌建立21个市老年学习团队工作室，依托杨浦、松江、黄浦和徐汇等4个市老年学习团队孵化区，开展专题培训和研讨。培育线上学习团队3600多个，发表互动话题651万余条。完成第二批街镇社区学校内涵建设合格校评估工作。编制《区级老年大学内涵建设指导指标》。

举办终身学习活动。举办上海市全民终身学习活动周、上海市老年教育艺术节，组织开展市民诗歌节、诵读节和读书节等大型活动。指导各区广泛开展创客大赛、诗歌节等活动。

加强学分银行制度建设。完成《上海市终身教育学分银行管理暂行办法（送审稿）》。推进"双证融通"改革试点，完善各类教育学习成果沟通衔接渠道。

推动资历框架建设及试点工作。完善《上海终身教育资历框架（试行稿）》和试点推进上海终身教育资历框架的组织管理。在汽修、物流、汽车制造等行业，组织开展行业标准的研制和推进上海市终身教育资历框架试点工作。

促进高等继续教育校际合作。研究推进面向上海普通高校和求学者，提供在线学习资源服务的“高校继续教育校际联盟服务平台”建设。发挥“互联网＋教育”优势，加强高校继续教育“校际合作、资源共享”机制建设。开展继续教育基地和人才培养机制研究。

推进高等教育自学考试。完成2018年第七十二次和第七十三次自学考试工作，全年总计报考人数164057人次，考试科次515137科次。

（三）规范教育培训市场秩序

加强教育培训机构制度建设。完善教育培训机构审批机制，探索开展多区设点的营利性民办培训机构统一办理机制。聘任数十位专家构成专家库，建立法律适用审定机制。梳理形成《民办培训机构办事指南》《教育培训市场常用法律法规汇编》《教育培训市场行政执法文书及适用手册》，拟制《教育培训服务合同(示范文本)》《民办教育培训机构年度检查指标》《非营利性民办培训机构章程要点》《营利性民办培训机构章程点》等指导材料。

推进校外培训机构“白名单”制度建设。指导各区教育局通过上海民办非学历培训机构和市场管理信息平台，以“列清单＋一校一表”的形式分批次公布合格教育培训机构名单，实时更新办学资质信息。完成校外培训机构专项治理工作集中整改。

加强违规竞赛查处。梳理包含未成年人的各类竞赛项目，全面整顿各类竞赛活动，累计叫停20余个违法违规竞赛项目。

八、加强民办学校分类管理，促进民办教育规范发展

（一）推进民办学校规范管理

基本完成民办学校分类选择工作。健全完善非营利性与营利性民办学校分类管理举措，推进民办学校分类选择工作。编制《民办学校新法新政文件汇编》。

推进规范“公参”义务教育阶段民办学校办学秩序。开展实地调研，形成规范公共资源参与举办义务教育阶段民办学校办学的工作方案，指导各区研制工作方案和“一校一策”方案，全市同步启动“公参”义务教育阶段民办学校规范工作。

开展民办高校年检。开展民办高校2017年度检查，完成2018年度民办高校年检指标体系的修订工作，指导各高校完成2018年度网上年检材料的申报工作。

加强民办教育专项资金监管。做好2017年民办高校政府扶持资金结项和绩效评价工作，完成2018年民办教育专项资金的评审和拨付以及2019年专项资金的申报工作。

开展民办教育信息化建设。完成民办教育管理系统2.0版本的上线工作，优化办事流程，推进民办学校信息公开。开展“一网通办”接入工作和“一部门一网站”整合工作。优化民办高校年度检查信息管理。

（二）提升民办教育质量

开展民办高校公共实训中心建设。制定形成《上海市民办高校公共实训中心建设实施细则》初稿。指导杉达学院、东海学院和震旦学院根据《上海市民办高校公共实训中心建设实施细则》，完善各校实施方案。

开展上海市民办教育人才建设项目。制定出台《上海市民办教育“民智计划”管理办法》，遴选培育凝聚民办教育相关领域的“民办教育＋”复合型人才，开展“民智计划”项目。

组织各项师资培训。开展“强师工程”，实施民办高校教师信息素养能力提升项目、海外访学研修项目等。组织开展第二轮民办中小学特色学校(项目)课程建设成果展示活动，启动第三轮民办中小学特色学校(项目)创建工作。

推进民办教育协同发展服务中心建设。与教育部发展规划司签署《共建“民办教育协同发展服务中心”的协议》。签署《长三角民办教育协作发展框架协议》,召开纪念改革开放40周年民办教育发展论坛暨长三角民办教育一体化发展联盟成立大会。推动组建民办教育专家库。召开全国民办教育行政管理论坛,形成《全国民办高等教育发展案例成果集》。开展全国民办教育信息数据动态监控、民办学校征信制度建设、民办学校设置指标要素等项目调研。

九、推进人事体制机制改革,加强教师队伍建设

(一)深化教育人事制度改革

落实中央新时代教师队伍建设要求。研制贯彻落实中央新时代教师队伍建设的意见,并以市委、市政府名义印发《关于全面深化新时代教师队伍建设改革的实施意见》。

深化人事制度改革。优化市属高校专业技术岗位结构比例,建立动态调整机制。深化高校教师分类考核评价制度改革,科学设立人才评价指标,推行代表作评价制度,注重标志性成果的质量、贡献、影响。加强对学校编制的统筹工作。出台《上海市中小学高级教师评审条件》,开展2018年度中小学正高级教师评聘工作和中专技校正高级讲师评聘试点工作,有59名中小学教师和11名中专技校教师取得正高级专业技术职称。开展特级校长评选工作,共评定特级校长83名,其中33名特级校长流动到公办初中强校工程实施校或乡村学校全职工作3年。开展兼职教师试点工作,拓展师资补充渠道。推进教师队伍信息化建设,建立市级评审专家信息库,启动全市教师管理信息系统建设。

弘扬优秀教师高尚师德。开展第四届上海市教育功臣评选表彰工作。授予于漪老师“教育事业杰出贡献奖”称号。开展全国教书育人楷模和上海市“四有”好教师(教书育人楷模)推选工作。开展宝钢奖、“交通银行特教园丁奖”等评选,建立健全教师荣誉体系。

突出教书育人导向。开展上海市教学成果奖评选表彰工作,共计有997项申报成果获奖,其中高等教育474项、基础教育359项、职业教育164项。组织开展2018年国家级教学成果奖申报工作,共计96项成果入选,其中基础教育奖项42项,职业教育奖项16项,高等教育奖项38项。

(二)推进基础教育教师队伍建设

加强领军人才建设。出台《第四期“上海市普教系统名校长名师培养工程”实施意见》,启动第四期“上海市普教系统名校长名师培养工程”,助力百所公办初中“强校工程”建设。加强领军人才梯队建设,推进“高峰计划”“攻关计划”和“种子计划”。

加强教师职业培训。推进学前教育等紧缺专业教师培养,实施上海市普通高校师范类专业认证。推荐83名教师参与教育部“国培计划”,组织暑假校(园)长培训约5000人次,组织参加全市见习教师规范化培训约5000人,市级学习平台选课约10万人次,实施“1+5”中小学教师专业(专项)能力提升计划、“三科”教师、高中新课标、初任校长、长三角名校长联合培养等专项培训。推进教师参与国际交流,遴选86名教师参与2018—2019年中英数学教师交流、39名校长和教师赴港澳地区中小学校交流、5名教师赴英国开展中长期研修、21名校长和教师赴外籍人员子女学校伙伴研修,完成TALIS(教师教学国际调查)2018测试并首次开展TALIS VIDEO STUDY国际比较研究项目。

(三)加强高等教育教师队伍建设

加强高层次人才队伍建设。完成2018年国家“千人计划”、上海领军人才、上海“千人计划”重点学科平台对象、上海市青年拔尖人才、政府特殊津贴人员、国家万人计划青年拔尖自然科学、工程技术领域、万人计划青年拔尖哲学社会科学、文化艺术类人选、万人计划教学名师推荐工作。完成2018年专家服务基层项目和国家级专家服务基地申报工作。

促进教师专业发展。督促各有关高校做好国外访学进修计划、国内访问学者计划、产学研践习计划、实验技术队伍建设等教师专业发展工程项目的实施工作,2018年分别入选275人、129人、280人、61人。

完成2018年度高校青年教师培养资助计划，共资助709人。开展2018年度新教师岗前培训工作，共培训新教师约500人。实施2018年度师资博士后项目，共资助82人。实施文教结合项目，推进14个高校高层次文化艺术人才工作室和12个高校紧缺艺术人才创新工作室建设。推进本科高校教学教师激励计划。

推进高水平地方高校创新团队建设。通过人事政策和财政资金支持，稳定具有发展潜力的中青年骨干人才，培育跨学校、跨领域、跨学科的创新团队。完成第二批高水平地方高校创新团队评审工作，涉及6所高水平地方高校的80多个战略创新和重点创新团队。

（四）提升职业教育教师专业能力

加强教师专业培训。开展2018年上海中职校、高职院校新进教师规范化培训。组织开展44个专业教师、校长等市级培训项目，53所学校274名教师市级企业实践培训项目。举办上海市高职院校艺术设计类专业骨干教师培训班、上海市高职院校教务处长第三期培训班、上海市高职院校专业负责人第八期培训班。

推进教师国际化培训。开展新一轮20名管理干部赴英国培训、21名电子技术等专业教师赴德国参加专项培训。开展2018年上海职业院校骨干教师中德合作能力提升培训。

加强名师示范引领作用。依托47个名师工作室，编辑出版名师培育工作室典型案例集，开展名师素养及培养路径课题研究。成立10个技能大师工作室，聘请大国工匠、全国技能能手、上海工匠进入中职学校，提升学校专业技能水平。

推进教师赴企业实践工作。推进150名中职教师赴19个高技能人才基地和31个市级企业实践基地实践，组织开发物联网、建筑、商贸3个大类专业教师企业实践培训标准开发指导手册。制定上海市中职教师企业实践培训文件。组织开展2018年上海高职院校教师企业实践工作，21所高职院校67名教师参与企业实践。

组织各类比赛。组织参加全国职业院校教学能力大赛，递交参赛作品19件，获6个一等奖、8个二等奖、3个三等奖。启动2018年上海高职院校教师说课大赛，共计14所院校21位教师进入决赛。

十、整合教育资源，提升教育对外开放和信息化水平

（一）服务国家“一带一路”建设

推进上海政法学院“中国-上海合作组织国际司法交流合作培训基地”、上海外国语大学“中阿改革发展研究中心”和“上海全球治理与区域国别研究院”建设等重点项目。在哈萨克斯坦和乌兹别克斯坦举办第十届“中国上海教育展”。升级打造与沿线国家（地区）的人文合作交流，2018年开展“一带一路”高级研修培训项目18个和“上海暑期学校”中医、武术、乒乓等项目24个，共有沿线国家（地区）1200余人参加。

（二）深化国际合作与交流内涵

推进人文交流发展。签署并启动上海中英数学教师交换项目新一轮协议，互派86名中小学数学教师到对方国家进行为期2周的交流。组织上海市项目学校参加教育部中德“学校-塑造未来伙伴（PASCH）”项目实施经验总结年度会议。

加强友城教育交流。举办第十届上海国际友好城市青少年夏令营暨“友城夏令营”十周年庆祝活动，来自五大洲、25个国家、28个上海市国际友好城市的140名中学师生参加活动。选派6所大学12名大学生前往新西兰达尼丁市进行短期交流。完成上海-德国汉堡学生交流项目，双方互派15名学生开展为期3周的交流。

推动国际组织落户上海。推进上海市联合国教科文组织“二类机构”教师教育中心（上海）的创建工作，推进国际戏剧协会总部落驻上海相关工作，取得实质性进展。

推进中小学非通用语种教学。继续在浦东、徐汇、静安、普陀、虹口、宝山、杨浦等7个区16所中小学开设9种语种19个教学班，近400名中小学生参与选修学习。举办“上海市中小学非通用语种学习计划成果展示”活动。举行“上海市中小学非通用语种学习计划项目实践基地”授牌仪式。启动编纂青少年非通用

语种教材中的葡萄牙语、意大利语、希腊语、瑞典语和土耳其语辅读教材。

优化外籍人员子女服务体系。加强外籍人员子女学校管理，规范办学行为。编纂新版《上海市外籍人员子女学校蓝皮书》。研制《上海外籍人员子女学校管理办法》。举办中国文化进校园系列活动和“中国故事精彩演绎戏剧展演”主题系列活动。举办“上海市中小学校长、教师赴外籍人员子女学校伙伴研修”项目，遴选部分学校校长及骨干教师赴上海长宁外籍人员子女学校、上海德威外籍人员子女学校、上海美国外籍人员子女学校等开展为期8周、每周3天的随班听课交流学习活动。

（三）推进来华留学和汉语推广工作

加强来华留学生教育督导和规范管理。开展对上海来华留学生工作政府履职情况的专项督导。制定全市统一的语言生入学申请表，进一步规范国际学生招生和管理。开展外国留学生宣传教育工作调研，加强对留学生安全法制教育。举办2018年上海来华留学生管理干部培训班。组织对15所高校来华留学工作18个督查点进行专项督查。

开展纪念改革开放40周年主题宣传教育。组织长三角三省一市160名国际学生参加“改革开放40年上海行”活动。举办第十一届高校外国留学生龙舟赛。组织开展第三届“留动中国”上海海选赛。开展留学生博士生论坛、汉语演讲比赛和留学生朗诵比赛等纪念改革开放40周年主题活动。“留学上海”中文网改版，日韩语版上线。

加强来华留学生课程建设。发布《上海高校外国留学生英语授课示范性课程建设发展报告（2017）》、第二批284门课程介绍与课程建设的实践和思考。在全国率先尝试发布省级《来华留学教育年度报告》，对上海高校来华留学教育进行质量分析研究。

推广国际汉语工作。发挥上海孔子学院工作联盟作用，推进孔子学院内涵建设，制定《上海市推进孔子学院改革发展实施意见》。会同上海孔子学院工作联盟共同开展教育资源共享、孔子学院工作座谈会、上海孔子学院发展报告、学术科研项目等工作，与昆山市政府合作建立“上海孔子学院联盟文化传播基地”。2018年新增复旦大学和卢森堡大学共建的卢森堡大学孔子学院。截至2018年底，上海高校建设的孔子学院已达47所。

（四）深化高水平合作办学

加强高校中外合作办学机构和项目思政课建设。推进落实高校中外合作办学二级机构中国籍学生思政课工作。会同主管处室指导华东师范大学和上海纽约大学完成制定中国籍学生思政课实施方案并督促落实。

（五）推进与港澳台地区合作交流

深化沪港澳交流合作。与香港特别行政区政府教育局签署新的教育合作备忘录。成立“沪港大学联盟”并举行第一届理事会第一次会议。推动沪港澳中小学姊妹学校平台建设，浦东新区、黄浦区、杨浦区、奉贤区、嘉定区等9个区近90所学校参与平台建设，其中1所学校申请成为沪港澳青少年交流实习基地。举办第二届“港澳大学生中华文化知识大赛”。实施“上海高校金融专业大学生赴港交流及考察项目”，推进沪港两地青年学生交流交往。

推动两岸学生心灵契合。举办“2018双城杯两岸学生电竞交流赛（上海站）”。举行上海高校“2018百名台生看上海”活动。加强上海台商子女学校日常管理。

鼓励港澳台地区学生来沪就学就业。落实上海高校港澳台地区学生招收“倍增计划”。落地落细上海高中毕业的港澳台地区学生参加上海高考的政策。落实《促进两岸经济文化交流合作的若干措施》中有关教育领域的工作。

（六）加强教育信息化建设

研究出台上海市教育信息化2.0行动计划。研制《上海市教育信息化2.0行动计划》，列出任务分工清单，提出拟实施教育城域网统一接入互联网及云网融合工程、统一数据管理工程、教育信息化项目治理优化工程、数字教学资源创新工程、数字学校和标杆学校创新工程、大规模智慧学习平台创新工程、网络与信息安全保障推进工程、信息素养全面提升工程、网络思政与网络诚信推进工程等九项工程。启动实施上海市教育信息化应用标杆培育校创建工作。

推进“一网通办”工作。研制《上海市教育委员会关于全面推进“一网通办”工作方案及任务分工》，推动市教委9项市级行政审批事项、1项区级行政审批事项全流程接入市政府“一网通办”总门户市教委部门栏目，完成技术对接工作。推进上海市教育考试院2项考试接入市政府“一网通办”公共支付平台。推进“一部门一网站”信息发布类网站整合工作。完成各类政务服务事项清单的梳理和确认工作。

完成2018年度信息化项目申报工作。54个预算单位的207个信息化项目获得市经济信息化委审批同意。组织开展2017年度市本级教育信息化项目验收工作，加强项目绩效管理。

加强网络安全工作。建立市、区、校三级网络安全和信息化工作组织领导体系，落实网络安全责任。落实关键信息基础设施和网络安全等级保护工作，加强网络安全管理和技术防范，实现同步规划、同步建设、同步运行。做好上海合作组织青岛峰会、首届中国国际进口博览会等重要事件节点的网络安全保障工作。组织开展上海市教育行业关键信息基础设施网络安全检查。加强网络安全检查及漏洞通知整改工作。

推进教育信息化融合工程建设。完善教育数据中心IDC服务规范，初步完成教育云服务商准入规则，初步完成网络统一接入管理、云网融合推进方案和网络安全统筹监管方案。研制教育信息化项目管理办法、上海教育数据管理办法。

推进基础教育信息化应用。优化义务教育招生、学籍管理系统、学生综合素质评价系统，加强信息化管理平台的运行维护。扩大数字教材试点应用范围。推进专题教育课程的网络学习，实现全市各区全覆盖。推进实施“一师一优课，一课一名师”部市优课征集工作，全市共有1371所学校参与晒课活动，发动40099名教师晒了44529堂课。组团参加“第三届全国基础教育信息化应用展示交流活动”，上海遴选17个信息化项目参加北京交流。举办“深度学习与智能治理”基础教育信息化论坛，发布上海基础教育信息化发展蓝皮书。开展2018年度基础教育信息化应用典型示范案例的征集评选工作，向教育部推荐10个评选案例。

十一、开展高校毕业生就业创业工作，健全教育服务体系

（一）促进高校毕业生就业创业工作

拓宽毕业生就业领域。指导高校围绕“一带一路”等国家和上海重大发展战略，主动对接人才需求，向重点行业、重点地区、重大工程和重大项目输送毕业生。开拓就业市场，举办上海自贸区-经贸人才专场校园招聘会、长三角地区高校毕业生招聘会和上海市2018届高校毕业生春季校园招聘会等。

引导和鼓励高校毕业生到基层就业。以实施“大学生村官”“三支一扶”“西部计划”“教师特岗计划”等项目为引领，搭建交流平台，宣传先进典型，引导高校毕业生赴基层就业。通过组织学生到西部、基层、重点单位进行现场调研、社会实践、挂职锻炼，让毕业生深入了解国情、了解社会。落实毕业生赴基层就业学费补偿、国家助学贷款代偿及后续升学和就业服务等扶持政策，为毕业生解决后顾之忧。

增强高校毕业生就业创业服务能力。围绕“就业促进、创业引领、基层成长”等重点工作，设置15项专题研究、5个就业创业示范基地、7个就业创业孵化基地、10个生涯示范工作室、20个生涯培育工作室和20个校外实践基地，有针对性地开展相关工作，确保项目落实落细。编撰《2018年上海市大学生创业指导手册》。开展上海市高校毕业生就业创业工作专项督查。

（二）深化创新创业教育

开展创新创业教育。2018年立项上海市级双创项目3618项（其中市属高校2535项），入选国家级双

创项目1761项(其中市属高校825项),支持举办上海大学生学科竞赛活动25项。参加第十一届全国大学生创新创业年会,共入选学术论文10篇,展示项目10个。

搭建成果展示平台。开展第三届"汇创青春"——上海大学生文化创意作品展示活动,征集40余所上海高校9类文化创意学生作品3000余件,在文化场所、园区进行20余场展示展映。遴选部分"汇创青春"优秀作品参展全国大艺展和上海教博会。

组织开展创新创业竞赛和活动。组织开展第四届中国"互联网+"大学生创新创业大赛上海赛区比赛,共有60多所高校和科研院所报名参赛,参赛项目8500多个,参赛学生36000多人次。组织参加全国"互联网+"总决赛,上海高校共获5项金奖、7项银奖、14项铜奖。组织开展上海市"青年红色筑梦之旅"创新创业项目落地对接遵义的实践活动。

(三)提升学生资助工作水平

推进学生资助精准化。落实国家各项学生资助政策,形成"奖、助、贷、勤、免、补"六位一体的覆盖学前、义务教育、高中、中职和大学教育的学生资助政策体系,将预科生纳入高等教育资助范围,确保资助政策不遗漏。发布上海毕业生到农村任教学费补代偿执行口径,充分保障农村任教学生权益。开展学生资助规范管理自查自纠工作,提升高校资助工作质量。

提升资助工作成效。搭建工作平台,定期组织开展资助育人特色活动项目。召开全市高校资助工作论坛,总结资助工作经验,探索未来资助工作规划。开展资助育人工作典型案例征集,共征集案例58篇,评选15篇优秀案例,7个优秀组织单位。

十二、加强教育规范管理,保障教育改革发展

(一)推进教育督导发展

落实督导改革任务。推进《上海市教育督导条例》相关配套制度建设,研制《对市政府相关职能部门和下级政府履行教育职责的督导评估办法》《上海市教育督导飞行检查实施办法》。

开展督政、督学和评估监测工作。完成国家对上海市人民政府履行教育职责评价的迎检工作。完成对奉贤、崇明、普陀、宝山等4区政府履行教育职责的综合督政。推进各区义务教育优质均衡督导评估工作,完成区政府年度履职的自评公报工作。开展幼儿园办园行为督导评估工作。组织开展小学"基于课程标准的教学与评价"落实情况、义务教育阶段民办学校招生、中高、中本贯通、2018年春季、秋季开学工作专项督导。实施2018年国家义务教育质量监测工作。完成市实验性示范性高中发展性督导、中职学校办学能力专项督导整改情况核查工作。组织开展2018年全国职业院校评估。完成教育"十三五"规划实施情况中期评估。

提升教育督导工作专业化水平。完成新一届市督学和市特约教育督导员及市人民教育督察员的聘任工作。完成"全国中小学校责任督学挂牌督导创新区"评估验收工作。推进教育督导信息化与实践研究工作。加强教育督导国内外交流与合作,探索构建长三角地区教育督导一体化合作机制。

(二)加强学校安全管理

加强应急管理和保障能力建设。推进市、区、校视频安防监控平台数据对接,16个区平台与市平台实现数据对接,40%中小学幼儿园平台与市、区平台实现对接。推进学校安全管理平台开发及应用,完成管理软件及APP开发。推进应急预案管理,建立完善学校应急救援处置机制(预案)。加强高校安全信息化工作,更新上海高校保卫网站,启用上海教育安全e站平台。

防范学校安全风险。研制《关于本市加强中小学幼儿园安全风险防控体系建设的实施意见》。开展安全责任签约工作,构筑教育系统安全生产责任体系。对40所高校开展以消防安全为重点的安全隐患专项督查行动。利用信息化平台开展消防安全标准化管理,研制评估标准,全市4091所学校(校区、教学点)完成自查任务,达标率98.85%。开展秋季开学暨首届中国国际进口博览会前期高校安全大检查。开展消防安全大排查大整治行动。推进平安校园建设、高校安全综合防控体系建设。印发《校园设施标示设置标准》，推动校园标志、标示规范化建设。出台高校校园公共服务配套标准。制定上海高校校园快递管理指导意见。修订《上海市教育系统防汛防台预案》，制定《学校防汛防台物资储备标准》。加强系统反恐防范工作。实施消防安全标准化管理。排查整改校园及周边安全隐患，对73所学校开展日常检查和飞行检查。预防和处置学生伤害事故。

加强安全教育。加强中小学生暑期安全教育提示，多渠道开展公共安全教育活动。会同公安部门制作“开学安全第一课”节目。开展公共安全教育师资培训。完成上海市公共安全教育实训基地场馆建设并试运营，成为全国首家中小学生“识险、避险、自救、互救”综合性实训场所。完成873所学校体验教室建设。组织开展上海市第三届大学生安全知识竞赛。试点推进安全教育“样板戏”进入“高雅艺术进校园”采购目录。启动2018年大学生安全教育网络和标准化考试工作，全市60所高校共有137494名学生参与大学生安全教育网络教学的学习。组建上海高校平安志愿者总队。

加强未成年人保护工作。开展预防网络沉迷工作。推进未成年人保护核心指标体系测评工作。加强未成年学生法治教育，开展“春天的蒲公英——小法官网上行”活动。印发《关于进一步加强兼职法治副校长工作的意见》，推进兼职法治副校长工作。印发《关于进一步加强本市学校毒品预防教育及相关管理工作的实施意见》，推进学校毒品预防教育工作。开展中小学生欺凌防治落实年行动。促进专门学校内涵发展。

（三）推进财务审计工作

推进教育投入机制改革。健全生均综合定额标准，完善地方高校财政生均综合定额拨款机制，对师范生和少数民族预科生增加财政生均综合定额。完善内涵建设经费投入分配机制，把高校分类评价结果作为经费分配的重要依据。加强高等教育投入综合监督制度。健全基础教育生均经费标准体系。完善教育经费统筹机制，加大市对区财政教育转移支付力度。试行中职投入机制改革，拟定中职生均经费标准，建立完善中等职业学校生均拨款制度。研究制定大型维修项目经费资助管理办法。完善教育收费管理政策。

实施各类审计业务。坚持分类管理，首次开展市属高校内部审计（基础性状况）评价工作。组建市教委特约审计员队伍，充实审计力量。建立完善经济责任审计、预算执行和其他财政财务收支审计以及专项审计调查5年轮审计划库，将市教委系统89家预算单位全部纳入审计监督范围。2018年共完成审计项目50项，涉及审计金额共计380.26亿元。

强化审计整改闭环管理。研制《两委内部管理领导干部任期经济责任审计工作管理办法》，落实审计整改责任。完善审计整改销号集体决策机制、审计整改联动机制，提升审计整改工作质量和效果。坚持“一对一联系、点对点指导”，严格实行“对账销号”，建立《审计整改台账》，对未整改问题实行动态跟踪。开展审计整改“回头看”，确保整改到位。

加强审计理论研究。形成《上海市教育系统优秀（鼓励）内部审计项目评选成果汇编》。组织开展《内部审计购买社会中介服务的质量监督与控制》课题研究。加强审计规范化建设，形成《审计制度汇编Ⅲ》。

（四）推进依法治教工作

推进依法行政工作。完成《上海市职业教育条例》修订工作。确定年度近30个教育法治和教育公共政策专项任务，建设8家上海教育立法咨询与服务研究基地。完成16项行政审批制度改革专项清理，实现市教委行政审批事项与市政府政务大厅的信息化对接。推进高等教育“放管服”工作。完善市教委“审批——监管”平台建设。推进行政检查“双随机一公开”工作。加强市教委行政规范性文件制度建设。推进《上海市教育委员会关于教育行政处罚的裁量基准（试行）》的修订工作。加强规范教育收费及教育政风行风建设。

推进依法治校工作。组织开展对2017年申报创建的各级各类学校的检查评估，做好2018年依法治校创建申报工作。推动上海大学等7所试点高校深化实施现代大学制度特色建设，健全完善学校内部治理结构。

加强教育系统法治宣传教育。开展全国“学宪法讲宪法”（上海赛区）活动，组织开展“第五届上海市高校大学生法治辩论赛”、2018年上海中学生“新沪杯”法律知识竞赛、“浦江杯”上海青少年法治书画优秀作品征集活动等。举办法治专题培训。做好中央和市委宪法学习宣传专项督查工作。推进教育法治与教育公共政策研究，年度完成20个立项项目。建设“青少年法治教育协同创新中心”。举办第三届“中国教育法治与教育发展高峰论坛”。实施“上海市教育法学人才培养计划”。

（五）深化政务公开工作

加强政务公开工作。在“上海教育”网站新增主动公开政府信息515条，全文电子化率达100%，信息公开专栏访问量达331.96万人次。推进招生等重点领域信息公开工作。规范党政混合信息公开工作，市教卫工作党委、市教委共制发党政合署文件27件，确定为主动公开的文件11件。推进财务信息公开，向社会公开市教委预算系统内高校2018年度预算和2017年度决算信息。开设建议提案办理专栏，公开101件主办件答复。做好依申请公开工作，全年共受理答复信息公开申请77件，落实市政府依申请分办工作，均在规定时间内答复完毕。

实施政务公开评议和培训。制定印发2018年度上海高校和区教育局政府政务公开评议工作实施方案，引进社会专业机构，对高校和区教育局的政务公开、网上互动、信息依申请公开等指标进行独立测评。组织2018年度教育系统政务公开培训，提升教育系统政务公开工作整体水平。

加强政策解读。通过运用文字、表格、图解、视频等多种形式，就关系民生的教育政策和社会关注的教育热点作出政策解读166条，及时为广大学生和家长释疑解惑。举办新闻发布会、新闻通气会、媒体座谈会等总计34场，满足群众知情权。做好市教委主要领导做客“电台民生访谈”和“中国上海在线访谈”工作。通过网上公示、问卷调查、网上评选、教育大家谈等形式开展交流互动共计52项，浏览和参与者达8.7万人次。

（六）加强教育东西部扶贫协作和对口支援工作

落实市级人力资源培训项目。承担市级人力资源培训项目，共培训教育行政管理干部、校长及教师1300余名。选派特级教师等专家团队赴克拉玛依等地讲学。

开展组团式教育人才支援工作。推进“组团式”援藏工作，精心选派4名管理人员和36名学科教师组成支教团赴日喀则市上海实验学校开展组团式定点支教工作。推进“万名支教”援疆援藏工作，选派援藏教师15名，到对口支援的西藏日喀则第二职业技术学校支教；援疆教师170名，到对口支援的喀什地区的莎车县、泽普县、叶城县、巴楚县的15所中小学支教。

推进“1+11”基础教育互助成长计划。指导各区对照签约任务目标落实年度工作计划，深入对口支援地区开展支教讲学，指导结对学校优化学校管理、课程建设和特色打造等工作，接收对口支援地区学校教师、管理人员来沪学习培训。指导大同教育集团与西宁果洛中学开展合作共建。

依托职教联盟实施精准扶贫。成立沪滇职教联盟，坚持资源共享、优势互补，推动两地职业院校全面协作。依托沪喀、沪果、沪遵、沪滇四大职教联盟，搭建东西协作新平台，以促进技术技能型人才培养、提升对口帮扶地区职业教育发展水平作为对口帮扶工作重点，逐步向“造血式帮扶”转变，为对口帮扶地区经济社会发展提供人才支撑。

（七）完善语言文字工作

加强语言文字规范管理。开展普通话水平测试、汉字应用水平测试、实用汉语能力测试。依法加强学校语言文字工作规范化建设。完成对普陀、宝山两个区语言文字工作督导评估，完成对上海开放大学等8

所高校的语言文字工作评估。开展社会语言文字应用监督监测，组织高中学生开展公共场所用字检查“啄木鸟”社会实践活动。联合开展公共场所中英文用字专项检查行动。

组织各类语言文字活动。推进“书香校园”阅读推广行动，打造阅读品牌，发挥引领作用。开展中华经典诵写讲行动。举办上海市 2018 年留学生中国诗文诵读大会、2018 年市民诵读节活动、2018 年上海市民文化节中华诗词文赋大赛活动。开展“书法名家进校园”活动、《中国诗词大会》(第四季)上海地区选手面试选拔活动、上海市中小学师生书法篆刻作品征集活动，联合开展《汉字》巡展活动。推进“中国语言资源保护工程”上海库建设，开展上海方言文化传唱活动。

加强语言文字宣传教育和研究。开展推普脱贫攻坚行动，组织开展第二十一届全国推普周活动。组织语言文字规范化培训。开展服务国家战略的语言研究和上海语言文字事业发展研究，编写出版《上海语言文字事业发展报告(2018 年)》。

(郑秀敏)

综 合 类

【推进习近平新时代中国特色社会主义思想进教材进课堂进头脑】 年内，上海着力深化高校“三圈三全十育人”思政工作综合改革，启动“千万师生同上一堂课”活动，并由此延伸创新打造“实体课堂”“空中课堂”“行走的课堂”，让习近平新时代中国特色社会主义思想入耳入脑入心。一、把握课堂主渠道，使各类课与“同一堂课”同向同行。一是强师资。组建市校两级讲师团，30 位名师组成市级讲师团，各高校组成校级讲师团，发挥名师在解读阐释新思想中的示范引领作用。二是抓备课。坚持问题导向，突出授课内容科学性和针对性，让“同一堂课”成为示范品牌课，与思想政治理论课同向同行。三是总动员。全面推广到位，力求高校全覆盖、师生全覆盖。6 月 4 日，上海高校“学习新思想千万师生同上一堂课活动”动员大会暨首场授课在同济大学启动，2000 余名师生同堂学习。按照市教卫工作党委、市教委工作部署，上海各高校党委书记走上了讲台同上一堂课。二、创新课堂形式，着力打造“实体课堂”“空中课堂”“行走的课堂”，运用师生喜爱并接受的话语和活动形式，提升课堂的亲和力和针对性。“实体课堂”由市校两级讲师团开展全市巡讲，坚持问题导向，注重把握时代发展脉搏，反映理论和实践热点，直面学生思想困惑。各高校在开好“实体课堂”的同时，开通“网络课堂”，组织师生收看网络直播，扩大课堂覆盖面。“空中课堂”发挥高校优势，让新思想走进大众。上海坚持“开门办思政”，推出“奋斗吧，我和我的国”音频、视频直播课。10 讲内容集中阐述传播新思想，紧密贴合新时代发展主题，切中大众关注的现实问题。“行走的课堂”立足顶层设计，注重面向不同对象确立不同实践主题，让师生在亲身参与中认识国情、了解社会，受教育、长才干，学深悟透新思想。以“精准扶贫”“科技创新”“从严治党”“社区管理”“生态环境”等为主题，组织 200 位思想政治理论课骨干教师分赴 10 个省份开展研修。以“追寻总书记的足迹”为主题，组织 500 名哲学社会科学骨干教师赴 15 个省市开展主题实践研修。组织近 70000 名大学生、5000 支主题实践小分队，分赴全国各地开展实践调研。建立长效机制，在浙江湖州、新疆喀什等地建立 10 个社会实践研修基地。深化复旦大学、华东师范大学等 8 所高校学习新思想主题社会实践整体试点改革。试点高校所有课程全覆盖、所有教师全覆盖。“行走的课堂”已开到全国所有省、直辖市、自治区，形成一批高质量的实践研修报告和鲜活的教学案例、课件。三、深化思政工作综合改革，大中小学统筹推进新思想进教材进课堂进头脑。“同一堂课”从高校向中小学延伸。深化学科德育和课程思政教育教学改革，将新思想融入所有课程。将高校所在区域的中学政治课骨干教师纳入“同一堂课”，使活动成为大中小学政治课教师的一次集体备课。组织中小学政治教师收听“空中课堂”，集体备课研讨。中小学政治教师与高校思想政治理论课教师共同组队参加“行走的课堂”，增强一体化建设。 （宗爱东、朱佳樑）

【高校课程思政教育教学改革】 上海高校开展以思政课为核心的课程思政教育教学改革，从战略高度构建以思政课为核心、综合素养课程为支撑、专业课为辐射的三位一体课程思政教育教学体系。课程思政改革全覆盖式推进。市、校两级工作体系基本建成，全员全过程全方位育人格局初步形成。一、构建高校思想政治教育课程体系。在总体部署上，按照“统筹布局、分步实施、滚动发展”的思路，在上海各高校全面铺开，启动整体改革校 12 所、重点改革校12所、一般改革校36所。在工作机制上，按照“党委统一领导、党政部门协同配合、以行政渠道为主组织落实”的思路，建立健全领导体制和工作机制，全市高校成立课程思政改革领导小组，由高校党委书记担任组长，并设立专门办公室推进落实，基本建成较为完备的工作体系。已初步形成以思政课必修课为核心、“中国系列”思政课选修课为骨干、综合素养课为支撑、专业课为辐射的“课程思政”育人同心圆。二、用好课堂教学育人主渠道。创新建设4+1+X思想政治理论课程体系，“4”是中央统一开设的4门思政课必修课，“1”是中央要求开设的必修课《形势与政策》课，“X”是以“中国系列”课程为代表的思政课选修课。“中国系列”思政课选修课程为上海首创，集中阐释习近平新时代中国特色社会主义思想，突出把理论、价值和思政教学目标与校本特色、学科特质紧密结合。开设60余门特色品牌课程，实现高校全覆盖，并推出5门在线课实现全国共享，形成一批示范课堂。突出综合素养课程和专业课程教学的育人导向。重在将价值观培育和塑造融入各门课程，让高校教学回归育人本源、增强价值引领。在全市推出10大“课程思政”示范团队，领衔人多是院士、著名专家学者。以新闻学、经济学、心理学等10个学科为示范，组织学科带头人和思政实践理论专家联手，着手研究制订综合素养课程建设价值标准，围绕体制机制、课程设置、教师选聘以及教学方式等方面，强化政治方向和思想引领。研究制订专业课程育人教学规范和评价标准，编制课程教学指南，推进知识传授与价值塑造同频共振。三、促进教师教书与育人相统一。把教师开展课程思政情况作为评价学校办学方向和人才培养质量的重要指标，以及教师师德评价、绩效考核、职称评审、奖励表彰等的必要条件。把学校开展课程思政情况作为高校落实意识形态责任制的重要内容，并纳入高校党政领导班子绩效考核评价指标。所有高校建立党委教师工作部，明确专职党委副书记负责教师思想政治工作。依托市属高校教师教学激励计划，激励全体教师为本科生主讲专业基础课程，在课堂教学中把价值引领、知识传授和能力培养有机结合起来。引入社会资源，联合上海教育发展基金会评选最美教师，发挥榜样楷模力量，激励教师讲好课、育好人。将提升育德意识和育德能力纳入教师培训体系，作为所有教师培训必备专题。形成市、校两级联动的培训体系，市级层面负责研制方案、开发教材、专题培训；各校参照市级方案，结合实际分类开展校本研修与培训，提升教师课程思政教学能力。推进高校开展“以赛促训”，在课程思政教学竞赛中内化教师认识，提升教师能力。课程思政理念深入人心，思政课质量明显提升。上海高校联合申报的课程思政教育教学改革成果(2018年高等教育)获国家级教学成果奖一等奖。课程思政改革做法作为教育系统唯一成果入选市委“上海改革开放标志性首创案例”。依托课程思政工作体系，组织开展“学习新思想千万师生同上一堂课”，推进习近平新时代中国特色社会主义思想进教材进课堂进头脑，上海大学生“三进”工作成效得到中央和上海市等领导同志批示肯定。“课程思政”被纳入《关于深化教育体制机制改革的意见》《关于高等学校加快“双一流”建设的指导意见》《高校思想政治工作质量提升工程实施纲要》等中央和国家部委文件，上海课程思政改革从地方实践探索上升为国家战略部署。创新建设以课程思政为核心的“三圈三全十育人”上海高校思政综合改革体系，上海获批全国首批“三全育人”综改试点区。1月，教育部在上海召开“加强新时代高校思想政治理论课建设现场推进会”，教育部党组书记、部长陈宝生出席会议并对上海思政课和课程思政工作予以肯定；4月，教育部再次在上海召开“课程思政”建设调研会，教育部副部长林蕙青出席，希望上海课程思政改革工作为全国树立标兵样板。

(宗爱东、朱佳樑)

【推进教育部“三圈三全十育人”综合改革试点区建设】 年内，上海获批入列全国首批“三全育人”试点区(全国共5个省市)。按照教育部要求，市教卫工作党委、市教委(以下简称“两委”)坚持以习近平新时代中国特色社会主义思想为指引，牢牢把握立德树人根本任务，启动“三全育人”综改试点区建设，加快构建全员育人形成系统合力、全过程育人形成有效衔接、全方位育人形成有机联动的“三全育人”新机制，为全面铺开“三圈三全十育人”思政综改奠定基础。聚焦"内圈"抓内容供给改革，着力深化高校以思政课为核心的课程思政教育教学改革和中小学学科德育教学改革。在高校全面深化以思政课为核心的课程思政教育教学改革。在前期实践基础上，形成以思政课必修课为核心、"中国系列"思政课选修课为骨干、综合素养课为支撑、专业课为辐射的"课程思政"育人同心圆，使各类课程与思想政治理论课同向同行、形成协同效应，使所有教师都承担育人使命。上海高校已打造了承载思政育人功能的60多门"中国系列"课、1000多门综合素养课、3000多门专业教育课。"课程思政"成为上海高校思想政治工作的闪亮名片。年内，上海高校课程思政工作获2018年高等教育国家级教学成果一等奖，入选"上海改革开放标志性首创案例"，教育部在沪召开现场推进会，向全国推广上海"课程思政"模式。在中小学持续深化学科德育。研制《上海市大中小幼德育一体化建设工作指导意见》，编制完成历史、道德与法治等9门学科德育教学指南、综合德育活动指导意见、中职课程德育指导意见。形成1000多堂覆盖全学科的示范课、精品课资源库。举办"大中小学政治课程一体化建设探索教学交流会"，搭建各学段政治课教师集体备课平台。深化8个市级协同研究中心建设，建好35个实训基地以及17个班主任带头人工作室。举办"大中小幼德育一体化新时代劳动教育论坛"，研究劳动教育工作方案。举办"新时代基础教育创新发展论坛"，探讨五育并举落实策略。举办"教育综改背景下的中小学德育创新论坛"，全面总结上海中小学德育经验成效。聚焦"中圈"抓主体供给改革，加快构建高校"十育人"和中小学"六育人"工作体系。按照大中小幼德育一体化理念，在各高校积极整合校内育人资源，打通校内育人"最后一公里"。两委指导上海高校积极参与教育部相关项目申报工作，入选教育部首批"思政工作队伍培训研修中心""思政工作精品项目""思政工作创新发展中心"共16项，立项总数列全国首位，为构建高校"十育人"工作体系布局设点。在中小学突出示范引领。评选三好学生、市中小学(中职校)道德实践风尚人物(美德少年)、行为规范示范校、家庭教育示范校、"十佳""百优"班主任，18个案例获评全国中小学德育工作典型经验，数量位居全国首位，为构建中小学"六育人"工作体系奠定基础。聚焦"外圈"抓资源供给改革，加快构建"开门办思政"、家校社协同育人大格局。一是完善家庭教育服务体系。开展工作督查，规范家委会建设，全覆盖建立班级微信群等家校互动平台管理制度。二是研制加强和改进新时代上海未成年人校外教育的意见、加快推进校外教育立法工作。三是加强高中生社会实践工作。建立近1900个学生社会实践基地，提供学生实践岗位逾67万个，2018届高中毕业生志愿服务和公益劳动基本全部达标。启动初中生综合素质评价社会实践工作。四是做好中小学生研学实践教育。举办教育部"全国中小学生研学实践教育活动"现场会，推出一批研学实践精品路线和课程。完成上海市公共安全教育实训基地建设，成为全国首家中小学生"识险、避险、自救、互救"综合性实训场所。上海博物馆等10家单位被命名为教育部"全国中小学生研学实践教育基地"，金山区青少年实践活动中心成为"全国中小学生研学实践教育营地"。五是做好2018年暑期工作。以"争做新时代好少年，缤纷暑期展风采"为主题，动员各方力量，向未成年人提供逾4000个活动项目，引导未成年人通过暑期实践，传承中华传统美德，提升社会责任感、创新精神和实践能力。与团市委共同办好"小学生爱心暑托班"市政府实事工程项目，获市民广泛好评。

(朱佳樑)

【召开全国中小学生研学实践教育现场会】 为庆祝中华人民共和国成立69周年和改革开放40周年，9月28日，由教育部主办，中共上海市教卫工作党委、市教委、市文化广播影视管理局、市旅游局、市交通委员会、市青少年学生校外活动联席会议办公室承办的"携手新时代，美丽中国行——全国中小学生研学实践教育活动启动仪式"在上海东方绿舟青少年校外活动营地举行，同时开通全国中小学研学实践教育网站。现场活动中，由教育部命名的一批研学实践营(基)地为全国中小学生研学实践教育活动广泛开展提供了示范。整个现场活动推广展示了上海研学实践的经验，呈现以下特点。一、整体布局，充分体现正确价值导向。市教委转发了教育部等11部门印发的《关于推进中小学生研学旅行的意见》，抓住庆祝改革开放40周年契机，加强研学旅行实践活动内容的整体设计与布局，充分挖掘党的诞生地——红色基因教育资源，突出"初心之地——革命传统与红色基因""复兴之路——科技创新与经济腾飞""强国之梦——国防教育与国家安全""文化之根——文脉传承与审美意趣""魅力之城——美丽城市与自然生态"等五大板块研学线路主题，并列出考察地点、项目"清单"，引导学生在国情、市情实地考察中、体验感悟中坚定"四个自信"，拓宽视野、增进学识，为承担中华民族伟大复兴的责任与使命而努力。二、搭建平台，着力构建实践教育网络。以营地为纽带、以基地为依托、以区域为支撑，形成互联互通的研学旅行资源网络。目前教育部命名上海研学实践营（基）地23家，其他社会实践基地1800多家，形成学生社会实践研学考察的场所网络。在以往研制爱国主义、公民教育、科学探究等13个教育内容项目系列"版图"的基础上，又编制《上海市未成年人社会实践资源图谱》，为学校组织学生参加研学教育实践提供支撑。三、加强联盟，积极开发实践课程资源。基地营地注重馆馆联盟、馆校合作建资源。如钱学森图书馆探索开展探究性学习，对教育资源进行重新梳理和整合，确立了四大教育模块：爱国教育模块、科普教育模块、国防教育模块、实践教育模块，提供主题参观、自主学习、专题讲座、现场教学、动手体验课程，由活动先导、讲解活动、特色体验活动、活动探究卡等构成分学段的课程体系，激发不同年龄学生的学习兴趣，增强基地资源的趣味性和丰富性。目前研学基地营地开发研学实践活动课程60多门，研学实践活动线路近百条。四、手段多样、丰富开展研学实践活动。聚焦研学教育实践行与学统一、研与习统一、教与学统一，基地营地形成了手段丰富，载体多样的教学教育案例。如四行仓库的浸润式学习方式、龙华烈士陵园的情境式学习方式，自然博物馆的探究式学习方式及其他场馆基于项目式的学习方式，给学生带来强烈的获得感。年内，仅东方绿舟接待新疆喀什、云南和贵州遵义等中西部地区学生来沪开展研学实践活动达5030人次，上海学生跨省市研学实践有36655人次。

（邹　竑）

【举办长三角中小学德育创新论坛】　11月21—22日，教育综合改革背景下的中小学德育创新论坛在奉贤区举行。本次论坛由上海市教育委员会、奉贤区政府联合主办，奉贤区教育局、市学生德育发展中心联合承办。教育部基础教育司、中国教育学会、上海市教育学会、全国德育学术委员会等部门和单位的领导及知名教育专家，以及来自长三角地区三省一市（安徽、浙江、江苏、上海）教育部门的有关领导、专家以及校长、教师代表等500余人参加此次论坛。中国德育、中国教育报、解放日报、文汇报、上观新闻、上海教育等多家媒体对本次论坛进行了深入报道。本次论坛是在长江三角洲区域一体化发展上升为国家战略之时，在学习贯彻全国教育大会精神，落实教育部《中小学德育工作指南》，大力推进教育现代化之际召开的一次长三角地区德育盛会。论坛围绕"贯彻《中小学德育工作指南》，构建'立德树人'一体化实施机制"主题，进行了深入的交流与研讨，旨在进一步深入学习贯彻习近平新时代中国特色社会主义思想，落实全国教育大会精神，坚持立德树人根本任务，依托长三角一体化发展战略，全面贯彻创新、协调、开放、共享的新发展理念，推动教育综合改革背景下的中小学德育工作创新发展。一是构建长三角德育联盟新机制，推动长三角德育新发展。签署《长三角地区中小学德育联盟合作备忘录》，启动长三角德育联盟微信公众号，构建"长三角德育一体化"教育共同体，以提供人才支撑、促进资源共享、实现共同发展为重点任务，大力开展更大范围、更高水平、更深层次的德育合作交流，探索如何培养践行社会主义核心价值观、担当民族大任的德智体美劳全面发展的时代新人交流研讨机制，形成"携手同行、智慧共享、顶层设计、典型示范、重点突破"的长三角中小学德育工作合作新局面，构建长三角区域德育发展新机制，着力落实新发展理念，构建更高起点的育人格局。教育部基础教育司副司长俞伟跃对本次论坛的举办给予高度肯定，他认为通过本次论坛建立起了推进长三角地区德育工作改革发展的有效新机制，体现了长三角地区教育工作者宽广的教育视野、敏锐的时代洞察力、高度的教育自觉和勇于改革创新的精神，对构建长三角教育一体化具有重要现实意义和战略意义。二是拓宽德育工作新视野，分享德育工作新经验。为期两天的论坛期间，专家学者、教育行政部门管理者、学校实践者围绕“贯彻《中小学德育工作指南》，构建‘立德树人’一体化实施机制”论坛主题，从“课程育人——系统性与一体化”“行走的德育——体验中的感知”两大板块进行了深入交流与研讨。与会者纷纷表示本次论坛分享了长三角地区德育工作的新视角、新理念、新路径、新方法、新经验，为大家进一步推进新时代中小学德育工作提供了新思路。同时，本次论坛还专设了“专家视角”微报告板块，国内知名教育专家从课程育人、德育一体化体系构建、劳动教育实施等方面做了专题发言，使与会人员对如何进一步贯彻好《中小学德育工作指南》，培养德智体美劳全面发展的社会主义建设者和接班人的认识不断深化。三是明确德育工作新方向，构建德育一体化新格局。本次论坛上，上海市教委以“构建一体化育人大格局”为题，全面总结了近年来上海积极探索大中小德育一体化建设，“从德育学科到全学科德育”“从校园到社会”“从线下到线上”，一体化构建大中小学各学段纵向衔接、课内课外网上网下横向贯通、学校家庭社会协同融合的全员、全程、全方位的育人新格局，全力推进社会主义核心价值观教育落地生根的探索和实践。　（江伟鸣、孙　红）

【贯彻落实全国教育大会精神】 市教卫工作党委、市教委印发《中共上海市教育卫生工作委员会关于认真学习贯彻全国教育大会精神的通知》《中共上海市教育卫生工作委员会　上海市教育委员会关于深入学习贯彻全国教育大会精神的若干意见》，从几方面抓好贯彻落实。一是组织全市各高校、各区教育部门领导班子成员开展专题培训，进行全面深入学习，并组建报告团（讲师团），在教育系统进行广泛宣讲，全方位、多层次学习领会大会精神。二是召开教卫系统人才工作专题会议，制订出台教卫系统高层次人才队伍建设实施办法、高校青年英才揽蓄工程、教师队伍师德师风建设等配套文件，把中央和上海市委关于新时代教师队伍建设改革的部署贯彻落实到位。三是召开市委高校思政工作领导小组专题会议，围绕立德树人根本任务，专题研究上海“三全育人”综合改革试点区建设方案、马克思主义学科建设、基层党建等工作，谋划形成推进落实策略。　（孙　勇）

【深化教育体制机制改革】 市教卫工作党委、市教委以上海教育综合改革中期评估报告作为重要参考，结合新形势新要求和基层改革发展遇到的新问题、新困惑，明确未来三年上海需要深化的改革领域，制定并印发《上海市教育综合改革领导小组办公室关于深化教育体制机制改革推进教育综合改革的实施意见》，以聚焦回应学生对教育教学的美好期待、聚焦回应家长对高质量多元教育资源的美好期待、聚焦回应经济社会发展对智力服务水平和人才培养质量的美好期待、聚焦回应学校对优化政府教育治理的美好期待、聚焦回应教师对队伍建设管理服务的美好期待为关键方向的重点任务，以完善组织领导体制、完善工作推进机制、完善监督检查机制为关键支撑的保障措施，旨在吹响上海教育综合改革未来三年冲刺“号角”，加快率先实现教育现代化的冲刺步伐。　（孙　勇）

【分层推进教育综合改革】 上海自启动教育综合改革以来，从部市战略合作、市级统筹推进、区和高校分类推进三个层面，构建形成全市教育综合改革分层分类推进落实体系。部市战略层面，4 月 22 日，教育部、上海市政府在沪召开深化上海教育综合改革 2018 年度工作推进会，回顾总结 2017 年进展情况，研究部署 2018 年各项工作。市级统筹层面，市教育综合改革领导小组议事决策机制高效运转，研究决策一批教育综合改革重点、热点、难点政策。各区和高校推进层面，按照既定的时间表、路线图落实改革任务，积累一批制度经验，树立一批深化教育综合改革典型案例。　（孙　勇）

【督查督办工作】 按照市委、市政府有关督查工作的要求，加强对整体任务和重点工作跟踪督办，确保各项教育改革工作有序推进。一是开展市领导决策指示事项督办。将市委常委会议、市政府常务会议、市委专题会议、市政府专题会议、市教育综合改革领导小组会议等决议事项，以及市领导赴基层调研指示事项列入督查督办工作范围，梳理形成市领导指示抄告单127件，开展月度事项跟踪，督办事项进程。二是开展市政府重点工作督办。对市教委牵头的12项重点工作以及59项部门目标开展月度、季度、半年度及全年完成情况小结，组织开展年度绩效考核。三是开展领导批示事项督办。对539件领导批示件和办公厅拟办意见落实推进办理工作。编制形成12期市领导和两委领导批办列督事项完成情况抄告，协助领导统筹推进教育综合改革发展工作。四是开展专项大督查。组织开展2018年督查检查考核专项清理和2019年督查检查考核项目申报，配合完成国务院第五次大督查和整改、公办初中强校工程等专项督查。（张玲燕）

【教育信息报送】 围绕上海教育综合改革工作的重点、难点和热点问题，共编发《每周教育信息》30期，《教育工作简报》15期，《上海教育工作情况专报》37期，《上海教卫安全稳定专报》119期，全国两会、全国教育大会约稿5篇等信息。一是全面反映上海各级各类教育改革发展的新经验新成效。收集整理上海教育综合改革发展的新举措新成效，包括上海3岁以下幼儿托育服务管理、实施百所公办初中强校工程、地方高水平大学建设、中英数学教师交流项目、文化学科类校外合格培训机构公布等；报送特定时间节点反映上海教育相关情况信息，如在义务教育阶段公办和民办中小学校同时招生、春季高考、秋季高考前后，报送上海相关工作进展情况，在全国“两会”、全国教育大会、习近平总书记考察北京大学等期间，报送上海高校干部师生的反响和热议情况。二是全面提升教育信息工作科学化水平。深入做好信息综合开发，牢固树立质量意识，打造信息精品，向领导提供具有决策参考价值的深层次信息，更好地发挥信息工作辅助决策的参谋助手作用；开展信息报送培训交流，举办年度上海市教育系统办公室信息报送工作培训班，进一步提高专业技术能力。（张玲燕）

【政务公开工作】 围绕教育重大决策部署和公众关切，着力保障教育公平和提升教育质量，全面推进决策、执行、管理、服务、结果公开。一是加强政务公开工作。在“上海教育”网站新增主动公开政府信息515条，全文电子化率达100%，信息公开专栏访问量达331.96万人次；推进招生等重点领域信息公开工作；规范党政混合信息公开工作，市教卫工作党委、市教委共制发党政合署文件27件，确定为主动公开的文件11件；推进财务信息公开，向社会公开市教委预算系统内高校2018年度预算和2017年度决算信息；开设建议提案办理专栏，公开101件主办件答复；做好依申请公开工作，全年共受理答复信息公开申请77件；落实市政府依申请分办工作，均在规定时间内答复完毕。二是实施政务公开评议和培训。制定印发2018年度上海高校和区教育局政府政务公开评议工作实施方案，引进社会专业机构，对高校和区教育局的政务公开、网上互动、信息依申请公开等指标进行独立测评；组织年度教育系统政务公开培训，提升教育系统政务公开工作整体水平。三是加强政策解读。通过运用文字、表格、图解、视频等多种形式，就关系民生的教育政策和社会关注的教育热点作出政策解读166条；举办新闻发布会、新闻通气会、媒体座谈会等总计34场；市教委主要领导做客“电台民生访谈”和“中国上海在线访谈”；通过网上公示、问卷调查、网上评选、教育大家谈等形式开展交流互动共计52项，浏览和参与者达8.7万人次。（郑秀敏）

【推进“一网通办”工作】 根据市委、市政府关于“一网通办”的精神和部署，市教委将9项市级行政审批事项接入市政府“一网通办”总门户上海教委部门栏目，并根据工作时间节点完成技术对接工作；按照“一部门一网站”的要求，排摸委属信息发布类网站，并对市教委层面的政府网站开展整合，12月底前实现市教委所有政府网站子网站的关停。根据《上海市公共数据和一网通办管理办法》等文件要求，做好各类政务服务事项清单的梳理和确认，推进公共数据整合共享工作，对照“责任清单”开展数据归集和整合，于12月底完成编制数据目录29个、信息项451条，覆盖“一网通办”责任清

单61条，初步完成数据汇聚，并实现与市大数据中心统一交换平台对接。（李　曼）

【发布《上海市教育信息化2.0行动计划(2018—2022)》】 依据《国家教育事业发展“十三五”规划》《教育部教育信息化2.0行动计划》《上海市教育改革和发展“十三五”规划》等文件精神，结合国家和上海市重大战略任务安排，研究和制定《上海市教育信息化2.0行动计划(2018—2022)》，于9月正式印发。（李　曼）

【创建上海市教育信息化应用标杆学校】 10月，制定和出台《上海市教育信息化应用标杆学校创建工作实施方案》，启动实施上海市教育信息化应用标杆学校培育工程，指导各区教育局遴选标杆培育学校。（李　曼）

【共建托管复旦大学上海医学院及其直属附属医院】 12月21日，教育部、国家卫生健康委员会、上海市人民政府共建托管复旦大学上海医学院及其直属附属医院签约仪式正式举行，三方签署共建托管协议。支持复旦大学率先纳入综合性大学医学教育管理体制改革试点，加快建设世界一流医学院和世界一流医学学科，更好地服务健康中国战略、服务上海具有全球影响力的科技创新中心和亚洲医学中心城市建设。教育部对复旦大学上海医学院及其直属附属医院的改革发展给予指导和支持，在保持原有支持不变的基础上，进一步加大经费和政策支持力度；同意复旦大学上海医学院领导班子纳入上海市委管理。国家卫生健康委员会支持复旦大学上海医学院及其直属附属医院加强医教协同管理，在保持体制不变的原则下，支持复旦大学6家直属附属医院纳入上海市“同城同管”体系。上海市人民政府加强对复旦大学上海医学院及其直属附属医院的领导和支持，赋予复旦大学上海医学院统一社会信用代码，将上海医学院纳入上海高水平地方高校建设。（黄海洋、秦晋一）

【推进高水平地方高校试点建设】 年内，市教委研究制定《关于遴选新一批研究型高校开展高水平地方高校试点建设方案》，启动新一批高水平研究型高校建设工作。市教育综合改革领导小组第五十五次专题会议审议同意相关高校建设方案。复旦大学上海医学院明确一流学科建设、卓越医学人才队伍建设、高水平拔尖医学人才培养等5个方面的建设内容，整体开展高水平地方高校建设。上海师范大学聚焦教育学、中国语言文学学科，着力加快国内一流学科建设。华东政法大学聚焦政治学、法学学科，加快建设国际知名、国内领先，法科一流、特色鲜明的高水平应用研究型大学。上海戏剧学院聚焦戏剧与影视学科，加快建设国内领先、世界一流高等艺术院校。上海海事大学聚焦交通运输工程、管理科学与工程学科，建设具有海事与物流特色的世界一流大学。（黄海洋、秦晋一）

【启动高水平地方应用型高校建设工作】 为深入落实《上海市深化高校改革建设高水平地方高校试点方案》，促进高等学校分类发展，顺应应用技术型、应用技能型高校改革需要，经市教育综合改革领导小组第五十二次专题会议审议，并经市政府同意，市教委等七部门印发实施《关于推进高校分类发展实施高水平地方应用型高校试点建设方案》，启动高水平地方应用技术型高校建设工作。根据2017年度高校分类评价结果，并兼顾工程类、人文社科类等高校类型，市教委将上海电力大学、上海工程技术大学、上海应用技术大学、上海立信会计金融学院纳入遴选范围。11月，经过专家评审并报请分管市领导同意，市教委参照高水平地方高校建设模式，支持上海电力大学以能源电力为特色，聚焦清洁安全发电、智能电网、智慧能源管理三大学科专业，整体开展高水平地方应用型高校试点建设；参照高水平地方高校(学科)建设模式，分别支持上海工程技术大学聚焦交通运输工程类学科专业、支持上海应用技术大学聚焦香料香精技术与工程类学科专业、支持上海立信会计金融学院聚焦金融会计类学科专业开展高水平地方应用型高校试点建设。市教育综合改革领导小组第五十五次专题会议审议同意相关高校建设方案。（秦晋一、黄海洋）

【优化上海高校布局结构】 根据《上海高等学校设置"十三五"规划》安排，市教委科学优化高校布局结构，提高高等教育质量和水平，支持上海立达职业技术学院升格为本科民办高校；支持上海电力学院更名为上海电力大学。为支持民办高等教育发展，进一步优化高校布局结构，更好服务上海及长三角区域社会经济发展需要，市教委支持符合条件的民办高职院校升格为本科高校。上海立达职业技术学院办学条件基本符合教育部《普通本科学校设置暂行规定》的各项要求，学校于2017年向市教委申请设置为本科学校。2017年12月，市教委组织专家对相关工作进行评议。2018年3月，市政府批复同意以立达职院为基础组建上海立达学院，2018年5月，教育部对相关工作进行备案。为更好服务国家能源电力发展战略，满足上海及长三角地区经济社会建设对高水平复合应用型人才的需求，支持学校提高办学水平，市教委指导上海电力学院积极开展更名大学申报工作，并组织本市全国院校设置评议委员会委员和相关委办局领导组成专家组，就学校更名工作进行了评议审核。2018年1月26—27日，教育部院校设置专家组赴上海电力学院论证评议学校更名事宜。2018年11月，教育部批复同意上海电力学院更名为上海电力大学。

（黄海洋、秦晋一）

【评选表彰优秀教育工作者】 年内，上海评选表彰一批优秀教育工作者。一、设立"教育事业杰出贡献奖"。市政府授予于漪"教育事业杰出贡献奖"。经市教委推荐，于漪作为基础教育界的唯一代表，入选庆祝改革开放40周年100名"改革先锋"人物，由党中央、国务院授予"改革先锋"称号，颁授"改革先锋"奖章。二、评选第四届"上海市教育功臣"。2018年上海开展第四届"上海市教育功臣"评选表彰工作。经基层推荐、专家评审、网上公示、市政府批准，卞建鸿、庄松林、邱蔚六、周美琴、郑时龄、闻玉梅、徐红、鲁慧茹8名教师获"上海市教育功臣"荣誉称号，其中普教系统和高教系统各4名教师。王伟娟、田禾、芦秀兰、杨荣、杨国荣、吴卫国、应彩云、张民选、徐向东9名教师获"上海市教育功臣"提名。三、推选"上海市'四有'好教师（教书育人楷模）"。赵东元、张志愿、朱美芳、于丽红、滕平、杨春平、吴闻蕾、丁向阳、唐群9名教师获上海市"四有"好教师（教书育人楷模）称号，查明建等14名教师获提名。上海推荐的本溪路幼儿园教师应彩云获2018年"全国教书育人楷模"称号（全国共10名教师获选）。四、表彰宣传。9月8日，市委市政府举行上海市庆祝第三十四个教师节座谈会，获奖教师参加座谈。市委副书记、市长应勇主持座谈会，市委副书记尹弘、市委常委诸葛宇杰、副市长翁铁慧等领导出席。市教委举行"致敬最美教师——上海市庆祝第三十四个教师节主题活动"，表彰获奖教师，宣传典型事迹。上海各主要媒体通过多种形式对获奖教师先进事迹进行了广泛宣传。

（沈　燕）

【特级校长评审和流动工作】 年内，开展第七批上海市特级校长评审工作。经基层考核推荐，共有148名校长（含书记，下同）申报特级校长，其中申请流动校长53名。经评审并公示，共83名校长取得特级校长资格，其中申请流动校长33名。为进一步提升新评特级校长的专业水平，市教委举办2018年上海市特级校长研修班。2018新学年，33名流动特级校长全部进入流动学校全职工作3年，其中22名初中及以上学段的校长流动到公办初中强校工程实验校。（沈　燕）

【开展中专技校正高级讲师评聘试点】 上海首次试点开展中专技校正高级讲师评聘工作。市教委和市人力资源社会保障局联合印发试点工作文件，制订评审条件，明确评聘范围、申报条件、评聘程序等要求，并召开专题会议部署试点工作。经个人申报、学校考核推荐、学校上级主管部门审核同意并公示，共有23所学校的37名教师申报。经审核，19所学校的28名教师符合申报条件进入评审程序。上海组建市中专技校正高级讲师专业技术职务任职资格评审委员会负责评审工作。经学科组专家评审、高评委全体会议投票表决并公示，11名教师取得正高级讲师任职资格，涵盖财管、机械、化学、外语、政教、艺术等专业学科。（沈　燕）

【第四期普教系统名校长名师培养工程启动】 第四期“上海市普教系统名校长名师培养工程”于7月2日启动。计划实施3年(2018—2021年),针对不同梯队的培养对象,设置三大培养计划,分别是:“高峰计划”“攻关计划”和“种子计划”。第四期“双名工程”体现了新时期上海基础教育高端人才培养的四大原则:坚持问题导向与任务引领相结合;坚持实践提炼与思想凝练有机结合;坚持高端培养和学历提升相结合;坚持个体专业提升与学校共赢发展相结合。特别聚焦两大难题:助力初中“强校工程”建设和信息技术构建全学科段知识图谱建设。通过建立部门协作、专业指导、区域协同的工作机制,汇聚国际国内一流教育专家资源,共同培育适应上海率先实现教育现代化的教师人才队伍。

(张　瑾)

【实施“援藏援疆万名教师支教计划”】 根据教育部、国家发展改革委、财政部和人力资源社会保障部等四部门联合下发的《援藏援疆万名教师支教计划实施方案》,上海市首批选派援藏援疆支教教师共计185人,其中援藏教师15人、援疆教师170人,在藏在疆时间为一年半。为做好援藏援疆教师选派和组织管理,市教卫工作党委、市教委开展调研对接,着力加强顶层设计,加强团队自我管理,落实教师保障政策。出台《上海市教育委员会　上海市发展和改革委员会　上海市财政局　上海市人力资源和社会保障局　上海市人民政府合作交流办公室关于做好“援藏援疆万名教师支教计划”选派管理工作的指导意见》,将支教教师工作纳入援藏、援疆对口合作交流机制框架,给予经费支持,并落实管理责任和各项保障。制定《上海市支教教师管理规定(试行)》,加强团队自我管理,实行层级管理,落实分工,压实责任,打造一支组织严密、纪律严明、作风优良的团队。

(张　瑾)

【实施高校特聘教授(东方学者)和青年东方学者岗位计划】 深入推进高校特聘教授(东方学者)和青年东方学者岗位计划,支持和鼓励高校引进具有较大发展潜力的优秀人才。经过特聘教授(东方学者)岗位计划的培养资助,东方学者人才队伍涌现了一批杰出专家。高校特聘教授(东方学者)岗位计划已成为上海高等教育领域中的品牌人才项目。2018年共有30所(部属8所、市属22所)高校推荐“东方学者”申请者247人,其中特聘教授183人、讲座教授37人、跟踪计划27人。17所市属高校推荐“青年东方学者”申请者152人。经形式审查、书面评审、答辩评审、到岗情况排摸等环节,共确定95人入选2018年度高校特聘教授(东方学者)岗位计划,其中特聘教授82人、讲座教授5人、跟踪计划8人,54人入选2018年度高校“青年东方学者”岗位计划。

(李　森)

【深化高校职务聘任制度改革】 一、进一步优化上海高等学校专业技术岗位设置管理,出台《关于进一步优化上海高等学校专业技术岗位设置管理的意见》。分类设定高校高级专业技术岗位比例。支持国家“双一流”建设高校,地方高水平建设试点高校,高峰高原学科建设高校高级专业技术岗位比例在基准比例的基础上进一步提高。建立高校优秀人才岗位支撑机制,“高峰人才”和高层次人才不占所在高校的正高级岗位结构比例。支持高校设置流动性创新岗位,建立教师和企业合理流动的机制。二、进一步优化上海高等学校教师职务和其他专业技术职务聘任管理。2018年起将高校职称评审权完全下放至所有高校。完善高校教师职务和其他专业技术职务聘任制度,推进成果分类评价。三、研究建立高校党务工作队伍“双线”晋升机制。推动高校思想政治工作队伍和党务工作队伍专业化职业化建设,探索职务、职级“双线”晋升办法和保障激励机制。出台《上海市高等学校党务工作人员专业技术职务评聘办法(试行)》,确定上海大学、上海中医药大学、上海工程技术大学为首批党务工作人员专业技术职务评聘试点高校。　(钱晓杭)

【学前教育工作】 一、学前教育基本情况。全市共有幼儿园1627所,其中公办幼儿园1004所,占总数的61.71%,民办幼儿园623所,占比38.29%。在园幼儿数为57.14万人,其中公办园在园儿童40.36万人,占总数的70.63%;民办园在园儿童16.78万人,占比29.37%。全市幼儿园占地面积

945.71 万平方米，建筑面积 659.76 万平方米。全市普惠性幼儿园占比达 80%，全市接受普惠性学前教育服务的幼儿占在园幼儿总数的 87%，一级及以上优质幼儿园数量占全市幼儿园总数的 35%。基本形成了以政府主导、社会参与、公民办同步发展的学前教育事业格局。二、关注内涵发展，促进保教质量提升。推进“幼儿园玩教具建设”“学前教育医教结合”“幼儿园信息化建设”“优质民办幼儿园创建”等项目的实施和研究，通过构建学前教育质量监测和评价体系，研制《上海市幼儿园办园质量评价指南》，研制《上海市幼儿园装备指南》，开展学前教育信息化管理的标准研制。年内，承办全国学前教育宣传月启动仪式，获全国幼儿园自制玩教具展评活动第一名，在基础教育国家级教学成果奖的评比中，获一等奖 1 项，二等奖 3 项。（瞿佳杰）

【市级财政高等教育经费投入机制改革】 健全生均综合定额标准体系。建立包括财政拨款收入和学费收入在内的生均综合定额标准。在此基础上，对师范生增加财政生均综合定额。在教育部拨款基础上，对少数民族预科生增加财政生均综合定额。开展高校生均培养成本调查研究，为进一步建立合理的高校生均拨款标准，为调整和健全生均综合定额制度奠定基础。完善以绩效评价为核心的内涵建设经费分配制度。适当保证内涵建设经费规模，降低项目支出拨款比例，增强学校统筹安排经费的能力，从市教委本部安排的专项中划出经费纳入地方高校内涵建设经费，整体下达学校部门预算，由学校自主统筹安排使用。完善内涵建设经费投入分配，将分类评价结果作为经费分配的重要依据，将委属高校分类评价结果与 2019 年内涵建设经费分配直接挂钩，体现评价结果的导向作用。打通基本办学经费和内涵建设经费。在完善对地方高校办学绩效评价的基础上，地方高校经常性经费按照生均综合定额和内涵建设经费分别测算后，整体打包纳入学校部门预算，由学校按规定统筹安排。加强以项目支出绩效管理为目标的综合监督制度。进一步落实市教育综合改革领导小组通过的高等教育投入评估咨询机制，开展对上海高等教育重大投入政策的咨询评估，加强对财政高等教育经费使用情况和绩效进行督导和检查等。委托高等教育投入评估咨询委员会对纳入高水平地方高校试点建设范围的 7 所高校开展专项调研。指导高校完善预算执行管理机制，督促高校健全经费管理制度，推进高校内控机制建设。（张　茜）

【制定委属高校房屋、设施大型维修项目经费资助政策】 根据国家和上海有关规定，结合委属高校实际情况，市教委会同市财政局研究制订《上海市教育委员会所属公办高等学校房屋、设施大型维修项目经费资助管理办法（试行）》。该办法规定，市教委所属公办高等学校房屋、设施大型维修项目来源于委属高校维修项目库，实施统一归口管理。经费资助应符合的条件包括：一是已纳入委属高校维修项目库，并具备出库评审条件。二是实施整体大型维修的房屋建筑物及附属设施和公共设施，连续使用年限不得少于 15 年，且距离最近一次大型维修时间不得少于 10 年。房屋建筑物出现安全隐患，严重影响学校正常运行，并经第三方专业部门检测认定的除外。三是实施整体维修的文物建筑、古建筑和历史建筑，应符合上海有关规定，具备项目实施条件。四是项目概算金额一般不低于 1000 万元。优先支持的项目主要为存在严重安全隐患的学校重要房屋建筑物及附属设施与公共设施和市委、市政府确定的重大维修项目以及经上海市文物局等部门认定，需尽快组织实施维修的文物建筑、古建筑和历史建筑。不纳入资助范围的项目主要为非学校自有产权或产权不清晰的房屋建筑物及附属设施和公共设施、长期对外出租出借的房屋建筑物及附属设施和公共设施、经营性楼堂馆所和行政办公用房。市教委综合考虑项目轻重缓急、财力状况以及学校维修项目管理工作规范情况，每年从委属高校申请出库项目中遴选符合要求的大型维修项目，纳入经费资助范围，并开展出库评审。

（杨雁俊）

【市属高校内部审计评价工作】 市教委首次组织开展市属高校内部审计（基础性状况）评价工作。为进一步规范高校审计行为，推进高校审计工作与实现高等教育治理体系和治理能力现代化相匹配，围绕两委高校分类管理重点任务，在前期课题研究、构建评价指标体系以及广泛征求意见的基础上，市教委印发《上海市教育委员会关于开展上海市属高校内部审计（基础性状况）评价工作的有关通知》，组织开展专题业务培训、高校自评价和材料上报、专家复评等工作，并形成汇总分析报告。评价工作坚持问题导向，并充分利用本次评价结果，通过召开评价结果反馈会、书面正式反馈等多种方式，深入分析评价过程中发现的上海市属高校内审工作存在的主要问题，提出改进建议；同时将评价结果纳入市属高校分类管理评价体系。通过评价，各市属高校加强和完善了内部审计工作制度，实现了"以评促建、以评促改、评建结合、重在建设"的目标。此项工作在全国省级教育部门审计领域属于领先举措，得到教育部的充分肯定。

（周　琳、张　娅）

【开展预算执行和其他财政财务收支审计】 首次对上海师范大学附属中学等6家市教委部门预算单位开展预算执行和其他财政财务收支审计。具体举措：一是建立部门联动机制。在准备阶段，结合近年来财政陆续推进的预算管理要求，市教委审计处会同财务处共商审计工作方案，并报委领导审定，同时共同组织召开审计集中进点会，明确审计要求；在实施阶段，问题定性出现争议时与政策制定部门联系，明确政策边界，确保定性准确；在报告阶段，邀请部分业务处室参加审计意见交换会，加强政策宣传、明确财经纪律。二是深入分析问题产生的深层次原因。通过剖析预算执行为零等典型案例，揭示预算管理链深层次缺失或不到位的原因，提出审计意见和建议；同时关注体制机制性障碍和制度性缺陷，形成《审计报告抄告单》抄送有关部门，发挥审计建设性作用，促进完善制度、破解"卡脖子"问题。三是加强审计结果运用。在2019年部门预算编制布置会议上，市教委主任通报审计发现主要问题，提高预算管理意识；市教委财务处根据审计建议，积极与市财政协调，首次开始规范有关单位预算调整程序等，科学核定初始调整比例，逐年降低；建立审计结果与预算拨款挂钩机制，倒逼有关单位提高预算精细化管理水平。

（周　琳、张　娅）

【普通高校考试招生】 稳步推进高考综合改革，做好相关文件的发布工作、高考各项考务工作、高考招生录取工作。4月4日，市政府发布《关于进一步深化本市高考综合改革试点工作的若干意见》，配套发布政策解读。随后各高校2020年选考科目要求向社会公布，落实《关于进一步深化本市高考综合改革试点工作的若干意见》的有关要求。春季考试招生、专科层次依法自主招生、面向应届中等职业学校毕业生招生工作均平稳完成，秋季统一高考顺利实施。秋季统一高考与相关录取工作，呈现出四方面特点：一是投档成功率较高，考生在参考2017年各类数据的基础上，志愿填报更加精准。二是外省市高水平大学的整体位序基本保持稳定，不同高校的院校专业组之间呈现投档分数交错的现象，考生的个性选择得到体现。三是外省市高水平大学均一次投满，生源充足且良好。四是综合评价录取改革校测规范，平稳有序，各校高度重视《上海市普通高中学生综合素质纪实报告》的使用，并将其作为综合评价录取改革试点招生选拔的重要参考。

（游　畅）

【高校学生资助工作】 上海市进一步完善高等教育学生资助政策、加强监管，落实"不让一个学生因家庭经济困难而失去终身发展的机会"的庄严承诺。一、精准资助，确保资助政策落实。坚持"广覆盖、保基本、不遗漏"，形成"奖、助、贷、勤、免、补"六位一体的学生资助政策体系。年内，全市普通高等学校共资助学生238.06万人次，资助总金额26亿元。二、扩大宣传，营造良好社会氛围。深入推进"精准资助"和"资助育人"两项重点工作，加大政策宣传力度，做到资助政策宣传全覆盖。充分挖掘、大力宣传受助优秀学生典型，充分发挥其励志、引领作用，传播正能量。三、加强交流，提升资助工作成效。高度重视高校资助育人工作，积极营造帮助学生成长成才与各项资助举措紧密结合的资助育人氛围，搭建各类工作平台，开展全市高校资助工作论坛、评选资助育人工作典型案例等多项活动，

促进育人工作健康发展。（乔发超）

【上海高校科研能力显著增强】 上海高校通过各种渠道获得的科技总经费185.19亿元，其中为社会企事业服务所得科技经费45.95亿元，占总经费的24.81%。发表学术论文71225篇，其中在国外期刊上发表41239篇；申请专利12278件，获专利授权6465件，专利拥有数33615件。上海高校获国家科学技术奖（含参与）29项（人），占全市获奖总数的61.70%。上海高校在国家自然科学奖、国家技术发明奖、国家科技进步奖均有收获，其中获国家自然科学奖二等奖3项，占全市获奖总数的100%；获国家技术发明奖3项，占全市获奖总数的42.86%；获国家科学技术进步奖23项，占全市获奖总数的62.16%。全年上海市科学技术奖（含参与）共计179项（人），占全市全部授奖项目总数的59.7%，其中一等奖（含参与）42项，占全市获奖总数的76.4%。全年上海高校从各种渠道获得人文社科研究经费总额20.04亿元，其中政府投入13.35亿元，企业委托经费4.3亿元，其他经费2.39亿元。开展各类研究课题25098项，其中基础研究15597项、应用研究9501项。（陈　悦）

【推进落实“双一流”建设】 加强顶层设计和总体规划，多措并举，继续深化部市共建合作，扎实推进上海高水平地方高校建设计划和上海高校高峰高原学科建设计划，加快推进上海“双一流”建设。紧扣国家要求，结合上海高等教育改革发展实际，市政府印发《关于本市统筹推进一流大学和一流学科建设实施意见》，统筹支持在沪高校开展“双一流”建设。实施《上海市高等教育促进条例》，通过重点投入、政策支持、资源保障等措施，促进上海一流大学和一流学科建设。承办9月28—29日教育部在沪举行的全国首次“双一流”建设现场推进会，部市主要领导，全国140所“双一流”建设高校和33个省级教育行政部门的主要负责人，以及部市有关部门负责人参加会议，实地观摩上海6所高校“双一流”建设阶段性成果。（贺伟伟）

【上海高校高峰高原学科建设工作】 以第一阶段（2014—2017年）建设绩效评价结果为核心基础，结合国家“双一流”战略和全面加强基础科学研究的总体部署要求，对标第四轮学科评估新形势和新要求，上海系统梳理高校高峰高原学科现状。研究制定调整工作方案，实施高峰学科动态调整。将复旦大学哲学、中国史，上海交通大学工商管理、生物学，同济大学管理科学与工程，华东师范大学世界史等6个第四轮学科评估中获评A+的非高峰高原学科动态增补为Ⅰ类高峰学科；将获评A+的复旦大学数学、上海中医药大学中医学等2个Ⅱ类高峰学科以及上海中医药大学中西医结合1个Ⅰ类高原学科调整升格为Ⅰ类高峰学科；为服务支撑国家战略和上海科创中心建设，新增布点同济大学干细胞与转化和上海体育学院反兴奋剂研究等2个Ⅳ类高峰学科；落实国家关于全面加强基础科学研究的总体部署，完成复旦大学、上海交通大学物理学，复旦大学、华东理工大学化学，华东师范大学统计学等5个基础学科Ⅱ类高峰学科布点工作，进一步完善上海高校基础学科布局。完成Ⅳ类高峰学科建设第一阶段考核工作，形成《上海高校Ⅳ类高峰学科建设第一阶段考核情况报告》。全面梳理第一阶段高峰高原学科引进人才情况，做好第一阶段人才引进分析工作。建立绩效动态监测机制，依托第三方机构强化对在建学科的动态跟踪管理，定期完成高校学科发展跟踪简报，并系统开展落实国家“双一流”战略、服务支撑上海科创中心建设、优化高校学科体系的前瞻性研究。截至年底，全市共有30所上海高校121个学科纳入第二阶段（2018—2020年）高峰高原学科建设范围，其中Ⅰ类高峰学科32个、Ⅱ类高峰学科13个、Ⅲ类高峰学科11个、Ⅳ类高峰学科9个、Ⅰ类高原学科36个、Ⅱ类高原学科20个。（贺伟伟）

【推进高校科技成果转移转化】 1.继续支持上海高校技术转移中心建设，结合上海科创中心建设要求在制度建设、队伍建设、能力建设等方面对各中心提出新要求。2.结合高校技术转移中心的功能定位，在前期试点取得效果的基础上，组织相关高校顺利完成科技成果转化年度报告的梳理汇总和填报工作，并对相关数据进行整理统计和分析。

3.积极组织上海高校申报教育部高等学校科技成果转化和技术转移基地，经教育部评审认定，上海交通大学和上海理工大学入选首批建设名单。4.完成向教育部报送市属高校落实科技成果转化政策情况报告，并对上海高校近两年的科技成果转移转化的典型案例进行整理汇编。（葛　昊）

【上海市协同创新中心建设】 年内，市教委在第一阶段工作基础上，继续推进上海市协同创新中心建设，要求各中心进一步明确功能定位，围绕国家和区域经济社会发展需求，不断提升知识创新和服务能力。给予上海市协同创新中心专项经费支持，并完成对上海市协同创新中心2017年成果和2018年工作计划汇编。组织专家组围绕中心实体化运行、实际建设成效等方面对25个中心进行实地考察。组织推荐申报2018年度省部共建协同创新中心。根据教育部工作部署，市教委推荐上海中医药大学等4家高校申报省部共建协同创新中心，其中上海中医药大学“上海中医药慢性病防治与健康服务协同创新中心”、复旦大学“长三角集成电路设计与制造协同创新中心”和上海理工大学“上海太赫兹波谱与影像技术协同创新中心”纳入首批省部共建协同创新中心建设名单。（葛　昊）

【推进高校服务上海科创中心建设】 推动上海高校围绕上海科创中心“四梁八柱”建设要求提升科技创新能力，支持复旦大学、上海交通大学、同济大学、上海科技大学等高校加快建设重大科技基础设施并积极参与张江综合性国家科学中心建设，支持复旦大学上海数学中心、上海交通大学李政道研究所以及同济大学上海自主智能无人系统科学中心建设，支持相关高校牵头或参与研发与转化功能型平台建设，会同市科委实地调研13家上海国家大学科技园并支持其健康发展。进一步落实部市共建上海科创中心框架协议，经市教委组织遴选和申报，教育部正式批复复旦大学等6所高校围绕上海科创中心建设要求立项建设一批科研基地，包括6所教育部重点实验室和4所教育部工程研究中心。推动落实高等学校基础研究珠峰计划，教育部在全国各高校共布点建设7个前沿科学中心，复旦大学率先建设全国第一个前沿科学中心——脑科学前沿科学中心。教育部还支持同济大学布局建设“细胞干性与命运编辑前沿科学中心”。（葛　昊）

【开展行政审批制度改革】 市教委根据国家和上海对行政审批制度改革的各项要求，狠抓落实，强力推进，各项行政审批制度改革工作取得良好成效。一是建立起行政权力事项动态清理机制，审批事项已减少至10项。二是完成市教委政务服务事项。确定对外公开的市教委行政权力和行政责任事项100项，分两批纳入市教委政务服务事项。市教委政务服务事项已全部在“上海行政审批制度改革”网站上统一公布，并在市教委门户网站“上海教育”上链接发布。三是指导各区教育系统开展政务服务事项清理工作，完成全市政务事项办事指南共性部分的编撰工作。年底，上海教育系统的政务服务事项全部通过国务院审改办的监督审核。行政权力行使工作更加规范。一是推进行政权力标准化建设，建立“上海市教育审批和监管业务平台”。二是开展证明材料和证明事项清理。共取消证明材料5项，保留证明材料12项，证明事项9项。三是持续探索公共资源共享。将教育领域相关业务信息及时上传“行政审批库”“法人库”等全市行政权力实施信息共享系统。四是定期开展实时监督检查。按时报送并主动公开行政权力实时监督检查材料。五是持续开展“双随机一公开”工作。“放管服”工作显著推进。一是在高等教育领域推进《上海市深化高校改革建设高水平地方高校试点方案》确定的14条放权政策落地落实，在人事聘任与职称、经费与资产管理、国际交流与合作、基础建设等方面对高校“放权松绑”。二是推动构建上海3岁以下幼儿托育服务体系，研制出台“1+2”托育服务文件。三是深入开展校外培训机构专项整治行动，发布《关于推进校外培训机构专项治理行动相关工作的通知》。（陆海佳）

【开展宪法法治宣传教育】 市教育系统“宪法法律学习宣传年”重点开展以下工作：一是发挥课堂主渠道功能。对“青少年法治教育网络课堂”课程全面修订，研制青少年法治教育教辅材料3套，承办

"全国中小学法治教育名师培训工程"两期,完成"中小学校长和骨干教师法治专题轮训",创建"青少年法治教育协同创新中心实验校"9所,完成中小学《道德与法治》课程教材替换工作。二是开展各类法宣活动。组织参加全国中小学生"点亮宪法小火炬,争当宪法小卫士"活动达40余万人次。举办大中小学生宪法法治类演讲、辩论赛、知识竞赛、书画作品征集等活动。举行全市教育系统"12.4国家宪法日"纪念活动。三是加强阵地建设。市级依托东方绿舟——上海市青少年法治教育体验基地,对高一军训学生开展"法治教育一台戏"活动。区级依托区域安全体验中心或基地建设,形成构筑护校安园"安全带",铺设法治教育"平安路"的"一带一路"法宣模式。校级选取9所中小学校试点启动青少年法治教育体验教室建设。四是推动机制保障。联合发布《关于组织开展"尊崇宪法、学习宪法、遵守宪法、维护宪法、运用宪法"宣传教育活动的通知》;成立两委机关宪法学习宣传实施工作领导小组,公布《上海市教育系统"谁执法谁普法"普法责任清单》。同时,形成系统执法人员法治专题培训制度,实施教育系统依法治理优秀案例征集制度,在实施全市各级各类学校法律顾问制度的基础上,市教卫工作党委法律顾问制度于6月15日正式施行。年内,上海组队参加全国学生"学宪法讲宪法"演讲比赛,上海代表队获全国一等奖(季军)。

(陆海佳)

【修订《上海市职业教育条例》】 年内,《上海市职业教育条例》修订列入市人大常委会立法计划正式项目,市教委加快研制进度,开展立法调研和座谈。11月22日,上海市第十五届人民代表大会常务委员会第七次会议正式审议通过《上海市职业教育条例(修订草案)》。《条例(修订草案)》共7章71条,包括总则、职业学校教育、职业培训、校企合作、相关管理制度、法律责任和附则。与原《条例》相比,主要作了以下修改:一、进一步明确职业教育办学方向,职业教育应当符合职业教育改革和产业发展方向,为提升城市能级和核心竞争力提供技术技能人才支撑。二、建立职业学校教育和职业培训并重,产教深度融合,体现终身教育理念的职业教育体系。三、充实职业学校教育的相关内容,明确职业学校教育的实施主体、职业学校的专业设置和调整机制等。四、从职业培训体系、高技能人才培养基地建设、职工终身学习制度、培训补贴和激励政策、创新创业培训、新型职业农民培训、高技能人才职业发展通道以及职业技能竞赛体系等方面完善职业培训制度。五、新增"校企合作"专章,加强对校企合作的引导和规范,建立健全校企合作制度。六、规范学生实习活动,从实习岗位要求、实习保险等方面加强对学生权益的保护。七、进一步完善职业教育教师队伍建设机制,加强教师队伍建设。

(蒋侯玲)

【分析论证依法行政中重大疑难法律问题】 年内,市教委法规处依托"市教卫工作党委法律顾问团""市教委法律顾问团""市教委依法行政实务工作咨询专家团",针对上海教育依法行政过程中产生的若干重大疑难法律问题,以"一事一议、一事一报告"的方式,向市教委领导及相关处室报送法律分析快报共计25份。围绕"公民同招"政策设计、中考改革举措、市实验性示范高中部分招生计划实行名额分配综合评价录取、义务教育阶段规范公共资源参与举办民办学校、促进和规范上海托育机构发展的法律文本研制、上海高中教材编制与出版的协议文本编制、某市属高校教师涉"学术不端"的案件处理、规范校外培训机构举办竞赛活动、校外培训机构联合执法机制落地、社区共享育儿平台上线、外籍教师聘请、市体校改制等重大事项或案件可能存在的涉法风险,由法规处及时召开专题研讨会、专项咨询会、专案论证会进行法律分析和风险评估,快速形成决策咨询签报、法律论证报告,提出改进和完善工作的法律建议。(李进付)

【推进长三角教育一体化】 年内,上海市教委与江苏省、浙江省、安徽省教育厅加强协作,积极采取多种方式推进长三角教育一体化发展进程。积极筹划新十年持续推进长三角教育一体化发展事宜。主动服务区域和国家战略,积极谋划,协商一致研制《支撑世界级城市群建设 以更大力度加快长三角地区教育更高质量一体化发展的战略规划》《需要教育部重点给予支持的政策清单》《长三角地区教育更高质量一体化发展战略协作框架协议》《长三角地区教育一体化发展三年行动计划》等文件，明确长三角地区教育领域一体化发展的精神原则、规划重点、实施路径和机制保障等，并提出要率先在高等教育、基础教育、职业教育、干部交流、教师培训等领域深化协作、重点发力。协调召开第十届长三角教育协作发展会议。12月13—14日，第十届长三角教育一体化发展会议在上海召开，会议深入贯彻落实习近平总书记关于将长三角区域一体化上升为国家战略的最新部署、中共中央国务院关于推进长三角地区一体化发展的战略要求和长三角地区主要领导座谈会精神的重要举措。上海市副市长翁铁慧、江苏省副省长王江、浙江省副省长成岳冲、安徽省副省长王翠凤，上海市政府副秘书长宗明，三省一市教育行政部门负责人和有关单位领导、学校校长等约200人出席会议。会上，“长三角区域教育现代化监测中心”、首批“长三角地区联合职业教育集团”，以及“长三角教育人才服务联盟”等重点协作项目揭牌。落实推进年度长三角教育一体化发展相关项目。完善长三角教育一体化发展项目机制。一是实施项目分类管理，确保优质有效。上海市教委遴选出“长三角高校交换生计划”等37个子项目入选2018年度探索区域教育协作新机制试验(长三角教育协作发展)项目，分为课题研究类、活动论坛类、共享平台类及协作机制类等四大类进行分类管理和工作指导，推进协作项目的有效开展。同时有序开展所有支持项目的监测评估。支持若干长三角教育一体化发展重点项目有效开展。5月18日，“上海高校后勤社会化改革二十年论坛暨长三角高校后勤协同创新发展联盟首届峰会”在复旦大学举行，会上成立“长三角高校后勤协同创新发展联盟”，并举行《高校后勤社会化之路》丛书首发仪式。10月25—26日，由上海市闵行区教育局承办的“基于大数据的长三角区域教育质量评价变革论坛”召开。论坛探讨新时代基础教育评价变革的走向等各方关切的议题，并形成了进一步深化研讨、探究的机制。10月27—29日，“2018长三角教师队伍建设交流大会”在上海举行。期间举行了“长三角教师队伍建设交流联盟”签约仪式，推出“长三角联合师资招聘专场”，并举行2场“长三角教师队伍建设论坛”。10月27日，三省一市共同发起的“长三角民办教育一体化发展联盟”在上海宣告成立。该联盟致力于实现区域民办教育信息相通、资源共享、要素重组和优势互补。11月21—22日，“新时代@德育新视野——教育综合改革背景下的中小学德育创新论坛”在奉贤区举办，会上成立“长三角地区中小学德育工作联盟”，首批15家成员单位签署《长三角中小学德育联盟合作备忘录》。（蒋侯玲）

【承办全国第五届大学生艺术展演现场集中展示活动】 由教育部、上海市政府主办，市教委承办的全国第五届大学生艺术展演活动于4月16—22日在上海举行。本届展演活动的主题是“理想与信念”。来自全国31个省(区、市)、新疆建设兵团、香港特别行政区、澳门特别行政区的师生代表参与展示艺术教育丰硕成果。本届展演活动包括艺术展演现场集中展示、开幕式、闭幕颁奖晚会、大学生艺术工作坊展、高校艺术教育科研论文报告会、大学生优秀艺术作品展览暨高校校长书画摄影作品展、全国学校美育工作会议。艺术表演节目现场集中展演10场(其中：声乐3场、器乐2场、舞蹈3场、戏剧2场)，200个节目参演；首次举办大学生艺术实践工作坊，47个优秀工作坊参展；举行艺术教育科研论文报告会，72名高校教育工作者参会；举办全国大学生优秀艺术作品展览暨全国高校校长书画摄影作品展，共展出103件学生作品、179件高校校长书画摄影作品；组织参演师生开展社会公益实践活动，参与活动师生4911人。4月21日，召开全国学校美育工作会议。上海市等6个地区及单位作了交流发言，教育部党组书记、部长陈宝生出席会议并讲话。10多家中央媒体，20多家地方主要媒体，近10家新媒体对此进行采访报道，刊出报道100余篇；东方卫视、看看新闻、腾讯大申网等网站对开闭幕式和专场演出进行视频转播，观看人数逾30多万人。活动共计接待师生6526人。上海各高校的学生志愿者共计1500人，提供了优质接待服务。（蒋萍芳）

【举办国际青少年科技博览会暨"明日科技之星"国际邀请赛】 7月20—23日，市教委、市科委在上海举办2018(第七届)上海国际青少年科技博览会暨"明日科技之星"国际邀请赛(以下简称"青博会")。本届"青博会"以"科技·创新·梦想"为主题，共有13个国家和地区的38所学校250多名师生参会，有39支队伍43个项目亮相青少年科技创新成果展，27个项目通过发布秀进行了发布。新设的青少年科技创新教育资源展，展示了上海市青少年科技创新教育汇集多方资源，跨界联动，校内外联合为青少年科技创新教育搭建平台，以及在资源、理念、方法和发展方向等方面所取得的成果与所做的探索。"明日科技之星"国际邀请赛是本届青博会新增特色活动，以"'一带一路'——创意桥梁"为主题，各代表队设计搭建能经受一定载重考验的创意桥梁模型。青少年科技创新教育高峰论坛以"全球科技创新教育新时代"为主题，由校长论坛、科技教师论坛组成。校长论坛就青少年科技创新人才培养，"一带一路"科技创新教育的辐射、引领和交流，学校科技教育助力科创中心建设等问题，进行深入论述。科技教师论坛则聚焦于科技教师层面的探索与实践应用。 (黄 峰)

【开展奥林匹克教育及冰雪运动进校园工作】 市教委会同市体育局印发《关于加强中小学生奥林匹克教育 加快推进冰雪运动进校园工作的通知》，从普及推广、特色发展及组织保障等多个层面，多措并举，综合施策，全面推进上海奥林匹克教育和冰雪运动进校园工作。一、夯实校园冰雪运动全面发展基础。要求将奥林匹克教育纳入中小学校教育教学内容，通过体育课、体育活动课及课外活动等途径，结合北京冬奥会的举办进程，开展形式多样、内容丰富的奥林匹克教育实践活动，普及有关北京冬奥会及冰雪运动项目和竞赛的基本知识。大力宣传冰雪运动的综合育人价值。与云顶冬奥主赛场建立合作机制，依托优质场地等资源条件，开展冰雪运动师资队伍培训、青少年冰雪运动训练、青少年冰雪赛事活动等，组织学生观摩、参与高水平冰雪赛事活动。二、构建校园冰雪运动教育教学体系。积极挖潜、创造条件，逐步将冰雪运动纳入中小学校教学计划，开设专门的冰雪运动课程并不断提升教育教学水平。组建兴趣小组、体育社团、校队等，为有发展需求和潜力的学生提供科学系统的训练，提高运动技能的有利条件。鼓励学校通过购买服务、建设"姐妹学校"等方式，与社会冰雪场馆、俱乐部、运动基地以及冰雪资源丰富的外省市学校等进行合作交流。鼓励通过轮滑、3D模拟训练、旱地冰球等方式，开设仿冰、仿雪运动课程，开展课余训练，强化基本运动技能的培养。委托华东师范大学、上海市教育技术装备中心等组织开发专门的中小学冰雪运动读本、教学视频等课程资源，指导学校开展教育教学活动。加强对冰雪运动进校园工作的研究。三、完善校园冰雪运动赛事活动体系。在继续举办市级中小学生冰上运动会、市级大学生春季冰壶联赛等赛事的基础上，定期组织开展各种趣味性、竞技性的校内竞赛、校际间联赛和区域选拔赛等冰雪赛事活动。举办各级中小学生奥林匹克知识宣传教育与竞赛活动。举办市级冰雪单项比赛、冰雪夏冬令营及运动会等，并逐步形成1—2项有影响力的品牌性赛事。组织学生观摩国内外高水平冰雪赛事活动。四、积极营造校园冰雪运动文化氛围。要求各区将奥林匹克教育和冰雪运动作为校园文化建设的重要内容，将奥运人文精神融入素质教育，促进青少年学生积极参与冰雪运动。通过知识宣讲、音乐、合唱、舞蹈、戏剧、征文、绘画及摄影等多种形式，让冰雪运动走进校园、融入学生生活，在青少年学生中掀起爱冰雪运动、看冰雪运动、参与冰雪运动的热潮。培养一批热爱冰雪运动、有能力服务于大型赛事活动的学生志愿者。积极传播冰雪运动育人理念、文化知识，广泛宣传经验做法，及时报道学生冰雪运动赛事活动。五、开展示范学校和特色学校的创建工作。根据教育部关于开展中小学奥林匹克教育示范学校和校园冰雪运动特色学校创建工作的有关要求，上海将在2020年前，创建不少于60所市级"北京2022冬季奥林匹克教育示范学校"，不少于100所市级"冰雪运动特色学校"。为加快推进此项工作，市教委会同市体育局研究起草《关于开展"北京2022年冬奥会和冬残奥会奥林匹克教育示范学校"和中小学校园冰雪运动特色学校申报工作的通知》,将全面开展“北京2022冬季奥林匹克教育示范学校”和市级“冰雪运动特色学校”遴选创建工作。六、强化校园冰雪运动发展保障体系建设。加强冰雪运动师资队伍建设。将冰雪运动师资队伍培训纳入上海教师培训规划,建设一批具有较强专业能力的带训队伍。其中,首期市级学校冰雪师资专项培训于12月下旬在河北云顶冰雪中心开展。鼓励聘用国内外优秀冰雪运动教练员、高水平退役运动员等承担校园冰雪运动带训工作。加强与冰雪运动发达国家和地区的交流合作,引入先进的教育理念、课程体系和训练方法,并选派优秀师资开展交流学习。七、积极改善校园场地设施条件。成立市级校园冰雪运动训练基地。要求在2022年以前各区至少具备1个青少年冰雪运动场馆。鼓励通过可移动、可拆卸冰场,仿真冰等多种形式创设场地条件,并提高场地设施的使用效率。鼓励有条件的高校发掘潜力,建设冰雪运动场地并与中小学校共用。依托市青少年校外活动营地—东方绿舟,建设市级校园冰雪运动训练基地和奥林匹克教育场馆。 (时　多)

【推进学校生活垃圾分类工作】 市教委联合市委宣传部、市绿化市容局、市发展改革委等7部门联合下发《上海市教育委员会等七部门关于在学校推进生活垃圾分类管理工作的通知》,全面实施学校生活垃圾分类,促进资源回收利用,推动学校生活垃圾减量化、资源化、无害化。规范生活垃圾分类投放收集贮存工作,逐步建立生活垃圾分类的常态化、长效化机制。突出育人为本,融入学科教育。坚持育人的核心理念,把课程教育作为开展生活垃圾分类教育的主阵地,把环境教育作为育人的重要内容,各学校结合各类专题教育和活动,将生活垃圾的产生的源头、过程的减量、环境的影响、末端的处置,全面、直观地融入各个主题教育中。各中小学校也在学校拓展型、研究型课程的实施中重视生活垃圾分类环境教育等相关内容,形成众多与垃圾分类相关的社会实践活动、主题探究活动,保障垃圾分类相关专题教育的落实。扩大普及宣传,推进家、校、社区联动。在市、区、校各个层面开展形式多样、内容丰富的主题宣传活动。各区举办青少年科技节、环保主题宣传月,学校通过主题班会、演讲征文、知识竞赛等每年至少组织1次以生态文明教育和生活垃圾分类为主题的教育活动。注重利用新媒体资源宣传推广,通过“阳光校园”“第一教育”与社会教育、家庭教育相结合,形成良好的社会氛围,将垃圾分类的理念通过学生传递,在学校、家庭、社区全覆盖渗透,促进垃圾分类减量工作一体式发展。11月,市教委联合绿化市容局在全市各区开展20多场学校生活垃圾分类知识专题培训,覆盖所有中小学校、幼儿园3000余名科普教师。坚持提质增效,加强节约型校园建设。积极推进高校节能环保示范项目建设,市教委连续多年印发关于申报年度节能环保示范项目的通知,并预留专项配套经费,支持、鼓励高校积极开展包括餐厨垃圾源头减量、资源化、无害化处置在内的节能环保示范项目建设。结合全市单位生活垃圾分类工作推进,开展全市大中小学校园内学习、住宿、就餐等场所垃圾分类推进工作,培养中小学生良好的行为习惯,为即将进入社会的大学生上好进入社会的第一课。 (黄　峰)

【发布《青少年运动技能等级标准》】 4月15日,上海发布国内首部面向普通学生的《青少年运动技能等级标准》。确立涵盖乒乓球、足球、篮球、排球、羽毛球、网球、高尔夫球、田径、体操、游泳和武术等11个体育运动项目的“4等12级”制的基本等级体系。各项目标准经上海市质量技术监督局同意为团体标准。该标准主要特点:一是等级衔接有序。在4等12级中,1—3级为入门级,4—6级为提高级,7—9级为专业级,10—12级为精英级。其中,9级相当于一级运动员水平,10—12级将进一步与高水平运动员相关等级标准衔接。二是内容科学全面。涵盖相关运动项目的技术要点,较好地体现项目的本质特征,反映运动技能的发展规律。同时,为引导青少年学生积极参加赛事活动,还对其参赛经历提出相应的要求。三是测试规范便捷。对测试场地、器材及测试者等提出统一要求,以保证不同批次测试结果的一致性,且尽可能采用智能化测试手段并力求便捷易行。同时,以图文形式呈现并配有视频,便于使用者了解掌握。 (时　多)

【小学1—3年级每周增加1节体育课】 年内，市教委印发《上海市中小学2018学年度课程计划及其说明的通知》，学校以不增加学生负担为原则，按照《上海市中小学体育与健身课程标准(试行稿)》，对小学体育课课时安排进行调整，明确1—3年级每周新增1节体育课(相应年级的总课时数增加)。学校结合教材合理安排1—3年级体育课教学内容和教学进度，适当控制教学容量和学习难度。秋季新学期开始，新增加的课时安排得到全面落实。部分有条件的区，已将每周增加1节体育课的范围扩大到小学4—5年级。 (时 多)

【实施上海教育"十三五"规划中期评估】 年内，市政府教育督导室组织上海教育改革和发展"十三五"规划(以下简称"规划")中期评估。一是加强责任分工，将《规划》的主要指标、任务目标、建设计划等分解到相关职能处室，由职能处室开展自评，督导室协调汇总。二是明确评估重点，结合61所高校和16个区的《规划》自评工作，重点评估《规划》主要目标和指标的进展情况、主要任务的落实情况、重大工程项目和重大建设计划的进展情况。三是注重评估方法，坚持定性评估和定量评估相结合，现状评估与指导发展相结合，既确保《规划》实施中创造的新经验、新做法吸收到评估报告中，又对《规划》进展的合理性、可行性和可控性作全面评估，对完成有困难的项目提前做好预判。在以上工作的基础上，形成了分别函报教育部和市政府的《上海教育改革和发展"十三五"规划实施情况中期评估报告》，撰写了《规划》中期评估情况专报分管市领导。《上海高校"十三五"规划中期评估报告》已作为上海高校分类评价工作的重要依据。

(唐金良)

【实施上海高校分类评价】 一是围绕高校分类管理进行了系列制度设计。市委组织部、市教卫工作党委、市教委、市发展和改革委、市财政局、市人力资源社会保障局等6部门联合出台《关于深入推进上海高校分类管理评价　促进高等教育内涵式发展的指导意见》，同步推出学术研究型、应用研究型、应用技术型和应用技能型四种类型高校评价指标。二是针对不同类型高校的实际特点开展分类评价。上海高校分类评价每年进行一次，委托第三方组织实施，覆盖上海所有高校。实施过程主要分为高校自评、集中评价、实地督导和随机核查四个环节。2018年下半年，对上海61所高校办学水平和办学绩效进行测试。三是强化分类评价结果运用。高校分类评价试测结果已经运用在地方高水平建设试点学校遴选、内涵建设经费分配、市属高校党政负责干部考核、高校绩效工资分配动态调整等方面。 (王 娟)

【完成中高、中本贯通专项督导】 年内，市政府教育督导室组织开展2018年上海市中高贯通、中本贯通专项督导。本次督导共涉及本科高校15所、高职高专院校20所、中职学校56所；中高贯通专业点147个、中本贯通专业39个。本次专项督导，一是形成督导工作方案。重点围绕试点专业人才培养方案落实情况，从学校工作机制、师资队伍、学生发展、课程与教学、实践教学五个方面对中高贯通、中本贯通开展情况进行核查。二是组织学校自评自查。各被督导高校、中职校对照有关要求对本校所有贯通试点专业人才培养方案落实情况开展自查自评，并撰写自评报告。三是组织开展实地督导。抽取3所本科高校、7所高职院校和4所中职校，分成三个督导组开展实地督导。在完成全部督导工作后，督导室向14所被督导学校下发了督导意见书，要求各校在规定期限内提交书面整改报告。本次专项督导总结了上海中高贯通、中本贯通项目实施取得的成绩，同时也分析了项目实施中存在的问题，形成《上海市中高职教育贯通培养模式试点专项督导报告》《上海市中职本科教育贯通培养模式试点专项督导报告》，为完善中高、中本贯通项目提供决策参考。 (唐金良)

【完成16个区政府依法履职自评公报】 8月，市教委、市政府教育督导室结合近年教育事业发展和财政体制改革的要求，对区政府教育工作自评公报部分指标作出调整，新增《县域义务教育学校校际均衡情况表——优质均衡指标》，调整教育经费相关统计指标，全面启动2017年度区政府教育工作年度自评工作。新一年度的自评工作继续采用网络填报的方式,数据库与全国教育事业统计数据,上海市城乡义务教育一体化“五项标准”数据,市教委、市统计局、市财政局各区年度教育经费执行统计数据实行对接。11 月中旬,16 个区相继完成自评报告和公报项目表,经市、区相关部门反复多次沟通确认,《2017 年上海市各区政府依法履行教育责任执行情况汇总表》于“上海教育”和“上海教育督导”网站上向社会公示。（顾　薇）

【完成 4 个区政府履行教育职责综合督政】 对奉贤、崇明、普陀、宝山 4 个区开展第三轮综合督政工作。本轮综合督政工作以国家和上海中长期教育改革与发展规划纲要和“十三五”教育发展规划为主线,结合上海教育综合改革方案,以及各区推进区域教育现代化发展的实际开展工作。督政实施中采取“普查 + 自评 + 实地督导”相结合的模式,进一步厘清政府职责,明确主体责任,确保区域始终把教育摆在优先发展的战略地位。同时,聚焦重难点问题,强化整改落实,督导组通过下发督政报告,督促政府进一步发挥系统作用,统筹制定整改方案,突破发展瓶颈,努力促进区域教育优质均衡发展。（龚　燕）

【完成对上海市“省级人民政府履行教育职责评价”自评及迎检工作】 对照省级政府履职评价年度评价重点和实施细则,在市教卫工作党委、市教委以及市相关职能部门的协同配合下,形成《2017 年上海市“省级人民政府履行教育职责评价”自评报告》,在市政府门户网站公示后,以市政府办公厅名义报国务院教育督导委员会办公室。同时,完成 92 个观测点自评材料的网络填报工作,共上传自评文字近 9000 字,上传佐证材料 700 余份,根据测评要求,本次自评采用等第制评价的方式,每一个观测点分为 A、B、C 三个等第,上海自评全部为 A。6 月中下旬,根据国务院教育督导委员会办公室通知要求,上海圆满完成网上满意度调查和迎接督导组实地检查的相关工作,核查方式主要包括:召开政府见面会、查验档案资料、核查相应的省级责任部门、抽查有关区政府及相关部门和学校、开展随机访谈、反馈核查情况等。市编办、市发改委、市财政局、市教卫工作党委、市教委;徐汇区、奉贤区;上海体育学院、上海应用技术大学代表上海接受了督导组的实地核查。（顾　薇）

【完成市实验性示范性高中发展性督导】 2017 年 9 月—2018 年 12 月,市政府教育督导室在前期对延安中学等 5 所学校开展督导调研的基础上,组成督导组对上海 51 所市实验性示范性高中开展发展性督导工作。督导组通过个别访谈、座谈会、随堂观课、问卷调查、查阅资料、实地考察等方式,在充分听取相关部门意见的基础上,形成“一校一报告”下发至被督导学校,并要求学校根据督导意见书限期整改。督导组认为,上海市实验性示范性高中努力为学生的多元化选择和个性发展提供丰富的课程资源,按照高考改革要求开展分层走班教学,积极推进教学改革实验,促进教师教育教学能力的持续发展,为学生全面而有个性的发展开展了积极探索。此外,学校注重传承办学文化,持续变革创新,有效发挥了市实验性示范性高中示范辐射作用。针对督导中发现部分学校在课程建设、课堂教学改革、师资培养、学生发展及实验示范等方面存在的问题,督导组建议,一是要继续推动高中内涵建设,二是要营造良好的高中发展环境,三是要完善市实验性示范性高中常态管理机制,四是要明确市实验性示范性高中的“分校”地位。（周韶扬）

【加强中小学幼儿园安全风险防控体系建设】 市教委、市公安局联合 25 个相关委办局,启动加强中小学幼儿园安全风险防控体系建设的实施意见制定工作,深入学习研究《国务院办公厅关于加强中小学幼儿园安全风险防控体系建设的意见》和兄弟省市实施意见。多次召开中小学幼儿园校园长、区教育局领导、区教育安全中心负责人、有关专家座谈会,深入听取基层意见;两次书面征求各区教育局和各相关委办局意见。共征集到 400 余条修改意见。市教委多次召开专题会议研究讨论,数易其稿。经市教育综合改革领导小组第五十六次专题会议和市政府第三十九次常务会议审议并原则通过《上海市人民政府办公厅关于本市加强中小学幼儿园安全风险防控体系建设的实施意见》(以下简称《实施意见》)。2019 年 2 月 20 日,市政府办公厅正式印发。《实施意见》包括 6 个部分共 31 条,重点内容主要包括完善学校风险预防体系、着力构建校园及周边安全环境、健全学校安全风险管控机制、完善学校事故处理和风险化解机制、强化领导责任和保障机制等五个方面。 (张大飞)

【预防未成年学生违法犯罪工作】 深入开展未成年学生法治教育。市检察院、市教委联合召开检察官进校园暨兼职法治副校长推进会,下发《关于进一步加强兼职法治副校长工作的意见》。“小法官网上行”活动共征集法律故事 500 余篇,拍摄模拟法庭 10 部。编发《悦读法律》四期 12 万册。召开上海市学校毒品预防教育工作会议,下发《上海市教育委员会、上海市禁毒委员会办公室关于进一步加强本市学校毒品预防教育及相关管理工作的实施意见》《中共上海市教育卫生工作委员会、上海市教育委员会关于调整学校毒品预防教育工作小组的通知》。促进专门学校内涵发展。筹建上海市专门教育研究与评估中心。专业教育与职业教育融合发展试点招收中职学生 44 人。加强黄浦区、普陀区、崇明区、嘉定区 4 所专门学校法治教育基地建设。建立健全专门学校学科中心组、教研组等;组织专门学校 400 余名师生开展合唱比赛。2018 年,专门学校毕业学生 359 人,同比减少 14%。入学人数为 482 人,同比减少 18%。在校学生 1036 人,同比减少 25%;校外预控生 4818 人,同比减少 17%。现有教师 374 名,同比持平。开展中小学生欺凌防治落实年行动。市教委等 11 个部门联合转发《教育部等十一部门关于印发〈加强中小学生欺凌综合治理方案〉的通知》。市、区教育部门明确学生欺凌防治工作机构、负责人和联系人。要求各中小学校成立学生欺凌治理委员会。市教委联合市高院、团市委,组织编写《法治护航 校园“零”欺》读本,赠送给全市初中学校。 (张大飞)

【学校及周边环境建设】 对全市 16 个区 49 所中小学幼儿园消防、治安、校车等安全情况进行检查,共发现各类安全隐患 300 余处,下发安全检查意见抄告单 22 份。开展中小学幼儿园消防安全标准化管理达标验收工作,全市 4091 所学校(包括教学点)完成消防自查任务,达标率 98.85%,并针对隐患,逐一整改。推进安全管理信息化平台应用,完成学校安全管理软件及移动终端 App 平台开发。加强视频安防监控平台建设,推进市、区、学校视频监控对接工作,全市 16 个区已全部完成视频监控市区对接,共 21000 余处监控视频接入市级平台。全市中小学、幼儿园约进驻保安 1.9 万余人,其中专业保安公司派驻 1.8 万余人,超专业派驻比 94%。全年各级公安部门共出动警力约 2.7 万余人(次),开展校园周边治安整治 4858 次,发现并整改各类治安隐患 2721 处。加强校园周边道路交通设施的日常检查、维护,共在校园周边道路设置临时道路停靠点 200 余处,完善全市校园周边道路交通设施 30 余处,修整、优化相关交通设施 780 余次,优化周边路口信号配时 220 余次。共检查互联网上网服务营业场所 9716 家次,立案处罚 69 件;共检查娱乐场所 7665 家次,立案处罚 267 起;抽检未成年人食品 3307 件;抽验药品 413 件,现场检查医疗机构 140 余家。 (孙韬韬)

【中小学公共安全教育】 一、上海市公共安全实训基地建成并使用。6 月,上海市公共安全教育实训基地建设完成,9 月正式对外开放。实训基地设有公共安全基本技能实训、综合演练实训、模拟体验实训及多媒体动漫实训等 4 个实训模块。其中,公共安全基本技能实训包括 8 类实训馆,分别为日常生活安全实训馆、道路交通安全实训馆、轨道交通安全实训馆、消防安全实训馆、防空安全实训馆、气象灾害实训馆、地震灾害实训馆及紧急救护实训馆等。9 月,市教委编印出版《上海市公共安全教育实训基地实训手册》。二、创新公共安全教育载体。一是开播公共安全教育电视公开课。2018 年春、秋季开学前夕,由市教委、市公安局联合策划录制《公共安全教育开学第一课》第一、第二季,在上海教育电视台等媒体播出。两季第一课均由公安治安、交通、消防警官授课,通过带领学生实景演练、互动体验,深入讲解日常生活中各类公共安全的注意要点和自护自救基本技能,受到学校、学生及家长欢迎。二是鼓励文化单位创排《急救小先锋》和《超级小队—出行小模范》公共安全教育舞台剧，到部分学校免费巡演。三是举行第十一届中小学生公共安全教育知识竞赛和技能展示活动。全市1388所中小学的130余万学生、教师及家长参与公共安全网上知识竞赛，800余名师生参与现场展示活动。三、开展公共安全教育师资培训。对200名公共安全教育骨干教师开展公共安全教育体验指导培训，帮助教师规范指导学生开展公共安全教育实训体验。（卢　惠）

【市公共安全教育实训基地揭牌】 9月28日，上海市公共安全教育实训基地正式对外向广大中小学生和市民开放。实训基地建设用地面积65068平方米，总建筑面积26467平方米，其中地上3层23500平方米和地下1层2967平方米。实训基地由8大类21个馆组成。分别是轨道交通安全实训馆、防空安全实训馆、地震灾害实训馆、气象灾害实训馆、日常生活安全实训馆、道路交通安全实训馆、紧急救护实训馆、消防安全实训馆等8类16个实训馆、2个综合演练馆、1个多媒体动漫训练馆、1个4D模拟体验馆、1个智能管理实训馆和2个临时展厅。实训基地规划设计注入文化内涵，用十指交叉的建筑形态进行分割与优化，形成逻辑清晰的空间结构和功能结构，寓意在突发事件中的自救、互救，体现人文关怀、和衷共济、团结互助、战胜灾难的理念，只有发挥每一个人的能量，才能不惧灾难、携手同行、战胜困难。基于实训基地的综合性、专业性、科学性强的实训要求与特性，实训基地建设由市教委牵头，市校外联办实施，市地震局、消防局、市红十字会等多个部门共同参与指导，以达到学生及市民“真学、真练、真懂、真会”及“识险、避险、自救、互救”的实训目标。组建专业团队，依靠专业力量达到教学实训专业化和管理专业化。一是真实场景中开展“真学真练”。实训基地以完全还原或高度拟真的场景给受训者相应的心理冲击，在参与互动、合作、反复的安全技能操练、受训中，实现“真学、真练”的要求。二是基于“真懂真会”的实训演练。受训学生在完成基本技能训练的同时还能参与到模拟专业救援队伍的综合演练中。受训者与施教指导员共处特定的灾难、事故等场景中，通过担任救援队员的角色，复习、巩固所学的“识险避险、自救互救”技能，强化在不同情境中应用技能的能力，达到“真懂真会”的目的。三是评估检测支撑有效。实训效果评价在于积极促进实训的效果，确保实训目标的实现，主要检测学生实训主动参与和完成实训内容的态度、实现避险能力的提升。实训基地用“信息化”贯穿整个实训过程，凸显智慧实训的特色。“智慧实训系统”可以将佩戴手环参加实训的受训人员的安全知识掌握程度、安全技能训练状态、识险避险达标情况全程采集并加以比对分析，形成从个体到全市的直观形象的大数据分析图表，为基地改善实训教学、学校完善安全教育、区域提升安全保障、全市优化三级安全教育体系提供数据支撑和改进策略。实训基地依据“初中生普遍训练，高中生强化训练，小学生参观体验，鼓励大学生和社会团体参与实训”对社会开展实训接待。开馆初期主要面向上海的初二学生。市教委规定，初二学生在实训基地的训练一般不少于8课时，同步纳入初中学生综合素质评价体系。

（邹　竑）

【上海高校后勤社会化改革20年论坛暨长三角高校后勤协同创新发展联盟首届峰会举行】 5月18日，以“二十载改革路，新时代再出发”为主题的上海高校后勤社会化改革20年论坛在复旦大学举行，教育部规建中心和中国教育后勤协会领导，上海市、安徽省、江苏省、浙江省教育主管部门领导，上海高校分管后勤校领导和职能部门领导等近400人参加会议。与会人员共同总结探讨了高校后勤社会化改革20年实践成果，展望新时代深化高校后勤改革与现代化发展路径，共同构建更加开放现代的后勤保障体系。“长三角高校后勤协同创新发展联盟”同日成立。秘书处设立在上海。三省一市各自选定专人负责联络和协调，建立联席会议制度，并轮流举办“长三角高校后勤协同创新发展联盟峰会”，会商跨区域高校后勤协同发展重大任务。长三角三省一市共同建设长三角高校后勤资源网络共享平台，促进跨区域高校后勤之间的资源共享、信息互通。会上，由上海高校后勤服务有限公司组织编撰的《高校后勤社会化之路》系列丛书（《上海高校后勤服务股份有限公司成立二十周年纪事》《上海高校后勤服务股份有限公司成立二十周年回忆录》《上海高校后勤社会化改革二十周年文集》）正式发布。（南少华）

【参与进博会后勤保障】 11月5—10日，首届中国国际进口博览会在上海举行。上海高校后勤部门积极参与进博会后勤保障工作。作为上海高校后勤社会化改革的载体，上海高校后勤服务股份有限公司直属经营部门上海高校后勤配货管理中心投入13辆配送车辆，提供329种商品，累计发货约12000件，完成首届中国国际进口博览会展区餐饮企业原材料供应保障工作。公司控股的上海学校餐饮服务有限公司为首届中国国际进口博览会安保提供15个供餐点，累计提供超过50万人次餐饮服务，完成进博会外围安保餐饮保障工作。

（南少华）

【“农校对接”助力“精准扶贫”】 12月21日，“上海高校精准扶贫，助力喀什脱贫攻坚”系列活动月启动仪式在华东师范大学举行。活动响应党中央“精准扶贫”的号召，落实上海市对口支援新疆工作前方指挥部关于脱贫攻坚工作要求，拓展喀什地区特色农产品在上海等内地市场，帮助县域特色农产品打开销路、提高销量，精准帮扶建档立卡贫困户销售农产品，助力上海对口帮扶四县建档立卡贫困户脱贫。活动在华东师范大学、松江大学城、临港大学城、东北片高校等4处高校集中区域设立巡展，同时，依托上海教育超市连锁有限公司旗下81家门店推出喀什农产品活动月专场推介销售活动。此前上海各高校也曾通过上海高校后勤服务股份有限公司与贵州省遵义市道真县签订《精准扶贫战略合作协议》，全年采购道真县“扶贫菜”约380吨。

（南少华）

【召开高校学生餐饮工作会议】 12月21日，2018年度上海高校学生餐饮工作会议在华东师范大学举行，市教委、市市场监督管理局、市商务委、市民宗委、市农业农村委员会和市粮食和物资储备局有关部门负责人，上海部分高校分管副校长、后勤职能部门负责人，上海市教育后勤管理中心（高校后勤服务中心）、上海高校后勤服务股份有限公司及其控股企业和上海市学校后勤协会主要负责人等百余人参加。年内，市教委学校继续狠抓食品安全工作，在高校食堂价格调控和监测、餐饮文化建设和育人工作、清真餐饮规范化与落实“农校对接”等工作中都取得了新的进展和成果。（南少华）

基础教育

【2018年概况】 全市共有中小学、特殊教育学校及工读学校1596所，其中小学721所、中学833所、特殊教育学校30所、工读学校12所。共有在校学生139.6万人，其中小学80.0万人、普通初中43.3万人、普通高中15.8万人、特殊教育学生0.4万人、工读学校学生0.07万人。全市中小学教职工总数14.0万人，其中小学专任教师5.7万人，中学专任教师5.9万人。

推进招生考试制度改革，促进学生全面健康成长。落实高考综合改革配套举措。颁布修订后的普通高中学业水平考试及综合素质评价管理办法；组织普通高中学生综合素质评价信息采集工作，完成2018届高三学生综合素质评价信息推送使用；开展高中生研究性学习真实性认证工作，为15000余名高中学生提供了认证服务；启动新高考、新课程背景下高中学校建设标准研制工作，按照空间建设、装备配置、信息化、师资配备、课程建设分成五个调研组，开展调查研究。推进高中阶段招生考试改革。发布中考改革方案。研制上海初中学生学业水平考试实施办法，初中学生综合素质评价实施办法以及道德与法治、历史学科日常考核办法；开发初中学生综合素质评价管理系统，开展初中学生综合素质评价专题大培训；完成初中六、七年级学生成长记录册修订工作；开展初中学业水平考试、跨学科案例分析命题研究；研究制定初中理科实验室标准化考场和外语听说测试标准化考场的建设标准，协调推动区校试点实施"实验考试智能化评价系统"，研究部署实验校试点环境以及培训方案；指导和督促各区加快推进基于教学和考试要求的理科实验室和外语听说测试标准化考场的建设。优化义务教育阶段招生入学机制。2018年招生入学工作总体平稳有序，全市共有32.15万名适龄儿童少年进入小学、初中就学，落实了教育部提出的公办初中、小学就近入学的要求；实施公民办小学同步招生，民办小学报名人数、竞争热度比以往有明显下降。

深化基础教育课程改革，培育学生发展核心素养。深化课程改革。落实国家课程教材改革新要求，加紧研制《上海市深化基础教育课程改革指导意见》《上海市普通高中课程实施方案》；完成2018年度中小学课程计划调整工作；继续推进义务教育国家统编三科教材的推广使用，完成有关教材的修改及其配套资源的开发；推进第二轮学校课程领导力行动研究和实践；持续推进高中区域课程管理平台建设与标准研究。推进教学改革。深化基于课程标准的教学与评价，组织开展《基于单元纸笔测试评价的调控研究》等9项课题研究；推进小幼衔接，研制《上海市小学低年级主题式综合活动课程指导纲要(征求意见稿)》，并推进试点工作；组织6个区的18所学校开展儿童学习基础素养的课堂转化研究，举办第一届学习基础素养项目化学习峰会。优化评价改革。推出上海市中小学校绿色指标2.0版，组织实施2018年度初中阶段绿色指标综合测评；推出上海市基础教育环境质量评估指标，开展区域试测；组织PISA2018上海地区测试，举办PISA2015学术研讨会暨征文活动；依托市教育评估院基教所，启动高中学校综合质量评价指标体系研制工作。

落实各项教育建设规划，优化基础教育资源配置。推进城乡一体化发展。指导和督促各区完成2018年义务教育五项标准确定的校舍建设、学校装备、信息化环境建设、教师配备达标等项目，完成年度确定目标，持续贯彻执行义务教育生均经费基本标准。引领特色普通高中建设。有序推进上海特色普通高中建设工作，完成10所学校的特色高中创建复评和初评，举行5次特色普通高中展示活动，2场分组交流；根据评估结果，经行政审核，命名了第二批共三所上海市特色普通高中学校。推进特殊教育规划实施。印发新一轮特殊教育行动计划，推进特殊教育向中职阶段延伸；深化医教结合工作，推进基于评估的教育教学改革；编制《上海市基础教育学校无障碍环境建设实施意见》和特殊教育学校义务教育阶段教学用书目录。

推进优质教育资源辐射，提升优质均衡发展水平。推进义务教育优质均衡发展。推进学区化集团化办学，举行学区化集团化办学城市论坛，研制形成上海加强紧密型学区和集团建设的实施意见，已形成186个学区和集团，覆盖70%以上的义务教育学校；推进新优质学校集群发展，举行"走进新优质，涵养变革力"专题培训和主题展示交流，启动新一轮推动新优质学校集群发展政策研究；启动城乡学校携手共进计划中期评估，提升76所郊区学校办学水平；实施公办初中强校工程，着力提升128所实验校办学水平；开展农村义务教育"空心化"调研，启动农村小规模学校和寄宿制学校建设政策研究。做好内地民族班教育管理服务。召开内地民族班管理平台工作会议，指导民族班办班学校加强教育教学管理；充分发挥内派教师的作用，做好新疆班学生的思政教育和生活服务工作。促进民办中小学健康可持续发展。指导各区做好第二轮民办中小学特色学校(项目)、优质园创建展示，启动第三轮创建工作；推进做好民办学校规范"公参民"工作。推进上海高中国际课程试点工作。继续开展上海高中国际课程班年检，推进四门核心课程教育教学研究与培训；加强国际课程本土化实施研究，强化境外教材审查工作。

加强基础教育管理服务，推进信息化深度应用。优化基础教育管理和服务。研制幼升小和小升初入学准备指南，引导民办学校改进面谈内容和方式；推进消除“大班额”计划，提前实现基本消除大班额目标；推进小学放学后看护服务，98%左右的公办小学为家庭看护确有困难学生提供多样化的看护服务。加强对“1+11基础教育互助成长行动计划”执行的指导和监督，有序落实年度工作计划。加快推进基础教育信息化应用。持续推进数字化教材建设，扩大数字教材试点应用范围；深入推进专题教育课程的网络学习，实现全市各区全覆盖；加快推进高中名校慕课课程资源建设，持续鼓励学生参与慕课学习，做好了学习论证工作；推进实施“一师一优课，一课一名师”部市优课征集工作，获得教育部优课比例达到83.54%，为历年最高。

（马　云）

【义务教育阶段学校招生】 年内，全市共有31.94万名适龄儿童少年进入小学、初中就学，比上年增加3.12万人。其中小学新生18.47万人、初中新生13.47万人。2018年幼升小招收符合条件的随迁子女69257人、小升初招收符合条件的随迁子女45491人。全市招收初中体育和艺术特长生3597人，占初中新生总数的2.56%，比上年下降0.6个百分点。首次实施公民办小学同步招生，包括同步进行幼升小入学信息登记、同步网上报名公办小学或民办小学、同步进行公办小学第一批验证和民办小学面谈、同步开始发放公办入学告知和民办录取确认信息。明确要求民办中小学面谈“七个严禁”，包括严禁提前开展面谈，严禁收取各种特制的学生个人简历及各类获奖证书，严禁面谈及招生录取与任何社会教育培训机构挂钩，严禁组织两轮及以上的面谈，严禁利用面谈进行任何形式的学科知识考试或测试，严禁对报名民办学校的学生家长组织任何形式的测评、调研等活动，严禁将学生奥数成绩、英语星级考等各类竞赛获奖证书、各类等级考试证书作为录取依据或参考。民办学校违规招生，一经查实，由所在区教育局依法责令校长或有关责任人员及时纠正，并核减该校3年的招生计划数，取消3年政府专项扶持资金。

（刘中正）

【推进高中阶段考试招生制度改革】 3月22日，市教委发布《上海市进一步推进高中阶段学校考试招生制度改革实施意见》，以坚持公平性、提高科学性为价值导向，力求适度破除“唯分数论”，促进学生全面而有个性的发展，提高学生实际问题解决能力和实践创新素养，健全高中阶段学校招生机制，推动义务教育阶段学校优质均衡发展和高中阶段学校特色多样发展。以“一依据、一结合”（依据初中学业水平考试，结合初中学生综合素质评价）为主要制度架构，并配套建立“完善初中学业水平考试制度”“完善初中学生综合素质评价制度”和“深化高中阶段学校招生录取改革”三个方面的改革措施。完成中考改革方案发布及相关宣讲培训工作，确保政策发布工作平稳有序。4月18日，市教委发布《关于市实验性示范性高中名额分配综合评价录取招生计划分配原则的补充说明》，对此次中考改革涉及有关录取问题作出进一步说明，及时回应家长关切问题。为确保此次中考改革各项举措的有效实施，同步启动研制初中学生学业水平考试实施办法，初中学生综合素质评价实施办法，道德与法治、历史学科日常考核办法以及初中理科实验室标准化考场和外语听说测试标准化考场建设标准等相关配套政策。

（赵佳然）

【高中教育改革和特色高中建设】 年内，重点聚焦高考改革背景下的高中教学质量提升。启动进一步加强高中建设的文件研制工作，开展《上海高中学校建设标准》（暂名）研制专项调研，从学校空间、教育装备、信息化、师资队伍、课程建设五个视角，全方位探索上海高中建设的需求和应达到的基本标准。通过高中建设标准的研制，进一步优化走班制，推动新课改的落实，为深化上海高中教育教学改革奠定基础。加快推进特色普通高中创建工作。经专业评估和行政审核，新增命名上海市甘泉外国语中学、华东政法大学附属中学、上海海事大学附属北蔡高级中学三所学校为上海特色普通高中（第二批）。组织开展2场特色普通高中分组交流，举行5场市级特色普通高中创建展示活动，内容涉及航天科技、环境素养、艺术体育等多个创建领域。此外，市教委继续开展特色普通高中创建评估工

作，共有10所学校接受评估。（金　松）

【实施特殊教育三年行动计划】 3月，《上海市人民政府办公厅关于转发市教委等八部门制订的〈上海市特殊教育三年行动计划(2018—2020年)〉的通知》正式颁布。4月25日，市教委召开"用行动落实计划，以内涵提升品质——上海市特殊教育工作会议"。市教委、市发展改革委等相关部门负责人，各区教育局、区教育学院以及各级各类特教指导中心、相关学校负责人代表共200余人出席会议。宝山区、虹口区、静安区教育局作大会交流，市教委作全市特教发展情况通报及新三年行动计划政策解读。本轮行动计划提出完善特殊教育体系、提升医教结合专业服务水平、加强特殊教育课程建设、积极推进融合教育、强化特殊教育保障机制建设五项建设任务，要求各区围绕近三年上海特教发展的核心指标落实配套措施，协同推进全市特教发展，做好新一轮三年行动计划启动工作。（马珍珍）

【推进中小学课程改革】 积极加强课程建设，加紧研制《上海市深化基础教育课程改革指导意见》《上海市普通高中课程实施方案》，强化"立德树人"人文社会科学重点研究基地建设，增设"通用技术"人文社科基地。扎实推进教材建设，有序落实国家统编三科教材使用，继续开展学科教学基本要求的编制与审查，推进普通高中非统编教材编制。推进课程领导力行动研究，完成对58所项目学校结题评估和现场测评研究，开展学校课程计划、课程体系建设和学科单元教学设计研究，出版《十年课程领导　奠基持续发展》。推进基于课程标准的教学与评价实践探索，完成"上海市小学基于课程标准的教学与评价"2018年案例与评选，编制完成《上海市小学基于课程标准的教学与评价实践指南》《上海市幼儿园幼小衔接活动指南(修订稿)》。加强教学研究和分析，形成《学校综合德育活动指导意见》修订稿和10门学科《学科德育教学指导意见》修订稿，举办上海市"两纲"教育展示活动，启动中考改革背景下初中教学研究项目。推进学习基础素养的实践转化，深化基础理论研究，同步构建学习基础素养的观察系统、教学设计系统和课堂实践系统，初步开发学习基础素养的评价体系和评价工具。持续指导6个项目区和18所项目学校，形成一批课堂教学典型样例。出版《素养何以在课堂中生长》专著，组织承办第一届学习基础素养项目化学习峰会等各类研讨会。推进义务教育教学质量评价改革，推出上海市中小学校绿色指标升级版，组织实施初中阶段绿色指标综合测评。完成《立足评价改革　荟萃评价经验——上海市中小学学业质量绿色指标区校评价实践研究》《上海市中小学学业质量绿色指标综合评价理论与实践研究》的编辑出版。（赵佳然）

【实施百所公办初中强校工程】 7月2日，市教委发布《关于百所公办初中强校工程的实施意见》，遴选128所亟须提升质量的公办初中作为实验校进行重点建设，精准施策，提质增效。与"名校长名师培养工程"相结合，各区确保"强校工程"实验校"双名"配备基本到位。每所实验校都配备(常驻)1名前三期市级名校长(含培养对象、特级校长或特级教师)或已申报第四期"双名工程"领衔人或学员，每所实验校确保不少于5%的教师入选第四期"双名工程"种子计划。与紧密型学区化集团化办学相结合，有26所市实验性示范性高中(含分校)、5所区实验性示范性高中、55所优质品牌公办初中、15所优质民办学校、4所区教育学院、1所国家改革发展示范中职校参与到"强校工程"实验校的支持带动之中。建立22名专家组成的市级"强校工程"专家指导团，对各区"强校工程"实施方案进行指导和评估。各区为每所实验校配备不少于3名区级指导专家，指导和评估实验校"强校工程"三年实施规划。开展基于"绿色指标"的增值评估方案研究，体现学校原有基础上的成长性。（刘中正）

【推进基础教育信息化】 根据国家和上海教育信息化2.0行动计划，充分整合基础教育信息化的各个系统和各方力量，围绕信息化促进教育公平、信息化助力评价改革和信息化优化教与学方式变革等方面，全面开展基础教育信息化推进工作。在信息化环境建设方面，全市义务教育阶段学校无线网络全覆盖建设达到90%，互动式多媒体教室建设达到92%，教师移动终端设备配备接近100%。数字教材二期项目试验范围涉及全市10个区130所学校、644个班级，其中6个区较为系统地开展整体性试点工作。完成“第三届全国基础教育信息化应用展示交流活动”。举办上海市基础教育信息化论坛，发布上海市基础教育信息化蓝皮书。开展2018年度基础教育信息化应用典型示范案例的征集评选工作。与此同时，结合高考改革和中考改革要求，加快全市基础教育学校信息化环境建设，推动数字教材扩大试点和常态应用。促进优质教学资源共建共享，推进基础教育优质均衡发展和内涵发展。

（龚　柳）

职业教育

【2018年概况】 上海职教发展确立“打基础、定制度、补短板、利长远”理念，围绕上海教育改革发展大局，聚焦现代职业教育体系建设，系统推进职业教育改革发展，在若干重点领域和关键环节取得新进展。一是完成《上海市职业教育条例》修订工作。《人民日报》以“职教变化快，法规跟上来”为题进行报道，并配发“编者按”指出，“上海此次对旧条例进行‘手术’，可以看作是对当地职业教育发展的一次系统梳理。夯实根基、预见未来，它提供的经验和范本，值得借鉴”。二是会同发展规划处、高等教育处等相关处室，深入研究《上海现代职业教育体系建设规划（2015—2030年）》的实施情况，针对新形势提出的新要求，形成规划动态调整方案，明确优化思路和主要举措，为进一步完善职业教育体系、增强职教服务支撑能力奠定基础。三是组织申报国家教学成果奖，获2项国家级一等奖、14项国家级二等奖，一等奖推荐获奖率名列全国第四。四是依托市教委教研室，着力推动相关标准建设。为强化贯通培养的质量保证，出台政策组合拳，颁布实施《关于上海市职业院校制订中高职教育贯通专业人才培养方案的指导意见（试行）》，规范中高职贯通人才培养方案的研究制定，同时加强中高贯通专业教学标准开发。在单纯中职层面，同样强化标准建设，制定出版计算机网络技术等10个专业教学标准，并启动新一批10个教学标准的开发与修订。五是全年组织开展44个专业教师、校长等市级培训项目。积极推进专业教师赴企业实践工作，组织274名教师（含8名对口支援省市教师）赴31个市级企业实践基地（其中19个为高技能人才培养基地）开展实践。切实加强名师示范引领作用，依托47个名师工作室，编辑出版名师培育工作室典型案例集，开展名师素养及培养路径研究。成立10个技能大师工作室，聘请大国工匠、全国技术能手、上海工匠等人士进入中职学校，提升专业教师技能水平。组织中职教师参加全国职业院校教学能力大赛，获6个一等奖、8个二等奖、3个三等奖。一等奖获奖数、送选作品获奖比均再创新高。大力推进中职教师国际化培训，实施新一轮20名管理干部赴英国培训项目，组织21名电子技术等专业教师赴德国培训并考取国际通用的AHK职业资格证书。

（马　骏）

【优化技术技能人才培养结构】 年内，市教委围绕金融、旅游、人工智能、生物医药、集成电路、航空航天、商业服务、创意设计等领域，分析研究这些领域的深入发展对上海职业教育提出的新要求，就这些领域的技术技能人才需求结构和层次深入调研。按照《上海市现代职业教育体系建设规划（2015—2030年）》设定的比例目标，结合上海产业发展和人才规格层次需求，优化技术技能人才培养结构，在智能机器人、航空制造和维修等人才紧缺的新兴领域，在护理、学前教育等人才急需的民生领域，稳步扩大中高、中本专业点规模。在已经开展“专科高职—应用型本科”贯通培养试点的基础上，稳步扩大“高本贯通”试点。同时，调动相关应用型本科高校积极性，探索开展工程类卓越人才“本硕博”贯通培养。针对行业企业发展趋势，2018年新增机器人维修、移动电商等专业，扩大学前教育、护理招生规模。同时，职业学校主动削减部分专业。中高职院校主动削减招生规模的专业点达130余个，占所有专业点近10%。（马　骏）

【中等职业教育教育教学改革】 上海市中等职业教育以立德树人为根本，以促进就业为导向，以服务发展为宗旨，稳步推进教育教学改革。一、继续开展中高职、中本贯通试点。公布《上海市中高职教育贯通专业人才培养方案的指导意见》。对2018年新设25个中高职试点专业开展人才培养方案制订的专题培训，指导学校优化培养方案。开展23个中高职贯通专业教学标准开发。开展42个中高职、中本贯通高水平专业建设。二、继续落实职教综合改革项目。继续开展国际水平教学标准的开发与试点，总结提炼典型经验，完成28个典型案例。继续开展“双证融通”专业改革试点，启动第六批8个专业点的试点工作，聚焦“融在教学”“融在标准”，推进以专业为单位的“双证融通”联合教研机制。继续开展现代学徒制试点，总结第一批现代学徒制首轮试点，形成首轮试点工作报告、典型案例，启动第二批9所学校现代学徒制试点，新增1所教育部试点学校。三、加强教学标准与课程建设。制定完成计算机网络技术等10个专业教学标准，启动新一批10个专业教学标准的开发与修订工作。继续开展“中高职立交桥”学分银行试点工作，完成15门沟通课程及考核方案的修订及评审。继续开发精品课程，有29门课程立项为市级建设项目。完成5门网络课程的建设，共计上线中职网络课程45门。立项建设2019年长三角中职“网络课程”优质资源共享及运行实施项目。148门课程被立项为市级在线开放课程。四、加强教育教学管理和推进课改。研究制定中职学生德育实施指导意见，就文化基础课程、专业教学和综合活动三个方面，完成德育教学策略和案例开发。开展中职学校学生实习管理工作研究与指导，召开全市中职学校学生实习管理专题工作会议，组织完成全市中职学校学生实习管理自查与实地抽查。完成2017年度27个课改课题结题验收评审，组织2018年度课改课题立项评审，共28个课题通过市级立项。五、深入开展教研活动。开展30个学科、专业中心组的教研活动，制定教研工作方案，明确教研工作的意义、任务与具体做法。30个学科、专业中心组开展公开课、研讨课、主题讨论、企业考察等多种形式的教研活动。对6所中职校进行课程与教学调研，开展以“聚焦课堂、提升质量”为主题的课程与教学的调研活动。研制上海中职“匠心匠艺”优质课堂建设五年方案和2018年度方案，举行2次市级层面优质课堂展示研讨活动。（马　骏）

【中等职业学校招生工作】 上海生源共有6.88万人报考初中毕业统一学业考试，参加招生录取人数6.80万人，高中阶段各类学校录取人数6.76万人，上海高中阶段教育录取率99.42%。其中，上海中职校录取总数3.56万人，普职比为59∶41。一、坚持“普职比大体相当”原则，统筹管理上海高中阶段各类学校招生。围绕“两个坚持和两个严控”要求，即“坚持统一管理各类招生计划，统一公布招生要求和录取方法，严控全日制普通高中招生计划、严控全日制普通高中招生最低投档控制线”，完成全年中职招生工作。二、坚持公开公平公正，提高招生政策透明度和招生流程信息化，进一步优化管理流程，确保阳光招生考试。三、合理设置中职校招生批次和录取方式。继续实施中等职业学校提前批次和统一批次相结合的招生模式，全市统一和分区投档相互补充的录取方式。继续扩大中职国家和市级示范校自主招生计划，把中职校艺术、航空、贯通培养模式等专业以及示范校自主招生专业，纳入提前批次招生。从招收提前批整体情况看，上海中高职贯通招生随计划增加，录取考生人数明显增长，其中高分段考生人数逐步提高。四、优化招收在沪随迁子女办法。继续实施招收在沪随迁子女。随迁子女可以同时兼报中高职贯通志愿和中职志愿。在校学习期间，随迁子女与上海户籍学生一样享有同等帮困助学政策。五、鼓励中职校开展特殊职业教育。2018年有19所普通中职校附设特教班、特殊职业教育学校进行招生。六、改革成人中专招生流程。成人中专的招生计划统一纳入上海中职计划管理，让符合条件且有需求的学员报考成人中专。七、实施“专业奖励”和“上海市奖学金”制度。全市奖励专业增加至57个，就读奖励专业学生已占享受免费教育学生数的49.7%。同时，对在校期间品学兼优中职校学生，实施“上海市奖学金”制度。八、继续精准实施招生兜底行动。成立“上海—云南职业教育联盟”，全面启动中职招生兜底行动精细化管理。年内，27所中职校共招收1980名学生。经过两轮滇西兜底招生，上海建档立卡户招生工作正在步入正轨。继续做好上海中职校开展“内地西藏中职班”“内地新疆中职班”和对口支援贵州遵义等6省10个对口支援地区以及西部地区中等职业学校联合招生合作办学工作。

（黄　蕾）

【中等职业学校毕业生就业工作】 上海75所全日制普通中等职业学校（以下简称“中职校”）毕业生总数29388人，比上年减少328人，下降1.10%。就业（含升学）人数29022人，就业率为98.75%，比2017年提升0.38%，对口就业率比例86%。普通中专毕业生18307人，占毕业生总人数的62.29%，就业率98.74%；职业学校毕业生8532人，占毕业生总人数的29.03%，就业率98.71%；技工学校毕业生2549人，占毕业生总人数的8.67%，就业率98.98%。除中高、中本贯通学生外，2018年中职校毕业生直接就业（含进入企、事业单位以及自主创业、自谋出路、出国等其他方式就业）10896人，直接就业率为46.12%，较往年有所下降。直接就业人群主要集中在第三产业。在直接就业人数中，从事第一产业的毕业生数为47人，占直接就业学生的0.43%；从事第二产业的3386人，占直接就业学生的31.08%；从事第三产业的7463人，占直接就业学生的68.49%。与2017年相比，从事第二产业比例有所下降，从事第三产业比例有所上升。2018年中职校毕业生的绝大多数在上海本地直接就业，占比较2017年呈上升态势。包含中高中本贯通学生，升入高校继续深造人数过半，学生升学通道更宽。升入高一级院校继续深造共18122人，升学比例达61.66%，比去年上升超过5个百分点。

（黄　蕾）

【中等职业教育对口支援和民族教育工作】 依托沪喀、沪果、沪遵、沪滇四大职教联盟，搭建东西协作新平台，以促进技术技能型人才培养、提升对口帮扶区域职业教育发展水平作为对口帮扶工作重点，探索由“输血式救助”向“造血式帮扶”转变，为对口帮扶区域经济社会发展提供人才支撑，取得一定的教育、经济和社会效应。一、完善机制，稳步推进对口帮扶工作。根据东西协作新要求，继沪喀、沪果、沪遵三大职教联盟后，成立“上海—云南职业教育联盟”，发挥“政府、行业企业、学校”三方联动协同育人机制，整体推进职业教育对口支援相关工作。与对口帮扶地区教育行政部门通力协作，建立长效合作机制。定期召开工作推进会、互访调研，加强专题研究，增强双方交流学习，确保对口帮扶工作更加精准、更有质量、更富成效。二、各显所长，确保对口帮扶精准施策。四大职教联盟结合各自特点开展对口帮扶工作。沪喀联盟继续按南疆全覆盖的要求，实行“二对一”帮扶模式，在做好上海14所中高职院校与新疆喀什7所职业学校八个专业对接工作的同时，根据喀什地区产业发展新需求，加强对服装专业的建设帮扶，探索校企合作新渠道。沪果联盟制定紧贴果洛州产业发展水平和职业岗位需求的专业标准，逐步实现职业教育的标准化、规范化。沪遵联盟组建专家团队，对遵义市各中职学校管理人员开展专业结构优化调整培训，先后分4批次组织送教上门培训260余人次，首次组织19名遵义市中职学校的教师，到上海市级企业实践基地开展培训。7月，成立沪滇职教联盟，上海近30所中职学校对丽江市、保山市、楚雄彝族自治州等州（市）建档立卡“两后生”（未升学的应往届初、高中毕业生）实行兜底式招生，接收云南学生1700余人。三、聚焦发展，加快紧缺人才精准培养。密切对接受援地人才发展需求。沪喀联盟根据喀什发展人才需求，推动服装专业与新疆际华7555职业装有限公司签订现代学徒制培养（订单班）合作协议，实现招生与招工同步、入学与就业同步，切实提高人才培养的针对性、实用性。沪果联盟在研究德国双元制培养学生的基础上，通过深度校企合作开展双元模式职业教育教学探索。四、注重实效，聚焦学生职业发展能力。依托沪喀联盟，上海中高职院校整合平台优质资源，不断深化校企合作，强化订单式培养。沪果联盟针对不同年级的学生专门开设了“分时间、分学段、分层次”的普通话、专业知识和实训技能等系列强化课程。联盟内三所中职校积极组织学生参加实习实训考证，考证通过率超过 90%。上海中职校整合社会、企业资源，搭建校企合作平台，根据学生的实际情况和用人单位的岗位要求，量身定制专业培养方案，开展订单式培养。五、资源共享，网络教学助力精准扶智。运用信息化手段，实现对口帮扶地区共享上海职教优质教育教学资源，扩大资源的辐射范围，巩固专业培训成效。沪喀联盟成员单位上海信息技术学校利用现有在线学习平台，为当地教师提供免费在线学习课程。沪遵联盟成员单位上海新闻出版职业技术学校，通过校企合作，开展教师发展类在线课程资源库的建设，并共享行业相关学习资源；根据当地需求，有针对性地建设提升教师能力和综合素养的课程资源，共建设 7 大类 15 门课程，共计 222 学时。（黄　蕾）

【职业教育贯通培养工作】 坚持先行先试，完善技能人才成长发展“立交桥”。逐步扩大中高职贯通试点。2010 年，上海开启中高职贯通试点，之后不断扩大试点范围。2018 年上海设置 23 个中高职贯通专业试点。从 2010 年开始试点以来，累计设置 165 个中高职贯通专业点，共 86 个专业，涉及中职学校 53 所，高职院校 29 所。年内，招生约 6100 名，占当年中职招生总数 20.3%。稳步扩大中本贯通试点。2014 年，上海选择 3 所中职校和 2 所本科院校启动“中职—应用本科”贯通培养试点。2018 年上海设置 14 个中本贯通专业试点。从 2014 年至 2018 年，共设置 52 个中本贯通专业点，含 29 个专业，涉及中职学校 33 所，本科院校 15 所。2018 年招生 1600 名，占当年中职招生总数的 5.3%。至 2018 年，74%的上海中职校有贯通专业，贯通专业点占专业总数的 35%，贯通招生人数占总人数的 25.6%。已初步形成中职—高职—应用本科—专业学位研究生纵向完整的培养体系。突出质量标准意识，保障贯通培养人才质量。注重人才培养方案的一体化设计与实施。出台《关于上海市职业院校制订中高职教育贯通专业人才培养方案的指导意见（试行）》，对中高职贯通专业的培养目标、人才规格、职业领域、课程设置、课程内容与要求以及各教学环节作出全面明确规定与具体安排。注重制定专业教学标准。年内，出台《关于开展中高职教育贯通专业教学标准开发的通知》，及时吸收上海职业教育专业教学标准建设、国际水平专业教学标准建设等优秀成果，确定由相关中等职业学校与对接的高等学校共同牵头，整合行业企业专家、课程专家、相关中高职院校专业教师等资源，立项开发 23 门中高、中本专业课程标准。加强示范专业点标杆引领。出台《关于建设中高职贯通、中本贯通高水平专业的通知》，立项建设 42 门高水平贯通专业，引导各高等学校与中职学校面向职业教育专业发展的国际国内前沿，聚焦专业内涵建设，积极探索协同机制，推进课程教学改革，形成高水平建设成果，为上海其他贯通培养专业建设树立标杆，带动上海职业教育水平整体提升。注重构建教育教学研究机制。一方面注重发挥华东师范大学、市教委教研室等高校和科研机构的引领作用，围绕贯通培养方案的一体化设计，开展全市层面的专题研究和研讨交流。在此基础上，组织专题调研，设计相应调研工具，把握贯通培养方案实施的基本情况。另一方面，注重加强试点院校之间的横向交流，搭建联合教研平台，发挥试点院校的积极性，以自愿为原则，以贯通院校或贯通专业（大类）为基础，已组建 18 个联合教研组。（马　骏）

【举办中等职业学校校园文化节】 举办第五届“璀璨星光”中职校园文化节。中职校园文化节活动贯穿全年，以“巧手创变　匠心逐梦”为主题，由经典欣赏、实践体验和品牌展示三大系列活动组成。11 月 17—24 日，上海中等职业学校先后在东方绿舟、南京东路步行街“世纪广场”集中展示学生优秀社团活动。从 2008 年以来，上海在 11 所中等职业学校中布局建设民族文化传承教育基地，通过基地建设为全市民族文化传承教育提供专业培训和服务。截至12月底,基地共开展特色讲座65场、市级培训41场、各类展演5场,每年参与活动人群数以万计。在学校层面,培育34个“校园文化建设特色品牌”项目,为全面提升中等职业教育学生文化素养搭建了工作平台。在市级层面,成立中职学生“星光”合唱团、“星光”记者团、“星光”管乐团、“星光”舞蹈团等多个团体,为不同兴趣爱好学生提供了锻炼提高和施展才华的机会。“星光”合唱团招募近500名团员,多次参加中国上海国际艺术节天天演、“青春放歌”上海学生新年音乐会等重要演出;“星光”记者团培养近200名优秀学生记者,参与了改革开放40周年展览会、上海教育博览会、“走进中华艺术宫”、中职校园文化节等大型活动报道;“星光”管乐团已有成员近60人,在各大剧场进行演出。连续四年组织中职学生走进上海图书馆,与名家、劳模、院士等面对面交流,从中汲取养分、激荡灵感。连续五年组织7000多名中职学生走进中华艺术宫,体验并参与艺术宫200多次课程学习和活动,数百名中职教师同步参与现场教学。首创“真人图书馆”项目,以开放展示、互动体验形式展现中职师生职业技能与文化素养。组织中职学生参加米兰世博会“国际青年创意文化周”“阿伯丁国际青年节”“爱丁堡艺穗节”等活动,并作为文化志愿者,赴美国、秘鲁、埃及、西班牙、摩洛哥等国,宣传展示传播中华优秀传统文化。近年来,上海中职学校学生社团种类日趋多样,不仅有围绕学校传统特色的文娱体育、公益活动型学生社团,还有聚焦教育教学的工匠精神、创意专业、职业实践、技能研究型学生社团,更有传承传统文化的国学德育型学生社团。全部中职学校共开设1174个社团,其中与学校专业密切相关的社团197个。鼓励人人参与,在展示中培养学生综合素质。目前,上海“璀璨星光”校园文化节和教育部每年举行的全国中等职业学校“文明风采”活动已深度整合,校园文化活动突出了活动育人、实践育人、文化育人,为学校搭建了德育平台,为学生提供了展示舞台。在校园文化建设润物无声的滋养中,在人人参与、面向社会、走向世界的倡导下,上海中职学校的文化育人氛围愈加浓郁,中职学生的青春风采更为炫目,精神面貌更加奋发。每年交替举行的中职学生大合唱比赛、音乐剧大赛、舞蹈大赛,让更多的孩子在自我展示的舞台上增强自信和勇气,学会表达和感恩。

（黄　蕾）

高 等 教 育

【2018年概况】 全市高等教育在校生96.4万人(含研究生、普通本专科生、成人本专科生、网络本专科生)。全市共有普通高等学校64所。普通高校教职工7.5万人(其中市属高校4.3万人),专任教师4.5万人(其中市属高校2.8万人)。全日制研究生15.9万人,普通高校本专科在校生51.8万人。招收普通本专科学生14.3万人,招收全日制研究生5.3万人。各普通高校有留学生约6.08万人。上海高校毕业生17.6万人。

全面启动上海高校思政工作“三圈三全十育人”综合改革。制定实施上海高校思想政治工作质量提升工程实施细则。上海获批全国首批“三全育人”试点区,两所高校入选首批整体试点校,4所学院入选首批试点学院。开展2018年版思政课新教材网络培训和集体备课,组织开展“形势与政策”课专题教学工作,遴选12个思政课教师研修基地,打造同城教学资源共享平台(思政易家)。开展日常主题教育活动规范化建设项目,布点10个规范化建设项目。

创新建设“4+1+X”上海高校思政课课程体

系，推进“中国系列”思政课选修课，建成逾60门课覆盖全市高校，推出5门在线课，形成一批示范课堂。指导上海杉达学院、上海建桥学院成立马克思主义学院，落实每所示范马克思主义学院结对3所非示范马克思主义学院。1月，教育部在上海召开“加强新时代高校思想政治理论课建设现场推进会”，教育部党组书记、部长陈宝生出席会议；4月，教育部再次在上海召开“课程思政”建设调研会，教育部副部长林蕙青出席。上海高校联合申报的“入耳入脑入心同向同行同频：以思政课为核心的课程思政教育教学改革与创新”获国家级教学成果奖一等奖。课程思政被写入教育部等部门《高校思想政治工作质量提升工程实施纲要》《关于加强新时代高校“形势与政策”课建设的若干意见》《关于高等学校加快“双一流”建设的指导意见》等文件。课程思政改革做法作为教育系统唯一成果入选市委“上海改革开放标志性首创案例”。陈果、张黎声等上海课程思政名师入选央视改革开放40周年大型纪录片《四十不惑》。

研究制定并提请市政府印发《关于本市统筹推进一流大学和一流学科建设实施意见》。9月28—29日在上海举行全国“双一流”建设现场推进会。教育部、上海市主要领导和分管领导，财政部、国家发改委相关司局负责人，全国140所“双一流”建设高校，33个省级教育行政部门，以及教育部、上海市有关部门负责人参加会议，并实地观摩上海6所高校“双一流”建设推进情况。

《关于进一步深化本市高考综合改革试点工作的若干意见》发布。春季考试招生首次采取考后填报志愿的方式，并继续试点“一档两投”的投档方式。

研制和出台《关于深入推进上海高校分类管理评价促进高等教育内涵式发展的指导意见》，固化上海高校分类评价的研究成果，初步建立上海高校分类管理评价的制度框架。组织上海61所高校进行自评，开展定性指标的集中评价工作和定量指标的核算工作，并结合市教委各职能处室的评价情况，统计形成上海高校分类评价测试结果。

组织完成对华东政法大学、上海海洋大学、上海电机学院、上海政法学院、上海电力学院、上海立信会计金融学院等6所市属高校的审核评估工作。组织开展2017年上海市级高等教育教学成果奖评选工作，共评选出特等奖39项、一等奖195项、二等奖240项。上海共获2018年国家级高等教育教学成果奖一等奖7项、二等奖31项。2018年批准立项建设26个应用型本科专业，审批通过5个目录外本科专业报教育部备案。上海高校主动撤销学位授权点35个，自主增列学位授权点9个，市级统筹增列4个硕士学位授权点。

形成《关于上海高校“双一流”学科、高峰高原学科参评第四轮学科评估结果总体情况分析报告》。研究制定《上海高校高峰学科动态调整工作方案》，实施高峰学科动态调整。将复旦大学哲学、中国史，上海交通大学工商管理、生物学，同济大学管理科学与工程，华东师范大学世界史等6个第四轮学科评估中获评A+的非高峰高原学科动态增补为Ⅰ类高峰学科；将获评A+的复旦大学数学、上海中医药大学中医学等2个Ⅱ类高峰学科以及中医大中西医结合1个Ⅰ类高原学科调整升格为Ⅰ类高峰学科；新增布点同济大学干细胞与转化和上海体育学院反兴奋剂研究等2个Ⅳ类高峰学科；完成复旦大学、上海交通大学物理学，复旦大学、华东理工大学化学，华东师范大学统计学等5个基础学科Ⅱ类高峰学科布点工作，进一步完善上海高校基础学科布局。形成《上海高校Ⅳ类高峰学科建设第一阶段考核情况报告》，全面梳理2018年上海高校高峰高原学科建设成效。

研究制定《关于遴选新一批研究型高校开展高水平地方高校试点建设方案》，遴选复旦大学上海医学院、上海师范大学、华东政法大学、上海戏剧学院、上海海事大学等高校纳入高水平地方高校试点建设，进一步扩大高水平研究型高校建设范围。研究制定《关于推进高校分类发展实施高水平地方应用型高校试点建设方案》，确定上海工程技术大学、上海应用技术大学、上海电力大学、上海立信会计金融学院等4所应用型高校进入试点建设遴选范围。

推动落实《教育部 上海市人民政府共同推进上海全面创新改革试验建设具有全球影响力科技创新中心框架协议》相关任务，支持复旦大学等5

所高校的10个科研基地的建设，会同教育部科技司完成其中9个科研基地的论证工作。

围绕国家战略、上海经济发展需求和高水平地方高校建设规划，通过评审遴选出本年度创新团队，完成第二批高水平地方高校创新团队评审工作，涉及上海大学、上海理工大学、上海交大医学院、上海海洋大学、上海音乐学院和上海体育学院等6所高水平地方高校的80多个战略创新和重点创新团队。

完成2018年国家“千人计划”(106人)，上海领军人才(28人)，上海“千人计划”重点学科平台对象(114人)，上海市青年拔尖人才(24人)，政府特殊津贴人员(15人)，国家万人计划青年拔尖自然科学、工程技术领域(9人)，万人计划青年拔尖哲学社会科学、文化艺术类人选(8人)，万人计划教学名师(9人)推荐工作。完成2018年专家服务基层项目和国家级专家服务基地申报工作(推荐9个项目，入选2个)。督促各有关高校做好国外访学进修计划、国内访问学者计划、产学研践习计划、实验技术队伍建设等教师专业发展工程项目的实施工作，2018年分别入选275人、129人、280人、61人。完成高校青年教师培养资助计划实施工作，共资助709人。开展新教师岗前培训工作，全年共培训新教师约500人。实施师资博士后项目，共资助82人。完成文教结合有关项目实施工作，推进14个高校高层次文化艺术人才工作室和12个高校紧缺艺术人才创新工作室建设。继续深入推进本科高校教学教师激励计划，组织21所试点高校开展实施情况现场汇报，稳步提升上海高校本科教育教学水平。

(张信琦)

【实施高等教育内涵建设】 开展学位点动态调整，其中包括市级统筹增列4个硕士学位授权点，学校自主动态调整共有上海交通大学等8所高校申请撤销27个学位点，申请增列9个学位授权点。形成《上海高等学校创新人才培养机制，发展一流研究生教育试点方案》，完成2019年上海一流研究生教育引领计划项目的申报及论证工作。印发《上海高等学校创新人才培养机制 推进一流本科建设试点方案》，启动实施上海高等学校一流本科建设引领计划，首批立项建设35个项目。上海高校联合申报的“入耳入脑入心同向同行同频：以思政课为核心的课程思政教育教学改革与创新”获国家教学成果奖一等奖。课程思政被写入教育部等部门《高校思想政治工作质量提升工程实施纲要》《关于加强新时代高校“形势与政策”课建设的若干意见》《关于高等学校加快“双一流”建设的指导意见》等文件。课程思政改革做法作为教育系统唯一成果入选市委“上海改革开放标志性首创案例”。组织市属高校做好年度本科新专业申报工作，共向教育部申报备案专业36个、国控专业2个、审批专业5个。组织完成市级精品课程、全英语示范性课程、优质在线课程等验收和立项申报评审工作。组织完成国家精品在线课程遴选推荐工作。组织市属高校遴选推荐264名2018—2022年教育部教指委候选委员。开展2018年度卓越新闻双千计划选派工作。组织开展2018年上海市级实验教学示范中心申报评审工作，遴选推荐33个项目申报国家虚拟仿真实验教学项目。编写上海市《高等职业教育创新发展行动计划(2015—2018年)》2017年度绩效总报告，完成第三批现代学徒制试点申报和评议工作。完成2018年上海高等学历继续教育拟招生专业备案工作。2018年上海高等学历继续教育拟招生专业共280个，其中普通本科院校136个、高等职业院校54个、独立设置成人高校44个、开放大学46个。

(张信琦)

【学位点授权审核工作】 一、博士硕士学位授权点动态调整。分为高校自主调整和市级统筹增列两个阶段。经过形式审查、专家评审(市级统筹增列工作)、公示和上海市学位委员会审议等环节，上海高校主动撤销学位授权点35个、自主增列学位授权点9个(其中博士一级学科2个，硕士一级学科6个，硕士专业学位类别1个)；市级统筹增列学位授权点4个(其中硕士一级学科3个，硕士专业学位类别1个)。调整结果已报国务院学位委员会审批。二、工程硕士、博士专业学位授权点对应调整。根据国务院学位委员会《关于对已有的工程硕士、博士专业学位授权点进行对应调整的通知》《上海市学位委员会办公室关于做好对已有的工程硕士、博士专业学位授权点进行对应调整工作的通知》，上海市学位委员会办公室开展工程硕士、博士专业学位授权点对应调整工作。原工程硕士专业学位的154个学位授权点对应调整为新设立专业学位类别的69个学位授权点，以及工程管理硕士8个学位授权点。原工程博士专业学位的7个学位授权点对应调整为新设立专业学位类别的19个学位授权点。调整结果已报国务院学位委员会审批。三、学位授权自主审核单位新增学位授权点。复旦大学、上海交通大学、同济大学为学位授权自主审核单位。年内，上海交通大学申请自主审核增列中国语言文学、设计学2个博士学位授权点，同济大学申请自主审核增列马克思主义理论博士学位授权点，申请材料已报国务院学位委员会审批。四、加强建设新增博士硕士学位授予单位核查。根据《关于需要加强建设的新增博士、硕士学位授予单位建设进展核查结果的通知》精神，上海电力学院(现更名为上海电力大学)、上海科技大学通过国务院学位委员会核查，从2019年起开展博士招生、培养和学位授予工作；上海海关学院从2019年起开展硕士招生、培养和学位授予工作。五、新增学士学位授权审核。根据《上海市学位委员会关于做好2018年普通高等学校学士学位授权审核工作的通知》，经学校申报、专家评议和上海市学位委员会审核，批准复旦大学等13所高校的生态学等21个专业增列为学士学位授予专业，批准上海兴伟学院有条件增列为学士学位授予单位，其英语专业有条件增列为学士学位授予专业(授文学学士学位)，授权期限均为1年。 (杨　雪)

【研究生教育综合改革】 一、实施上海一流研究生教育引领计划。2018年，市教委按照“系统设计、问题导向、聚焦特色、分类发展”的发展思路，制定《上海高等学校创新人才培养机制，发展一流研究生教育试行方案》，并根据因素分析法确定各单位申报额度，完成2019年上海一流研究生教育引领计划项目的申报及论证工作。方案主要目标是构建一流的研究生培养机制、一流的学位点优化布局和建设机制、一流的国际合作交流机制、一流的教育质量监测机制、一流的资源配置保障机制，通过五个“一流机制”的持续构建完善，发展与一流大学一流学科相匹配的一流研究生教育，使高校在二维分类中学科和人才培养特色更鲜明、优势更明显，为发展一流研究生教育提供有力支撑。二、加强研究生教育质量保障体系建设。一是推进上海学位与研究生教育质量年度报告(2017—2018年)编制工作，指导各高校和各专业学位教育指导委员会完成和发布本校和本专业学位类别的学位与研究生教育质量年度报告(2017—2018年)。二是根据国务院教育督导委员会工作要求，继续开展硕士学位论文抽检。抽检范围为2016年9月1日至2017年8月31日期间授予所有硕士学位者的论文。论文均由学位授予单位提供，经形式审查，本次抽检涉及培养单位40家。各培养单位最终递交论文45151篇。其中学术学位20605篇，涵盖88个一级学科(含同等学力1130篇，涵盖28个一级学科)，专业学位24546篇，涵盖36个专业类别。共抽取论文2235篇，占总递交论文数的5.0%。三、开展科学道德与学风宣讲活动。按照“全覆盖、制度化、重实效”目标要求，着力构建宣讲教育长效机制，市教委、市科协于9月19日举办“上海市科学道德和学风建设宣讲教育报告会”。大会邀请中科院院士、中科院上海技术物理所研究员沈学础，上海海洋大学深渊科学技术研究中心主任、“蛟龙”号载人潜水器总体与集成项目负责人教授崔维成作报告。在沪高校和科研单位代表3000余人，通过6个分会场，听了此次讲座。10月15日，在人民大会堂举办2018年全国科学道德和学风建设宣讲教育报告会，上海30多所高校设立分会场组织研究生同步观看了报告会直播。年内，上海市在市级、大学园区、高校三个层面积极推进宣讲教育工作，全市研究生培养单位共开展宣讲教育活动1388场，共有18.7万人次参与宣讲教育活动，其中博士生1.4万人次、硕士生9.2万人次、本科生6.4万人次、新晋导师2700人次、科研人员1万人次、新入职教师4千人次。 (吴庆全)

【深化专业学位研究生教育综合改革】 成立上海深化专业学位研究生教育综合改革(临床医学)专家组，开展上海“5+3”项目和“5+3+X”项目工作调研，了解临床医学专业学位研究生教育改革试点工作的现状和问题，以进一步深化医教协同，推进医学教育改革工作。继续推进临床医学专业学位研究生培养和住院/专科医师规范化培训相结合项目（“5+3”，“5+3+X”）的实施，教育部继续给予上海“5+3+X”项目100名专项博士生招生计划，复旦大学等3所高校对招生名额进行了1∶1配套，共招收“5+3+X”项目博士生215名。上海中医药大学开展中医博士专业学位研究生教育综合改革试点，2018年共招收60名中医专业学位博士生。继续在教育硕士、艺术硕士、法律硕士、会计硕士、国际组织人才培养等领域探索专业学位人才培养模式改革试点。委托北京航空航天大学开展上海硕士专业学位研究生教育满意度调研。

（吴庆全）

【启动实施高校一流本科建设引领计划】 为推动上海高等学校创新人才培养机制，建设一流本科，培养一流人才，形成上海高等教育“一流大学、一流学科、一流专业”的整体布局，在广泛调研和征求意见的基础上，2月出台《上海高等学校创新人才培养机制 推进一流本科建设试点方案》，启动实施“一流本科建设引领计划”（以下简称“引领计划”），引领计划实行目标管理与考核，建立动态调整机制，以四年为一个建设周期，一次遴选、分年投入。经学校申报、专家评审等程序，全市高校共有26个项目列为首批建设项目，9个项目列为培育项目。“一流本科建设试点”工作坚持以下几项基本原则：建立全员育人、全过程育人、全方位育人机制，强化高校教学基础地位。着力破解制约学校本科教学质量提升的制度瓶颈，创新人才培养模式，构建一流人才培养的长效保障机制。确定部分高校、部分项目先行开展一流本科建设改革试点，及时总结完善和推广试点经验。积累一流本科人才培养的制度经验和实践成果，形成标志性、引领性的本科人才培养改革措施和路径。引导高校树立强烈的问题意识，深入分析建设新时代中国特色社会主义高等教育面临的新形势，为“科创中心”建设持续提供高水平预备队和生力军。把建设一流本科置于建设一流大学和一流学科的全局中进行统筹考虑，把改革过程贯穿人才培养全过程，创新人才培养模式，构建一流人才培养的长效保障机制。贯彻落实上海教育综合改革的要求，根据《上海高等教育布局结构与发展规划（2015—2030年）》确定的高校“二维”分类发展思路，鼓励学术研究型、应用研究型、应用技术型等不同类型高校，探索适应自身特点的人才培养模式，各有聚焦、各有侧重地培养适应社会需要的各类人才。

（赵丽霞）

【市属高校应用型本科试点专业建设】 一、完成第六批应用型本科试点专业立项工作，启动第一批试点专业验收工作。在前五批试点专业的基础上，市教委组织开展了第六批上海市属高校应用型本科试点专业申报评审工作。共收到24所学校48个专业的申请，覆盖七个学科门类，其中经济学4个、法学3个、教育学1个、理学6个、工学18个、管理学7个、艺术学9个。24所申报学校中，公办高校19所，民办高校5所。经学校申报、专家评审等程序，确定上海海事大学“安全工程”等26个专业列入第六批上海市属高校应用型本科试点专业，覆盖上海20所市属高校。其中理工类专业15个，经管法教艺类专业11个。截至年底，上海市建设六批共152个应用型本科试点专业，覆盖全市24所市属高校。12月，市教委开展对第一批26个完成建设周期的应用型本科试点专业的验收工作和对其他在建批次试点专业的年度检查工作。验收工作主要就试点专业人才培养方案的研制、修订和实施情况，以技术技能为本的课程体系建设情况，教学方法改革推进情况，“双证融通”的落实情况，校企合作进展情况，实验教学建设情况，特色师资队伍建设情况，国际合作与交流开展情况，专业建设管理情况，项目经费使用情况等方面进行全面完整的考核。验收检查工作以专业自查和进校检查相结合的形式进行。在学校自查的基础上，市教委组织专家开展进校检查。第一批应用型本科试点专业结合区域经济发展需求，对接专业认证要求，对标国际高水平同类专业，构建具有行业特色的人才培养方案和适应岗位能力的课程体系。各试点专业深入推进教学方法改革，教学过程与产业生产紧密结合；建立由学校和知名企业共同组成的合作办学组织体制，形成产业界人士与专业教师双向交流的机制，打造“双结构型”师资队伍，取得了较为明显的建设成效。二、进一步实践上海市普通高校目录外应用型本科专业设置省级审批试点工作，完成2018年度本科专业设置工作。市教委组织开展2018年度上海市属普通高校本科专业的申报和评审工作。经过校内专家审议和公示、教育部专门网站网络申报和平台公示，市教委对市属高校2018年度申报的备案专业进行了形式审核，对尚未列入“普通高等学校本科专业目录”的新专业进行专家审议等省级审批规定程序。2018年度共向教育部申报了上海市属高校本科专业备案专业36个、国控专业2个、省级审批通过目录外新专业5个。

（孔莹莹）

【高校创新创业教育改革】 年内，上海将创新创业教育融入高等教育人才培养全过程，优化高校创新创业教育体制机制，深化创新创业课程体系、教学方法、实践训练、队伍建设等改革成效显著。东华大学入选2018年度“全国创新创业典型经验高校”，同济大学成为2018—2022年教育部创新创业教育指导委员会主任委员单位。一、面向全体、强化实践，发挥“互联网+”大赛等活动引领推动作用。组织开展第四届中国“互联网+”大学生创新创业大赛上海赛区比赛，共有60多所高校和科研院所报名参赛，参赛项目8500多个，参赛学生36000多人次。经学校推荐、专家评审、复赛决赛等环节，最终决出24个金奖、54个银奖、142个铜奖、17个优胜奖和6个专项奖，以及优秀组织奖、优秀指导教师奖等奖项。在全国“互联网+”总决赛中上海高校共获5项金奖，7项银奖，14项铜奖。组织开展上海市“青年红色筑梦之旅”创新创业项目落地对接遵义的实践活动。以“兴趣驱动、自主实践、重在过程、追求实效”为原则继续实施大学生创新创业训练计划。立项上海市级双创项目3618项（其中市属高校2535项），入选国家级双创项目1761项（其中市属高校825项），支持举办上海大学生学科竞赛活动25项。在第十一届全国大学生创新创业年会上，共入选学术论文10篇，展示项目10个。举办“汇创青春”——大学生文化创意作品展示活动。活动延续前两届“孵化创意梦想，搭建创业平台”的活动宗旨，展示高校创新创业教育成果，搭建校园创意创新与文化产业园区对接的桥梁，打通“学生作品—孵化产品—商品”的转化链条。活动征集40余所上海高校9类文化创意学生作品3000余件，在文化场所、园区进行20余场展示展映，遴选部分“汇创青春”优秀作品参展全国大艺展和上海教博会。第三届活动还辐射长三角地区，服务“一带一路”战略，成立文化创意产教联盟，吸纳上海高校、文创园区、文创企业、文创协会加入，鼓励联盟内单位本着优势互补、资源共享的原则加强合作，促进产教融合由自发走向自觉。二、分类施教、结合专业，提高学生创新能力与创业意识。20所高校设立创新创业学院，建立了教务部门牵头，学工、团委等部门齐抓共管的工作机制。上海高校共开设创新创业教育专门课程1204门，举办1183次创新创业讲座论坛。上海交通大学“使命驱动的全链式创新创业人才培养体系探索”、东华大学“互联网+创新创业人才决策能力培养模式的创建与实践”、上海理工大学“‘三结合、三递进、三协同’构建创新创业教育体系的探索与实践”3个项目获2018年高等教育国家级教学成果奖二等奖。各高校以“全覆盖、分层次、强重点”为思路加强创新创业教育课程体系建设，华东师范大学“互联网与营销创新”和上海财经大学“创业管理”2门课程入选“2018年国家精品在线开放课程”。

（赵丽霞）

【本科教学审核评估工作】 根据《教育部关于开展普通高等学校本科教学工作审核评估的通知》《上海市教育委员会关于开展市属普通高等学校本科教学工作审核评估的通知》的要求，市教委依托市教育评估院完成对华东政法大学、上海海洋大学、上海电机学院、上海电力大学、上海政法学院、上海立信会计金融学院等6所高校的本科教学工作审核评估工作。至此，已完成本轮市属公办高校的本科教学工作审核评估工作。通过审核评估，上海市属高校的人才培养和教学质量状况得到了全方位的检阅，高校人才培养中心地位得以进一步确立。

（赵丽霞）

【高校合作办学】 年内，继续拓展丰富上海东北片、西南片、松江大学园区高校合作办学的内涵，加快建立临港地区高校合作办学运行机制，推进长三角三省一市优质资源共享。一、西南片高校联合办学情况。参与西南片高校联合办学的本科高校共19所。年内，辅修专业在读5770人，其中跨校修读2393人，超过总修读人数1/3，共有1199人授予辅修专业学士学位，其中跨校421人；颁发辅修专业证书333人，其中跨校120人。辅修专业督导组分别对西南片多所高校进行听课和毕业论文审查，监督保障辅修专业教学质量。研究生教育协作组继续推进研究生课程开放共享，上海交通大学、华东师范大学、华东理工大学等高校研究生课程全面开放至西南片高校，吸引包括高年级本科生在内的多所高校学生选修。举办“上海市第二届西南片高校研究生法学教育论坛”“2018年上海市‘先进材料’研究生学术论坛”“上海市西南片高校心理学研究生论坛”等。二、东北片高校联合办学情况。参与东北片高校联合办学的本科高校共12所。开设11个辅修专业及2个辅修学位，辅修在读学生约2500人，合计开设辅修课程约150门，招收辅修新生约1900人，辅修结业学生733人。五所高校开设跨校选修课程10门，参与学生约84人次。上海体育学院新开设的《运动急救》《运动疗法》《运动营养学》等跨校选修课程采用了混合式教学模式，受到学生欢迎。依托上海东北片高校教学协作组的在线课程平台——“上海高校在线”，近千名学生通过线上课程学习与讨论、线下教学与师生互动的混合方式，进行辅修专业学习。复旦大学法学跨校在线辅修专业迎来第一届混合式教学的结业学生。复旦大学、同济大学、上海财经大学设立优秀辅修学员奖学金制度，共有9个辅修专业的37名学生获此荣誉。三、松江大学园区高校联合办学情况。参与松江大学园区高校联合办学的本科高校共7所。辅修在读学生3887人，开设26个跨校辅修专业（方向），合计开设475门辅修课程，招收辅修新生1700人，授予辅修学位1145人，颁发辅修证书290人。继续推进长三角交换生项目，派出26名学生，接收47名学生。制定《长三角地区高校交换生修读学习告知书》，将相关事项提前告知。5月，松江教学协作组赴浙江大学调研，交流创新创业教育、人才培养改革等情况。举办首届松江大学园区高校优秀毕业设计（论文）联展。四、临港区域高校联盟情况。9月，由上海海事大学、上海海洋大学、上海电机学院、上海建桥学院、上海电力学院5所高校共同发起组成临港地区高校联盟，旨在发挥高校管理自治机构在高校聚集区的统筹、服务、协调作用，强化合作交流，推动优质资源共享，推动区域高校在优质课程资源开放、跨校选修学分互认、辅修专业等方面的合作。（赵丽霞）

【高等职业教育专业内涵建设】 一是修订职业教育发展规划，优化调整专业结构。支持学校新设人工智能、学前教育、养老护理、电竞等一批服务新产业新业态需求的高职专业。完成2019年高职院校拟招生专业备案工作。开展对普通新专业的评议和对国控专业的评审工作，共计申报新增专业53个，其中有4个拟新增国控专业。二是对接服务社会需求，加强养老护理和学前教育专业建设。增加学前教育专业设置，新增3个学前教育（国控）专业点，召开学前教育专业布局工作会议。举办市高职院校学前教育专业骨干教师培训班，共8所院校22名教师参加培训。举办学前教育一流专业建设研讨会并组建高职学前教育专业教学指导委员会。推进养老服务类专业建设，举办市高校养老类专业教师第一期培训班，10所院校的38名教师参加培训。开展2018年上海高职高专院校养老类专业学生社会实践项目申报工作，共申报14个项目。开展上海高校养老类专业实训基地师生实践类项目申报工作，共申报12个项目。三是深化双证融通、高本贯通改革试点。完成上海高职第一批和第二批“双证融通”试点相关专业学生备案，开展第二批“双证融通”试点项目最后一批课程评审，组织开展第三批“双证融通”试点立项评审，新增18个试点专业，开展人才培养方案评审等工作，举办2018年上海市“高职‘双证融通’人才培养改革试点工作论坛”。完成第二批高本贯通培养试点立项评审工作，新增6个专业试点，指导学校完善试点项目人才培养方案。组织召开2018年高本贯通试点工作总结会，就“高本贯通”需求情况、招生情况、招生工作举措及经验作出总结，启动2019年第三批高本贯通人才培养试点申报工作。四是深化“以赛促教、赛教结合”。以世界技能大赛理念和标准，引领和推进人才培养质量提升。组织高职院校学生积极参加全国职业技能大赛上海选拔赛，做好高职院校选手培训和参赛工作。做好第四十五届世界技能大赛上海选拔赛筹备工作，组织高职院校积极参加世赛选拔赛，组织约8700名高职院校学生观摩世赛选拔赛。开展2019年上海星光计划(高职组)技能大赛相关工作。五是加强精品课程和教学团队建设。2018年共有24所院校申报45门精品课程，其中，本科高校6所，独立高职18所。共有18所院校申报30个教学团队，其中，本科高校2所，独立高职16所。共有28门精品课程和16个教学团队入围。六是推进专业诊断与改进工作。召开上海高职院校内部质量保证体系建设与运行方案评审大会，对上海16所高职院校的诊断与改进方案评审。开展试点院校的高职诊断与改进信息支撑系统试点培训，试点专业的负责人、诊断与改进信息支撑平台建设负责人，以及诊断与改进工作管理人员等50人次参加培训。建设教学诊断与改进专家库，形成了一支25人的高职诊断与改进专家库人员队伍，组织专家库成员参加全国诊断与改进专委会以及相关专业会议的培训工作。成立“智能校园3S系统(诊断与改进支撑系统)工作室”，开发出体现教学诊断与改进工作核心理念，符合上海高职院校特色的教学诊断与改进信息平台。召开高职院校教学诊断与改进工作大会，明确诊断与改进工作推进思路和要求，推动诊断与改进工作开展。

(赵　坚)

【高等职业教育师资能力提升培训】 一、加强对新进教师的规范培训。4—7月，对6所独立设置高职院校和1所本科高职学院的30名新进教师进行为期四个月的新进教师规范化培训。二、继续推进教师企业实践。21所高职院校67名教师分别报名参加汽车、机械、土建、电子信息、经管五个大类的企业实践，各个教指委分别召开教师企业实践交流会。三、开展院(校)长、骨干教师培训。启动2018年上海高职院校校(院)长培训班，共计12位校(院)长参加培训。举办上海市高职院校专业负责人第八期培训班，22所高职院校的42名教师参加培训。举办上海市高职院校教务处长第三期培训班，14所高职院校的14名教师参加培训。还举办了上海市高职院校艺术设计类专业骨干教师培训班，共12所高职院校的22名教师参加培训。四、组织中德合作教师培训。17名骨干教师参加了2018年中德合作校骨干教师能力提升项目，按专业分成数控组、机械组、电子组，赴德国参加12周的培训。五、举办教师说课大赛。由5个上海市高职院校专业教学指导委员会(土建类、汽车类、经济类、机械类和信息化类)和上海市高职高专教学研究会(综合类)推荐的21名选手进入说课大赛决赛环节。决赛分为进阶赛、终极赛两个阶段，共有8名教师经进阶赛角逐进入了终极赛。200余名高职院(校)长、专业主任和骨干教师代表参加了现场观摩。(赵　坚)

民办教育

【开展非营利性和营利性民办学校分类选择】 上海市政府于2017年底出台《上海市人民政府关于促进民办教育健康发展的实施意见》《上海市民办学校分类许可登记管理办法》等文件，明确实施非营利性与营利性民办学校分类管理。上海各级各类具有选择权的民办学校有序开展选择工作。一、做好解读指导。市教委依托相关部门、区教育局、专门服务机构、行业组织、社会专业机构等各方，通过网络解读、专题报告、集中研讨、模拟测算、直接沟通、针对性指导等多种方式，开展广泛宣传解读工作，覆盖市、区各部门主要行政人员、所有已设立的民办学校、各类社会机构等。梳理形成文件汇编、民办学校办事指南、行政人员业务手册、各类参考文本等多份材料，为办学者和行政人员开展相关工作提供便利。二、加强协调推进。按照学校类别层次，分别召开多次分类管理推进工作会议，梳理研讨推进过程中发现的重点难点问题、及时会同各相关部门予以协调解决。通过定期汇总各区的民办学校分类管理推进情况，督促指导各区教育局加强对民办学校的指导服务、做好新规定的贯彻落实工作；为各民办高校提供针对性指导服务，督促其尽快过渡。三、完善技术服务。对2010年上线的上海市民办教育管理系统进行升级，完善政策资讯、审批备案、信息查询、学习地图等模块，新增综合监管功能，针对民办学校分类管理推出补偿与奖励模拟计算、现有学校过渡办理等专用模块，为办学者和行政部门提供便利、有效提升管理效能。截至2018年12月31日，上海适用于过渡政策的各级各类民办学校举办者已作出办学属性选择，正逐步开展相关手续办理工作。其中，选择登记为非营利性的民办学校约1600所（不含正在办理终止手续的学校），选择登记为营利性的民办学校约200所。 （苏 铁）

【规范市级教育类社会组织管理】 年内，市教委开展市级教育类社会组织设立变更审查和监督指导等相关工作，规范教育类社会组织管理。上海市级教育类社会组织共有160个（不含各类学校和正在办理设立手续的社会组织）。其中社会团体75个、基金会78个、民办非企业单位（已改称为“社会服务机构”）7个。市教委作为业务主管单位，对属于双重管理范围内的市级教育类社会组织，依法做好市级教育类社会组织设立与变更的前置审查、内部管理与业务活动的指导与监管等工作。一、成立“市级教育类社会组织管理领导小组”及其办公室。市教委成立“市级教育类社会组织管理领导小组”，统筹协调市级教育类社会组织的管理工作，在民办教育管理处设办公室（以下简称“社管办”），牵头开展市级教育类社会组织的相关工作，与市民政局相关部门进行沟通，协同推进工作开展。市级教育类社会组织管理领导小组召开第一次工作会议，审议通过市级教育类社会组织设立、变更、终止和监督检查的工作流程和职责分工，以及市级教育类社会组织2018年工作要点等事宜。二、市级教育类社会组织的设立、变更、终止审查。由社管办牵头办理社会组织设立、变更与终止的前置审查工作，市教委相关处室根据有关规定和管理实际需要就社会组织党建和干部兼职、人事管理、财务、涉外事项、合法性以及相关活动的必要性、可行性等事宜提出审查的会办意见。年内，完成5所社会组织设立、13所社会组织变更和1所社会组织终止的前置审查工作。三、开展市级教育类社会组织的监督检查工作。制定《市级教育类社会组织2017年度检查工作方案》，组织年度检查初审，使用“法人一证通”数字证书对社会组织提出年检初审结论和监管意见，并对2017年度检查结论不合格的单位进行约谈。由社管办牵头，完成5件市级教育类社会组织信访件的处理工作。 （苏 铁）

【实施市民办教育人才建设“民智计划”】 为贯彻落实《国务院关于鼓励社会力量兴办教育　促进民办教育健康发展的若干意见》和《上海市人民政府关于促进民办教育健康发展的实施意见》的文件精神，遴选、培育、凝聚上海市民办教育相关领域“民办教育＋”的复合型人才，以人才促进创新、以人才带动发展，上海设立市民办教育人才培养专项计划——“民智计划”。市教委指导监督项目执行，入选人才纳入民办教育专业人才库，教育部将对入选项目予以关注支持。“民智计划”由上海市民办教育发展基金会依托项目拨付扶持经费。每年遴选扶持10人，周期为两年，扶持资金为20万元，分两年执行。上海市民办教育发展服务中心负责“民智计划”的过程管理。项目实施的前期工作包括：组建专家团队开展前期研究，形成人才项目调研报告、“民智计划”项目方案、评审方案、人员项目管理方案和管理系统建设方案，研发“民智计划”管理系统和政策问答智能机器人，实现项目申报、评审、管理、宣传等全流程、全功能信息化管理。发布《关于印发〈上海市民办教育“民智计划”管理办法〉的通知》《关于做好2018年度“民智计划”项目申报工作的通知》等文件。经个人网上申请、两轮专家评审、网上公示，通过《关于公布2018年上海市民办教育“民智计划”入选人名单的通知》，确定分别来自区教育局、科研机构、民办高校、民办中学和培训机构的10名入选人，申报项目成果涉及监管软件、政策文本、案例分析、评估体系、论坛活动、协作联盟等。入选名单确认后，市教委组织召开了项目启动会，明确了项目过程管理的各项要求。（季秋瑜）

【签署长三角民办教育发展协作框架协议】 10月27日，江苏省教育厅、浙江省教育厅、上海市教委、安徽省教育厅签订长三角民办教育发展协作框架协议。苏浙沪皖教育行政部门负责人就进一步推进长三角民办教育综合改革和协同发展，切实提升协作的深度、广度、密度，努力开创长三角民办教育发展新局面等进行了深入讨论。三省一市表示将深入推进会商交流，建设决策层、协调层和执行层“三级运作”的协作机制，在民办教育协同发展中心成立长三角民办教育协同发展秘书处。积极推动长三角民办教育协作发展列入长三角教育更高质量一体化发展战略协作框架协议内，通过搭建智库平台、培育联盟组织、建设核心项目、打造品牌论坛、加强协作研究、建成评价机制，推动区域民办教育联动发展的制度逐步完善、领域逐步拓展、合作逐步稳固、项目逐步扎实、优势逐步显现。

（季秋瑜）

【推进民办教育协同发展服务中心建设】 年内，根据教育部发展规划司和上海市教委整体工作安排以及2018年工作要点，民办教育协同发展服务中心协同推进民办教育分类管理改革各项任务，推动建立全国民办教育协同工作长效机制。组建专家智库，协同服务。编制民办教育协同发展专家库建设方案，在全国范围内遴选、聘请专业人士，协助组建学理丰富、领域多元、结构合理的民办教育协同发展专家队伍，建立专家组定期研讨、长期指导、专项研究相结合工作机制。构建联动机制，协同调研。开展全国民办教育信息系统建设情况调研，贯彻落实“管办评”分离改革需要和“一网通办”电子政务建设要求，初步调研了解各地民办教育信息数据库建设基础与行政管理实际情况，为全国民办教育信息系统建设开展前期分析。开展民办学校征信制度建设情况调研。顺应社会信用体系建设趋势，根据文件要求对民办教育系统征信制度建设情况开展调研，对相关法规政策制度出台情况进行梳理，对民办教育信用风险进行分析，对地方开展民办教育征信制度的案例进行总结，形成调研报告。创建应用项目，协同研究。开展“民办学校举办者变更制度安排、程序及监管研究”项目结项工作，根据分类管理相关新法新政新要求和现实情况，深入分析民办学校举办者变更制度建设与监管工作重点专题，为国家出台相关规范制度提供决策参考。开展“民办学校办学许可证管理办法”项目研究工作，根据国家对实施非营利性和营利性民办学校分类管理的要求和实际管理需求进行梳理分析，为民办学校依法申领、换发、使用和管理办学许可证以及教育行政部门依法履行管理职责提供依据。开展“新科技革命背景下民办在线教育机构设置、运行、监管研究”工作，通过桌面研究、问卷调查、座谈访问、专家研讨等方式，形成在线教育行业发展历程与趋势分析报告，民办在线培训教育机构监督管理办法及负面清单等成果，应对行业发展趋势弥补行业管理制度空白。开展全国各级各类民办学校及培训机构设置标准对比分析，对其设置基本要素、指标情况进行对比，梳理共性和差异标准，深入分析各类指标地域差异和事业发展差异，为全国各地深入推进民办教育分类管理改革和依法有序开展行政审批工作提出建议。组织编制民办高校内涵发展创新案例成果集，收集梳理全国各地民办高校在人才培养定位、学科专业建设、教育教学改革、办学条件改善、师资队伍培养、质量保障体系构建、服务经济社会发展等方面的举措经验，总结党的十八大以来民办高等教育改革发展的重要成就和宝贵经验。搭建工作联动平台，协同交流。搭建长三角民办教育联动平台，编制长三角地区民办教育协作机制方案，建设决策层、协调层和执行层“三级运作”的协作机制。签订长三角民办教育发展协作框架协议。开展全国民办教育行政工作人员研讨会的前期准备工作。

（季秋瑜）

终身教育

【2018年概况】 优化终身教育体系。拓宽市民终身学习方式，深化上海市民终身学习体验基地建设，新增1个市级体验基地，开发一系列体验式课程和线上线下互动项目。开展上海市民终身学习人文行走项目试点工作，全市扩大试点至11个区，参与首轮人文行走人数过5万人次。加大数字化学习推进力度，推进上海学习网建设，创新社区教育、老年教育的微信公众号、App等移动终端学习模式。增强终身教育服务供给，加大终身学习资源配送力度，汇集183门课程，2777个配送资源，向全市403个终身教育机构配送各类书籍、光盘、学习体验卡等实体资源5.5万个。完成第二批街镇社区学校内涵建设合格校评估工作，对部分尚未达到标准化的街镇学校进行标准化合格认定。推进老年教育三类学习点场所倍增计划，完成150个居村委示范学习点建设，完成100个市级社会学习点认定工作，新增30个养教结合学习点。大力推进老年教育信息化平台建设，做好13个区和2个市级老年教育办学机构对接，全市实现市民注册的学员达到12万人。不断完善终身教育队伍，加大老年教育兼职教师注册制工作力度，加大社区教育志愿者管理工作力度，注册社区教育志愿者增至11000多人，实名注册志愿者人数达到6346人。推进成人继续教育发展，加强“高校继续教育校际联盟服务平台”建设，形成“校际合作、资源共享”机制。平稳推进自学考试，全年总计报考164057人次，相比于2017年，报考人数增加了24.2%。

深化学习型社会建设。畅通市民学习渠道，做好市民终身学习需求与能力监测工作。深化各类学习团队建设，培育五星级老年学习团队105个，一星级老年学习团队2151个、线上学习团队3600多个。推进学分银行建设，累计建立学习者个人学习档案数超过350万，有7.4万人进行了学分转换，转换为学历教育学分数58万分。推动资历框架建设及其在物流、汽车行业试点。提升市民综合素养，推进百万在岗人员学力提升计划，累计覆盖在岗人员群体数量超过37.3万人次。推进新型农民培育工作，提升农民实用技术培训质量。组织开展“第三批国家级农村职业教育和成人教育示范县”的认定验收工作。营造浓郁学习氛围，举办上海市全民终身学习活动周、上海市老年教育艺术节、市民诗歌节、诵读节和读书节等大型活动。

规范教育培训市场秩序。完成校外培训机构专项治理工作。对接国家要求，完成校外培训机构专项治理工作，推进白名单建设工作，市教委指导各区教育局网站公布上海首批教育培训机构白名单。加强违规竞赛查处工作，叫停20个违法违规竞赛项目。开展在线教育培训管理政策文件研究，提升各区教育培训市场依法行政能力。开展《非学历教育培训分类标准目录》研究，推进教育培训机构分类管理。编制执法指导材料，举办专题培训班，提升业务水平。建立法律适用审定机制，聘任专家针对复杂问题，进行法律、政策适用审定。完善审批机制，强化市级行政部门的指导与监督职责，统一全市教育培训机构设立分公司的许可标准，探索开展多区设点的营利性民办培训机构统一办理机制。

（韩保磊）

【实行老年教育兼职教师注册制】 为促进老年教育师资队伍建设规范化和专业化，市教委委托市老年教育工作小组办公室，在全市分批推进老年教育兼职教师注册制试点工作。上海发布《上海市老年教育兼职教师注册制实施方案》，明确老年教育兼职教师登记、培训、考核、注册等认证环节，建立“上海市老年教育兼职教师注册平台”，对全流程进行管理。明确兼职教师注册后的常态化管理要求，以及上海老年教育师资库运维规则和使用规范。市老年教育师资培训中心编写了兼职教师上岗培训教材，并负责组织实施培训、考核。上海基本建立了老年教育兼职教师注册准入机制。全市街镇及以上老年教育机构可为在校任教的兼职教师提出登记申请，兼职教师本人以线上或线下两种途径接受上岗培训。通过考核的兼职教师，可获市老年教育工作小组办公室颁发的《上海市老年教育兼职教师证书》。截至2018年底，上海共有两批58所区级以上老年大学兼职教师共1865人完成实名登记，其中，参加各类有效学习培训的教师1812人，通过考核或免试进行注册的持证兼职教师1775人，占登记总数的95.2%。 （姚 岚）

【推进老年教育学习卡信息化管理】 市教委委托上海市老年教育信息中心（徐汇区业余大学）分三批在全市街镇及以上老年教育机构中普及老年教育信息化管理平台的应用。截至2018年底，已完成13个区及2个市级老年大学，共185个管理机构和办学单位的信息化管理平台建构或联通，完成采集课程信息2.7万门，为13.9万名学员进行实名认证和电子学籍注册登记。为方便老年人办理刷卡签到、报名等事宜，市教委与中国银行上海市分行合作研发“上海市老年教育学习卡”，并于11月举办的“中银常青树——上海老年教育优秀成果展示活动”上向公众正式发布。该卡具有老年学员进行日常注册、登记、签到、学习记录等一系列功能，并对老年人的学习过程积分。老年学员将可根据学习积分激励机制，通过累加和兑换学习积分获得各类学习奖励。 （姚 岚）

【首创“上海市民终身学习人文行走”项目】 市教委会同市文明办于年内联合开展“申城行走 人文修身”——上海市民终身学习人文行走工作。该项目自上年启动，在杨浦、宝山、普陀三区率先开展试点，相继推出杨浦区“三个百年”、宝山区“行知教育线路”、普陀区“真如寺线路”等人文行走线路。截至2018年底，“人文行走”项目已覆盖11个区，全市建立100余个学习点和20余条行走线路。发布“人文行走”LOGO和行走学习地图、学习手册，公布学习网站以及微信公众号等。市民可以通过公众号观看学习视频，参加各类学习互动，成为城市文化的传播者和践行者。各区教育系统组织党员干部、在校学生、企业职工、社区居民、外来务工人员，以及外国友人等各类群体在“人文修身”学习点开展了各类主题鲜明的教育实践活动。据统计，全市已经有超过100万人参与了行走学习。（姚 岚）

【推进校外培训机构专项治理】 年内，持续推进校外培训机构专项治理。经排摸调研，上海有近3000所面向中小学生开展学科培训的机构。其中1700余所存在问题，到2018年底，这些存在问题的机构已整改完成。同时，强化教育培训市场管理的长效机制建设。贯彻落实国家和上海相关管理制度，拟制各类指导性材料，加强业务指导和监督。举办专题培训班，针对审批、监管、执法人员、巡查等各方工作人员开展业务培训，提升整体业务水平。建立“法律适用审定机制”，聘任数十位来自教学一线、学校管理、法律、财务、行政管理等各领域的专家，对教育培训市场管理中遇到的复杂问题进行研判。建立“校外合格培训机构名单”制度，并结合审批、检查等工作实行动态管理。 （戴桂香）

语言文字工作

【推广国家通用语言文字工作】 年内，上海以开展语言文字水平测试为主线，以开展社会语言文字应用监测为抓手，以开展推普脱贫攻坚行动为重点，以举办推普周宣传教育活动为载体，继续大力推进和规范使用国家通用语言文字。一、开展语言文字水平测试。全年共组织测试358场，测试总人数为160700人。其中，高校、中职校的免费测试工作稳步实施，高校、中职校学生免费测试133740人；社会各行业共有26960人自愿参加了测试。组织16个区及华东师范大学、上海师范大学等23所高校共约1.1万名教师、大学生进行汉字应用水平的培训和测试。继续推进面向在沪外籍人士的“实用汉语能力测试”项目的培训测试工作，组织国际学校、上海商学院等单位的外籍友人、留学生共60多人参加测试。测试等级涵盖初级、中级和高级。二、开展社会语言文字应用监督监测。一是继续组织高中学生开展公共场所用字检查“啄木鸟”社会实践活动，全市各区20余所高中学校的近2000名学生参加语言文字“啄木鸟”社会实践活动。联合上海市志愿者协会组建语言文字“啄木鸟”志愿者服务队，组织市民巡访团团员、研究生、高中生等志愿者对各区重点商业区、旅游景点等公共场所的名称牌、标志牌和广告中的文字规范使用进行监测。二是开展迎首届中国国际进口博览会公共场所中英文用字专项检查行动。在各区广泛自查、整改、提升的基础上，联合市旅游局对上海部分重点区域语言文字使用情况，开展市级集中检查，有效提升公共场所语言文字使用的规范化水平。三、开展推普脱贫攻坚行动。一方面，委托上海市学习型社会建设服务指导中心开展对机关公务员、乡镇中小学教师、3岁以下托育机构从业人员等重点领域人群的普通话培训，并在开展2018年全市区域居民普通话普及情况调查的基础上，指导各区结合乡村振兴战略，根据当地旅游服务、产业发展等需求，对不具备普通话沟通能力的部分农民开展形式多样的培训，使其具有使用普通话进行顺畅沟通交流的能力，拓展职业发展空间。另一方面，将语言扶贫工作列入上海教育东西部扶贫协作和对口支援工作中，制定上海支援云南迪庆推普脱贫工作的推进方案，组织云南迪庆40名少数民族“双语”骨干教师到沪开展语言能力提升培训。四、组织开展第二十一届全国推普宣传周活动。紧扣“说好普通话，迈进新时代”的宣传主题，在金山区文化馆举行第二十一届全国推广普通话宣传周上海主题宣传活动，展现上海在实施普通话普及提高工程中所取得的成效，凸显普通话对打造文化品牌建设的重要价值。此外，指导全市各单位组织开展街头宣传咨询、悬挂宣传横幅、张贴宣传标语、张贴推普公益宣传画、发放宣传纪念品、播放推普公益广告等丰富多彩的宣传活动。 （姜冠成）

【实施中华经典诵读工程】 年内，上海通过实施经典诵读工程，提升市民语言文字应用能力和人文素养，传承弘扬中华优秀文化，坚定文化自信。凝练诵读工程的工作思路。通过召开专家咨询会、工作研讨的形式，广集众智，广纳群言，凝练形成上海实施中华经典诵读工程的工作思路。坚持以学校为主阵地，以课堂教学和学校活动为主渠道，构建贯穿大中小幼的中华经典教育体系，将中华经典诵读活动纳入校园文化传承创新活动中，鼓励支持学校建立完善各种经典诵写讲社团和组织，充分发挥学校教育的根本性作用，为工程的全面实施打下坚实根基。整合全市资源，遴选建设一批中华经典诵写讲基地，依托高校学术资源和语文教育资源，开展市级中华经典诵写讲师资培训、课题研究、举办论坛，拓展中华经典诵读的支撑力量。搭建中华经典诵写讲实践活动的平台，举办全市性的中华经典诵读赛事，开展市民诵读节、诗歌节、文化节和阅读节活动，指导各区和高校开展汉字文化节、读书会、演讲、辩论赛等活动，生成具有上海特色的文化活动品牌。开展中华经典诵读优秀读本展示研讨和中国节庆日诵读展演活动，引导社会各界传承、弘扬、传播中华优秀传统文化，展示中华诵读工程的成果，扩大工程的社会影响力。开展中华经典诵读宣传教育活动。举办2018年市民诵读节。诵读节共组织16场市民诵读专场活动，举办5场优秀诵读节目巡演，近3万名市民参加诵读活动，诵读节聘请多位文学兼教育专家担任顾问，负责“诵读选编”指导、诵读评审等。举办2018年上海市民文化节中华诗词文赋大赛。活动以“美”为主题，以中华诗词文赋为内容，吸引市民14万余人次参与。继续开展“书法名家进校园”活动。组织书法名家走进杨浦区鞍山初级中学、黄浦区重庆北路小学和松江区上海三新学校，举行书法家专题微讲座、书法技术示范和学生临帖指导及书法教育交流、展示和研讨活动。促进中华优秀文化交流传播。一是举办上海市2018年留学生中国诗文诵读大会。大会以“隽永诗文、友谊之路”为主题，吸引了37个国家的150余名留学生参赛，最终复旦大学、上海交通大学等12所上海高校的18个诵读节目入围最后决赛及展演。二是开展《中国诗词大会》(第四季)上海地区选手面试选拔活动。活动受教育部、国家语委委托，在华东师范大学举办参会选手面试选拔活动。上海大中小学校的师生，以及社会古诗词爱好者，共计260余人参加面试选拔活动。（姜冠成）

【开展语言文字规范应用检查】 8月29—30日，市语委办、市旅游局对上海部分重点区域语言文字使用情况开展集中检查。一是以区为主、市区联动，确保检查整治工作科学、规范。本次检查行动以区为主、市区联动，依托各区语委办，对上海A级旅游景区点、旅行社、星级饭店、旅游咨询服务中心、机场、火车站、码头等进行属地化监测。监测对象包括名称牌、招牌、告示牌、标志牌等规范用字情况。在各区自查基础上，市级检查组重点检查浦东机场、虹桥交通枢纽、黄浦江沿江45公里滨江地带，对检查中发现的不规范用字情况，现场反馈所在单位。检查活动共有约120名专家、监测人员等参与，整改2340条不规范用字情况。二是部门协同、社会参与，合力为“进博会”提供服务和支撑。迎“进博会”语言文字检查，由市语委办、市旅游局联合组织开展，指导各区语委、旅游部门联合行动，纳入各区年度监测工作计划，市、区语委切实履行统筹职能，争取相关部门和社会组织的支持，条块联动、分工协作、齐抓共管、协调有效。三是强化服务、突出重点，推动监测全覆盖。市语委办加强公共场所语言文字监督监测，依托中外文专家为交通、旅游、机场、绿化市容等部门和单位提供英文译写审核的咨询服务，并在上海语言文字网开通“上海市公共场所语言文字应用监测网络服务平台”，接受社会各界关于用语用字不规范现象的投诉。鼓励高中生通过校外社会实践平台参与语言文字志愿服务，推进公共场所语言文字监测全覆盖。4月，市语委办与上海市志愿者协会联合成立语言文字“啄木鸟”志愿者服务队，各区语委广泛发动“啄木鸟”志愿者参与商业街、旅游景点、交通枢纽等重点公共场所语言文字监测，为营造更为规范和谐的城市语言环境贡献力量。

（马晓华）

【推进书香校园建设】 上海推进书香校园建设，通过专家报告、研讨交流、阅读活动、课题调研、典型示范等多种形式，发挥示范辐射作用，推动教师、学生阅读，形成“爱读书、读好书、善读书”的良好校园风尚。一是彰显学校育人功能，促进学生健康成长。市语委办分别于6月5日、12月27日举行两次书香校园建设研讨交流活动，部分中小学和幼儿园进行了工作汇报和经验交流，并邀请专家，分别围绕阅读与师生精神成长、阅读与民族进步、出版界在书香校园建设中的角色、阅读与中华传统文化教学、如何真正有效阅读等主题作专题报告，从理论与实践、内涵与价值追求等多方面对书香校园建设进行指导。二是构筑师生精神家园，促进教师专业发展。市语委办委托上海教育电视台和上海市教师学研究会开展“沪上书香人物——教师”的评选活动。根据学校推荐、专家评审、网站公示，共评选出10位“沪上书香人物——教师”。这些教师在组织师生阅读活动、提升个人专业素养、培养学生阅读习惯、加强课题研究与课程建设等方面成效显著。市语委办还通过“上海学生阅读大会”电视节目分享阅读经验，指导阅读方法，向全市中小学生传递书香文化。三是促进阅读课程构建，营造校园书香氛围。市语委办指导书香校园基地学校加强阅读课程建设，将师生的阅读质量、阅读数量、阅读方式作为课程建设的重要内容。杨浦高级中学开发基于学科融合的阅读课程，如数学与诗歌、物理与修辞、中英比较文学等，以期打破学科间的壁垒。中山北路小学以课题研究为引领，开发阅读课程，设计“阅读活动课走班教学模式”“阅读评价工具”等。东华大学附属实验学校在课程建设上，以推进“经纬阅读”为主线，构建起经度上“读、写、讲”全面推进，“图文、音频、视频”立体推进；纬度上教师、学生、家长三位一体，学校、班级、年级分层推进的整体格局。四是依托上海书展平台，打造阅读活动品牌。发挥文教结合机制的优势，搭建学生阅读推广的平台，强化资源共享，利用上海书展、上海国际童书展的契机，开展丰富多彩的阅读活动。举办“陈伯吹国际儿童文学经典作品诵读展演”，首次面向全国范围内的青少年儿童、学生家庭和外国友人征集诵读作品，最终评选出最佳诵读奖2个、优秀表演奖4个、优秀风采奖8个，并在上海书展中央大厅进行展演。除了中文作品外，来自法国、哈萨克斯坦、乌兹别克斯坦的国际友人也带来了陈伯吹国际儿童文学奖绘本奖获奖作品的小语种演绎。依托上海学生阅读联盟“青衿书苑”读书会，在上海书展现场举办“七天七堂课”系列名家国学讲座，邀请市聋协会员到现场手语实时翻译，并开通网络直播，使更多人关注阅读、了解中华优秀传统文化。“青衿书苑”读书会活动在培育学生阅读兴趣、提升学生人文素养、服务书香校园建设上发挥了重要作用，入选上海市振兴中华读书活动2018年度优秀示范项目。

（马晓华）

国际交流和港澳台交流

【教育国际交流与合作】 年内，市教委积极开展中外人文交流，拓展教育国际合作新渠道，深化合作与交流内涵，不断提高教育对外开放水平。一、拓展教育国际合作新渠道。市教委共接待来自美国、英国、德国、法国、新西兰等30个国家和地区的31批来访团组（合计344人次）。上海21所市属高校和单位共完成接待美国、加拿大、泰国、墨西哥、德国、英国、以色列等36个国家驻华使馆及驻上海总领事馆或访问代表团64批次参访、研讨等活动。与匈牙利人力资源部完成邬达克奖学金协议、与德国巴伐利亚州文教部签署合作备忘录、与坦桑尼亚阿鲁沙省政府签署教育合作备忘录、与英国教育部签署2018—2019年度关于数学教师交流的谅解备忘录。二、推进人文交流发展。一是继续实施新一轮中英高级别人文交流项目之“中英数学教师互派交流项目”。二是组织上海市项目学校参加教育部召开的中德“学校—塑造未来伙伴（PASCH）”项目实施经验总结年度会议。三是协助做好中美“知行中国”美国青年菁英学者来访研修工作。三、响应国家“一带一路”倡议，参与上海市服务国家“一带一路”建设工作。整合上海教育合作交流优势，积极发挥在人文合作交流中的作用。稳步推进“中国—上海合作组织国际司法交流合作培训基地”“中阿改革发展研究中心”和“上海全球治理与区域国别研究院”等重点项目建设。四、加强友城教育交流。举办第十届上海国际友好城市青少年夏令营暨“友城夏令营”10周年庆祝活动，来自五大洲、25个国家、28个上海市国际友好城市的140名中学师生参加活动。在上海与新西兰达尼丁签署的“全面合作伙伴关系协议”框架下，共选派6所大学的12名大学生前往达尼丁市进行短期交流。完成上海—德国汉堡中学生交流项目，双方互派15名学生开展为期3周的交流。五、提升学生跨国际理解。选派上海中学、华二附中、上外附中等三所中学的8名学生及4名教师组团于9月2—9日赴俄罗斯参加“第三届莫斯科国际大都市奥林匹克竞赛”，获团体一等奖，个人5金2银1铜等奖项；与上海市政府外事办公室、上海市精神文明办公室、上海市旅游局联合指导“可爱的旅行家——上海市中学生境外安全文明行微视频创意大赛”，引导上海中学生关注境外安全文明知识，提升中学生跨文化交流能力和文化综合素养；指导上海外国语大学主办第三届“外教社杯”上海市高校学生跨文化能力大赛；启动“2018上海高校学生赴国际组织实习项目”。（李　颖）

【中国—上海合作组织国际司法交流合作培训工作】 2018年中国—上海合作组织培训基地（以下简称“上合基地”）工作主要包括7个方面：一是培训。2018年上合基地共完成144人国家外警培训任务；新招中国—上海合作组织区域国家留学生43人；已培训中国—上海合作组织成员国、观察员国高级官员数百人次。培训部首次尝试开展“校友回访”项目，组织上海政法学院教师10余人和学生100余人组团分别赴俄罗斯首都、俄罗斯远东、吉尔吉斯斯坦和塔吉克斯坦，回访曾经来培训基地参加过培训的校友，并同时促进学校与中国—上海合作组织国家高校、科研机构的交流与合作。培训部还组织了部分学生骨干，分别到俄罗斯、吉尔吉斯斯坦、乌兹别克斯坦进行为期1—3个月的研修，协助境外研修中心开展相关工作。另外，中国—上海合作组织国家小语种培训班已经实施了一年，共招收150名学生，含本科生和研究生，包括2个乌兹别克语班和2个吉尔吉斯语班。二是科研。资助40名海外著名学者来培训基地开展1个月的教学科研交流活动；学校24名教学科研人员赴上海合作组织区域国家、“一带一路”沿线国家进行为期1个月的访学交流；资助出版“一带一路”安全研究报告、上合组织法治年度报告、欧亚安全战略研究报告等；上海政法学院与华东政法大学联合培养13名博士后，聚力于上海合作组织法律、“一带一路”安全、国家安全保障、城市公共安全等重点领域；新设立博士后专项研究项目，为在站博士提供研究平台，本年度共立项8个项目。三是交流。2018年上合基地大力资助校内科研人员赴俄罗斯、哈萨克斯坦、印度、乌兹别克等国家进行短期培训；推动实施“旋转门”计划，邀请具有丰富实践经验的外事部门工作者来上合基地讲学交流；邀请俄罗斯、美国、韩国、澳大利亚等国学者（共24人）到上合基地驻访交流，邀请国内知名学者到基地讲学座谈。四是智库。2018年上合基地积极推进中国—上海合作组织培训基地与中国国际问题研究院、“一带一路”智库合作联盟秘书处、国际关系学院、法律出版社、上海社科院出版社、世界知识出版社、南京大学智库评价研究中心建立战略合作关系，加强和兄弟院校的智库交流，积极推动基地建设与智库成果转化。五是学术会议。2018年上合基地共主办、协办多场会议及论坛，包括4月28日的首届“上海合作组织法治论坛”、5月15日的“一带一路”与中国海外利益保护学术研讨会、7月10日的法律服务“一带一路”建设调研座谈会、12月15日的第三届“一带一路”安全合作高端论坛等。六是文献。2018年上合基地对部门现有书目进行分类、整理及翻译，共计15357册图书，其中中文图书3778册，外文图书11579册。七是信息化。2018年上合基地提升智能化的数据分析与存储能力。（刘　俭）

【外国留学生教育与国际汉语推广】 年内，共有来自185个国家和地区的60870名外国留学生在上海招收外国留学生的42所高校（科研机构）就读，其中长期生45830人，学历生22130人。全年共接收72个“一带一路”沿线国家来华留学生30380名，占来沪留学生总人数的50%。留学生超过

1000人的上海高校有15所，其中留学生人数超4000人的高校有7所。依次为上海交通大学(7206人)、复旦大学(6992人)、华东师范大学(6344人)、东华大学(4827人)、同济大学(4710人)、上海外国语大学(4661人)、上海大学(4505人)。来沪留学生人数最多的前5位国家依次为韩国(9341人)、美国(5226人)、日本(4302人)、法国(3788人)、泰国(2987人)。学历留学生最多的前10所上海高校依次为上海交通大学(3630人)、复旦大学(2772人)、同济大学(2230人)、华东师范大学(1713人)、上海大学(1466人)、上海中医药大学(1395人)、上海外国语大学(1229人)、东华大学(1141人)、上海财经大学(1001人)、上海纽约大学(731人)。加强来华留学生教育督导和规范管理。根据国务院教育督导委对省级人民政府履行教育职责的评价办法的要求，开展对上海来华留学生工作的政府履职情况专项督导。一是开展上海国际学生语言生招收和入学情况调研，印发《关于进一步规范和加强国际学生招收和管理的通知》，进一步规范与落实国际学生招生和管理。二是进一步落实加强国际学生招生和管理的若干项举措，出台《上海市教育委员会关于进一步规范和重申上海国际学生招生与管理规定的通知》，并结合教育部国际司开学工作专项督查要求，组织对全市15所高校来华留学工作18个督查点进行实地抽查等专项督查工作，指导高校规范管理，提质增效。服务“一带一路”倡议，助力沿线国家(地区)青年留学上海及各类能力提升。组织高校和汉语国际推广基地学校赴“一带一路”沿线国家哈萨克斯坦、乌兹别克斯坦两国举办第十届“中国上海教育展”，整体推介上海教育，为上海高校与“一带一路”国家搭建教育合作交流平台。年内，“一带一路”高级研修培训项目增加到18项，涵盖国家城市发展、青年外交人才、产能国际合作、教育行政人员、中国现代农业、高级航运人才、高级翻译和艺术文化等18个方面，共接受沿线国家(地区)政治精英、行业学科领军人物和创新人才500余人。2018年“上海暑期学校”设中医、武术、乒乓等24个项目。邀请700余名“一带一路”沿线国家(地区)青年学生来沪开展为期1个月短期留学体验。“上海合作组织”项目，以及由上海外国语大学举办的“一带一路”项目招收了来自东亚、东南亚、中亚、非洲、欧洲等国家的学生，促进人文交流。纪念改革开放40周年，开展主题宣传教育。组织长三角三省一市160名国际学生参加“改革开放40年上海行”活动，体验与见证中国改革发展成就，促进长三角地区国际学生交流，推动长三角地区教育对外开放的区域合作。与欧美同学会联合举办高校国际学生太极拳友谊赛。举办第十一届高校外国留学生龙舟赛。组织开展第三届“留动中国”上海海选赛。组织外国留学生参加纪念改革开放40年系列主题活动。“留学上海”中文网改版，多语种日韩版上线。继续加强留学生课程建设，发布留学教育年度报告。发布《上海高校外国留学生英语授课示范性课程建设发展报告(2017)》，权威发布第二批284门课程介绍与课程建设的实践和思考。在全国率先尝试发布省级《来华留学教育年度报告》，对上海高校来华留学教育进行质量分析研究，促进质量保障。对前期建设的72门课程完成结项工作，经专家评审65门课程被列入上海第三批外国留学生英语授课示范性课程。召开上海高校外国留学生全英语课程建设推进会，进一步推动课程建设工作上平台。国际汉语推广工作。市教委积极配合国家人文交流和“一带一路”倡议，发挥上海孔子学院工作联盟作用，推进孔子学院内涵建设，扩大办学成果，努力实现孔子学院的新跨越。截至年底，上海已有12所高校和10所中小学在30个国家举办了孔子学院47所、孔子课堂70个，教学点493个，遍布世界5大洲。其中，2018年新增复旦大学和卢森堡大学共建的卢森堡大学孔子学院。2017年9月至2018年8月，上海孔子学院工作联盟高校承办孔院注册学员总数达11万人，举办7000余场次文化活动，受众百余万人。上海孔子学院工作联盟高校接待教育到访团队、学生夏令营/冬令营等各类来华团组共66批次，访客来自20余个国家，接待总人数达1570人。“孔子新汉学项目”新招收15名中外合作培养及来华攻读学位博士生。累计录取来自近20个国家的61名外国博士生。上海孔子学院工作联盟以“对接国家政策，实现教育资源共享，协同推进孔院工作”为愿景，积极开展教育资源共享、孔子学院工作座谈会、上海孔子学院发展报告、学术科研项目等工作。联盟还在衢州中国儒学馆与来自俄罗斯、美国、巴西等9个国家的孔子学院嘉宾举办论坛和祭孔活动。上海孔院工作联盟与江苏省昆山市政府合作建立“上海孔子学院联盟文化传播基地”，多渠道助推孔子学院事业。（葛静怡）

【外籍人员子女学校】 年内，上海36所外籍人员子女学校在校生30404人（幼儿园4890人，小学10591人，初中7954人，高中6969人），学生数与去年基本持平。其中，港澳台地区学生4518人（台湾地区1614人，香港特区2843人，澳门特区61人）。12所学校办学规模在千人以上，其中上海美国学校、上海日本人学校、上海中学国际部等三所学校在校生在3000人左右。一、加强学校管理，规范办学行为。各校严格执行《上海市教育委员会关于进一步加强上海外籍人员子女学校管理工作的通知》，在管理机制、教师和学生管理、课程和教学管理、财务与资产管理、日常管理、涉外民办非企业单位（法人）登记、年度注册备案及办学认证工作等方面规范自身办学行为。会同市公安局交警总队、相关区交警支队对部分外籍人员子女学校校车安全运行情况进行抽查，保障乘坐校车学生的安全。市教委有关处室对部分外籍人员子女学校校园安全、安保、技防等重要设施管理进行飞行检查和不定期抽查。二、加强政策调研，规划未来发展。为贯彻落实市委、市政府关于主动对接支撑“科创中心”建设的相关精神，市教委委托市教科院制定2019年度《上海市外籍人员子女学校蓝皮书》，内容涉及外籍人员子女在沪就学需求、途径、政策等各类信息，对于引导和服务在沪和来沪外籍人员子女就学，科学谋划和合理发展外籍人员子女教育具有重要意义。委托市教育评估院研究制订《上海外籍人员子女学校管理办法》。三、传播中国文化，促进中外文化交流。举办中国文化进校园系列活动，让更多国际友人亲身体验中国博大精深的传统文化，举办“中国诗词吟诵展演”主题系列活动，展示中国传统文化的绚丽多彩，丰富外籍人员子女学校学生的课余文化生活，增进中国与世界各国人民之间的友谊。四、分享资源，开展项目研修。启动“上海市中学校长、教师赴外籍人员子女学校伙伴研修”项目，遴选出本地学校参加项目，每校1名校长、两名教师到上海长宁外籍人员子女学校、上海日本人外籍人员子女学校、上海美国外籍人员子女学校等开展交流。项目连续开展8周，每周3天，由校长和骨干教师组成一个学习共同体，在外籍人员子女学校小学、初中和高中3个学段随班听课、交流学习，取得良好效果。（栾雪莲）

【港澳台地区交流工作】 年内，上海幼儿园的港澳台地区学生1425人（香港特区485人、澳门特区41人、台湾地区899人），中小学港澳台地区学生5224人（香港特区2800人、澳门特区40人、台湾地区2384人），高校港澳台地区学生2255人（香港特区616人、澳门特区375人、台湾地区1264人），外籍人员子女学校港澳台地区学生为4511人（香港特区2838人、澳门特区61人、台湾地区1612人）。此外，上海台商子女学校台湾地区学生为1324人。一、深化新时代沪港澳交流合作。一是签订新的教育合作备忘录。第四次沪港合作会议期间，市教委与香港特区政府教育局，于8月24日签署新的教育合作备忘录。合力推进高等教育领域交流，支持建立“沪港大学联盟”，促进沪港两地高校开展多种形式合作；持续开展基础教育领域交流，以“沪港姊妹学校平台建设”为合作框架，鼓励两地学校缔结姊妹，支持姊妹学校开展不同形式交流活动。双方还着力促进两地高层人员互访、人文教育领域、教师专业发展等方面的交流与合作。二是成立“沪港大学联盟”。沪港两地16所大学共同倡议发起“沪港大学联盟”，并于11月6日在复旦大学举行“沪港大学联盟”成立仪式暨第一届理事会第一次会议。三是推动沪港澳中小学姊妹学校平台。上海中小学参与港澳姊妹学校平台建设的数量继续增加，交流形式日益丰富。包括浦东新区、黄浦区、杨浦区、奉贤区、嘉定区等9个区的近90所学校参与“平台建设”工作，其中1所学校申请成为沪港澳青少年交流实习基地。双方在课程开发、师生交流、师资培训、教学研究等多方面合作交流取得一定成效。四是开展纪念香港回归周年活动。举办第二届“港澳大学生中华文化知识大赛”。这届大赛进一步扩大参与高校范围，邀请到北京市、广东省、浙江省、四川省、香港特区、澳门特区等地高校的学生共同参加。五是继续开展“上海高校金融专业大学生赴港交流及考察项目”。全年共有7所高校的32名学生赴香港特区财库局、金管局、证监会、保监处等机构访问，赴香港交易及结算所有限公司、汇丰银行等机构工作体验，推进沪港两地青年学生交流交往。二、推动两岸学生文化交流合作。一是举办“2018双城杯两岸学生电竞交流赛(上海站)”。本届交流赛吸引了来自上海与台北的14所学校(高校、中职)的14支队伍，共计124名选手参加。此外，本次活动通过专题讲座、电竞教育论坛、观摩交流等形式，组织丰富多彩的文化体验活动，促进双城师生切磋技艺，分享经验，增进友谊。二是支持协助市台办开展“We爱·两岸青年短片”大赛活动。三是继续举行上海高校“2018百名台生看上海”活动。四是严格做好上海台商子女学校日常管理。每年两次会同市台办对学校教材进行审核；会同闵行区教育局做好校车管理等。三、落实同等待遇，鼓励港澳台地区学生到沪就学就业。一是完成落实上海高校港澳台地区学生招收“倍增计划”。二是落地上海高中毕业的港澳台地区学生参加上海高考的政策，细化具体操作方案。三是逐条落实《促进两岸经济文化交流合作的若干措施》中有关教育领域的工作。（花懿隽）

【中外合作办学】 截至年底，上海共有中外合作办学机构和项目188个，其中机构29个，项目159个。开展学历教育的机构和项目166个，其中研究生31个、本科70个、专科43个、中职(高中)22个；非学历教育22个(含学前教育2个)。一、依托重点项目，推进高水平中外合作办学。推进强强合作，支持上海有条件的高校与国外高水平大学开展中外合作办学，促进“国内一流”向“国际一流”水平靠近，促进前期举办项目的良性运转，确保合作办学迈入正轨。上海纽约大学发展顺利，一期建设成效评估达到预期效果。同济大学与芬兰阿尔托大学合作设立“上海国际设计创新学院”项目，围绕城市转型发展及产业结构调整的内在要求，引进国际设计学科先进办学资源，培养具有国际水平的创新设计人才；上海大学与加拿大温哥华电影学院合作设立上海温哥华电影学院(专修)，已完成四届招生。二、加强政策研究与制定，服务自贸区建设。根据国务院批复的《中国(上海)自由贸易总体方案》中关于“允许设立中外合作经营性培训机构”的要求，上海积极推进教育领域对外开放，市教委制定相关政策规范与工作流程。已有“凯盛教育”和“德珍教育”两个项目落地。（栾雪莲）

专题报告

2018年上海市高校毕业生就业质量年度报告*

一、上海高校应届毕业生就业概况

2018年上海高校毕业生总人数为173868人。截至2018年9月1日,上海高校毕业生就业率为97.15%,比去年同期上升0.27个百分点,实际就业人数持续增加。

(一) 上海高校毕业生生源情况

1. 毕业生性别分布

2018年上海高校毕业生总体的男女性别分布为46∶54。2018年上海高校女性毕业生总体就业率比男性高0.21个百分点,女生就业率与男生就业率的差距与2017年相比上升0.11个百分点。其中,除研究生学历层次外,其他学历层次的女性毕业生就业率均高于男性,与2017年呈现的趋势一致(见图1)。

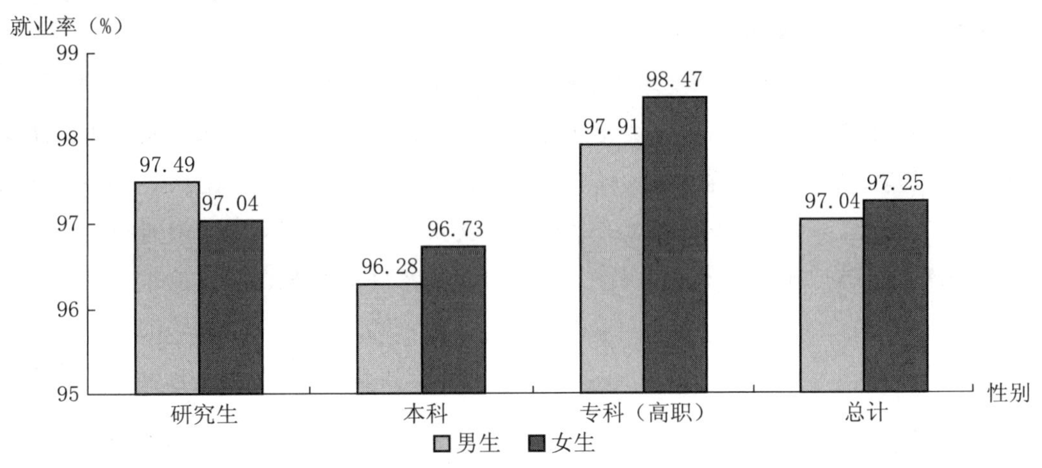

图1　2018年不同性别上海高校毕业生的就业率

2. 毕业生学历层次分布

2018年上海高校毕业生学历层次分布相对稳定,其中本科毕业生人数最多,约占毕业生总人数的一半,其次是专科(高职)毕业生,研究生毕业生数量占比最少。不同学历层次的毕业生就业率均超过96%,其中研究生就业率为97.25%,本科生就业率为96.53%,专科(高职)毕业生就业率为98.20%,专科(高职)毕业生就业率>研究生就业率>本科生就业率,这一趋势与2017年一致(见图2)。

* 《2018年上海市高校毕业生就业质量年度报告》的数据来源于上海市高校毕业生就业信息库(若无特殊说明,数据统计截止时间为2018年9月1日)、上海市教育科学研究院高等教育研究所调查报告《上海高校毕业生就业质量社会评价》,及各高校就业负责部门上报的毕业生就业工作总结和调查报告。本报告所采用的"毕业生人数""就业人数""就业率"等是根据教育部《关于高校毕业生初次就业率的统计方法和内容说明》中定义的。

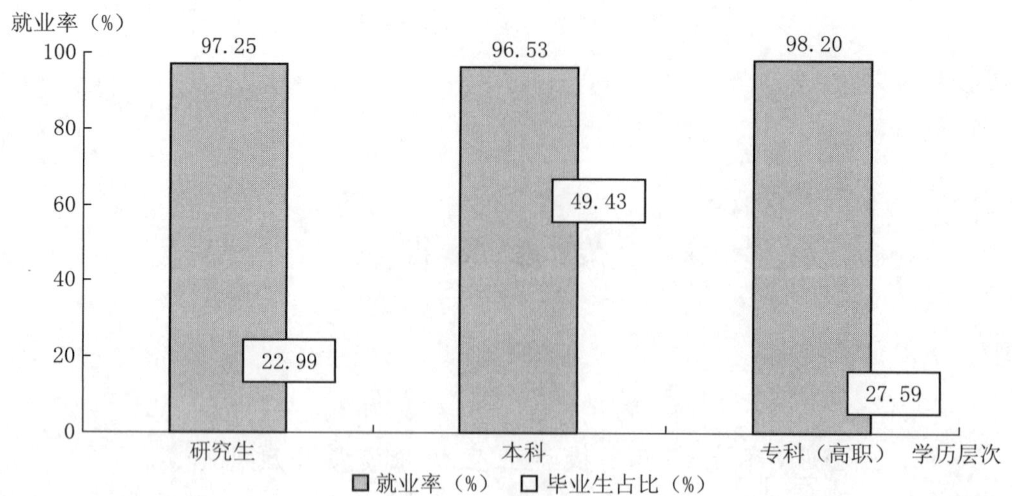

图 2　2018 年上海高校不同学历毕业生人数占比及其就业率

与 2017 年比较可以看出，研究生和专科(高职)毕业生的就业率较上年有所增加，其中研究生上升 0.66 个百分点，专科(高职)上升 0.55 个百分点，本科生就业率基本稳定，略微降低 0.05 个百分点(见表 1)。

表 1　2018 年上海高校不同学历毕业生的就业率与上年比较

学　历	毕业生数(人)	就业率(%)	较　上　年
研究生	4.0 万	97.25	↑0.66
本　科	8.6 万	96.53	↓0.05
专科(高职)	4.8 万	98.20	↑0.55

3. 毕业生所在学科门类(专业大类)分布

从研究生和本科层次来看，学科门类毕业生结构稳定，所有学科门类的毕业生就业率均在 90%以上。其中工学毕业生人数最多，约占 2018 年毕业生总人数的三分之一，其研究生和本科毕业生的就业率也相对较高。农学、历史学、经济学的研究生和本科生的就业率差距相对较大，均在 3 个百分点以上，但不同的是，农学、经济学等学科是研究生的就业率高于本科生的就业率，而历史学则是本科生的就业率高于研究生的就业率。此外，艺术学、理学、文学等学科也是本科生就业率略高于研究生(见图 3)。

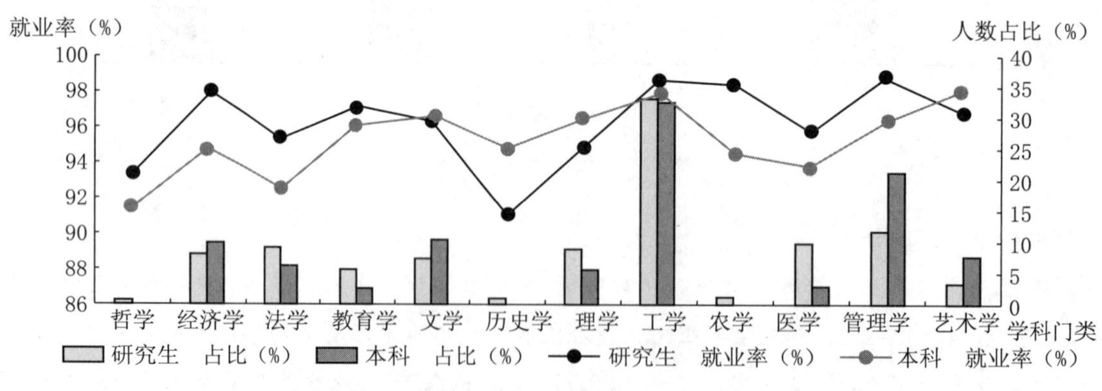

图 3　上海高校不同学科门类(专业大类)毕业生的人数占比及其就业率

与 2017 年相比较可以看出，各学科门类的研究生和本科生就业率基本维持稳定，上下浮动范围在 0.1—2.93 个百分点①。研究生层次就业率较 2017 年增加的学科门类数相对多于本科生(见表 2)。

① “↑”表示与 2017 年比较就业率增加，“↓”表示与 2017 年比较就业率降低，下同。

表2 上海高校各学科门类毕业生的就业率与上年比较

学科门类	研究生就业率(%)	较上年(%)	本科生就业率(%)	较上年(%)
哲 学	93.39	↑0.08	91.34	↓1.40
经济学	97.87	↓0.20	94.72	↓0.70
法 学	95.23	↑1.68	92.49	↑0.50
教育学	97.07	↑1.12	96.08	↓1.60
文 学	96.43	↑2.93	96.60	↓0.10
历史学	91.18	↓0.60	94.78	↓1.90
理 学	94.97	↑0.43	96.44	↑0.57
工 学	98.59	↓0.20	97.90	↑0.12
农 学	98.34	↑0.66	94.50	↓2.00
医 学	95.82	↑0.52	93.78	↓0.70
管理学	98.73	↑2.04	96.36	↓0.30
艺术学	96.75	↓0.10	98.09	↑0.85

从专科(高职)层次来看,毕业生主要是三年制的专科(高职)生,两年制毕业生仅占7.48%。三年制毕业生中,财经大类、艺术设计传媒大类、医药卫生大类、制造大类的毕业生占比均在10%以上,各专业大类的毕业生就业率平均为98.49%,生化与药品大类、资源开发与测绘大类的毕业生就业率达100%(见表3)。

表3 上海高校各专科(高职)专业大类毕业生的就业率(%)(2016年前入学)

专业大类	毕业生数(人)	占比(%)	就业率(%)
农林牧渔大类	785	1.79	96.94
交通运输大类	4368	9.96	93.36
生化与药品大类	207	0.47	100.00
资源开发与测绘大类	226	0.52	100.00
土建大类	2324	5.30	98.11
制造大类	4661	10.62	98.93
电子信息大类	3098	7.06	97.97
环保、气象与安全大类	265	0.60	99.62
轻纺食品大类	1520	3.46	98.82
财经大类	9023	20.57	98.99
医药卫生大类	5151	11.74	98.14
旅游大类	2277	5.19	99.25
公共事业大类	644	1.47	98.29
文化教育大类	3377	7.70	99.08
艺术设计传媒大类	5678	12.94	98.75
法律大类	267	0.61	99.63

两年制毕业生中,公安与司法大类的毕业生占比最高(23.97%),装备制造大类、电子信息大类、财经商贸大类的毕业生占比也在10%以上。各专业大类的毕业生就业率相对更高,平均达98.85%,生物与化工大类、轻工纺织大类、医药卫生大类、旅游大类、教育与体育大类、公安与司法大类6个专业大类的毕业生

就业率达100%(见表4)。

表4 上海高校各专科(高职)专业大类毕业生的就业率(%)(2016年含后入学)

专业大类	毕业生数(人)	占比(%)	就业率(%)
农林牧渔大类	172	4.97	98.84
土木建筑大类	287	8.30	97.21
装备制造大类	399	11.54	99.25
生物与化工大类	141	4.08	100.00
轻工纺织大类	39	1.13	100.00
食品药品与粮食大类	78	2.26	96.15
交通运输大类	246	7.11	96.34
电子信息大类	456	13.19	99.78
医药卫生大类	125	3.61	100.00
财经商贸大类	392	11.34	97.70
旅游大类	51	1.47	100.00
文化艺术大类	142	4.11	99.30
新闻传播大类	56	1.62	98.21
教育与体育大类	45	1.30	100.00
公安与司法大类	829	23.97	100.00

4. 毕业生生源地分布

2018年上海高校毕业生中的上海生源与非上海生源的比例大约为3∶7。总体而言,上海生源毕业生就业率略高出非上海生源0.56个百分点,这一差距较2017年缩小0.28个百分点。但与2017年比较可以看出,2018年非上海生源毕业生的就业率上升幅度要高于上海生源,而上海生源的研究生和本科生就业率较2017年有略微下降(见表5)。其中,2018年上海高校毕业生非上海生源人数最多的省份依然为安徽省、浙江省和江苏省。

表5 2018年上海高校毕业生总体就业率情况

学　　历	上海生源			非上海生源		
	毕业生数(人)	就业率(%)	较上年(%)	毕业生数(人)	就业率(%)	较上年(%)
研究生	0.4万	96.77	↓0.02	3.6万	97.30	↑0.74
本　科	2.7万	97.00	↓0.22	5.9万	96.31	↑0.04
专科(高职)	2.3万	98.28	↑0.48	2.5万	98.12	↑0.63
总　计	5.4万	97.54	↑0.10	12.0万	96.98	↑0.38

(二) 上海高校毕业生就业方式

1. 不同学历层次毕业生就业方式分布

根据教育部对高校毕业生就业率统计办法的有关规定,2018年上海高校毕业生就业方式中,“报到就业”约占2/3,“升学”“出国”“灵活就业”合计达到近1/4,其中“报到就业”“升学”“出国”的毕业生比例较2017年略有提升。而从分学历来看,相比较而言,专科(高职)层次毕业生选择“报到就业”和“单位接收就业”的比例最高,也较为符合专科(高职)高校的培养定位,而与2017年的比较可以看出,2018年专科(高职)毕业生选择“升学”和“出国”的比例在增加;本科层次毕业生除“报到就业”外,选择“升学”和“出国”的比例相对较高,并且2018年的比例也较2017年有所增加;而研究生层次毕业生除“报到就业”外,“定向委培”的比例相对略高(见表6)。

表6　2018年上海高校就业毕业生就业方式分布及与上年比较

已就业毕业生情况	研究生(%)	较上年(%)	本科生(%)	较上年(%)	专科(高职)(%)	较上年(%)	合计(%)	较上年(%)
报到就业	76.32	↑1.98	55.40	↑0.50	83.53	↑3.72	68.01	↑1.86
签订劳动合同，单位接收就业	3.42	↓0.30	7.65	↓0.44	8.80	↓3.57	7.00	↓1.31
定向委培	8.80	↓1.78	0.63	↑0.09	0.00	↑0.00	2.33	↓0.29
灵活就业	3.65	↓0.27	8.57	↓1.22	1.79	↓0.70	5.56	↓0.89
升学	5.45	↑0.46	15.27	↑1.03	4.82	↑0.40	10.12	↑0.67
出国、出境	2.32	↓0.05	12.22	↑0.08	1.06	↑0.17	6.85	↑0.01
国家、地方项目	0.03	↓0.05	0.26	↓0.04	0.01	↓0.02	0.14	↓0.03

2. 不同学科门类(专业大类)毕业生就业方式分布

2018年不同学科毕业生的毕业去向的主要分布情况与2017年基本一致。

研究生层次，经济学、工学、法学、农学和文学学科门类中，毕业生选择“就业”①的比例较高(80%以上)；哲学、历史学、理学、医学等学科门类毕业生选择“升学”的占比相对较多(10%以上)；艺术类毕业生选择“灵活就业”的比例相对最高，占该学科门类总体就业去向的24.18%；管理学毕业生“定向委培”的比例较高，占该学科门类总体就业去向的32.38%(见表7)。

本科层次，选择“就业”的毕业生在本学科中比例较高(80%以上)的学科门类为教育学，哲学本科生选择“就业”的比例较2017年下降14.47个百分点，人群主要分流到了“升学”和“出国”。因此，2018年哲学本科毕业生选择“升学”的比例依然是所有学科中最高的，并较2017年有所上升，其次是医学、历史学、理学和农学，工学和法学也在2018年突破20%(见表8)。

专科(高职)层次，绝大多数学生毕业后选择“就业”。其中，三年制的生化与药品大类毕业生和两年制的教育与体育大类毕业生选择“升学”的比例相对较高(10%以上)(见表9和表10)。

表7　上海高校研究生就业方式分布(在本学科中的人数占比，%)

学科门类	报到就业	签订劳动合同，单位接收就业	定向委培	灵活就业	升学	出国、出境	国家、地方项目
哲学	59.17	6.67	7.08	10.00	13.75	3.33	0.00
经济学	85.34	3.19	4.19	2.59	3.56	1.07	0.06
法学	78.38	8.12	4.29	4.40	2.99	1.76	0.06
教育学	66.10	2.24	20.72	6.36	2.97	1.51	0.09
文学	75.71	5.89	4.92	6.58	3.41	3.45	0.04
历史学	60.73	4.23	4.53	9.97	17.22	3.32	0.00
理学	71.67	3.39	2.78	3.60	13.20	5.27	0.09
工学	88.06	1.46	1.73	1.43	4.77	2.53	0.02
农学	74.94	8.67	1.93	4.58	8.67	1.20	0.00
医学	66.11	1.49	17.75	0.81	11.35	2.49	0.00
管理学	56.52	5.51	32.38	2.94	2.11	0.52	0.02
艺术学	65.13	3.98	2.73	24.18	1.95	2.03	0.00

① 含“报到就业”和“签订劳动合同，单位接收就业”，下同。

表 8　上海高校本科生就业方式分布(在本学科中的人数占比,%)

学科门类	报到就业	签订劳动合同,单位接收就业	定向委培	灵活就业	升学	出国、出境	国家、地方项目
哲　学	18.10	3.45	0.86	10.34	43.97	22.41	0.86
经济学	52.32	8.42	0.11	9.74	11.08	18.12	0.20
法　学	33.99	16.85	0.65	14.09	20.30	13.38	0.73
教育学	74.77	7.90	0.61	7.14	7.29	1.94	0.36
文　学	54.45	9.12	1.01	9.33	9.65	16.22	0.22
历史学	48.17	3.21	0.46	6.42	29.36	11.93	0.46
理　学	41.72	5.96	0.42	7.89	27.38	16.46	0.17
工　学	55.57	5.15	0.84	5.85	20.72	11.70	0.17
农　学	37.83	10.32	0.00	12.43	26.19	12.96	0.26
医　学	51.98	5.21	0.45	3.83	32.47	5.97	0.09
管理学	65.33	8.58	0.56	6.94	7.79	10.43	0.37
艺术学	56.12	7.85	0.34	20.24	7.53	7.76	0.17

表 9　上海高校专科(高职)毕业生就业方式分布(在本学科中的人数占比,%)

(2016 年前入学)

学科门类	报到就业	签订劳动合同,单位接收就业	定向委培	灵活就业	升学	出国、出境	国家、地方项目
农林牧渔大类	90.41	5.39	0.00	2.23	1.84	0.00	0.13
交通运输大类	68.78	25.23	0.00	3.75	2.06	0.17	0.00
生化与药品大类	73.91	6.28	0.00	5.80	14.01	0.00	0.00
资源开发与测绘大类	93.81	2.21	0.00	0.00	3.10	0.88	0.00
土建大类	88.55	7.63	0.00	0.79	2.02	1.01	0.00
制造大类	82.80	9.80	0.00	0.52	6.38	0.48	0.02
电子信息大类	86.36	4.68	0.00	1.15	5.73	2.04	0.03
环保、气象与安全大类	84.09	4.92	0.00	4.92	5.68	0.38	0.00
轻纺食品大类	86.09	5.26	0.00	0.20	7.46	1.00	0.00
财经大类	83.09	8.54	0.00	1.42	5.94	1.00	0.00
医药卫生大类	83.96	9.34	0.00	3.58	2.69	0.42	0.02
旅游大类	88.54	4.65	0.00	0.66	5.84	0.31	0.00
公共事业大类	92.89	4.42	0.00	0.16	2.53	0.00	0.00
文化教育大类	81.53	3.47	0.00	0.42	9.62	4.96	0.00
艺术设计传媒大类	87.82	3.71	0.00	3.00	4.26	1.21	0.00
法律大类	77.07	15.41	0.00	0.38	6.02	1.13	0.00

表10 上海高校专科(高职)毕业生就业方式分布(在本学科中的人数占比,%)
(2016年含后入学)

学科门类	报到就业	签订劳动合同,单位接收就业	定向委培	灵活就业	升学	出国、出境	国家、地方项目
农林牧渔大类	87.65	8.82	0.00	1.76	1.18	0.00	0.59
土木建筑大类	81.00	15.77	0.00	0.72	2.15	0.36	0.00
装备制造大类	94.19	3.28	0.00	0.51	1.52	0.51	0.00
生物与化工大类	89.36	3.55	0.00	1.42	4.96	0.71	0.00
轻工纺织大类	87.18	7.69	0.00	0.00	5.13	0.00	0.00
食品药品与粮食大类	68.00	18.67	0.00	4.00	9.33	0.00	0.00
交通运输大类	51.48	43.88	0.00	0.84	2.53	1.27	0.00
电子信息大类	89.45	5.49	0.00	1.76	3.30	0.00	0.00
医药卫生大类	75.20	16.80	0.00	3.20	4.00	0.80	0.00
财经商贸大类	55.35	40.73	0.00	0.00	3.92	0.00	0.00
旅游大类	88.24	11.76	0.00	0.00	0.00	0.00	0.00
文化艺术大类	78.01	0.00	0.00	12.77	8.51	0.71	0.00
新闻传播大类	100.00	0.00	0.00	0.00	0.00	0.00	0.00
教育与体育大类	84.44	0.00	0.00	0.00	15.56	0.00	0.00
公安与司法大类	100.00	0.00	0.00	0.00	0.00	0.00	0.00

(三)上海高校毕业生就业状况

1. 上海高校毕业生直接用工率

2018年上海高校毕业生中直接用工人数(包括:“报到就业”“签订劳动合同,单位接收就业”和“定向委培”三类)为130640人,直接用工率为75.14%,较2017年增加0.47个百分点。

2. 上海高校毕业生就业行业去向

根据《国民经济行业分类GB/T4754-2011》,表11呈现了2018年上海高校毕业生在沪报到就业的行业流向分布情况。与2017年相比,上海高校毕业生行业流向的排位无明显变化,各行业门类的毕业生占比上下浮动在0.01%—1.86%之间,降幅相对较大的是金融业,而增幅相对较大的则是制造业。2018年位列前4位的行业中,“制造业”“信息传输、软件和信息技术服务业”“居民服务、修理和其他服务业”和“教育”的占比较2017年均略有上升(见表11)。

表11 在沪报到就业上海高校毕业生的行业流向

行业门类	研究生	本科生	专科(高职)生	总计(人)	比例(%)	较上年(%)
制造业	4299	5983	5214	15496	18.03	↑1.36
信息传输、软件和信息技术服务业	2551	4483	2726	9760	11.35	↑0.71
居民服务、修理和其他服务业	1486	3563	4259	9308	10.83	↑0.21
教育	2409	3142	980	6531	7.60	↑0.08
金融业	3076	2739	423	6238	7.26	↓1.86
卫生和社会工作	1688	830	2637	5155	6.00	↓0.25
交通运输、仓储和邮政业	569	1872	2280	4721	5.49	↓0.73

续表

行　业　门　类	研究生	本科生	专科（高职）生	总计（人）	比例（%）	较上年（%）
批发和零售业	864	1841	1791	4496	5.23	↓0.41
租赁和商务服务业	718	2048	1605	4371	5.08	↑0.07
建筑业	606	1733	1968	4307	5.01	↑0.65
科学研究和技术服务业	1107	1247	1049	3403	3.96	↑0.45
文化、体育和娱乐业	387	1551	1353	3291	3.83	↓0.23
公共管理、社会保障和社会组织	571	1271	1375	3217	3.74	↓0.39
住宿和餐饮业	19	417	1520	1956	2.28	↑0.37
房地产业	776	514	415	1705	1.98	↑0.40
水利、环境和公共设施管理业	165	256	207	628	0.73	↓0.36
采矿业	96	247	256	599	0.70	↓0.01
农、林、牧、渔业	35	125	348	508	0.59	↓0.01
电力、热力、燃气及水生产和供应业	86	144	44	274	0.32	↑0.02
其他	0	2	3	5	0.01	—
总计	21508	34008	30453	85969	100.00	—

3. 上海高校毕业生就业地区流向

通过对上海高校不同生源地毕业生流向数量最多的前5个省市进行统计发现，统计对象主要是毕业生7种就业分布情况中的五种（不包含毕业生升学和出国）。按照各地生源总数从高到低进行排序，其中上海市、安徽省、浙江省和江苏省是生源数最多的4个省市，且都有相当比例的毕业生选择留在上海就业。从毕业生回流各自生源地的比例来看，流向上海市、西藏自治区、北京市的比例近几年始终居前3位，其中回生源所在地西藏自治区就业的毕业生以委培定向为主。

上海高校毕业生就业流向西部①地区就业的情况，主要包括毕业生去西部地区就业和大学生志愿服务西部计划情况。2018年上海高校流向西部十二省市就业的毕业生有7217名（含西部计划志愿者），较2017年递增2.65%。

（四）上海高校毕业生自主创业情况

2018年，上海市大学生科技创业基金会（简称“创业基金会”）各分基金总计受理上海市大学生科技创业基金（简称“天使基金”）申请项目1099项（其中校园申请442项、社会申请657项），获资助创业项目共计360项，总计资助金额8008万元。创业企业注册资本8.45亿元。与2017年相比，资助项目（332项），资助金额（7428万元）都有明显增加。

自2005年“天使基金”设立至2018年12月31日，创业基金会各分基金会累计受理“天使基金”申请项目8015项，获资助创业项目2329项，资助金额4.63亿元。创业企业注册资本累计32.06亿元。创业企业行业分布为：IT互联网29.37%，现代服务16.91%，机械与电子5.79%，新媒体4.84%。

（五）上海高校毕业生基层就业情况

根据教育部有关毕业生基层就业的统计口径，2018年上海市高校共有约5.68万名毕业生到基层单位就业，占毕业生总数的32.66%，人数较2017年增加0.48万。各学历层次分布见表12。其中，大学生志愿服务西部计划共录取上海高校毕业生107人，研究生支教团共录取103人，上海“三支一扶”计划实际招募

① 西部十二省市是指陕西、甘肃、青海、宁夏、新疆、四川、重庆、云南、贵州、西藏、广西、内蒙古。

上海高校毕业生144人。

表12　2018年上海高校毕业生下基层就业情况统计

学　　历	人　　数	占该学历层次毕业生比例(%)
研究生	4604	11.54
本　科	25193	29.21
专科(高职)	26987	56.54
总　计	56784	32.66

二、上海市促进高校毕业生就业创业的若干举措

2018年,上海市以习近平新时代中国特色社会主义思想为指导,深入贯彻党的十九大精神,认真落实党中央、国务院关于促进高校毕业生就业创业的决策部署,在教育部的指导下,在市委市政府的高度重视和正确领导下,面对复杂严峻的就业形势,不断创新工作机制,夯实基础、多措并举、密切协同、强化保障,全面推进就业创业各项工作,进一步推动高校毕业生向更高质量和更充分就业创业迈进,确保了本市高校毕业生就业局势稳定。

(一)以督查促规范、促交流,健全就业创业工作机制

上海市教育委员会以督促政策落实、促进工作交流和提高工作规范为目的,对全市所有高校进行就业创业工作督查,从保障体系、就业创业指导与服务、毕业生就业创业工作特点、就业统计材料质量等方面着手,以督为主、以查为辅,在督促学校落实毕业生就业创业工作保障体系的同时,加强各高校在就业创业工作上的交流互动。

专项督查采用信息核查、学校自查和全面普查相结合方式,第一阶段为信息核查阶段,针对毕业生就业去向信息核查和就业统计材料真实性检查,对各高校2017届毕业生初次就业率信息进行比较分析,同时,抽样检查各高校毕业生原始就业统计材料的真实性、准确性、完备性;第二阶段为学校自查阶段,各高校对照相关文件要求及督查指标开展自查,并形成自查报告;第三阶段为全面普查阶段,市教委组织由高校领导、市教委相关职能部门负责人组成的督查组,对全市所有高校开展普查。

专项督查工作总结梳理了一批高校在就业创业工作上的特色经验与亮点举措,加强了全市高校间的工作交流,帮助高校认真梳理并推动其整改毕业生就业创业工作中的突出问题,进一步完善了就业工作规范。

(二)以项目促示范、促共享,提升就业创业工作能力

2010年以来,为贯彻落实国家和上海市中长期教育改革和发展规划纲要精神,不断创新学生职业(生涯)发展教育方式方法,上海市已连续8年开展上海高校毕业生就业工作创新基地、职业生涯指导和服务体系建设。2018年,上海市结合高校毕业生就业创业新形势、新任务、新要求,继续加强上海高校毕业生就业工作创新基地、职业生涯指导和服务体系建设,围绕"就业促进、创业引领、基层成长"等工作内容,重点聚焦一批符合青年大学生群体特点、体现学校及专业特色、满足社会经济发展需求的项目,立项15个专题研究课题、5个就业创业示范基地、7个就业创业孵化基地、10个生涯示范工作室、20个生涯培育工作室和20个校外实践基地。为更好地发挥子项目的功能,分别为各类项目设立明确的工作职责和任务清单,最大限度地实现任务量化。此外,进一步加强过程管理,开展授牌启动、中期汇报、年度考核和周期评估,并通过对每个阶段的汇报交流考核项目实施进度,加强上海市各高校间的交流共享。

(三)以专项工作抓重点、促深化,提高就业创业工作质量

上海市结合自身发展定位和高校毕业生就业创业工作特点,有针对性地开展创业保障、国际组织、基层就业和重点帮扶等专项工作,进一步提高上海就业创业工作质量。

在创业保障方面，继续依托上海市大学生科技创业基金会加大对高校毕业生的创新创业资金投入，迄今已建立23个分会及专项基金。基金会修订了《上海市大学生科技创业基金管理办法》，在严格规范操作的前提下，给予优秀创业项目获得更多公益资金扶持的机会。基金会已累计资助项目2000余个，资助金额约4亿元，带动约3万人实现就业。此外，编纂《2018年上海市大学生创业指导宣传手册》，该手册分为准备篇、创业篇和成长篇三个部分，涵盖大学生创业全过程、全方位的指导以及各级政府对大学生创业的政策支持，为大学生创业提供了一条龙式的便利服务。

在国际组织人才培养方面，上海市支持各高校培养知识、能力和素养全面发展的国际化高端专业人才，促进国际组织人才培养的专业学习和实习通道打通。在市教委支持下，复旦大学与上海荣昶公益基金会设立"荣昶学者"全球治理人才项目奖学金，资助引导学生赴国际组织实习任职。

在基层就业方面，上海市全面实施"高校毕业生就业创业促进计划"，进一步拓宽基层和重点领域就业渠道，依托重点计划和服务项目，引领毕业生赴基层就业创业。落实毕业生赴基层就业学费补偿、国家助学贷款代偿、后续升学和就业服务等扶持政策，为毕业生解决后顾之忧。积极鼓励大学生应征入伍，报效祖国，广泛开展宣传动员工作，落实好相关优惠政策，进一步提高参军入伍学生数量和质量。

在重点帮扶方面，及时掌握每一位毕业生的家庭情况、就业状况和就业意愿，重点跟踪和关注贫困家庭毕业生、残疾毕业生、少数民族毕业生等，与多部门持续开展少数民族学生专场招聘会、上海市高校毕业生秋季校园招聘会暨港澳台侨毕业生专场招聘会；积极发挥各级部门间的联动机制，市教委与市人力资源社会保障局、市财政局联动做好"就业困难"大学生的补助，以及离校未就业大学生就业服务的衔接工作。

在就业市场方面，强化校园招聘的主渠道作用，搭建学生与企业对接平台，多部门联合举办分层次、分类别、分行业面向2018届高校毕业生的大型招聘活动。做好信息精准推送工作，通过上海高校毕业生就业创业服务网、上海市学生事务中心微信公众号等方式，及时推送求职招聘信息、就业创业指导等信息，多渠道、点对点发布和推送就业信息，打造便捷高效的"互联网+就业服务"模式。截至9月1日，共有32478家用人单位在上海高校毕业生就业创业服务网进行了2018年上海高校毕业生用人需求信息登记，用人需求总数达150082个。与去年同期相比，用人需求数增加12634个，增幅9.19%；用人单位登记数增加了1093个，增幅3.48%。

（上海市教育委员会学生处）

区域教育
Education in Districts

黄　浦　区

【2018年概况】 全区共有各级各类教育单位140个。其中高级中学9所、完全中学6所、初级中学15所、九年一贯制学校4所、十二年一贯制学校1所、小学29所、幼儿园46所、特殊教育学校4所、职业教育学校7所、工读学校1所、教师进修学院1所、业余大学1所、公办早教机构2所、其他教育机构18所。在编教职工8652人,其中专任教师5982人。离退休人员18467人。学生6.18万人,其中高中生9206人、职校生2810人、初中生22984人、小学生20822人、学前教育学生12199人、特殊教育学生315人。区财政投入63.01亿元。2990名学生参加中考,2703人参加秋季高考。全面推进《黄浦区教育改革与发展"十三五"规划》,整体推进15个方面主要任务和教育国际化、信息化、终身教育、资源整合、人才队伍、教育科研等6个子规划实施方案。全面总结"十三五"规划阶段完成进度情况,按期完成黄浦区教育改革与发展"十三五"规划实施情况中期评估自评上报工作。持续深化黄浦区教育综合改革。依据《黄浦区推进教育综合改革实验实施计划》《黄浦区教育改革和发展"十三五"规划》,区校两级分层推进落实教育综合改革项目,做到校校有项目、项项有落实。

德育为先,加强未成年人思想道德建设。落实"中小学德育课程一体化研究"项目,制定区域德育特色课程建设三年行动计划;重点推进三大课程,即"积极成长"区本幸福课程、"校史寻源"课程和学生社会实践护照课程。开展以"校园心理情景剧"为主要特色的"2018年度上海学校心理健康教育活动月"活动。推进新一轮文文明明幸福行——黄浦区小公民道德建设工程。按照"未成年人思想道德建设测评指标",完成清明祭英烈、童心向党、向国旗敬礼等主题实践活动,开展"崇尚英雄　精忠报国"主题教育系列活动。通过开一次主题班会、读一封报国家书和讲一个革命故事,颂扬革命英雄主义。区域推进童谣征集活动,并创建一所童谣创作特色学校。开展"文文明明颂经典,红色故事育初心"黄浦区青少年讲党的诞生地故事主题教育活动,拍摄黄浦区未成年人红色教育网络课程。持续推进"新时代好少年"主题活动的区本化实施,开展黄浦区"文文明明幸福小使者"(暨黄浦区"美德少年")评选学习活动,1人被评为市级"十佳美德少年",2人被评为"百优"。继续推进各学段的志愿服务工作。暑假组织全区15所高中近200名高中生参加了"南京路步行街学雷锋志愿服务站"值守工作。

以学区化集团化办学和新优质学校集群发展为"双引擎",扩大优质教育覆盖面。集团化办学方面,区域层面启动研究区域学区化集团化内涵发展指标,从制度、课程、队伍、文化、特色等方面,为学区和集团发展提供指导性意见。为进一步扩大集团化办学的辐射效应,格致教育集团增补储能中学、明珠中学和卢湾一中心小学为成员学校,向明教育集团增补金陵中学和巨鹿路第一小学为成员学校。格致教育集团组建20个涉及多个学段、多个学科的集团名师工作室,建立名师工作室长效活动机制。大同教育集团对口帮扶青海省果洛州教育发展进入实质运行阶段。学前教育集团增加了瑞一健康运动教育集团和蓬幼游戏化教育集团。结合基础教育获奖成果的展示交流,通过举办教学展示周、教育研究论坛等多种形式展现黄浦集团化阶段性成果,扩大在全市的辐射度和影响力。学区化办学方面,各学区就义务教育阶段校园开放日、中考改革政策解读等内容进行专题研讨交流。世博学区以"做精做实常规教研,聚焦教学实证研究"

为主题开展高中数学联合教研活动。外滩学区召开学区第一次理事大会，成员学校根据发展实际，就学区章程、发展规划进行审议和讨论，以构建学区发展机制。卢湾学区召开“深度衔接，协同创新”学区工作研讨会，讨论通过《卢湾学区青年教师生涯发展工作坊项目实施方案》《卢湾学区科技创新项目实施方案》《卢湾学区创新人才培养计划草案》《卢湾学期小初高一体化推进生涯教育实施方案》。

加强领导与管理，推进小学低年级课程与教学。区教育局成立工作领导小组，制定《黄浦区关于推进小学低年级主题式综合活动课程的实施意见》，联合市、区教研室对小学校长开展项目培训，承办上海课改30周年展示活动暨“活动・经验・成长——上海市小学低年级主题式综合活动课程展示”。在小学质量保障体系专项抽样调研的基础上，借助督导专家的专业力量，形成《质量保障体系调研报告》，召开专题会议，对专项调研进行总结与分析，对学校形成精准指导。整合区教育学院、试点学校等多方力量，探索评价方法多样化。一是完成一二年级语文、数学、英语三门学科评价方案的研制；二是构建低年级学业评价网络平台，创建区域信息技术学业评价平台，为区域推进评价的整体改革提供现代技术支撑，同时由点及面向全区推广经验，所有学校均开始实施校本化区域学业评价方案；三是完善评价方案，使评价平台的运作趋于稳定。

出台托育工作方案，开展办园质量评估。制订《黄浦区3岁以下托育服务试点工作方案》。建立区托幼工作联席会议制度；做好“三定”充实力量，保障管理网络顺畅运行；探索建立协同式网格化机制，确保综合监管到位有效；整合区域专业机构资源，抓好两支队伍的系统培训；做大做强已有公益性托育机构，有效发挥示范引领作用。进一步完善优化并形成长效的大班幼儿核心指标评价区、园两个层面的实施机制，并开展大班幼儿核心指标评价质量监测。树立“关注幼儿核心素养发展”的评价理念，构建基于区域与园所两个层面的多方位、多层级的保教质量监控与保障体系。汇总分析大班幼儿核心指标监测结果，形成“一园一档”的评价分析报告。举行幼儿核心指标评价质量分析报告会，并对各幼儿园进行评价报告个别解读。梳理总结区域质量监控体系项目研究阶段性成果与经验机制。分模块、分层次推进“黄浦区幼儿园幼儿健康监测与分析平台”的线上运行，通过采集汇总在园幼儿疾病伤害、生长发育、膳食营养和情绪适应四大模块的数据，助推黄浦区在园幼儿电子健康信息“一人一档”的实现，逐步建立幼儿身心健康发展的动态监测、分析、反馈、干预、改进机制。成立区幼小衔接专题研究组，坚持以游戏为基本活动，切实提高幼儿园科学保教水平，促进幼儿身心健康发展。推进学校创意空间和创新实验室建设，新申报项目15项，涉及传统文化、机器人、创课、VR技术运用、理科实验等领域。

加强现代职业教育内涵发展，完善终身教育体系建设。商贸旅游学校接受中高中本贯通专业的办学能力专项督导，中华职业技术学校启动新一轮中高贯通专业申报工作。在教学方面，两所职校深入推进教学诊断与改进工作，积极开展教师教学能力竞赛并申报了一系列精品课程项目。推进实训中心管理平台和实训教室建设，启动实施“双证融通”试点培养，参与有关职业技能标准的制定工作，鼓励技能教师到合作企业开展实训锻炼并带动校企双向技能人才发展和技术交流等，加快深化产教融合和校企合作步伐。中华职业技术学校将建校100周年贯穿全年校园文化内涵建设始终，商贸旅游学校以贯彻党的十九大精神和纪念改革开放40周年为契机，开展“红五月”爱国主义主题教育。深化国民教育和终身教育体系融合发展机制建设：一是完善基础建设。逐步完善和统一社区教育二级网络管理模式架构，印发《黄浦区街道社区学校组织架构建设方案》，完善二级网络统一架构，挂牌成立5家社区教育中心；打造市民海派文化体验基地，推进区域社会资源整合并形成品牌效应；加强老年教育三类学习点、学习团队和学校信息化平台建设，培育6个五星级老年学习团队，孵化127个一星级老年学习团队，依托市级教务管理系统和师资共享平台建设，为老年学员建立终身学习账户并推进老年教育兼职教师注册制工作。二是推进内涵发展。指导街道完成社区教育内涵建设的申报和验收工作，挖掘各街道特色，推进社区教育网络建设，打造“一区一特”“一街一品”学习品牌，9所学校通过验收；推进社区教育工作者专业化培训和课程资源建设，社区学院教材在上海市社区教育优秀出版教材评比活动中获评“优秀出版教材”。三是体现特色亮点。打造了黄浦人文行走学习链和学习圈，“人文行走”学习之旅项目将区内爱国主义教育基地连点成线，强化条块团队联动，打造四大成果，形成具有黄浦特色的红色经典和人文景观学习圈；组织开展以“学习的城区，卓越的未来”为主题的2018年黄浦区全民终身学习活动周，并围绕“改革开放40周年的终身教育发展”主题开展了专题论坛、体验学习、成果展示等形式多样且内容丰富的学习活动。

开展联合检查，规范民办教育培训。严格落实政策，规范开展管理服务工作。梳理形成办事指南，规范指导督促机构举办者做好机构申办、转设及课程项目备案等工作；完善审批联席会议制度，规范审慎行使培训机构准入变更事项的审批权力；构建优化培训机构年度检查和事中事后考核评价两项指标，规范培训机构办学的日常监管与动态跟踪。整合多方力量，完善行业自律他律机制。制定下发《黄浦区推进校外培训机构专项治理工作方案》，联合各有关单位和属地街道开展了多次联合执法检查行动。分别于3月和9月召开民办培训机构工作会议，选举产生了新一届区成人教育协会理事会。成人教育协会组织开展规范学科类培训机构发展专项督查工作和“民培大讲堂”工作，引导区内各培训机构强化自我管理，实现规范优质发展。完善教育信息化建设规范，修订完善“校校通”网络建设规范。推进“黄浦区教育数据中心平台”的建设与应用工作，提高资源共享利用率。优化数据中心虚拟化基础设施构架，强化安全运维管理。

加强队伍建设，提高师资素养。做强做优“青苹果工作坊”和“园长助推工程”，实施区域学前优师、优园长培育工程。依托区名师名校长工作室机制，有序开展“讲台上的名师、新秀教师在课堂”等系列教学研究展示活动，让优秀教师成为教学专家，打造黄浦教育名师队伍。（徐燕雯）

【格致教育集团成立名师工作室】 1月12日，格致教育集团第二届学术节闭幕式暨集团名师工作室成立大会在格致中学举行。集团组建涵盖所有学科及班主任的格致教育集团名师工作室，集团校内资深教师领衔担任主持人，聘请校外知名专家学者担任特聘导师带教青年教师。共组建20个工作室，其中学科类15个，跨学科类2个，资优生培养类1个，班主任2个。目前工作室主持人34人，学员207人。区领导为20个工作室授牌。举行首届格致教育论坛，集团成员单位格致中学、同创黄浦创新中学、格致初中、民办明珠中学、曹光彪小学、卢湾一中心小学的老师分享了AI时代背景下教育教学带来的挑战和机遇、实践与探索，并憧憬未来的教育发展变革。格致教育集团自2014年成立以来，有格致中学、格致初级中学、应昌期围棋学校、曹光彪小学、同济黄浦设计创意中学、明珠中学以及新加入的储能中学、卢湾一中心小学等8所成员学校。格致教育集团成立名师工作室，为集团成员学校中不同层级教师的转型和提升搭建了一个平台。（寿钰婷）

【在科技创新大赛上取得好成绩】 3月18日，主题为“创新，体验，成长”的第三十三届上海市青少年科技创新大赛闭幕式在上海科学会堂举行。黄浦区在本次大赛的青少年科技创新成果竞赛板块中获69项一等奖，获奖数位列全市第二，同时获得7项科技创意一等奖、2项科幻画一等奖及75项各类专项奖。敬业中学学生陈立阳的“中药联合药剂对酒精中毒小鼠的解毒作用”、黄浦区教育学院附属中山学校学生赵震宇和张子韬的“三种天然植物汁液对淡色库蚊的驱避效果观察”、向明中学学生鲍辰的“基于卷积神经网络和A*算法的扫地机器人儿童意外伤害预防系统”这3项创新成果，被推荐代表上海参加全国创新大赛。（寿钰婷）

【签订中意高中教育合作项目】 3月26日，上海外国语大学附属大境中学、上海市市南中学和意大利威尼斯美院中国学习中心举行中意高中教育合作项目签约仪式，大境中学和市南中学分别与威尼斯美院中国学习中心合作，开展意大利语言课程和中意高中美术合作项目，以推进学校特色发展、国际化发展，提升学生综合素养和跨文化国际理解力。

（刘　丹）

【举办区小学教学节】　4月17—24日，“慧创空间，助力成长”黄浦区第三届小学教学节在区第一中心小学开幕。本届小学教学节以“慧创空间，助力成长”为主题。6位获区教学评比一等奖的教师展示了优质课堂教学。开幕式通过数字故事“小空间，大智慧”、两本案例荟萃、校长微论坛和专家微报告，回顾了7年来黄浦区“空间环境创意设计”项目走过的路径和取得的成效。同时举行了《慧·创空间——黄浦区“小学空间环境创意设计”案例集》的首发式。活动旨在带动校长慧展活力，带动教师慧扬风范，带动学生慧显才能，推动教育绿色、生态发展。（寿钰婷）

【卢湾一中心小学云课堂参加全国展示交流活动】5月5—7日，第三届全国基础教育信息化应用展示交流活动在北京农业展览馆举行，卢湾一中心小学云课堂参展的案例主要体现了学习分析与教学改进，基于云课堂具有获取信息的高效性、资源的无限性、教学的专一性，云课堂聚焦的是教学过程中所涉及的教与学的方方面面，重点关注了两方面：提高学习兴趣，调整学习方式，使学习更高效；积累各类数据，详细分析结果，使因材施教落地。此次展示内容中既有完整的课堂教学实录，又有介绍卢湾一中心小学自主研发的“云系列”应用。

（寿钰婷）

【举办“开放多元融合”跨文化国际理解教育课堂展示活动】　5月8日，“开放、多元、融合——黄浦区跨文化国际理解教育课堂展示活动”在卢湾中学举行。外教和中方教师共同执教了《智能手机和中国应用》。通过这一跨文化的教学尝试，中外教师在同一个课堂里无缝配合，学生在多角度语言学习的过程中，体验了英语学习的乐趣，提升了跨文化理解，看到一个开放、多元、互融的世界。微纪录片《黄浦区跨文化国际理解教育探寻》为嘉宾和教师介绍了自2014年9月区教育学院国际交流中心成立以来，区域各校围绕“语言融合”“课程融合”“文化融合”等核心要素，推进教育国际化，开展跨文化国际理解教育方面所做的积极探索和丰富案例。在微论坛环节，卢湾中学师生代表交流了学校在跨文化国际理解教育项目实施过程中的收获和启迪。

（刘　丹）

黄浦区举行跨文化国际理解教育课堂展示活动

【打造未成年人多彩学习圈】　6月27日，“2018年黄浦区社会实践基地负责人研讨会”在星光摄影器材城“星光色谷”体验点举行，39个社会实践基地的代表参加了会议。会议介绍了2018版《黄浦区学生社会实践护照》改版情况，新“护照”根据“多彩学习圈”的四个模块进行盘整，让“护照”的学习功能更为鲜明：整合“多彩学习圈”资源，打造缤纷“主题游”；丰富“多彩学习圈”内涵，打造品质“深度游”；聚焦“多彩学习圈”开发，打造精彩“自助游”。新增黄浦区党建服务中心、星光摄影器材城“星光色谷”体验点、商贸旅游学校学生职业体验中心、上海K11购物艺术中心与chi K11美术馆、世博会博物馆、上海公益新天地园6个社会实践基地，并举行了授牌、签约仪式。（刘　丹）

【保龄球“中国国家青少年训练基地”挂牌】　7月12日，在2018 Storm U22中国国际青少年保龄球公开赛开幕仪式上，中国保龄球协会向上海市黄浦区青少年科技活动中心授予由中国国家体育总局小球运动管理中心、中国保龄球协会、黄浦区保龄球运动协会共同颁发的保龄球“中国国家青少年训练基地”铭牌。黄浦区青少年科技活动中心将保龄球课程与《体育与健身》学科内容衔接，让黄浦区学生多学一门运动技能，在课程体验中掌握健身运动知识、技能和方法，培养保龄球运动的后备力量。

（刘　丹）

【获新加坡国际合唱节大赛总冠军】 7月22日，黄浦区青少年艺术活动中心春天少年合唱团在第五届新加坡国际合唱节大赛中获童声合唱组冠军，同时获本届合唱节大赛总冠军，教师沈婉君获最佳指挥奖。本届新加坡国际合唱节为期4天，共有来自世界各地的84支队伍参赛。（寿钰婷）

【新一轮公民办幼儿园结对签约仪式举行】 1月18日，黄浦区新一轮公民办幼儿园结对签约仪式在区学前儿童发展与监测中心举行。黄浦区公民办幼儿园园长参加了签约仪式。公民办幼儿园结对本着“公民互补、协作互助、改革创新、共同发展”的原则，在区域学前教育集团化的背景下，有利于促进公、民办幼儿园交流，提高教师队伍素质和管理水平，从而实现优质教育资源共享、教育均衡发展、区域学前教育保教质量的整体提升。

（黄　俊）

【医教结合领导小组走访调研学前教育】 黄浦区在各级各类托幼园所建立了“医生进园服务岗”，组织辖区妇幼保健所、社区卫生服务中心和区域内三甲医院的医师以周、月、季度、学期、学年为单位进驻园所开展服务。黄浦区在全市率先将“医教结合”工作对象从特殊儿童扩大到所有的学龄前儿童，将合作研究内容从一般的幼儿园保健管理深入到儿童健康促进的各个领域，并朝着重数据、重分析、重研究、重应用的内涵发展方向迈进。（黄　俊）

【召开《特殊教育三年行动计划》推进会】 5月31日，《黄浦区特殊教育三年行动计划(2018—2020)》推进会暨黄浦区特教指导中心工作会议在商贸旅游学校召开。会议解读了《黄浦区特殊教育三年行动计划(2018—2020)》，提出了“继续完善特殊教育体系、继续提升医教结合专业服务水平、加强特殊教育课程建设、积极推进融合教育、强化特殊教育保障机制建设”的目标与任务。区卫计委与区教育局就区特教指导中心医教结合确定了未来3年双方的合作内容与合作方式。（黄　俊）

【成立2个学前教育集团】 6月14日，“瑞一健康运动教育集团”成立，首批成员单位包括：奥林幼儿园、复兴中路第二幼儿园、大同幼儿园、松雪街幼儿园、文庙路幼儿园、民办小骑士幼儿园、民办徐家汇路幼儿园、民办傅家街幼儿园。该集团以市示范性幼儿园瑞金一路幼儿园为示范引领，以关注幼儿健康成长，开展科学运动，携手区域内各所同具运动特色的幼儿园，形成集群式发展。6月22日，“蓬幼游戏化教育集团”成立。集团首批成员单位包括：星光幼儿园、紫霞幼儿园、瞿溪路幼儿园、汇龙幼儿园、永安路幼儿园、南京东路幼儿园、回民幼儿园、中华路幼儿园和民办海贝儿托儿所。该集团以市示范性幼儿园蓬莱路幼儿园为示范引领，以“游戏化教育”为主要的研究点和突破口，努力实现幼儿园游戏自主化、学习游戏化。（黄　俊）

【召开区老年教育信息化管理平台建设推进会】 4月8日，“2018年黄浦区老年教育信息化管理平台建设推进会”在中国银行外滩分行召开。自2015年起，中国银行上海分行与市教委合作，开展了“金融知识进社区”“中银常青树老年教育艺术节”等项目，为老年朋友老有所学、老有所乐、老有所为提供了帮助。会议讨论了2018年黄浦区社区(老年)教育重点工作。区老年大学、街道老年学校与中国银行黄浦支行就“中银常青树”项目进行了结对交流。（熊莉娜）

【集中培训非学历教育培训师】 5月10日—6月21日，由区成人教育协会组织的2018年上海市非学历教育培训师培训班在上海新世界进修学院开班。9月5日进行现场评定并颁发合格证。开展非学历教育培训师的集中培训和评定，有助于进一步提高民办培训机构持证上岗的教师比例，规范教育培训市场秩序。（熊莉娜）

【开展民办教育培训机构联合执法检查】 7月31日—8月2日，区教育局联合区市场监管局、区民政局、区人力资源社会保障局、区消防支队和街道相关人员组成执法检查组，对辖区内部分民办教育培训机构开展执法检查。此次执法检查的重点为各机构执行上海民办培训机构“一标准两办法”有关办学规定的情况，检查组对各机构进行认真检查并就存在的问题提出了整改意见。对未取得资质的市场主体，要求限期整改。联合执法检查强化举办者规范办学、安全办学意识，促进民办教育培训机构规范有序发展。 （熊莉娜）

【多项终身学习活动获奖】 9月17日，上海第十四届全民终身学习活动周工作会议公布，黄浦区获全国“2017年全民终身学习活动周优秀组织奖”。9月10日，全国第二届“美蕴秋歌”系列活动、上海市全民终身学习活动周赛事——2018年“黄浦杯”社区国画、书法作品比赛评审会在区社区学院举办。经评委评审，评出获奖作品36幅。这些优秀作品代表上海参加全国性的评比展示，并在上海全民终身学习活动周期间获表彰。10月20日，上海市第十四届全民终身学习活动周开幕式在华东师范大学举行。黄浦区提交的“海派嘉年华，星光怀旧市集”获评“上海市2018年终身学习品牌项目”，推荐作品被评为“上海市2018年社区教育文艺成果优秀作品”。 （熊莉娜）

【纪念黄炎培诞辰140周年暨中华职业学校建校100周年】 9月29日，纪念黄炎培诞辰140周年暨中华职业学校建校100周年系列活动在中华职业学校举行。黄炎培亲属以及市、区有关领导、兄弟院校、合作单位、各界朋友和历届校友代表出席活动。系列活动期间，召开了第七届黄炎培职教思想研讨会，举行了校史陈列馆揭牌仪式及各类专业展示活动。 （熊莉娜）

【联合国教科文组织面向终身学习研修班学员到访】 10月22日—11月2日，“联合国教科文组织成员国面向终身学习的教育系统开发能力建设研修班”在沪举行。研修班在上海文庙开展国学项目现场教学。研修班学员为印度尼西亚、越南、肯尼亚和纳米比亚4国的教育决策者，他们实地了解黄浦区在终身教育体系和国民教育体系相融合方面的具体情况，并在上海文庙的学宫线、祭祀线体验中国传统文化；在明伦堂，了解黄浦社区教育方面的情况，并开展了沉浸式国学体验，茶艺展示、投壶、活字印刷等活动。 （熊莉娜）

【与上海师范大学新一轮合作签约】 3月13日，区教育局与上海师范大学举行新一轮5年合作签约仪式。上海师范大学将为卢湾实验小学的发展提供教育科研、管理创新、师资培养等方面的支持。黄浦区将为上师大的教育科学研究、卓越教师培养等提供实践支持，实现双方优势互补、资源共享、互惠共赢。黄浦区教育局和上海师范大学签订了《上海市黄浦区教育局、上海师范大学合作办学协议书》。 （徐燕雯）

【特级校长和特级教师举办公益讲座】 黄浦区特级教师特级校长发展研究中心公益讲座“黄浦特级开讲了”9月8日在向明中学报告厅举行，4位特级校长围绕“成长导航”，根据幼儿、小学、初中和高中4个年龄段的特质，为学生家长呈现教育智慧。该公益专题讲座“黄浦特级开讲了”汇聚黄浦区的优质教育资源，传递教育正面信息，传播先进教育理念，为社会大众提供专业、权威和公益的教育服务，发挥特级教师特级校长团队的示范、引领和辐射作用。 （徐燕雯）

【青海省西宁果洛中学教师到沪跟岗培训】 7月20日，大同中学与青海省果洛州西宁果洛中学在西宁市共同签订了《西宁果洛中学加盟黄浦区大同教育集团框架协议》。10月18日，在大同中学举行西宁果洛中学教师第一期跟岗培训启动仪式。果洛州6位教师参加跟岗培训。 （徐燕雯）

【对口扶贫工作】 10月15—22日，由市特级校长、市学科带头人、黄浦区骨干校长、教育名师组成的“黄浦—普洱教育对口帮扶交流团”到云南普洱，面向当地各县、乡、村的校长、教师开展讲学活动。交流团在先后赴景谷、澜沧两县，采用分片集中的培训形式，共推出14场次的专题报告、教育论坛和现场教学公开展示课。普洱辖下景谷、宁洱、江城、镇沉、孟连、澜沧和西盟7个县，共计有1600多人次的中小学校长、教师听取报告、论坛，参与听课与评课。交流团向当地学校捐赠2000本教育书籍以及价值数万元的文体物品。 （徐燕雯）

【开展依法治校创建活动标准校（示范校）创建验收工作】 11月11—15日，区教育局对首批申报验收的20所学校（幼儿园）开展了区级评审。区教育局组建评审组，对申报学校（幼儿园）进行实地走访和现场评审相结合的评审。通过评审，以评促建、以评促改、以评促进，全面提升全区各级各类学校依法治校水平。 （徐燕雯）

附：区教育局驻地及负责人

（2018年1—12月）

地址：延安东路300号西15楼
邮编：2000001
电话：33134800-21509

区委分管常委（领导）：余海虹
区政府分管副区长：李　原

区教育局党委书记：蔡　蓉
副书记：姚晓红（兼）、吴光平

区教育局局长：姚晓红
副局长：杨　燕、吴　刚、余维永、严　奕

徐　汇　区

【2018年概况】 全区有各级各类教育单位201个，其中高中10所、完中9所、初中18所、九年一贯制学校3所、小学43所、职业高中1所、中专学校9所、幼托园所96所、特殊教育学校2所、其他教育单位10所。全区有市实验性示范性高中5所、市特色普通高中项目校5所、上海市新优质学校项目校5所、市示范性特殊教育学校1所、市示范幼儿园4所。全区教职工1.41万人，其中专任教师9592人，专任教师中拥有高级职称的教师1195人，占教师总数的12.46%；有中级职称的教师4298人，占教师总数的44.81%。全区有特级教师32人、特级校长11人、市双名基地主持人4人，有市青年骨干教师团队6个。全区学生共计12.15万人，其中普通中学38764人、小学44212人、幼儿园（托儿所）24490人、特殊学校257人、职业高中639人、中专学校13138人。全区符合条件的徐汇区户籍3—6岁适龄儿童入园率达100%，九年义务教育入学率100%，高中阶段入学率98%。有业余大学1所，老年大学4所，社区学校13所，居委学习点和养老机构学习点325个，专职教师79人，兼职教师1466人，班级数3834个，学员数134832人次。有街镇学习团队493个、居村委学习团队1754个、大型学习活动442个。社区教育志愿者3076名。

2018年教育经费继续稳步增长，教育经费决算总收入377252.26万元。全区基础教育各阶段生均事业经费显著增长：中职校年生均经费38319.51元，比上年增长6.61%；高中年生均经费54258.66元，比上年增长11.75%；初中年生均经费44237.44元，比上年增长5.73%；小学年生均经费28247.46元，比上年增长6.83%；幼儿园年生均经费34790.43元，比上年增长3.51%。继续做好学生帮困工作，向区内240名品学兼优、家境困难的学生发放“美罗奖学金”“顶胜——蒂伊奖学金”“云华奖学金”“康乐奖学金”和“第二届华育励志奖学金”，共计19.4万元。2018年，区教育局认真学习党的十九大精神，围绕市委、区委重点民生工作，全方位推进教育综合改革。2018年，区内22所中小学和1所中职校获上海市中小学行为规范校称号，14所中小学校获上海市家庭教育示范校称号。

突出党建引领，丰富育人载体，创新育人方式，实施教师德育意识和德育能力提升计划。多渠道整合资源，深化大中小德育一体化建设，深入推进社会主义核心价值观“六进”，开展“少年与中国”主题德育系列活动，创新“科学家进校园”“交响乐进课堂”“中小学校园足球联盟杯赛”等学生综合素质教育品牌活动。加强区心理健康教育“一体两翼”服务体系建设，提升区“1+13+86”心理干预应急反应水平，预防和减少未成年人违法犯罪，严防学生校内外伤害事故。改革“学军”模式，重新布局“学农”基地，优化“学工”课程设置，推动育人品牌建设，促进学生德智体美劳全面发展。

徐汇区中小学校园足球联盟杯赛开赛

推进基于核心素养的教育服务和治理体系建设，课改成果在市教委课程教学调研中得到高度认可。加强改革顶层设计，形成优化基于核心素养的“四位一体”区域性课程改革方案。深化学习基础素养项目的研究与实践，与市教科院联合主办第一届学习素养峰会。在第二届上海市基础教育教学成果奖评选中，全区2项成果获特等奖，6项成果获一等奖，11项成果获二等奖，1项成果获2018年国家级基础教育教学成果二等奖。对接中考、高考等考试评价制度改革，分层分类开展学校指导工作。做好《普通高中课程方案》及相关学科课程标准(修订版)的解读、培训、实施与对标工作。指导各中小学起始年级做好部编教材的使用工作。探索基于学科核心素养的课堂教学范式与评价体系，指导学校构建以校为本的教学质量保障体系。

引入市社科院力量，启动光启教师队伍建设三年行动计划。调整教师招聘政策，拓宽人才招聘渠道，吸引优秀人才到徐汇区。结合学校实际需求，在广泛调研的基础上，调整学校编制测算方法，让学校校长在用人上有更大的自主权和灵活性。完善区教育局绩效工资总量统筹部分的管理方式，激励广大干部教师投身教育改革。推进骨干教师平台建设，加快推进市、区优秀教师选拔工作，全年新增5名上海市特级校长、7名正高级教师。1名校长获2018年市“四有”好教师(教书育人楷模)称号，1名校长获上海市教育系统巾帼建功标兵称号，1名教师获上海市“十佳”班主任。3名教师入选第四期“双名工程”高峰计划，5名教师入选攻关计划主持人，44名教师入选攻关计划名校长、名师后备。

推进“科学家进校园”项目，聘请6位科学家为校园导师。全年承办3项市级科技大赛，30余项区级杯赛，2万余名学生参与。不断完善光启创新基地、青少年科学研究院育人机制与模式，在2018年各项科创大赛中，继续保持领先地位，其中OM、DI项目获国际大赛一等奖4项，中国区大赛一等奖8项；在市青少年科技创新大赛中，获创新成果一等奖53项、科技创意一等奖36项、科幻画一等奖5项，7名学生获评市青少年“明日科技之星”；在全国机器人工程挑战赛中获3项一等奖。积极推进学生阳光体育运动，全面落实每天校园锻炼一小时。做好体育课程改革建设工作，全面实施高中体育“专项化”改革试点，5所初中开展体育“多样化”、7所小学开展体育“兴趣化”试点，小学全面落实“4+2”体育课程。完成2018年全区中小学生体质健康数据测试与上报，区内学生体质健康水平持续提高。2018年，徐汇区被命名为全国校园足球“满天星”训练营试点区，3所学校获评全国校园足球特色学校，至此，徐汇区共有23所学校获得该称号。深入推进学校艺术教育工作，100%学校开齐、开足艺术类课程，建立了校级“三团一队”学生艺术社团；开展60余项丰富多彩的艺术活动，全区3万余名中小学生参与其中。继续做好“文教结合”工作，开设覆盖全区七年级的“走进交响乐”鉴赏课程；构建社会、学校、家庭三位一体的美育大格局。

召开新一届督导委员会全体会议，启动督导委员会工作。落实幼儿园责任督学挂牌督导。迎接国家督查组责任督学挂牌督导创新区实地验收。推进“全国义务教育优质均衡督导”申报工作。完成第二轮学区化办学中期评估，做好学校、机构的绩效评估方案修订和评估工作。做好未成年人保护工作，完善区、街道（镇）、学校三级未成年人保护网络建设，探索建立未成年人保护工作对象数据库、成效评价标准及信息共享平台。严格执行校车许可制度和车辆年检制度，健全校园及周边治安防范长效机制。开展义务教育阶段资助工作与中职校国家助学金的使用效用调研，提升资助育人实效。

（俞海燕、孙 慧）

【开展3岁以下托育管理服务试点】 4月，徐汇区成为上海市3岁以下幼儿托育服务工作试点区。制定《徐汇区推进3岁以下幼儿托育服务工作试点方案》，成立区托幼工作联席会议，形成政府统筹领导、教育部门牵头、相关单位分工合作的工作格局。成立区托育服务指导中心，设立受理登记、培训指导和日常监管3个部门，负责托育机构申办的咨询受理工作。优化审批服务，建立"123"服务体系，"1"是1条咨询服务热线；"2"是2张联系单，即申办核名联系单、材料初审通过工作联系单；"3"是营利性、非营利性和福利性3类机构《办事指南》，包括机构申办的法律依据、申办流程和材料清单。制定托育机构从业人员培训计划，在上海开放大学开设40课时职业道德培训基础上，每月组织专题培训。全年，8家机构获得办学行政许可，其中2家为非营利性机构，6家为营利性机构。（宣 艳）

【开发3个幼儿园管理平台】 2018年，区教育局通过3个管理平台的开发和使用，进一步促进学前教育朝着更加公平、更加优质、更加科学的方向迈进。开发区学前招生管理平台，采取线上与线下相结合的方式，实现预约登记、报名、录取、统筹的一体化管理，进一步提升招生工作效率。开发幼儿健康管理平台，针对幼儿膳食营养、生长发育、特殊儿童管理等方面存在的问题，借助平台的应用提升管理层及保健的专业能力和水平，并通过数据统计分析，为后续针对性的培训和制度建设提供科学依据。开发课程监控评价系统，让教师结合教育部《3—6岁儿童学习与发展指南》和《上海市学前教育课程指南》，观察和分析幼儿的能力，不断调整和完善教学行为。

（宣 艳）

【3所幼儿园晋级为上海市一级幼儿园】 徐汇区加强对提等升级单位的带教工作，通过一对一实地帮教，在资料管理、保健管理等方面实现个性化指导。在2018年评审验收中，瑞德幼儿园、盛华幼儿园、星辰幼儿园晋级为上海市一级幼儿园。

（宣 艳）

【建国幼儿园举行建园70周年庆典活动】 6月，徐汇区机关建国幼儿园70周年庆典活动在上海交通大学举行。机关建国幼儿园创办于1948年，是为了保护和教育革命后代，由中共中央华东局批准成立的"华东局直属机关第一保育院"。70年来，"一切为了孩子"的办园宗旨成为幼儿园始终不变的坚定信念。改革开放后，幼儿园坚持"以幼儿发展为本"的教育理念，积极探索适合幼儿全面发展的幼教改革，是上海市示范性幼儿园。（孙 慧）

徐汇区机关建国幼儿园70周年庆典活动举行

【上海幼儿园举行建园60周年庆典活动】 11月，徐汇区上海幼儿园建园60周年庆典活动在上海幼儿园举行。庆典现场放映园史宣传片——《六十载，与上幼"童"行》，生动地讲述上海幼儿园从1958年创办至今的重要历程。（孙 慧）

【开展"少年与中国"系列主题活动】 区教育局推进"少年与中国"——纪念改革开放40周年系列活动，通过"少年中国说"——征文演讲比赛、"少年中国志"——书画比赛、"少年中国行"——摄影比赛、"少年中国魂"——歌咏比赛、"少年中国梦"——微电影大赛、“少年中国策”——学生区政助理大赛及主题演讲赛六大赛事，让中小学生感悟40年沧桑巨变，扣好人生第一粒扣子。（袁学佳）

【推进学军、学农课程改革】 区教育局在区人武部协助下，与上海交通大学、华东理工大学、上海师范大学、上海应用技术大学、上海商学院、上海民航职业技术学院6所高校合作，为中小学生军训提供指导。重新布局学农项目，将原有的1个基地扩展为3个，为学校师生提供更多的基地和课程选择。与基地共同开发“乡土认知”“入户调查”“微调研”等学农课程，增强学生学农活动的实效。（袁学佳）

【出台学校心理健康教育三年行动计划】 3月，区教育局制定《徐汇区学校心理健康教育三年行动计划》，成立徐汇区学校心理健康教育领导小组和工作小组，组建徐汇区未成年人心理健康教育专家委员会，形成统一领导、各负其责的组织体系。以提高心理健康教育课程实效性、打造区域及学校心理健康教育特色亮点为重心，聚焦构建学校、家庭、社区三位一体的综合支持网络，深化建设“一体两翼”学生心理健康教育体系，着重做好心理健康教育课程建设、心理健康教育师资梯队建设，深化全区心理健康教育网格化建设、心理健康教育科研工作建设、学生心理健康教育支持系统建设。（袁学佳）

【完成18所小学创新实验室建设】 2018年，徐汇区共建设18个小学创新实验室。18所学校结合自身特色，整合多方力量，形成实验室建设方案；借助高校、科研院所力量，组织开展建设方案评估；根据实验室建设要求，完善硬件环境改造设计，同步做好课程、师资等软件配备；完成实验室硬件建设，做好设备采购。区教育局组织专家实地验收，指导各校挖掘实验室创新素养培养功能。18所创新实验室已对学生开放，并启动课程的实施，为学生搭建了更加开放多元的创新学习平台。（梁　斌）

【启动公办初中强校工程】 在市教委的统一部署下，区教育局启动公办初中强校工程，制定《关于公办初中强校工程的实施方案》《关于加强公办初中强校工程管理的实施方案》，并结合市、区“双名工程”，为田林二中、龙苑中学、长桥中学、宛平中学、南洋初级中学和紫阳中学6所实验学校配备3名特级校长、1名“双名工程”校长基地学员、3名“双名工程”攻关计划后备学员和22名“双名工程”种子计划学员。组建由市区级名校长、名师及教育学院学科研训员组成的24人专家指导团，将6所实验校全部纳入《基于标准教学的区域性转化与指导策略研究》试点校范围。2018年在实验校创新实验室建设和设施设备更新方面给予大力支持，确保实验校在较短时间内基本硬件得到改观。（奚云斐）

【推进“科学家进校园”项目】 “科学家进校园”项目不断推进，聘请6位科学家为校园导师，新增40多位专家加入区青少年科普宣传队伍，邀请区青少年科技导师团为学生开设专题讲座和一对一课题指导。整合区域科教资源，与上海农科院和上海昆虫博物馆合作，开设学校科技总指导教师培训课程，依托中科院上海分院所VR和古生物化石等项目，开展区校科技活动。组织光启创新基地夏令营学生赴龙华医院、3M公司和黄白猫等公司参观学习。（陶　俊）

【开发“美育大课堂”艺术教师培训课程】 建立具有徐汇特色的“美育大课堂”艺术教师培训研修课程体系，加大对区域内学校艺术师资培养、培训力度。课程推出艺术讲座、艺术体验、艺术鉴赏、艺术实践等内容。通过培训活动，艺术教师们接受最前沿的教育信息，开阔眼界，拓宽思路，在美的体验中感悟、思考。积极为学校艺术教师搭建学习、交流的平台，推荐30余名区内艺术教师参加戏剧、书画、名师工作室、管乐指挥大师班、舞蹈培训班等，为进一步推动徐汇美育发展提供强有力的师资保障。（钱文华）

【华泾小学、徐浦小学举行建校110周年庆典活动】 11月8日，华泾小学举行建校110周年庆典活动。区委和区教育党工委领导出席。11月30日，徐浦小学建校110周年庆典活动在区青少年活动中心举

行。市少工委、区人大常委会领导出席。（孙　慧）

徐汇区徐浦小学110周年校庆活动举行

【调整职业学校布局】 区教育局委托第三方评估机构围绕徐汇区属职校现状、产业布局发展规划、职业教育发展政策与保障等方面进行调研，提出专业布局调整可行性方案，并通过专家组评估。根据区域中职校布局调整工作方案，建立例会制度保障工作推进。完成董恒甫高中整体剥离，做好徐汇职业高中和上海市信息管理学校合并平稳过渡。启动新上海市信息管理学校漕东校区、广元校区、东安校区相关调整工作。形成徐汇区商校整体并入业余大学的初步规划。新建职校片区概念方案任务书初步拟定并公开招投标。（林　琛）

【启动新一轮民办培训机构办学许可审批】 按照"一标准两办法"(《上海市民办培训机构设置标准》《上海市营利性民办培训机构管理办法》以及《上海市非营利性民办培训机构管理办法》)等文件精神和要求，会同消防支队、市场监管局、民政局等部门审批完成新设民办培训机构办学许可11家，针对未整改54家机构开展"回头看"，100%完成专项治理。（林　琛）

【打造民办教育培训机构诚信体系】 按照"全面覆盖、动态更新、准确及时"的原则，依托上海市公共信用信息平台、徐汇区公共信用信息平台和海豚信用互联网数据，充分利用各部门现有信用信息系统资源，按照"一网、一平台、二服务"的建设思路和技术架构，建设徐汇区民办教育培训机构信用监测预警和分级管理平台，打造徐汇区民办教育培训机构诚信体系建设，为"民办教育培训机构信用监管"应用打好基础，推进民办教育机构管理方式的创新。"打响'诚信教育'品牌　营造健康培训市场环境"获选上海市"2018政府信用建设优秀案例""上海市徐汇区民办教育培训机构信用监测预警和分级管理平台建设"入选2018年上海市民办教育"民智计划"。（林　琛）

【制定社区教育发展三年行动规划】 区教育局制定《徐汇区推进社区教育发展三年行动规划(2018—2020年)》。未来三年，在促进社区教育内涵提升方面，深化社区教育"一街一品"培育，加强师资队伍建设，持续推进课程建设，加强宣传与展示；在推动社区教育机构能力提升方面，充分发挥社区学院的综合指导作用，加强老年大学(学校)的建设，提升社区学校办学服务水平，推进居委学习点建设，培育社会学习点；在提升服务重点人群的能力方面，继续推进"养教结合"工作服务高龄住养老人，建设学生社区实践指导站，建设社区家长学校；在丰富社区教育学习形式方面，建设市民终身学习体验基地，促进数字化学习，深化团队学习。（马丹宇）

【培育老年教育社会学习点】 区教育局对区域内的社会组织、民非办学机构进行问卷调查和实地走访，选择7家比较成熟的机构培育成为新一批老年教育社会学习点。全年16家老年教育社会学习点共开设课程班54个，招生近1000人，教学场地面积达5000平方米。颁发《关于建设徐汇区老年教育社会学习点的实施意见》，形成长效工作机制。11月，"老年教育社会学习点建设"列入2019年区政府实事项目。（马丹宇）

【举办四季学习节活动】 3月25日，2018年度第一季学习节开幕式暨"漫步天平"微线路发布仪式在天平街道举行；6月13日，湖南街道以"整合区域资源，推进学习型社会建设"为主题承办第二季学习节开幕式；9月21日，龙华街道以"搭建社区大课堂，助力未成年人健康成长"为主题承办第三季学习节开幕式；12月5日，枫林街道以"打造生命健康共同体,推进学习型社会建设”为主题承办第四季学习节开幕式。各街镇结合当季学习节主题同步开展社区学习活动,营造终身学习氛围。(马丹宇)

【参加第二届中芬教育论坛】 4月,徐汇区教育代表团赴芬兰参加第二届中芬教育论坛,与罗凡涅米市教育代表们就教育理念和学校管理理念、艺术和创新能力培养、中国数学教学科研等双方关心的话题进行交流。上海市南洋模范中学等5所学校与当地学校签署姐妹校协议,双方就后续课程教学合作、师生交流互访等达成初步意向。(徐　虹)

【美国加州蒙罗维亚联合学区代表团、法国图卢兹教育代表团到访】 4月,美国加州蒙罗维亚联合学区代表团到访南模中学和市四中学。双方就学校管理、课程体系建设、队伍建设、学生互访等内容进行交流。10月,以法国图卢兹教育厅欧洲与国际关系部主任为团长的教育代表团访问南洋中学、西南位育中学、信息管理学校、爱菊小学和世界小学,双方就进一步加强交流达成共识。(徐　虹)

【与云南省红河州4县签订新一轮精准扶贫合作交流协议】 为进一步加快落实中央精准扶贫战略,促进徐汇区与云南省红河州教育扶贫与合作再上新台阶,实现徐汇区对口帮扶红河州泸西、屏边、元阳、石屏4县教育事业深入、有效、持续开展,徐汇区教育代表团赴滇签署新一轮《东西部扶贫协作发展教育事业协议书》并慰问4位支教教师。(徐　虹)

【举办首届“荣昶教育论坛”】 9月,由上海荣昶公益基金会主办,区教育基金会协办的区教育系统首届“荣昶教育论坛”在中国中学举行。论坛上,教师们围绕“今天,我们怎样做教育”,分别从德育育人管理、课堂教育实践、研修模式转型、育人模式创设、专业个性发展等方面交流感想和经验。

(曹雪刚)

【启动研制教师队伍建设三年行动计划】 10月,区师资人才队伍建设三年行动计划开题报告会召开。由中科院上海生科院产业与技术情报研究中心领衔的课题团队向区教育局介绍课题进展情况,并进一步探讨“徐汇区师资人才队伍建设三年行动计划”课题研究可行性方案,明确研究目标、任务、进度和预期成果。(戈　伟)

【国家督查组实地检查责任督学挂牌督导创新区】 11月,教育部“全国中小学校责任督学挂牌督导创新县(市、区)”督导核查组到徐汇区开展实地核查验收工作。核查组听取区督导委员会的自评报告,查阅区挂牌督导工作的档案资料,并随机深入学校进行实地核查。通过巡查校园、查看责任督学工作室、查阅相关资料、随机访谈、检查督学听评课工作等方式,了解责任督学挂牌督导创新区各项工作的开展情况。(李　颖)

【做好“徐汇教育网”归并工作】 8月,根据《上海市人民政府办公厅关于推进本市政府网站集约化整合工作的通知》等相关文件要求,启动“一区一网”网站整合工作,由区教育局牵头,负责与区府办对接整改要求、与各职能科室明确条线工作信息发布需要。区教育学院提供技术支撑,确保实现数据由区教育网向区政府门户网站的平稳迁移。按照网站集约化工作要求,徐汇教育网于12月31日正式下线,政务信息发布功能全部转移至区政府门户网站。(李　磊)

【推进6个“十三五”新建项目】 徐汇中学南校区、望德幼儿园南站分园投入使用。加快推进航天二期配套学校施工进度,协调区发展改革委、财政局,做好项目概算调整的准备工作,确保2019年秋季投入使用。推进职业学校布局调整工作,做好两所职业学校的合并,同步推进南部职业教育中心项目设计和立项工作。完成南部小学、中职学校的方案设计、工程可行性研究报告、施工图审图、规划许可、施工招投标等工作,确保2020年投入使用。

(李伟年)

【加强校园安全软硬件建设】 区教育局加强校园及周边安全检查和隐患排查,结合区第二轮区安全生产巡查和日常校园安全检查,针对校园安全隐患，推进落实学校安全隐患整改。完成25所学校公共安全体验教室建设。以学校校门监控和安防设施为重点，逐步推进校园安防设施全覆盖。结合智慧公安、“雪亮工程”建设，加强校园安防设施与网格化管理平台、公安视频巡逻防控系统的互联互通、信息共享，提升校园周边安防能级。加强社会化参与，整合家长志愿者、社区网格员等多方力量，共同做好区域校园安防工作。（谈　军）

【出台特殊教育新三年行动计划】 7月，以“完善特教体系、健全管理机制、强化主体责任、促进内涵发展”为总目标，区教育局出台《徐汇区特殊教育三年行动计划(2018—2020年)》。该计划立足于特殊学生身心发展需要，借助师资、经费和政策的全方位保障，促进各阶段特殊教育协调发展，完善特殊教育体系建设和管理机制，促进特殊教育内涵发展，优化特殊教育保障机制，强化专业服务体系建设，创设融合教育大环境，提升特殊教育质量。（梁　斌）

附：区教育局驻地及负责人

（2018年1—12月）

地址：漕溪北路336号
邮编：200030
电话：64879460

区委分管常委（领导）：吕晓慧
区政府分管副区长：晏　波

区教育局党工委书记：王莉韵
副书记：庄小凤（3月离任，兼）、王　彤（3月到任，兼）、王亦群

区教育局局长：庄小凤（3月离任）、王　彤（3月到任）
副局长：李文萱、于东航（6月离任）、钱佩红、王　璠

长　宁　区

【2018年概况】 区教育系统共有机构105所。中学26所(高级中学4所，完全中学6所，初级中学14所，九年一贯制学校2所)、小学23所，幼儿园37所(托幼管理中心下属15个办学点)、校外教育机构2所、特殊教育学校3所、工读学校1所、中等职业学校1所、业余大学(社区学院)1所。在校学生56269人。中学生17066人，小学生22437人，幼儿园(包括托儿所)幼儿13223人，特殊教育学生326人，工读学校学生5人，中职校学生1260人，业余大学学生1615人，在读外籍学生475人。教职员工6517人，其中在编教职员工6148人，专任教师4576人；离退休教职员工7225人。适龄幼儿入园率100%、高中阶段教育新生入学率98.41%。全年教育经费总投入为28.95亿元，比上年增长2.66%；区财政教育经费基数内拨款20.44亿元，比上年增长7.17%；生均事业费47975元，比上年增长20.05%。落实全学段帮困助学政策，投入帮困资金771.48万元，惠及困难学生4350人次。投入资金1275.33万元用于义务教育阶段免费教科书，资助学生34420人。

推进实施《长宁区教育“优质＋均衡”发展三年行动计划》。推进学区化集团化办学，义务教育阶段学区化集团化办学实现全覆盖(共11个)。立足“紧密型”学区化集团化办学，通过集团联合招生，聘任集团法律顾问，召开集团班子联席会议，开展联合教研、科研、培训等形式，推进学区化集团化办学内涵式可持续发展。推进长宁区政府与华东师范大学合作办学项目，华东师范大学附属天山学校正式挂牌。落实《长宁区推进上海虹桥临空经济示范区建设2018年行动计划》任务，上海开放大学航

空运输学院揭牌。推进3岁以下幼儿托育服务工作，区政府建立托幼联席会议制度，区教育局增设托幼科，长宁区早期教育中心更名为长宁区托育服务指导中心，为托育服务工作的开展奠定基础。推进区政府实事项目，继续开设小学“爱心晚托班”。推进区域教育综合改革。推进《长宁区教育综合改革试验区建设方案(2015—2020年)》实施，完善目标和内容体系，进行综改分项目自评和专家评议，举行综改中期评议和咨询会议。推进区域教育资源合理布局，推进区青少年科创中心项目、天山第二中学操场和长宁实验幼儿园改、扩建等项目实施；上海市第三女子中学体育馆项目竣工交付使用；9月，延安初级中学(初三)迁入长宁中学、新世纪中学迁入原娄山中学。通过资源整合置换等途径，增加武夷幼儿园、威宁幼儿园、长华幼儿园、哈密路幼儿园班级数，满足符合条件的适龄儿童入园需求。推进基础教育国际化建设，加强国际联盟建设，以市级课题《区域基础教育国际化共同体建设的实践研究——以长宁教育国际联盟为例》为抓手，开展主题讲座、参观访问、艺术文化交流等主题活动，提升学生国际素养；搭建中外教师教学研讨平台，提升教师国际教育教学水平；开展教育国际化工作问卷调研与分析，完善教育国际化顶层设计。推进民办教育健康特色发展，指导东展小学(幼儿园)、新世纪中学(小学)、新虹桥中学(小学)参加市第三轮特色项目(学校)的创建，贯彻落实国家《民办教育促进法》，规范民办学校办学行为。

加强未成年人思想道德建设，促进立德树人。加强育人载体建设。翁铁慧副市长到长宁区华阳街道调研高中生社区实践工作，肯定长宁高中生志愿服务工作；以庆祝改革开放40周年等为契机，开展以“我们的节日”“交通安全”“讲中国故事”系列主题活动。推进以评促建，17所学校获评市行为规范示范校，6所学校获评市家庭教育示范校，40余节课获评市2018年学科德育精品课，1名班主任获评“市十佳班主任”称号，2名班主任获评“市优秀班主任”称号。强化心理健康教育，开展学生心理健康状况调查和学校心理健康教育现状调查；开展两场心理咨询进社区活动。推进未成年人保护工作，加强中小学公共安全教育，完成8所学校安全体验教室建设，开展“火安全”“水安全”“交通安全”等公共安全教育。落实中小学毒品预防教育“八个一”活动，保障学校毒品预防专题教育4课时的时长。优化学生成长环境，促进环境育人，启动实施“厕所工程”，继续推动“食堂工程”。深化学段课程改革，学前阶段开展“幼儿园构建童趣课程实施方案的实践研究”；小学阶段推进“家校共育计划”“基于课程标准的教学与评价”“快乐拓展日+课程活动”等工作，5名小学教师在市级教学评优中获一等奖，12节课入选教育部优课；初中阶段深化作业开放性研究、推进中考改革，启动初中强校工程；高中阶段深化高考综合改革和高中学校发展特色，华东政法大学附属中学获评“市特色高中”。实施“课堂工程”，建立2017年课堂工程优质课资源库，组织优质课执教教师开展教学展示研讨，开展“一师一实录”“一课一点评”“一师一优课”，多维度推动课堂教学改革。

推进市青少年科学研究院长宁分院建设，深化垃圾分类宣传教育，开展科普教育活动。深化文教结合，开展中小学生艺术展演、“美术馆奇妙日”“戏曲进校园”“我心中的冬奥吉祥物”等主题活动，新泾中学和延安初级中学获评第二批全国中小学中华优秀文化艺术传承学校。加大小学兴趣化、初中多样化、高中专项化体育课程改革力度，推进小学1—3年级体育课时4+2工作模式；成立田径联盟；开展学生阳光体育大联赛，学生参与率为100%，在2018年市运动会中，共有39所学校参加，获金牌70枚，总分3000分；完成学生体质健康监测及抽测复核工作，数据上报率为100%。推进市学校食品安全管理平台建设，做好传染病防控、健康教育工作，在第二届市中小学生校园应急救护基本知识与技能宣传展示活动中，获3个单项三等奖。

优化职业教育人才培养模式，完善专业结构，完成4个教学点、5个专业部的优化整合，增设航空服务专业。推进“双证融通”“国际水平教学标准实施”“信息化教学”等项目实施，深化教学改革。加强校企合作，扩大“订单式”培养规模，2018年合作企业71家，校外实习基地49个，订单班14个。完善“双轨制”培养路径，年内，获国家和行业企业中级以上职业资格证书的教师占比达89.2%。完善特教体系，设立虹古三幼学前特殊教育点；加强以融合课程（学前）、生活教育课程（义务教育）、职业教育课程（中等职业教育）为核心的课程开发与实施，完善课程体系建设；推进融合教育，深化国家特殊教育改革实验区项目“生涯发展视野下随班就读实验”的研究成果，构建随班就读工作运行图谱；深化医教结合，整合挖掘专家资源，面向教师开展专题培训，面向家长开展家庭指导，提升医教结合专业服务水平。推进终身教育，建设学习型城区。完善三级教育网络，培育社区教育“睦邻学习点”105个，社区教育网络由三级发展为四级。优化数字化学习环境，“学在数字长宁”体系智能升级，社区教育“云视课堂”全面覆盖，相关案例入选《2018年中国互联网学习白皮书》。扩大终身教育对象，为园区楼宇在职人士提供“学习培训便利”，推出长宁市民修身云课堂，培育“人文修身”学习点。

继续实施“三好两优”（好校长、好学校、好教师、优势学科、优秀团队）系统工程。推进校长队伍建设，加强培训专家资源库、基地资源库、课程资源库的开发和建设，以基于《校园长专业标准》的“案例式培训”为主要形式，开展高级校长、副校（园）长、后备干部等分项分类培训。推进“中小学校长专业领导力核心素养培育研究”项目实施，举行“对话校长论坛”、中澳校长对话交流，提升校长核心素养。5名校长（书记）被认定为“上海市特级校长（书记）”。推进教师队伍建设，加强“见习教师规范化培训”“优青项目”“学科带头人项目负责制”“名师培育工作室”等教师培训载体建设，完善研训一体的教师培训机制，共有48人入选市第四期双名工程。完善人才工作机制和人才数据库，对重点人才工作项目进行跟踪、考核和反馈，落实优秀青年人才租房补贴等优惠政策。在区新一轮创新团队评选中，教育系统共产生3个区级创新团队、3个区级后备创新团队、12个教育系统创新团队。

开展国家义务教育优质均衡发展督导评估、国家义务教育质量监测、市绿色指标测试、区学校五年发展规划督评等，完成对85所学校的发展督评，长宁区被选定为首批国家义务教育质量监测结果应用实验区，21所中小学获评第一批市依法治校示范校，10所中小学获评第一批市依法治校达标校。规范落实招生入学工作。规范教育培训市场秩序，组建规范教育培训市场管理联席会议，制定《长宁区规范整治教育培训市场工作方案》，制定补证、新设、转设等三类五种办事指南，建立健全教育培训市场规范整治长效机制。落实校园及周边安全。严格实施安全管理工作年度绩效考核“一票否决制”；会同区未成年人保护办公室、区校园周边安全工作办公室、公安、消防等部门和各街道（镇）组织专项检查；升级学校食堂视频监控设备，“长宁区学校三级安全管理平台衔接建设（试点）”项目（二期）正式投入使用；完成长宁校园保安服务社的转制工作。（长　教）

【区“三好两优”系统工程建设推进大会举行】 3月29日，2018年长宁区“三好两优”系统工程建设推进大会暨2017年聚焦立德树人总结表彰大会在复旦中学举行。市教委、长宁区领导，区教育局、区教育学院、区教育系统各单位领导和教师代表出席会议。区教育局作《构建充满活力的快乐教育——聚焦立德树人，建设“三好两优”系统工程阶段性总结》的主题报告。会上，为2017年“聚焦立德树人总结表彰”先进单位和个人颁奖。（长　教）

长宁区“三好两优”系统工程建设推进大会暨2017年聚焦立德树人总结表彰大会举行

【教育部体卫艺司调研“食育”工作】 4月17日，教育部体卫艺司到长宁区绿苑小学专项调研学校“食育”工作。调研组察看学生就餐状况听取学校营养膳食广播，了解学校通过多渠道宣传，提高学生对于合理膳食的知晓度；登录食堂监控系统及阳光午餐食品安全追溯平台，了解学生食堂管理及食品来源追溯。调研组肯定了绿苑小学坚持立德树人，挖掘午餐促进学生身心健康成长的作用，开展“食之礼、食之俭、食之学、食之绿”教育，使学生午餐不仅有“食欲”，更有“食育”。（长　教）

【与华东师范大学合作共建天山学校】 4月28日，长宁区政府与华东师范大学签署协议，建立长期的区校教育战略合作关系，华东师范大学附属天山学校正式揭牌。根据协议，双方将在教育品牌建设、学科建设、教育管理干部及教师培养、教育教学课题研究等方面开展合作，共建“素质教育创新实验区”，推动区域教育品质整体提升。双方共建华东师范大学附属天山学校，按照集团化办学模式，从幼儿园到小学、初中、高中共15年整体设计合作办学，探索大学引领下的联合办学体制机制创新；成立学校管理委员会，华东师大和华东师大二附中派驻专家指导学校工作；共建华东师大基础教育集团资源平台库。（长　教）

【第四期“优青项目”举办三年总结展示】 5月15日，长宁区普教系统第四期“优青项目”在区教育学院举办三年总结展示。“优青项目”以骨干教师为培养对象，旨在培养一批区域优秀青年教师，使其成为优质教育持续发展的生力军，建立区域教育人才培养梯队。2015年至今，第四期“优青项目”完成，共培养优青项目承担人30名。“项目引领、任务驱动、导师助推、自主发展”是“优青项目”专项培养的基本模式。3年来，30名优秀青年教师中有15名申报的区级课题被立项，7名优青在“区学科带头人项目负责制”理论学习征文中获奖，区级以上刊物发表论文56篇，开展“基于项目研究的课堂教学展示活动”19场，形成《活力课堂，研修成长——“优青项目”教学案例集》。（长　教）

【区教育综合改革特色试验区建设项目中期评议】 9月18日，在上海市第三女子中学举行区教育综合改革特色试验区建设2018项目中期评议与咨询会议，市教育综合改革咨询指导专家、区教育综合改革项目负责人和联络人、区教育综合改革工作办公室工作人员参加会议。会上，区教育局汇报了区教育综合改革特色试验区建设的总体推进情况、8个重点项目负责人围绕项目的推进、落实、成效和后续计划等方面做中期汇报。长宁教育综合改革的探索和实践提供了可资借鉴的典型案例，也为长宁区建设“国际精品城区”提供了支撑。（长　教）

【初中学区化集团化办学推进会举行】 9月20日，长宁区初中学区化集团化办学推进会在天山初级中学举行，区教育局和区教育学院领导、各初中学校校长、天山初中教育集团和娄山中学教育集团成员、教师代表出席了会议。会上，天山初中教育集团挂牌成立。两家初中教育集团以研讨课和微论坛的形式展示了教育集团的管理机制、优质课程共享等扩大优质资源的实践与探索。（长　教）

【举办中小学生艺术展演】 10月27日，区中小学生艺术展演活动在虹桥艺术中心举行。14所中小学校和少年宫学生艺术团队近500名学生参加展演，演出节目包括上海市第三女子中学的行进打击乐、延安初级中学的昆曲《长生殿，小宴》、建青实验学校的原创舞蹈和华东师范大学附属天山学校管弦乐团的《纳布科序曲》等，展示了长宁区学校美育工作成果。长宁区学校美育工作通过“赏、学、讲、演、赛”的模式推广和普及艺术教育。（长　教）

长宁区举办区中小学生艺术展演活动

【实地核查“全国中小学校责任督学挂牌督导创新区”创建工作】 11月21—22日，国务院教育督导委员会对长宁区创建“全国中小学校责任督学挂牌督导创新区”工作进行实地核查。核查组通过答辩交流、查阅档案，与部分责任督学、校长和教师开展访谈了解工作情况，并实地走访长宁路第三幼儿园、天山初级中学和建青实验学校。核查组对长宁区责任督学挂牌督导工作和教育均衡发展水平给予肯定，高度评价长宁区注重“顶层设计、工作规范、三轮驱动”的典型工作案例。（长　教）

国务院教育督导委员会对长宁区创建“全国中小学校责任督学挂牌督导创新区”工作进行实地核查

【与云南省红河州对口帮扶签约座谈会举行】 12月17日，根据《长宁区助力对口地区打赢脱贫攻坚战三年行动计划》要求，长宁区教育局与云南省红河州对口3县对口帮扶签约座谈会在红河州红河会堂举行。会议决定，长宁教育与红河州金平县、绿春县、红河县的中小学校以深度结对、选派骨干教师赴3县支教、长宁讲师团3县培训骨干教师项目、三县影子校长长宁跟岗培训项目、金种子校长赴3县交流项目、3县骨干教师长宁跟学等6个方面为抓手，开展对口帮扶工作。会上，举行了“长宁·红河校校结对帮扶”签约仪式，长宁区天山初级中学、复旦初级中学、新泾中学、虹桥机场小学、哈密路小学、玉屏南路小学、上海市现代职业技术学校分别和红河州的八一中学、红河二中、绿春一中、宝华小学、大寨民族小学、金平一小、红河县哈尼文化传承学校、绿春县职业高级中学签署校校结对帮扶协议。（长　教）

【“聚焦课堂，推进长宁教育综合改革特色试验区建设研讨会”举行】 12月21日，“聚焦课堂，推进长宁教育综合改革特色试验区建设研讨会”在复旦中学举行。研讨会回顾总结了长宁区推进教育综合改革特色试验区建设，实施“课堂工程”的情况，对2018年区“课堂工程”获奖者予以表彰。年内，共收到课堂教学实录3226节，比上年增加57%，经专家评审，评选出特等奖4人、一等奖98人、二等奖103人。（长　教）

【开展校园欺凌防治工作】 以“教育为先、预防为主、保护为要、法治为基”为原则，区教育局开展学生欺凌防治工作。建章立制，明确工作机构，落实工作举措。成立以局长为组长，分管局长为副组长，教育督导室、局党委办、局德育科（未成年人保护工作办公室）等部门共同组成的局校园欺凌综合治理领导小组。制定《长宁区教育局关于加强中小学生欺凌综合治理的实施方案》，并在“长宁教育网”公布工作机构名称、办公电话和实施方案。区域内各学校都成立学生欺凌治理委员会，明确工作负责人及联络员，制定完善各项预防和处置预案、制度规范和处置流程。宣传引导，开展专题教育。联合区检察院开展“聚焦校园欺凌，倡导法治新风”——“反校园欺凌”法治教育主题活动，通过小学生主题箴言征集活动、中学生影评作品征集活动和高中生创意海报设计大赛，分学段、分层次开展主题教育活动，让学生知晓基本的法律边界和行为底线，养成遵规守法的行为习惯，预防学生欺凌和暴力行为发生。依规处置，规范程序流程。制定《长宁区中小学欺凌事件处理申诉和复查程序（试行稿）》，明确处理申诉和复查的受理范围、处理流程、结果告知方式。按照根据属地管理、分级负责及“谁主管、谁负责”的原则，明确学校加强校园欺凌治理工作的具体职责。（长　教）

【推动区校园足球发展】 成立区校园足球联盟、组织校园足球联盟工作组与执行团队、发展足球联盟校、成立足球精英训练营。持续推进“校园足球课程普及化”，小学阶段开展足球兴趣课和拓展课、初中和高中阶段足球进入正规体育课。组织赛事和活动，选派各年龄组参加市校园足球联盟联赛和精英赛事；开展长宁区传统“希望杯”“青春杯”足球比赛，赛事达140余场，参与学生人数达300余人；组织“家校共育亲子足球嘉年华”等校园足球文化活动。随着校园足球运动的推广和普及，区域内校园足球人口和联盟单位增加，保持经常训练的足球人数达400人以上，市级校园足球联盟单位12所。部分优秀学生运动员经选拔后入选上海申花梯队、上港梯队和U14国家队。 （长　教）

【青少年科技教育获好成绩】 长宁区学生在青少年科技竞赛活动中取得良好成绩。在第三十九届世界头脑奥林匹克中国区决赛中获二等奖、三等奖各1项；区少年科技指导站与天山第一小学代表队入围2018DI全球挑战赛，参加挑战C项目的竞逐；在环球自然日全球总决赛中获一等奖、三等奖各1项；在全国青少年航海模型锦标赛中获冠军3项、季军和殿军各1项；在全国青少年航空航天模型锦标赛中获团体第一1项、个人第一1项、一等奖3项、二等奖5项、三等奖2项；在第三十三届市青少年科技创新大赛中获68项一等奖、170项二等奖、251项三等奖；在市第十六届明日科技之星评选活动中，2名学生获"明日科技之星"称号、5名学生获"明日科技之星"提名奖、3名学生获"科技希望之星"；在全国青少年科技创新大赛中获一等奖7项、二等奖3项、三等奖1项、专项奖2项。 （长　教）

【编制《长宁区教育局实施长宁区"十三五"规划中期评估报告》】 编制完成《长宁区教育局实施长宁区"十三五"规划中期评估报告》。该报告明确"十三五"以来区域教育的进展情况，实施"三好两优"系统工程，推进教育人才队伍建设；传承中华优秀传统文化，培育践行社会主义核心价值观；推进信息化建设，构建智慧型信息化服务体系；推进教育公平，做好来沪人员随迁子女招生入学工作；完善职业培训体系，优化职业教育人才培养模式；统筹区域教育资源，完善"东优中强西高"资源布局；践行素质教育，深化学段课程改革；推进组群发展，共享优质教育资源；加强医教结合，深化特殊教育改革；深化全国社区教育示范区建设，建设学习型城区；促进多样发展，满足多元教育需求。该报告坚持"创新、协调、绿色、开放、共享"五大发展理念，采取实施优质均衡计划、建构快乐教育生态、深化教育综合改革等三项主要策略。 （长　教）

【学生资助管理工作】 健全组织机构，加强业务培训。区教育局指导学校成立学生资助工作领导小组和工作小组，加强管理人员业务培训，确保资助信息安全。开展政策宣传，确保政策到位。每学期开学前通过校园网络平台、移动通信平台和告家长书等形式加强资助政策和工作流程的宣传，使这项党和政府的惠民政策深入人心，确保符合条件的学生申请资助的权利。总结工作经验，落实资助育人。探索学校资助育人工作的做法和经验，重视与德育教育相结合，汇总学校资助育人和励志成长成才优秀学生的典型案例。 （长　教）

附：区教育局驻地及负责人

（2018年1—12月）

地址：长宁路599号
邮编：200050
电话：22050000

区委分管常委：夏煜静
区政府分管副区长：孟庆源（3月到任）

区教育党工委书记：王小柳
　　副书记：姚　期（兼）、邵春安

区教育局局长：姚　期
　　副局长：张建华、熊秋菊、宋晓岚、鱼东彪（7月到任）

静 安 区

【2018年概况】 2018年，全区共有教育所属机构170家，其中高中9所、完中8所、初中25所、九年一贯制7所、小学42所、幼儿园58所、中职2所、区属高职1所、业大1所、其他教育单位17所。基础教育在校学生91790人，其中幼儿22426人、小学35666人、初中23092人、高中10606人。在职教职员工10938人，其中专任教师9090人、在职上海市特级教师35人。

深化综合改革。推进教育部"十三五"重点课题"深化教育个性化：发达城区提升学生核心素养的实践性循证研究"的研究，召开课题研讨会，确定并公布国家课题子课题107项。开展为期两年的"静安区教育反思专项行动"。推进学区化集团化办学综合改革，启用一师附小集团新校舍、实小集团洛东校区。召开区实施"初中再加强"工程大会。与上海棋院签署教育战略合作框架协议，继续就上海棋院实验小学的办学事宜开展合作。与上海外国语大学合作，继续办好上海外国语大学苏河湾实验中学。恒丰中学正式更名挂牌上海戏剧学院附属静安学校。召开小学"活力指标"学生评估调研结果分析反馈会。以"拥抱每一位学生的发展"为主题举办"静安教学学术季·第三季"。在教育部举办的"2018年基础教育国家级教学成果奖"评选中获3项一等奖、并获3项二等奖。在"2017年上海市基础教育教学成果奖"评选(2018年公布)中获6项特等奖、6项一等奖、14项二等奖。静安区被国务院教育督导委员会评为全国中心学校责任督学挂牌督导创新县(市、区)。区教育局获静安区委、区政府颁发的首届静安人才开发奖。

加强立德树人。推进家庭教育和心理健康指导工作，举办首届长三角家校合作高峰论坛。承办教育部第二批"全国心理健康教育特色学校"授牌仪式暨上海市中小学心理辅导协会年会。以"缤纷暑期展风采，争做静安好少年"为主题开展多样的暑期活动，静安区获上海市暑期工作优秀组织奖，3个暑期项目获2018年上海市未成年人暑期优秀活动项目奖。市西中学、市西初级中学和大宁国际小学的德育工作实践案例被教育部评为2018全国中小学德育工作典型经验案例。

提升学生综合素养。建成足球、篮球等校园体育项目联盟12个，覆盖全区所有中小学。大宁国际小学参加第三十九届世界头脑奥林匹克大赛全球总决赛，获"动物之家"赛题小学组全球总冠军。在2018年第三十三届全国青少年科技创新大赛获2项全国一等奖。在上海市明日科技之星评选中，3项课题获市青少年"明日科技之星"。举办静安区学生行进乐团展演专场活动，9所学校700多名学生参演。

完善队伍建设。推进"见习期教师规范化培训""职初教师菁英培养计划""中小幼中青年骨干教师团队""学科带头人培养项目""教育拔尖人才"等多层次教师培养体系实施工作。选派40名教师参与"万名教师援藏援疆教师支持计划"。7名校(园)长、书记被评为上海市特级校长(书记)。第一师范附属小学鲁慧茹校长获评"上海市教育功臣"称号，静安区教育学院附属学校陈美、风华初级中学校长堵琳琳获评上海市"四有"好教师(教书育人楷模)称号。

各类教育协调发展。静安区在7个街镇开展了"优秀传统文化进社区活动"。继续扩大静安白领联盟，完成20支优秀白领学习团队的招募。召开静安区学习型城区建设与终身教育促进委员会全会，全面总结成绩和经验。会同区市场监督管理局，分 2 批对有照无教育培训资质的 145 家机构进行“一标准两办法”的政策宣讲和申请办学资质的培训。组织完成职教集团专业教师区级培训，支持学校创新校企合作形式，完成 2 个大师工作室建设，推进校企一体化育人。（万翰杰）

【与上海棋院举行合作办学签约仪式】 3 月 9 日，静安区政府与上海棋院举行“方寸弈·大师情·成长梦”合作签约仪式。出席活动的有静安区委、区政府领导、上海棋院领导、上海棋院大师、特邀嘉宾、智力联盟校学生代表等。2012 年，上海棋院和原闸北区教育局联手创办了上海棋院实验小学。本次签约合作期为 5 年（2017.9.1—2022.8.31），将完善地方与专业机构联合办学模式。

（万翰杰）

【与上海外国语大学举行合作办学签约仪式】 3 月 12 日，静安区政府与上海外国语大学举行合作办学签约仪式。出席签约仪式的有静安区委、区政府和上海外国语大学的党政主要领导，以及区教育局党政主要领导和部分学校校长代表。2012 年 6 月，原闸北区人民政府和闸北区教育局分别与上海外国语大学签订了为期五年的《合作办学协议书》，并联合创办了上海外国语大学苏河湾实验中学。新一轮（为期五年）合作的基本定位是：把苏河湾实验中学打造成为一所一流的高品质公办初级中学。区教育局也与上海外国语大学签订了合作办学协议。（万翰杰）

【获“基础教育国家级教学成果奖”】 在 2018 年第二届“基础教育国家级教学成果奖”评选中，静安区获 3 项一等奖、3 项二等奖。获 3 项一等奖的分别是上海市市西中学《思维“广场”撬动教学深度变革，实践“优势学习”的研究》、静安区安庆幼儿园《指向个性化教育支持的幼儿发展评价研究》、静安区教育学院《区域课程“社会情绪能力养成”的开发与突破》。本届评比共设一等奖 50 项，上海获 11 项，其中静安区获 3 项。（万翰杰）

【纪念“4·23 世界读书日”暨曹家渡街道第十五届社区读书节开幕活动举行】 4 月 22 日，2018 年静安区纪念“4·23 世界读书日”暨曹家渡街道第十五届社区读书节开幕活动在静安区“800 秀”举行。开幕式共分为“悦读·传承”“悦读·分享”“悦读·知书”“悦读·静思”4 个篇章。（万翰杰）

静安区纪念“4·23 世界读书日”暨曹家渡街道第十五届社区读书节举行

【父子阅读联盟活动举行】 5 月 4 日，以“修身慧心，阅读为成长引航”为主题的 2018 静安父子阅读联盟活动在上海市第一师范附属小学举行。活动由静安区教育局、区文明办指导，区家庭教育指导中心、上海译文出版社和第一师范附属小学主办。2011 年起，区家庭教育指导中心与区内 14 所学校成立静安父子阅读联盟，逐渐形成“大作家进校园”“亲子阅读体验坊”“教师精读会”“家长慕课”4 大品牌活动。本次活动，联盟单位增加至 21 所学校。

（万翰杰）

【首届长三角家校合作高峰论坛举行】 6 月 11—12 日，以“新时代，新智慧，新实践”为主题的首届“长三角家校合作高峰论坛”举行。该论坛由上海市教科院普通教育研究所、静安区教育局、长三角家校合作研究与指导联盟联合策划并组织。来自上海、江苏、浙江、安徽、江西等 500 余位专家、学者、校长出席，宣传推广家校合作研究成果，探讨学习家校合作的新方法。论坛为期一天半，开幕式在上海市新中高级中学举行。（万翰杰）

【徐匡迪夫妇向久隆模范中学捐赠】 6 月 25 日，第十届全国政协副主席徐匡迪院士夫妇捐赠仪式在上海市久隆模范中学举行,上海市委副书记尹弘等领导以及社会各界爱心人士出席。徐匡迪把光华工程科技奖最高成就奖的奖金100万元捐赠给久隆模范中学。静安区接受捐赠并向徐匡迪院士夫妇颁发捐赠证书。从2001年学校创办至今,徐匡迪连续7年向学校捐赠院士津贴,并把自己和夫人在国外讲学的报酬、出书的稿费捐给学校基金。

(万翰杰)

【获上海市基础教育教学成果特等奖】 在4月公布的"2017年上海市基础教育教学成果奖"评选结果中,静安区获6项特等奖(区教育学院获2项,市西中学、风华中学、闸北八中、安庆幼儿园各获1项),获特等奖数占全市各区获奖总数的22.2%。

(万翰杰)

【举行庆祝教师节主题暨年度典型人物宣传活动】 9月6日,静安区教育系统以"师者故事,杏坛声音"为主题,举行庆祝第三十四个教师节暨年度典型人物宣传活动。活动用12个专题片讲述了12位教师在文化传承、立德树人、敬业奉献、开拓创新等方面的事迹,表彰了4位分别获得上海市教育功臣、上海市"四有"好教师(教书育人楷模)、"为人为师"典型人物等荣誉的教师。100位新入职教师进行了宣誓。

(万翰杰)

【区"初中再加强"工程大会举行】 9月29日,静安区实施"初中再加强"工程大会在同济大学附属七一中学举行。5所公办初中"强校工程"实验校与对口支援校进行合作签约。彭浦三中与民办田家炳中学开展优质民办初中托管试点,彭浦四中与学区内优质公办初中彭浦初级中学结对,和田中学纳入市北初级中学集团化办学项目,五四中学成为静教院附校"后茶馆式教学研究所"合作单位,华灵学校与新中高级中学、新中初级中学共同组建办学联合体。 (万翰杰)

【静安教育学术季·第三季开幕】 10月31日,静安教育学术季·第三季开幕式在新中高级中学举行。第三届静安教育学术季以"拥抱每一位学生的发展"为主题,从10月持续到12月。学术季为获得第二届"基础教育国家级教学成果奖"一等奖和"上海市2017年基础教育教学成果奖"特等奖的项目举办展示活动,并举办3场区域教育主题论坛(教育反思专题论坛、初中教育专题论坛和家庭教育主题论坛)。各基层单位各自组织开展教学学术交流展示活动。 (万翰杰)

【区全民终身学习活动周开幕式举行】 11月15日,2018年静安区全民终身学习活动周开幕式在上海戏剧学院举行。开幕式结合"静安人文行走"活动共同启动。终身学习活动周期间,举办静安区市民诗歌节、老年教育成果展、静安杯摄影展、全民终身学习活动周闭幕式、终身教育论坛等一系列活动,进一步丰富居民的终身学习活动。

(万翰杰)

【区市民诗歌节暨区教育系统师生原创诗歌展演活动举行】 11月18日,2018年静安区市民诗歌节暨静安区教育系统师生原创诗歌展演活动在大宁国际小学举行。本届诗歌节的主题是"诗意,在新时代扬帆起航"。本次诗歌节结合区教育系统师生原创诗歌活动自3月开始,到11月结束,共收到市民原创诗歌82篇,教育系统师生原创诗歌作品753篇。 (万翰杰)

静安区市民诗歌节暨区教育系统师生原创诗歌展演活动举行

【举办2018年中小学国家宪法日主题教育活动】 12月4日,静安区法宣办、区教育局和区司法局在上海市市西中学联合举办2018年中小学国家宪法日主题教育活动,成立区"学习宣传宪法,建设

法治校园”宣讲团，加强青少年宪法学习宣传教育工作。（万翰杰）

【举行终身教育教学模式发展研讨会暨区业余大学建校60周年纪念大会】 12月20日，静安区业余大学以“扎根静安福地，圆梦终身教育”为主题举办“终身教育教学模式发展研讨会暨上海市静安区业余大学建校60周年纪念大会”。会上，5位校友分别代表不同年代的毕业生上台发言并分享成果。研讨会上，展示了静安区业大教育教学成果。（万翰杰）

附：区教育局驻地及负责人

（2018年1—12月）

地址：和田路195号
邮编：200070
电话：56630990

区委分管常委（领导）：凌惠康
区政府分管副区长：鲍英菁

区教育局党工委书记：胥燕红
副书记：朱娴华

区教育局局长：陈宇卿
副局长：刘新宇、徐剑宏、周晓春、孙　忠、洪　波（8月离任）、顾　炜（8月到任）

普　陀　区

【2018年概况】 全区共有各级各类教育机构185所（公办153所、民办32所），其中幼儿园84所（公办60所、民办24所）、小学24所（民办1所）、初中12所（民办2所）、九年一贯制学校21所（民办1所）、十二年一贯制学校2所（民办1所）、高中5所（民办2所）、完中8所（民办1所）、特教学校2所、工读学校1所、中职校1所、业余大学1所、业余中专1所、区教育学院1所、社区学校10所、其他教育单位12家。

全区中小学、幼儿园学生97506人。其中幼儿27625人、小学生40308人、初中生20428人、高中生7587人、中职校生1183人、特教学生375人。在职教工10542人（其中在编9207人），其中专任教师8260人。离退休教职工8718人。普陀教育以习近平新时代中国特色社会主义思想为指导，围绕实现教育现代化、建设教育强区的目标，主动融入社区、促进终身学习，立足市平台、唱响国际歌，努力在高原上建高峰，扎实推进“三化一强”战略实施，全区教育改革发展取得新成效。教育质量继续在全市保持前列，在教育部“全国基础教育改革成果奖”评选中获3个二等奖；特色高中建设再上台阶，甘泉外国语中学获批市特色高中；全区公办幼儿园全部创建为市一级园或市示范园，优质园比例达75%；2人入选市第四期“双名工程”高峰计划、7人入选攻关计划主持人，4人新评为正高级教师、4人新评为市特级校长。

10月，市教委、市政府教育督导室对区依法履行教育职责进行综合督政，反馈意见指出，普陀区在全市率先完成城乡义务教育一体化建设任务，义务教育优质均衡水平和教育信息化水平处在全市前列，创建的体教深度融合的“普陀模式”，为全市提供可复制可推广可辐射的“普陀经验”。在积极探索实施同级督政、依法履行教育职责方面形成宝贵的普陀经验，努力为普陀区学生提供公平而有质量的教育。

开展党的十九大精神的学习教育活动，举行理论宣讲30余场，辐射师生、社区党员近万人。组织参加区十九大知识竞赛，获奖数位列全区第一。印发《2018年度思想理论学习计划》，汇编《普陀区教育系统学习贯彻落实习近平新时代教育思想研习录》，抓实理论学习，常态化组织好党工委中心组学习和“绿叶讲坛”，区教育系统“绿叶讲坛”基层理论宣讲队获2017年度市理论宣讲先进集体。教育宣传思想工作深化拓展，强化区校两级责任，细化量化具体化“十管”责任，形成22条《职责分解表》。以“弘扬高尚师德　潜心立德树人”为主题，庆祝第三十四个教师节主题活动，宣传弘扬先进典型。围绕“改革路上，教育筑梦”这一主题开展庆祝改革开放40周年系列活动，坚定改革开放再出发的信心和决心。精神文明创建持续开展，制定《文明校园创建专项行动计划》，实施“4＋X”专项行动，提高创城工作知晓度，全区学校100%纳入创城点位。做好首届市、区两级文明校园转化工作，探索文明校园、文明单位同创共建管理办法。1名校长获上海市五一劳动奖章，2个家庭分别被评为全国五好家庭、海上最美家庭，10个家庭被评为区最美家庭。干部队伍建设不断加强，组织开展各类培训。深入推进校长任期制工作，完成校长职级晋升评定工作。召开教育系统人才工作会议，推进实施“提升学校治理能力”校（园）长论坛，成立区特级校长联谊会，严格干部教育管理，建立健全“抓早抓小”监督机制；基层党建工作不断夯实，创新融合式发展性督导工作，健全完善融合督导9项工作机制，确保在推动“三大主体责任”和“四责协同”机制的落实、保障、问责上共同发力。积极探索普教高校纵向一体育人模式，先行先试学生党建一体化双培育工作机制，着力构建教育系统“一校三中心”党建工作新格局。认真学习领会、贯彻落实李强书记给曹杨二中学生的回信精神，加强和改进中小学德育工作，抓好基础性工作，推进新时代教育改革发展。深入一线开展大调研，推进以“不忘初心、牢记使命、勇当新时代排头兵、先行者”为主题的大调研，推动问题解决和改革发展，累计调研288次，覆盖对象17768人（次），收到建议161条、承办问题138个。坚持常态长效，着力调研成果转化，形成《促进和加强3岁以下幼儿托育服务工作的实施方案》《普陀区加强初中建设实施方案》《普陀区教育国际化指标体系》等推动改革创新的举措。党风廉政建设抓牢抓实，落实全面从严治党要求，坚持制度化、具体化、常态化落实主体责任，加强“四责协同”机制建设。

深化普陀大学堂建设，开展行走锦绣中华研学旅行、“大国重器”主题寻访等主题活动。“行走锦绣河湾，读懂‘一带一路’”“探秘大国重器　领航‘巾’彩梦想暑期社会实践活动”两个项目获市未成年人暑期工作优秀项目，区教育局获优秀组织奖。启动第四轮“一校一品”创建、心理健康教育达标校区级复验、“普陀杯”班主任基本功大赛等。1所学校成为市城市学校少年宫示范学校，11所学校获“上海市家庭教育示范校”，2个案例获评教育部2018全国中小学德育工作典型案例。体教结合形成“普陀模式”，体育课程改革扎实推进，小学一到三年级“4＋2”课程计划落实到位，高中专项化改革实现全覆盖。完善体育项目“一条龙”布局，形成24项、38条链。探索推进中小幼衔接的校园足球发展体系，继续探索“双精英”足球后备人才培养模式，组织18名校长、教师参加全国足球特色培训，推进青少年校园足球经验在全国校园足球会议上交流。完成第四届国际（上海）青少年校园足球邀请赛（普陀赛区）工作。参加第十六届市运会，团体总分跃居全市第二，奖牌数位居全市第五。学校体育场地开放工作有序推进，63所学校体育场地全面开放，占全区公办中小学的94%。科技创新教育普及与提升，完善科技教育课程，聘请44名专家、教授为普陀少年科学院导师团成员，形成以机器人、信息技术、环保生物等15类课程为主的科技教育课程群。在全国和市青少年科技创新大赛中获奖236项，其中全国一等奖3项；6名学生在市青少年“明日科技之星”评选中获奖，2名学生获市青少年“明日科技之星”。学校艺术教育改革得到深化，推进中华优秀文化艺术传承学校建设，1所学校成为市非遗传习基地校，5所学校成为篆刻艺术校园基地。完成新一轮区艺术教育特色学校、艺术教育特色项目评审。推进学生艺术素质评价工作，增加平台试点校。发挥“彩虹行动计划”艺术教育工作室、市艺术名师工作室的引领作用，培养学校艺术教育队伍。组织学生参加市、区艺术比赛，引进校外资源，为学生艺术素养培育拓展新途径。健康教育、劳动教育和食品卫生工作等不断加强，与区卫计委合作，进一步落实“一校一医”制度。劳动教育得到加强，以劳技课程、学生社会实践等开展多种形式的劳动教育，引导学生养成劳动习惯，崇尚劳动、尊重劳动、学会劳动。

0—6岁托幼服务不断完善，聚焦0—3岁托育服务，完善区托幼联席会议制度，制定下发《普陀区贯彻落实上海市〈关于促进和加强本市3岁以下幼儿托育服务工作的指导意见〉的实施方案》，成立区托育服务指导中心，全面受理社会力量申办托育机构。指导开办2所营利性社会托育机构，推进幼儿园开设29个托班，联合区妇联完成3个社区幼儿托管点的市政府实事项目建设，多渠道满足托育服务需求。为区内0—3岁散居婴幼儿家庭提供一年8次公益早教服务，全年服务近9万人次。聚焦3—6岁学前教育保教质量提升，完成对20所幼儿园的办园质量视导、4所争创市示范园的现场诊断。推进新一轮幼儿健康教育的深化研究，出台《关于区域进一步推进学前幼儿健康教育的实施意见》《普陀区幼儿园"健康教育"质量评估指标(2018版)》。形成《普陀区幼儿园"学习活动"质量现状的专项调研报告》。义务教育和高中教育办学品质不断提升，完成15所新优质项目学校的实地调研，形成"一校一报告"。7个新优质学校集群、制定新一轮三年发展方案。深化学区化集团化办学，指导各教育联合体以项目推进为抓手促进资源共建共享，建立华东师大附小教育集团和民办进华教育联盟。启动实施区公办初中强校工程，颁布《公办初中强校工程实施方案》，形成区域推进的路线图和4所市实验校的"一校一方案"。甘泉外国语中学成为第二批市特色高中。晋元高级中学、宜川中学接受市实验性示范性高中发展性评估督导。课程教学改革不断深化，全面推行小学基于课程标准的教学与评价，指导学校建立个性化辅导档案。小学作业备案研究和初中资源建设稳步推进。高中阶段学科资源建设基本完成并在区域共享。开展统编教材"全教全用"试点工作。完成对高中国家新课程方案与标准的区域培训。以"从'学习科学'看有效教学"为主题，推进有效教学的研究与实践，召开全国第十三届研讨会。职业教育、终身教育服务水平得到提升，职业教育产教融合深入推进，新建11个区职业教育创新实践基地、9个区职业教育名师工作室，全区已建立28个创新实践基地和21个名师工作室，为构建现代职业教育体系搭建平台。评选表彰区职业教育"十佳教师"。推进普职融合，推进职业体验课程开发，3500名中小学生参加普职融合的职业体验课程。推进终身教育倍增计划，培育10个市级居委学习示范点、5个市级养教结合学习点、5个市级社会学习点等。4所学校成为市社区学校内涵建设合格校。开展多种形式的市民学习活动，推进"人文行走"学习项目。建立区市民数字化学习体验中心，普陀学习网正式上线，29门微课入选第四届全国社区教育优秀微课程。1人获评2018年全国百姓学习之星。民办教育规范发展，认真落实民办学校管理"一标准两办法"，完善普陀区民办教育管理机制，成立区民办教育工作联席会议。开展对民办教育机构负责人培训，强化指导服务与监督检查。对培训机构进行全覆盖飞行检查。联合市场监管等部门，完成对校外培训机构的专项治理。审批上海托马斯实验学校等14所教育机构，完成21所教育机构变更。

教育信息化水平不断提升，完成校园有线无线网络统一认证，实现各类平台一站式登录；完成教育基础数据库构建，基于教育教学和教育管理的各类平台逐步完善；加强教育城域网运行维护和网络安全保障。3所学校入选市教育信息化实验校，区教育局获教育部"第一批教育信息化试点优秀单位"，2所学校案例获评教育部2017年度全国基础教育信息化应用典型示范案例，教育信息化工作走在全市前列。学校国际化项目不断拓展，围绕教育国际化指标，开展教育国际化项目试点。以友好城市、友好学校等为平台，先后举行"新加坡—上海基础教育圆桌会议"、上海—横滨公务员交流、以"跨文化能力与全球公民"为主题的2018中澳校长论坛等。承办联合国教科文组织首次在普陀区举办的"联合国教科文组织国际终身学习论坛"。各校结合办学特色，不断拓展教育国际化项目，如曹杨二中建立全国首个高中荷兰语图书馆，宜川中学与法国里昂商学院签订友好合作协议，区教育学院与澳大利亚塔斯马尼亚州签订STEM合作备忘录，7所学校入选中英数学教师交流项目等。加强与港澳台地区的教育交流，组织全区小学校长赴台湾地区进行交流。加强对学校对外教育交流的管理和指导。教育人才队伍建设不断优化，按照"四有"

“四个引路人”“四个相统一”的要求，引导广大干部教师遵守“新时代教师职业行为十项准则”，肩负教书育人神圣职责。完成第五轮教师发展团队组建，遴选24个特级教师工作室领衔人、82名学科带头人、161名高级指导教师，建立10个创新团队、9个信息化团队。公开招聘教师442人。有序推进见习教师规范化培训，组织全体中小学教师暑期培训，遴选20名学员参加第二期拔尖教师工作坊培训。曹杨二中教师王伟娟获市教育功臣提名奖。

制定“三化一强”指标体系，形成区中小幼信息化建设标准、信息技术教育应用评估体系等2个教育信息化指标。区高中、义务教育教育国际化工作评价指标体系，以及区教师队伍建设评价指标和依法治校指标体系2.0版的制定，为推进“三化一强”提供了标准引领。完成区教育改革发展“十三五”规划的中期自评。完善招生入学政策，加强招生政策宣传和入园入学指导以及民办学校招生规范化管理，对小学和民办学校招生进行全覆盖“飞行检查”，稳妥有序完成2018年招生工作。2018年新入园幼儿8514人，小学一年级新入学9251人，初中新入学6282人。教育资源布局进一步优化，形成《2018—2025年普陀区教育资源优化调整方案》。托马斯实验学校新建工程加快推进，智富名品一贯制学校新建项目协调推进，启动甘泉外国语中学改扩建工程、万里城幼万泉分园新建项目建设，长风西北地块幼儿园交付使用，棉纺新村幼儿园等公建配套项目按期推进。按期完成区政府实事项目“21所学校公共安全体验教室建设”。实施“公物仓”试点工作。教育督导工作深入推进，完成对30所学校的发展性督导回访、25所学校的发展性督导以及民办学校招生等专项督导，创建“全国责任督学挂牌督导创新区”。形成《普陀区融合性发展性督导评估指标体系》。接受教育部对区创建义务教育优质均衡区的专题调研。完成首批41所学校依法治校创建评审，启动第二批学校创建。教育合作交流深入推进，选派11名教师参加市教委组团式援藏，6名教师分别到云南、贵州支教，完成12名市教委金种子遵义校长培训。分别与贵州遵义市桐梓县、习水县、赤水市教育局签订教育对口帮扶协议，与遵义市教育局签订学生研学旅行合作协议。与浙江嘉兴市12所学校结对。培训云南昆明、贵州遵义、西藏的骨干校园长70名。（包玉全、梅飞）

【举办区中小学体育课程改革主题论坛】 1月18日，由区教育局主办、区教育学院承办的“深化课改、群策聚力、共谋发展——普陀区中小学体育课程改革主题论坛”在晋元高级中学举行。现场播放《普陀区中小学体育课程改革工作》专题片。主题论坛分为教师团队报告、校长代表发言和专家观点阐述三个环节。在团队汇报环节，小学以“童趣、动趣、智趣、情趣”为题对体育兴趣化课程改革情况进行汇报；初中以“遇瓶颈、补短板、求突破”为题进行体育多样化课程改革情况交流；高中以“共性、共享、共前行”为题对体育专项化课程改革实践过程中遇到的师资配置、学生体质状况的现状及改善措施进行分析和探讨。小学以兴趣引路，初中多彩展现，高中群策聚力，全区做到纵向打通，横向连接，充分发挥了体育的育美和育德功能。（包玉全、梅　飞）

【召开区教育信息化大会】 3月7日，主题为“未来已来”的区教育信息化大会在晋元高级中学召开。与会人员观看专题片《普陀区教育信息化巡礼》，回顾普陀教育信息化从上世纪90年代以来的探索实践历程，以及取得的成绩。晋元高级中学、北海中学分别以“未来已来看技术，唯变不变话课改”和“变革、融合，创赢未来”为题，分享学校教育信息化建设的探索和体会。区教育学院展示区域在信息化整体规划设计、信息化项目研究和教师研训中取得的成效。会上，区教育局解读《普陀区中小学信息技术教育应用评估体系》，并要求对照评估体系，做好基层学校的教育信息化工作。（包玉全、梅　飞）

【多名学生获中小学生十佳“道德实践风尚人物奖”】 4月12日，市教委公布2016—2017年度上海市中小学生“道德实践风尚人物奖(美德少年)”评选结果。中远实验学校学生隋翼远获2016—2017年度上海市中小学生十佳“道德实践风尚人物奖(美德少年)”之尊老爱幼奖荣誉称号。真如三小杨心艺、华东师范大学附属小学洪昕怡、区教育学院附属中学苏嘉畅、上海外国语大学尚阳外国语学校李智恒、梅陇中学金彩、晋元高级中学附属学校王星霖等6名学生获评2016—2017年度上海市中小学生百优“道德实践风尚人物奖(美德少年)”。

(包玉全、梅　飞)

【甘泉外国语中学被命名为上海市特色普通高中】 4月18日,上海市第二批特色普通高中命名授牌仪式在华东政法大学附属中学举行,甘泉外国语中学被命名为上海市特色普通高中。(包玉全、梅　飞)

【23个项目获2017年上海市教学成果奖】 普陀区23个项目获评2017年上海市教学成果奖,曹杨二中“高中专项化体育课程改革实践研究”获特等奖;晋元高级中学“在合作中选择,在选择中合作”、普陀区武宁路小学“小学生可自由支配时间的保障和利用的研究”、同济大学第二附属中学“普通高中理工特色课程建设研究”、区教育学院“普陀区现代公民教育课程的开发与实践”、曹杨中学“立德树人导向的‘环境素养培育’特色教育实践与研究”、普陀区童的梦艺术幼儿园“把握核心经验,3—6岁幼儿混龄学习区操作包设计与实施的探索”、普陀区豪园幼儿园“孩子,你会倾听吗”、普陀区现代教育技术中心“互联网思维下的区域信息化推进策略与管理模式——基于普陀‘J课堂’的微视频录制及应用”、真如中学“为面向未来工程匠师奠基的实践研究”、普陀区启星学校“以生活适应为核心的培智学校社交故事课程的开发”10项成果获一等奖;普陀区教育学院“柔性流动充分共享——区域骨干教师培养的普陀模式”等12项成果获二等奖。

(包玉全、梅　飞)

【参加长江口珍稀生物中华鲟放流活动】 6月6日,曹杨中学50名学生志愿者作为全市唯一被邀请的中学生到崇明区长兴岛横沙渔港码头,参加“守护好一江碧水”2018年长江口珍稀水生生物增殖放流活动。曹杨中学是全国环境教育示范学校、国际生态学校,以“环境素养培育”为办学特色。在放流仪式上,学生志愿者代表全市中学生发言,呼吁全社会关注支持环保事业,汇聚起共建生态文明的磅礴力量,为建设美丽上海、美丽中国贡献智慧与力量。市领导和学生们一起推动放流杆,槽门依次打开,中华鲟陆续从放流槽中跃入长江,回归大自然。(包玉全、梅　飞)

曹杨中学学生参加长江口珍稀水生生物增殖放流活动

【2018中国(上海)国际青少年校园足球邀请赛落幕】 2018中国(上海)国际青少年校园足球邀请赛由教育部、全国侨联合会、上海市政府联合主办,全国青少年校园足球工作领导小组办公室、上海市教委、上海市体育局等承办,以“活力青春,共筑梦想”为办赛理念,共有来自10个国家和地区的16支U17男子青少年校园足球队参赛,普陀赛区赛事在曹杨二中举行。7月14日,举行2018中国(上海)国际青少年校园足球邀请赛决赛暨闭幕式。普陀赛区被赛事组委会授予最佳组织奖。(包玉全、梅　飞)

2018中国(上海)国际青少年校园足球邀请赛落幕

【全国首个高中荷兰语图书馆揭幕】 11月9日,全国首个高中荷兰语图书馆的揭幕仪式在曹杨第二中学举行。普陀区领导,以及荷兰驻沪总领事、荷兰教育部政策制定官等荷方代表出席揭幕式。荷兰语图书馆的建成是曹杨二中推进荷兰语理工实验班建设的重要举措。荷兰语图书馆获得首批来自荷兰各界捐赠的图书共计300余册,包括荷兰语字典、荷兰经典名著以及荷兰名人传记等优秀图书。

（包玉全、梅　飞）

【区民办中小学发展联盟成立】 12月27日，区民办中小学发展联盟成立大会在华东师范大学附属进华中学举行。会上，解读普陀区民办中小学发展联盟章程，介绍联盟组织架构和成员名单，并就成员的权利和义务进行详细介绍。全体成员一致通过联盟章程。（包玉全、梅　飞）

【联合国教科文组织国际终身学习论坛举行】 10月18—20日，以“终身学习作为实现可持续发展的基本路径：概念、政策及战略”为主题的联合国教科文组织国际终身学习论坛在普陀区举行。这是联合国教科文组织首次在中国举行的国际终身学习领域最高级别的专家会议。本次论坛在上海市教委指导下，由联合国教科文组织终身学习研究所、中国联合国教科文组织全国委员会、华东师范大学、普陀区人民政府、上海开放大学联合主办，华东师范大学教育学部、普陀区教育局、华东师范大学高级管理者发展与培训中心、上海终身教育研究院共同承办。来自25个国家的大学和研究机构、国家和地方政府的高级官员以及国际机构的80名代表就终身学习有效治理新途径、新模式进行深入研讨。大会研讨成果形成一份政策简报，简报内容涉及终身学习领域综合治理的目的、功能和有效性。大会还对《终身学习手册：政策与实践》具体内容进行修订与完善。该手册由联合国教科文组织终身学习研究所开发。（包玉全、梅　飞）

【跨文化能力与全球公民——2018中澳校长论坛举行】 9月14日，主题为“跨文化能力与全球公民”的2018中澳校长论坛在上海市甘泉外国语中学举行，论坛由国家汉办、澳大利亚维多利亚州教育部、上海教育国际交流协会主办，普陀区教育局承办。本次论坛是“2018汉语桥——澳大利亚中小学校长团活动”的一项重要内容。9月10—20日，20多名来自澳大利亚维多利亚州的主流中小学校长，应国家汉办邀请来中国进行教育交流访问。在上海期间，代表团安排了2天时间、以二对一或三对一的形式走进普陀区10所中小学校，通过浸润式的观察与交流互动，包括课堂观摩、师生座谈等，深入了解上海中小学校在课程设置、教学管理以及教师团队建设等方面的实践，论坛是对两天浸入式访问的总结与互动分享。（包玉全、梅　飞）

【对普陀区政府依法履行教育责任综合督政】 10月16日，上海市政府教育督导室对普陀区政府开展依法履行教育责任综合督政自评会在普陀区人民政府召开。自评会还邀请市特约教育督导员、人民教育督察员代表、市相关委办局及教委有关处室负责人出席。普陀区委区政府相关领导，区各委办局、街镇分管负责人，区教育局班子成员及相关科室长等与会。本次综合督政主要围绕城乡义务教育一体化发展、学生健康促进工程暨体教结合工作、语言文字工作三个方面展开。区领导作题为“凝心聚力打造公平而有质量的普陀教育”的自评汇报。普陀区紧紧围绕推进区域教育现代化、建设教育强区的发展目标，坚持“提升每一个学生的学习生活品质”核心理念，深入实施优质教育“三化一强”战略，扎实开展教育改革与发展各项工作，积极完善区域教育公共服务体系，凝心聚力促进教育公平、提升教育质量，努力办好老百姓家门口的每一所学校，全区教育事业呈现良好发展态势。

（包玉全、梅　飞）

附：区教育局驻地及负责人

（2018年1—12月）

地址：大渡河路1668号2号楼
邮编：200333
电话：52564588

区委分管常委、副书记：孙　萍
区政府分管副区长：王　珏

区教育局党工委书记：吴凌昱
副书记：范以纲、黄敏华

区教育局局长：范以纲
副局长：黄敏华(兼)、瞿志军、唐晓燕、张　平(3月到任)

虹 口 区

【2018年概况】 2018年，虹口区教育系统共有各级各类学校（单位）140所，其中中学37所（民办6所）、小学33所（民办4所）、幼儿园54所（民办10所、其他部门办4所）、托儿所4所（集体部门办4所）、职业学校1所、非学历教育2所、工读学校1所、特殊教育学校1所、其他学校7所。在校学生62263人，其中公办学校学生49063人。教职工8433人，其中专任教师6633人。

2018年，区教育局深入贯彻落实党的十九大精神，对照区委区政府建设教育强区的总体目标，遵循教育公平和全国教育大会导向，大力推进区域教育综合改革，提升教育优质均衡发展水平。加强教师队伍建设，办好人民满意的教育。

坚持多措并举，服务学生全面发展。对照加快建设教育强区的实施意见和配套计划，按年度、季度细化分解12项一级指标、30项二级指标、78项三级指标，全年各项指标基本按节点完成。“彩虹计划”七大工程扎实推进，落实立德树人根本任务：20所学校被评为市行为规范示范校，6所学校被评为市家庭教育示范校；举办第三十一届宪法法律知识竞赛，启动市依法治校示范校标准校创建；“指南针计划”获国家教学成果二等奖、市教学成果一等奖；举办“两纲”教育市级现场会；获VEX机器人世界锦标赛高中组冠军和市青少年科技创新大赛多个奖项；虹口区教育局被评为2017年度市“建设市民满意的食品安全城市”先进集体；全年组织近500人次学生出国（境）开展国际交流、游学和竞赛；全面实施“青苗奖助基金”，加大对贫困家庭和困境儿童帮扶助学力度。

坚持积极稳妥，推进教育综合改革。一是深化基于高考改革的高中教育改革，开展高中学校调研课程和走班管理专题调研，形成一校一报告。二是正式启动中考改革，组织所有改革相关人员进行市、区政策培训，宣讲中考改革政策，知晓率达到100%。全面摸清初中学段“家底”，研究制定针对性措施。三是稳妥推进义务教育招生改革新政，加强前期调研摸底，做细实施方案、细则等，稳慎调整招生范围和招生计划，整体招生工作平稳有序。

坚持双轮驱动，推进义务教育优质均衡发展。推进紧密型学区和集团建设，小学阶段新增3个教育集团（宏星、丽英、广灵）和2个教育联盟（智汇、思同），扩容1个教育集团（上外附小）；初中阶段新增1个教育集团（虹教院）和2个教育联盟（虹口江湾、虹口实验），扩容4个教育集团（复兴、华师大一附中、北郊、迅行）和1个教育联盟（北外滩）。目前已累计成立18个学区、集团，义务教育阶段覆盖率达100%，并向高中阶段延伸。推进新优质学校集群建设，新增参与校7所（初中3所、小学4所），目前新优质学校集群发展工作参与学校总数累计达到22所，义务教育阶段公办学校覆盖率达40%。完成新优质学校集群发展督导试点第一批15所学校的初态评估。启动公办初中强校工程，根据市教委统一部署，制定虹口区百所公办初中强校工作方案，开展实验校申报组织及指导工作，霍山学校等5所公办初中学校成为实验校。

坚持规范有序，净化教育生态环境。规范校外培训市场秩序。加强事中事后全过程监管，做好市教委等四部门规范整治“回头看”工作，会同区市场监管、人社、民政部门，对区域298家民办培训机构状况作底数复查，关停18家非法办学机构。促进民办学校适度、健康、规范发展，稳慎做好区民办学校规范工作方案前期研究。规范义务教育学校内部教学秩序，稳步推进全国统一教材的实施，做好统编教材使用的相关教研与培训工作。严格落实基于课程标准的教学与评价，规范办学行为。建立健全学生课后服务制度，强化“快乐30分”综合活动，区内所有公、民办小学均开设晚托班。

坚持普惠导向，做好学前与特殊教育。根据全市统一部署，启动本区0—3岁幼儿托育工作，制定《虹口区关于加强托育服务工作的实施方案》，建立区托幼工作联席会议制度。增设区托育服务指导中心，加强托育机构申办指导和监管，全区首例尚幼托育园于9月底申办成功。稳妥推进托幼一体化工作，在西街、小不点、川北幼儿园开设托班。落实市、区学前教育三年行动计划，提升区域各级各类幼儿园办园水平，完成1所一级园(凉四)、4所二级园(水电、江西北、白玉兰、瑞虹)、1所托儿所(曲阳)等级评估验收。

坚持做精做特，构建现代职业教育体系。完成南湖二分校整建制并入南湖职校，建成南湖职校现代汽车服务专业群新校区，完成艺术工程开放实训中心的前期设计和项目立项。南湖高星级饭店运营与管理专业建成国家级示范品牌专业，国际商务与金融事务专业建成上海市品牌专业。拓展人才培养渠道，在原有的2个中本贯通、2个中高职贯通专业基础上，新增金融IT中本贯通试点与汽车新能源中高职贯通试点。

坚持需求导向，提升区域终身教育品质。召开区学习型社会建设与终身教育促进委员会工作会议，完善体制机制建设。进一步整合社区教育资源，北外滩街道社区学校通过市内涵建设认定，嘉兴、川北、广中街道完成社区学校标准化建设申报工作。虹口区社区教育云视课堂于10月正式投入使用，8个街道社区学校实现宽带接入区终身教育网，虹口区获评全国社区教育数字化学习先行区。区业余大学获评市优秀成人继续教育院校。

坚持问题导向，加快教育基础设施建设。一是加快区重大工程等项目建设。完成上海外国语附属中学东校、东余杭路幼儿园、民办四中心小学、南湖职校汽车实训楼、霍山路小学5所学校的改扩建或迁建工程。完成复兴实验小学、五十二中学、鲁迅高级中学等学校的加固修缮工程，缓解了区教育资源紧缺的现状。二是扎实做好政府实事项目。完成16所学校体育场地向社区开放。2015—2018年，共完成56所学校体育场所向社会开放。

坚持以“双名”工程建设为重点，努力建设一支高素质专业化教师队伍。贯彻落实区委区政府《关于全面深化新时代教师队伍建设改革的实施意见》，制定区“双名工程”培养方案和《虹口区高端教师后备人才培养方案(2018—2022)》。在市第四期“双名工程”中，虹口区共有3人入选高峰计划，7人入选攻关计划主持人。一是拓展优秀人才引进的广度。新招聘教师中，双一流高校应届毕业生占比45.41%，外省市生源占比27.55%(同比提升1.78%)，另有“海归”人员7名。同时，引进3名外省市特级教师成为高中学科带头人。二是不断增强“双名”人才培养的厚度。实施“五梯队”基层干部队伍建设，现有名校长培养对象15人，骨干校长培养对象38人，校级正职后备32人，校级后备78人和优秀青年培养对象211人。复兴高级中学校长陈永平获评第五届全国教育改革创新优秀校长，南湖职校校长芦秀兰获上海市教育功臣提名奖，上海财经大学附属北郊高级中学校长唐群获评上海市“四有”好教师(教书育人楷模)，四中心小学校长陈珏玉等3人获评区杰出人才，虹外一小校长王莉韵等2人获评区领军人才；华师大一附中校长陆磐良等4人获评特级校长。推进“七层级”教师专业人才梯队建设。有全区优秀教育专才706人、区骨干教师以上层级308人，实现梯队动态化、层进式、可持续发展。三是优化师资队伍结构。合理控制中级职称结构比例，推进高级职评审工作，继续和高校合作提升教师学历水平。2017年区各学段获评高级职称人数均有提升，总人数共计67人，较2016年翻了一番。高中教师研究生学历达23.54%，初中、小学、幼儿园教师本科及以上学历分别达99.41%、78.47%和71.48%，较2016年均有所提高。 (徐德民)

【市教育综合改革专家咨询委员会调研虹口教育】 1月16日，市教育综合改革专家咨询委员会到虹口区开展实地调研。调研会上，区教育局汇报了虹口区近年来在推进区域教育优质均衡发展方面的主要做法、成效和下一步工作思考。专家委员会委员先后提出意见建议,为下阶段更好地推动区域教育事业改革发展指明方向、开拓思路。（陈晓旭）

【虞丽娟等考察虹口实验学校“开学第一课”】 2月23日,市教卫工作党委书记虞丽娟等考察虹口实验学校“开学第一课”。虹口区委办公室、区教育局领导陪同考察。（陈晓旭）

【市委宣传部领导走访调研继光初级中学】 3月14日,市委宣传部副部长、市文明办主任潘敏走访调研继光初级中学,听取学校关于落实精神文明建设、创建文明校园的工作措施和实效的汇报。继光初级中学自2014年被评为上海市城市学校少年宫以来,为本校、北外滩地区及全市学生提供了丰富的实践活动课程。（陈晓旭）

【在市青少年科技创新大赛获奖】 3月17—18日,第三十三届上海市青少年科技创新大赛终评在上海科学会堂举行。虹口区获一等奖31项(其中,1项科幻画一等奖,1项教师科教制作一等奖,16项青少年创新成果一等奖,13项青少年科学创意一等奖)、67项专项奖(其中,华东师大一附中学生获华东师大“夏雨奖”,为虹口区学生近3年来首次获得大学专项奖;上海外国语大学附属外国语学校学生获上海海洋局的科技兴海奖)。虹口区共有科学创意、科幻画、科技辅导员科教成果、实践活动各1项推送至全国青少年科技创新大赛。（陈晓旭）

【“三新”教育联盟展示活动】 3月29日,“聚焦优质均衡,提升办学品质”2018年虹口区“三新”教育联盟展示活动在广中路小学举行。本次活动分两部分:第一部分是现场教学展示,展示了“三新”教育联盟各成员的精品课程和少先队主题活动课程;第二部分是大会交流联盟办学成果,供全区小学德育工作者学习共享。（陈晓旭）

【在2018 VEX机器人世界锦标赛上获奖】 4月25—29日,上海外国语大学附属外国语学校机器人社25位学生组成3支队伍前往美国肯塔基州的路易斯维尔展览中心参加2018 VEX机器人世界锦标赛。2018 VEX机器人世锦赛共有来自全世界1648支队伍参加。上海外国语大学附属外国语学校8825A队获初中组Spirit分区亚军及CREATE AWARD(最佳创意奖),88825G队获初中组Opportunity分区亚军AMAZE AWARD(最佳表现奖);高中组8825S队获分区冠军和高中组总冠军。（陈晓旭）

虹口区上海外国语大学附属外国语学校代表队
在2018 VEX机器人世界锦标赛获奖

【小学传统文化课程“两纲”教育现场会举行】 5月30日,“育人为本 以德为先——建设小学传统文化课程,深度推进‘两纲’教育”现场会在长青学校举行。虹口区形成了如下工作格局:一条主线,传承发展中华优秀传统文化;两个基地,国家指南针基地、民族文化培训基地;三位一体,学校、家庭、社区一体化推进;四个结合,将中华传统文化与课程、团队活动、美育体育、实践体验等相结合。（陈晓旭）

【市人大教科文卫委领导调研托幼一体化】 6月11日,市人大教科文卫委主任委员苏明,副主任委员张辰、周景泰等到虹口区调研托幼一体化情况。调研组首先参观了白玉兰幼儿园托幼一体化情况。座谈会上,市教委和虹口、静安、杨浦、宝山区教育局的相关负责人先后介绍了全市和各区的托幼一体化情况,并就相关内容进行了互动交流。（陈晓旭）

【教育部基教司调研区高中教育】 6月28日,教育部基础教育司副司长马嘉宾等到华师大一附中、继光高级中学开展专题调研。通过实地考察学校和召开座谈会等方式，重点了解普通高中教育教学存在的主要问题、高考综合改革对普通高中教育工作带来的挑战，听取对推进普通高中育人方式改革的意见和建议。 (陈晓旭)

【5 所学校成为初中强校工程实验校】 7 月 2 日，市教委发布《关于实施百所公办初中强校工程的意见》，霍山学校、澄衷初级中学、第五中学、教育学院实验中学、教育学院附属中学 5 所学校成为初中强校工程实验校。区教育局对标“强校工程”，抓紧研制区域实施“强校工程”方案，统筹资源，加大投入，保障“强校工程”的有效落实。 (陈晓旭)

【原创历史话剧《天下之利》首演】 9 月 3 日，原创历史话剧《天下之利》在复兴高级中学首演。该剧由市教育发展基金会英盛教育基金、澄衷高级中学主办，梦陶艺术剧社创排演出，旨在纪念叶澄衷、传承澄衷精神。1000 余位校友、家长代表和师生观看演出。 (陈晓旭)

【举行第三十四个教师节庆祝大会】 9 月 10 日，“不忘初心，立德树人”第三十四届教师节虹口区庆祝大会在区职工文体中心举行。区委、区政府、区人大、区政协领导出席庆祝大会。广大教师和教育工作者表示：要传承师道，牢记服务中国特色社会主义的使命，坚持以习近平新时代中国特色社会主义思想为指引，增强“四个意识”，坚定“四个自信”；要大力弘扬社会主义核心价值观，引导和帮助青少年扣好人生的第一粒扣子；要锤炼师艺，不断练就教书育人的真本领，养成终身学习的习惯，积极创新教学方法，为培养创新人才打下扎实的基础；要传播师爱，坚持有教无类、严慈相济，让每个学生都能健康成长，成为党和国家的有用之才。(陈晓旭)

【纪念少先队建队 69 周年】 10 月 12 日，主题为“迎进博盛会，创文明城区，争做新时代好队员”的区纪念中国少年先锋队建队 69 周年主题活动在区青少年活动中心举行。为进一步发挥少先队组织的先锋模范作用，区少先队“迎进博，讲文明——红领巾志愿队”正式成立。活动当天，13 所中小学获“2018 年虹口区少先队师范队、室”表彰，9 名新任大队辅导员进行上岗宣誓。 (陈晓旭)

【区中小学数字教材学校应用研究获奖】 11 月 7 日，上海市数字教材学校应用研究评选结果发布。虹口区获评优秀试验学校 2 所(全市 6 所)、优秀试验教师 4 位(全市 9 位)、优秀教学案例 75 份。其中，一等奖案例 11 份、二等奖案例 28 份、三等奖案例 36 份。 (陈晓旭)

【国家督导组核查区责任督学挂牌督导创新区工作】 11 月 19—20 日，国家督导组对虹口区“创建全国中小学校责任督学挂牌督导创新区”工作进行现场核查。虹口区创建“全国中小学校责任督学挂牌督导创新区”工作汇报会在区政府召开。区领导就建设与创新督导机制作汇报。督导组随机抽查了 3 所学校对责任督学跟踪督查各校完成“五个一”制度的情况。 (陈晓旭)

国家督导组核查虹口区“创建全国中小学校责任督学挂牌督导创新区”工作

【在“新沪杯”市中学生宪法知识竞赛决赛中获奖】 12 月 8 日，由市教卫工作党委、市教委、市司法局和市法宣办联合举办的“新沪杯”上海市中学生宪法知识竞赛决赛暨闭幕式在上海图书馆报告厅举行。全市共有 1300 多所学校组队参与活动，122 支代表队进入复赛，20 支代表队进入决赛。虹口区民办新复兴初级中学获初中组冠军，虹口区等 7 家单位获优秀组织奖。 (陈晓旭)

附:区教育局驻地及负责人

(2018年1—12月)

地址:天宝路1058号
邮编:200092
电话:65758796

区委分管常委:高　香

区政府分管副区长:高　香(兼)

区教育局党工委书记:黄丽芳
副书记:蔡正茂(兼)、陈　薇

区教育局局长:蔡正茂
副局长:冯永林、孙　磊、吴余洁、李　琰

杨　浦　区

【2018年概况】 全区有各级各类学校(教育机构)199所,其中高中19所(民办3所、职校2所)、初中36所(民办7所、特殊教育2所)、小学44所(民办2所、特殊教育1所)、幼儿园托儿所87所(民办23所)、成人教育2所、其他教育单位11所。在校学生97156人(高中生10627人、初中生20507人、小学生37905人、在园幼儿26777人、特殊教育学生266人、中等职业学校学生1074人),托儿所幼儿156人。在编教职工10711人,其中,专任教师8422人。

全面贯彻落实党的十九大、全国教育大会及市第十一次党代会精神,围绕上海教育改革重点任务,聚焦杨浦教育事业"十三五"规划、整体教育综合改革、基础教育创新试验区建设的目标任务,全面推进区域基础教育公平、科学、优质发展。在上海市教学成果奖评选中,共计33项教育教学成果获奖,占全市获奖总数的9.2%,其中特等奖2个、一等奖21个、二等奖10个,特等奖、一等奖总数全市第一;在国家教学成果奖评选中,复旦大学附属中学、同济大学第一附属中学、杨浦职业技术学校、区少年宫4家单位的项目成果获二等奖。杨浦区在全市率先实施高中体育课改全覆盖,成为"全国中小学校责任督学挂牌督导创新区"、市"学生体育综合素养"整体试验区。

落实立德树人的根本任务。加强未成年人思想道德建设,推广用好"向上的力量"区本读本,弘扬社会主义核心价值观。组织发动全区60%以上的小学生家庭参与优秀童谣传唱。"和您在一起"孝亲敬老主题教育活动获上海市未成年人修身十佳特色案例,10名学生分别被评为市中小学生十佳美德少年、市中小学生百优美德少年,1名教师获市十佳班主任,4名教师获市优秀班主任。构建区域生命教育"一体化"体系,新建3个校外实践联合研训基地,基地总数增至10个;新增试点学校22所,试点校总数增至88所。完善跨学段、一体化的生命教育特色课程群,出版《安全技能宝典》《情绪智力》2本教材。《生命教育区域一体化为学生奠基终生》获全国中小学德育工作优秀案例。扩大心理健康教育受益面,受益人数达5000多人。推进家庭教育指导工作,14所学校被评为上海市第二届家庭教育示范校,建设杨浦区家庭教育研究与指导中心,创建"杨浦爱家学堂"微信公众号。

促进青少年全面发展。推进学生阳光体育运动,扩大中小学体育课程改革试点范围,新增9所试点校;全区100%小学增加1节体育课。继续推进全国校园足球试点区和青少年校园足球"满天星"训练营建设,成功承办2018年第四届中国(上海)国际青少年校园足球邀请赛(分站赛)和闭幕式。推进美育改革,戏剧、舞蹈、影视等多种科目进校园、进课堂、进教材。全年承办国家(国际)、市、区群文活动20多项,吸引1.5万余名学生参与。整合文教资源,促进民乐、合唱、舞蹈等艺术联盟体建设。民乐团和管弦乐团参加市青少年特色乐队比赛和“中华号角—全国第十二届优秀管乐团队(交响)展演”,获一等奖和示范乐团荣誉称号。推进指向学生创新素养培育的机制建设,加强区域创新实验室联合运作体系建设,建设市、区级创新实验室50个,“双进入”高校增至19所,编写《区域创新实验室建设指南三——课程篇》,开展创新实验室课程建设研讨,开发建设“童创空间”慕课平台。在第三十三届全国青少年科技创新大赛中,获2个一等奖、1个二等奖、4个三等奖;8人获市青少年“明日科技之星”称号,4人获“明日科技之星提名奖”,4人获“科技希望之星”。学生赵思颖入选全国新时代好少年。

提升教育优质均衡水平。学前教育:规范托育服务,制定并实施《杨浦区推进区域3岁以下幼儿托育服务工作的实施方案》,建立区托幼工作联席会议制度,完成托育管理体制改革,推进3岁以下幼儿托育服务工作。集团化办学延伸至学前教育,组建8个学前教育集团,集团总数达到11个。5所一级园完成市复审评估,2所幼儿园被评为家门口好幼儿园。围绕队伍建设和课堂实践,组织8场学前优质活动展示。义务教育:持续深化“集团化办学”与“新优质学校集群发展”,成立上海市集团化办学研究中心,开展集团化办学理论研究。制定实施《关于进一步加强教育集团内师资队伍建设的实施意见》,加大教师柔性流动力度。以集团为单位全面实施教师招聘、培训和流动三位一体的“蓄水池”计划,13个集团教师流动达249人,其中骨干教师78人。扩充区新优质学校数量,总量增至37所,启动特色优质民办初中整体托管公办初中实践探索。创建“杨浦区新优质集群发展”微信公众号。启动实施初中强校工程,制定《杨浦区公办初中强校工程的实施方案》,召开启动大会,成立指导团队,7所初中实验校在初高中贯通、托管结对、底部抬高薄弱校等方面试点探索。召开小学、初中课程与教学改革工作会议,开展义务教育学校课程计划的审核与备案。启动新一轮特殊教育三年行动计划。制定《杨浦区关于规范公共资源参与举办义务教育阶段民办学校试点工作方案》,稳步推进试点工作。高中教育:召开高中课程与教学改革工作会议,实施第三轮高中创新驱动特色发展项目。上海理工大学附属中学、上海体育学院附属中学完成市级特色普通高中初评和复评。职业教育:创新人才培养模式,杨浦职业技术学校与上海工程技术大学汽车服务工程专业实现中本贯通,与机床厂签订校企合作协议。杨浦职教集团完成集团三年总结,牵头举办工匠精神培育系列活动;在第四十五届世界技能大赛全国选拔赛(上海赛区)中,杨浦职业技术学校学生徐澳门总分排名第一,入选国家集训队。

推进招生考试改革。落实义务教育公民办学校同步招生,各学段招生规范平稳。中考改革稳步启动,召开上海中考改革背景下杨浦初中教育思与行系列研讨,成立8个“攻关研究小组”,参与学校30所,形成区域初中“攻关研究共同体”。继续深化高考改革,市综改重点推进项目“高中走班制教学模式探索的研究”结题,形成研究报告、区域走班教学指导意见以及学校案例汇编等系列成果,深化生涯辅导校本化研究。

优化教育资源布局配置。“十三五”基础建设竣工、开工3个。改建、新建学生剧院项目27个、室内体育馆16个、创新实验室34个、安全体验教室21个。无线网络全覆盖,无线网络维护升级10所,改造互动式多媒体教室180间,更新教师移动终端设备1125台,提升信息安全应用系统至3级。

加强教师队伍建设。落实绩效激励,加强区域统筹,设立杨浦教育改革发展专项资金,保障重点改革任务推进;加强对区域内学校绩效工资分配全过程指导、管理和检查,实施学校绩效工资工作督导评估,促进学校建立科学合理的分配机制。加强师德师风建设,在教师岗位聘用、职务晋升、评优奖励、绩效奖励等工作中实行师德师风“一票否决制”。配齐配足各类教师,高级教师配置达标,小学每校1人,中学达5%,骨干教师比例达14.2%,3位特级教师实行流动。完善教育高端人才培养梯次,形成市特级教师、区学科领衔人、区学科带头人、区骨干教师、区骨干后备人选、区教育教学新秀等六个人才培养梯次,完善管理办法和奖励方案。遴选出第五届区学科名教师等各类教育人才1154人,占教师总量15.8%。5人入选市“双名”工程“高峰计划”,10人入选“攻关计划”,7人入选“攻关计划”名校长后备人选，111人入选“攻关计划”名师后备人选。新增4名正高级教师和7名特级校长。教师于漪获国家“改革先锋”奖章、上海市“教育事业杰出贡献奖”，本溪路幼儿园应彩云获全国教书育人楷模称号，杨浦职业技术学校校长卞建鸿入选上海市教育功臣。控江中学教师王伟叶获2018年上海市“四有”好教师（教师育人楷模）提名。（李池峰）

【上海市集团化办学研究中心成立】 1月19日，杨浦区义务教育阶段集团化办学年度考核总结暨上海市集团化办学研究中心成立大会在打虎山路第一小学召开。会上，上海市集团化办学研究中心成立。会议通报2017年杨浦区义务教育集团考核情况。（李池峰）

【在各级创新大赛中获奖】 2017年12月23—24日，在第三十一届上海头脑奥林匹克创新大赛，杨浦区获7个一等奖、10个二等奖、12个三等奖，区少科站获优秀组织奖。2018年3月10—11日，第三十九届世界头脑奥林匹克中国区决赛在青岛市实验高级中学举行，杨浦区获得3个一等奖、7个二等奖、5个三等奖、1个特别奖和1个奥德赛天使奖。3月17日，在第三十三届上海市青少年科技创新大赛上，杨浦区参赛师生共获得青少年创新成果一等奖45个、二等奖129个、三等奖116个，以及青少年科技创意项目一等奖25个、二等奖52个、三等奖52个。（李池峰）

【践行“社会主义核心价值观”展演举行】 1月22日，“向上的力量”杨浦区师生践行“社会主义核心价值观”展演在上海音乐学院实验学校举行。杨浦区区委宣传部、区教育局、市教委德育处等相关领导出席。展演分“传播·温暖”“传递·力量”“传承·精神”3个篇章，10所学校的师生演绎了践行社会主义核心价值观的动人故事。活动现场为故事讲演比赛获奖师生颁奖。（李池峰）

【杨山巍团队表彰大会暨先进事迹报告会举行】 4月10日，杨山巍团队表彰大会暨先进事迹报告会在杨浦区举行。报告团成员由第四十四届技能大赛金牌获得者杨山巍和杨浦职业技术学校教师马波、翻译韩明、校长卞建鸿组成。表彰会上，为卞建鸿颁发“2017年上海市教书育人楷模提名奖”奖状，为马波颁发“杨浦区教育系统第四届‘感动校园’人物”奖状，市人力资源和社会保障局为杨山巍颁发上海户口和现金奖励。市总工会为杨山巍、杨浦职业技术学校、车身修理项目技术指导团队、车身修理项目国家集训基地后勤保障团队颁发“上海市五一劳动奖章”“上海市五一劳动奖状”“工人先锋号”铜牌。共青团上海市委为杨山巍颁发“上海市青年五四奖章”“上海市杰出青年岗位能手”，为马波颁发“上海市青年岗位能手”。杨浦职校师生代表、杨浦区初中师生代表等300余人参加报告会。会上，报告团成员多角度、多侧面地讲述杨山巍团队的先进事迹。（李池峰）

【两个幼儿园教育集团成立】 5月15日，杨浦学前教育集团化办园启动大会暨控江幼儿园教育集团成立大会、翔殷幼稚园教育集团成立大会先后在控江幼儿园、翔殷幼稚园举行。会上，宣布两个集团成立，并为两个学前教育集团的核心校、成员校授牌。（李池峰）

【教育部调研杨浦区校园足球工作】 5月22日，教育部副部长、全国青少年足球工作领导小组副组长田学军，教育部体卫艺司司长、全国青少年校园足球工作领导小组办公室主任王登峰等领导赴杨浦区调研青少年校园足球工作，考察了“满天星”训练营建设情况，观摩了训练营足球教学、训练课，听取了杨浦对校园足球工作的汇报，并对下阶段工作提出建议。（李池峰）

教育部副部长田学军调研杨浦区校园足球工作

【两项课题被教育部立为重点课题】 在“全国教育科学‘十三五’规划2018年度课题”评审中，杨浦区两项课题被教育部立为重点课题，分别是打虎山路第一小学的“提升教师职业幸福感的实践与研究”和上海理工大学附属小学的“教育均衡视角下的教师流动机制研究”。（李池峰）

【庆祝第三十四个教师节】 9月10日，杨浦区教育系统第三十四个教师节庆祝大会举行。大会以“砥砺前行四十载　教育奋进新时代”为主题，表彰了杨浦区第六届师德标兵和2018年市“十佳”、优秀班主任获得者。（李池峰）

【区教育学院举行60周年院庆】 10月18日，杨浦区教育学院举行建院60周年院庆系列活动之师干训专场——以德育德“促进教师育德意识和能力提升的区域培训课程建设”合作项目签约仪式。上海市师资培训中心、上海市教师发展协作联盟、杨浦区教育局就“促进教师育德意识和能力提升的区域培训课程建设”项目签约。11月28日，举行“深化新时期中小学课程与教学创新实践”暨庆祝建院60周年大会。会上，市教委教研室、华东师大课程与教学研究所、杨浦区教育局举行“新时期中小学课程与教学创新实践研究”项目签约仪式。（李池峰）

【区业余大学转型发展推进会举行】 11月18日，杨浦区业余大学转型发展推进会在世界路校区举行。推进会以“甲子芳华，转型奋进”为主题，通过“坚守”“转型”和“奋进”3个篇章展现学校的转型之路和办学成果。会后举办了“服务学习型社会建设与区办成人高校转型发展”论坛，并为“上海教育服务园区国际文化交流体验基地”揭牌。（李池峰）

附：区教育局驻地及负责人

（2018年1—12月）

地址：长岭路91号
邮编：200092
电话：65017733

区政府分管副区长：尼　冰

区教育局党工委书记：顾登妹
副书记：吴　巍

区教育局局长：邵志勇
副局长：吴　巍（兼）、朱伟峰、朱　萍

闵　行　区

【2018年概况】 全区有各级各类学校、教育机构358所，教师18251人，学生231004人。其中公办中小学107所（含特殊教育学校3所）、民办中小学39所、公办幼儿园73所、民办幼儿园112所、全日制中等职业学校2所、成教中心2所、社区学校14所、直属单位9家。有社会力量举办的非学历教育机构103所。有5所市实验性示范性高中、2所市示范性幼儿园。新开公办小学2所，新开公办、民办幼儿园3所。

全年教育经费拨款572265.41万元，比上年增长8.59%。义务教育经费拨款341874.88万元，比上年增长6.86%。年实际支出生均教育事业费：高中比上年增长18.41%，初中比上年增长10.07%，小学比上年增长8.77%，幼儿园比上年增长11.37%，特殊教育比上年增长15.64%，职校比上年增长13.24%，中专比上年增长40.54%。

课堂教学改进成效显著。在上海市基础教育教学成果评选中，有 29 个项目获奖，其中特等奖 4 项、一等奖 11 项，4 项成果获 2018 年基础教育国家级教学成果奖二等奖。参加上海市第六届学校教科研成果评选，有 13 项成果获奖。教育信息化品牌凸显。区教育管理精细化案例再次被评为全国教育管理信息化应用典型案例。被推选为教育部学习空间应用优秀区，成为上海市全国家园共育数字化实验区。七宝中学、田园外国语小学教育信息化应用案例入选全国基础教育信息化应用典型案例。汽轮小学等 9 所学校获教育部学习空间应用优秀学校。在全国优质录像课评比中，获得 10 个一等奖、48 个等第奖。在 2018 年新媒体新技术教学应用研讨会暨第十一届全国中小学创新课堂教学实践观摩活动中，有 59 名教师获奖，其中一等奖 5 名、二等奖 15 名。教师队伍成长迅速。入选上海市第四期“双名工程”攻关计划主持人 6 人，入选上海市第四期“双名工程”攻关计划名校长后备 8 人，入选上海市第四期“双名工程”攻关计划名师后备 14 人，入选第四期“上海市普教系统名校长名师培养工程”“种子计划”基地主持人 17 人。6 名教师通过 2018 年度上海市中小学正高级教师任职资格评审。41 名教师被评为区教育“领航人才”，859 名教师被评为区“骨干人才”。

2018 年，新开办 7 所中小学幼儿园，完成 3 所学校搬迁，城乡一体化建设的 10 个“一场一池一馆”项目全部开工，开工率达 100%。深入推进学区化集团化办学。新成立“华师大闵行基础教育集团”“上师大附中(闵行)教育集团”。成立 13 个学区并建立学区办公室。

推进中小学德育一体化工作。聚焦“扣好人生第一粒扣子”系列化活动，推进社会主义核心价值观与传统美德进校园。推进传统文化“一区一品”“一校一品”培育工作，举办“非遗进校园”展示活动。完成闵行区高中学生志愿者、指导老师和实践基地评优工作。开展“我爱中华传统文化”“我游家乡美丽小镇”“我爱生态环境美”等主题研学旅行活动。完成新一轮行规示范校评审，评选出市级行规示范校 37 个、区级行规示范校 49 个。获评心理达标校共 114 个、市家庭教育示范校 24 所。“四结合一体化”成效显著。全年共组织 27 项区级阳光体育大联赛，2018 年被教育部评为全国校园足球试点区，连续三年获中国上海国际青少年校园足球邀请赛优秀组织奖。举办“阳光下成长”闵行区第十三届学生艺术节。在全国第十三届未来工程师博览与竞赛中，闵行区青少年代表队获一等奖 1 项、二等奖 5 项、三等奖 4 项。参加市青少年“明日科技之星”共 8 个项目比赛，10 名学生获“明日科技之星”称号。在第三十三届上海市青少年科技创新大赛终评中，师生共获一等奖 102 项、二等奖 229 项，七宝中学获 46 个一等奖。参加《国家学生体质健康标准》测试，全区中小学生体质健康综合评价优秀率及格率高于全市 6.2 个百分点和 1.2 个百分点。推动区域优质课程建设。课程分享平台“闵智学堂”上线，汇集 124 门教师培训课程，700 门学生课程。区域特色 STEM 课程、WAP 课程、“健康与幸福”、PATHS 课程、“外教进课堂”持续推广并实施校本化。实施师德师风提升工程。组织开展闵行区庆祝第三十四个教师节主题活动。组织 7000 余名见习教师、骨干教师、后备干部参与“师德素养”培训。以“修身立学，以德育人”为主题，组织了闵行区第三届教育学术节。开展各类师德先进典型评选活动，22 位教师获“2018 年闵行区中小学金奖班主任”，119 位教师获“2018 年闵行区中小学优秀班主任”。推进 0—3 岁托育服务。在 66 所幼儿园中开设 99 个托班，满足 1980 名幼儿的入托需求。全区 14 个街镇共设点布局 19 家非营利性托育机构。建构“互联网＋托育”服务体系，完成 0—3 岁早教指导服务及活动培训 13.6 万人次。促进学前教育优质发展。推动优质幼儿园创建，2 所幼儿园评为区示范幼儿园，2 所幼儿园评为上海市一级幼儿园，4 所幼儿园通过上海市一级幼儿园复验，9 所民办一级幼儿园入选“上海市第三轮优质幼儿园创建”。搭建交流展示平台，开展“第四届闵行区幼儿园优秀自制玩教具评选活动”。组织“闵行区第一轮幼儿园特色课程基地展示活动”，全区 284 所幼儿园共 1067 名园长与教师参与展示活动。全区对 0—3 年教龄幼儿园教师开展“闵行区职初教师技能大赛”,459 名教师参赛,156 名教师获奖。其中特等奖 15 名,一等奖 20 名。组织第三届幼儿舞林大会、第三届“宝宝舌尖上的美食”活动、“2018年闵行区幼儿自行车趣味赛”以及“经典儿童剧进幼儿园”活动。促进义务教育优质均衡发展。4月,《让每一所学校都走向优质——闵行区深化“新优质学校”创建》被评为 2017 年度上海市教育综合改革典型案例。小学全面实施“基于标准的课程与教学”改革,实施零起点、等第制、绿色指标与表现性评价。启动“初中强校”工程,制定发布《闵行区“初中强校工程”实施方案》。推选 11 所市级实验校,结合“双名工程”和“新中考改革”,制定并完善“初中强校工程”实验校管理团队研修班培训方案。落实“城乡学校携手共进计划”,精准委托管理学校 2 所,结对互助成长项目学校 3 所。推动新一轮新优质学校的集群发展项目,组建 5 个集群,办“家门口好学校”。加强特色高中创建。完成田园高中、华东理工大学附属闵行科技高中的整体搬迁,完成 2 所高中对接引入高校资源。完成 42 所创新实验室建设,高中创新实验室达到 100%,以配套课程支撑学校特色发展。试点使用“区域课程管理服务平台”进行排课走班。促进职业教育创新发展。中高职、中本贯通专业已达到 11 个。支持 89 家企业的 173 个培训项目,惠及 4166 名员工。在 2017 年上海市教学成果奖(职业教育)评选中,获特等奖 1 个、一等奖 1 个、二等奖 2 个,其中群益职校教学成果同时获国家教学成果一等奖。在 2018 年星光计划比赛中,闵行中职校学生获一等奖 6 个、二等奖 15 个、三等奖 19 个。在 2018 年全国职业院校技能比武中,参赛学生获 3 银 6 铜。促进特殊教育融合发展。完成新增 2 个特殊教育点的布局与配套建设,其中华漕金色幼儿园分园作为学前特殊教育点,纪王学校作为义务教育阶段特殊教育点。以全国教育科学规划课题“提升 3—15 岁听障儿童随班就读质量的区域支持系统研究”立项为契机,启动“全网络覆盖”的特殊教育体系建设。加强学习型社会建设。举办首届闵行区邻里中心“创课”大赛。推进百万在岗人员学力提升计划,培训 27160 多人次。举办第二届上海市民诵读节暨第五届“读书·最美”活动,完成上海市街镇社区学校标准化建设和内涵建设,13 个街镇完成标准化建设,6 个街镇完成内涵建设。建设第三批闵行区终身教育社会学习点(老年教育社会学习点)、闵行区未成年人校外教育基地,完成 26 个社会学习点的考核评估和授牌工作。加强民办教育分类管理。率先推进民办培训机构审批的“一窗通办”“一网通办”工作。在全市率先完成校外培训机构清理整顿、规范管理,完成线上 230 家培训机构模拟申报信息审核,完成 21 家经营性培训公司许可证的补办、补领。联合市场局各街镇排摸校外培训机构 217 家,整治非法办学机构 135 家。

完成幼儿园招生报名工作,确保符合政策条件适龄幼儿有序入园,共完成 20956 名幼儿招录。平稳应对义务教育阶段幼升小公办民办同步招生及中考改革方案,公办小学招录 15164 人、公办初中招录 11639 人。高中学校完成市教委招生计划数,共招收 4705 名学生。加强师资队伍保障。完成 2018 年 826 名新教师招录进编,启动 2019 年 355 名教师的招聘工作。完成全年岗位设置、聘任调整和工资审核,其中岗位微调人员、职务晋升和复评人员、新招录教师约近 2900 人。助力教师专业成长,86 名教师通过高级教师评审,592 名教师通过一级教师评审。兑现 41 名领航人才、859 名骨干人才、199 名储备人才奖励基金共计 2522 万元。完善干部队伍梯队建设。实施第二届“教育家培育工程”项目暨闵行区教育系统“领航人才”培养计划,开展第五期中小学校长培训基地和第二期幼儿园园长基地培训。举办开展 2018 年新任校(园)长师徒结对与培训,完成 54 名“援疆”教师和 6 名“援滇”教师的选派工作。深化各级各类学校督导评估。完善“三级四类”教育评价体系,推进基于“大数据”的督导系统建设,加强责任督学挂牌督导,提升“全国中小学挂牌督导创新区”品质。完成 27 所公民办中小学、幼儿园及校外教育学校综合督导。完成规范办学、校园欺凌、少先队工作、食品安全、民办幼儿园规范办园和 20 所民办学校招生等专项督导,完成 174 所(次)学校发展规划实施的指导与评估。基于教育信息化提高督导评价实效性,完成

2017 学年全区中小幼办学绩效评价，实施学区化集团化办学诊断性评估，开展 2018 年闵行区社会对教育满意度调研。举办“长三角基于大数据的区域教育评价变革论坛”。深入推进依法治教。启动“依法治校创建”活动，29 所学校（幼儿园）通过“上海市依法治校示范校”、39 所学校（幼儿园）通过“上海市依法治校标准校”的创建工作。协同区检察院继续稳步推进“法治进校园”巡讲活动。开展宪法宣传教育，落实“法治进校园”等各类宣传活动，切实提高广大学生学法、知法、用法、守法意识与法治素养。青少年毒品预防教育“6·27”工程稳步推进，建成北桥中学禁毒教育科普馆一期。推动“平安校园”建设。完成全区所有公办学校、幼儿园，每校（园）16 路重点部位视频监控点，共计 4544 个监控点同时接入全球眼平台，实现市、区、校三级安全监控平台的视频监控共享互通。共完成中小学安全体验教室 37 个，新建安全体验场馆 2 家。强化食品安全管理，不断完善“放心学校食堂”和“明厨亮灶”的建设。组织近 13.5 万名学生收看“全国中小学生安全教育日”专题节目。组织全区中小幼组织火灾、地震、暴恐等各类逃生避险演练 1500 多场次。加强未成年人保护工作。对义务教育阶段低保收入家庭学生资助资金 243.57 万元，提供农村家庭营养午餐保障资金 1901 万元，受益学生总人数 19461 人次。建立中小学校园欺凌干预处置工作机制，切实做好未成年人维权、关爱、帮教工作，开展“春天的蒲公英”等各类未成年人保护宣传活动。（闵　雯）

【对区青少年活动中心开展综合督导】 为实现对各级各类学校的督导评估，建立督学工作长效机制，闵行区政府教育督导室在实施学校教育综合督导评估的基础上，积极探索校外教育督导评估方式，于 3 月 16—17 日，组织开展对区青少年活动中心的办学水平综合督导工作。（周旻琪）

【举行上海教育督导第三联合体督学沙龙活动】 上海教育督导第三联合体督学沙龙活动于 5 月 8 日举行，上海教育督导第三联合体（成员为长宁区、静安区、闵行区、青浦区 4 个区）80 多名责任督学参加，主题为“问题驱动，服务改进”。闵行区作题为“增强问题意识、服务学校改进”的微报告，要求责任督学要提高思想认识，规范督导流程，注意方式方法，守住底线，坚持“问题导向”，针对存在问题开好“药方”，当好学校发展的“保健医生”。教育督导联合体中的四区代表围绕沙龙主题，结合自己的工作实践案例，谈责任督学工作中的所思所想和实践体会。（周旻琪）

【召开 2018 年区教育督导工作会议】 闵行区政府于 12 月 29 日召开 2018 年区教育督导工作会议。市政府教育督导室领导、闵行区副区长、区教育局局长、区教育督导委员会各成员单位（区各委办局）代表等共计 260 余人参会。会议围绕“区域推进优质均衡发展，努力办高质量教育”主题，总结区教育督导委员会成立以来的工作，动员全区力量协同推进闵行教育事业新发展。会上，为闵行区“全国中小学校责任督学挂牌督导创新区”授牌。（周旻琪）

【获多项教育教学科研成果奖】 全区共有 25 项成果获基础教育教学成果奖。其中，启英幼儿园、文来高中、七宝中学的 3 项成果获特等奖，平南小学、教育学院等学校的 11 项成果获一等奖，罗阳小学、闵行中学等学校的 11 项成果获二等奖。启英幼儿园、平南小学、文来高中、七宝中学申报的 4 项成果获国家级成果二等奖。组织参加上海市第六届学校教科研成果的评选。全区共有 13 个成果获奖。其中区教育学院的“区域推进数字化学习方式变革的实践研究”获一等奖，维多利亚古美幼儿园等的 6 个成果获二等奖，明强小学等的 6 个成果获三等奖。（何永红）

【多个科研项目立项与结题】 持续推进国家社会科学基金项目“基于学习分析技术的中小学学业质量评价研究（BHA140111）”的研究。完成 11 个子项目的结题论证，完成学校案例的研制；确立结题方案，完成成果框架设计。继续开展教育部重点项目《提升 3—15 岁听障儿童随班就读质量的区域支持系统研究》(DHA170343)的研究,完成听障儿童的医学前测,启动实验校的个案研究。持续推动教育部重点项目《重建教育场景:幼儿园个性化教育的实践研究》(DHA170394)的实践研究。完成2019年度上海市教育科学研究项目的申报。七宝中心幼儿园的、梅陇镇中心幼儿园、华坪小学、田园外语实验小学、莘松小学、莘松中学、闵行区教育学院等9个项目获批立项。科研中心与教研中心合作,完成上海市教委教研室委托项目《基于标准的小学中高年级等第制评价》。完成2018年度市级青年课题的申报,梅陇镇中心幼儿园等的9个项目获批立项;完成2018年度市级青年课题的结题工作,其中,3项成果获二等奖。组织完成2018年度区级三类课题的过程管理。经过评审和审议,有385项课题通过评审。完成第九届区级教师教学小课题的成果鉴定和第十届小课题的申报。完成2018年度区级教育科学研究项目和青年教师教育教学研究课题的结题鉴定,结题鉴定优秀课题成果汇编成册《探路》。 (何永红)

【召开长三角基于大数据的区域教育评价变革论坛】 10月25—26日,由上海市教委、上海市人民政府教育督导室指导,闵行区教育局主办的"长三角基于大数据的区域教育评价变革论坛"召开。开幕式上,上海市教委、闵行区政府,以及上海市教育学会等领导出席。长三角三省一市及上海闵行、南京、苏州、杭州、宁波、温州、台州、合肥、安庆等9个地区,以及部分其他省市的教育行政领导、专家学者、校长教师500余人参会。论坛以"教育评价变革"为主题。会后,参加论坛的长三角9个地区教育行政领导共同发表了《长三角基于大数据的区域教育评价变革论坛(上海闵行)行动宣言》。 (韩金环)

【对教育人才进行专项奖励】 为深入实施科教兴区战略,提升闵行教育的核心竞争力,2017年闵行区委区政府出台《闵行区关于加强教育人才引进和使用工作的试行办法》通知,建立教育人才奖励专项,进一步加强教育人才引进和使用。2018年,区教育局配套出台教育人才政策相关实施细则,对教育人才进行奖励。经申报、认定和公示等流程,共有41名领航人才、859名骨干人才、199名储备人才和26名柔性引进人才获专项奖励,为闵行区加强教师队伍建设、鼓励教师专业提升,发挥了导向作用。 (汪　炜)

【赴新疆、云南等地支教】 2018年,闵行区选派45名中小学教师,赴新疆喀什地区泽普县泽普二小、泽普二中、泽普四中、泽普六中等学校,开展为期一年半的支教活动。加上赴泽普五中参与第九批援疆专技干部中期轮换的9名教师和之前已经在泽普工作的2人,2018年闵行区教育系统共派出56人赴泽普工作。12月,闵行区教育系统还择优选派6位教师,赴云南香格里拉、保山等地支教。 (汪　炜)

【成立托育服务指导中心】 5月,闵行区作为上海市0—3岁托育工作首批试点区,成立闵行区托育服务指导中心。6月,颁布《闵行区人民政府关于推进本区3岁以下幼儿托育服务工作的若干意见》文件,按照"政府引导、家庭为主、多方参与"的总体思路,科学构建闵行区托育服务体系,以满足人民群众迫切的托育服务需求。 (袁　溪)

【举行"新优质学校"集群发展中期推进活动】 5月29日下午,以"中考改革背景下,以课程品质支撑学生核心素养发展"为主题的"新优质学校"集群发展中期推进活动在梅陇中学举行。活动以项目展板、课程教学展示、现场校长论坛等形式展示区域新优质工作发展机制、推进路径和阶段性工作成果。 (金　秀)

【闵行区"初中强校工程"启动】 9月,发布《闵行区"初中强校工程"实施方案》及4个配套文件。颛桥中学等11所初中成为市级"强校工程"项目实验校。截至2018年底,完成实验校"名校长名师""种子计划"人选配备、"一校一规划"撰写、"一校一团队"专家配备,启动校园空间育人提升计划、中考改革背景下教师课程力提升计划。实验校管理团队研修班12月开班。 (金　秀)

【《闵行区特殊教育三年行动计划(2018—2020年)》发布】 11月,区政府办公室发布《闵行区特殊教育三年行动计划(2018—2020年)》,正式将特殊教育事业发展纳入区教育事业发展规划,将行动计划纳入各职能部门议事日程和年度工作目标,确保目标任务有效落实,形成全社会共同关心特殊教育事业发展的氛围。 (陈 瑾)

【培育和践行社会主义核心价值观系列活动】 3月开展"学雷锋志愿服务月"系列活动,展现"学雷锋"志愿服务常态化、制度化建设经验。9月开展"向国旗敬礼"活动,区少年修身导师牵手闵行中小学生学《国旗法》《国歌法》,开展网上"向国旗敬礼"活动,共计273615人次参与线上向国旗敬礼,征集国旗下寄语65137条。10月,完成"美德少年"(新时代好少年)评选,1名学生获市"美德少年"称号,11名学生获市"百优少年"称号,151名学生获区"美德少年"称号。11月,开展"劳动美"优秀案例征集和"劳动小能手"评选活动,评选出76篇优秀案例和110名劳动小能手。通过系列活动,引导未成年人在道德实践中实践中坚定信念,提升素养。 (张美琴)

【开展家校社区"三结合"教育工作推进活动】 5月,开展以"你好,十四岁"为主题的家校联动主题活动,34所初中学校200多个家庭参加。完成"家书"编辑,通过分享和传播正确的家庭教育理念,提升广大家长自身的家庭教育素养,为青少年健康成长创造良好的家庭育人环境,提升学校的办学内涵。家庭、学校、社区三位一体的共同培育,为青少年建设全方位的健康成长空间。 (张美琴)

【开展2018主题暑期活动】 2018暑期主题为"缤纷暑期乐成长,新时代好少年展风采",围绕"红色文化、修身文明、实践探访、绿色生活"4个系列,开展11项主题研学活动、14个街镇的45项主题教育实践活动,开设12项暑期艺术科技类实践体验课程、19个学校少年宫的100门开放课程。闵行区连续3年获上海市暑期工作优秀组织奖,4个项目获市级优秀项目奖。 (张美琴)

【体育艺术领域教师专业技能展示与评选获奖】 6月10日,参加由上海市教委体卫艺科、教研室联合主办的上海市体育艺术领域教师专业技能展示与评选活动之《体育与健身》学科专场比赛,5名教师获个人一等奖,团体总分名列榜首。 (王 琼)

【入选全国青少年校园足球试点区】 9月10日,教育部发布《教育部关于公布2018年全国青少年校园足球特色学校、试点县(区)和"满天星"训练营遴选结果名单的通知》,闵行区入选2018年全国青少年校园足球试点区、2018年全国青少年校园足球"满天星"训练营,区内4所中小学入选2018年全国青少年校园足球特色学校。 (王 琼)

【在第十五届上海教育博览会上展示"闵行美育"】 4月16—18日,第十五届上海教育博览会在上海展览中心举行。闵行区展台从多元团队、机制创新、平台搭建、特色学校等方面,系统地展示"闵行美育"的总体风貌和主要成果。12所学校风格各异的美术特色课程在互动体验区,有"舞向未来"课程体验、电声乐队表演与互动、上海传统音乐文化经典歌曲、戏曲、说唱等。 (史 虹)

【区第十三届学生艺术节举行】 以"阳光下成长"为主题的闵行区第十三届学生艺术节历时9个月,共有书画、器乐、戏剧、舞蹈、艺术单项5大系列的10余场比赛与展示,吸引180多所中小学的1.5万多名学生参与。部分优秀节目参加全国第六届中小学生艺术展演上海市活动,集中展现闵行区两年来的艺术教育成果。 (史 虹)

闵行区第十三届学生艺术节举行

【2016—2018区科技教育特色示范校、科技特色校评选】 9—11月，区教育局、区科委组织开展2016—2018闵行区科技教育特色示范学校、科技教育特色学校评审工作。通过学校自主申报、汇报答辩、实地走访，经评审委员会审核，16所学校被评为2016—2018闵行区科技教育特色示范学校，52所学校被评为2016—2018闵行区科技教育特色学校。通过评审，发挥区级科技教育特色学校的示范与辐射，推动闵行区学生科技创新教育的发展。

（史　虹）

【在第三十九届世界头脑奥林匹克中国区决赛获奖】 第三十九届世界头脑奥林匹克中国区决赛于2018年3月10—11日在青岛市实验高级中学闭幕。闵行区华漕学校获“古典……演绎经典的伪纪录片！”初中组冠军；平南小学获“星际大本营”小学组冠军。金汇实验学校获“古典……演绎经典的伪纪录片！”小学组一等奖（季军）。七宝实验小学、星河湾双语学校获二等奖。平南小学获花车巡游特别奖，七宝实验小学获“富斯卡创造力奖”。（史　虹）

【参加第三十三届全国青少年科技创新大赛获奖】 8月14—20日，由中国科协、教育部、科技部等10家单位主办的第三十三届全国青少年科技创新大赛在重庆举办。闵行区学生在青少年科技创新项目中，获一等奖1项、二等奖1项、专项奖1项。其中，七宝中学学生何洋的“荧光量子点制备及其用于调制白光LED的研究”获一等奖，并获“高士奇科普奖”专项奖，七宝中学学生黄梓悦获大赛二等奖。在科技辅导员项目中，闵行区青少年活动中心喻承、航华第二中学查国庆，分别获二等奖。在科技创意项目中，古美学校学生厉凌菲获“创意之星”奖。（史　虹）

【推进学校少年宫建设】 以“融合、创新、数字化”为目标引领，制定《2018年闵行区推进学校少年宫建设实施方案》。完善学校少年宫评审考核机制，新增5所学校少年宫，创建上海市示范性学校少年宫1所，评选区优秀学校少年宫10所、优秀品牌项目26项、优秀指导教师39名、优秀志愿者35名。参加“创新，融合，发展”长三角地区未成年人思想道德建设与新时代城乡一体化学校少年宫论坛。

（张佩红）

【首届邻里中心“创课”大赛举行】 首届闵行区邻里中心“创课”大赛是一项鼓励高校教育力量投入社区建设的创意行动。围绕居民生活相关的主题，以学生、社区教师、居民三方组成“战队”，在闵行区邻里中心开展创课大赛，通过调研、培训、课程设计等环节，为居民设计一门好课，丰富社区课程资源，满足居民多样化学习需求，以学促邻里，以学促凝聚，以学促和谐。上海交通大学、复旦大学、华东师范大学等12所高校、100余个专业的690名大学生组成271支赛队，在127名社区教育教师的指导下历时8个月，到14个街镇58家邻里中心，问需于民，经过深入调研与178次试讲，覆盖居民2670人，打磨出89门课程。其中，36门课程获评优秀课程，10门课获评精品课程。优秀课程配送到邻里中心。（隋　明、李丽娟）

【第五届“读书·最美”闵行区市民读书活动举办】 11月30日，闵行区政府、闵行区学习型社会建设与终身教育促进委员会办公室主办的“读书·最美”2018年闵行区第五届市民读书活动举行闭幕式。上海市语委办、上海市教委终身教育处、上海市学习型社会建设服务指导中心办公室、上海市成教协会、上海市老年教育小组办公室、上海市朗诵协会的领导，上海市各区学习办、各区社区学院分管领导，及闵行区政府各委办局、14个街镇分管领导、社区学校教师代表、居民代表近500人参加了本次闭幕式。2018年第五届“读书·最美”闵行区市民读书活动通过打造“三美三好”项目，提高广大市民的综合素质和整体素养。（隋　明、李丽娟）

【第三批终身教育(老年教育)社会学习点建成】 经过推荐、遴选和专家组实地考核和集中汇报答辩，闵行区有23家单位、组织被区学习型社会建设与终身教育促进委员会办公室、区教育局授予第三批闵行区终身教育社会学习点(老年教育社会学习点)、挂牌未成年人校外教育基地。至2018年底，闵行区已建成96个终身教育社会学习点(老年教育社会学习

点)、未成年人校外教育基地。　（隋　明、李丽娟)

附:区教育局驻地及负责人

(2018年1—12月)

地址:七莘路400号

邮编:201199

电话:64881398　64983660＊分机

区委分管常委:刘世军

区政府分管副区长:杨德妹

区教育局党工委书记:朱雪平

副书记:恽敏霞(兼)、李光华

区教育局局长:恽敏霞

副局长:李啸瑜、朱震宇、马秀明、乔慧芳

宝　山　区

【2018年概况】 全区有各级各类学校(教育机构)327所,其中,公办中小学119所(含特殊教育学校1所、工读学校1所),民办中小学19所,公办幼儿园100所,民办幼儿园67所,中等职业学校4所,成教机构5所,其他教育机构13所。在校学生172604人,教师13308人,全年新开学校9所(不含分校、分园)。

宝山教育贯彻落实党的十九大精神,全面深化教育综合改革,统筹实施"十三五"教育改革和发展规划,全面推进区教育事业的科学均衡发展。接受国家义务教育质量监测,承办"数学与人工智能"第六届全国数学科普论坛等国家级活动,参展第十五届市教博会,获第三十九届世界头脑奥林匹克亚军、第三十三届全国青少年科技创新大赛一等奖。

一、对接宝山品牌战略,做优做强宝山特色本土教育品牌,开展"重走行知路"主题活动,将宝山打造成陶行知教育创新实践区,加强陈伯吹教育集团内涵建设,开展"陈伯吹儿童文学创作大赛""中外名作家进校园"等系列活动。引进优质资源,与华东师范大学签署第三轮战略合作协议,体现宝山教育的繁荣与活力。落实大调研、督政迎检工作。着重解决一批有代表性的问题,提升区内百姓、师生对于教育工作的满意度和认同感。全区中小学生积极开展"创全"行动主题活动。扎实推进教育资源统筹发展,落实各项迎检任务,抓住工作重点,突破工作难点,确保各项迎督迎检工作顺利完成。深入推进招生考试改革。深化高考改革,启动实施中考改革,重点强化学生自主创新能力培养,提升初中到高中学生培育和评价的连贯性。

二、促进学前教育健康有序发展,制定《宝山区推进3岁以下婴幼儿托育服务工作实施意见》,完成《宝山区学前教育三年(2016—2018)行动计划》,做好市专项督导评估迎检工作,做好托幼教育未来发展规划。推进《宝山区幼小衔接课程实施》项目,成立由20所学校(幼儿园)组成的项目试验基地。促进义务教育学区化集团化发展,持续深化4个学区化5个集团化办学试点,涵盖67所义务教育阶段学校,惠及近7万名学生。促进强校工程顺利进行,确立宝山10所初中强校工程试点校,制定强校工程实施方案。促进高中特色多样发展,加快推进罗店中学、宝山中学、行知实验学校3所特色普通高中项目校实践研究,指导学校建设符合自身特色的学校课程体系,实现优质多样的整体布局。促进优质教育资源引进。与华师大签署"进一步深化基础教育领域办学合作协议",确保华二宝山实验学校等高起点开办。落实上海市教育信息化蓝皮书，加强学校教育信息化建设。

三、坚持立德树人，亮化“生活德育”品牌，形成红色爱国系列、蓝色公益系列、绿色生态系列、橙色创新系列“四色系”教育资源功能定位，和以“生活育德、礼仪规范、心育呵护、家校合作、生涯辅导、国际理解”为主题的六大系列核心课程功能圈。优化课程教学与教育科研。制定《宝山区教育科研三年行动计划》，加强“问题化学习”等科研成果的转化与推广。推进学校课程改革整体设计，探索研究性学习类课程开发，完成国家义务教育质量监测工作。上海市教学成果奖评选获特等奖2个、一等奖6个。在上海市中小学时事课堂教学展示评优活动中获一、二等奖。优化学生素养全面发展。推进上海市体育课程改革试点区工作，开展高中体育专项化建设。建立区青少年科技教育院士工作站和STEM+教育发展中心。深入推进“课程进场馆”项目，成立“艺术小名师”工作室。推动“非遗”“戏曲”进校园，命名15所区“戏曲进校园”活动基地学校、8所艺术名家冠名特色学校，成立宝山区戏曲共同体。罗店中心校等3所学校被评为全国中小学中华优秀文化艺术传承学校，行知实验中学等4校被认定为上海市非遗进校园优秀传习基地。

四、加强人才保障。实施《宝山区教育优秀人才激励办法(试行)》，表彰54位名校长、骨干校长，评选新一届骨干教师1033人，启动第五批干部带教基地，稳步实施乡村教师支持计划。区教育系统第八期中青年干部培训班结业。实施“1+5”专业(专项)能力提升计划。完成2018年援疆教师支持计划。加强资源配置保障。完成小天使幼儿园、青秀城幼儿园、美兰湖中学、上海外国语学校宝山实验学校的新建工程，至年底可实现14个学校场馆项目开工，建成图书馆、创新实验室、安全体验教室等教育装备79项。加强校园安全管理保障，推进学校放心食堂创建，加强卫生教师业务培训，提升学校传染病防控能力。协调相关职能部门开展学校及周边环境整治工作。（岳　强）

【教学与学科建设总结会召开】 1月16日，以“坚守教育情怀　提升专业品质”为主题的2017年度宝山区教学与学科建设总结表彰大会在区教育学院召开。市教委教研室副主任纪明泽、区教育局党委书记王岚、局长杨立红等出席，会上宣布2017年区教学与学科建设各项评比与竞赛项目的获奖名单，并为获奖教师及获奖单位代表颁发奖状和奖牌。（岳　强）

【首批艺术特色学校挂牌】 1月31日，“海上花开”宝山区首批艺术名家工作室成立仪式暨首批名家冠名艺术特色学校战略合作协议签约授牌仪式在龙现代艺术馆举行。昆剧艺术家谷好好、梅派大青衣史依弘、余派传人王珮瑜、主持人阎华等4位艺术名家工作室正式落户宝山，宝山实验学校、吴淞中学、庙行实验学校、罗南中心校、泗塘中学、鹿鸣学校、上大附中、上附实验学校等8所学校，成为首批以艺术名家冠名的宝山区艺术特色学校。（岳　强）

【特殊教育联席会议召开】 3月19日，为研究编制符合区域特点的新一轮特殊教育三年行动计划，宝山区召开特殊教育联席会议。区教育局、区发展改革委、区民政局、区财政局、区人力资源和社会保障局、区卫生局、区编办、区残联等成员单位领导出席会议。会上通报《宝山区特殊教育三年行动计划(2018—2020)》(征求意见稿)的制定情况。新一轮特殊教育三年行动计划，将着力完成“完善特殊教育体系，深化医教结合服务，推进融合教育，强化保障机制建设，提升特殊教育质量”五方面任务，积极构建“布局合理、学段衔接、普特融通、医教结合”的特殊教育体系，实现“融合教育常态化，特殊教育学校、班、点建设标准化，特殊教育服务优质化，特殊教育管理智能化”的目标。（岳　强）

【获世界头脑奥林匹克总决赛亚军】 5月23—26日，第三十九届世界头脑奥林匹克总决赛在美国艾奥瓦州立大学举行，14个国家和地区近900支队伍参赛。中国代表团共有52支参赛队，宝山区罗店中心校和二中心小学2支队伍随中国参赛团赴美参赛。经过激烈比拼，罗店中心校参赛队在“铁人三项之旅”项目中获亚军。（岳　强）

【行知特色品牌建设专题会召开】 6月12日，宝山区副区长陈筱洁就宝山教育行知特色品牌建设工作召开专题会。会议指出，陶行知是宝山教育的文化之根，宝山是陶行知教育思想的孕育土壤。宝山教育承载着厚重的行知办学历史和文化底蕴，在当前教育综改的背景下，要对标优质、均衡发展，切实打响陶行知品牌影响力。（岳　强）

【区政府与华东师范大学签署合作协议】 9月4日，宝山区政府与华东师范大学签署系列合作协议，双方以促进区域经济社会转型发展，提升大学服务国家战略为目标，以“优势互补、资源共享、项目推动、互利共赢”为原则，进一步深化教育、科技、文化、人力资源等领域合作，促进共同发展。（岳　强）

【新教师职业规范化培训班开班】 9月11日，新教师职业规范化培训班开班，600余名中小学（幼儿园）见习教师参加本轮培训。本次培训主要以“集中面授、分组实训”的形式进行，集中面授环节邀请专家做专题讲座；分组实训环节以培训感悟交流、学员才艺展示、拓展活动等形式展开。（岳　强）

【区教育学会召开换届大会】 宝山区教育学会2018年会员代表大会于10月29日召开，市教育学会、区教育局相关领导，第七届理事会成员和第八届理事会候选理事、监事，单位和个人会员代表共60余人出席。会议审议和通过第七届理事会工作报告、《宝山区教育学会章程》修订说明、《宝山区教育学会单位会员会费标准和管理办法》、第八届理事会理事、监事候选人产生情况说明等事项。区教育局局长杨立红当选新一届学会会长，大会同时选举产生第八届理事会理事、监事共30人。（岳　强）

【完成区政府依法履行教育责任综合督政】 11月7—9日，市教委、市政府教育督导室对宝山区依法履行教育职责开展为期3天的综合督政工作。上海市教委总督学平辉、督政组组长李瑞阳等40多位领导与专家参与综合督政自评会。宝山区委书记汪泓、区长范少军、副区长陈筱洁等参与会议。综合督政主要围绕城乡义务教育一体化发展、未成年人思想道德建设工作、语言文字工作3个方面开展。在3天督导中，督导组组织座谈197人次，实地走访29家单位，查阅各类资料1190卷，开展网上问卷调查40611份，了解宝山区教育发展的整体情况。（岳　强）

【区教育学院举行60周年院庆活动】 11月20日，主题为“教学做合一：陶行知教育思想的实践深化研究”的学院60周年院庆展示暨陶行知教育思想专项课题研究启动仪式在宝山区教育学院举行。宝山区教育局朱燕萍副局长、区教育学院曹红悦院长以及全区中小幼分管科研工作的校长、学校科研负责人以及有意致力于陶行知教育思想研究的教师们参加了活动。（岳　强）

【接受“全国中小学责任督学挂牌督导创新县（市、区）”实地核查】 11月21—22日，国务院教育督导委员会办公室和教育部督导局组织专家对宝山区创建“全国中小学校责任督学挂牌督导创新区”工作进行实地核查。督导组专家与区相关负责人进行了讨论交流，并详细查阅创建工作资料和教育督导网络系统。核查期间，专家组分别对行知中学、杨泰实验学校、同泰路小学进行实地核查，对3所学校的责任督学工作给予肯定，并对如何持续开展责任督学挂牌督导工作提出建议和意见。（岳　强）

宝山区接受“全国中小学责任督学挂牌督导创新县（市、区）”实地核查

【多人入选市教委第四期“双名工程”】 上海市教委公布第四期“上海市普教系统名校长名师培养工程”“攻关计划”后备人员名单。区直机关幼儿园蒋静入选第四期“双名工程”高峰计划，罗店中心校金志刚等10名校长入选“双名工程”攻关计划名校长后备人选，区实验小学苏华萍等56名教师入选“双

名工程"攻关计划名师后备人选。　　　（岳　强）

附:区教育局驻地及负责人

（2018年1—12月）

地址:宝杨路158号
邮编:201999
电话:66592769

区委分管副书记:周志军
区政府分管副区长:陈筱洁

区教育局党工委书记:王　岚
副书记:葛玉华

区教育局局长:杨立红
副局长:陆荣林、刘　政、朱燕萍、王普祥

嘉　定　区

【2018年概况】 全区共有教育机构200所,其中,高中8所、初中21所(民办2所)、九年一贯制学校13所(民办4所)、十二年一贯制民办学校2所;小学42所(民办随迁子女学校9所);幼儿园89所(含民办园13所、民办三级园17所);中职学校1所、特殊教育学校2所、成人教育学校13所,其他教育机构9所。在校学生12.25万人,教职员工1.3万人。嘉定教育以习近平新时代中国特色社会主义思想为指导,贯彻全国教育大会精神,紧紧围绕"打造创新活力之城,全力提升嘉定城市能级和核心竞争力"要求,持续落实教育综合改革任务,持续完善教育功能体系构建,持续提升区域教育公共服务品质,推动教育向更高质量优质均衡发展。

教育综合改革纵深推进。制定并启动教育综合改革"砺新计划",梳理项目学校举措与典型经验,形成人文与科技综改特色成果,评选2018年教育综合改革示范校,遴选2019年示范创建校。探索建立融合办学机制,挂牌教改基地学校,成立学校理事会,扩大办学自主权。深化教育信息化建设,制定教育信息化发展规划与2.0行动计划。召开加强初中建设大会,全面启动加强初中建设工作,分类施策,动态评估,12所学校成为市强校工程实验校,实施质量提升计划,启动初中学校正职校长研修共同体培训。学区化集团化办学实现全覆盖。按区域、办学特色相近原则,结合中考新政、高中推荐生制度变化所引起的公民办初中生源结构趋势,将华亭镇、徐行镇、外冈镇、真新街道等学校全部纳入学区或集团,形成包括新成立的真新教育集团在内的4个学区和6个教育集团,实现学区化集团化办学义务教育阶段学校全覆盖。城乡义务教育一体化建设扎实推进。新开办学校6所,以举办分校,引进优质资源等方式提升办学品质。有序开展"城乡携手共进计划",利用中心城区优质教育资源,促进7所精准委托管理项目学校、2所互助成长项目学校内驱力提升,逐步缩小城乡学校办学差距。建成小剧场15个、室内体育馆2个、室内游泳池1个、创新实验室15个、图书馆17个、安全教育共享中心18个,为公办中小学配置消防、逃生演练及紧急救护设备设施。接受市中小学创新实验室建设工作调研,举办市"城乡义务教育一体化建设"教育装备项目现场会。区域教育共建交互联动。实施第二轮新优质联盟组团式发展,39所学校从学校文化、师资发展、课程建设、课堂转型等方面增强自我更新能力,开展3年发展成效总结评审。贯彻长三角一体化战略,从基础教育创新与内涵发展、教育管理、课程与教学建设、家校合作等方面,通过专家引领、试点带动、区域辐射等路径,推进"嘉昆太温"四地教育合作交流,结成共建单位46

家。加大与云南楚雄、青海久治帮扶交流工作，16批次118人开展70余场次报告讲座与研讨，培训当地教师1439人，安排11名教师前往支教，培训来沪教师175人。各学段招生工作有序规范。制定嘉定区各学段招生实施意见，推行义务教育公办学校免试就近入学政策，规范义务教育阶段民办学校招生程序。联动区内相关职能部门、各街镇召开招生联席会议，及时做好招生工作媒体宣传。开展分层培训普及，科学统筹辖区内公办教育资源。2018年小学信息登记共1.2万人，小升初共0.7万余人。完善学前教育招生及民办幼儿园管理制度，构建学前招生信息平台，实施随迁子女积分管理招生暂行规定，强化幼儿园招生工作整体设计，公民办幼儿园总计招收幼儿逾1.3万人，基本满足常住人口幼儿入园需求。

立德树人任务有效落实。开展“爱嘉行动”，开发研学旅行课程。推动“幸福课程”实施，征集典型案例170个，举办专场展示。全学段推进“慧雅阅读”项目，促进教师指导学生阅读能力与素养以及学生阅读水平双提升。推进学校体育工作改革，初中体育多样化市级试点改革学校增至12所，全国足球特色学校增至20所；阳光体育蓬勃开展，市第十六届运动会获金牌50余枚，获评最快进步奖。学生体质健康合格率97%，学生体质健康水平市郊领先。青少年科创集散地正式运营，科技“擎”课程群初步构建。推进戏曲进校园、非遗进校园等文教结合工作，成立校园戏曲、戏剧、书法篆刻联盟。中高考改革要求对标落实。严格遵照市教委要求，做好《上海市进一步推进高中阶段学校考试招生制度改革实施意见》多轮次分类培训，实现“培训对象无死角”。开展初中理化生实验室专项调研，出台《嘉定区初中强校工程硬件设施保障计划》。开展高中学校选科走班模式调研，总结经验，调整策略，推进高中多样化、特色化发展。嘉定一中、二中接受市实验性示范性高中年审和市特色高中复评。承担高中历史教材试教试用任务。区域课程改革持续优化。深化品质教育研究，举办第二届品质教育学术节。加强“品质课程”顶层设计，成立课程研究中心，推进区域课程深度变革。对标上海市中小学学业质量绿色指标2.0版本，分类构建教育质量学校共同体，建立教学质量约谈制度，优化基于课程标准的教学与评价工作，在市中小学中青年教师教学评选活动中获一等奖2名，市中小学优秀单元作业、试卷案例征集评选活动获一等奖3个，获奖教师达44人次，嘉定区获奖总量和级别均为全市第一。教学调研方式持续改进。做好“基于课程标准的教学与评价”工作，开展课程教学调研和教学飞行调研。突出调研主题，实施分项调研，针对不同项目、不同类型学校，加强各类教研、科研、项目管理与推进资料整理。深入41所小学（含九年一贯制学校）开展两轮教学与评价督导，为每所学校提供专项工作改进建议，通过市教委督导室“基于课程标准的教学与评价”专项飞行督导。深入了解区域执行《3—6岁儿童学习与发展指南》情况，围绕艺术领域、科学领域、语言领域，听课50节，开展4项调研，撰写学科报告。学业质量体系逐步构建。立足小学、初中和高中不同学段，构建全面教育质量观指导下的基于大数据的分类别、差别化教学质量分析、预警和监控体系。布点学区或集团的学业质量动态监测平台。实施对接中考改革新政教育教学指导方案和跟进方案，形成中高考教学质量分析报告，梳理初高中教学质量提升隐患和学校质量管理重难点，提出对策与建议。

教育培训市场秩序不断规范。召开民办培训机构专项治理暨“规整行动”会议，建立市场准入、事中监管、综合治理长效机制，开展规范办学“回头看”整改工作。严格规范线上线下审核流程，会同相关部门及街镇，推动巡查发现、归口受理、分派协调，推进综合监管和联合执法。原有无办学资质机构204家，申报173家，审批通过30家，发布无证办学黑名单110家。涉及学科类备案的34家机构已全部完成备案。3岁以下幼儿托育服务工作平稳推进。召开区托幼工作联席会议，发布《嘉定区3岁以下幼儿托育服务工作方案》。成立区托育服务指导中心，汇编办事指南3册，逐步形成受理、服务、管理、培训与指导一体化工作模式，建成区第一家民办托育机构。开展婴幼儿家庭科学育儿指导与托育机构从业人员培训，科学育儿进社区大型公益宣传活动做到街镇全覆盖。职业教育转型持续深化。加强职教集团建设，新增斯凯孚（上海）汽车技术有限公司等5家企业加盟职教集团，拓展校企合作资源。制定“双师型”教师发展计划，依托行业企业高技能人才培养基地，研究形成人才双向聘用机制。与中高、中本贯通院校合作，优化人才培养体系，与国外大学开展专业合作，提升职业教育国际化水平。开展第十四届全民终身学习活动季，扩大老年教育覆盖面。民办学校规范化管理逐步夯实。贯彻落实国家和上海市民办教育最新政策，全区8所一类民办学校完成过渡期，选择并取得办学许可证的学校7所。开展民办学校绿色学业指标落实情况评估，加强过程指导和监督。桃李园实验学校、华东师大第二附属初级中学、嘉一联合中学申报市第三批民办特色项目学校创建。发挥民办教育协会行业指导作用，召开年会，表彰优秀教师62人、先进集体6个，完成第四届区民办教育协会换届选举工作。校园食品安全监管着力加强。完成新一轮学校食堂社会化管理工作，确保公正平稳，提升供餐企业服务水平和供餐品质；围绕《上海市食品安全条例》、“放心食堂”创建、“食品安全信息溯源追溯平台”实务操作等内容，加大对校园长、食品安全管理员、食品安全溯源系统操作人员以及各供餐企业的专题培训；实施《嘉定区教育系统学校食堂管理办法》，对学校、供餐企业的职责、权利进一步予以明确，提高监管效能。

教育督导机制不断完善。健全教育督导体制机制，召开区教育督导委员会扩大会议，聘任人民教育督察员和特约教育督导员10名。开展办学综合督导、专项督导，在全市率先形成成人学校综合督导评估指标体系，规范各级各类学校办学行为。完善学校办学绩效评估指标，建立“一依据、两限定”绩效评估体系，激发学校办学内在动力。制定创建国家义务教育优质均衡区县路线图与时间表，积极创建国家义务教育优质均衡区县。教师队伍建设不断深化。推动师德师风长效机制建设，探索建立师资补充机制，共招聘教师602人，创历史新高。开展暑期教师大培训，开设全员通识课程6门、学科本体知识课程48门、1+5专业能力课程22门、网络课程34门，32所学校承担培训点工作，共计培训学员5.6万人次。优化多层级教师专业发展路径，建立优秀教师培养储备库，现有双名工作室32个，新增特级校长3名。加强高端校长教师队伍培养。第四期市双名工程“攻关计划”主持人2人、学员29人，“种子计划”基地主持人14人、学员243人，提升校长教育管理专业能力。教育经费监管与审计不断强化。理顺教育财务管理体制，加强教育经费科学化、精细化管理，逐步形成多部门联合监督管理长效机制。加强公共教育财政支出预算规范化管理，加大财务公开力度，开展教育专项经费投入的绩效评估，提高教育经费使用效益。修订2018年各类教育生均公用经费定额标准。宣传工作品质不断升级。宣传贯彻党的十九大精神，推动习近平新时代中国特色社会主义思想进教材、进课堂、进头脑；积极推进学校文化建设，评选品牌学校；强化师德师风建设，开展首届十佳教改之星、教书育人模范、嘉定好人等评选活动，制定教师行为规范“十应十忌”，提升教师形象。开展普法教育，40所学校成功创建“上海市依法治校标准校”和“上海市依法治校示范校”。发挥“嘉定教育”微信号的舆论导向作用，全面、准确地宣传区教育方针和重大政策，扩大知情权。

（梁晓峰、唐伟东）

【第七届全国教育效能学术研讨会暨区“品质教育”改革现场会召开】 1月10—13日，由全国教育效能学术委员会主办，上海市教科院普教所和嘉定区教育局承办的第七届全国教育效能学术研讨会暨嘉定区“品质教育”改革现场会在嘉定举行。市教科院普教所与区教育局以“区域推进品质教育项目”为抓手，从规划研制、课程建设、课堂转型、师资培育、学校变革及学生评价等方面，进行理论架构和实践探索，开创市、区专业机构与区教育行政部门、区教育专业机构及一线学校合作研究的机制。项目组构建包含学校、家庭、学生3个层面21项指标的监测框架和测评体系，从品德水平、学业水平、身体素养、心理健康、学习素养等方面分析学生品质，从学校治理、学校课程、课堂教学、教师发展等方面分析影响因素，基于监测数据，每年发布《品质教育蓝皮书》。（汤　杰）

【成立区第二届教育咨询委员会】 1月21日，嘉定区第二届教育咨询委员会成立暨全体会议在区综合办公大楼举行。本届委员会共由31名专家学者组成，任期3年，将对嘉定区重大教育政策、重大改革事项等进行论证评议，提供决策咨询。区教育局在会上汇报了3年来嘉定教育综合改革的实绩与下阶段工作设想。（汤　杰）

【获第三十九届世界头脑奥林匹克比赛亚军】 5月25—26日，第三十九届世界头脑奥林匹克（简称OM）总决赛在美国艾奥瓦州立大学希尔顿体育馆举行，来自14个国家和地区的近900支队伍参赛。嘉定区南苑中学和戬浜学校分别以中国赛初中组结构题“动物之家”和车辆题“铁人三项之旅”第一的成绩，代表中国队参加OM世界总决赛。最终，南苑中学OM队获得结构题“动物之家”初中组世界亚军。（汤　杰）

【区教育学院教改基地学校揭牌】 4月7日，区教育学院教改基地学校（启良中学）揭牌。确立区教改基地学校，旨在聚焦初中教育质量提升，融合区教育学院资源优势，以启良中学为基地对接学院研训教工作，研究和实践中考改革重点项目，以点带面，不断优化区域性初中教育整体质量。这是嘉定融合办学的新试点，也是提升初中办学水平的新举措。（汤　杰）

【启动教育综合改革“砺新计划”】 4月9日，嘉定区教育综合改革“砺新计划”启动工作会议召开。砺，取“砥砺奋进”之意，在教育改革的大潮中经历磨炼，奋发前进；新，取“勇于创新”之意，在区教育综合改革5大方面30个重点项目基础上，不断对标、不断完善，推陈出新。启良中学、嘉一附小、安亭幼儿园、江桥成校交流落实“砺新计划”的工作举措。（汤　杰）

【与云南楚雄州学校帮扶结对】 5月9日，嘉定区与云南省楚雄州学校结对帮扶座谈会暨签约仪式在楚雄州教育局举行。嘉定区教育局将科学合理安排对口地区教师培训，创新教育帮扶工作思路，把教育帮扶工作重点聚焦在更新教育理念与提高教育质量上，为对口地区教育发展助力。（汤　杰）

【与昆山市、温州市签订教育合作协议】 5月20日，昆山·嘉定2018年家校合作论坛在昆山市振华实验小学举行。两地教育局领导、昆山市中小学校长和幼儿园园长、嘉定区中小学校代表等近300人出席论坛。昆山市教育局与嘉定区教育局代表双方签订教育合作框架协议，两地将在教育综合改革、品质教育建设、品质课程建设、家校合作等方面开展合作交流。10月9日，嘉定区教育局与温州市教育局签订《关于加快两地教育领域更高质量发展合作协议》。嘉定二中、江桥中学、实验小学、实验幼儿园分别与温州市第八高级中学、南浦实验中学、实验小学、第四幼儿园签订结对合作协议。通过专家引领、试点带动、信息化推进、区域辐射等途径，发挥优势互补，促进两地在基础教育创新与内涵发展、教育管理、课程与教学建设等方面开展合作与交流。（汤　杰）

【市教育系统社会主义核心价值观进校园推进会在嘉定区举行】 5月24日，市教育系统社会主义核心价值观进校园推进会在上外嘉定外国语学校举行。市教卫工作党委书记虞丽娟，区委书记、区长章曦，市文明办副主任宋慧，区委副书记周金林及市教卫工作党委、市教委相关处室领导，全市各区教育局党委（党工委）书记，各区教育学院领导，嘉定区各中小幼校园长（书记）、家长委员会代表、学生代表和共建单位代表等500余人参加推进会。推进会旨在总结党的十九大以来，上海教育系统在青少年学生中培育和践行社会主义核心价值观的实践经验，进一步推进传承弘扬社会主义核心价值观培育和践行。（汤　杰）

【教育部督察组督察区教育综合改革重点工作】 6月14日，教育部督察组到嘉定区开展教育改革重点工作督察，实地察看了迎园中学和徐行小学。督察组与校长、教师代表就中高考改革、义务教育均衡发展等议题进行讨论，认为嘉定区教育综改系统全面，行动给力，效果明显。督察组指出，嘉定区从问题导向出发，定位准确，聚焦教育发展核心与关键，经过3年改革实践，在教育公平、教育投入、资源供给、教师队伍建设、城乡义务教育一体化发展等方面突破明显，在办学行为监管、校外培训机构治理、学生课后服务、职业教育发展等领域举措扎实，嘉定“品质教育”内外兼修，教育综合改革成效明显。 （汤　杰）

【市教育装备项目嘉定现场会举行】 6月19日，上海市城乡义务教育一体化建设教育装备项目嘉定现场会在封浜高中举行。上海各区教育局基教科、计财科、资产管理中心等相关部门负责人参加会议。与会人员实地参观嘉定区华江小学创新实验室、图书馆和江桥学区非物质文化遗产体验馆，听了推进城乡义务教育一体化建设工作情况介绍。两年中，嘉定区在义务教育阶段学校共建室内体育馆37个、室内游泳池3个、学生剧场27个、公共安全教育共享场所21个、图书馆提升改建25个，区级创新实验室39个，为推进城乡义务教育一体化，提供了可借鉴、可复制的经验。

（汤　杰）

【召开区民办培训机构专项治理工作会议】 7月12日，嘉定区民办培训机构专项治理暨“规整行动”工作会在区综合办公大楼召开。会议进一步凝聚共识，明确目标，细化措施，对全区民办培训机构开展专项治理，促进嘉定教育培训市场规范、有序、健康的发展。会上，总结了前阶段规范和整治民办培训机构工作情况，并解读2018年嘉定区民办培训机构专项治理工作暨“规整行动”方案。

（汤　杰）

【与昆山市、太仓市、温州市教育局签订青少年科创教育联盟战略合作协议】 9月26日，上海嘉定青少年科创集散地启动仪式暨青少年科创教育研讨会在嘉定区举行。嘉定区、昆山市、太仓市、温州市四地教育局共同签订战略合作协议，建立“嘉昆太温”四地青少年科创教育联盟。四方将每年轮流主办一次青少年科创教育系列研讨会，集中展示交流四地科创教育的新技术、新成果、新动态，为四地的科创教育发展提供新思路、新方法、新方向。 （汤　杰）

嘉定区、昆山市、太仓市、温州市教育局签订青少年科创教育联盟战略合作协议

【举行区第十四届全民终身学习活动季开幕式】 11月21日，嘉定区第十四届全民终身学习活动季开幕式在嘉定外冈举行。科创嘉园体验基地、汽车文化体验基地、绿野生态体验基地、人文教化体验基地、“嘉昆太”共融基地等嘉定区市民终身学习五大体验基地宣布成立。为2018年区终身学习品牌项目、嘉定工程师学院外冈教学点、区老年学习团队工作室授牌，给优秀办学单位和个人颁奖。

（汤　杰）

【举行紧密型学区化集团化办学展示活动】 12月6日，嘉定区紧密型学区化集团化办学展示活动在马陆育才联合中学举行。嘉定教育2015年成立迎园教育集团，2016年成立“中科·嘉一教育集团”和南翔、江桥学区，2017年成立3个教育集团和2个学区，覆盖全区88%以上的义务教育阶段学校，2018年成立真新教育集团，实现义务教育阶段学校全覆盖。 （汤　杰）

【基础教育助力“新秀”教师教学展示与教学论坛举行】 12月11日，上海基础教育助力“新秀”教师教学展示与教学论坛（学前教育专场）在嘉定区中福会新城幼儿园举行。市教师学研究会名誉会长、全国教书育人楷模、市“教育事业杰出贡献奖”获得者于漪等近400人参加活动。活动回顾了嘉定区学前教育发展历程。嘉定区教育学院和温州市鹿城区教育研究院学前教研员分别作了课堂活动展示及微报告。学前教育专家点评课堂展示活动。

（汤　杰）

【嘉定区、昆山市、太仓市校企合作技术技能人才共享研讨活动举行】 12月19日，嘉定区、昆山市、太仓市校企合作技术技能人才共享研讨活动在区成人教育学院举行。三地领导共同启动嘉定区、昆山市、太仓市校企合作人才共享平台，发布嘉定区、昆山市、太仓市校企合作群，并为校企合作的10所院校授牌。

（汤　杰）

附：区教育局驻地及负责人

（2018年1—12月）

地址：嘉行公路601号
邮编：201808
电话：3990207

区委分管常委：周金林
区政府分管副区长：王　浩

区教育局党工委书记：王晓燕
　　　　　　副书记：姚　伟（兼）、赵　良

区教育局局长：姚　伟
　　　　副局长：朱　芳、赵国兴、祝　郁、赵丽鸾

浦东新区

【2018年概况】 全区有各级各类基础教育阶段学校659所，其中普通中学167所、小学162所、幼儿园319所、特殊教育学校3所、工读学校1所、职业中学7所。按办学体制来分，公办学校478所，民办学校180所，其他部门1所。另有青少年活动中心和实习学校2个校外教育单位、教育发展研究院1所以及教育指导中心等15个其他教育单位。上海开放大学分校3所，社区学院1所，上海老年大学分校1所，街镇社区（成人）学校37所、居（村）委居民学习点1273个、社区（老年）学习型团队2500个，有民办非学历教育非营利性机构120所、营利性机构95所。

基础教育阶段学生总数48.61万人，其中中学14.06万人、小学20.03万人、幼儿园13.20万人、特殊教育学校854人、工读学校298人、职业中学1.21万人（含忠华初级职校）。共有教职工4.36万人，其中专任教师3.62万人。基础教育规模在全市各区居首位，占全市近四分之一。

幼儿园招收新生4.13万人，小学阶段招收新生4.51万人，初中阶段招收新生3.44万人，高中阶段招收新生录取1.18万人。

安排新开办学校（校区）28所，其中中学9所、小学5所、幼儿园14所。全区幼儿园占地总面积238万平方米，校舍建筑面积168.19万平方米；全区小学占地总面积292.94万平方米，校舍建筑面积161.14万平方米；全区普通中学占地总面积615.63万平方米，校舍建筑面积364.54万平方米。

年内，经学校申报、区级推荐、市级评估，浦东新区获评第一批上海市依法治校示范校27所和依法治校标准校58所（2016—2020年）。区教育局、团区委授予185名学生“浦东新区中等学校（高中、中等职业学校）三好学生”称号、授予60名学生“浦东新区中等学校（高中、中等职业学校）优秀学生干部”称号、授予153个班级为“浦东新区中等学校（高中、中等职业学校）先进班级”称号。区教育局命名161所学校为“2018—2019学年度浦东新区体育传统项目学校”，命名118所学校为“2018—2020年浦东新区绿色学校”，命名40支艺术团队为新一轮浦东新区学生艺术团分团，命名126所学校为“2019—2021年浦东新区艺术特色学校”，命名10所学校为“2018年度浦东新区十佳科技教育特色学校”，4所学校获“2018年度浦东新区十佳科技教育特色学校提名奖”,51个早教点获评“2017年浦东新区优秀早教指导点”。授予45所学校为“2018年浦东新区家庭教育示范校”称号、20所学校为“浦东新区中小学心理健康教育达标校”称号、8名学生为浦东新区第十届“浦东小院士”称号。

教育公共财政预算拨款135.27亿元,比上年增长11.63%;一般公共预算教育支出109.59亿元,比上年增长10.22%;义务教育一般公共预算教育支出66.18亿元,比上年增长6.50%。教育经费安排继续向义务教育倾斜,义务教育中的初中、小学生均支出(含附加)同比分别增长9.08%和9.28%,积极落实上级部门政策安排的城乡义务教育一体化建设、雨污水分流、高考考点建设等实事工程项目,全面促进区教育持续、稳定和健康发展。教育基本建设项目投入资金4.88亿元,涉及项目29项。上海科技大学附属配套学校、青少年活动中心及群艺馆迁建工程、川沙中学迁建工程、凌兆小学改扩建工程、南汇三中改扩建工程、新场小学校安加固工程等项目开工建设;五三中学征地改扩建工程、上海海事大学附属北蔡高级中学改扩建(一期)等项目竣工。

继续保持各类教育公用经费拨款标准定额。市示范性高中生均公用经费定额标准为3300元,区示范高中生均公用经费定额标准为3000元,一般高中生均公用经费定额标准为3000元,职校生均公用经费定额标准为3000—3200元,初中生均公用经费定额标准为3200元,小学生均公用经费定额标准为3000元,工读学校生均公用经费定额标准为8000元,特殊教育生均公用经费定额标准为8000元,市示范性幼儿园生均公用经费综合定额标准为2500元,一、二级幼儿园生均公用经费综合定额标准为2200元。

12名校(园)长获评上海市特级校长称号,1人获评“上海市教育功臣”,2人获“上海市教育达人”称号,1人获“上海市教育达人”提名奖,1人获“上海市乡村名师”称号,7人获“上海市优秀乡村教师”称号,1人获上海市“四有”好教师(教书育人楷模)提名奖。组织730余名中小幼校(园)长、书记参加2018年暑期校(园)长专题培训。完成2018年青干班的培训工作。完成第一期民办学校党支部书记培训。启动新任校长、书记专题培训班。推荐1名校长参加“国培计划”名校长培养工程,5名校长参加教育部全国初中、小学骨干校长高级研修班。推荐2名校长参加长三角中小学名校长联合培训,2名校长参加市教委中学校长赴港澳交流项目,6名校长参加市教委“网络学习空间人人通”专项培训,2名书记参加上海市“十三五”第5期中学党支部(总支)书记研修班。4人被市教委列为高峰计划(名校长)学员,3人列为攻关计划(名校长)主持人,33人列为攻关计划(名校长)学员,32人列为“种子计划”培养对象。

开展名师基地主持人、学科工作坊主持人、学科带头人、骨干教师和青年新秀教师培养。2018—2020学年,成立36个“以个人姓名命名的工作室和教师培训基地”,28名教师担任“教育系统学科工作坊”主持人,授予405名教师“浦东新区学科带头人”称号,授予2393名教师“浦东新区骨干教师”称号,授予265名教师“浦东新区教育系统青年新秀教师”称号。举办第三届浦东新区青年教师爱岗敬业教学技能竞赛,30位教师获一等奖,48位教师获二等奖,50位教师获三等奖。新增12名特级校(园)长,全区共有特级校(园)长26名、高级校(园)长212名,正高级教师9名、特级教师40名、高级教师2312名。完成2018学年见习教师规范化培训,培训见习教师共1348名。新增25所区级教师专业发展学校和25所校本研修学校,全区有教师专业发展学校市级27所、区级51所。全区招聘1309名教师,满足新开办学校、学校扩班对师资的增量需求。加强农村学校教师队伍建设,向239人次上海高校毕业生到农村地区学校任教发放学费补偿金,向267名教师到艰苦地区学校任教满1年及以上发放奖励金。在实施绩效工资改革的基础上,继续稳步提高教师收入,并进一步完善向一线教师、骨干教师倾斜的内部分配制度,完善、调整缺编补贴和校长职级工资制度,调动了广大教师的工作热情。全区公办学校教职工年平均收入同比增长14.76%。

推进实施学区化、集团化办学,围绕资源共建共享,积极探索,着力促进区域教育优质均衡发展。一是目标一致,形成合力。确立正确的教育理念,努力“让优质的资源走进寻常百姓家”，加快薄弱学校在办学思想、管理水平、教育质量等方面与优质学校共同提升。二是职责明确，有效衔接。学区化、集团化工作机构有相应负责人员，日常工作到位、有序。制订完善了办学章程、发展规划、年度计划、月度安排、活动项目方案等，文本齐全配套，工作环环衔接落实。三是交流密切，助推发展。学区化、集团化通过换岗交流、跟岗提升、跨校送教，在柔性流动方面取得较好的效果。通过培训讲座、带教指导、跨校交流等方式在教研合作与专业支持方面提供平台。四是资源共享，辐射引领。课程建设呈现一体化开发、社区资源课程化、学校特色课程共享等多种形式。将成员学校的实验室、校史馆等资源列入集团资源共享清单，通过建立微信群等方式实现信息交流与分享。年内，浦东新区新成立平和、东方、冰厂田、华二浦东、福山、上实浦东和南中等7个教育集团以及惠灵顿国际教育课程联盟，并将浦东职教集团、园西办学联盟、观澜办学联盟等3个联盟纳入集团化办学管理范畴。截至12月底，全区有20个学区、17个集团(联盟)，参与学校共266所(332校次)，其中公办义务教育阶段学校191所，公办义务教育阶段学校覆盖率达76.1%。

开展中高职贯通和中本贯通试点工作，形成从招生、专业培养方案设计、教学实施到就业一体化的中等—高等教育相衔接的职教体系，先后申报、获批“市场营销”“电子商务”“学前教育”等8个中本贯通专业试点和“数控技术”“空中乘务”“游戏设计”等19个中高职贯通专业试点。全区参与校企合作的企业400余家，建立16个“中等职业学校优秀学生实习基地”。建有金融事务、国际商务、现代物流等9个市级开放实训中心及6个区级开放实训中心，在为学校专业教学提供实习、实训等服务的同时，承担社会服务和职业培训项目。区属中职学校设置各类专业(专门化方向)81个，12个专业被认定为市精品特色专业，8个专业成为市品牌立项建设专业，5个专业成为市示范品牌专业建设立项。实现专业布局合理、课程结构优化、办学特色鲜明的形态布局。根据区域产业发展布局，对专业设置进行布局调整，加强课程改革和重点专业建设，提高职业教育与区域经济发展、市场需求的匹配度，如“金融事务”专业对接“金融中心”建设，“机电技术应用”专业对接“大飞机”项目，“景区服务与管理”专业对接“迪士尼”项目。选派优秀校长和骨干教师赴国外学习、深造，引进10余门国外先进课程资源，6所职业学校试点开展国际合作项目，推进中外合作办学。

完成对区属5所市实验性示范性高中发展性督导评估工作，完成对20所中学、30所小学和30所幼儿园发展性督导工作；完成对322所学校3470人次的经常性督导工作，在市责任督学管理平台上传3470份经常性督导报告；完成2018年度全国义务教育质量监测、小学阶段实施“基于课程标准的教育与评价”工作飞行督导、幼儿园“小学化”专项治理、中小学校食堂食品安全检查和开学检查等专项督导工作。

全年办理出境团组184批2782人次，接待境外来访72批1444人次；加强与芬兰库奥皮奥姐妹城区教育合作，签署第三轮合作协议；协助举办以“挑战与机遇”为主题的浦东·加拿大职业教育研讨会；举办第四期浦东优秀教师赴美研修经验交流和成果展示会。21所学校共计800多名学生走出国门开展校际交流，254名教师走出国门开展交流研修。

全区有65名干部、教师在新疆、西藏开展对口支教、协作工作。接受两批共40名新疆莎车县的校长和骨干教师来浦东新区培训3个月，接受云南省大理州的20名教师来浦东新区培训3个月。组织9名专家赴西藏江孜县讲学。全年共招收对口支教地区学生359名。

完成68所学校73个公共安全体验教室建设，完成610个校区共5147个摄像头安装，实现与市教委安全中心管理平台对接。全面落实校园安全“一岗双责”制度，建立区学校安全预警机制。制订《浦东新区教育局网络与信息安全管理实施办法》《浦东新区教育局信息化项目建设与运维管理实施办法(试行)》，接入浦东教育城域网必须统一互联网出口，按网络接入标准与规范，做好网络安全防护措施，确保浦东教育网络与信息系统安全运行，确保教育信息化项目统筹规划和规范管理。

(浦　教)

【推进“幼儿阅读室”标准化配置】 持续推进“幼儿园阅读室项目”建设，全面推进第三批69个幼儿阅读室建设，全区现有标准化幼儿阅读室302个，覆盖所用公办幼儿园。一是树立幼儿早期阅读均衡理念。出台浦东新区“幼儿阅读室”配置标准，采取逐级申报、初选、审核方式分批覆盖公办幼儿园，进一步加强幼儿园阅读活动建设。二是坚持幼儿早期阅读规范标准。制订《浦东新区幼儿阅读室建设指导意见(试行)》，涵盖了阅读室功能定位、选址、面积、环境布置、基础设施、设备要求、安全卫生、图书配置、管理要求等内容，增强可操作性。三是开创幼儿早期阅读创新实践。密切关注幼儿的需求和特点，实践共享、开放的理念。整合不同文化元素与环境，开展关于幼儿绘本的市场调研，特邀“故事妈妈团”进行亲子阅读展示，使用多媒体交互设备投影，丰富阅读的环境和内涵。四是探索幼儿早期阅读深度延伸。组织区内开展早期阅读课程研讨，探索培养幼儿早期阅读兴趣和能力。(浦　教)

【完成校(园)长新一轮聘任工作】 1—9月，启动新一轮校园长大聘任工作，完成所有640余个公办学校校(园)长、书记岗位的续任、调整工作，涉及88个岗位的交流轮岗，新提任干部37名。新一轮聘任工作中共聘任429位中小学幼儿园、职校校(园)长，聘期至2023年7月31日。(浦　教)

【完成教师培训工作】 一是做好见习教师规范化培训，全面完成2017学年见习教师规范化培训。接受培训的见习教师共1348人，其中中学段(含院校、职校段、中专特教)344人、小学段577人、幼教段427人。全区104所学校作为见习教师规范化培训基地学校承担浸润式培训任务。二是做好以校为本的教师培训工作，开展2018年区级教师专业发展学校和校本研修学校的评审工作，新评选出25所区级教师专业发展学校和25所校本研修学校。全区有上海市教师专业发展学校27所、浦东新区教师专业发展学校51所。(浦　教)

【落实初中“强校工程”】 8月30日，区教育局印发《关于加强实施初中“强校工程”的意见》的通知，明确将初中“强校工程”与“名校长名师培养工程”相结合、与紧密型学区化集团化办学相结合、与本市“中考改革”要求相结合，经过3—5年的努力，使浦东新区19所“实验校”在原有基础上，教育教学状态明显改善，办学特色明显增强，办学质量明显提高，家长对学校的满意度明显提升，逐步建设成为“家门口的好初中”。(浦　教)

【完善早教服务网络】 全区建立早教指导点312个，覆盖全区36街镇，为近9万名0—3岁婴幼儿家庭就近就便提供科学早教指导服务。(浦　教)

【推进创新实验室建设】 扎实推进“基础调研、学校申报、专题培训、方案修订、指标下达、具体实施、竣工验收”等创新实验室系列工作。年内，全区完成113所学校120个创新实验室的建设任务，3年共完成建设321个创新实验室，实现义务教育阶段学校、学段、校区全覆盖的工作目标。完成了《浦东新区中小学创新实验室建设案例》(小学、初中)编印工作，进一步提升创新实验室的建设质量与使用功效，扩大学生受惠面。(浦　教)

【加强影视教育】 年内，区教育局坚持把立德树人作为根本任务，引导未成年人在影视教育活动体验中弘扬社会主义核心价值观，传承中华优秀传统文化。一是坚持分层设计。探索区教育局——区青少年活动中心——区各教育指导中心——学校的四级管理机制，定期部署影视教育任务，从影视艺术赏析修养及影视艺术意识及品鉴能力提升方面实施分层教育。二是注重整合资源。充分挖掘和利用学校、家庭、社会的各种教育资源，加强互动互联、合作共管，整体推进与典型引领相结合，坚持“一校一品”特色，形成全社会关心支持影视教育和学生全面成长的良好氛围。三是有机融入教学。把影视教育作为中小学德育、美育等工作的重要内容，纳入每学年教育教学计划。各中小学结合校情和学生情况，探索将影视教育有机融入常规教育教学的途径。四是确保覆盖到位。集中组织学生观看优秀影片，通过“公益电影进校园”项目弥补进城务工人员子女影视教育工作不足。全区每年优秀影片的观影率、参与率基本达到100%。五是持续开展活动。开展系列化影视教育实践活动，确保常规活动有序开展，力求特色活动推陈出新。依托学校影视社团开展的趣味活动，在探究、交流、演绎中构筑起立体影视教育活动模式。（浦 教）

【举行戏曲进校园展演活动】 9—11月，区教育局引进京、昆、沪、越、淮5个戏曲名师工作室，并相继在建平中学、进才中学、观澜小学、上海市实验学校东校和浦东模范中学5个基地学校举行戏曲名师进校园启动仪式。11月13日，“戏曲展神韵，经典沁人心——2018年浦东新区戏曲进校园展演活动”在观澜小学举行，节目涵盖京剧、昆剧、越剧、沪剧、黄梅戏、淮剧、豫剧等7个剧种和非遗项目的锣鼓书等。（浦 教）

浦东新区举行戏曲进校园展演活动

【开展未成年人暑期活动】 7—8月，围绕“争做新时代好少年，缤纷暑期展风采”主题，组织区内未成年人广泛参与各类暑期实践体验活动，让广大未成年人乐享暑期生活。共有47万名学生参加市、区级各类暑期活动1287项，参加各类主题活动的学生达25.98万人次。（浦 教）

【在市“新沪杯”竞赛获奖】 区学生参加2018年上海市“新沪杯”中学生宪法知识竞赛市级决赛，南汇中学获得高中组一等奖，东昌中学获得二等奖，浦东模范中学和进才实验中学获得初中组二等奖，东昌中学学生获优秀选手称号。16名学生获个人一等奖，4名学生获二等奖，4名学生获三等奖。（浦 教）

【举行阳光体育大联赛】 3—12月，区举行中小学生阳光体育大联赛，联赛安排36个项目、54场比赛。参赛队伍1686个，参赛学校300多个，参赛学生达11.3万人次。参加上海市学生阳光体育大联赛16个大项目的比赛，获一等奖76个、二等奖49个、三等奖28个。（浦 教）

【参加市学生运动会获好成绩】 区1397名运动员参加市学生运动会30个大项36个项目的比赛，获冠军197.5个、亚军88个、季军102个；获道德风尚奖、团体奖牌奖（青少年组）第一名、团体总分奖（青少年组）第一名、重点项目团体奖牌奖（青少年组）第一名、重点项目团体总分奖（青少年组）第一名、奥运会全运会青运会突出贡献奖第一名。（浦 教）

【区第三十四届青少年科技创新大赛举行】 12月16日，主题为“创新·体验·成长”的第三十四届浦东新区青少年科技创新大赛在区青少年活动中心惠南点举行。全区442所中、小学校和幼儿园的2000多名师生参加。经初评，有156个项目入围大赛终评展示。最终评出一等奖208项、二等奖333项、三等奖547项、优秀组织奖12项。（浦 教）

【区青少年科技节举行】 5月20日，“科技创新·伴我成长——2018年浦东新区青少年科技节和学生科技创新论坛”在上海尚德实验学校举行。5—9月，全区举办7项主题科普活动和9项科技竞赛活动。（浦 教）

【影视社团嘉年华活动举办】 12月2日，全区300多位师生、家长参加“德润童心·影领成长”——2018年浦东新区中小学生影视社团嘉年华活动，14个学校的影视社团进行展示。（浦 教）

【在各项特奥比赛获奖】 6月，特殊教育学校参加2018全国特奥乒乓球比赛获体育道德风尚奖。11月，参加2018上海市特奥旱地冰球比赛获亚军，参加第五届上海特奥阳光融合跑比赛获A组冠军，参加2018上海永柏特奥阳光跑城际邀请赛获D组冠军。辅读学校5月参加全国第七届特奥足球比赛

(个人赛)获个人金牌;7月参加2018世界特奥融合足球赛B组获团体第三名;11月参加2018上海市特奥旱地冰球比赛获团体冠军。11月,致立学校与惠南第二小学组队参加第五届上海特奥阳光融合跑城际邀请赛获得B组第一名。 (浦 教)

【中本贯通及中高职贯通试点获批】 2018年,区申报并获批中职校3个中本贯通试点,分别是上海海事大学附属职业技术学校与上海电机学院的物流管理(自贸区物流)专业、临港科技学校与上海电机学院的电气工程与智能控制专业、浦东外事服务学校与上海工程技术大学的表演专业。申报并获批4个中高职贯通试点,分别是航空服务学校与上海电子信息职业技术学院的飞机电子设备维修专业、浦东外事服务学校与上海交通职业技术学院的新能源汽车技术专业、浦东外事服务学校与上海电子信息职业技术学院的计算机网络技术专业、上海海事大学附属职业技术学校与上海交通职业技术学院的报关与国际货运专业。至年底,全区有中本贯通试点专业8个和中高职贯通试点专业19个。 (浦 教)

【开展高技能人才培训】 2018年,区中职校分别开展"物流服务与管理""数控技术应用""动漫游戏"3个专业的高技能人才培养工作,推动学生取得高级(三级)职业资格证书。有18名学生获数控铣工(三级)职业资格证书,26名学生获高级VR游戏美术师证书,31名学生获高级物流师证书。 (浦 教)

【举办第七届中职学校学生创业设计大赛】 6月,区人力资源社会保障局、区教育局联合启动"海纳百创·2018年度浦东新区中等职业学校学生创业设计大赛",并开展创业指导的专门培训。经过初赛、评审等程序,选出15组团队入围决赛。10月18日,在浦东外事服务学校举行决赛,振华外经职业技术学校的跨境电商—亚马逊(美国站)创业之路项目获本届赛事的最高评委会大奖,浦东外事服务学校获最佳组织奖。3所职校项目获最佳表现力奖,3所职校项目获最佳创新创意奖,3所职校项目获最具市场潜力奖,1名教师获最佳指导教师奖。 (浦 教)

【区第五届中职校学生职业技能大赛举行】 9月,区教育局、人力资源社会保障局、总工会联合启动"第五届浦东新区中职校学生职业技能大赛",大赛与上海市"星光计划"职业技能大赛的比赛形式和内容紧密对接,共设职业外语技能、硬笔书法、汉语应用能力、计算机操作4项通用类和国际商务、单证、动画片设计与制作、零部件测绘与CAD成图技术4项专业类项目,全区14所中等职业学校的387名学生参加比赛,通过专家组评审,14人获一等奖,30人获二等奖,56人获三等奖;团体总分一等奖8个、二等奖12个、三等奖21个。 (浦 教)

【开展职业技能培训】 区参与职业技能培训共计1.08万人。技能培训涉及电工、安全生产、统计、绿化等20多个岗位。通过培训,有1.03万人获资格证书和上岗证书。 (浦 教)

【建设标准化示范学习点和星级学习团队】 区实施居(村)学习点能力提升计划,建设308个老年教育居(村)委标准化学习点、48个老年教育示范学习点。组织各街镇申报上海市老年人学习团队,246个学习团队被认定为上海市老年人一星级学习团队,12个学习团队被评为上海市五星级老年人学习团队。 (浦 教)

附:区教育局驻地及负责人

(2018年1—12月)

地址:锦安东路475号3号楼
邮编:200204
电话:58876321

区委分管常委:王宏舟
区政府分管副区长:李国华

区教育党工委书记:诸惠华

区教育局局长:诸惠华(兼)
副局长:郁时炼、王 浩、张春花、张 伟(5月到任)、庄佳芳(2月到任)

金 山 区

【2018年概况】 金山区共有各级各类教育机构129个，其中高中7所、完中3所、十二年一贯制民办学校2所、初中19所、九年一贯制学校3所、小学26所、辅读学校1所、幼儿园40所、托儿所1所、中等职业学校3所、社区学院1所、教育学院1所、社区学校11所，其他单位11个。在校学生70669人，在职教职工6994人，其中专任教师6569人。

承办上海市体育艺术领域教师专业技能展示评选之体育与健身学科专场活动、长三角地区未成年人思想道德建设与新时代城乡一体化学校少年宫发展论坛、新时代基础教育创新发展论坛等。金山区获“全国中小学校责任督学挂牌督导创新区”。区青少年实践活动中心获“全国中小学生研学实践教育营地”等。

实施“区域化幼儿园田野活动课程的架构与实践”项目，《田野情，课程力》入选“上海课改30年”区校课改成果集。不断凝炼教育综合改革经验成果，获上海市教学成果奖1个特等奖、4个一等奖、10个二等奖。制定托育服务工作方案，成立托幼工作联席会议办公室与托育服务指导中心，稳步推进3岁以下幼儿托育服务工作。

深入开展每天锻炼1小时校园体育活动，学生体质健康监测的优秀率、优良率、合格率逐年提高。在第十六届市运会中获得61.75块金牌，金山区获“最快进步奖”。兴塔小学女足获瑞典“歌德杯”青少年国际足球邀请赛冠军，西林中学女子排球队获上海市青少年排球锦标赛冠军，亭林小学女子曲棍球队获上海市青少年曲棍球锦标赛冠军等。启动第二批“戏曲进校园”工作，46所试点校(园)与专业剧团签订戏曲项目实施合同，举行首届青少年校园戏曲节展示活动。制定《金山区中小学人工智能(机器人)课程指导纲要》，深入推进中小学人工智能(机器人)课程进课堂工作。1名学生获市青少年“明日科技之星”称号，4名学生获“明日科技希望之星”称号。

海丰幼儿园、同凯幼儿园通过上海市一级幼儿园评审，艺术幼儿园、兴塔幼儿园、廊下幼儿园通过上海市一级幼儿园复验，上海市一级幼儿园数量占公办园62.1%。金山区规范保教工作成效显著，在上海市课程改革30年成果展示会上作经验交流。

实施城乡学校携手共进计划，推进第一轮精准委托管理工作，开展新一轮“新优质学校”集群发展，组建学校发展共同体。落实推进加强初中建设工作，加强6所初中强校工程实验校建设，研究制订工作方案和实施规划。加强特殊教育资源教室管理与运作的研究，制定《金山区特殊教育三年行动计划(2018—2020年)》。做好国家义务教育优质均衡发展区创建工作。

石化工业学校与德国驻外商会(AHK)共建中德化工职业培训基地，成为全国首家德国驻外商会行业类职业培训基地，充分发挥基地示范引领与辐射作用，与外省市3所职业学校签订合作协议，开发双元制本土化培养方案和课程体系，首届AHK班开班。食品科技学校与英国诺丁汉中央学院签订IMI(汽车工业学会)合作项目实施协议，完成课程体系建设和考评员培训，组建IMI合作班。中德化工高技能人才培养基地与上海市智能网联汽车创新中心研发基地落户金山区。

完成“15分钟学习圈”建设，建立876个多元学习点，举办1.4万多次教育培训活动，培训市民45万多人次。制定866份乡村民约，形成学习圈全纳、开放、多元、融合的终身学习模式，社区教育四级网络架构得到优化。完成3个老年教育倍增计划，启动9个村居学堂建设工作。推进社区教育

"人文行走"项目,3条主题行走路线贯穿全区22个修身学习点。推进新义村、山塘村、建农村的学习型乡村建设试点工作,形成金山经验,在第六届社区教育上海论坛上作示范交流。

启动第七届"明天的导师"工程,评选学科首席教师10名、导师104名、骨干686名。完善教师培养序列,评选项目首席教师2名、导师9名、骨干6名。组织申报上海市第四期"双名"工程,确定攻关计划主持人2名、攻关计划名校长学员6名、攻关计划名师学员32名、种子计划18名。年内新增4名上海市特级校长。新增上海市"四有"好教师(教书育人楷模)、上海市未成年人思想道德建设先进工作者、上海市教育达人、上海市乡村名师各1名,上海市优秀乡村教师3名。人事制度改革逐步深化,选择2所学校开展人事制度改革试点,完成教职工竞聘上岗。柔性引进9名特级教师、正高级教师,成立9个专家工作室,遴选并带教学科骨干教师115名,搭建优秀教师专业成长平台。

前京小学和枫泾桃源幼儿园新建项目开工建设,完成石化工业学校和食品科技学校加固项目、金山小学和金山初级中学扩建项目建设;加快义务教育五项标准建设,完成2所学生剧场、11个图书馆、14个安全教育体验教室、5个创新实验室建设。确定18个重点教育建设项目,"一校一方案"有序推进。新开办2所幼儿园、1所小学,华师大三附中新校区落成启用。 (刘丽英)

【人工智能机器人教育创新发展论坛举行】 1月11日,以"新形势、新模式、新发展"为主题的人工智能机器人教育创新发展论坛在金山区举行。论坛上,区教育局介绍了区人工智能机器人科教示范区项目基本情况;有关专家学者对人工智能机器人教育创新发展的政策作了解读,就人工智能机器人核心技术与创新教育、面向战略性新兴产业开展机器人教育的探索与实践、走进智能化新时代、构建产教融合的机器人教育、STEM教育模式与机器人教育课程等议题进行深入探讨。上海太敬(金山)机器人体验馆、人工智能机器人科创中心揭牌,金山区青少年机器人研究院成立。 (刘丽英)

【AHK中德化工职业培训基地落户上海石化工业学校】 1月26日,AHK中德化工职业培训基地落户上海石化工业学校,这是德国驻外商会(AHK)在中国成立的首家AHK行业类职业培训基地,旨在引入具有国际一流标准的AHK化工类专业双元制发展模式,发挥示范引领作用,助推全国职业院校化工类专业在课程建设、教学资源研发、师资培训等,实现双元制模式的本土化落地与实施。工业和信息化部人才交流中心、市教委领导出席揭牌仪式。 (刘丽英)

AHK中德化工职业培训基地落户上海石化工业学校

【市妇联领导调研幼儿社区托管点】 3月2日,市妇联主席徐枫、区委书记赵卫星等领导到小精灵社区托管点调研指导工作,先后查看幼托点的户外活动场所、幼儿室内生活、游戏环境等,并对队伍建设、园务管理、教玩具投入等方面提出了要求。 (刘丽英)

【英国IMI授权认证中心授牌仪式举行】 3月21日,英国IMI授权认证中心授牌仪式在食品科技学校举行。IMI是英国汽车工业学会的简称,该机构是英国唯一专注于汽车工业领域的最具权威性及影响力的职业资格认证机构。基于现代学徒制的IMI职业资格认证体系,将推动金山区汽车行业专业人才培养与国际标准对接,对食品科技学校教学质量和学生的就业前景都将带来突破性的提升。 (刘丽英)

【区领导到区教育局大调研】 4月2日,金山区区委副书记、区长胡卫国,副区长张娣芳等到区教育局大调研。在听取招生入学情况和基础教育建设项目规划及实施情况汇报后，要求结合区域规划，动态分析人口、生态、土地等静态指标情况，提前谋划2035教育基本建设专项规划，科学合理进行教育资源布局；政府相关职能部门要高度重视教育公建配套项目“同步规划、同步施工、同步交付使用”的规定，严格执行国家配套标准，自觉履行教育责任；充分利用现有的存量教育资源，积极创造条件，盘活教育资产，优先解决人口集聚区学生的入学问题。（刘丽英）

【区第十一届学生艺术节开幕式举行】 4月26日，金山区第十一届学生艺术节开幕式暨第二批“戏曲进校园”项目启动仪式在区青少年活动中心举行。本届学生艺术节活动分为表演类团体专场、美术类个人专场、师生个性才艺专场、艺术成果区级展演活动、艺术教师区级业务培训等形式多样、内容丰富的项目。数字故事《梨园育雏凤，校园萦清音》回顾了2017年“戏曲进校园”的工作，2018年扩充第二批戏曲进校园试点学校。（刘丽英）

【市教委领导调研金山教育】 5月10日，市教卫工作党委副书记、市教委主任陆靖到金山开展大调研。金山区领导介绍了金山区职业教育、区域人才培养、高校筹设等工作。区教育局汇报了金山教育工作。陆靖对金山区高等教育、基础教育、终身教育提出工作要求和建议。会前，陆靖考察了华东师大三附中、第二实验小学。（刘丽英）

【体育艺术领域教师专业技能展示评选活动举行】 6月10日，上海市体育艺术领域教师专业技能展示评选之体育与健身学科专场活动在第一实验小学举行。评选活动聚焦专业成长期的青年教师（教龄2年以上、年龄在35周岁以下的小学、初中、高中教师），设置必选项目与自选项目两项，着力提升体育、艺术教师专业素质，打造优质均衡的师资队伍。（刘丽英）

【校外培训机构专项治理工作推进会召开】 7月27日，区民办教育联席会暨校外培训机构专项治理工作推进会在区规划展示馆会议室召开。会议回顾总结了2018年上半年校外培训机构专项治理工作整体情况，对《金山区关于加强民办培训机构管理的实施意见（征求意见稿）》进行解读，并对下阶段校外培训机构专项治理工作进行部署。各成员单位结合本单位工作职能进行了研讨交流。（刘丽英）

【庆祝第三十四个教师节暨表彰活动举行】 9月10日，主题为“情满杏坛，德润金山”的金山区庆祝第三十四个教师节暨表彰大会举行。会上对获上海市“四有”好教师（教书育人楷模）、上海市特级校长、上海市优秀班主任、金山区“金爱心”教师等荣誉的教师及校长进行了表彰，为陆广琴科技创新工作室揭牌。会上用“师韵流长、行道致远、雨润无痕、逐梦前行”四个篇章，多形式地展示金山教育的成就和金山教师的风采。（刘丽英）

【长三角地区未成年人思想道德建设与新时代城乡一体化学校少年宫发展论坛举行】 10月25—26日，长三角地区未成年人思想道德建设与新时代城乡一体化学校少年宫发展论坛举行。论坛通过实地观摩、集中展示、平行分论坛、文艺演出等多种形式，充分展示近年来长三角地区学校少年宫建设中涌现的丰硕成果和创新理念。会上，江浙沪皖三省一市文明办签订了战略合作框架协议，成立长三角地区未成年人思想道德建设与新时代城乡一体化学校少年宫发展联盟。上海市文明办作了主题发言，并发布《上海市学校少年宫调研报告》，命名表彰了首批上海市示范性学校少年宫（含提名）；金山区文明办、江苏省盐城市文明办、浙江省青少年校外教育中心、安徽省阜阳市委宣传部作了交流发言。中央文明办、教育部、市委宣传部、市文明办及金山区委领导出席论坛。（刘丽英）

【华东师大三附中新校舍落成】 10月28日，华东师大三附中新校舍落成仪式举行。新校舍位于金山区张堰镇东贤路69号，拥有教学大楼、实验大楼、体育馆、艺术楼、学生公寓、400米标准田径场，及室内恒温泳池、能容纳1000人的艺术剧院等现代化教育教学设施。（刘丽英）

【举行新时代基础教育创新发展论坛】 11月15—16日，主题为“德智体美劳融合育人”的新时代基础教育创新发展论坛在金山区会议中心举行。中国教育学会名誉会长、北京师范大学资深教授顾明远作题为《新时代教育新征程》的主题报告。金山区教育局作题为《五育并举，融合育人——金山教育人的探索与实践》的交流发言。在山阳中学、廊下小学、区青少年实践活动中心分设3个分论坛，从不同角度就融合育人主题展开研讨。区委副书记、区长胡卫国，华东师范大学党委书记童世骏，以及来自全国15个省市的教育界人士等近500人参加了大会。 （刘丽英）

【举行首届校园戏曲节展示活动】 11月15日，区首届校园戏曲节展示活动在华东师大三附中举行，来自全区21所戏曲试点校（园）182位师生上演了一场精彩的戏曲盛宴。市教卫工作党委、市教委、区委区政府领导出席。中国剧协发来贺函。

（刘丽英）

【柔性引进人才工作室启动会召开】 11月22日，以“借力优质资源，引领教师发展”为主题的金山区柔性引进人才工作室启动会在区青少年实践活动中心召开。会上，成立涵盖语文、英语、化学、历史、地理、政治、美术、学前教育等9个名师工作室，并解读《金山区教育局柔性引进人才工作方案》。

（刘丽英）

【全国教育大会精神宣讲工作启动】 12月21日，区教育局在区教育学院为新入职教师和优秀青年人才宣讲全国教育大会精神，启动全国教育大会精神宣讲工作。宣讲从简介全国教育大会、充分认识全国教育大会的重大意义、深刻理解习近平总书记关于教育的重要论述、扎实推进教育改革发展重点任务和全力确保教育大会精神落地五个方面，阐述了全国教育大会对推进新时代教育改革发展的现实意义，重点阐释了习近平总书记在全国教育大会上提出的“九个坚持”和“六个下功夫”的内涵要义，并与金山教育的实际相联系，为教师们作深入浅出的讲解。 （刘丽英）

附：区教育局驻地及负责人

（2018年1—12月）

地址：金一东路2号
邮编：200540
电话：57944317

区委分管副书记：程　鹏
区政府分管副区长：张娣芳

区教育局党委书记：黄翔洲
副书记：郑　瑛

区教育局局长：顾宏伟
副局长：黄　萍、盛明秀、樊文军

松　江　区

【2018年概况】 全区有各级各类教育机构314所，其中托幼园所141所（公办55所、民办86所）、中小学81所（公办中小学56所、特殊教育学校1所、民办中小学24所）、职成类学校81所（教育学院1所、中职校4所、成校13所、社会力量办学63所）、其他公办教育机构11家（含开大及10个中心）。全区公办单位教职工22802人（其中专任教师9205人、公办在编教职工9874人、公办编外人员3723人），民办中小幼教职工4764人。全区全日制学校在校学生15.20万人，其中义务教育阶段9.05万人

(公办6.96万人、民办2.09万人),学前教育4.94万人(公办3.22万人、民办1.72万人),高中8145人(公办7174人,民办971人),中职校3873人。

开展"党的十九大精神进校园"主题学习活动和中小学、幼儿园校(园)长学习党的十九大精神专题培训。以党建联盟小组形式,开展"提升组织力,建功G60"系列活动,提升党建工作效能。制定大调研工作方案,建立问题清单、措施清单和制度清单,形成城乡教育一体化、学前教育改革等5个课题调研报告。设立党建服务中心,探索"大党建"工作模式。坚持党建与业务工作同频共振、同时考核,综合运用监督执纪"四种形态"。实施"两个责任制"常态化督查,实现教育系统"两个责任制"督查3年全覆盖。

开展"小学基于课程标准的教学与评价"现场展示,举行第二届"云间课程与教学展评"活动。落实语文、历史、道德与法治统编教材培训,举行高中新课标培训。开展"基于学习目标的作业结果分析与教学改进"项目活动。建立质量监控分中心,提高教学分析的精细化水平。完成全国教育科学"十二五"规划教育部重点课题,在上海市基础教育成果奖评比中获1个特等奖、2个一等奖、7个二等奖,在全国基础教育成果奖评比中获1个二等奖。在职业教育、终身教育、社区教育科研评比中获全国一等奖1个,上海市一等奖2个、二等奖3个。

16处教育规划用地基本完成腾地,为松江教育发展奠定了扎实的基础。新开公办学校14所,占全市新开学校总量的1/6,环大学城教育新高地效应正逐步显现。设立教育人才专项激励资金,实施人才安居工程。进一步拓展人才公寓供应规模,有序推进共有产权房政策更多面向松江教师。建设基于大数据的质量分析系统,满足质量监测分中心和等第制评价需要。启动《松江区教育信息化三年发展规划》,进一步推进教育信息化应用工作。中小学网络和信息安全规范化管理得到进一步巩固加强。

举办第三十四个教师节庆祝活动,8位教师获"2018松江教育年度教师"称号。10名教师援藏,9名教师援滇。优化教师招聘程序,招聘教师639人,其中大学毕业生566人,在职引进73人。面向全国招聘高端教育人才,引进高中校长3人、特级教师3人。启动第四轮"强师兴教"行动计划,建立"六阶四等"骨干教师成长激励机制。成立32个专业发展共同体,畅通教师专业发展渠道。成立特级校长特级教师联谊会,树立高端教育人才培养标杆。在全市率先实施义务教育阶段学校教职工全员竞聘,进一步优化教师结构。采用双导师制,实施骨干校长"个性化培养",提升校级干部综合素养与专业能力。创新高中中层干部培养、选拔和管理机制,打破干部选拔、管理的校际壁垒。

继续加强课程育人,推进学科德育建设,构筑学科德育精品课程。健全社会实践育人网络,出台《关于推进松江区中小学研学旅行的指导意见》。深入实施体育课程改革,小学一至三年级体育活动课全面实行"四课两操两活动"。布局4所高中、10所初中和30所小学,建设中小学"一条龙"课余训练体系。加强科技教育资源整合,完善科技类课程建设。联合举办区首届青少年科学表演大赛,启动区级科创孵化项目。参加DI上海青少年创新思维竞赛,8支参赛队晋级全国赛,3支参赛队获全国一等奖并晋级全球赛。获上海市青少年首届人工智能大赛初中组第一、第二、第三名。联合举办上海市"书法名家进校园"活动,启动"平复帖杯"上海市中小学师生书法展评。推进戏曲进校园、书法进校园、非遗进校园、支持主流媒体和文艺创作进校园。

推进"公办托幼机构组团发展研究"重点项目,组建以上海市示范性幼儿园荣乐幼儿园为核心的学前教育集团,扩大优质资源辐射力度。设立区托育服务指导中心,全面行使对托育机构的行政审批、业务指导、监督管理职能。有序推进11所公办初中"强校工程",实行一校一方案,完成市教委首轮"强校工程"实验校现场问诊。推进"高峰计划"分层指导项目培育基地建设,开展指向思维品质发展的课堂教学实践研究。完善质量分析系统和数据链建设。完成18所随迁子女与公办学校结对共建签约仪式,将随迁子女学校教育教学质量纳入基础教育管理体系。推进现代职业教育办学体系建设，对接G60科创走廊建设。积极推进校企合作基地建设，校企合作基地数达到20家。积极开展社区教育品牌建设，基本形成一镇(街)一特色。成功创建"全国老年远程教育示范区"，入选上海市老年教育信息化试点区、市人文行走试点区、市老年素质教育试验区。

规范和强化督导机构建设，建立教育督导平台，完善督政、督学和评估监测职能体系。健全督导工作机制，制定中小学校责任挂牌督导工作管理办法。获全国中小学校责任督学挂牌督导创新区。全面提高生均公用经费标准，增幅为16.67%—50%，对规模小的学校增加调整系数。实现教育资助"全覆盖"，全年落实各类助学补助21392人次。全面梳理区教育局政务服务事项和办事指南，全部实现"一网通办"办理要求。启动新一轮上海市依法治校创建工作，创建18所市依法治校示范校、30所市依法治校标准校。召开"法律进学校"推进会、宪法学习宣传推进会，规范外聘法律顾问制度，提升校园长的法治理念和决策水平。推进区安全中心建设，建立全覆盖安全责任体系。推进中小学幼儿园消防标准化达标建设，提升安全防范水平。制定《松江区教育局关于加强中小学生欺凌综合治理的实施方案》，维护未成年人合法权益。 (马　强)

【深入开展教育大调研】 1月以来，区教育局党政班子，带领机关全体工作人员深入调研走访基层单位，通过各种形式对松江区公民办中小学、幼儿园、成职校和社会培训机构等进行全面调研。对标新时代新要求，对标最高标准，对标先进经验，坚持需求导向、问题导向、效果导向，切实改进工作作风，深入基层，深入群众，深入社区，了解社情民意，完善政策举措，解决实际问题。 (沈美萍)

【在第三十九届世界头脑奥林匹克中国区决赛获奖】 3月10—11日，第三十九届世界头脑奥林匹克中国区决赛在青岛市实验高级中学举行。松江区航空模型队获初中组冠军，以承压605公斤的重量成为结构题赛场上的领跑者。 (沈美萍)

松江区航空模型队获第三十九届世界头脑奥林匹克中国区决赛初中组冠军

【新建20家职业教育校企合作基地】 松江G60科创走廊被列为上海建设具有全球影响力的科技创新中心的重要承载区。松江职业教育主动靠前，以职业教育集团为平台，以校企合作为抓手，为区域经济建设提供高质量人才保障。各职业教育院校把握新技术发展，将新技术应用型和技能型人才培养优势凸显出来，努力为G60科创走廊建设培养高素质劳动者和知识型、发展型技术技能人才。在完成首批9家职业教育校企合作基地建设的基础上，年内又建立20家校企合作基地，推动产教融合向纵深发展。 (沈美萍)

【启动义务教育学校人事制度改革】 6月19日，松江区义务教育学校人事制度改革会议召开，发布《松江区义务教育学校教职员工岗位竞聘工作指导意见(试行稿)》，正式启动义务教育学校教师岗位竞聘工作。区教育局不断细化工作方案，做好预案准备，确保岗位竞聘工作顺利推进。 (沈美萍)

【云间少年团开展游学活动】 为进一步落实松江区教育局与云南省西双版纳傣族自治州教育局签订的《教育扶贫协作协议书》，7月9—14日，上海云间少年团到云南省西双版纳开展"云牵沪滇，爱在行动"版纳研学之旅，提升综合素养，增进两地中小学生的友谊和情感。 (沈美萍)

【区青少年射箭队在全国比赛中获奖】 7月21—25日，2018年全国射箭U17、U15、U13(重点学校)锦标赛在江苏省方山体育训练基地举行。来自全国69所学校的593名青少年射箭运动员参赛。松江区青少年射箭队获女子丙组团体双轮全能冠军及双轮40米个人冠军。（沈美萍）

松江区青少年射箭队在2018年全国射箭U17、U15、U13锦标赛中获奖

【新开办公办学校14所】 9月，松江区14所新开办公办学校投入使用，土地面积达200647.82平方米，建设面积143763.06平方米，投入资金80535.1594万元，总设计规模为337个班级，可接纳约12460名适龄儿童入园入学，更好地满足学生在家门口上好学校的愿望。区委、区政府领导多次召开专题协调会，解决资源紧张地块校舍建设问题。区内各相关委办局与教育局各部门高效配合，通力合作，推进新办学校的建设进程，努力建设高标准、面向未来的新学校，让每个孩子都能享有公平且有质量的教育。（沈美萍）

【举行“城乡学校携手共进计划”项目签约仪式】 9月18日，在松江区泗泾第三小学举行“上海市第一轮义务教育城乡学校携手共进计划”签约仪式，通过城乡携手进一步推进义务教育均衡优质发展。松江区教育局以及黄浦区、青浦区携手共进项目学校校长参加会议。（沈美萍）

上海市第一轮义务教育“城乡学校携手共进计划”项目签约仪式在松江区举行

【获评全国老年远程教育示范区】 11月1日，在全国老年远程教育工作推进会暨首届老年远程教育论坛上，松江区被中国老年大学协会远程教育工作委员会授予“全国老年远程教育示范区”称号。区老年大学代表上海在大会作经验交流。区老年远程教育工作经过多年努力，在宣传引导、组织管理、学习效果等方面实现了新的突破，老年远程教育工作正逐步走向规范化、社会化、科学化发展之路。（沈美萍）

附：区教育局驻地及负责人

（2018年1—12月）

地址：中山中路38号
邮编：201600
电话：37736305

区委分管副书记：刘其龙
分管副区长：龙婉丽

区教育局党委书记：姚　辉

区教育局局长：陈小华
副局长：冯　雷、干善军、吴超峰、付炳建

青 浦 区

【2018年概况】 全区有中小学、幼儿园和特殊教育学校152所，其中中学33所（含九年一贯制、少体校）、小学26所、幼儿园91所（含民办二级、三级幼儿园）、特殊教育学校2所，共有学生79971人；中等职业技术学校2所，学生2932人；成人中等文化技术学校11所，社会力量非学历办学23所，全年各类进修及培训注册人数132674人。

全区教育工作聚焦深化教育综合改革，统筹推进各项年度目标任务，促进教育内涵发展，有力提升了全区各类教育优质均衡发展水平。

召开区教育综合改革领导小组会议，总结2015—2017年改革经验，部署2018—2019年改革工作，确定并实施学区化办学等新一轮20项区级综改项目。中高考改革方案稳步落实，组织开展中考改革政策系列培训，推动建立与考试制度相适应的教学新常态。制定《青浦区关于实施初中强校工程实施意见》，遴选6所初中作为实验校。积极培育本土教育品牌，在成功开办区教育学院附属小学基础上，建成启用教院附属初中，并印发《关于加强青浦区教师进修学院附属中小学建设的通知》，促进研修一体化办学；统筹各方支持学校发展的管理机制，深化集团化办学和新优质学校集群发展，做强清河湾教育实验园区，推进多元课程体系建设。探索长三角区域教师队伍联培联建机制，深化与云南德宏、青海班玛、新疆克拉玛依等地区的教育对口支援交流工作。

全面落实《中小学德育工作指南》，积极推进学校德育综改三年行动，开展青浦区星级行为规范示范校升级定级评估，汇编《研学笃行　筑梦青浦》等区本课程，举办“迎进博，学礼仪，讲文明”修身主题活动。贯彻落实《关于进一步加强家庭教育工作的实施意见》，规范学校家长委员会建设，积极探索家庭教育指导网络微课程建设，制定发布《青浦区中小学“班级群”管理公约（试行稿）》，组织开展“家庭教育示范校”创建评估。立足区域资源优势，持续打造“上善”（美德少年）社会大课堂，组织开展中小学生暑期社会实践活动和研学旅行特色项目，扎实推进城市、乡村学校少年宫项目建设，成立“青浦区学校少年宫联盟”。

办好家门口的幼儿园，秀泉幼儿园、赵巷幼儿园通过一级幼儿园评审；制定实施《青浦区托幼一体化管理服务方案》，成立区托育服务管理指导中心，在新建幼儿园试点开展托幼一体化工作。实施公民办学校同步招生，严格落实市颁课程计划，积极开展课堂教学展示、教学节等活动，深入推进“零起点”教学和等第制评价，探索考试命题的科学性和合理性。持续深化高考综合改革，实行高中走班教学新模式，深入推进学生生涯规划和导师制建设，全面实施高中学生综合素质评价，初步建立高中班主任与全员导师制相结合的高中学生成长服务机制；深入推进普通高中特色化多样化发展，青浦一中成功举办市级展示活动，青浦二中入选市特色普通高中创建学校。有序开展中高职及中本贯通培养、“现代学徒制”试点工作，深化产教融合、“五业”联动，总结第一批校企合作基地建设经验，会同区人力资源社会保障和财政部门修订了第二批校企合作基地建设方案。深化青浦市民学习网资源服务建设，推进学习型乡村建设试点项目，不断丰富老年教育课程。制定并实施《青浦区特殊教育三年行动计划（2018—2020年）》，持续做好送教上门、随班就读等各项工作。全面关停23所民办随迁子女学校和36个学前儿童看护点；青浦世界外国语学校迁入正式校舍，青浦平和双语学校借用临时校舍提前办学，青浦区协和学校启动建设，兰生复旦青浦分校正式签约；制定《青浦区加强教育培训市场监督管理实施方案》，联合多部门开展专项整治行动。

调整校(园)级岗位干部22名，其中提拔事业单位相当副科4人，基本完成同一岗位任职10年以上干部的交流工作，组织开展"教育管理人才"培养人选跟岗培训。开展新一轮市级名校长、名教师和区第六届名优教师培养工程，5名校长被评为"上海市特级校长"。分两个批次开展了2018年教师招聘工作，录用新教师361人。有序开展2018年师德建设系列活动。召开教师专业发展大会，深入实施教师"1+5"专业能力提升计划，制定并实施中青年骨干教师研修班培训方案。依托区教师进修学院，积极推进校本研修工作，组织见习教师规范化培训。深化职称改革，研究完善城区学校、成人学校教师在职称评定中的相关政策。

加强学校拓展型、研究型科技类课程建设，完善学校美育评价制度，加大学校"三团一队"建设支持力度，命名一批区级学生艺术团(队)，举办区第十届学生艺术节，开展"童谣唱响新时代、童声喝彩进博会"主题活动。加强与专业职能部门协作，有效落实学校食品安全和疾控各项工作要求。严格实行"三课两操两活动"，积极推进学校体育课改试点工作，高中学校体育专项化课程改革实现全覆盖，崧泽学校和华新小学被教育部认定为"全国青少年校园足球特色学校"，承办中国(上海)国际青少年足球邀请赛开幕式和部分赛事。

推进"十三五"规划学校建设项目和新一轮区社会事业设施建设三年行动计划教育项目建设，新开办1所初中、5所幼儿园。制定教育系统建设项目管理办法、小额基建管理办法和操作流程，严格规范零星工程实施。教育设备采购与管理更趋规范，完善项目储备和申报立项机制。推进义务教育阶段学校"五项标准"建设，完成20个"一场一馆一池"建设项目、16所次学校创新实验室和安全教育体验教室建设、20所次现代化图书馆建设。实现中小学无线网络全覆盖，完成95.9%的互动式多媒体教室和95.6%教师移动终端设备配备，制定实施《青浦区教育信息化工作三年行动计划(2018—2020年)》。

深入开展创全工作，制定了教育系统创全三年行动计划，形成"1+1+7"工作清单，开展了多轮全覆盖地毯式检查，建立健全督查"回头看"制度。强化学校安全管理和未成年人保护，贯彻落实市教育系统安全工作会议精神，认真做好首届中国国际进口博览会期间护校安园工作，制定并实施《加强中小学幼儿园公共安全教育实施方案》。成立青浦区教育督导委员会并召开第一次会议，实施新一轮学校办学水平督导评估；加强督学队伍建设，对全区所有公办、民办幼儿园配置责任督学；接受国家级责任督学工作创新区验收，筹备义务教育优质均衡发展督导评估认定。加强教育经费科学化统筹，通过内部审计、督导检查等多种方式加强对所属学校、事业单位的监管，切实提高资金使用效益。做好教育系统信息公开工作，确保招生、入学等与人民群众密切相关的各项工作公开透明。

(曹佳凤)

【纪念"青浦实验"40年】 12月4日，由市教委指导，市教育学会、青浦区教育局主办，《上海教育丛书》编委会、青浦区教师进修学院承办的纪念"青浦实验"40年座谈会举行。市教委、区政府、市教育学会的领导出席座谈会。青浦实验40年创造了提高教育质量的成功经验，为推动上海基础教育的改革发展作出重要贡献。区教育局作题为《扎根、承续、奋进，不断把青浦教育事业推向前进》主题报告。与会者观看青浦实验成果专题片。"青浦实验"主要创始人顾泠沅及其核心组成员代表作团队报告。

(曹佳凤)

纪念"青浦实验"40年座谈会举行

【田学军调研校园足球及"食育"工作】 5月21日，教育部副部长田学军到复旦附中青浦分校，实地调研青浦区校园足球和学校"食育"工作情况。田学军对青浦区学校体育和"食育"工作给予了充分肯定和高度评价，希望市、区、校三级教育部门关注学生健康，加强体育"食育"等工作，深入推进素质教育，不断提高办学质量和办学水平。

（曹佳凤）

【举行庆祝第三十四个教师节主题活动】 9月10日，"教育改革在深化，青浦实验再出发"——青浦区庆祝第三十四个教师节主题活动在复旦附中青浦分校举行。区委、区政府、区人大、区政协的领导出席庆祝活动。各界代表及优秀教师代表等600余人共庆佳节。活动现场，区领导接见了"青浦实验"各时期代表人物、2009—2018年"教改实践先锋"荣誉称号获得者以及青浦区在职的特级校长、特级教师和区第四届拔尖人才。（曹佳凤）

青浦区教育系统庆祝第三十四个教师节

【兰生复旦青浦分校正式签约落户】 4月3日，签约仪式在上海淀山湖新城发展有限公司举行。区委、区政府领导出席签约仪式。兰生复旦青浦分校位于朱家角新市镇区域港周路以西地块，根据协议，学校拟从幼儿园举办至高中，将于2020年9月正式开学。（曹佳凤）

【课程教学季开幕】 10月24日，"养正务本：青浦实验再出发"——2018年青浦区课程教学季开幕式暨区校实践成果推介会在区教师进修学院举行。开幕式由区域及学校实践成果分享交流、专家点评及课堂教学展示等板块组成。各分会场分别展示了小学语文、初中数学、初中物理及高中英语4堂优秀课例，并进行了教学点评，学前段"绿色田园"项目活动展示也同期举行。本次课程教学季系列活动历时4个月，分学段、学科、学校三大专场及"新秀教师在课堂"市级展示、专家学术报告和新课堂实验成果邀约会等活动。活动期间，区级综合性活动涉及各学段学校15所，区级学科公开课199节，还有37所中小学将进行学校层面的教学展示与研讨。（曹佳凤）

【举办"新秀教师在课堂"系列活动】 10月31日、11月22日、12月13日，分别在崧文小学、博文学校、毓秀学校举行上海基础教育助力"新秀"教师教学展示与教学论坛——小学数学、初中历史、初中化学专场活动。活动由市教委指导，市教师学研究会、上海市中小幼教师奖励基金会、市青浦区教育局主办，市青浦区教师进修学院和相关学校承办。青浦区青年教师与来自江苏的特级教师采用同课异构的形式进行现场教学展示，并分别作主题微报告。课后，上海与江苏的特级教师分别点评。系列活动加强了课堂教学的交流与研讨，为优秀中青年教师脱颖而出搭建了平台，更为助推教育的高质量发展提供了良机。（曹佳凤）

【获上海市基础教育教学成果特等奖】 在2017年上海市基础教育教学成果奖评选中，青浦区共获14个奖项，其中《驱动深度学习的教学变革：新课堂十年探索》获得特等奖，另获一等奖6项、二等奖7项。

（曹佳凤）

【区第十届学生艺术节开幕】 5月5日，以"追艺术之梦，寻时代之魂"为主题的青浦区第十届学生艺术节开幕式在青浦区科技文化活动中心举行。实验中学、逸夫小学等学校师生进行了汇报演出。演出节目包括交响管乐合奏《春天森林序曲》《青春之舞》、舞蹈《江南水趣》、小合唱《上海谣》、音乐小品《小木偶的故事》、舞蹈《猫鼠之夜》、打击乐合奏《振奋》等。（曹佳凤）

【举行推进特色普通高中建设项目学校展示活动】 9月27日，青浦一中举行学生社团射艺、茭白叶编结、生态手工、植物标本制作等特色普通高中建设项目展示活动，以及“生态素养培育”特色高中课堂教学展示。青浦一中以“和合共生，圆梦生态”为主题作了关于特色学校创建的专题报告。市教委基教处负责人作总结讲话，对青浦一中“生态素养培育”的特色发展给予了充分肯定，并要求各项目学校把特色高中建设看作提升办学水平、提高育人质量的契机，依托课程建设、聚焦素养培育，将学校推向更高的台阶。 (曹佳凤)

【举办“上善”小达人(美德少年)研学体验营】 7月18—20日，青浦区教育局和区文明办共同主办“助力进口博览会，争做‘上善’美少年(美德少年)——2018年青浦区中小学生‘上善’研学体验营活动”，全区中小学近100名市、区、校三级“上善小达人”(美德少年)参加了为期3天的研学旅行。研学过程中，学生们用优秀的表现展示着美德少年良好的道德风尚和精神面貌，用实际的行动助力首届中国国际进口博览会，争当“上善”美少年(美德少年)。 (曹佳凤)

【区老年教育艺术节合唱展演活动举行】 5月8日，由区老年教育工作小组办公室主办的“走进新时代——纪念改革开放40周年”——2018年青浦区老年教育艺术节合唱展演活动在夏阳街道文体活动中心小剧场举行。老年朋友通过歌声讴歌改革开放40周年以来的伟大成就，抒发对美好生活的由衷赞美，展示老年人积极乐观、昂扬向上、奋发进取、老有所为的精神风貌。 (曹佳凤)

【长三角教育一体化发展合作交流启动】 为落实青浦区与嘉兴市、苏州市区域联动发展全面战略合作框架协议，加快推进青浦教育融入长三角教育一体化发展步伐，7月31日，区教育局领导带队赴嘉兴市教育局考察交流，学习中小学教师“县管校聘”管理改革实践经验。8月3日，昆山市教育局和上海市教育人才交流服务中心领导到青浦考察交流，就未来教师储备计划、教师招培聘一体化机制试点、清河湾教育实验园区改革实践案例以及课程改革、教师评聘等进行深入探讨。 (曹佳凤)

【启动“教育管理人才”培养人选专题培训】 根据《青浦区教育系统干部培训工作实施意见》，区教育局从全区学校选出33名“教育管理人才”培养人选。1月，“教育管理人才”培养人选专题培训班在区教师进修学院开班。培训由区教育局党委主办，区教育局党校负责组织实施，拟定培训周期1—2年，围绕党性修养、理论素养、专业领导力等专题，采用集中培训、跟岗(挂职)锻炼、论坛交流、现场观摩、课题研究等多种形式，以提高政治素质和品德修养，掌握履职必备的岗位管理实务知识，提高教育管理水平为主要目标，促进学员自我学习，提升自我发展能力。 (曹佳凤)

【加强教育培训市场监督管理工作推进会召开】 6月21日，青浦区加强教育培训市场监督管理工作推进会举行，区编办、区教育局、区人社局、区民政局、区市场监管局、区网格化中心、公安消防支队分管领导和各镇政府、街道办事处分管领导等参加会议。会议就进一步做好教育培训市场监督管理工作提出要求：一要主动面对，促进民办教育培训市场与青浦经济社会发展态势相适应。二要主动监管，促进民办教育培训市场规范发展。三要主动服务，促进民办教育培训市场健康发展。区教育局对《青浦区加强教育培训市场监督管理的实施意见》进行了解读。与会部门围绕落实《实施意见》进行座谈交流，并就进一步做好监管工作提出建议。

(曹佳凤)

【云南德宏州代表团到区考察交流】 6月26—27日，云南省德宏傣族景颇族自治州代表团到青浦区分别考察了上海工商信息学校、复旦附中青浦分校和青浦区教师进修学院，围绕基础教育、职业教育以及教师队伍培养、教育信息化等进行深入交流研讨。双方还就今后两地教育对口交流工作进行沟通协商。 (曹佳凤)

附：区教育局驻地及负责人

（2018年1—12月）

地址：公园东路1155号
邮编：201799
电话：69713664（办公室）

区委分管副书记：韩顺芳

区政府分管副区长：王凌宇

区教育局党委书记：孙　卫
　　副书记：程卫国（兼）、黄海忠

区教育局局长：程卫国
　　副局长：王海青、姚金生、江雪元、高　燕

奉 贤 区

【2018年概况】 全区有各级各类教育机构261个，其中公办教育机构123个、包括早教中心1所、幼儿园43所、小学21所、初中14所、九年一贯制学校21所、高中5所、特殊教育学校1所、少体校1所、青少年活动中心1所、中等职业教育学校1所、成人学校8所、教育学院1所、社区学院1所，其他教育机构4所（少年军校、教育事务受理中心、教育保障服务中心、劳动技术教育学校）。民办学校38所，包括民办幼儿园8所、民办三级幼儿园24所、民办随迁子女小学4所、民办九年一贯制学校1所、民办十二年一贯制学校1所。其他各级各类教育机构99所。全区学前教育（含民办三级幼儿园）、中小学（含民办纳民小学）、特殊教育和中等职业学校等共有全日制在校学生86828人。其中学前教育幼儿26539人，小学生33867人、初中生18012人、中专生1962人、高中生6309人；另有特殊教育学生139人（含送教上门23人）。全区教育系统共有教职工8081人、专任教师7319人、正高级教师4人、高级教师759人，中级及以上职称专任教师占比62.8%。上海市特级校长5人，上海市特级教师15人，上海市“高峰计划”人员2名，上海市“攻关计划”主持人2名，上海市“攻关计划”后备人选43名，上海市“种子计划”人选168名。奉贤区“滨海贤人”系列优秀人才6人。区“卓越教师”培养工程名校长15名、名教师137人，优秀骨干校长、优秀骨干教师、优秀青年教师共658人。录用新教师180人，其中博士研究生1人，硕士研究生6人，本科生173人。2018年，奉贤全区教育经费总预算为324406万元，经过调整追加，2018年度实际教育经费为331209万元。

学习贯彻党的十九大精神和全国教育大会精神，打造南上海品质教育区。奉贤教育认真学习贯彻落实党的十九大精神、全国教育大会精神和习近平在全国组织工作、宣传思想工作、首届中国国际进口博览会上和视察上海时重要讲话精神等，纪念改革开放40周年，深入推进区域教育综合改革，以办人民满意教育为宗旨，以“一品三化”为目标导向，坚持“办好教育是奉贤最大的民生和未来”发展理念，瞄准最高标准、最好水平，团结协作，锐意进取，改革创新，攻坚克难，努力打造奉贤教育新高峰，全区教育各项工作取得新成效，教育整体发展水平跃上新台阶。接受市政府教育督导室对区政府教育履职综合督政，95.24%的社会公众认为区政府“能切实”或“能”履行教育责任，97.93%的家长表示对学校的德育工作表示满意；成功创建2018年全国中小学校责任督学挂牌督导创新区。全区中小学生“七彩成长”总体满意度达到9.0分（满分为10分），全区教职工“乐业育人”总体满意度达到91.05分（满分为100分）。国务院教育督导委员会办公室组织评估专家评价奉贤的校长们“都有梦想，都有思想，都有激情，都有大爱，都有担当”。

全面深化教育综合改革各项任务，教育质量发展水平进一步提升。立足区域教育综改，进一步优化教育资源布局，建成解放路幼儿园中粮部、金阳幼儿园天和部、民办上海外国语大学临港外国语学校等多所新校，高品质完成奉贤中学创新综合楼、古华小学翻建等工程。新建区青少年活动中心完成项目选址和初步建设方案，新建致远高中，完成控规调整。与上海世外教育服务发展有限公司签约筹建高品质奉贤世界外国语学校。平稳关停民办农民工子女小学5所、民办三级幼儿园6所和学前看护点16个，区域教育整体品质大幅提升。深化创新育人“三大工程”，进一步提升教育教学质量。成功举办首届长三角地区中小学德育创新论坛，并发起成立长三角地区中小学德育工作联盟。以奉贤中学为代表的初中、高中教育教学质量大幅提升。在新一轮上海市教学成果奖评选中，获特等奖1项、一等奖5项、二等奖12项。大力推进学生美育，明德外国语小学健美操团队在2018国际健美操公开赛(捷克站)夺得两项冠军，肖塘小学“小梨园”少儿京剧社团获团中央学校部等“优秀社团”评比一等奖，邬桥学校获第十三届全国青少年打击乐比赛金奖。学前教育进一步加大托育的指导和服务力度，特殊教育完成“三年行动计划”并启动新一轮“三年行动计划”。职成教育和社区教育服务经济社会能力进一步提升，被评为全国社区教育示范区、全国数字化学习先行区。

实施“卓越教师”培养工程，进一步提高教师队伍素质。深入贯彻中共中央、国务院《关于全面深化新时代教师队伍建设改革的意见》精神，落实区委区政府人才强区重大部署，进一步创新教师队伍建设机制，提高师资队伍整体水平。加强师德师风建设，开展以“立师德、扬师风、铸师魂，争做新时代‘四有’好教师”为主题的师德建设月活动，表彰区“十佳”师德标兵、“十佳”教育管理服务工作者、“十佳”班主任、奉贤区优秀乡村教师、“卓越教师”培养对象等先进典型，青村小学潘意如被评为“感动奉贤十大人物”。实施“卓越教师”培养工程，把在编、在岗的正高级教师、特级校长、特级教师列为“卓越教师”培养工程培养对象，区名校长、名教师和区骨干校长作为后备培养对象；建立正高级教师，特级校长、特级教师，名校长、名师，优秀骨干校长、优秀骨干教师和优秀青年教师五级人才梯队式、全系列培养体系，确定为培养对象的五级梯队教师给予人才培养经费支持，成立奉贤区“卓越教师”培养工程办公室，对“卓越教师”培养工程培养对象实行任期评估考核，大力培养在全市乃至全国某一专业领域有影响力的卓越教师，打造区域教育人才高地。推进“双金字塔型”师干训工作，选拔、推荐了23位教师参加“国培计划”培训，推送上海市“高峰计划”2人、“攻关计划”主持人2人、“攻关计划”后备人选43人、“种子计划”168人。

实施“乡镇教师支持计划”，进一步推进城乡教育一体化发展。实施“乡镇教师支持计划”，以全面提升乡镇教师育德意识和能力为重点，开展多渠道、多方位、多层次、多形式师德师能教育培训，提升乡镇教师师德水平和育人水平；创新乡镇学校教师聘用流动机制，按照“政府主导、区域统筹，分类实施、稳步推进，有序流动、优化结构”原则，探索教师队伍“区管校聘”，推动优秀教师向乡镇学校交流，出台促进教师柔性流动新机制，盘活教育人力资源存量；优化乡镇学校教师培训晋升机制，确保每所乡镇小学都有高级职务教师、每所乡镇初中高级职务教师比例不低于5%；完善乡镇学校教师激励保障机制，在评选表彰先进集体和先进个人等方面向乡镇学校教师、支教教师倾斜。积极落实城乡义务教育学校“五项标准”。有力推进集团化办学、新优质学校集群发展，加强对学区化集团化办学的考核评价奖励。积极参加城乡学校携手共进计划，有11所精准委托管理学校和3个城乡学校互助成长项目。制定《奉贤区公办初中强校工程实施方案》，通过“强势资源导入、深度激活主体、做到软硬兼施、整体联动发展”等“五强十机制”，推动10所初中强校工程实验校发展，并带动面上所有初中学校发展。

进一步优化教育治理机制，加强政风行风建设。继续推进“星光”项目、“支点”计划，促进学校自主发展、内涵发展。成立奉贤教育新一轮专家委员会。召开教育信息化、教育科研工作推进大会，出台《奉贤区教育局关于推进教育信息化工作的实施意见》。完善对民办非学历教育培训机构的指导监管机制，进一步规范教育培训市场。整合已有的“奉贤区家庭教育和青少年心理咨询热线”、“12345”市民热线、局信访工作等，面向百姓需求、创新工作机制、优化办事流程，开通奉贤教育热线，构建前台一口受理、系统内全程通办的教育咨询、投诉和举报机制，实现教育问题需求的早发现早解决，主动服务社会和家长，实现教育政风行风的大转变大提升。加强与镇（街道、社区、开发区）工作协同，指导推动教学管理办公室更好发挥职能。

扎实推进党建工作，展现全区教育系统良好精神风貌。以“不忘初心、牢记使命，勇当新时代排头兵、先行者”为主题，深入开展大调研工作，全年累计走访达20221人次；共收集问题2438个，意见建议2076条，解决答复教育类问题建议4137个；撰写调研手记（手札）29篇，调研报告7篇；出台文件及制度32个，建立5大类10条常态长效机制。全面加强基层党建，选优配强领导干部，2018年共调整任用干部2批64名，推进城乡学校干部的双向交流，6人从城区的优质学校骨干提拔为乡镇学校正职，2位乡镇学校优秀正职调整到中心城区学校担任校级正职，有力推动了城乡教育一体化发展。上半年完成原党组织关系隶属各镇（街道、社区、开发区）党（工）委的109家基层学校党组织（2583名党员）整建制转入区教育局党委。推进基层党建的规范化建设，开展“党支部书记工作室”培训，制定今后4年教育系统3200多名党员培训计划；做好党员发展工作，全年新发展党员75名，一线教师占90%，党员队伍结构得到进一步优化。加强党建研究，《创新集团化学区化党建共同体工作机制的实践研究》被列为2018年度市普教系统党建研究会重点课题、市党建研究会课题，研究成果获市一等奖。加强党风廉政建设，开展对41家单位“落实党风廉政建设暨意识形态责任制”进行专项检查，完成了三年一轮的122家基层单位党组织落实主体责任情况、“三重一大”制度执行情况、中央“八项规定”精神和反“四风”情况全覆盖检查，不断压实党组织主体责任。强化监督检查，对51名校（园）长进行离任和任中经济责任审计，对351名校级副职及以上干部建立了个人档案和综合档案，在奉贤教育工作简报专设“问题警示”栏目，进行通报，抓实通报警示，强化廉政教育。加大对文明校园（单位）创建过程的指导与管理力度，全力配合做好全国文明城区创建工作；开展“最美校园”评选活动，10所大、中、小、幼学校当选为第一届“最美校园”，教育系统12人被评为奉贤区全国文明城区创建先进个人，2人被评为优秀组织者，3个窗口被评为区文明窗口。 （赖黎明）

【芬兰罗瓦涅米市教育代表团到访】 1月18日，芬兰共和国罗瓦涅米市教育代表团到奉贤区交流学习，并参观了教院附小。区教育局和罗瓦涅米市教育局签署了合作备忘录，建立相互学习交流的合作机制。9月21日，罗瓦涅米市教育代表团访问奉贤中等专业学校，与奉贤区加强职业教育和成人教育的合作交流。 （赖黎明）

【区学生艺术团民乐团在维也纳金色大厅举办专场音乐会】 2月2日晚，奉贤区学生艺术团民乐团在世界音乐之都维也纳金色大厅举行“和润贤韵”专场民乐演出。民乐团完成了合奏、齐奏及独奏曲目共14首，获得巨大成功，传播了中华传统艺术和“贤文化”，向世界展示中国学生风貌。 （赖黎明）

【开展“不忘初心、牢记使命，勇当新时代排头兵、先行者”大调研】 2—12月，区教育局开展“不忘初心、牢记使命，勇当新时代排头兵、先行者”大调研工作。全年累计走访调研1个村、3个居委、8家社会组织、246家事业单位（学校）、24家民营企业、8888户居（村）民，走访20221人次，实现了调研主体、调研对象的“全覆盖”。大调研收集问题2438个，意见建议2076条，解决答复教育类问题及建议4137个；撰写调研手记（手札）29篇，调研报告7篇；出台文件及制度32个，建立5大类10条常态长效机制；《中国教育报》等国家级媒体刊发调研专题报道3篇。 （赖黎明）

【陆靖调研奉贤教育】 3月8日，市教卫工作党委副书记、市教委主任陆靖带领市教卫工作党委、市教委相关处室人员到奉贤对郊区教育发展情况进行调研。陆靖调研了区教育局、海湾小学、上师大四附中等，围绕教育优质均衡发展、办人民满意的教育过程中出现的突出问题和难点问题，问计问需，收集意见建议，推进解决。（赖黎明）

【获国际健美操赛捷克站冠军】 3月9—13日，2018国际健美操公开赛（捷克站）比赛在捷克兹林举行。明德外国语小学健美操队获得少年组有氧舞蹈冠军和少年组有氧踏板冠军，这是中国学生首次在该项目比赛中获冠军。有来自全世界14个国家的30多支队伍500多名运动员参赛。（赖黎明）

【区第二届学生运动会举办】 奉贤区第二届学生运动会3月16日在奉贤中学开幕。运动会共有来自全区66所中小学（含中职校）的7235名运动员参赛，共设竞赛项目17个大项220个小项，经过近半年的激烈角逐，产生金牌220枚、银牌219枚、铜牌210枚，在田径和游泳两个大项中分别有47个单项和19个单项创造了区学生运动会最好纪录。10月19日在育贤小学举行奉贤区第二届学生运动会闭幕式，表彰了“十佳运动员”“十佳教练员”“阳光体育贡献奖”“团体总分奖”和“优秀组织奖”。（赖黎明）

奉贤区举办第二届学生运动会

【实施“卓越教师”培养工程】 4月19日，奉贤区出台《奉贤区关于实施“卓越教师”培养工程的意见》，区教育局制定了《奉贤区“卓越教师”培养工程对象选拔方案》，“卓越教师”培养工程正式启动。9月26日，区“卓越教师”培养工程启动大会在奉贤中学召开，发布《奉贤区“卓越教师”培养发展方案》《奉贤区“卓越教师”培养发展考核细则》《奉贤区特级校长、名校（园）长、奉贤区特级教师（名教师）工作室规程》，全区建立27个学科48个特级教师（名教师）工作室，7个特级校长（名校长）工作室。成立奉贤区“卓越教师”培养工程办公室，对“卓越教师”培养工程培养对象实行任期评估考核，培养在全市乃至全国某一专业领域有影响力的卓越教师，打造区域教育人才高地。（赖黎明）

【市政府对奉贤区依法履行教育责任进行综合督政】 4月25—27日，围绕城乡义务教育一体化暨优质均衡发展、学前教育发展和未成年人思想道德建设，市政府对奉贤区政府依法履行教育责任情况进行综合督政。市督政组在听取奉贤自评报告基础上，与区人大、政协及区政府相关职能部门、各级各类学校校长和教师代表166人次进行了交流，实地走访或抽查学校和社会实践基地23个，召开座谈会53场，查阅各类资料1146卷，网上问卷调查3万余份，全面了解奉贤区教育发展情况，95.24%的社会公众认为区政府“能切实”或“能”履行教育责任，97.93%的家长表示对学校的德育工作表示满意，98.8%的学生喜欢参与学校的德育活动。市督政组认为奉贤区坚持“办好教育是奉贤最大的民生和未来”的发展理念，抓住改革机遇，努力打造“贤文化”特色鲜明的南上海教育强区。在城乡义务教育一体化暨优质均衡发展、未成年人思想道德建设和学前教育发展方面，均取得成效。（赖黎明）

【浦东干部学院学员考察奉贤区义务教育均衡发展工作】 5月10日，在上海浦东干部学院国家“优先发展教育事业专题研讨班（第三期）”学习的各省区市、副省级城市、新疆生产建设兵团教育行政部门负责人，部分市（地、州、盟）党委、政府分管教育负责人，中央和国家机关有关部委相关业务司局负责人考察奉贤城乡义务教育均衡发展促进机制的经验和做法，学习能为中西部地区推进城乡义务教育一体化工作可借鉴、可复制、可推广的经验。专题研讨班学员参观了思言小学，听取了奉贤“优先发展教育事业”的经验介绍，并就委托管理的和谐托管、学校发展的多元化与优质民办学校的发展、区域教育品质的提升、学前教育的公益性普惠性、教师绩效工资的改革、高中普职比例的均衡等进行了互动交流和深入探讨。 （赖黎明）

【国务院教育督导委员会办公室实地督查奉贤教育】 6月26—28日，国务院教育督导委员会办公室对上海市人民政府履行教育职责情况进行实地督查，奉贤区作为上海市郊区代表接受督查。督导组对奉贤教育的发展给予高度肯定，评价奉贤的校长们“都有梦想，都有思想，都有激情，都有大爱，都有担当”。 （赖黎明）

【出台托育机构管理办法】 为深入贯彻党的十九大精神，落实“幼有所育”，解决好婴幼儿照护和儿童早期教育服务问题，满足群众对托育服务的强烈需求，根据上海市促进和加强托育服务工作“1+2+1”文件精神，《奉贤区关于加强3岁以下幼儿托育服务管理工作的实施意见》于6月正式出台，明确了以“政府引导、家庭为主、多方参与”的奉贤托育工作格局，成立奉贤区托育服务指导中心，承担全区托育机构申办咨询、登记、备案和队伍培训、业务指导等工作。 （赖黎明）

【签约引进上海优质教育资源】 7月9日，奉贤区政府与均瑶集团签署战略合作协议。均瑶集团将在文化教育等方面与奉贤区携手共同发展。区教育局、奉贤南桥新城建设发展有限公司与均瑶集团上海世外教育服务发展有限公司签署合作协议，在新城地区引进上海世界外国语幼儿园、小学和初中等优质资源，以进一步推进奉贤教育品质的提升。区教育局还委托上海世外教育服务发展有限公司托管阳光外国语学校和育贤小学，开启奉贤首例知名民办学校托管公办学校新模式，让奉贤老百姓享受更多优质教育资源。 （赖黎明）

【“奉贤教育热线”开通】 区教育局全面贯彻落实国家、市、区关于开展“作风建设年”活动的精神，扎实推进“五好三强”机关建设，面向百姓需求、创新工作机制、优化办事流程，进一步改进政风、行风，整合已有的奉贤区“家庭教育和青少年心理咨询热线”“12345”市民（教育局）热线、局信访工作等，于5月18日试开通“奉贤教育热线”，构建前台一口受理、系统内全程通办的教育咨询、投诉和举报机制，实现教育问题需求的早发现、早解决，主动服务社会和家长。经过一个多月的试运行，“奉贤教育热线”于7月9日正式开通，接受市民的咨询、投诉和举报等。2018年“奉贤教育电话热线”共收到案件1195件，其中投诉74件，咨询1121件，进一步促进了教育政风行风的大转变大提升。 （赖黎明）

【建立奉贤教育微信有奖举报机制】 在开通“奉贤教育热线”的基础上，区教育局在7月9日出台《奉贤区教育局微信举报小额快速奖励办法》，通过微信形式对区内无证教育培训机构、民办教育培训机构违规违法办学行为或线索进行举报，对查证属实的举报予以一定奖励。区教育局统一对举报线索进行受理、登记和分派，自举报之日起3个工作日内进行受理、分派，科室（条线）、事务部门负责举报线索核查、协调指导，一般在10个工作日内将处置情况反馈。举报实行一案一奖制，并在16个工作日内对符合奖励条件的完成奖励。微信举报平台自7月13日运行以来，2018年度共收到举报118件，其中确认属实的72件，不属实的19件，无效的27件；查实需奖励的36件，并完成奖励。 （赖黎明）

【实施“乡镇教师支持计划”】 8月，出台《奉贤区关于实施“乡镇教师支持计划”的意见》，进一步加强乡镇学校教师师德建设，全面提升乡镇教师育德意识和能力；创新乡镇学校教师聘用流动机制，推动优秀教师向乡镇学校交流；优化乡镇学校教师培训晋升机制，在教师专业技术职务评聘中向乡镇学校倾斜；完善乡镇学校教师激励保障机制，将全区乡镇学校分为三类，每月给予在编在岗专任教师、支教教师乡村教师专项津贴；建立乡镇教师荣誉制度，在乡镇学校任教30年及以上在岗专任教师，区政府颁发荣誉证书；在评选表彰先进集体和先进个人等方面向乡镇学校教师、支教教师倾斜；建立“均瑶育人奖”等专项基金，对长期和终身从事乡镇教育的教师给予奖励，2018年有15位乡镇教师获得表彰奖励。 （赖黎明）

【《和润新语(第一辑)》首发】 奉贤教育于2017年4月8日起在“奉贤教育”微信公众号上开设“和润新语”专栏，引领全区教育人及有识之士立足教育和人文，谈成败与得失、经验与教训、困惑与顿悟、启迪与反思，一年多来，共推送200多篇优秀文章。区教育局将优秀文章汇编成《和润新语(第一辑)》，全书分“和润新视野”“德育新空间”“教学新探索”“成长新活力”“人文新思想”五部分，收录优秀文章101篇，25万余字。在第三十四个教师节主题活动上，举行《和润新语(第一辑)》首发式。 (赖黎明)

【全面推进中小学体育课程教学改革】 奉贤全面推进中小学体育课程改革，在全区小学落实一年级至三年级体育“4+2”(即每周4节体育课、2节体育活动课)基础上，在明德外国语小学、育贤小学、教院附小、弘文学校小学部、南桥小学恒贤校区5所小学实施“4+2”，在阳光外国语学校初中部、汇贤中学、古华中学、实验中学、教院附中5所中学实施“4+1”(即每周4节体育课、1节体育活动课)全年级覆盖试点，完成高中体育专项化的全覆盖工作。9月18日在育贤小学、9月27日在阳光外国语学校、10月10日在明德外国语小学、12月4日在教育学院附属小学召开试点校研讨会，聚焦“基于课程标准、聚焦动趣教学、打造活力课堂”主题的奉贤区中小学体育课程改革。 (赖黎明)

【区第二十三届教学节举行】 9月14日，主题为“依托集团资源，聚焦校本课程”的区第二十三届教学节开幕式暨新学年工作会议举行。12月20日，教学节闭幕。奉贤中学教育集团、实验小学教育集团、成职教联盟等集团(联盟)开展了丰富多彩的活动。各集团(联盟)依托教学节平台逐步形成指导成员学校从课程管理、课程建设、课程培训等方面的共享机制，逐步培育了一批适合学生学习需要、核心素养培养的高品质课程。 (赖黎明)

【创建“全国数字化学习先行区”】 经过专家严格认真的评审，7月奉贤区获“全国数字化学习先行区”称号。9月28日，中国成人教育协会举行大会，在北京表彰了“全国数字化学习先行区”。“十三五”以来，奉贤区积极构建社区教育数字化学习平台，搭建自媒体学习平台，拓宽全民乐学共享通道，方便更多市民随时随地参与到网络学习中来；积极探索“云视课堂”教学模式，完善奉贤终身学习网建设，让更多市民便捷地享受更为丰富的学习资源。

(赖黎明)

【区第十一届教育科研大会召开】 11月7日，召开以“植根实践沃土，引领品质发展”为主题的区第十一届教育科研大会。表彰了教育科研先进集体、先进个人及优秀科研成果，新出台《奉贤区教育局关于进一步鼓励广大教师开展教育科研工作的实施意见》，成立新一届奉贤区教育学术委员会并向委员颁发聘书。2018年度，奉贤区多项教育科研成果获市级奖励，区教育局长施文龙领衔的上海市哲学社会科学规划课题“统筹城乡教育一体化发展进程中的区域教育体制机制创新研究”的核心成果“突破：城乡教育一体化的区县探索”(专著)获上海市教育科学研究院第六届学校教育科研成果评选一等奖；“沪喀协同创新南疆职业技能人才培养模式的探索与实践”获上海市教学成果(职业教育)特等奖，“校本特色区域推进——区域校本课程管理与指导的实践研究”等5项课题获2017年上海市教学成果(基础教育、职业教育)一等奖。奉贤中学和教院附小分获奉贤区第七届区长质量奖银奖和创新成果奖。 (赖黎明)

【实施公办初中“强校工程”】 为进一步缩小城乡差距、校际差异，推动初中优质校与潜质校共同发展，古华中学、教院附中、肖塘中学、西渡学校、四团中学、平安学校、青村中学、金汇学校、胡桥学校、头桥中学10所公办初中学校入选上海市公办初中“强校工程”。11月23日，区公办初中强校工程大会在奉贤中学召开，奉贤区以“强势资源导入、深度激活主体、注重软硬兼施、实现联动发展”为工作定位，通过创新“十大机制”，激发初中学校改革发展内生动力，力争经过3年努力，实现10所公办初中实验校教育教学状态明显改善，办学特色明显增强，整体办学质量明显提高，家长对学校的满意度明显提升，建成“家门口的好初中”。 (赖黎明)

奉贤区公办初中“强校工程”大会

【“新时代@德育新视野”教育综合改革背景下的中小学德育创新论坛举行】 11月21—22日，“新时代@德育新视野”教育综合改革背景下的中小学德育创新论坛在奉贤举行。本次论坛由上海市教委、奉贤区政府主办，区教育局和市学生德育发展中心承办，市教育学会协办。论坛上，长三角三省一市教育部门负责人介绍各自加强中小学德育工作的做法和经验，就加强教育综合改革背景下中小学德育工作，增强学校德育的针对性、创造性和有效性，搭建长三角德育一体化工作平台，推进长三角城市之间、城乡之间以及不同学段之间德育一体化，构筑全域育人、全员育人、全程育人、全方位育人的德育格局等主题进行分享和交流。（赖黎明）

【第二届奉贤教育发展专家委员会成立】 12月1日，举行奉贤区“卓越教师”培养工程工作室启动大会暨第二届奉贤教育发展专家委员会成立大会，聘请62位上海知名教育教学专家任第二届奉贤教育发展专家委员会委员。奉贤区在“覆盖全面、层次清晰、机制完善、支撑有力”培养机制下，加快“卓越教师”培养，打造教育人才高地。（赖黎明）

举行“卓越教师”培养工程工作室启动大会暨第二届奉贤教育发展专家委员会成立大会

【一批新建（翻建）学校投入使用】 新建解放路幼儿园中粮部、金阳幼儿园天和部，整体翻建古华小学，民办上海外国语大学临港外国语学校建成。解放路幼儿园中粮部位于奉贤新城，占地面积约8153平方米，总建筑面积约7130平方米，总投资3320多万元，设计办班规模15班。金阳幼儿园天和部位于金汇镇，占地面积约5535平方米，总建筑面积约4496平方米，总投资2592多万元，设计办班规模15班。古华小学整体翻建工程位于原古华小学内，占地面积约8668平方米，总建筑面积为15057平方米（其中地下建筑面积4700平方米），总投资为9549.42万元，办班规模20班。民办上海外国语大学临港外国语学校位于临港奉贤产业园区，占地面积约51147平方米，总建筑面积63307.99平方米（其中地下建筑面积13515.91平方米），总投资51282万元，设计办班规模54班。（赖黎明）

【三所公办园创建为市一级幼儿园】 在初步解决“入园难”后，“入好园”成为奉贤区群众新期待。为回应家长和社会关切，位于大型居住社区的青苹果幼儿园、月亮船幼儿园、思齐幼儿园3所公办园在2017—2018年度通过专家评估，创建为上海市一级幼儿园。全区现有上海市一级幼儿园19所（其中民办幼儿园1所）、上海市示范性幼儿园2所。（赖黎明）

【“精准扶贫”助力西部地区教育发展】 区教育局以“精准扶贫”为目标，积极开展教育对口帮扶工作，先后与贵州省遵义市凤冈县、务川自治县、余庆县教育局签订为期3年的对口帮扶协议。2018年，选派6位优秀教师赴对口帮扶地区学校开展为期一学期的支教工作，组织3批次30多人次赴遵义市3县及青海省果洛州达日县开展支教讲学活动；接待对口帮扶地区教育干部和教师来培训、考察150多人次，奉贤中专招收120多位遵义地区中职学生。全区教育系统共有28家基层单位与对口帮扶地区学校建立帮扶关系。（赖黎明）

【获评“全国中小学校责任督学挂牌督导创新区”】 奉贤区坚持立足区情，树立责任主体意识，提供“三个保障”，树立科学管理意识，加强“三个建设”；树立有效工作意识，构建“三个模式”，树立挂牌督导责任意识，实施“三级‘自省’”，不断创新完善责任督学挂牌督导机制。2018年奉贤区获“全国中小学校责任督学挂牌督导创新县（市、区）”称号。

（赖黎明）

【全面推进“妈咪小屋”品质建设】 奉贤区教育工会指导教育系统基层单位参加上海市总工会星级“妈咪小屋”评定活动，2018年全区教育系统新建成6个“妈咪小屋”，并有37个“妈咪小屋”经申报被评定星级，其中评为市三星级“妈咪小屋”18个、四星级14个、五星级5个。至2018年底，全区教育系统共有88个单位建立91个“妈咪小屋”，其中三星级“妈咪小屋”32个、四星级15个、五星级5个。

（赖黎明）

附：区教育局驻地及负责人

（2018年1—12月）

地址：古华路758号
邮编：201499
电话：37597001

区委分管常委：王霄汉
区政府分管副区长：袁　园

区教育局党工委书记：陆　琴
副书记：施文龙（兼）、高国弟

区教育局局长：施文龙
副局长：陆　琴（兼）、张　弘、万国良、顾　军、周　英、笪　娟、黄　华

崇　明　区

【2018年概况】 全区共有中小学、幼儿园、职校和特殊教育学校110所。其中高中7所（含1所公办完中、1所民办完中），初中31所（含4所公办九年一贯制学校、1所民办九年一贯制学校、1所特殊教育学校），小学30所（含特殊教育学校1所），幼儿园41所（含2所民办幼儿园），中专职校1所。另有直属单位10个、成人学校16所。在校学生41716人，其中高中生3780人、初中生10752人、小学生15227人、在园幼儿8975人、中专职校生2797人、特殊教育学生215人。全区在编在职教职工7117人，其中专任教师5068人。在编在职教师中，具中级以上职称共有2751人，高中、初中、小学、幼儿园专任教师学历达标率分别为99.84%、98.26%、99.13%、99.88%。崇明教育认真落实上海市教育综合改革要求，以“改革＋创新”“均衡＋优质”“质量＋特色”为目标，科学谋划、锐意进取、真抓实干，努力办公平而有质量的教育。

开展学习党的十九大精神培训工作，推进“两学一做”“大调研”“双联系”活动；加强党风廉政建设，做实“四责协同”责任落实机制，梳理党风廉政建设责任清单和问题清单。开展文明创建系列活动，抓好新一轮全国文明城区创建工作，开展新一轮文明单位（文明校园）申报评估工作。认真贯彻全国教育大会精神，抓好师德师风建设，开展“为人、为师、为学”先进典型评选。

开展全国文明城区创建、“十佳百优”新时代好少年（美德少年）评选、新一轮上海市心理健康教育合格校评估复验申报、崇明区第七届心理健康教育活动月等活动。推进德育队伍专业发展建设，开展班主任培训、第五届“十佳”班主任评选、

家庭教育示范校创建等活动，实验小学等8所学校被评为2018上海市家庭教育示范校。进一步构建未成年人安全保障体系，完成上海市2017年未成年人核心指标测评项目，开展中小学生法制教育、公共安全教育、未成年人违法犯罪预防教育工作。

加强民办三级园业务指导，建立区托幼联席会议制度，增设区托育服务指导中心。开展免费早教指导、“亲子嘉年华”“科学育儿加油站”“亲子阅读分享会”等系列公益活动。全面总结“学前教育三年行动计划”实施经验，完成市综合督政小组的督查工作；制定优质园创新规划，完成5所幼儿园一级复验工作和3所幼儿园上等级评审工作。开展幼儿园课程与教学改革质量评估工作。

实施学区化办学全覆盖，建立学区化办学联席会议制度和学区、集团共建共享机制，形成一批学校研究成果。引导全区中小学、幼儿园深入推进“一校一品”建设；加强寄宿制学校布点建设。

建立生态教育特色项目，编写、实验新的生态专题与综合实践课程，更新学段纵向课程系列，出版《乡土课堂与教学实践创新案例集》。深化高考改革，做好复习迎考、模拟志愿填报、模考及质量分析等方面工作，组织学科专家编撰考前复习资料包。推进“主动、有效课堂”工程，促成一批学科教研成果；做好“快乐活动日”工作，确定3所学校为“创玩项目”试点学校，完成14个创玩小站建设。加大教育信息化建设力度，开设崇明区青年教师信息化应用能力提升培训班，完成教育无线网络、中考外语听说测试标准化考场、视频监控扩建与整合等9个项目方案的制订和申报。推进国内外教育合作项目，开展与英国、美国、德国、韩国的师生交流访问活动。

加强校园足球队伍建设，委托上海市足协举办崇明第二期“D”级足球教练员培训班。新组建U13女子组精英训练营，全区共有3个年龄段8支精英训练营队伍，6个精英训练营地，涉及学生近200名。组织师生赴俄罗斯进行国际青少年校园足球的交流学习。4所学校被国家教育部命名为第四轮“全国校园足球特色校”，全区有19所学校被评为“全国校园足球特色校”。推进全国农村学校艺术实验县、全国中小学生艺术素养实验区工作，开展“2018学生文化艺术节”系列活动，打造“高雅艺术进校园”“人人会乐器”“校园电影放映厅”等文教结合项目。做好科技教育工作，举办第五届幼儿科技嘉年华。组队参加6项全国科技竞赛共获154个名次，其中冠军33个；在市级竞赛获1320多个等第奖，其中一等奖365个。做好语言文字工作，全面实施普通话普及攻坚工程，开展推普周系列诵读活动。

完成国家级职成教示范县创建工作；推进职教集团建设，探索职教特教班的办学模式，深化校企合作，与中国商飞集团成为人才培训合作单位；进一步整合区域内各类终身教育资源，推动崇明东滩老年大学建设，基本完成市教委委托的学习型乡村项目试点和老年教育示范辐射项目实验，完成市教委布置的企业职工培训等相关任务，完成新一轮三类学习点建设。

做好师资配置，2018年共引进教师186人，其中研究生学历42人占23%，本科学历140人占75%，师范毕业130人占70%。制定并落实教育系统生态岛建设人才激励政策，对4名“名校＋新校”校长、10名柔性引进的名师工作室主持人、25名创新创业人根据标准实施人才奖励。多途径培养教育人才，第四轮20个名师工作室开展中期展示活动，开展第四轮市“双名工程”申报工作，组建“强校工程教育教学管理名师工作室”。完善绩效工资操作要求，下发新的绩效工资操作16条，规范成人教育阶段教师“薪随事转”的薪酬制度。

加快校舍设施建设，推进和启动一批重点地区重点项目，完成裕安社区配八幼儿园二次装修工作，配合新海镇政府推进迁建新海幼儿园项目，加快推进江帆幼儿园项目建设，继续推进元沙社区1所小学和2所幼儿园项目，推进新建新城向明初中项目。推进城乡义务教育一体化建设，改造完成7所学生剧场，完成义务教育阶段63所学校（校区）的校园网整体无线网络全覆盖，完成互动式多媒体教室、教师移动终端设备配备。

完成领导干部经济责任、基建修缮项目竣工决算审计工作。完成9所中小学及幼儿园的办学水平综合督导评估工作和8个责任区的挂牌督导工

作；完成上海市政府教育督导室对崇明区的综合督政及整改工作；组建崇明区幼儿园责任督学队伍并挂牌上岗。（梅湘瀛）

【**获评全国中小学校责任督学挂牌督导创新县**】 2月5日，国务院教育督导委员会公布“第二批全国中小学校责任督学挂牌督导创新县”名单，崇明区成为上海市首批获此荣誉的11个区之一。本次“全国中小学校责任督学挂牌督导创新县”申报工作在崇明自查申报、上海市政府教育督导室推荐的基础上，经国务院教育督导委员会办公室组织专家材料审查、实地核查，于2017年12月通过验收颁发铜牌。（梅湘瀛）

【**建立学区化办学联席会议制度**】 2月12日，崇明区政府建立区学区化办学联席会议，由分管副区长担任第一召集人。区教育局先后发布《崇明区教育局关于全面推进学区化办学工作的实施意见》《崇明区学区化办学组织机构设置及相关工作职责》等文件，制定组织机构及相关工作职责。为发挥学校办学的主动性，搭建合作共赢平台，破解学校“单兵作战”的困境，缩小校际差距，崇明区构建崇西、城桥、崇中、堡港、崇东、长横等6个学区。（梅湘瀛）

【**开展对云南临沧市对口帮扶工作**】 3月初，崇明区7名退休高级教师和云南临沧市教育局签订支教协议。9月12日，云南临沧市5名骨干教师到崇明区参加为期3个月的跟岗进修。9月13日，崇明区选派9名优秀教师赴云南省临沧市下属的8个县(区)进行为期一年的支教工作。10月8—26日，临沧市八县(区)25名农村小学校长和25名农村中小学骨干教师到崇明区进行为期20天的培训。10月15日—11月15日，9名云南省教育管理干部到崇明区参加为期一个月的跟岗培训。崇明中学、民本中学、扬子中学等8所学校分别与云南省临沧市临翔区第一中学等8所学校开展为期3年的结对帮扶；对云南临沧市临翔区忙畔街道大文中学进行为期3年的委托管理。（梅湘瀛）

崇明区赴云南临沧支教教师和当地学生、教师合影

【**开展干部三年任期目标考核**】 3月起，根据校(园)长、书记三年任期目标的相关规定，区教育局党委成立由党政班子成员带队的6个考核小组，对系统内115家单位开展校(园)长、书记三年任期目标的考核工作。6月开展干部调整工作，共提任干部52人，校长书记“一肩挑”5人，退岗16人，轮岗交流50多人。（梅湘瀛）

【**开展教育职责综合督政**】 5月15—17日，市教委、市政府教育督导室对崇明区依法履行教育职责开展综合督政。市督政组围绕城乡义务教育一体化暨优质均衡发展、体教结合工作和学前教育等三方面工作，共随机抽查学校和教学点18所，召开人大政协、相关委办局、校长、教师代表等座谈会36个，通过专用网络平台对校长、教师、学生、家长等共计2万余人开展问卷调查，对崇明区教育发展情况作了全面、深入的了解，对区政府依法履行教育职责作了充分肯定。（梅湘瀛）

【**挂牌成立学校安全管理中心**】 5月21日，崇明区学校安全管理中心正式挂牌成立。区学校安全管理中心是根据市教委要求，结合崇明教育系统安全管理工作实际而成立的学校安全管理工作机构，主要职能为指导、督促、服务各基层单位的安全管理工作及相关事务。（梅湘瀛）

【**开展课程与教学交流和评估**】 为进一步推动区课程建设与课堂教学改革，总结交流学校间的典型工作经验和有效做法，6月11日起，聘请市教科院

普教所、外区教育学院、市"双名基地"导师、市名校长等组成的专家团队，进行 2017 学年课程与教学交流和评估工作。评估工作为期 7 天，分高中组、初中组、小学组和学前教育组进行。（梅湘瀛）

【创建国家级农村职业教育和成人教育示范县】 为进一步发挥职业教育和成人教育在就业创业、文化塑造、服务经济社会方面的功能，推进职业和成人教育改革、发展、创新，2015 年底，经市教委审核同意，崇明区（县）向教育部申报创建国家级农村职业教育与成人教育示范县。经过近 3 年的创建，2018 年 7 月，教育部、科学技术部、农业农村部、国家林业和草原局、国家粮食和物质储备局等五部委正式发文认定崇明区为国家级农村职业教育和成人教育示范县。8 月 23 日，《光明日报》以"终身教育助推生态农业升级"为题对相关工作作专题报道。（梅湘瀛）

【区托育服务指导中心揭牌】 7 月 27 日，崇明区托育服务指导中心揭牌。为满足二孩政策出台后人民群众对托育服务日益强烈的需求，同时使"幼有所育"作为保障和改善民生的重要内容，崇明区根据市托育工作的统一部署，在原区社区早期教育指导中心增挂一块牌子，成立了区托育服务指导中心。主要负责区域内托育机构预约登记、申报咨询、备案等工作，组织协调对区域内托育机构的事中事后监管和对区域内婴幼儿家庭科学育儿的指导，负责区域内托育机构从业人员培训工作。（梅湘瀛）

【义务教育阶段寄宿制学校扩大规模】 崇明区于 2016 年 9 月起试点建设义务教育阶段寄宿制学校，在庙镇小学和崇西中学招收家庭教育缺失学生。2018 年新增竖新小学、三烈中学、汲浜小学、大公中学作为新增义务教育阶段寄宿制试点学校，于 2018 年 9 月 1 日开始招生，4 所学校合计招生 96 人，加上原有两所学校招生 40 人，2018 学年全区共招收 136 名寄宿生。（梅湘瀛）

【庆祝第三十四个教师节】 9 月 10 日下午，举行崇明区庆祝第三十四个教师节主题活动，区委、区府、区人大、区政协领导出席主题活动。会上表彰一批优秀教师和先进集体。2017 年度，有 1 位教师获上海市教育功臣提名奖，1 位教师获上海市"为人、为师、为学"先进典型称号，10 名教师获"崇明区第五届十佳班主任"称号，113 位教师获行政记大功奖，451 位教师获行政记功奖。表彰会后举行"教苑求真　花海圆梦"主题活动。（梅湘瀛）

崇明区庆祝第三十四个教师节主题活动

【获第十六届市运会最快进步奖】 9 月 20 日—11 月 10 日，组成上海市第十六届运动会崇明区青少年体育代表团，参加 20 个大项 50 个组别的青少年组的比赛。崇明区代表团共获 53 枚金牌、36.75 枚银牌、33.5 枚铜牌，崇明区获市运动会最快进步奖。（梅湘瀛）

【组建"强校工程"教育管理名师工作室】 为提升"强校工程"实验学校的校长领导力水平，根据市教委关于"强校工程"与"双名工程"有机结合的要求，组建"强校工程教育管理名师工作室"，聘请静安区教育学院附属学校校长张人利担任名师工作室主持人。10 月 23 日，工作室启动会议在新城会议中心举行，崇明区教育局与张人利校长签订聘任协议。（梅湘瀛）

【举办第七届"03 亲子嘉年华"主题活动】 10 月 28 日，由崇明区教育局主办，区卫计委、区妇联、市"育儿周周看"项目组协办，崇明区社区早教指导中心承办的 2018 年上海市科学育儿指导公益活动崇明区专场暨崇明区第七届"03 亲子嘉年华"在崇明中学举行。活动邀请华东师范大学学前教育系及上海市早期教育指导中心的专家开设讲座。各早教指导站设计的游戏活动，吸引近700个家庭参与。

（梅湘瀛）

崇明区第七届“03亲子嘉年华”大型主题活动举行

【发放第十二届“瀛通教育至爱专项基金”】 10月29日，举行“瀛通，让大爱永存”——2018年第十二届“瀛通教育至爱专项基金”发放仪式。“瀛通教育至爱专项基金”崇明区受益总人数达600人。其中422名学生获“瀛通帮困助学金”，36名学生获“瀛通优秀学生奖学金”，6名“区领军人才”“区拔尖人才”、22名“名师工作室导师”、21名市级课堂教学评比获奖者、10名“十佳”德育工作者、11名“师德标兵”、72名“新蕾奖”获得者，142名教师获“瀛通‘绿叶’奖励金”。会后，举行新一轮“瀛通教育至爱专项基金”捐赠仪式。（梅湘瀛）

【举行“地理与生态环境教育研究中心”成立仪式】 11月7日，由华东师范大学地理科学学院主办，区教育局、区教育学院协办的“地理与生态环境教育研究中心”成立仪式暨世界级生态环境教育推进会在崇明生态研究院举行。华东师范大学地理科学学院和崇明区教育局共同为“地理与生态环境教育研究中心”揭牌。（梅湘瀛）

【与黄浦区举行合作办学签约仪式】 11月20日，黄浦区、崇明区举行合作办学签约仪式。根据协议精神，崇明区将在城桥新城地区新建一所初中、在长兴岛新建一所小学，分别由上海市向明初级中学和上海市实验小学委托管理，继续推行“名校＋新校”的模式。同时，协调上海市学前教育研究所参与指导崇明区优质学前教育品牌打造。

（梅湘瀛）

附：区教育局驻地及负责人

（2018年1—12月）

地址：崇明大道8188号商务中心3号楼4楼
邮编：202150
电话：59621724

区委分管常委：龚朝晖
区政府分管副区长：王　菁

区教育局党委书记：施　易
副书记：姚李超（兼）

区教育局局长：姚李超
副局长：黄乃华、黄宗逵、吴美华

高等学校
Higher Educational Institutions

复旦大学

【2018年概况】 学校有直属院(系)33个(不含继续教育学院),附属医院16所(其中3所筹建),设有本科专业75个,一级学科博士学位授权点37个,一级学科硕士学位授权点43个,博士专业学位授权点2个,硕士专业学位授权点27个。博士后科研流动站35个。在校普通本、专科生13656人,硕士研究生15201人,博士研究生7409人,留学生3672人(其中攻读学位的留学生2353人)。截至12月底,在职在编专任教师2713人,专职科研人员352人。中国科学院、中国工程院院士47人(含双聘),文科杰出教授1人,文科资深教授13人。“长江学者”特聘教授入选94人。“国家重点基础研究发展计划(含重大科学研究计划)”项目首席科学家35人,国家重点研发计划项目负责人66人。共牵头申请国家重点研发计划项目44项。有邯郸、枫林、张江、江湾4个校区,占地总面积约243.91万平方米。

发展规划与学科建设。新启动“双一流”重点项目84项,累计启动21个类别、366个“双一流”重点建设项目。编制《复旦大学“双一流”建设年度进展报告》。新增4个上海市高峰学科,累计14个学科纳入上海市高峰学科建设,承建数量位居全市各高校首位。新增药理学与毒理学进入ESI全球前1‰,地球科学进入全球前1%,进入ESI前1%学科总数达到18个。ESI高被引论文十年数据达805篇,比上年提升16.7%。全年发表CNS论文23篇,较上年提升91.7%。新增大气科学和网络空间安全2个博士学位授权一级学科,6个目录外二级学科博士点(美学、财政学、马克思主义发展史、国外马克思主义研究、商务人工智能、集成电路与系统设计)。

人才培养工作。毕业本科生3035人,毕业研究生4967名(其中硕士3618人、博士1349人)。共授予硕士学位3540人(其中专业学位2178人),授予博士学位1270人(其中专业学位146人)。录取本科生3351人(含留学生318人),实际招录硕士研究生6078人(其中学术型1910人、专业型4168人),博士生2100人。医科继续施行分代码招生。全年开设各类本科课程6743门次(其中二专二学位课程238门次),30人以下(含)小班课程共计3858门次。获国家级教学成果奖7项,其中一等奖2项;获上海市2017年教学成果奖52项,特等奖和一等奖数量均列上海第一。共建设52门创新创业专项课程,认定24门创新创业课程,覆盖所有院系。新增博士生导师189人。接受教育部本科教学工作审核评估。历史、哲学、数学、物理、化学、高分子、核技术等7个院系11个专业试点实施《复旦大学“2+X”本科培养体系建设暂行办法(2018版)》。生命、高分子、历史、哲学等院系实施“本科荣誉项目”方案,各院系开设荣誉课程共计43门,为优秀拔尖学生开设的加深型研讨课程约130门。推出第一个跨院系建设的“学程项目”——“数理逻辑”。推进研究生教育综合改革,全面启动长学制研究生招生培养工作,录取直博生人数较上年大幅增加,获关键领域核心技术紧缺博士人才自主培养专项计划支持。明确博士研究生教育综合改革的核心内容——“一个体系构建、四大板块改革、五项机制创新”,10月向教育部提交《博士研究生教育综合改革试点工作年度进展报告》。入选首批20所学位授权自主审核单位,参评全国首次专业学位水平评估的5个学位授权点均获A类。深化课程思政教育教学改革。制定《课程思政体系建设实施方案》,召开全校课程思政建设现场交流推进会、理论研讨会。深化思政课改革,制定实施《形势与政策》课程改革方案。坚持党政领导上思政课制度,邀请市委书记李强到校作形势政策报告,校党委书记、校长7次走上讲台,为学生和党员干部上思政课、党课。在全校哲学社会科学课程中推广“三集三提”做法。持续推进“三十百加一(医)”课程思政示范工程,着力建设3个示范专业,在建全国共享在线课程11门,在建示范课程超过200门,覆盖全校74个专业。课程思政教育教学改革和通识教育改革分别获国家级教学成果奖一等奖。提升学生思想政治教育精准性时效性。开展书院传统文化月和传统文化体验季活动,创作排演原创校史剧《陈望道》《谢希德》《相辉堂》等,观演师生超过5000人次;组织学生开展“看需求、悟变化、讲担当”主题社会实践,累计1.5万人次参与;引导学生参与各类志愿者服务工作,累计服务时长超4万小时,服务人次达2000余次;推进选调生和国际组织人才培养输送工作,共计130名毕业生签约21个省(区、市)选调生项目,比2017届增长30%。

科技创新与学术研究。全年理、工、医科各机构科研经费首次突破30亿元。牵头成立国家集成电路创新中心、国家放射与治疗(介入治疗)临床医学研究中心等2个国家级科研平台,获批成立9个省部级平台基地、7个省部级重点实验室及工程研究中心。脑科学前沿科学中心成为国家“珠峰计划”首个前沿科学中心,脑与类脑智能基础转化应用研究获市级科技重大专项立项,代谢与整合生物学研究院、复杂体系多尺度研究院等相继成立,上海数学中心正式运行。与临港管委会、临港经济发展集团有限公司共建“复旦大学工程与应用技术研究院”。牵头国家重点研发计划项目15项;国家自然科学基金申报2953项。获国家自然科学奖二等奖1项,高等学校科学研究优秀成果奖(科学技术)一等奖1项,上海市科学技术奖一等奖6项、二等奖6项、三等奖7项,青年科技杰出贡献奖1人。文科科研项目批准经费1.46亿元。全年获批国家社科基金重大项目9项,国家社科重大专项项目7项。国家社科基金各类项目立项总数74项。获批新建10个省部级以上研究基地,8个上海市研究平台。获上海市第十四届哲学社会科学优秀成果奖148项,《中国行政区划通史》获上海市哲学社科优秀成果奖特等奖。4位文科教师获得“曙光计划”立项资助,3位教师获评2018年度上海市社科新人。《复旦学报(社会科学版)》获评为第三届全国“百强报刊”。学术集刊《历史地理研究》获得国家出版署的批准,成为正式期刊。入选“上海市智库内涵建设计划”项目立项数和经费数均列上海高校首位。推进产学研合作。新建校企联合实验室7家,续签1家,合同金额1.1亿元。申请国内专利602项,授权专利数量245项。转化科技专利26项,合同金额2.86亿元。

服务国家战略,服务上海发展。加快建设张江复旦国际创新中心,聚焦具有重大战略意义的研究领域,确立“一计划两中心”建设方向。牵头成立“人类表型组计划”国际研究联盟;成立“复杂体系多尺度研究院”,推进建设国际多尺度生命科学研究的中心和创新高地;引进诺贝尔奖获得者Michael Levitt教授,发挥高端人才集聚效应,致力打造全球学科研究高地。加强校地、校企合作。与珠海市、中国建设银行总行、青岛市黄岛区和科文集团等单位签署合作协议;与上海、江苏、浙江、重庆、广东、云南、山东、陕西、湖北、四川、福建等11个省市的22个地市会商校地合作工作。新建珠海复旦创新研究院、中山复旦联合创新中心等4个地方研究机构,创新校地合作新模式。成立学校定点扶贫和对口支援工作领导小组,制定定点扶贫工作三年行动计划,全年直接投入、引进帮扶资金、帮助购买和销售农产品共计2000余万元,推进云南省大理州永平县定点扶贫工作,与云南大学、西藏大学、内蒙古大学和南昌大学等部省合建高校建立对口合作关系。

人才队伍建设。全年累计引进各类人才278名,引进“四青”及以上各类高层次人才96名,引进1位诺奖获得者,4位两院院士,3位发达国家院士,2位国家千人,3位万人领军。加强人才队伍顶层设计。“卓越2025”人才计划稳步推进,构建“卓学—卓识—卓越—卓著”的阶梯式人才培育体系。按照“分类管理、分类评价”原则,稳步开展学校12个系列高级职务评聘工作,首次统一实施教学为主型岗位高级职务评聘工作,首次下放校院两级管理首批5家试点院系3年教师高级职务晋升名额统筹权。

附属医院工作。截至12月31日，16家附属医院（含筹）总门急诊量2923.3万人次，总出院人数79.8万，住院手术50.3万人次。全年招录住培医师866名、专培医师296名，住培出站738名。展开对口援建和援外医疗，累计派出医疗援派人才59人、短期技术交流人才151人次，接收受援地医务人员培训学习423人次；对口支援云南省大理白族自治州永平县，承担云南、新疆、青海、贵州等西部5省、市、自治区10余地州市近20家医疗机构援建工作。持续开展巴基斯坦医疗服务建设工作。深化公立医院改革，开展医疗区域合作和共建工作，探索新型专科医联体新模式。与国家卫健委、上海市共建的“上海脑疾病中心”正式运行；推进复旦儿科、妇产科等专科医联体；与杨浦区合作共建社区卫生服务中心和“复旦—哈佛”肿瘤诊治与研究中心建设；与奉贤区合作共建西渡社区卫生服务中心；与青浦区政府合作共建妇产科医院青浦分院；落实与启东、重庆、德宏等地的校地合作项目。继续支持复旦大学附属中山医院厦门医院的发展，推进上海医学院与宁波市政府合作办学办医工作。

交流合作。派出交流学生3609人次。接收各类留学生6992人次。新签和续签海外合作协议21个。全年到访长期专家208人，其中包括外籍博士后36人，外籍博士后增长速度明显；到访短期专家5290人次，包括诺贝尔奖得主11人次，外国科学院院士71人次。全年执行高等学校学科创新引智基地6个，“一带一路”教科文卫引智计划3个，国家重大科技专项外国人才引进计划1个，国际学术大师校园行项目1个以及教育部海外名师项目1个，校级聘请外国专家项目30个。新获批1个高等学科创新引智基地——“计算神经科学与类脑智能学科创新引智基地”。拓宽海外合作网络。新设哈萨克斯坦阿斯塔纳和新西兰奥克兰等2个海外中国研究中心，新建卢森堡大学孔子学院，与伦敦政治经济学院合作建设全球公共政策研究中心，与哈佛大学医学院合作项目全面启动，首个海外教学点于匈牙利布达佩斯正式启用（经济学院“复旦—考文纽斯硕士双学位项目”）。启动复旦—拉美大学联盟合作“种子基金”。举行第二届“一带一路”与全球治理国际论坛，发布《“一带一路”年度发展报告》。共同发起成立“沪港大学联盟”。执行“港澳万人计划”项目27项，港澳地区的师生1106人次参与。全年校级层面共接待38个国家和地区的189个团体，访客1263人次，各国政要10人。

校友、校董和筹资工作。上海复旦大学教育发展基金会净资产规模达到人民币8.09亿元，较上年增长14.6%。全年共签订协议138份，金额总计6.55亿元。上海基金会到账金额约2.77亿元，海外基金会到账约166万美元。基金会年度公益支出1.95亿元，总额达2017年末净资产的27.6%。建立全球94家校友会片区对口联络制度，全年走访44个地区校友。首次举行毕业10、20、30、40年四届值年校友共同返校的2018校友返校日活动。共拜访校董33人次，走访校董企业逾14家。校董及重要捐赠人新签捐赠协议19份，协议金额1.04亿元，捐赠到账1.76亿元。

公共服务与后勤保障工作。共有图书554.71万册，电子图书275.17万册，电子期刊320.45万册。制定信息化三年行动计划（2018—2020）；教学科研区域5GHz无线网络实现覆盖率翻倍，覆盖范围占教学科研区的81%；新增eHall网上办事大厅服务项目48项。办学条件和校园环境持续改善，全年开工在建基建项目6个，竣工验收项目11个，新增教学科研等用房面积约19.58万平方米。相辉堂整修完毕，江湾校区理科楼群相继启用，融合现代教学理念和信息技术的第五、第六教学楼以及恒隆物理楼等本科实验中心陆续建成。张江复旦国际创新中心基本建设项目获批立项，张江脑影像中心建筑结构封顶，校区规划调整及土地权属遗留问题处置进展顺利。深化平安校园建设。整体规划学校安全管理蓝图，初步形成《复旦大学安全管理方案》。全面落实楼宇安全保卫管理职责，将4个校区的楼宇安保职责全部纳入保卫处统一管理，实现“大安全、大保卫”。规范国有资产管理。成立采购与招标工作领导小组，正式实施《复旦大学采购与招标管理办法》。推进后勤服务改革。完成邯郸校区南区及江湾校区物业新一轮招标，完成江湾校区和枫林校区校园生活服务平台建设，制定《复旦大学垃圾分类实施方案》。筹建基础教育集团、与上海地产集团战略合作保障教师住房等多个民生实事项目落地，师生学习、工作和生活条件明显改善。

深入学习贯彻全国教育大会精神，推进习近平新时代中国特色社会主义思想和党的十九大精神学习活动，加强和改进教师思想政治工作。起草《复旦大学教职工政治理论学习制度实施办法（试行）》，建立政治理论学习课程库，全年编发《理论学习参考》9期。以“弘扬爱国奋斗精神，建功立业新时代”为主题开展教师节系列活动。严格落实意识形态责任制，制订《复旦大学关于讲座论坛等涉及意识形态突发事件应急处置预案（试行）》，改进网上讲座论坛审批系统。（童子益）

【学生多次获奖】 在国际大学生数学建模竞赛中，获一等奖5项、二等奖14项。在高教社杯全国大学生数学建模竞赛中，获一等奖5项、二等奖4项。在丘成桐大学生数学竞赛中，获银奖2项、铜奖3项。在第九届全国大学生数学竞赛（决赛）中，获一等奖6项、二等奖2项、三等奖1项。在“英特尔杯”大学生电子设计竞赛嵌入式系统专题邀请赛中，获全国三等奖2项。在第九届中国大学生物理学术竞赛中，获一等奖5项。在第三届全国大学生生命科学创新创业大赛中，获一等奖3项。在第十一届全国大学生化学实验邀请赛中，获一等奖1项、二等奖1项。在“21世纪杯”全国英语演讲比赛全国总决赛中，获一等奖1项。在“外研社杯”全国英语辩论赛全国总决赛中，获一等奖2项。在“外研社·国才杯”全国英语演讲大赛中，获全国季军1人、获一等奖2项、三等奖5项。在国际遗传工程机械设计大赛（iGEM）中，获银奖1项，铜奖1项。在第四届中国“互联网+”大学生创新创业大赛中，获全国金奖2项、银奖3项、铜奖1项，上海市金奖1项、银奖8项。在第二届全国留学生临床思维与技能竞赛中，获最佳团队合作奖、优异团队奖。在第二十届中国国际高新技术成果交易会中，获“优秀产品奖”2项，学校代表团获“优秀展示奖”和“优秀组织奖”2个奖项。在第五十二届世界射击锦标赛女子运动手枪青年组比赛中，2017级法学院本科生王晓雨获金牌；第十一届亚洲气枪锦标赛中，王晓雨获女子气手枪个人金牌、团体金牌，气手枪混合赛铜牌；在2018射击世界锦标赛男子步枪卧射比赛中，获团体季军；在2018中国大学生武术套路锦标赛中，获男子甲组吴氏太极拳第一名、女子甲组翻子拳第一；在第八届“冠军杯”国际花样滑冰邀请赛中，获大众组成人组队列滑比赛冠军；在第三十二届CBDF国际标准舞全国锦标赛名校对抗赛中，获团体冠军。根据钟扬教授真实事迹创作的话剧《种子天堂》获评第六届中国校园戏剧节优秀展演剧目。（童子益、甄炜旎）

【获国家级科学技术奖励1项】 化学系教授周鸣飞领衔项目“瞬态新奇分子的光谱、成键和反应研究”获国家自然科学二等奖。（童子益、甄炜旎）

【获批2个国家级科研平台】 获批国家集成电路创新中心、介入治疗国家临床医学研究中心等2个国家级科研平台。（童子益、甄炜旎）

【获杰出青年科学基金资助项目1项】 国家自然科学基金委公布2018年度国家杰出青年科学基金资助项目申请人名单，学校物理学系向红军项目《多铁性的理论研究》获批立项。（童子益、甄炜旎）

【获批国家自然科学基金委重大项目立项1项】 化学系黎占亭课题《共价与非共价键协同的框架型超分子和动态共价聚合物构筑与功能》获国家自然科学基金委重大项目立项。（童子益、甄炜旎）

【获上海市白玉兰荣誉奖、白玉兰纪念奖】 附属儿科医院客座教授李树锦（Shoo Kim Lee）获上海市白玉兰荣誉奖。物理学系教授卡西莫·斑比（Cosimo Bambi）和“脑损伤研究海外创新团队”的首席科学家陈俊（Jun Chen）获上海市白玉兰纪念奖。

（童子益、甄炜旎）

【入选教育部首批“三全育人”综合改革试点单位】 制定“三全育人”综合改革试点方案，明确改革思路、举措与预期成效，健全立德树人落实机制，学校入选教育部首批10家“三全育人”综合改革试点

单位。（童子益、甄炜旎）

【成立多个科研、教学机构】 1月14日，复旦大学泛海国际金融学院揭牌成立。1月20日，复旦大学人类遗传学与人类学系成立。2月23日，数字"一带一路"高端论坛暨复旦大学中国研究院数字"一带一路"研究中心（筹）成立仪式在北京举行。6月8日，上海市脑疾病中心、复旦大学脑疾病中心揭牌。7月3日，国家集成电路创新中心揭牌成立，由复旦大学、中芯国际和华虹集团3家单位共同发起。7月11日，复旦大学附属闵行医院正式脱筹挂牌。7月18日，上海（复旦大学）扶贫研究中心揭牌成立。8月23日，上海市地方志发展研究中心揭牌成立，由复旦大学和上海地方志办公室合作成立。10月16日，复杂体系多尺度研究院揭牌成立。

（童子益、甄炜旎）

【追授钟扬"时代楷模""全国优秀共产党员"称号】 3月29日，中共中央宣传部向全社会宣传发布钟扬的先进事迹，追授其"时代楷模"称号。6月，中共中央追授钟扬"全国优秀共产党员"称号。《人民日报》、新华社、《光明日报》、中央电视台等十余家中央及沪上媒体分别报道钟扬先进事迹。《钟扬文选》《钟扬纪念文选》《钟扬小传》《种子的力量——读懂钟扬》公开出版并在上海首发。（童子益、甄炜旎）

【多篇论文在国际顶级学术刊物发表】 3月29日，《科学》（Science）预印版刊发物理学系应用表面物理国家重点实验室研究员安正华课题组合作研究成果《利用散粒噪声对热电子的非局域能量耗散直接成像》（"Imaging of nonlocal hot-electron energy dissipation via shot noise"）。3月，《自然》（Nature）刊发脑科学研究院、医学神经生物学国家重点实验室、复旦大学附属中山医院神经内科双聘教授杨振纲课题组合作研究成果《海马脑区的新生神经元在儿童脑内显著下降，在成人脑内没有发现》（"Human hippocampal neurogenesis drops sharply in children to undetectable levels in adults"）。4月9日，《自然·纳米技术》（Nature Nanotechnology）刊发微电子学院张卫、周鹏团队研究成果《用于准非易失应用的范德瓦尔斯结构半浮栅存储》（"A semi-floating gate memory based on van der Waalsheterostructures for quasi-nonvolatile applications"）。4月19日，《细胞》（Cell）刊发生命科学学院李继喜合作研究成果《异源淀粉样信号复合物RIPK1-RIPK3坏死小体的结构研究》（"The Structure of the Necrosome RIPK1-RIPK3 Core, a Human Hetero-amyloid Signaling Complex"）。7月19日，《自然》（Nature）刊发生物医学研究院施扬、石雨江团队科研成果《葡萄糖通过AMPK介导的对TET2蛋白的磷酸化调控揭示了糖尿病与癌症内在关联的新通路》（"Glucose-regulated phosphorylation of TET2 by AMPK reveals a pathway linking diabetes to cancer"）。7月20日，《科学》（Science）刊发环境科学与工程系王琳团队研究成果《中国典型超大城市的硫酸-二甲胺大气新粒子形成事件》（"Atmospheric New Particle Formation from Sulfuric Acid and Amines in a Chinese Megacity"）。8月31日，《科学》（Science）刊发化学系周鸣飞课题组研究成果《观察到类似过渡金属的碱土金属八羰基化合物》（"Observation of alkaline earth complexes M(CO)8(M=Ca, Sr, Ba) that mimic transition metals"）。10月22日，《自然》（Nature）刊发物理学系张远波课题组研究成果《二维铁锗碲中栅压调控的室温铁磁性》（"Gate-tunable Room-temperature Ferromagnetism in Two-dimensional Fe3GeTe2"）。12月17日，《自然》（Nature）刊发修发贤团队研究成果《砷化镉中基于外尔轨道的量子霍尔效应》（"Quantum Hall effect based on Weyl orbits in Cd3As2"）。（童子益、甄炜旎）

【多位领导到校视察调研】 4月11日，中共中央政治局常委、国务院总理李克强到复旦大学附属华山医院考察，中共中央政治局委员、上海市委书记李强和市长应勇陪同。5月3日，教育部和上海市政府共同在学校组织召开上海数学中心筹建工作小组会议。5月3日，《共产党宣言》展示馆试运营，市委书记李强到馆重温"信仰之源"，并为青年师生代表作形势政策报告。5月29日，市人大常委会主任殷一璀带领各区人大常委会主任等到附属华山医院西院视察。7月9日,《光明日报》总编辑张政到校调研思想政治理论课教学。9月6日,全国人大常委会委员、全国人大宪法与法律委员会副主任、民盟中央专职副主席徐辉到校调研。11月30日,市委书记李强到校调研高校智库建设并主持召开座谈会。(童子益、甄炜旎)

【获第四十六届日内瓦国际发明展多个奖项】 4月11—15日,第四十六届日内瓦国际发明展开展。学校4个发明项目参展,其中,高分子科学系彭慧胜团队项目“柔性织物状锂离子电池”、信息科学与工程学院肖力敏团队项目“未封闭空芯光子晶体光纤”获金奖,计算机科学技术学院张文强团队项目“中医辅诊机器人”获银奖和罗马尼亚技术科学院特别大奖,信息科学与工程学院陈炜团队项目“可穿戴式新生儿惊厥监护系统”获银奖。(童子益、甄炜旎)

【在全国第五届大学生艺术展演中获奖】 4月17—19日,全国第五届大学生艺术展演声乐专场举行。学生合唱团原创合唱《青春无悔》《骤雨打新荷》,学生舞蹈团作品《望道》,复旦剧社原创小品《瓶中丝路》分获声乐组、舞蹈组、戏剧组一等奖。(童子益、甄炜旎)

全国第五届大学生艺术展演声乐专场在复旦大学举行

【举行“上海论坛2018”年会】 5月26—28日,举行“上海论坛2018”年会,论坛主题为“变动世界中的亚洲责任”。联合国副秘书长、联合国亚太经济社会委员会执行秘书沙姆沙德·阿赫塔尔(Shamshad Akhtar),日本众议院预算委员会主席河村建夫,巴西财政部前部长路易斯·卡洛斯·布雷塞尔·佩雷拉(Luiz Carlos Bresser-Pereira),哈佛大学肯尼迪政府学院首任院长格雷厄姆·埃里森(Graham Tillett Allison, Jr.),上海WTO事务咨询中心理事长、上海市政协原副主席王新奎分别发表主旨演讲。(童子益、甄炜旎)

【17人入选“长江学者奖励计划”】 5月,教育部公布2017年度“长江学者奖励计划”入选名单,复旦大学17人入选,其中中国语言文学系陈引驰、哲学学院邓安庆、国际关系与公共事务学院敬乂嘉、附属眼耳鼻喉科医院赵晨、物理学系赵俊等5人入选特聘教授,12人入选青年学者。(童子益、甄炜旎)

【5个专业学位授权点获评A类】 7月26日,教育部学位与研究生教育发展中心正式公布全国首次专业学位水平评估结果,学校参评的5个专业学位授权点均获评A类,A类授权点数量位列参评高校第二。(童子益、甄炜旎)

【举办复旦管理学奖励基金会颁奖典礼】 11月9日,复旦管理学奖励基金会颁奖典礼举行。首席教授、东方管理研究院名誉院长苏东水获颁“复旦管理学终身成就奖”;中国工程院院士、中南大学商学院名誉院长陈晓红,华中科技大学教授、中国工程院院士丁烈云,浙江大学管理学院教授、教育部长江学者特聘教授华中生获颁“复旦管理学杰出贡献奖”;珠海格力电器股份有限公司董事长兼总裁董明珠获颁“复旦企业管理杰出贡献奖”。(童子益、甄炜旎)

【举行第三届“复旦-中植科学奖”颁奖典礼暨第四届“复旦科技创新论坛”】 12月16—18日,第三届“复旦-中植科学奖”颁奖典礼暨第四届“复旦科技创新论坛”举行。2018“复旦-中植科学奖”获奖人、美国国家科学院院士英格丽·多贝西(Ingrid Daubechies)出席颁奖典礼并作报告《数学生涯的一些篇章》(A Few Mathematical Chapters)。著名实验物理学家、1976年诺贝尔物理学奖得主、"复旦-中植科学奖"评奖委员会主席丁肇中宣读第三届"复旦-中植科学奖"获奖者名单并致颁奖辞。中国航天英雄、特级航天员杨利伟,美国国家科学院院士、狄拉克奖获得者米歇尔·帕里内洛(Michele Parrinello)先后以《中国载人航天工程概况》和《从计算机到原子模拟:机遇与挑战》为主题发表报告。

(童子益、甄炜旎)

第三届"复旦-中植科学奖"颁奖典礼暨
第四届"复旦科技创新论坛"在上海举行

附:学校负责人及地址

(2018年1—12月)

校党委书记:焦　扬
　副书记:许宁生(兼)、许　征、袁正宏、刘承功、尹冬梅

校　长:许宁生
副校长:桂永浩(常务)、金　力、张志勇、周亚明、陈志敏、张人禾、徐　雷

邯郸校区地址:邯郸路220号
邮　编:200433
电　话:65642222

枫林校区地址:医学院路138号
邮　编:200032
电　话:54237900

张江校区地址:张衡路825号
邮　编:201203
电　话:51355003

江湾校区地址:淞沪路2005号
邮　编:200438
电　话:51630011

上海交通大学

【2018年概况】 学校有30个学院/直属系、31个研究院、13家附属医院、2个附属医学研究所、12个直属单位、6个直属企业。全日制本科生(国内)16129人、研究生(国内)30217人(其中全日制硕士研究生14439人、全日制博士研究生7882人)。学位留学生2982人,其中研究生学位留学生1698人。有专任教师3061名,其中教授982名,中国科学院院士22名、中国工程院院士22名(包括1名两院院士),"长江学者"特聘教授和讲座教授共144名,国家杰出青年基金获得者144名,青年拔尖人才24名,长江青年学者28名,优秀青年科学基金获得者86名,国家重点基础研究发展计划(973计划)首席科学家36名(青年科学家2名),国家重大科学研究计划首席科学家14名。国家基金委创新研究群体16个,教育部创新团队20个。国家重点研发计划项目获得者73名(青年项目获得者7名)。

设有本科专业67个,涵盖经济学、法学、文学、理学、工学、农学、医学、管理学和艺术等9个学科门类。拥有国家级实验教学、虚拟仿真实验教学和上海市实验教学示范中心19个。有国家"万人计划"教学名师2人,国家高层次人才特殊支持计划1人,国家级高等学校教学名师奖获得者8人,上海市教学名师奖获得者33人,国家级教学团队8个,上海市教学团队15个。有国家级视频公开课、精品资源共享课程、精品在线开放课程、双语示范课程等48门，上海市精品课程、重点课程、高校示范性全英语课程等343门。学校获国家首批"双创示范基地"，成立学生创新中心，入选首批中美青年创客交流中心。"学在交大"成为新时期上海交通大学的鲜亮名片。

学校有一级学科博士学位授权点42个，覆盖经济学、法学、文学、理学、工学、农学、医学、管理学等8个学科门类；一级学科硕士学位授权点57个，覆盖12个学科门类；博士专业学位授权点3个；硕士专业学位授权点23个；35个博士后流动站。有1个国家重大科技基础设施，8个国家重点（级）实验室，1个国家级科研机构，5个国家工程研究中心，2个国家工程实验室，1个国家级研发中心，3个"2011"协同创新中心，17个教育部重点实验室，1个教育部国际合作联合实验室，4个国家级国际联合研究中心，2个示范型国际合作联合基地，5个卫生部重点实验室，1个农业部重点实验室，36个上海市重点实验室，6个教育部工程研究中心，7个上海市工程技术研究中心，2个上海市功能型平台，1个国家社科基金决策咨询点，6个上海市哲学社会科学创新研究基地，3个上海市高校智库，4个上海市人民政府决策咨询研究基地（专家工作室），2个上海市软科学基地，1个教育部高等学校软科学研究基地，3个世界卫生组织合作中心，1个国家技术转移中心和1个国家大学科技园。有面向世界基础科学前沿和国家战略需求建设的研究机构，如李政道研究所、中国城市治理研究院、中国质量发展研究院、中国海洋装备工程科技发展战略研究院等。

加快推进"双一流"建设、决胜跻身世界一流大学，开展新时期教育思想大讨论。广大师生和校友深入参与，形成人才培养五点共识，提出"学在交大"十项举措。召开首次就业引导工作会议，将就业引导提升为全校基础性工作。完成本科教学工作审核评估。药理学与毒理学新进ESI前1‰，经济学与商学、心理学新进ESI前1%。前1%学科数增至19个，并列全国高校第二。"海上大型绞吸疏浚装备的自主研发与产业化"入选中国高校十大科技进展。科研成果获国家科技二等奖10项，总数位居全国高校第二。12位教授入选2018年高被引科学家。5位教师被评为学校首批"人文社科资深教授"。多个教师及团队在顶级学术期刊发表论文，全年发表CNS论文22篇。张江科学园、李政道研究所实验楼相继开工建设。转化医学大科学设施瑞金基地大楼结构封顶，闵行基地正式开放。服务海洋强国战略，与自然资源部第二海洋研究所合作共建，成立海洋学院。年度财政收入超过128亿元，科研到校经费达36.9亿元，为"双一流"建设提供有力保障。

学习宣传贯彻习近平新时代中国特色社会主义思想和党的十九大精神，开展分层次、多形式、全覆盖的培训和宣讲，举办处级领导干部党的十九大精神专题学习班，开展"学习新思想　千万师生同上一堂课"活动。入选教育部首批百个"双带头人"工作室、全国首批高校党建工作样板支部、教育部高校"百个研究生样板党支部""百名研究生党员标兵"。修订《意识形态工作联席会议制度》，推动责任落实。强化监督执纪问责，认真履行党风廉政建设和党内监督工作责任，推动开展校内巡察工作并成立巡察工作办公室，完成五轮12个二级单位的专项巡察工作。

深入推进"学在交大"，培育与祖国同行的栋梁之才。落实落细以价值引领为根本的"四位一体"育人理念，校党委书记、校长带头上党课、思政课，强化"选择交大，就选择了责任"的价值导向。发挥课堂育人主渠道作用，持续推进思想政治理论课建设和"课程思政"改革。成立大学生发展研究院，加强思想政治工作规律、教书育人规律、学生成长规律研究。生源质量保持较高水平，全面推进研究生招生制度改革。教学成果捷报频传，获国家级教学成果奖7项（其中一等奖2项、二等奖5项），上海市教学成果特等奖6项。在第四届全国高校青教赛总决赛中，两位教师分别获工科组一等奖和理科组二等奖。学生创新获得国际级竞赛重要奖项160余项、国家级重要奖项260余项，1300余人次在国家级及以上竞赛中获奖。首批"致远荣誉计划"本科生获得致远荣誉学士学位。

持续实施"人才强校"主战略，健全人才队伍成长体系。深化人事制度改革，建设与世界一流大学相适应的师资队伍。在引进、晋升、评聘、评估等各个环节推进长聘体系规范化、常态化建设，实现长聘教职评聘“齐步走”。截至年底，长聘体系各级岗位在聘966人，约占全校师资队伍的1/3。健全“多维发展、多元评价”通道，让各类人才尽其才、得其所。完成教学系列、实验技术、思政教师三大卓越体系设计。完成首批优秀青年教师脱颖而出申请正高教职评审。完成首届“管理服务奖”评选表彰，与“教书育人奖”“科研成果奖”共同构成学校三大奖励体系，形成教书育人、创新攻关、爱岗敬业的良好氛围。积极推动师资队伍优势转化为育人优势。出台《上海交通大学长聘体系基本教学工作量指导意见》；推动高层次人才担任班主任；认定青年教师参与大学生思想政治工作经历，作为专业技术职务聘任的必要条件。各类人才计划申报成绩卓著，5人入选国家“千人计划”，19人入选国家“千人计划”青年项目，3人入选长江学者特聘教授，11人入选青年长江学者，4人入选青年拔尖人才支持计划。

全面推进“双一流”建设，办好人民满意的教育。承办教育部“双一流”建设现场推进会，并落实有关决策部署。完成学科建设、师资队伍、人才培养、国际化、创新能力、校园文化等项目立项论证并全面启动建设，扎实推进17个一流学科群建设。推动上海市高水平地方高校建设。完成超快科学中心、氢科学中心等交叉研究平台论证。成立人工智能研究院。大力推进上海市高峰学科建设，新增Ⅰ类高峰学科2个，Ⅱ类高峰学科1个。学位点授权工作取得良好成绩，马克思主义理论等4个学科被批准为一级学科博士点，海洋科学增列为一级学科硕士点。获批成为全国首批学位点授权自主审核单位，开展学位点自主审核工作，完成设计学等3个一级学科博士点增列的论证工作。共有45个博士点，覆盖所有学院。

加强科学研究内涵式发展，构建科研工作新格局。召开全校科研工作会议，确定提升科研品质、激发创新活力的九大抓手。自然科学基金立项数连续九年列全国第一，重点项目数位列全国第一。中国卓越科技论文、SCI论文数均跃升到全国高校第一。10名“第十五届上海市科技精英”中占有6席。举办“一带一路”科技创新国际论坛，承办世界顶尖科学家论坛、世界人工智能大会校长圆桌会议。国家哲学社会科学基金重大项目立项10个，排名全国第八。中国城市治理研究院入选高校智库百强。成立心理与行为科学研究院。在首届中国智库成果奖评选中，获中国智库学术成果优秀著作奖和首届“中国智库创新人才青年标兵奖”。举办首届“长三角城市治理最佳实践案例评选”。

强化社会服务，稳步推进与行业、区域合作。积极对接经济社会发展需求，加强与行业龙头企业合作，全年与中国重工、中船工业、中国航天、中核工业、中国航发、中国交建、国网上海电力、申通地铁、爱思唯尔、腾讯和商汤科技等单位签署战略合作协议。积极服务区域社会发展，新增与上海市公安局、上海市崇明区和宁波市等政府部门的合作。定点帮扶云南省洱源县通过国家考核，实现“脱贫摘帽”，成为云南省首批脱贫县。

创建多形式国际合作平台，拓展深层次国际合作与交流。落实战略合作伙伴发展计划，与多伦多大学、希伯来大学、大阪大学等建立战略合作伙伴关系，开启与爱丁堡大学、利兹大学在种子基金项目的合作，与莫斯科航空学院和法国埃塞克商学院新增双学士学位项目。与密歇根大学签署下一个十年共建协议，共同致力于打造世界一流的科研和教育机构，培养全球顶尖创新人才。上海交大-巴黎高科卓越工程师学院再次通过法国工程师职衔委员会(CTI)认证，获得欧洲工程教育(EUR-ACE)认证。以中日和平友好条约缔结40周年为契机，成立日本研究中心，打造顶尖的日本综合研究平台的政策智库。保加利亚中心(索菲亚)成立，成为学校第一个驻外联络办公室。

上海交通大学与美国密歇根大学签署新一轮合作协议

以文化人以文育人，加强校园文化建设。以纪念改革开放40周年为契机，出版《彭康文集》，组织77、78级校友入学40周年返校活动、“改革开放话当年、奋楫争先新时代”焦点讲坛、庆祝改革开放40周年座谈会等活动。深化校友联络与服务，新成立8个行业、地方校友会。新签捐赠协议金额2.1亿元，捐赠到款2.18亿元。创作“仰望星空-钱学森音诗画剧”。获高校新媒体传播力综合十强，美育实践成果亮相上海市教育博览会。“我和我的祖国”快闪视频在社会上快速传播，得到一致好评。举办“堂·世界博物馆馆长文博讲坛”。着力营造多元校园文化，举办学校第四十七届运动会，打造“菁菁有戏”高雅艺术进校园、“菁萃·一堂课”艺术课堂等高质量高水平文化活动，出版《匠心交大》《书画交大》。

完善基础设施和服务，建设精致校园。统筹推进若干基建工程项目，2万平方米的农科大楼启用，密西根学院和机动学院入驻3.2万平方米的龙宾楼，转化医学国家重大科技基础设施（上海）闵行基地、学生创新中心和理科实验群楼竣工，文博档案大楼结构工程完成，九期学生公寓提前竣工，剑川路学生创新基地结构封顶，徐汇校区医院完成搬迁。积极完善校园配套设施，闵行校区学术活动中心修缮一新，徐汇校区红房子等“修旧如旧”，七宝校区食堂、宿舍等如期竣工，思源湖雕塑如期落成，完成河道清淤、滨水景观改造，完成子衿街及二餐生活网点改造，徐汇及闵行校区快递服务中心投入使用。推动体育设施和场馆升级改造，赛艇码头库、气膜运动中心、七人制足球场、东区排球场等已竣工，胡法光网球场、徐汇篮球场等项目按计划推进。引进优化特色餐饮，强化共享单车管理，完成校园标识统一，改善水体水质，建设电子地图平台，稳步推进垃圾分类工作。创建平安校园，改进校门车道设置，推动食堂“明厨亮灶”工程。（章玲苓）

【“双一流”建设现场推进会召开】 9月28—29日，教育部召开“双一流”建设现场推进会。教育部党组书记、部长陈宝生出席会议并讲话。上海市委副书记、市长应勇出席并致辞。陈宝生强调，要按照可靠的、合格的、真实的、有特色、有竞争力、有产出、可持续的目标，坚持“特色一流、内涵发展、改革驱动、高校主体”，以体制机制创新为着力点，在深化改革、服务需求、开放合作中加快建设。137所“双一流”建设高校、各地教育行政部门和中央军委训练管理部职业教育局负责同志、部分“双一流”建设专家委员会委员参加会议。（章玲苓）

【陈宝生观摩思政课教学】 1月16日，教育部党组召开加强新时代高校思想政治理论课建设现场推进会。教育部党组书记、部长陈宝生，上海市委副书记尹弘，副市长翁铁慧出席，会议由教育部党组成员、部长助理刘大为主持。陈宝生以及来自教育部、地方教育厅局及全国各大高校的负责人现场观摩两堂思政课教学，分别是马克思主义学院副教授施索华的“思想道德修养与法律基础”、船舶海洋与建筑工程学院教授刘西拉的“读懂中国”第四讲“中国工程与中国自信”。（章玲苓）

【接受教育部本科教学评估】 11月22日，学校本科教学工作审核评估专家意见反馈会举行。教育部审核评估专家组组长、北京大学原党委书记朱善璐代表评估专家组向学校反馈审核评估总体情况。专家组于11月19—22日到校考察。深度访谈校领导44人次，走访职能部门87人次、教学科研单位64人次。访谈师生代表508人次，查看实验室、实习实训基地55个，听课看课83门次，审阅429份毕业论文、毕业设计、2565份试卷，随机考查学生食堂、学生宿舍等保障情况，集中参观学校图书馆、学生创新中心、密歇根学院等。（章玲苓）

【张江科学园建设启动】 4月12日，学校张江科学园建设启动会举行，校党委书记姜斯宪，党委副书记、校长林忠钦，浦东新区副区长王靖等出席。张江科学园占地约3.62万平方米，总建筑面积约10万平方米，预计2020年整体投入正式运营，未来有望入驻各类科研人员1200余人。科学园按照“三中心、两平台”包括超快科学中心、材料基因组联合创新科学中心、同步辐射诊疗和医学影像科学中心，以及国际合成生物学与健康研究创新平台、网络空间安全创新平台的新布局进行规划，建成后将有助于张江科学城汇聚世界一流科学家，推动物理、材料、生物、医药和网络等多个交叉学科前沿领域取得原创性研究突破，促进上海相关高新产业的跨越式发展。（章玲苓）

上海交通大学张江科学园建设启动会举行

【李政道研究所实验楼建设启动】 8月29日，李政道研究所实验楼建设启动会举行。诺贝尔物理学奖获得者、李政道研究所所长弗朗克·维尔切克(Frank Wilczek)，李政道先生长子、李政道图书馆馆长李中清以及校党委书记姜斯宪，校党委副书记、校长林忠钦等出席。李政道研究所实验楼规划用地位于张江科学城孙桥科创中心，规划总用地面积约27万平方米，总建筑面积约56000平方米。主要功能为科研实验平台、科研公共平台及科研辅助用房及地下车库等，预计2020年6月完成基本建设。（章玲苓）

【海洋学院成立】 10月29日，与自然资源部第二海洋研究所合作建立的海洋学院正式成立。设物理、化学、生物和地质海洋及海洋技术等学科方向，致力于探索海洋环境生态、生命和气候变化的现象和过程，发展海洋观测和分析的传感器和平台技术，研究与海洋环境保护、资源可持续利用、海洋权益相关的战略和政策，服务于国家海洋资源开发、生态环境保护等。将充分发挥合作双方在学科和科研上的优势，资源共享，探索并创新合作体制机制，促进学科建设和科技创新。周朦教授、陈大可院士为院长。学院获批海洋科学一级学科硕士学位授权点。（章玲苓）

【人工智能研究院成立】 1月18日，人工智能研究院揭牌成立。该研究院重点开展人工智能基础理论与技术、人工智能芯片与系统构架、智能网联汽车应用、智能医疗集成应用等方面的研究，致力于发挥多学科交叉融合的优势，凝聚不同学科的优秀人才，培育多学科、跨学院、有特色的研究团队，促进优秀成果的产出。科技部高新司综合处处长王力，上海市创投协会名誉会长、上海市原副市长刘振元，上海市经济和信息化委员会副主任黄瓯，上海市科学技术委员会副主任干频以及学校领导近300人出席揭牌仪式。人工智能研究院院长为毛军发、常务副院长为杨小康。（章玲苓）

上海交通大学人工智能研究院成立

【10项第一完成单位成果获国家科技奖】 学校有10项第一完成单位成果获2018年度国家科学技术奖。其中，国家自然科学二等奖1项、国家技术发明奖1项、国家科技进步二等奖8项。（章玲苓）

【12项成果获国家级教学成果奖】 学校有12项成果获2018年高等教育国家级教学成果奖，获奖总数名列全国第二。其中有7项为学校独立完成，包括2项一等奖、5项二等奖。（章玲苓）

【承办世界顶尖科学家论坛】 10月29—31日，由上海市政府主办，临港管委会、临港集团、市科协、世界顶尖科学家协会和学校承办的世界顶尖科学家论坛举办。上海市委副书记、市长应勇在开幕式上致辞。此次“世界顶尖科学家论坛”是国内迄今诺奖科学家参加人数最多的科技盛会。共有37位顶尖科学家与会，包括26位诺贝尔奖得主和多位

沃尔夫奖、拉斯克奖、图灵奖、麦克阿瑟天才奖等世界著名学术奖项得主。学校“院士团队”参与论坛主持、讨论。（章玲苓）

【日本研究中心成立】 6月23日，日本研究中心成立。日本前首相福田康夫，日本防卫大学原校长、日本亚洲调查会会长五百旗头真；国务院新闻办公室原主任、第十一届全国政协外事委员会主任赵启正，校党委书记姜斯宪，校长林忠钦等参加成立仪式。福田康夫、五百旗头真受聘担任研究中心荣誉顾问。副校长徐学敏代表学校，分别与神户大学副校长井上典之、庆应义塾大学副校长驹村圭吾签订合作协议。届时，举行纪念中日和平友好条约缔结40周年“新时代的中日关系与世界格局”国际研讨会。（章玲苓）

【电子信息与电气工程学院建院110周年】 10月20日，电子信息与电气工程学院建院110周年纪念大会举行。大会分“共襄盛举”“百十电院”“E路同行”“思源致远”“继往开来”5大篇章。校党委书记姜斯宪，原党委书记王宗光、马德秀，党委常委、副校长、中科院院士毛军发等千余人参加。（章玲苓）

【安泰经济与管理学院建院100周年】 6月12日，安泰经济与管理学院建院100周年纪念大会举行。校党委书记姜斯宪，原党委书记、校务委员会名誉主任马德秀，原校长谢绳武，党委常委、副校长张安胜等代表出席。院长周林作大会报告。院党委书记余明阳主持大会。《百年安泰》院史在大会上首次发布。校企合作项目签约仪式同时举行。建院百年系列活动之安泰·问政——“五位一体”看中国论坛在包兆龙图书馆举行。举行“百年安泰·百年中国梦”主题晚会。学院结集出版5本庆典系列丛书，设计专属视觉形象，在全球范围内开展“点亮”活动等。（章玲苓）

附：学校负责人及地址

（2018年1—12月）

校党委书记：姜斯宪

副书记：林忠钦（兼）、范先群、朱　健、胡　近（8月离任）、顾　锋、周　承（8月到任）

校　长：林忠钦

副校长：丁奎岭（常务，9月到任）、陈国强、蔡　威（6月离任）、吴　旦（6月离任）、黄　震、张安胜、徐学敏、奚立峰、毛军发（6月到任）、王伟明（6月到任）

闵行校区地址：东川路800号
邮编：200240
电话：54740000

徐汇校区地址：华山路1954号
邮编：200030

黄浦校区地址：重庆南路227号
邮编：200025

长宁校区地址：法华镇路535号
邮编：200052

七宝校区地址：七莘路2678号
邮编：201101

浦东校区地址：张衡路429号
邮编：201203

上海交通大学医学院

【2018年概况】 学校有教职医护员工31926人，具有高级职称在职人员3245人。其中中国科学院院士4人，中国工程院院士13人，中组部“千人计划”12人，中组部“青年千人计划”31人，中组部“青年

拔尖人才”6人,“长江学者”特聘教授19人、讲座教授7人、青年学者6人,国家“973”项目首席科学家13人,国家杰出青年基金获得者32人,人社部百千万人才工程国家级人选33人,国家卫生计生有突出贡献中青年专家23人,上海市“千人计划”49人,上海市“领军人才”97人,上海市“东方学者”特聘教授68人、讲座教授15人、团队1个。医学院专任教师683人,专任教师中具有高级职称的296人,具有博士学位的478人。年内,医学院及附属医院新入选中组部“万人计划”科技创新领军人才和青年拔尖人才各1名;入选上海市领军人才9名、青年拔尖人才8名、“东方学者”9名、“青年东方学者”8名。引进中央千人1名、青年千人4名,上海千人10名(2人为短期项目)。年内,医学院录用122人。全年招收博士后144人。录取本科生661名,录取研究生1713名,其中博士生645名(含“临—专”项目37名),硕士研究生1068名(含专业学位390名)。招录住院医师规培生1048名,专科医师规培生449名。原成人教育学院和网络教育学院合并成立继续教育学院,招生3469名,其中本科2941人,专科528人。全年毕业全日制学生1479名,总体就业率97.49%。授予博士学位434名(含同等学力28名)、硕士学位972名(含同等学力120名)。有住院医师906名、专科医师383名完成规范化培训。继续教育毕业3148人,其中本科生2537人,专科生611人,获学位111人。

加强系统规划,着力推进学科内涵式发展。正式启动上海市高水平地方高校建设,《医学院高水平地方高校建设方案》获批同意,编制2018年和2019年高水平地方高校建设项目经费预算方案。成立医学院高水平地方高校试点建设领导小组和工作小组;制定医学院《高水平地方高校建设管理办法(试行)》,以及《高水平地方高校建设专项经费管理办法(试行)》《高水平地方高校建设经费购置固定资产管理办法(试行)》等。召开医学院“双一流”暨高水平地方高校建设推进大会,与各附属医院以及各学科签署学科建设目标责任书。在高水平地方高校和“双一流”建设框架下,系统总结“高峰高原”第一阶段建设经验。结合学科建设大讨论和教育部第四轮学科评估结果,完成学科分析报告,形成医学院学科评价指标数据库和动态监测方案。加强文献信息分析,及时反映各学科发展动态,助力学科建设。62项教育综合改革举措和34项“十三五”规划重点任务继续稳步推进。

教育教学改革向纵深推进。完成教育部本科教学工作审核评估;“卓越医学科学创新人才引领计划”入选上海高等学校一流本科建设引领计划;基础医学院建立“课程组+教学团队”体系;临床教学激励计划全面实施;继续加强课程思政建设;正式向教育部提交临床医学专业国际认证申请,并对认证所需硬件和必备条件进行梳理;参与教育部临床医学八年制培养指导意见和教育标准研制;实施临床医学“4+4”招生改革,首次向文史类本科毕业生开放报名;完成儿科学专业“5+3”招生教育部备案申请。稳步实施博士生“申请—考核”制招生;试点开展“医工交叉平台”博士招生;有序推进博士生“致远荣誉计划”;正式启动与以色列希伯来大学合作的“中以双博士学位项目”;完成临床医学、口腔医学等5个一级学科博士授权点及临床医学、口腔医学2个专业学位博士授权点合格评估的自评工作;在继续开展专业学位研究生临床技能中期考核的基础上,建设临床教学案例库。年内,获国家教学成果一等奖1项、二等奖1项,首批国家临床教学培训示范中心2个,国家虚拟仿真实验教学项目1项,国家精品在线课程1项,国家研究生规划教材10项。医学院成为教育部基础医学类教学指导委员会主任委员单位、口腔医学类教学指导委员会副主任委员单位。护理学专业入选上海市属高校应用型本科试点专业建设项目。

深入推进“三全育人”。创新全景式医学思政育人模式,拓展临床阶段育人新载体,设立宿园导师、人文导师等机制;启动“卓越学风引领计划”,开展“两早一晚”(早起、早读、晚自习)等学风建设系列活动;在毕业生中开展“榜样的力量”评选活动;坚持不懈抓好学生诚信教育。继续加强“健康中国”思政课程建设。进一步加强思政队伍建设,根据医学教育特点,试点实施辅导员“序贯制”工作模式,推进基础教育阶段与临床教育阶段辅导员的双向流动;实施辅导员“卓越计划”,设立“思政教育研究基金”。持续探索实践育人新机制,共有1100余人次学生参加社会实践活动，获全国大中专学生志愿者暑期“三下乡”社会实践活动优秀团队1个，上海市大学生社会实践项目大赛二等奖1项；参与志愿服务活动2472人次。获全国五四红旗团委、全国“活力团支部”、上海市五四红旗团委标兵各1个，获全国高校“百名研究生党员标兵”和“中国大学生自强之星标兵”各1人。不断健全学生资助制度，推进学生资助精准化；实施学生成长“阳光发展计划”。继续完善学生事务管理，不断加强学生心理健康和安全教育。

推进高水平师资队伍建设。依托上海市高水平地方高校建设，公正公开遴选60个创新团队，从中组建8个战略创新团队、12个重点创新团队、40个协同创新团队。全面推行“博士后激励计划”，107名博士后成为首批入选者。有4人获全国博士后创新人才支持计划，21人获首届上海超级博士后计划资助。对2015年入选的首批双“百人”考核，未达到优良者实施退出机制，淘汰率分别为39%和30%；补充遴选新一批双“百人”。持续推进基础医学“人才特区”建设。制定医学院《师德考核负面清单制度实施办法》《思想政治理论特聘教授聘任实施办法》；举办教师思想政治与教育教学能力培训班2期，参训教师720余人。邱蔚六院士获上海市教育功臣称号，张志愿院士获上海市“四有”好教师（教书育人楷模）称号，基础医学院贺明获全国高校青年教师教学竞赛理科组二等奖、上海高校青年教师教学竞赛自然科学基础学科特等奖。

稳步落实医药卫生体制改革和公立医院改革任务，为“健康上海”建设贡献“交医力量”。全年，附属医院门急诊总量3531.61万人次、实际开放床位19686张，出院病人104.63万人次、住院手术66.95万人次，分别同比增长1.11%、7.77%和4.04%。附属第一人民医院牵头的眼部疾病国家临床医学研究中心通过科技部申报评审。仁济医院危重孕产妇救治平台等5个项目入选首批上海“创新医疗服务品牌”。继续加强对33个多中心临床研究项目的管理与督导，开展阶段性评估，并遴选第三批多中心临床研究项目28项。支持国家儿童医学中心（上海）建设。积极发挥中国医院发展研究院在公立医院改革、现代医院管理体系建设等方面的“智库作用”，面向全国举办医院管理高级培训班等。继续做好医疗对口援助和援建工作。

提升科技创新和成果转化能力。获国家自然科学基金项目647项，直接经费3.15亿元。其中，“杰青”1项、“优青”3项、重点项目13项、重大项目（课题）1项、重点国际合作研究项目1项、重大研究计划/重点支持项目3项，项目总数和经费总额连续九年位居全国医学院校首位。获国家重点研发计划重点专项项目16项，总经费2.46亿元。全年获国家科技进步奖二等奖5项，省部级科技奖38项（一等奖8项）。1篇论文入选2017年中国百篇最具影响国际学术论文；临床医学ESI发文数量首次进入全球前万分之一。附属仁济医院、瑞金医院位列Nature出版集团发布的中国医院“自然指数”百强榜的第2、第3位。在2017年“中国卓越国际论文”较多的医疗机构前30名中，附属第九人民医院、瑞金医院、第六人民医院、仁济医院、新华医院排名分别列全国第12、13、17、18和26位；在2017年国际论文被引用篇数较多的医疗机构前20名中，附属瑞金医院、第六人民医院和第九人民医院排名分别据第9、16和17位。对接国家“科技创新2030—重大项目”，布局启动“医学院人工智能研究专项”和“医学院脑科学研究计划”；脑科学基础研究项目获上海市科委重大项目立项资助。搭建临床科研支撑体系，研制《附属医院重点科研平台建设项目立项指南》，遴选并启动建设8个临床重点科研平台，精准医学研究院与分子医学研究院建设成效显著，初步形成优秀人才集聚、重大成果频出的良好局面。转化医学国家重大科技基础设施有序推进。未雨绸缪做好国家重点实验室申报准备；新立项筹建上海市重点实验室、上海市工程技术研究中心各2个。完善科技成果转化体制机制，研制《医学院提升科技成果转化能力的若干意见》；全年完成科技成果转化项目6个，其中，一项重大成果转化项目标的额达1.2亿元。启动医学院科研信息管理系统建设。

推进国际化办学实质深化。立足中法医学教育特色和传统，与法国巴黎笛卡尔大学、里昂第一大学、里尔大学、斯特拉斯堡大学、格勒诺布尔—阿尔卑大学等共建上海交通大学医学院中法联合医学院；引进法国 Claroline 在线教学平台。上海—渥太华联合医学院完成第二次北美医学教育模拟论证；成立临床教学委员会，实施实习带教导师制，并与国际医学教育接轨，对临床实习情况进行 EPA（可信赖的职业能力）评估；进一步完善 PSD（临床技能发展）课程建设。与美国匹兹堡大学医学院合作开展“八年制临床医学专业临床科研培训项目”。加强与“一带一路”沿线国家的合作交流。本科生海外游学比例连续 4 年超过年内本科招生总人数的 50%。全年共招收留学生 102 名，其中本科生 66 名，研究生 15 名，进修生 21 名；312 名在校留学生中，有 159 名学生来自 25 个“一带一路”沿线国家。全年接受来自 10 个国家和地区 20 所合作院校的 78 名短期交流生，在附属医院临床见习。与美国耶鲁大学、霍华德休斯医学研究所签署协议，合作共建上海交通大学医学院—耶鲁大学免疫代谢研究院。与美国爱因斯坦医学院合作共建的单细胞组学与疾病研究中心进入实体化建设阶段。与美国哈佛大学医学院共建的癌症系统生物学国际实验室挂牌成立。与法兰西公学院、中科院神经所开展三方科研合作；拓展与英国曼彻斯特大学等科研合作关系；与 Springer-Nature 出版集团合作，推进医学院学术期刊建设；设立医学院“国际及港澳台地区科研合作项目”。

认真学习贯彻党的十九大精神和习近平新时代中国特色社会主义思想，紧紧围绕立德树人这一根本任务，不断深化文化内涵和精神文明建设。连续第十三次获上海市文明单位称号。（高　哲）

【尹弘到校调研】 6 月 6 日，市委副书记尹弘，市委组织部副部长陈皓，市教卫工作党委书记虞丽娟，市教卫工作党委、市教委有关职能处室负责人到院调研。院党委书记范先群、院长陈国强等班子成员和有关职能部门负责人参加座谈会。（程　峰）

【中法联合医学院成立】 10 月 31 日，由学校和法国巴黎笛卡尔大学、里昂第一大学、里尔大学、斯特拉斯堡大学、格勒诺布尔-阿尔卑大学等院校共同创建的“中法联合医学院”正式成立，并落户附属瑞金医院。王振义院士和原法国国家级协调员 Guy VINCENDON 教授代表中法双方共同为联合医学院揭牌，陈竺院士、蒲慕明院士、医学院党委书记范先群教授、医学院院长陈国强院士、附属瑞金医院院长瞿介明、法国大使馆健康及社会事务参赞等出席会议。Alain PROCHIANTZ 教授、陈国强院士、蒲慕明院士分别代表法兰西公学院、医学院和中国科学院神经科学研究所签署三方合作协议。（高　哲）

王振义院士和原法国国家级协调员 Guy VINCENDON 教授代表中法双方共同为联合医学院揭牌

【王卫庆领衔项目获国家科技进步二等奖】 1 月 8 日，2017 年度国家科学技术奖励大会在北京举行。附属瑞金医院教授王卫庆带领团队承担项目“内分泌肿瘤发病机制新发现与临床诊治技术的建立和应用”获国家科技进步二等奖。该项目紧扣临床需求，经筛选优化系统性建立针对各种内分泌肿瘤的 34 项临床诊断新技术，实现精准激素分泌能力评估与肿瘤定位；发现 9 种致病新基因与分子标记物，提出内分泌肿瘤分子分型与恶性肿瘤分子标记物；创建 4 种治疗新方法，制定专家共识并改写国际指南；揭示糖代谢异常增加肿瘤患病风险。（科技处）

王卫庆领衔项目获国家科技进步二等奖

【多项成果获中华医学科技奖】 1月26日，中华医学科技奖(2017)颁奖大会在北京国家会议中心举行。学校系统单位多项科研成果获奖，其中二等奖6项、三等奖1项、科普奖1项。 (交 医)

【陈竺获瑞典2018年度舍贝里奖】 2月5日，瑞典皇家科学院宣布将2018舍贝里奖授予中国上海交通大学医学院附属瑞金医院陈竺教授、法国巴黎巴斯德研究院安娜·德让(Anne Dejean)、法国巴黎法兰西学院修格·德·特(Hugues De The)，表彰3位科学家发现白血病的分子机制和急性早幼粒细胞白血病(APL)的革命性治疗方法。这3位科学家获奖的原因是他们用全反式维甲酸(ATRA)和三氧化二砷(ATO)对急性早幼粒细胞白血病进行联合靶向治疗，使得这一疾病的5年无病生存率跃升至90%以上，达到基本"治愈"标准。同时，从分子机理上揭示了ATRA和砷剂是如何将白血病细胞诱导分化和凋亡，从而达到疾病治疗的目的。

(高 哲)

【5人入选"千人计划"青年项目】 2月8日，中组部海外高层次人才引进工作专项办公室公布第14批国家"千人计划"青年项目入选名单。基础医学院李华兵、杨文，附属仁济医院刘尽尧、杨洋、韩达等5人入选。 (交 医)

【3人入选"万人计划"】 3月，中共中央组织部办公厅发布《关于印发第三批国家"万人计划"入选名单的通知》，3名教师入选，其中瑞金医院赵维莅入选"万人计划"科技创新领军人才，基础医学院高小玲、瑞金医院曹亚南入选"万人计划"青年拔尖人才。

(交 医)

【9个项目获上海市科学技术奖】 3月23日，2017年度上海市科学技术奖励大会在上海展览中心友谊会堂举行。学院共有9项第一完成单位成果获得上海市科学技术奖，其中一等奖5项，二等奖2项，三等奖2项。

上海交通大学医学院9个项目获上海市科学技术奖

【黄荷凤当选发展中国家科学院院士】 11月27日，第二十八届发展中国家科学院(TWAS)大会在意大利东北部城市里雅斯特召开，新一届发展中国家科学院院士名单揭晓。在增选的46名院士中有14名来自中国，分别包括10位中国科学院院士、2位中国工程院院士以及2位非两院院士的知名学者。中国科学院院士、上海交通大学医学院附属国际和平妇幼保健院院长黄荷凤当选2019年发展中国家科学院院士。 (交 医)

附：学校负责人及地址

(2018年1—12月)

校党委书记：范先群

副书记：陈国强(兼)、赵文华、吴韬、施建蓉(1月到任)

院 长：陈国强

副院长：陈红专(2月离任)、胡翊群、吴 韬(兼)、江 帆(2月到任)、吴正一(2月到任)

地址：重庆南路227号

邮编：200025

电话：64836590

同济大学

【2018年概况】 学校设有29个专业学院，7家附属医院，6所附属中小学。有四平路、嘉定、沪西和沪北4个校区，占地面积2.54平方公里，校舍总建筑面积180余万平方米，图书馆总藏书量445万余册。

有全日制本科生17757人，硕士研究生12852人，博士研究生5246人。另有国际学生3468人。拥有专任教师2814人，其中专业技术职务正高级1028人，中国科学院院士10人(含双聘)，中国工程院院士13人(含双聘)，第三世界科学院院士2人，美国工程院外籍院士1人，德国工程院外籍院士1人，瑞典皇家工程科学院外籍院士1人，比利时皇家科学与艺术学院外籍院士1人。国家级教学名师4人，中组部“千人计划”学者42人，教育部“长江计划”特聘(讲座)教授35人，国家重点基础研究发展计划首席科学家23人，国家重点研发计划首席科学家35人，国家杰出青年科学基金获得者50人，“青年长江”“青年千人”等四类优秀青年人才100余人。国家级教学团队6个，国家自然科学基金创新群体8个，教育部创新团队9个，科技部重点领域创新团队1个，入选科技部“国家创新人才培养示范基地”。

学科设置涵盖工学、理学、医学、管理学、经济学、哲学、文学、法学、教育学、艺术学等10个门类。共有本科招生专业85个，硕士学位一级学科授权点47个，专业硕士学位授权点18个，博士学位一级学科授权点31个，专业博士学位授权点3个，博士后流动站25个。拥有3个国家重点实验室、1个国家工程实验室、1个国家协同创新中心、1个国家大型科学仪器中心、5个国家工程(技术)研究中心以及53个省部级研究平台。学校QS世界大学排名位列全球前291，首次进入全球TOP300。

学校共招收4450名本科生、6931名研究生。实施“阳光工程”，推进“苗圃计划”，有效提升生源质量，录取分数线在全国23个省份进入国内高校前10(含)；加强硕博连读和直接攻博的选拔力度，全面推进“申请—考核”制。完善立德树人体系，深化“课程思政”教育教学改革，推进思想政治工作质量提升工程；全面实施本科生导师制，发挥辅导员、班主任和导师的协同育人作用；将科学道德、诚信教育纳入课程体系建设中。落实学生教育“服务需求，提升质量”内涵式发展的各项措施，全面提升拔尖创新人才培养能力。建设新生院，拓展大类人才培养；入选全国首批“三全育人”综合改革试点10所高校之一；获批成为全国20所学位授权自主审核高校之一。完成2018级本科生培养方案修订，建立起“主修专业＋辅修专业＋学程/微专业”的进阶式培养模式；坚持和完善以通识教育为基础，以专业教育为核心，以复合交叉、创新创业、国际化教学为牵引的宽口径创新型拔尖人才培养模式；加强精品通识课程群建设，逐步提高通识课程质量，丰富高质量通识选修课程资源；瞄准高层次拔尖创新人才培养，完成研究生培养方案修订，升级博士研究生中期考核为中期综合考核；7门课程入选“国家精品在线开放课程”；5项教学成果获国家级教学成果奖。继续组织实施“同济大学人才培养创新试验区”和“基础学科拔尖班”项目。改革教学组织和学生管理结构，成立同济大学新生院(筹)；启动智慧教室建设，探索启发式讨论式授课方法；提升研究生“思想政治”“学术素养”和“职业素养”的综合素养，开设“同济高等讲堂”。加强双语、全英语课程建设，提升学生的国际视野与竞争力。构建基于科教结合和学科交叉的新工科专业建设和传统工科专业改造升级路径，增设“智能建造”等7个新工科专业，研制“全周期、模块化”的新工科专业评价指标体系，构建新工科专业“三位一体”评价体系和运行机制。建立创新创业教育协同机制，完善实践育人工作格局，“创青春”全国创业大赛获得1金1银4铜并实现公益赛道首金。全国大学生艺术展演获两个全国一等奖。推进“校园健康工程”，构建心理健康教育一站式服务机制，完善美育体育教育体系。2018届毕业生总体就业率达99.2%，赴中西部及重点行业就业人数保持稳定，126名毕业生被录取为选调生，同比增幅48%。累计11人赴国际组织实习任职，实现零的突破。

对第四轮学科评估结果进行全面分析，制定《同济大学学科建设与发展规划(2018—2023年)》。启动一流大学建设中期评估工作。学校作为教育部“双一流”建设现场推进会现场观摩点之一，组织“土木交通环境类”“深海深空深地类”“建筑规划设计类”等三个主题的学科建设与人才培养观摩交流，向近30所高校及省级教育主管部门的领导全方位展示学校一流大学与一流学科建设成效。在QS世界大学学科排名里，同济大学建筑与建成环境学科、艺术与设计学科均列世界第18名，结构与土木工程学科位列世界第31名，设计学科排名亚洲第一。土木工程学科软科排名继续保持全球第一。学校自主审核申报增列马克思主义理论一级学科博士点，获批增列4个博士点，自主调整增列3个硕士点、3个交叉学科博士点。新增上海市高峰学科“管理科学与工程”Ⅰ类高峰学科和“干细胞”Ⅳ类高峰学科；启动“智能科学与技术”Ⅳ类高峰学科建设。以研究校区功能布局规划调整为契机，谋划医学与生命等相关学科的发展规划。

郑时龄院士获“上海市教育功臣”称号，李国强教授团队入选首批“全国高校黄大年式教师团队”。加大人才引进与培养力度，新增高层次人才92人次，其中中国工程院院士1人，国家“千人计划”入选者8人，教育部“长江学者奖励计划”特聘教授1人，国家杰出青年科学基金获得者4人，国家“万人计划”11人，国家“青年千人计划”入选者12人，优秀青年科学基金获得者9人，“上海千人计划”入选者9人。全年，共录用专职科研人员88名，其中50%以上拥有海外留学背景。博士后进站204名(其中外籍博士后20名)，进站人数同比增加127%。

学校牵头建设的“上海自主智能无人系统科学中心”揭牌成立，成为服务国家重大战略和上海科创中心建设的重要抓手。服务港珠澳大桥建设，攻克若干世界级技术难题；成立雄安未来城市研究院，服务雄安新区的规划与建设。由学校牵头建设的国家重大科技基础设施——海底科学观测网项目可行性研究报告获得国家发改委正式批复；“细胞干性与命运编辑”前沿科学中心获批建设，成为入选教育部珠峰计划的首批7个前沿科学中心之一。国家自然科学基金获批经费位居全国高校第八，国家重点研发计划牵头项目数并列全国高校第三。发表在《Nature》上的研究成果为开发新型抗肿瘤药提供全新思路；实现全球首例人类自体肺干细胞移植再生。承担完成国家重大科技基础设施——大型低速风洞的建筑设计任务，为长三角一体化建设建言献策。完成军工保密资质换证复审和质量管理体系换版工作，国防科研和军民融合项目立项合同额首次突破1亿元。国家社会科学基金项目、教育部人文社会科学项目、上海市哲学社会科学规划项目总计83项(其中重大项目4项)，较上年增加27.7%。文科科研项目合同金额首次超过1亿元。聚焦发挥学科优势，推进新型智库建设。学校成为中央网信办首批“网络空间国际治理研究基地”之一。同济大学国家创新发展研究院入选上海高校智库。深化“三区联动”，持续推动“环同济知识经济圈”建设，全年杨浦环同济知识经济圈产值突破400亿元。进行专利管理改革，修订《同济大学专利管理办法》，推动科技成果转化。陈杰院士获何梁何利基金“科学与技术进步奖”；获2018年度国家科学技术奖7项(含参与)；获2018上海市科学技术奖18项；获教育部科学技术奖13项；获上海市第十四届哲学社会科学优秀成果奖16项，其中一等奖8项。

“规划引领，绘就美丽乡村新蓝图”项目入选教育部直属高校精准扶贫精准脱贫十大典型项目。学校入选教育部第一批“中华优秀文化艺术传承基地(京昆)”，“国韵流芳、校园传薪”项目被评为第四届全国高校“礼敬中华优秀传统文化”特色展示项目。举办纪念同济大学"一・二九"事件70周年、园林大师陈从周先生百年诞辰等系列活动，继续开展校园版歌剧《江姐》、舞台剧《同舟共济》的创作和演出。运用新媒体手段，制作以同济师生为主人公的短视频等，弘扬社会主义核心价值观。扎实开展"弘扬爱国奋斗精神、建功立业新时代"主题活动，在师生中选树师德师风优秀教师、优秀志愿者、"感动同济"年度人物等先进典型，召开优秀大学生报告会，用身边事教育身边人。贯彻"文化走出去"战略，对外文化交流显著增加。围绕海外校区、孔子学院文化建设，以戏曲、书画、剪纸、摄影、学生艺术等内容为载体，开展对外文化交流活动，展示中华文化软实力和学校的形象。

学校共招收各类国际学生4710人，来自155个国家和地区，其中学历学位生占总数的48%。整合校内国际合作平台资源，理顺平台学院与专业学院的关系，加强平台的辐射作用。举办中德学院成立20周年、中德人文交流周等系列活动。加强国际学生管理体制机制改革，通过来华留学教育质量第三方认证。在全国率先建设国际学生专职辅导员队伍，将国际学生辅导员队伍纳入学校思想政治工作队伍进行一体化建设与管理。多位教授新任国际学术组织重要职务。33人入选中国高被引学者榜单，位列全国高校第八名。

开展法治示范校建设，依法治校工作稳步推进，内部治理结构更加完善。编制同济大学内控制度手册，通过对学校层面内控环境和重要经济活动环节进行风险评估，推动健全学校风险防控机制。推进大型仪器开放共享平台建设，成为教育部推进大型科研仪器设施开放共享十家试点单位之一。开展安全生产专项整治，坚持安全督察队常态化督查。制定"智慧同济、智慧教育"规划纲要，成立网络安全和信息化联席会议，加强信息化工作顶层设计。建设校务大数据辅助决策平台、院校研究数据中心。启动智慧图书馆建设。上海国际设计创新学院、生命科学与创新创业大楼、彰武路研究生公寓(三期)及创新创业中心、智能网联汽车测试评价基地、嘉定校区工程教育及科创中心、嘉定校区学生活动中心等项目陆续开工。（同　济）

【6项目成果获国家科学技术奖】 1月8日，2017年度国家科学技术奖励大会在人民大会堂举行，学校6项成果获国家科学技术奖，其中获国家技术发明二等奖2项、国家科学技术进步二等奖3项及国际科学技术合作奖1项。学校杰出校友、中国工程院院士、中国疾病预防控制中心病毒病预防控制所研究员侯云德，获颁国家最高科学技术奖。美国国家工程院院士、美国艺术与科学院院士，美国莱斯大学布朗工学院土木与环境工程系、机械与材料科学系教授，长江学者讲座教授Pol D. Spanos，获"中华人民共和国国际科学技术合作奖"，是获此奖项的7位外籍科学家中唯一来自工程领域的学者。（同　济）

【李强到校调研】 5月21日，中共中央政治局委员、上海市委书记李强到校调研。他指出，高校要牢牢抓住培养社会主义建设者和接班人这个根本任务，以习近平新时代中国特色社会主义思想为指导，办好中国特色社会主义大学。大学的发展，要始终立足大局、联系实际，积极服务国家战略，全力参与上海建设，为上海加快建设"五个中心"、迈向卓越的全球城市和具有世界影响力的社会主义现代化国际大都市提供更有力的人才支撑和智力支持。（同　济）

【牵头成立上海区块链技术研究中心】 6月12日，上海区块链技术研究中心揭牌仪式举行。上海市经济和信息化委员会副主任傅新华、副校长顾祥林共同揭牌。揭牌仪式前，上海区块链技术及应用研讨会召开。会上，中国工程院院士、中国银联董事柴洪峰以"区块链技术在金融行业应用"、SAP中国研究院院长李瑞成以"SAP区块链助力构建可信商业网络"进行主题演讲，展现区块链技术的实际应用和创新潜力。（同　济）

【与广西签署战略合作协议】 6月15日，学校与广西壮族自治区政府在南宁签署战略合作协议，双方决定充分发挥各自独特优势，携手开展城乡规划建设合作，加快推动科技成果产业化，加强人才培养和培训，实现互利双赢。广西壮族自治区主席陈武、同济大学校长钟志华出席签约仪式并座谈。

（同　济）

【入选网络空间国际治理研究基地】 7月5日，“网络空间国际治理研究基地”授牌仪式在京举行，同济大学等10所高校入选第一批基地并派代表参加授牌仪式。“网络空间国际治理研究基地”由国家互联网信息办公室与教育部联合组织评选，旨在充分发挥高校在互联网领域的教学研究资源优势，鼓励高校进一步加强相关领域理论研究、学科建设和人才培养，为开展网络空间国际交流合作、促进全球互联网事业发展贡献力量。（同　济）

【智能制造工程专业联盟成立】 8月28日，由学校机械与能源工程学院与全国近40所高校、10家知名企业共同发起的“智能制造工程专业联盟”成立。联盟致力于推动智能制造工程专业教学水平的提高，是跨学科、跨地域、跨行业的教学研究、校企合作交叉融合、开放的交流和合作平台，是对新工科建设理念下创新教学研究组织模式的有益尝试。约80名教育专家和企业高管参加会议。

（同　济）

【多位教授新任国际学术组织重要职务】 学校教授葛耀君当选国际桥梁与结构工程协会主席，成为历史上首位担任协会主席的中国学者。教授李国强当选比利时皇家科学与艺术学院外籍院士，教授薛松涛当选日本工程院外籍院士，院士何满潮当选阿根廷国家工程院院士，教授伍江当选亚洲建筑师协会副主席，院士陈杰当选IEEE Fellow。

（同　济）

【发现cGAS酶有促癌风险】 学校医学院、附属肺科医院教授戈宝学，生命科学与技术学院、附属第一妇婴保健院教授毛志勇合作研究团队发现cGAS酶有促癌风险，10月25日在线发表于国际顶尖学术期刊《自然》(Nature)，首次系统阐释了cGAS完全独立于DNA识别功能的细胞核内的全新功能，由此为基于干预cGAS进入细胞核而开发新型抗肿瘤药物提供了理论基础。（同　济）

【入选教育部第三届直属高校精准扶贫精准脱贫十大典型】 10月中旬，教育部第三届直属高校精准扶贫精准脱贫十大典型项目公布，学校“规划引领，绘就美丽乡村新蓝图”项目入选。根据国务院扶贫办、教育部的部署和指导，学校自2013年开始定点帮扶云南省大理白族自治州云龙县。（同　济）

同济大学“规划引领，绘就美丽乡村新蓝图”项目入选教育部第三届直属高校精准扶贫精准脱贫十大典型项目

【为进博会开发特大型室内外定位导航系统】 10月31日，中国国际进口博览局携手腾讯公司推出“中国国际进口博览会服务导航”微信小程序，小程序中的“馆内指引”模块由学校电子与信息工程学院教授刘儿兀团队提供定位导航技术支撑，在首届中国国际进口博览会期间为参展各方提供数字导览服务。这也是全球首例特大型室内外定位导航系统。

（同　济）

【获国际基因工程机器设计大赛金奖】 11月，为期6天的合成生物学顶尖赛事——国际基因工程机器设计大赛2018全球总决赛在美国波士顿落下帷幕。生命科学与技术学院共派出由学生曹卫、俞晓天等组成的Tongji-Software和由学生赵安琪等组成的Tongji-China两支代表队参赛，获1金1铜两枚奖牌。（同　济）

【成立上海自主智能无人系统科学中心】 12月17日，依托学校建设的上海自主智能无人系统科学中心揭牌成立。中心发挥多学科优势，集聚上海及全球力量，解决人工智能重大前沿科学难题，培养当前紧缺的人工智能高端人才，努力建设人工智能领域的重要创新中心，助力上海具有全球影响力的科

技创新中心建设。（同 济）

同济大学成立上海自主智能无人系统科学中心

附：学校负责人及地址

（2018年1—12月）

校党委书记：方守恩

副书记：钟志华（7月离任，兼）、陈　杰（7月到任，兼）、马锦明（5月离任）、姜富明（5月离任）、徐建平、吴广明（5月到任）、方　平（5月到任）、冯身洪

校　长：钟志华（7月离任）、陈　杰（7月到任）

副校长：伍　江（常务）、江　波、吴志强、吕培明、顾祥林、雷星晖、陈义汉

四平路校区地址：四平路1239号
邮编：200092
电话：65982200

嘉定校区地址：曹安公路4800号
邮编：201804
电话：69589255

沪西校区地址：真南路500号
邮编：200331
电话：51030050

沪北校区地址：共和新路1238号
邮编：200072
电话：66052500

华东理工大学

【2018年概况】 学校有徐汇校区、奉贤校区和金山科技园区，占地面积2535亩，各类建筑总面积92万平方米，图书馆总藏书量309.4万册。设有16个学院。学校学位授权点覆盖11个学科门类，36个一级学科。有68个本科专业；27个硕士学位授权一级学科，142个硕士学位授权点；13个博士学位授权一级学科，80个博士学位授权二级学科点；设有12个博士后科研流动站。其中，拥有3个国家"双一流"建设学科，8个国家重点学科、10个上海市重点学科、7个上海高校一流学科，5个学科进入ESI全球前1%，化学学科进入全球前1‰。拥有2个国家级实验教学示范中心，2个国家级虚拟仿真实验教学中心，3个上海市实验教学示范中心；12个国家特色专业；5个国家工程实践教育中心。拥有2个国家重点实验室、1个国家工程实验室、3个国家工程（技术）研究中心、26个省部级实验室与研究所、3个上海市人文社科智库（基地）。共有教职员工3037人，其中两院院士6名，双聘院士4名，"长江学者"25人，国家"千人计划"15人，国家杰出青年科学基金获得者23人，国家级教学名师2人。拥有基金委创新研究群体2个，"长江学者和创新团队发展计划"创新团队3个，科技部重点领域创新团队2个，国家级教学团队4个。有在校全日制学生2.6万余人，其中，本科生16485人，硕士研究生7819人，博士研究生1853人。

人才培养。录取本科生4280名、硕士研究生3275名；调整博士研究生招生指标配置方案，录取博士研究生438名。2018届毕业生总体就业率达

96.41%。投入1.40亿元建设"3+2+1"优势与特色学科(群)平台。完成"化学工程与技术"Ⅰ类高峰学科第一批团队建设绩效考核。化学学科入选上海市Ⅱ类高峰学科建设计划。撤销政治学理论、中外政治制度、中国近现代史、海洋生物学4个二级学科。石油与天然气、生物学一级学科学位授权点通过上海市评审并报教育部核准。开展一流本科建设,获得上海市1000万元经费支持。完成首届大类招生专业分流工作。获批教育部首批新工科研究与实践项目4项。新增5个全英文本科专业。化学专业通过中俄联合国际理科专业认证。化学工程与工艺专业开展ABET复认证预评估。新增2个国家示范性虚拟仿真实验教学项目;2个上海市级实验教学中心示范中心;8个教育部产学合作协同育人项目8项。新增1门国家精品在线开放课程、3门上海市精品课程、2门上海市示范性全英语教学课程、3门上海高校优质在线课程建设。获2项国家级教学成果奖,获26项上海市教学成果奖。修订18个工程领域专业学位研究生培养方案,增设研究生"工程伦理"课程。完成5个试点学院第一批本研贯通拔尖创新人才培养选拔。制定张江树优博培育计划,29名优秀博士研究生入选。获"中国学位与研究生教育学会研究生教育成果奖"二等奖1项。化工学院入选教育部首批"三全育人"综合改革试点单位。获教育部全国资助中心"优秀单位案例典型"称号。举办首届"万华杯"全国青年新材料创新创业大赛。学生获第十一届中国青少年科技创新奖、"创青春"全国大学生创业大赛金奖和银奖各1项、上海市金奖2项。获第四届中国"互联网+"大学生创新创业大赛全国总决赛银奖1项。

师资建设。新增国家"千人计划"专家2人、长江学者特聘教授1人、国家"杰青"2人、"万人领军"人才3人、"青年千人"1人、"青年长江"2人、国家"优青"5人、"青年拔尖"人才2人。2人入选科技部中青年科技创新领军人才,4人入选科技部创新人才推进计划。2人入选第九届上海青年科技英才。石油化工过程智能制造团队、纳米材料化工创新团队入选科技部重点领域创新团队。5位教授获聘学校首届"汇贤学者"讲席教授,49人获得学校"青年英才培育计划"资助。10位教授入选新一届教育部教学指导委员会。1人获"宝钢优秀教师特等奖提名奖",3人获"宝钢优秀教师奖"。加强师德师风建设,成立学校师德建设委员会,打造"花梨先生"新媒体平台,出台《教职工处分暂行规定》。探索实施教师岗位分类管理,设置教学型、教学科研型和科研型等教师岗位。招收博士后61人,实行学校与合作导师共同资助制度,获得中国博士后科学基金面上资助33人,特别资助6人;上海市"超级博士后"计划获批12人。4人入选国际交流计划引进计划,2人获日常经费资助。国家自然科学基金青年博士后获批33人。上海市扬帆计划博士后获批14人。

科技创新。科研经费到款6.42亿元。国家重点研发计划立项经费1.46亿元。4个项目获国家重点研发计划项目立项。国家自然科学基金立项经费1.45亿元。5个项目获国家自然科学基金重点项目立项。上海市项目立项经费2.82亿元。新签军工项目合同4882万元。初步形成"前沿科学中心、交叉研究院、科研创新团队"三级平台,分层次、体系化地培育重大科研项目。田禾院士领衔项目获上海市重大专项和张江专项。教育部医用生物材料工程研究中心获评"优秀",超细材料制备与应用教育部重点实验室、化工过程先进控制和优化技术教育部重点实验室均获评"优秀"。微生物药物的高效"智"造学科创新引智基地获教育部、外专局批准立项。绿色能源化工国际联合研究中心获科技部批准立项。中欧新能源材料与器件联合研究中心获科技部批准建设。上海多级结构纳米材料工程技术研究中心获上海市科委批准立项。获2017年度上海市科学技术奖14项,其中一等奖5项。新签重大成果转化合同14项,涉及合同总金额超过6.2亿元。新建青岛、大同2个校外研究院和华理-云汇燃烧工程联合研究中心等11个校企联合研究机构。国家技术转移中心在上海市科技成果转移转化服务机构示范建设项目2018年度考评中获得"优秀",入选"2018胡润上海技术转移机构新锐Top10"。在第二十届中国国际工业博览会上,获高校展区优秀展品特等奖1项,连续13次获"工博会优秀组织奖"。人文社会科学繁荣发展，组建社会治理、公共经济、城乡发展、城市安全系统等研究团队；规范科研机构，校级科研机构由44个精简至15个；人文社科获省部级以上项目立项61项，获“国家重点研发计划”课题立项1项，实现人文社科在“国家重点研发计划”课题立项上的历史突破；智库基地获2项上海高校智库内涵建设计划。获上海市哲学社会科学优秀成果奖4项。

交流与合作。申报首个中外合作办学机构中法卓越工程师学院，原则通过专家答辩评审。在罗马尼亚挂牌成立首个境外办学机构中欧国际商学院。获批与德国勃兰登堡工业大学“生物工程”本科专业中外合作办学项目。出台《“双一流”建设理工农医类学科中外合作办学项目管理办法》，加快引进国际一流资源合作办学。接待国（境）外团组共计1004人次，与国外高校及科研机构新签署或续签学生交流协议、教育与科技合作协议和备忘录25份。新建与利物浦大学等3所世界一流高校的校级合作关系，新增与牛津大学等7所高校的学生交流项目。552人次教师因公出国（境）交流访问，聘任长期工作专家12人，邀请外籍教授学者33人次来校授课或开设讲座。费林加院士获中国永久居住许可证并获上海市政府“白玉兰奖”。举办国际（地区）会议9次。出台本科生国（境）外交流项目资助方案，学生海外游学760人次，公派留学学生类项目录取95人。新招收学历留学生132人，同比增长11.4%。留学生教育通过第三批“高等学校来华留学质量认证”试点工作。

召开校董会五届五次会议，校理事会六届一次会议，完成换届工作。基金会新签捐赠协议67项，签约金额6251万元，到款总额1754万元。获批中央财政捐赠配比专项资金1285万元。完成定点扶贫云南省寻甸县各项任务，寻甸县正式实现贫困县退出，并获全国脱贫攻坚组织创新奖。新增对口支援高校中国石油大学（北京）克拉玛依校区、宁夏大学。与闵行区教育局合作举办华东理工大学附属闵行科技高级中学。（王　阳）

【国际社会工作学院成立】 1月6日，国内首次由社会工作专业与公益慈善基金会联合建立的学院——国际社会工作学院正式成立。该学院成立在为学校人文社会科学改革创新拓展办学资源的同时，也将致力于推动中国社会工作的国际化发展。

（王　阳）

【获上海市科技奖励大会14项奖项】 4月1日，上海市委、市政府在上海展览中心友谊会堂召开上海市科学技术奖励大会，学校作为牵头单位的项目获一等奖4项、二等奖4项、三等奖2项；学校教师参与的项目获一等奖1项、二等奖2项、三等奖1项。

（王　阳）

华东理工大学作为牵头单位获上海市科技奖励大会一等奖4项

【新增1个学科创新引智基地】 学校生工学院张立新教授作为负责人的微生物药物的高效“智”造学科创新引智基地获批国家外专局和教育部2018年度新建高等学校学科创新引智计划（即“111计划”）立项，截至年底，学校学科创新引智基地数量增至7个。（王　阳）

【商学院通过AMBA再认证】 商学院通过英国国际工商管理协会（Association of MBAs，简称AMBA）再认证并获得最长5年认证期。据悉，国内无条件通过AMBA再认证的大陆院校仅有华东理工大学和上海交通大学、浙江大学3所。（王　阳）

【与锡比乌大学签约共建中欧国际商学院】 4月10日，与罗马尼亚锡比乌卢西恩·布拉加大学（简称锡比乌大学）正式签约，合作共建“华东理工大学锡比乌中欧国际商学院”（ECUST Sibiu Sino-European International Business School）。这是学校在

海外设立的首个中外合作办学机构，也是首个中国与罗马尼亚共建的商学院。（王　阳）

华东理工大学与锡比乌大学签约共建中欧国际商学院

【在世界机器人大赛中获3项第一】 8月15—19日，世界机器人大赛在北京亦创国际会展中心举行。信息学院率队参加世界机器人大会的BCI脑控类赛事的全国总决赛，获2018世界机器人大会BCI脑控类赛事中的“全能脑机奖第一名”“枕叶脑机奖第一名”，以及“颞叶脑机奖第一名”三项大奖。（王　阳）

附：学校负责人及地址

（2018年1—12月）

校党委书记：杜慧芳

副书记：宋　来、陈　麒、沈志超

校　长：曲景平

副校长：钱　锋、吴柏钧、刘昌胜、辛　忠、胡宝国、轩福贞、李　涛（8月到任）

徐汇校区地址：梅陇路130号

邮编：200237

电话：64252500

奉贤校区地址：海思路999号

邮编：201424

电话：6425250

东 华 大 学

【2018年概况】 学校设有教学院（部）17个。有6个博士后流动站、10个一级学科博士点、1个工程博士专业学位点、29个一级学科硕士点、11个专业学位硕士授权类别、16个工程硕士授权领域、55个本科专业、1个一级学科国家重点学科、5个二级学科国家重点学科、1个国家重点（培育）学科、7个上海市一流学科、1个上海高校Ⅰ类高峰学科，设有13个国家和省部级科研基地，2个国家“111”引智基地以及国家大学科技园。全校学生23418人，其中本科生14104人，硕士生5777人，博士生1045人，成人教育学历生1351人，学历留学生1141人。

学科建设。在学位授权点评估中，新增设计学、土木工程、工商管理专业一级学科博士授权点，工程博士专业博士学位授权点；新增新闻传播学、土木工程、外国语言文学、电气工程、公共管理一级学科硕士授权点，应用统计硕士、新闻与传播硕士专业硕士学位授权点。制定《东华大学2018—2020年学科建设总体方案》《东华大学世界一流学科建设实施管理办法（暂行）》《东华大学世界一流学科和特色发展引导专项资金管理办法（暂行）》，建立一流学科建设联动机制。获批“双一流”建设资金5900万元，预算申报文本专家评审为优秀。启动“纺织科学与工程”Ⅰ类高峰学科第二阶段建设项目，推进材料科学与工程、设计学、环境科学与工程、物理等学科参与上海高校Ⅳ类高峰学科建设，协助完成第一阶段绩效评估。

人才培养。本科生教育中，学校获国家教学成果奖4项（一等奖1项、二等奖3项）、上海市教学成果奖18项。建筑环境与能源应用工程专业、高分子材料与工程专业、服装设计与工程专业通过工程教育认证，日语专业、金融学专业完成自主认证。开设人工智能创新人才实验班和智能制造及机器人拔尖创新人才实验班。入选教育部新工科建设项目4项。本科生在各类竞赛中获省部级以上奖励共计506项，其中国际级奖15项、国家级奖314项、省部级奖177项。获批优秀本科生国际交流项目18项，56名本科生获国家公派出国奖学金。截至8月31日，毕业生总体就业率为97.69%，本科毕业生总体深造率34.28%。研究生教育中，研究生以第一作者身份在国内外SCI/SSCI来源刊发表学术科研论文725篇、获发明专利授权161项、获国家实用新型专利18项。93名研究生获得国家留学基金委和学校优博访学计划资助，48名博士生参加国外高水平国际会议。参与国际大师研究生课程建设项目4项、获批上海市研究生教育项目6项。拓展创新创业教育，入选全国创新创业典型经验高校50强、2017—2018年上海市高校毕业生就业创业工作专项督查优秀单位。在体育美育方面，姚捷获亚运会男子撑竿跳高银牌，女子足球队获中国大学生足球联赛总冠军、首届亚洲大学生体联亚洲杯足球赛亚军。手球、射击、攀岩等8个项目获全国大学生体育赛事冠军。

科学研究。获国家科技进步一等奖1项，上海市科学技术奖8项(一等奖3项、二等奖4项、三等奖1项)，上海市哲社优秀成果评奖二等奖4项。进校纵向项目248项，纵向经费1.73亿元，新增纵向科研合同金额1.11亿元。获得国家重点研发计划项目/课题、国家自然科学基金、上海市教委科研创新计划重大项目、军工项目、人文社科省部级项目等近160项，其中16项军工项目获批立项。5人入选全球“高被引科学家”名单，居中国内地高校第20位。联合新加坡国立大学、匈牙利德布森勒大学和以色列巴伊兰大学共同组建的“先进纤维与低维材料国际联合实验室”获上海市科学技术委员会批准建设。先进玻璃制造技术被教育部工程研究中心评为优秀。数字化纺织服装技术教育部工程研究中心、纺织面料技术教育部重点实验室、生态纺织教育部重点实验室通过教育部评估。纺织生物医用材料科学与技术创新引智基地通过教育部和国家外国专家局评估。纤维材料改性国家重点实验室通过科技部评估。开展科技洽谈70余次，签订横向科研合同854项，合同总金额2.71亿元，完成专利转让许可51项，转化合同金额524万元，比上年增长33.2%。

队伍建设。完善多维考核评价体系，落实《东华大学关于建立健全师德建设长效机制的实施办法》。贯彻《关于加快人才发展体制机制改革的实施意见》，完善人才队伍建设规划。新增特聘顾问教授(院士)2人、兼职特聘教授1人，引进特聘研究员11人。2人入选万人计划领军人才、1人获得国家优秀青年科学基金、1人入选中青年科技创新领军人才、1人入选中国科协青年人才托举工程、2人入选中国纺织学科带头人、19人入选省部级人才计划、1个教师团队入选首批全国高校黄大年式教师团队、1人获评2018年上海市“四有”好教师(教书育人楷模)称号、9人获评改革开放40年纺织行业突出贡献人物。

合作交流。制订《东华大学主动服务“一带一路”行动计划》，设立纺织行业“一带一路”国际合作发展研究中心，建设纺织行业国际合作的国家级智库。举办2018世界纺织服装教育大会、第二十届国际时装院校联盟(IFFTI)年会、第四届中非纺织服饰论坛暨人文交流论坛等国际会议。与上海纺织集团合作开设首期纺织服装产业“一带一路”产能国际合作高级研修班，在埃塞俄比亚举办长三角纺织国际产能合作研讨会并设立纺织“一带一路”教育培训基地(非洲)。大学生艺术团首次赴肯尼亚孔子学院巡演、参加乌兹别克斯坦塔什干时尚周、与中国驻乌兹别克斯坦大使馆和塔什干纺织与轻工业大学举办“中国日”系列活动。与英国诺丁汉特伦特大学、日本京都府立大学、加拿大维多利亚大学等知名高校及“一带一路”国家乌兹别克斯坦的塔什干纺织与轻工业学院、纳曼干工程技术学院等签署15份合作协议。新增长期高端外国专家项目3项、国家重大科技专项外国人才引进计划1项、“一带一路”教科文卫引智计划1项、外国青年人才引进项目1项、学科创新引智基地1个、海外名师项目2项。招收港澳台地区学历生96名。建成10个全英文授课硕士项目，留学生汉语教学项目通过国际知名语言服务质量评估与认证机构EAQUALS认证。与福建省教育厅、北京际华集团、上海科学院、上海产业技术研究院等签订战略合作协议。定点扶贫盐津，对口支援新疆大学、塔里木大学、喀什地区中职院校。加强合作共建，接受来自145家企业和个人捐赠资金1208.79万元。

办学条件保障。完成复合材料协同创新中心大楼建设等工程，启动工程训练中心改扩建项目施工，做好松江研究生公寓项目前期准备。新建网上服务大厅、基建系统、合同系统、教代会系统和外事系统，升级校园无线网络，实行DHU-1X的认证，加入eduroam联盟。完成大型仪器“全数字化网络电子平台建设”，实现与上海市“大型仪器开放管理平台”和科技部“国家大型仪器开放管理平台”对接。纺织服饰博物馆举办“百年蕾丝，设计之美”“中国传统织绣文化展——李雨来藏品撷珍”等展览。图书馆完成172种民国纺织特色期刊题录信息采集、电子版本查询和馆藏核对，完成“学习空间智能化和移动化改造项目”二期建设。分析测试中心获批全国分析检测技术人才NTC培训机构和考核基地。 （平　婧）

【入选全国高校黄大年式教师团队】 1月3日，朱美芳教授带领的材料科学与工程教师团队入选首批全国高校黄大年式教师团队。该团队专注有机、无机杂化功能材料及高技术纤维材料研究，先后入选科技部“创新人才推进计划重点领域创新团队”、教育部“创新团队发展计划”。 （平　婧）

东华大学朱美芳教授团队入选全国高校黄大年式教师团队

【获国家科学技术奖】 1月8日，陈惠芳教授领衔的“千吨级干喷湿纺高强/百吨级中模碳纤维产业化关键技术及应用”项目获国家科技进步一等奖。其科研团队联合中复神鹰碳纤维有限责任公司攻克干喷湿纺碳纤维核心技术难题，建成国内首条完全具有自主知识产权年产5000吨的干喷湿纺碳纤维原丝和千吨级高强/中模碳纤维生产线，打破国际技术封锁和产品垄断。 （平　婧）

【举办纺织服装产业国际合作高级研修班】 3月15日，纺织服装产业“一带一路”产能国际合作高级研修班开班，来自哈萨克斯坦、乌兹别克斯坦、埃塞俄比亚、苏丹、伊朗、肯尼亚等15个“一带一路”沿线国家的纺织企业高管、相关机构高级工程师、高校专业教师，围绕纺织行业发展前沿和国际合作形势、中国纺织服装产业现状展望等进行交流研讨。 （平　婧）

纺织服装产业“一带一路”产能国际合作高级研修班

【开设“锦绣中国”双语教学】 3月15日，“锦绣中国”系列课程首次面向来华留学生开设全英文版通识选修课程。该课程通过聚焦纺织工业发展历程、中华纺织文明成果、纺织技术创新体系、纺织国粹与纺织服饰文化、丝路文化与“一带一路”倡议等内容，向留学生展示中国纺织发展历史及传统文化，培养留学生共有文化观念。10月15日，《锦绣中国》系列课程上线慕课平台。 （平　婧）

【举办第二十届国际时装院校联盟年会】 4月11日，第二十届国际时装院校联盟（IFFTI）年会在学校开幕，国际时装院校联盟主席洛冰·希利（Robyn Healy）出席开幕式，校长蒋昌俊致辞，来自全球24

个国家60所时装院校和机构的200余名专家学者参会。年会以“时尚未来”为主题，开展主题演讲、论文宣讲、设计大赛和参观研讨等形式的交流活动。

（平　婧）

【《中国纺织通史》首发】 4月24日，由中国纺织史学家及教育家周启澄、中国丝绸博物馆馆长赵丰和包铭新教授担任主编，东华大学出版社出版，历时8年完成的《中国纺织通史》在沪首发。该书是首部全面论述原始手工生产到当代动力机器生产的纺织业发展通史，填补了中国7000多年纺织发展史的空白，具有重要的学术价值和历史意义。

（平　婧）

【纺织智造助力“鹊桥”中继卫星】 5月21日，陈南梁教授团队研制的星载天线金属网助力“鹊桥”中继卫星顺利完成月球背面中继通讯任务。团队采用极细金属丝合股及经编技术，在减重90%的同时，实现大尺寸卫星大功率通讯，助力嫦娥四号探测数据顺利传回地面。

（平　婧）

【深化中非教育合作】 9月17日，学校和巴赫达尔大学主办的第四届中非纺织服饰论坛暨人文交流论坛在埃塞俄比亚举行，党委书记朱民率团出席论坛并致辞。埃塞俄比亚6所纺织高校和埃塞俄比亚纺织工业发展研究院的众多专家学者参会。9月20日，长三角纺织国际产能合作研讨会在埃塞俄比亚首都亚的斯亚贝巴举行，学校和东方国际集团联合设立的纺织“一带一路”教育培训基地（非洲）揭牌成立。

（平　婧）

【参展第二十届中国工博会】 9月20日，在第二十届中国国际工业博览会上，学校单向导湿织物、纺织智能制造、干喷湿纺高性能碳纤维产业化关键技术、高效低阻滤材、工业大数据、工业智能应用3.0、亚微米纤维高效持久抗菌纺织品、声波灭火器、基于石墨烯发热的多周波理疗仪器、玄武岩纤维材料、智能感应面料、智能跟随车共12项科技成果参展。

（平　婧）

【获“世界可穿着艺术”设计大赛冠军】 9月23日，第三十届“世界可穿着艺术”设计大赛在新西兰举行。郭晓桐设计作品《灵骨—Spirit Bone》获WETA工作室组冠军，张琪瑶设计作品《壳—Shell》获学生创新组冠军，夏天、羊梦童、贺方钰设计作品《女体炼狱—Feminine Hell》获DAME SUZIE MONCRIEFF组亚军。

（平　婧）

【获多项国家教学成果奖】 9月27日，刘淑慧副教授参与项目“入耳入脑入心　同向同行同频：以思政课为核心的课程思政教育教学改革与创新”获国家级教学成果一等奖，李俊教授主持项目“构建艺术与工科专业共生发展命运体，多维协同培育国际化时尚创意设计人才”、朱美芳教授主持项目“多维度全过程，材料类专业人才培养模式的构建与实践”、宋福根教授主持项目“互联网+创新创业决策人才培养模式的创建与实践”获国家级教学成果二等奖。

（平　婧）

【先进纤维与低维材料国际联合实验室成立】 10月，学校依托材料学科、化学学科、纤维材料改性国家重点实验室和“纤维材料先进制造技术与科学创新引智基地”，联合新加坡国立大学、匈牙利德布森勒大学和以色列巴伊兰大学组建的“先进纤维与低维材料国际联合实验室”获批建设。该国际联合实验室致力于以高效能量转换机制为核心，通过材料基因设计、多层界面优化、低维结构构筑等方式，研发一系列性能优异的具有储能、光热转换、变色等功能的智能纤维。

（平　婧）

【举办首届大数据驱动的智能制造学术论坛】 11月16日，学校参与发起和承办的首届大数据驱动的智能制造学术论坛召开，370余名国内外专家学者参会。大会围绕“大数据驱动的智能制造的基础理论、核心方法、关键技术和行业应用”等内容展开交流研讨。

（平　婧）

【举办世界纺织服装教育大会】 12月8日，由中国纺织工业联合会指导，中国纺织服装教育学会主办，学校承办的2018世界纺织服装教育大会开幕。

中国纺织工业联合会会长孙瑞哲、中国纺织服装教育学会会长倪阳生、纺织之光科技教育基金会常务副理事长叶志民、真维斯国际(香港)有限公司董事长杨勋,学校党委书记朱民、校长蒋昌俊及来自26国127所高校协会的385位专家出席。会议围绕纺织教育现状及发展趋势、纺织教育国际化、纺织教育人才培养模式与纺织教育教学改革4项议题展开讨论。"一带一路"世界纺织大学联盟正式成立,来自19个国家33所纺织特色高校成为联盟首批成员,该联盟是截至目前参与高校最多、"一带一路"沿线国家覆盖率最高的世界纺织类高校联合组织。 (平　婧)

"一带一路"世界纺织大学联盟成立

【举行第四届中法大学生体育文艺周】 12月19日,由教育部国际合作与交流司、中国大学生体育协会和法国大学生体育联合会联合主办,学校承办的第四届中法大学生体育文艺周开幕,来自法国图卢兹大学、上海体育学院、江苏师范大学及东华大学女子足球队参与本次活动,旨在增进中法高级别人文交流,建立中法高校体育合作共赢体系。

(平　婧)

【拓展教育扶贫新模式】 在定点扶贫云南盐津的工作中,学校围绕"中小学生、大学生、终身教育"3个梯度,拓展"培养+"扶贫工作新模式,全面提升人才资源竞争力。年内为盐津县投入帮扶资金229万元,引进帮扶资金231万元,培训基层干部1000余名、技术人员300余名,直接购买盐津农产品200万元,帮助销售盐津农产品200万元。

(平　婧)

附:学校负责人及地址

(2018年1—12月)

校党委书记:朱　民
　　副书记:刘淑慧、崔运花、金海燕

校　长:蒋昌俊
副校长:刘春红、邱　高、卿凤翎、陈　革、陈南梁(2月到任)、舒慧生(2月到任)

松江校区地址:人民北路2999号
邮编:201620

长宁校区地址:延安西路1882号
邮编:200051
电话:67792000、62373678

华东师范大学

【2018年概况】 学校设有3个学部,29个全日制学院,4个书院,8个实体研究院,2个国家重点实验室,2个管理型学院,含83个本科专业。有博士学位授权一级学科29个,硕士学位授权一级学科36个,可授予20种硕士专业学位,以及教育博士专业学位,有25个博士后科研流动站。拥有教育学、地理学2个一级学科国家重点学科,5个二级学科国家重点学科、5个国家重点培育学科,12个教育部第四轮学科评估A类学科,6个上海市高峰学科(Ⅰ类2个,Ⅱ类2个,Ⅳ类2个),12个上海市重点

学科和17个上海市一流学科(A类4个,B类13个)。

学校理工科拥有2个国家重点实验室,1个国家工程技术研究中心,1个国家野外科学观测研究站,1个国家级国际联合研究中心,7个教育部重点实验室和工程研究中心,1个教育部国际合作联合实验室,1个教育部高等学校软科学研究基地,1个民政部研究中心,1个出版总署重点实验室,10个上海市重点实验室和工程技术研究中心,1个上海市软科学研究基地,1个上海市协同创新中心;文科拥有6个教育部人文社会科学重点研究基地,11个上海市哲学社会科学创新研究基地和上海市人民政府决策咨询研究基地工作室,2个上海市高校智库,9个上海高校“立德树人”人文社会科学重点研究基地,7个国别和区域研究中心获教育部备案。有国家文理科基础学科人才培养和科学研究基地6个、国家级实验教学示范中心2个、国家级虚拟仿真实验教学中心1个、上海市实验教学示范中心7个。

在校全日制本科生14362人;在校博士研究生3080人,硕士研究生17304人;在校留学生(学历生)1280人。有教职工3990人,其中专任教师2317人。教授及其他高级职称教师1827人,其中含中国科学院和中国工程院院士(含双聘院士)13人,中组部“千人计划”入选者22人,教育部“长江学者奖励计划”特聘教授及讲座教授37人,国家“杰出青年科学基金”获得者35人,国家“万人计划”领军人才及国家教学名师入选者9人,人社部“新世纪百千万人才工程”国家级人选13人。青年千人计划入选26人,国家优秀青年基金获得者23人,中组部“青年拔尖人才”入选者9人,教育部“青年长江学者”12人,上海市“东方学者”入选者32人,上海市“领军人才及后备”入选者27人,上海市“千人计划”入选者21人,“双百人才计划”入选者(含紫江优秀青年学者、紫江青年学者)174人次。

一流大学建设和学校新一轮改革。重点支持教育科学、地球科学2个优势学科群及中国语言文学、世界史、数学、统计学、软件工程等5个特色学科率先冲击一流。优化年度学科建设经费配置,全年拨付学科建设经费3.52亿元。开展年度引导专项绩效自评,加强执行情况监测。组织完成岛屿大气与生态Ⅳ类高峰学科建设阶段性总结验收,完成教育学、地理学、岛屿大气与生态3个高峰学科专项检查。对接上海市高峰高原学科建设计划,世界史、统计学分别入选Ⅰ类高峰学科、Ⅱ类高峰学科,学校高峰学科总数达到6个。深入实施“教育+”“生态+”“健康+”“智能+”“国际+”五大行动计划。制定“迎双庆　促发展　惠民生”三年行动计划,围绕幸福之花建设、学科交叉研究、校园形象提升、社会服务拓展、经济委员会运行等工作设立专项基金。完成校学术组织章程体系修订,完成校学术委员会及6个专门委员会整体换届。加强基层学术组织建设,在学科点、学位点和专业点实行责任教授制。设立经济委员会,提升学校经济运行水平。制定提高学校学术竞争力和经济运行水平实施意见及相关配套方案,构建由岗位津贴、绩效奖励、卓越激励构成的学校薪酬机制。

人才培养。本科人才培养方面,深化课程思政教育教学改革,新建示范课程60余门;全面推进落实教授为本科生上课制度,实施《华东师范大学关于教授承担本科生教学工作量规定及考核办法(试行)》;推进新工科建设与发展,3个项目入选教育部首批“新工科”研究与实践项目;筹划重构通识教育课程体系,着力打造经典通识课程;积极对接教育部“六卓越一拔尖”计划2.0,启动新一轮校内优秀学生的培养。加强本硕贯通,推进优秀本科生提前修读研究生课程试点。汉语言文学(师范)专业在全国率先完成第三级师范专业认证。研究生培养方面,研制《华东师范大学博士生培养改革三年行动计划实施方案(2019—2021)》,实施“6个”研究生培养改革计划。继续实施博士研究生长学制培养模式改革计划,新增5个试点单位。深化专业学位研究生培养改革,继续搭建实习实践平台8个,启动专业学位研究生优质专业核心系列课程建设。课程和教学项目方面,7门课程入选国家精品在线开放课程;1门课程获“上海高校优质在线课程”称号;7门课程入选上海市级精品课程;2门课程获批上海高校示范性全英语课程;建成41门通识教育精品课程。重点加强一级学科学位基础课和研究生高水平通识课程体系建设。

科研创新。理工科方面，获批国家重点研发计划牵头项目4项，国家重点研发计划项目12个。国家自然科学基金项目立项187项，其中重点项目6项、优秀青年科学基金项目2项、面上项目101项、青年科学基金项目59项、国家重大科研仪器研制项目1项。国防项目实现重大突破，持续为国防事业贡献力量。申请国内专利456项，获批上海市专利示范单位建设。文科方面，获批国家社科重大项目立项11项，全国排名第三；教育部重大公关项目1项，全国教科重大项目1项，国家社科重大专项2项，重大项目滚动资助2项。国家社科一般项目立项总数59项，全国高校排名第四、师范类大学第一。获批国家社科基金年度和后期资助项目64项，位列全国第六，教育学专项立项数全国第一。获第十四届上海市哲社优秀成果奖95项，一等奖23项，均位居上海第二，其中，学术贡献奖实现了近10年5届零的突破。国家重大决策咨询取得新成果，新增上海市决策咨询基地和上海市高校立德树人基地各1家，全年向有关部门报送决策咨询报告180余篇，98篇成果获得省部级以上领导批示或被省部级以上部门采纳，10篇成果获得中央领导批示。话语体系建设初见成效，成立教育学话语研究中心，创刊一本教育评论英文期刊；推进"改革开放40周年、建国70周年、建党100周年"系列研究，出版一批学术精品。

师资队伍建设。深化人事制度改革，完善职称评聘程序和晋升标准，打破职称评审"四唯"做法，探索多元化评价机制。设立人文社会科学资深教授岗位，开展文科资深教授评选。改进管理服务队伍聘用模式，注重管理服务队伍职业生涯规划和发展。优化收入分配模式，健全薪酬激励制度，调整部分岗位的岗位津贴标准，建立"多劳多得、优劳优得、不劳不得"的薪酬分配体系。加强高端人才队伍建设，1人入选国家"万人计划"国家教学名师，2人入选国家"万人计划"青年拔尖人才，5人进入"青年千人计划"答辩评审程序。引进3位国家"千人计划"入选者（含2名外专千人）。7人入选教育部"长江学者奖励计划"（含5名"青年长江"），引进1位"长江学者奖励计划"专家。2人入选国家优秀青年科学基金，引进2位国家杰出青年科学基金获得者。多人入选上海市各类人才计划。做好青年教师的培养发展，引进（培育）"双百计划"人员50余人。9名"紫江优秀青年学者"获得"青年千人计划""青年拔尖""国家优青"等国家高水平青年人才项目支持。引进22位"明园晨晖学者"。引进40名高级职称人员。

开放合作。注重国际合作交流，先后与法国高师集团、美国纽约大学、弗吉尼亚大学、康奈尔大学、澳大利亚昆士兰大学、巴西圣保罗大学、日本东京大学等世界著名大学建立战略合作伙伴关系，与世界200余所高校、科研机构签订学术合作与交流协议。与法国高师集团成立联合研究生院，与法国里昂高师和法国国家科学研究中心成立中法科学与社会联合研究院，与法国里昂商学院合作共建亚欧商学院，与以色列海法大学合作共建转化科学与技术联合研究院。学校设有国家汉办所属的国际汉语教师研修基地，作为中方合作院校建设8所孔子学院。

积极为上海市、地方经济社会发展服务，大力助推产学研合作。与昆明市人民政府签署战略合作协议，与长宁区人民政府签署教育合作协议，与崇明区签署全面战略合作框架协议，与宝山区签订合作办学暨深化战略合作框架协议，与上饶市人民政府签署合作协议，与广西科技厅签署首席技术官（CTO）教育培训合作的框架协议，与临港集团签署战略合作协议，与紫竹高新区签订新一轮深化合作框架协议，与光明集团签署战略合作框架协议。

（黄　欣）

【数学科学学院成立】　3月14日，数学科学学院成立仪式举行，校党委书记童世骏出席。数学科学学院下设6系，包括基础数学系、应用数学系、数学教育系、数据数学系、智能数学系、金融数学系，以及上海市核心数学与实践重点实验室，系统科学研究所，上海市"立德树人"数学教育教学研究基地（华东师范大学）、上海市海外高层次人才创新创业基地（数学创新研究基地），上海《数学教学》杂志社，华东国际数学中心（建设中）、亚洲数学教育中心（建设中）等。

（黄　欣）

【李强到校调研】 6月5日，市委书记李强到校调研，提出“把自身发展同国家和地方发展更加紧密地联系起来”“大力建设具有国际水平的人才队伍和创新团队”“悉心培育有爱心、有好奇心、有卓越心的栋梁之材”等具体要求。学校高度重视，召开校领导专题会、党委常委会等专题研究贯彻落实市委书记李强指示精神各项工作举措。（黄　欣）

【新一届学术委员会及各专门委员会整体换届改组完成】 7月9日，学校举行第八届学术委员会及各专门委员会委员聘任仪式。7月10日下午，第八届校学术委员会召开第一次全体委员会议，到会委员听取了第七届校学术委员会主任钱旭红做的工作报告并一致审议通过，审议了《华东师范大学学术委员会章程》及各专门委员会章程的修订情况并一致通过。会上经无记名投票，选举产生华东师范大学第八届学术委员会主任、副主任委员。

（黄　欣）

【进行改革发展大调研】 4—6月，学校围绕党的建设、治理机制、人才培养、科学研究和学科建设、师资队伍建设、教学科研管理服务的条件保障等6个方面，进行改革发展大调研。大调研由分管校领导牵头，相关职能部门参与落实。各调研组在明确调研理念，细化调研提纲，分解调研任务的基础上，坚持目标和问题导向，落实调研安排。6个调研组采取座谈、个别访谈等多种形式，赴相关学部、院系所、书院和职能部门共开展了47场次调研活动，近千名干部师生积极参与、踊跃建言献策。（黄　欣）

【学习宣传贯彻全国教育大会精神】 9月10日，全国教育大会在北京召开。学校干部师生密切关注会议动态，认真学习习近平总书记重要讲话，对大会的胜利召开反响热烈。9月11日，学校举行学习全国教育大会精神暨第十次教师干部培训工作领导小组会议；9月17日，校党委常委会专题学习全国教育大会精神。（黄　欣）

【人文与社会科学研究院成立】 9月21日，人文与社会科学研究院揭牌仪式举行。人文与社会科学研究院拓展原社科处和文科发展中心职能，通过科研管理体制机制创新，强化科研规划、组织、协调、管理、服务职能，推进学校人文社科跨学科研究、新型特色智库建设、人文社科公共平台和数据库等基础建设，提升文科科研管理服务效能。

（黄　欣）

【举办校庆活动】 10月16日，学校举行70周年校庆倒计时仪式。校领导与各学部院系和职能部门负责人以及老领导代表、退休教师代表、青年教师代表、学生代表、校友代表等出席了活动。著名物理学家、诺贝尔物理学奖获得者杨振宁和其弟子、著名物理学家张首晟，应邀做客大师讲堂首讲。

（黄　欣）

【召开首届全球教育学院院长论坛】 10月25—26日，首届全球教育学院院长论坛（Global Education Deans' Forum，GEDF）召开。来自中国、美国、加拿大、智利、阿根廷、英国等国家和地区40余名高校的教育学院院长齐聚华东师范大学。校长钱旭红，党委常务副书记、副校长任友群等出席论坛。论坛中，出席的中外院长签署了联合宣言。

（黄　欣）

华东师范大学召开首届全球教育学院院长论坛

【举行首届学科、学位点、专业点（教学点）责任教授聘任仪式】 学校分别在11月13日，12月21日、27日举行首届专业点（教学点）、学位点、学科责任教授聘任仪式。73位教师被聘任为首届本科专业点（教学点）责任教授，32位教师被聘任为首届学位点责任教授，33位教师被聘任为首届学科责任

教授。 （黄 欣）

【“华东师范大学-海法大学转化科学与技术联合研究院”入驻紫竹区】 11月20日，“华东师范大学-海法大学转化科学与技术联合研究院”正式入驻紫竹国际教育园区。入驻仪式结束后，举行了联合研究院第一届联合管理委员会会议，选举产生了新一届管理委员会成员、执行院长（中方）、学术院长（以方）。 （黄 欣）

【完成教育部师范类专业第三级认证】 11月27—29日，受教育部高等教育教学评估中心委托，以原副校长李向农教授为组长的专家组进驻学校，对学校汉语言文学专业开展为期3天的师范类专业第三级认证进行考查。学校汉语言文学专业成为全国首家接受教育部“师范类专业第三级认证”的高校专业。 （黄 欣）

【成立非洲工作站】 12月5日，“达累斯萨拉姆大学-华东师范大学”工作站（UDSM-ECNU Workstation）举行揭牌仪式。这是学校在非洲正式成立的首个海外工作站，设在东非名校达累斯萨拉姆大学校园内。 （黄 欣）

【经济委员会成立】 12月8日，学校经济委员会成立仪式暨首次全体会议举行。学校经济委员会立足研究高校经济活动中全局性、战略性、前瞻性问题，以及现实热点、难点问题，对学校筹资、投资、管理、运营、分配等经济事务开展调研和评估，参与学校预算规划等制定，组织对重大经济项目进行研究和论证，为学校经济建设和发展提供政策建议和咨询意见。 （黄 欣）

【在大学生创新创业大赛中获奖】 在第四届中国“互联网+”大学生创新创业大赛中，学校获1金1银1铜。在2018年“创青春”浙大双创杯全国大学生创业大赛终审决赛中，学校参赛项目共获2金1银3铜，学校获“优胜杯”。 （黄 欣）

【多位教师受表彰，多项成果获奖】 全国劳动模范包起帆获“改革先锋”称号，获颁“改革先锋”奖章，成为“改革开放百杰”之一。郑祥民入选第三批国家“万人计划”教学名师。杨国获年度宝钢优秀教师特等奖。闫方洁获第四届全国高校青年教师教学竞赛一等奖，并被授予上海市五一劳动奖章。褚君浩院士获“2017上海教育年度新闻人物”称号。缪炜恺获第三届上海高校青年教师教学竞赛一等奖。吕思勉等24位入选首批68位“上海社科大师”。熊斌被世界数学竞赛国家联盟大会（WFNMC）授予保罗·厄多斯奖（Paul Erdös Award）。6项成果获国家级教学成果奖，其中《国家课程改革背景下学校课程发展模式的建构与实践》获一等奖，50项成果获市级教学成果奖。3项成果分别获2017年度上海市科技进步一等奖、二等奖、三等奖。95项成果获第十四届上海市哲社优秀成果奖。《西北太平洋热带气旋气候图集（1981—2010）》获英国地图制图学会（British Cartographic Society）年度大奖——“John Bartholomew专题地图奖”“Stanfords印制地图优质奖”、2018年中国优秀地图作品“裴秀奖”银奖、地图与地理信息协会（Cartography and Geographic Information Society）第四十五届地图设计大赛Book/Atlas组别荣誉奖，以及中国自然资源学会第二届“青年资源制图大赛”特等奖。

附：学校负责人及地址

（2018年1—12月）

校党委书记：童世骏
副书记：钱旭红（兼）、王宏舟、杨昌利、曹友谊

校 长：钱旭红
副校长：孙真荣、梅 兵、李志斌、汪荣明、周傲英、戴立益

普陀校区地址：中山北路3663号
邮编：200062
电话：62233333

闵行校区地址：东川路500号
邮编：200241
电话：54344633

上海外国语大学

【2018年概况】 学校有教学院(系)18个,直属教学部3个。设有本科专业45个,包括语言类专业31个和非语言类专业14个。一级学科硕士学位授权点7个(下设二级学科硕士学位授权点38个)、专业硕士学位授权点7个、一级学科博士学位授权点3个(下设二级学科博士学位授权点18个)、博士后科研流动站2个。全校在职教职工1401人,其中专任教师829人(正高职称142人、副高职称272人;具有博士学位教师539人、硕士学位教师273人)。全校各类学生15593人,其中本科生5986人、硕士研究生2912人、博士研究生468人、留学生3477人(学历生959人)、成人教育学生2388人、网络教育学生362人。年内招收本科生1478人、研究生1163人,其中硕士研究生1041人、博士研究生122人;本科生毕业1448人,就业率约为97.56%;研究生毕业1012人,其中硕士生917人、博士生95人,就业率为97.53%;招收来自116个国家和地区的各类留学生4661人次。

学校有国家级优秀教学团队2个,上海市优秀教学团队3个,全国优秀教师2人,上海市教学名师4人,上海市育才奖53人,突出贡献中青年专家2人,获国务院特殊津贴97人(99人次),"长江学者奖励计划"特聘教授1人、讲座教授2人,第二批国家"万人计划"领军人才(哲学社会科学)2人,国家"万人计划"青年拔尖人才1人,中宣部文化名家暨"四个一批"人才2人,教育部跨世纪人才/新世纪人才18人,上海高校"东方学者"特聘教授5人、讲座教授1人,上海市"领军人才"8人,上海"千人计划"(创新短期)人才2人,上海市浦江人才40人,上海市人才发展资金资助5人,上海市曙光计划13人、晨光计划16人、阳光计划10人。多名教师获国外政府奖章,其中6人获法国政府最高奖项"棕榈教育勋章",1人获级别最高的"统帅"勋章,成为获得该勋章最高级别荣誉的唯一中国籍人士;6人获世界俄语学会颁发的普希金奖章,在全国院校中名列第一;1人获西班牙政府颁发的"西班牙国王功勋奖章",成为获得该奖项的首位中国学者;1人获葡萄牙总统高级荣誉勋章。

"双一流"建设。成立"双一流"建设领导小组和工作委员会,制定推进落实"双一流"建设整体方案和考核办法,实施外国语言文学五大研究领域引领计划,编制"双一流"学科建设规划、"双一流"建设年度任务书,推出"双一流"建设攻坚方案。建立完善"双一流"建设组织架构和工作流程,形成"建设任务+绩效目标+资源配置"有机结合的"双一流"建设体系。加强学科对标分析和动态监控,建成学科发展水平动态监控平台,对"双一流"建设攻坚方案涉及的关键指标进行动态跟踪。对学校发展主要指标深入分析,开展以数据为导向的院校分析研究。

人才培养与教育教学。完善"全员招生"工作体系,积极探索"分类考试、综合评价、多元录取"的人才选拔机制。与全国122所重点中学共建"优秀生源基地",探索精准招生机制,吸引顶尖生源报考。年内通过15个招生类型共录取本科生1503名。推进思政课教学改革,发布《上海外国语大学精品课程建设标准(课程思政专项)》,明确"课程思政"指标权重;召开多语种课程思政建设推进会,遴选9个课程思政教育教学改革试点单位,重视名师团队在课程思政建设领域的引领示范作用。建立健全"大学工"机制,设立"中共上海外国语大学学生工作委员会",负责全校学生的思政教育和党建工作。制定学生思政工作"十个一"项目。坚持"以本为本",推动本科教育综合改革。完善"多语种+”人才培养体系，新增“斯瓦希里语”专业，向教育部申请新设“塞尔维亚语”“语言科学”专业。推进通识教育改革和公共外语教学改革，首次设立6门通识教育核心课程、5门培育课程。加强宏观专业评估和微观学生评教，加强教学质量专项检查和教学督导，加强教学示范课建设。首次实施学业预警工作，加强对学生学习过程的管理，促进学校、学生、家庭三方面沟通协作。加强毕业论文质量保障，实行论文开题答辩全覆盖。成立慕课建设领导小组，“英语短篇小说”“中国传统音韵学”“中国传统节日文化（西班牙语）”课程在中国大学慕课(MOOC)平台上线，“日本近现代文学选读”“拉美文化”课程在超星尔雅平台上线，与英国慕课平台深化战略合作。2项成果获国家级教学成果奖，2门课程入选首批国家精品在线开放课程，12项成果获上海市教学成果奖，2个项目获上海高校本科重点教改项目立项，2门课程获“上海高校市级精品课程”称号，2门课程入选上海高校示范性全英语教学课程建设项目，2门课程入选上海高校优质在线课程建设项目，1门课程获“上海高校优质在线课程”称号，98项国家级、82项上海市级大学生创新创业项目获得立项，15位学者入选2018—2022年教育部高等学校教学指导委员会。学校获得“ACCA(特许公认会计师公会)中国卓越创新教育机构奖”。推动研究生教育体制机制改革，赋予院系更多自主权和资源调配权。新增1个一级博士点(工商管理)、2个专业硕士点(新闻与传播、国际商务)。试点实施“区域国别研究特色研究生项目”。启动“上外研究生5+1课程体系”改革，解决不同学科专业学术训练水平差异问题。推进研究生课程资源共享机制建设，190门次专业课面向全校研究生开放。启动“金融学”全英语教学硕士项目建设与招生。首次推出“语言研究”“文学研究”“翻译研究”“区域国别研究”“新闻传播研究”“信息人的信息素养”等6个“上外研究生学术训练营”项目，拓展研究生第二课堂活动。在国际工商管理学院、高级翻译学院和语言研究院首次试点博士招生“申请—考核”制。实施博士生学制改革，将三年学制改为四年学制。加强研究生教育质量管理，首次实施学位论文预答辩，加大校际盲审抽检力度。

学科与科研工作。完善学术治理体系，梳理各级学术委员会组织架构，推动院系完善学术委员会体制机制。建立和完善校学术委员会例会制度、议事制度和履职考评机制，启动校学术委员会章程修订和换届方案制定工作。打造高端智库和学术平台，“做大做强”中阿改革发展研究中心，完成5期阿拉伯国家官员研修班，137名阿拉伯国家中高级官员、知名学者参加。成立上海全球治理与区域国别研究院，以“立足本土，放眼全球”为建设理念，构筑“资政、咨商、启民、育人”功能于一体的国内、国际学术共同体。举办首届“联通世界与未来”国际研讨会。重点打造中东研究、中国外语战略研究和国际舆情研究智库，上海外国语大学中东研究所、中国国际舆情研究中心分获“中国智库索引(CTTI)高校智库百强”(A类)证书证牌，同时位列“区域研究与国际关系领域智库”PAI值评分Top15榜单(P-智库成果，A-智库活动，I-智库媒体影响力)；中东研究所刘中民教授参评论文成为30项精品成果之一。学校当选中国高等教育学会“一带一路”研究分会理事单位，中东研究所再次入选“一带一路”高校智库影响力榜单，成为全国中东研究领域最具影响力的高校智库，丝路战略研究所智库综合影响力位居中国高校“一带一路”智库第四名。推进教育部区域国别研究培育基地、备案中心与中德人文交流研究中心、中英人文交流研究中心建设。召开一流外国语言文学学科建设与发展高峰论坛，由全国153所具备外国语言文学优势学科的高校联合组成“中国高校外语学科发展联盟”在学校成立。与中国日报社联合创立新时代国际传播理论研究中心，成立“大数据与应用统计研究中心”，成立乌兹别克斯坦研究中心，建设脑与认知科学应用实验室、人工智能与数据科学应用实验室。推进“外国文化政策”研究基地建设。获国家社科项目15项(重大1项、全国教育科学研究重点1项、后期资助3项、冷门绝学和国别史研究专项1项、一般7项、青年2项)；获国家自科项目4项(面上1项、青年3项)；获丝路书香工程重点翻译资助项目4项；获教育部项目10项(社科基金一般4项、青年5项，霍英东基金1项)；获上海市级项目42项；获横向项目21项。发表学术论文736篇，含期刊论文452篇(其中CSSCI核心期刊论文221篇,SSCI、A&HCI、SCI、EI论文43篇,其他境外期刊论文62篇)、论文集论文93篇、报刊文章191篇;出版著作132部,其中专著37部、译著38本、教材19本、工具书25本、学术丛书2部、学术论文集11本;被采纳研究报告373篇,其中获国家级采纳102篇,获中央领导批示44篇,位居上海市高校前列。举办学术会议68场、学术讲座406场,参加校外学术会议615人次。完成《习近平用典(第一辑)》7个语种翻译,组织《习近平用典(第二辑)》13个语种翻译。获第十四届上海市哲学社会科学优秀成果奖12项,其中学术贡献奖1项。方重教授当选首批"上海社科大师"。《中国比较文学》《外语界》入选上海市文教结合"高水平高校学术期刊支持计划"。修订完善《科研奖励办法(试行)》,新增项目和报纸文章奖励,发布权威期刊目录。

师资队伍建设。全面推进教师思政和师德师风建设,修订《关于完善师德师风建设长效机制的实施意见》,试行校内师德师风信访处理流程,建立师德师风重大问题报告和快速反应机制。全方位、全过程完善师德师风教育监督机制,推进长效机制建设,定期在全校范围内开展师德师风专项自查工作。年内引进人才19名,推动人才梯队建设。1人入选上海市领军人才,6人入选上海市浦江人才计划,1人获批上海市人才发展资金资助。实施"走出去"引才战略,前往澳大利亚、美国等6所海外高校开展专项招聘会,提升师资来源结构层次。召开西索国际青年学者论坛,以学术前沿和热点问题研讨与合作为契机,为海内外优秀青年学者搭建交流与合作平台,加大高层次人才引进力度。制定《海外研修管理办法》,启动六大海外研修项目。4位教师入选中美富布赖特研修学者项目。构建多元化教师培育体系,新教师入职培训首次实现集中培训和岗位实践培训两种模式;举办线上线下各类教师培训60场,培训教师2000余人次,其中新进教职工培训21场。

国际化办学。年内接待到访团组约290批次、2000余人次;签署国际合作协议73项,新增合作伙伴15个;与62个国家和地区的410个大学、科研机构和国际组织建立合作关系,包括154个交换生项目和50余个联合培养项目。推进战略合作伙伴计划,与巴黎三大对外法语专业签署联合培养硕士双学位项目;确定西班牙皇家学院和加拿大渥太华大学为战略合作伙伴。加入拉丁美洲社会科学理事会和中英高等教育人文联盟,组织参与亚非研究国际联盟活动和SGroup欧洲大学联盟暑期学校。举办22场国际会议,聘请275名外国专家,其中长期专家88名、短期授课和讲座专家187名。制定《外国专家经费管理办法(试行)》《外国专家分类管理办法(试行)》。组织外国专家学术沙龙和文化交流活动13次。制定《学生境外交流学习项目管理办法》,年内派出687名本科生赴境外学习,其中3月以上长期留学487人,占出国留学总人数的71%。2018届本科毕业生在学期间赴海外交流学习629人,比例达42.6%。通过国家留基委公派留学294人,其中65个优秀本科生项目派出212人,名列全国第二。实施上外学生海外交流基金项目63个,资助总额394.51万元,资助项目数与资助总额同比翻倍。稳步发展留学生规模,优化留学生结构,年内招收留学生中,硕士生增长12.46%,博士生增长23.53%;培养孔子学院奖学金生298名,中国政府奖学金生419名,同比分别增长23.14%和24.70%,另招收上海市政府奖学金生200名。试点建立松江入系留学生互动管理机制,开设面向留学生的全英语选修课程20门,共计472人次选修学习。成立国际学生联谊会,促进留学生与中国学生交流共融。成立孔子学院工作领导小组,健全孔子学院专职教师管理制度,完善孔子学院中方院长和汉语教师、汉语储备教师选派流程和管理制度,制订《基地工作制度汇编》。年内,学校9所孔子学院共开设4个孔子课堂和53个教学点,学生总数达8418人,同比增长15.2%;参加各类汉语考试2817人次;举办各类文化活动340场,参与人数89275人次。承接教育高访团、各孔子学院夏令营团,接待136人。与希腊亚里士多德大学签约共建学校第十所海外孔子学院。秘鲁天主教大学孔院获"先进孔子学院"称号,学校再获"优秀中方合作机构奖"。

管理保障与社会服务。细化信息公开工作部署,稳步推进"决策、执行、管理、服务、结果"全过程信息公开,在市教委组织的评议中保持第一。加强依法治校，修订《合同管理规定》，制定《合同专用章实施细则》《行政规范性文件制定规定》等文件，升级 OA 系统合同管理流程，实现全校合同统一管理和规范用印。完成《规范性文件汇编》。推动全校信息化工作归口管理，制定《信息化项目管理办法》《信息化经费管理办法》。制定《国有资产管理办法(试行)》《基建工程管理办法(试行)》《修缮工程项目管理办法(试行)》。与江苏省扬州市人民政府、天津顶育咨询有限公司等建立合作关系，充分发挥多语种优势，为联合国、国家部委、市党政机关提供优质服务。稳妥推进基础教育合作办学，成立基础教育管理办公室，筹建专家工作组，探索有学校特色的基础教育合作办学模式，促成浦东开发集团等4 个新合作项目，合作办学收入达 2015 万元，增幅25%。积极开展各类志愿服务活动，派出 600 余名师生志愿者服务首届中国国际进口博览会，成为驻会志愿者人数最多的高校。

校园文化建设。建设校园导视系统，包括 11 种标识类型，涵盖两校区 142 个点位。打造书香校园，营造教学楼门厅文化氛围。加大多语种文献资源建设力度，拓展图书馆学习空间，完成松江校区图文中心咖吧式学习空间建设项目，新增阅览座位130 个。开设 10 门艺术类课程，谋划上外特色课程，艺术教育初步实现课程体系化，提升大学生艺术团品质。排球高水平运动队获教育部立项，成为学校继围棋、棒球高水平运动队后第三支国家级高水平运动队。全校 151 支团队 1360 余名学生赴全国 25 个省份、120 多个社会服务地点和 13 个海外国家开展社会实践，学生参与总数比上年增长55.3%，指导教师数增长 140.3%，亲赴现场带队指导比例提高 88.2%；1 个项目获全国大学生暑期“三下乡”社会实践活动优秀项目，5 个项目获市级奖项。举办 12 场高雅艺术进校园演出、首届全国大学生德语风采大赛、首届全国“西班牙语之星”演讲大赛、第十一届全国高校俄语大赛、第十一届“卡西欧杯”中国日语专业本科生·研究生辩论大赛、第二届全国“法语之星”风采大赛、上海模拟联合国大赛等赛事。注重培养学生思辨能力，校辩论队获上海市“梦想杯”辩论赛总冠军。搭建网上工会服务平台，探索后勤管理体制机制改革。制定《处置突发事件应急预案》，编制公共安全、考试安全、信息安全、防恐反恐、防汛防台等多个专项工作预案，维护校园安全稳定，获得 2018 年安全文明单位称号。 （潘　旻）

【增设斯瓦希里语本科专业】 3 月 21 日，学校斯瓦希里语专业获教育部批准设立，本科专业总数增至45 个，涵盖文学、教育学、经济学、管理学、法学等 5 个学科门类，其中语言文学类专业增至 31 个。9 月，斯瓦希里语、乌兹别克语、捷克语专业首批新生入学。 （潘　旻）

【工商管理一级学科获批博士学位授权点】 3 月27 日，学校工商管理一级学科获批新增博士学位授权点，国际商务硕士、新闻与传播硕士获批新增硕士专业学位授权点。学校有 3 个一级学科博士学位授权点(外国语言文学、政治学、工商管理)，是全国外语类院校中一级学科博士学位授权点最多的高校。 （潘　旻）

【发布《世界语言生活状况报告(2018)》黄皮书】 5 月 29 日，由学校中国外语战略研究中心主编的《世界语言生活状况报告(2018)》(也称“语言生活黄皮书”)发布。该书按照国家语委组织编写的“语言生活黄皮书”的总体设计思路，利用“世界语言生活综合数据库”，邀请 51 位来自国内外涵盖 15 个语种语言背景的作者共同写作完成。全书以点面结合的方式展现了国外语言生活的基本情况，既有国外语言生活的总体特点和热点事件，也有反应语言生活、语言政策等内容的深度报告。 （潘　旻）

上海外国语大学在京发布
《世界语言生活状况报告(2018)》黄皮书

【与商务印书馆合作打造“季愚文库”】 6月8日，学校与商务印书馆战略合作协议签约仪式暨上海外国语大学“季愚文库”建设座谈会举行。双方依托“季愚文库”开展全面合作，打造具有学校特色、中国风格的学术文化品牌。（潘　旻）

【举办2018 TESOL中国大会】 7月22日，《“2018 TESOL（世界英语教师协会）中国大会”上海宣言》在学校发布，1800余名国内外英语教育专家及一线英语教师参加大会。大会由世界英语教师协会、中国日报社和学校联合主办，主要探索中国英语教育的理论模式和实践路径。（潘　旻）

【成为“拉丁美洲社会科学理事会”成员机构】 9月18日，学校成为“拉丁美洲社会科学理事会”（以下简称“拉美社科理事会”）成员机构，也是中国首个“拉美社科理事会”成员。“拉美社科理事会”是联合国教科文组织承认的非政府国际机构，创建于1967年，致力于社会科学和人文领域研究。（潘　旻）

【与中国国际问题研究基金会签订战略合作协议】 10月25日，学校与中国国际问题研究基金会签订战略合作协议。双方本着优势互补、资源共享、协同创新、促进互惠的原则，发挥各自优势，共同探索部属高校与国家级核心智库合作发展新模式，构建一流外国语言文学学科与高端智库研究相结合的创新体系。（潘　旻）

【召开“联通世界与未来”国际研讨会】 11月11日，由上海全球治理与区域国别研究院主办的首届“联通世界与未来”国际研讨会召开，来自世界多国的5名政要和30多名学者参会，并围绕“转折中的世界与全球秩序”“‘一带一路’倡议与沿线各国”“中国特色大国外交与新型国际关系”“全球治理与人类命运共同体”等议题展开交流与讨论。（潘　旻）

【在第四届中国外语微课大赛获奖】 11月，外语微课资源建设与应用研讨会暨第四届中国外语微课大赛颁奖。学校日本文化经济学院曾婧的微课作品《日语语法——直接被动句》获日俄德法语组全国二等奖、上海市一等奖；国际文化交流学院李黔萍团队作品《中华文化系列——刮痧》获本科英语组上海市二等奖。（潘　旻）

【与慕尼黑应用语言大学签订合作协议】 11月14日，慕尼黑应用语言大学暨慕尼黑语言和翻译学院校长菲利克斯·迈尔一行到访，并与学校签订合作交流协议，在硕士生项目、翻译硕士交流生项目、教学与科研交流等方面展开合作。（潘　旻）

【与西班牙皇家学院签署战略合作协议】 11月28日，在国家主席习近平和西班牙首相桑切斯共同见证下，上海外国语大学与西班牙皇家学院在西班牙首相府签署了合作协议。协议主要包括：皇家学院西班牙语言资源库的推广应用和共建中西语言文化联合研究中心。学校成为皇家学院丰富语言资源库的唯一获得授权的海外单位。（潘　旻）

【教师获多项荣誉】 年内，已故著名学者方重当选首批“上海社科大师”；百岁教授章振邦获上海市第十四届哲学社科“学术贡献奖”；西班牙语教授孙义桢获中国辞书事业终身成就奖；黄绮副教授当选中国人民政治协商会议第十三届全国委员会委员；束定芳、查明建、吴友富等多位教授入选国家级或省部级人才项目，获评领域内有影响力人物。（潘　旻）

附：学校负责人及地址

（2018年1—12月）

校党委书记：姜　锋
副书记：王　静、钱　玲

校　长：李岩松
副校长：冯庆华、张　峰、杨　力、周　承（10月离任）

虹口校区地址：大连西路550号
邮编：200083
电话：35372000

松江校区地址：文翔路1550号
邮编：201620
电话：67701068

上海财经大学

【2018 年概况】 学校设有教学单位 17 个，有杨浦和虹口两个校区，占地面积 54 万平方米，校舍面积 61 万平方米。拥有博士学位授权一级学科点 9 个，硕士学位授权一级学科点 15 个，专业硕士学位 13 个，全日制本科专业 40 个，博士后科研流动站 7 个，其中国家重点学科 4 个，上海市重点学科 6 个，上海市一流学科 A 类 2 个、B 类 4 个，上海高校Ⅱ类高峰学科 1 个。有国家级教学研究基地 4 个，教育部重点实验室 1 个。全日制在校生 15474 人，其中本科生 8006 人，硕士 5631 人，博士 1080 人，留学生 757 人。有专任教师 1044 人，其中教授、副教授 542 人，国家千人计划 11 人，国家万人计划 3 人，教育部长江学者 13 人，新世纪百千万人才工程 4 人，国家杰出青年基金获得者 2 人，国家优秀青年基金 1 人，中宣部文化名家暨“四个一批”人才 1 人，教育部高等学校教学名师 3 人。上海千人计划 11 人，上海领军人才 6 人，上海东方学者 5 人，上海市高等学校教学名师 4 人，上海市青年拔尖人才 4 人。

接受教育部巡视整改督查，按照反馈意见启动新一轮整改。部署落实全国教育大会精神，首轮学习实现二级党组织全覆盖。推出体验式教学暨“体验育人大讲堂”活动，改革思政课教学，立项建设 10 门校级“课程思政”项目，另有 10 门课程入选“上海高校课程思政教育教学改革试点项目”。推进专业教师兼职班主任制度，做好兼职班主任考核工作。

建设一流学科。发布《上海财经大学学科建设规划(2018—2025)》，首次签署《学科绩效目标责任书》。推进上海市高峰Ⅱ理论经济学、高峰Ⅳ应用经济学学科建设，开展“十三五”规划中期评估和调整工作。获批哲学和公共管理一级学科博士点，哲学、数学、软件工程一级学科硕士点和翻译硕士专业学位点，开展学位授权点优化和调整。学科国际影响力不断提升，会计与金融、经济与计量均跻身 QS 学科排名全球前 150，经济学与商学位列《美国新闻与世界报道》学科排行全球前 156。

培养一流人才。提出“扎根中国、放眼世界、立德树人、追求卓越”的人才培养新理念，不断完善“3×3”卓越财经人才培养模式。获国家级教学成果奖一等奖 1 项、二等奖 1 项，上海市教学成果奖特等奖 2 项、一等奖 8 项、二等奖 9 项。通过本科教学审核评估，谋划推进新一轮本科教育教学改革。以研究生教育改革六大推进计划为抓手，全面提升研究生教育质量。千村调查入选教育部第一批高校思想政治工作精品项目。学校创业指导站获评“A 级高校创业指导站”，“匡时班”学生获 2018 年全国创青春 MBA 专项赛金奖、上海市互联网 + 大赛金奖。

汇聚一流师资。引育并举，新增国家级人才计划 4 人次、省部级人才计划 21 人次。制定出台人才项目遴选办法、人才引进“绿色通道”办法、“英贤学者”选聘管理办法和领导直接联系服务人才办法等制度文件。健全常任教职后评估机制，变革“非常任轨”考评管理机制，出台中级人员首聘期考核办法。完善教师学术休假制度，改革特聘教授管理模式，推进双轨融合发展。深化分类评价，首次按经、管、理、工、法、文及其他学科门类分别下达人员限额。

产出一流成果。获国家级科研项目 76 个，其中国家社科项目 28 项、国家自科项目 48 项，经济学科首次获得国家自科基金重点立项。59 项成果获上海市第十四届哲学社会科学优秀成果奖。在中国社科院 2018 年智库三大奖项评选中，获“中国智库学术成果奖”和“中国智库创新人才奖”各 1 项，1 项成果入围“中国智库咨政建言奖”。马克思主义理论研究院获上海市教委认定，省部级及以上科研机构数量增至18家。启动学术著作培育工作。报送专家建议212篇，其中65篇获得重要批示或被省部级内参收录。举办"学者·学问·学派"论坛、"庆祝改革开放40周年"高端系列讲坛等学术活动。

构建一流大学制度。以"依法治校示范校"创建为契机，全面加强依法治校，对照七大类55项指标要素，逐一落实创建任务，通过实地评估，入选第一批上海市依法治校示范校。

打造一流合作平台。成立创业和投资校友会以及校董会募资委员会，全年募资综合收入达到1.23亿元。与英国爱丁堡大学、瑞士日内瓦大学、新加坡国立大学、德国马尔堡大学与荷兰格罗宁根大学等世界一流大学建立伙伴关系。与山东大学签署战略合作协议，与崇明区人民政府、杨浦区人大常委会正式建立战略合作关系，积极推进产学研深度融合。（邓劲松）

【成立上海国际金融与经济研究院】 1月6日，由学校牵头，复旦大学和上海交通大学协调共建的"上海国际金融与经济研究院"正式揭牌，并举行第一届理事会第一次会议。（邓劲松）

上海国际金融与经济研究院正式揭牌

【发布《一流学科建设高校建设方案》】 1月29日，学校《一流学科建设高校建设方案》发布。学校聚焦"经济学与商学"学科群建设，涵盖统计学、理论经济学、应用经济学、工商管理等一级学科，推进学科交叉融合，深化综合改革。（邓劲松）

【入选高等学校学科创新引智计划】 1月，学校"会计改革与发展学科创新引智基地"正式入选2018年度"高等学校学科创新引智计划"。这是继"经济学前沿理论与方法学科创新引智基地"后第二个入选该计划的引智项目。（邓劲松）

【入选2017上海教育年度新闻人物】 4月10日，公共经济与管理学院教授黄天华获2017上海教育年度新闻人物，他用30年时光撰写的《中国财政制度史》终得付梓，以执著精神填补了中国财政理论研究的空白。（邓劲松）

【获评大学生艺术展演一等奖】 4月21日，全国第五届大学生艺术展演活动在上海闭幕，学校学生民乐团、合唱团获全国第五届大学生艺术展演一等奖。（邓劲松）

【获第十五届上海图书奖】 5月4日，学校3部著作获评第十五届上海图书奖，其中《1917—1919：马克思主义经济学在中国的传播启蒙》与《中国财政制度史》获一等奖，《中国经济发展史（1840—1949）》获提名奖。（邓劲松）

【与山东大学开展战略合作】 6月13日，校长蒋传海率团访问山东大学，两校举行合作交流座谈会并签署战略合作协议。（邓劲松）

【召开学科建设与发展工作会议】 6月15日，学科建设与发展工作会议召开，会议主题是"以加快推进一流学科建设为引领，整体提升学科发展水平"。（邓劲松）

【获大学生创新创业大赛上海市决赛金奖】 7月11日，学生夏春晓等展示的项目"益起邦"，获第四届中国"互联网+"大学生创新创业大赛上海市决赛金奖。（邓劲松）

【通过NASPAA权威国际认证】 7月12日，公共管理专业硕士（MPA）项目通过全球公共政策、事务与管理院校联盟（NASPAA）的权威国际认证，学

校成为国内继清华大学和中国人民大学后，第三所通过该认证的院校。（邓劲松）

【学生棋手列围棋棋手排名世界第一】 10月11日，Goratings（围棋棋手排名）最新排名发布，学校公共经济与管理学院学生芈昱廷位列围棋棋手排名世界第一，成为继谢赫、时越、柯洁之后的第四位位列世界排名第一的中国围棋棋手。（邓劲松）

【举办第六届中国自由贸易试验区论坛】 12月22日，第六届中国自由贸易试验区论坛在学校举行，论坛主题为“把自由贸易试验区建设成为新时代改革开放新高地”，旨在总结上海自贸试验区五年来改革创新成果，探索和推动更高水平的对外开放。（邓劲松）

第六届中国自由贸易试验区论坛在上海财经大学举行

【召开本科教育改革暨本科审核评估工作总结会】 12月21日，学校召开以“全面把握新时代振兴本科教育新要求，全力推进上海财大一流本科人才培养”为主题的本科教育改革暨本科审核评估工作总结会议。形成学校“一流本科教育改革的实施意见”和“推进一流本科人才培养行动计划2.0（框架草案）”。（邓劲松）

【获国家级教学成果奖】 12月27日，2018年国家级教学成果奖公布，学校《智能化环境下战略型会计人才培养创新》获一等奖，《国际化与本土化相融合的经济学创新型人才培养探索实践》获二等奖。（邓劲松）

附：学校负责人及地址

（2018年1—12月）

校党委书记：丛树海（9月离任）、许　涛（9月到任）
　　副书记：陈　宏、朱鸣雄

校　长：蒋传海
副校长：刘兰娟、方　华、陈信元、姚玲珍

地址：国定路777号
邮编：200433
电话：65114028

上海海关学院

【2018年概况】 学校全日制在校生2390人，其中本科生2312人，硕士研究生78人；本科毕业生480人，就业率达96.88%；硕士研究生毕业生40人，就业率达95%。学校在编教职工278人，专任教师140人，其中教授17人，副教授48人，具有高级职务教师占专任教师的比例为46.4%，具有硕士研究生以上学位教师占专任教师的比例为85.6%。

学校扎实推进习近平新时代中国特色社会主义思想和党的十九大精神“三进”工作，牢固树立四个意识，持续推动“两学一做”学习教育常态化制度化。研究制定下发《关于加强全面从严治党“四责协同”机制建设方案》；落实意识形态工作责任制，严把“网络、课堂、教材”关口，完善网络舆情管理机制，加强网评员队伍建设；研究制定贯彻落实海关总署全国海关党的建设工作会议工作方案；组织赴中共一大会址、嘉兴南湖、古田会议旧址实地调研学习，铭记入党初心，牢记职责使命。

学校全面实施2018版本科人才培养方案修订工作，生均累计减少17.6学分。获市级教学成果奖5项、市级重点教改项目2项，获评市级示范性全英语课程1门；大学生创新创业训练计划共立项28项国家级项目、39项市级项目。2项创新项目入选教育部第十一届全国大学生创新创业年会。注重加强实验教学，投入经费新建实验室3间、改造实验室2间；本科实验教学建设项目立项7项，其中根据《上海海关学院示范性虚拟仿真实验教学项目建设规划》，建设虚拟仿真实验教学项目2项。学校完成硕士授予单位建设方案，通过国务院学位委员会核查验收，正式获批硕士授予单位和公共管理、税务硕士授权点，获准2019年首批招生院校资格；开展“服务国家特殊需求人才培养项目”——学士学位授予单位开展培养硕士专业学位研究生试点工作项目验收；组织完成上海市一流研究生教育引领计划项目申报工作。

学校深入落实海关总署党委提出的“建设成为研究探索中国特色社会主义海关发展规律的主战场”的指示精神，持续推进海关特色智库建设，注重聚焦海关发展战略问题、海关“五关建设”重点难点问题等开展研究。注重智库成果的转化和报送，研究成果通过《海关政研》《领导参阅》等载体上报海关总署领导。立足海关视角，为上海市“五个中心”建设建言献策，聚焦“单一窗口”“自贸区建设与贸易监管”“自由贸易港海关监管创新”等开展研究。获批1项上海市人民政府决策咨询课题重点课题《发挥桥头堡作用，加快“一带一路”电子口岸互联互通研究》。获得2项上海市第十四届哲学社会科学优秀成果奖(2016—2017)，其中《全球供应链管理与国际贸易安全》获学科学术奖著作类二等奖，《要顺应形势、调整“单一窗口”试验》获决策咨询和社会服务奖二等奖。刊发于上海市人民政府发展研究中心《决策参考信息》2018年第22期的《深化上海自贸区“一线放开”改革内涵的对策建议》一文获市领导批示。年内，持续打造“关院智库论坛”和“关院智库沙龙”2大学术品牌活动。通过跟踪海关学术研究前沿和热点领域，完成4期关院智库论坛和4期关院智库沙龙活动。开展“海关与自贸区服务贸易高质量发展研究”“《贸易便利化》(TFA)实施的最新进展”等系列主题的活动。年内，学校获校外各级各类科研项目立项共42项，其中，获9项省部级以上科研课题，包含2项教育部人文社科项目、4项上海市哲社项目。《东北近代经济地理》著作作为“中国近代经济地理”九卷本大型学术丛书之一，获学科学术著作类成果一等奖。共计发表论文84篇，其中，核心期刊论文(CSSCI和北大版)14篇、被三大检索收录论文1篇。学校教师参与出版、编写著作16部，其中专著6部、译著1部、教材9部。《海关与经贸研究》出版正刊6期、增刊1期，订阅量突破2500份。

坚持政治立校、特色办校、基础建校、从严治校的办学思路，切实服务好海关干部队伍建设和海关事业发展。全年共举办各类培训班112期，培训学员6439人次，其中主体班次12期，培训学员805人次。举办党的十九大精神轮训班8期，培训全国海关司局级干部343名，总署机关处级领导干部244名；为13个直属海关单位举办29期处级领导干部专题培训。发挥学员优势，有7篇成果被《领导参阅》和《海关政研》采纳，部分成果在《紫光阁》等主流媒体刊发。

海关管理本科专业通过世界海关组织(WCO)PICARD认证。共有20名留学生和19名在校本科生参加交换生项目，新增与荷兰方提斯应用科技大学、德国明斯特大学的交换生项目。启动与荷兰伊拉斯姆斯大学鹿特丹管理学院的国际双学位硕士跨境培养项目，签署合作备忘录。与美国奥古斯塔大学签署合作备忘录。共承办涉外培训项目19期，参训学员434人次，涉及60多个国家和地区。学校充分发挥作为WCO亚太地区培训中心的作用，承办4期WCO培训项目，参训学员152人次；围绕国家和海关年度重点推进工作，落实总署制定的《2017年海关落实“一带一路”建设战略规划重点工作》，举办5期“一带一路”沿线国家高层次海关关员培训项目，参训学员91人次。选派优秀学生代表赴外参加海关跟班作业、国际学术会议、海外实习等项目共计 53 人次；组织 13 批 25 名教职员工赴 10 个国家和地区交流。邀请 25 名外国文教专家来校为本科生、硕士生授课。

入围上海市“挑战杯”大赛 15 个项目，获 2 个上海市铜奖；入围上海市“互联网 + 创新创业”大赛 3 项，获 1 个银奖、2 个铜奖和 1 个优秀指导教师奖、1 个优秀组织奖、2 个优秀组织奖；入围上海市“知行杯”大赛 8 支队伍，获上海市二等奖 1 个。学校外事志愿服务青年团获“上海市青年五四奖章集体”称号。学校创业指导站获评 2018 年 A 级上海高校创业指导站。（金舒莺）

【举办 WCO(世界海关组织)“大地女神”第四期国际联合行动预备会】 4 月 23 日，由世界海关组织主办、学校承办的 WCO(世界海关组织)“大地女神”第四期国际联合行动预备会举办，来自 21 个国家 40 余名代表参加。与参会代表围绕环境议题展开研讨交流。（姜　越）

【海关管理本科专业通过世界海关组织 PICARD 认证】 4 月 10 日，学校海关管理本科专业正式通过世界海关组织 PICARD 认证。9 月 25 日，举行世界海关组织 PICARD 认证证书授予仪式。这是学校加快海关高等教育国际化进程的重要体现，标志着学校海关专业课程与国际接轨。（胡宗利）

上海海关学院举行世界海关组织 PICARD 认证证书授予仪式

【召开公共管理硕士(MPA)专业学位研究生教育建设研讨会】 4 月 28 日，举行 MPA 专业学位研究生教育建设研讨会。会议以海关关员学历提升的需求、新时代大背景下新海关的发展需求，以及国际贸易监管方式改变和新型贸易业态、高科技发展对海关高层次人才的需求为导向，结合海关特色对 MPA 人员应具备的“项目使命相关的必备素质和能力”进行研讨，为学校 MPA 教育的行业化、特色化、国际化发展提供了建设思路。（孙　浩）

【获硕士授予单位授权】 5 月 10 日，国务院学位委员会公布 2017 年审核增列博士、硕士学位授予单位及其学位授权点名单。学校获得硕士授予单位授权，同时获得税务硕士和公共管理硕士两个授权点。（胡　蓉）

【举办教职工检验检疫知识培训】 5 月 21 日，上海海关学院近 200 名教职员工参加检验检疫知识培训，听取了海关总署通关业务司副司长邸连柱做的“新海关新职责检验检疫工作介绍”主题报告。学校教职工了解检验检疫工作的总体职能和监管改革模式，为学校教学和科研工作提供新思路，更为有关部门和教师开展相关工作提供新机遇和新方向。（钱晓岚）

【获批市政府决策咨询研究重点课题】 5 月 25 日，学校教授黄胜强的“发挥桥头堡作用，加快‘一带一路’电子口岸互联互通研究”课题获批 2018 年度上海市人民政府决策咨询研究重点课题立项。（张雪凤）

【选派优秀本科生赴国际海关院校联盟(INCU)暑期实习】 7—8 月，学校选送 4 名同学前往 INCU 澳大利亚秘书处分别实习 1 个月并获由 INCU 颁发的实习证明。这是学校学生首次参加国外实习项目。（姜　越）

【海关总署署长到校调研】 9 月 13 日，海关总署署长倪岳峰在中共海关总署党校为 2018 年新任职司局级领导干部讲党课。在校期间，倪岳峰到学校图书馆等教学设施详细了解有关情况，要求进一步开拓发展空间，更好发挥作用，把学校建设成为海关系统学习宣传贯彻习近平新时代中国特色社会主义思想的主阵地，培养新海关急需人才的主平台，研究探索新海关发展规律的主战场。（金舒莺）

附:学校负责人及地址

(2018年1—12月)

校党委书记:唐庆涛
副书记:丛玉豪(兼)、陈　晖
校　长:丛玉豪
副校长:陈　晖(兼)、陈建新、干春晖(6月离任)、邓浩铭

地址:华夏西路5677号
邮编:201204
电话:28992899

上海民航职业技术学院

【2018年概况】 学院双校区运行良好开局。8月份浦东新校区正式启用,10月8日新生全部入驻。学院结合"十三五"发展目标和浦东校区功能定位,研究制定浦东校区总体修缮、改造及功能整合规划,制订《学院浦东校区运行管理实施办法》及其配套的各项工作方案,编制完成《浦东新校区修缮及改扩建立项(代可研)报告》并递交审核。11月9日,民航局党组对学院党政主要领导进行调整,学院新任领导分多次深入师生群体调研座谈,对各层面意见建议全面梳理,并扎实有效地去积极回应和妥善解决。

固本强基、服务大局,推动全面从严治党向纵深发展。学院党委通过中心组学习、"三会一课"、专家授课等方式,做好十九大精神的教育培训工作。学院党员干部参加集中轮训和专题培训共计244人次,实现学习教育全覆盖。着力维护良好政治生态,学院党委修订印发《深入贯彻落实中央八项规定精神的实施办法》。加强廉政文化建设,组织干部职工收看《辉煌中国》《法治中国》《巡视利剑》等专题片。加强招投标和科研经费使用管理专项检查,深入开展国内公务接待违规违纪问题和违规发放津贴补贴、奖金问题专项治理。

科学定位、系统构建,学院管理制度体系逐步完善。进一步明确党委、行政集体议事规则及清单,建立修订合同管理、招标采购、财务报销、双校区运行管理等重要制度文件,积极改进学院风险管理和内控工作,进一步规范内部权力运行、明确工作流程。学院逐步扩大系部自主管理的领域和范围,进一步明确院系两级的责任、权利和义务。学院推进"十三五"发展规划的实施工作,配合民航局人事科教司完成了规划的自评工作。与民航局、上海市沟通学院章程建设后续事宜,成立专门工作小组开启"部市共建"的正式筹备工作。

高度重视、全面启动,高职思政育人工作成果斐然。学院积极推出"文化中国"综合素养选修课,将思政教学与专业相结合,汇编并正式印发《志高行远厚德尚能——弘扬和践行当代民航精神读本》,建成首个校外思政实践基地,着力打造"思政讲堂"品牌,面向广大师生开设"民航工匠"中国系列课程讲座。设立党委教师工作部、设置思政辅导员岗位,选送党务工作者、辅导员参加民航院校思想政治工作专题培训;在进博会等关键节点营造和谐稳定的校园环境,将全体师生意识形态教育摆在重要位置。

充实内涵、创新发展,人才培养模式特色鲜明。学院共申报5项民航教育人才类项目、11项上海市教委及各委办项目,16门精品课程、10本民航特色教材以及24项教育教学研究。其中"飞机发动机原理与结构""危险品航空运输"和"飞机结构与机械系统"获上海市级精品课程,航空机电设备维修、民航运输获市级教学团队称号。机场运行(航空港管理)专业完成首次招生工作,与上海市航空服务学校等7个学校开展中高职贯通培养专业合作,与美国莱托诺大学合作办学的飞机机电维修

专业合同延期申报获市教委批复。校企协同合作更加紧密，成功举办“春秋航空杯”客舱服务职业技能大赛、“吉祥航空杯”客舱应急职业技能大赛，与中邮科技、安捷通航空地服、浙江省机场集团等企业进行校企合作洽谈，提升学生走向社会的竞争力。

立德树人、文化引领，学生日常管理平稳有序。学院着力加强学生思想道德和社会主义核心价值观教育。把立德树人作为首要任务，通过组织校园文化节、知识竞赛、体育竞技比赛及学生社团活动等各类形式，丰富学生的业余文化生活。组织“高雅艺术进校园”、校园文化艺术节、读书节等系列主题活动，赢得师生一致好评。就业创业工作取得突破，通过“上海市高校创业指导站”建站评估，建立学院创业指导站，成功举办第二届创新创业大赛，参加上海市“创青春”“挑战杯”等众多大赛并取得优异名次。（白前永）

【首届“春秋航空杯”客舱服务职业技能大赛开幕】 由航空乘务系主办，春秋航空股份有限公司赞助的首届“春秋航空杯”客舱服务职业技能大赛开幕。春秋航空股份有限公司客舱部、培训中心、学院、航空乘务系的相关负责人参加了开幕式。（白前永）

【召开浦东校区修缮及改扩建立项报告评估会】 7月24日，学院召开浦东校区修缮及改扩建立项报告评估会。学院党政领导与民航局计划司、人教司，上海市教委发展规划处、浦东新区发改委城市发展处、浦东新区惠南镇政府相关负责人，以及中国国际工程咨询有限公司专家评估组、上海同济工程咨询有限公司工程师团队等参加了会议。（白前永）

【举行浦东校区揭牌仪式暨新生开学典礼】 10月9日，上海民航职业技术学院浦东校区揭牌仪式暨2018级新生开学典礼举行。校党政领导、教职工代表和2018级2600多名新生参加。（白前永）

上海民航职业技术学院举行浦东校区揭牌仪式暨新生开学典礼

【召开第一次部市共建工作会议】 12月25日，民航局、上海市共建工作小组召开第一次部市共建工作会议。会上，学院共建工作小组对共建工作的前期接洽情况进行介绍，并就申办流程及实施路径提出整体设想。（白前永）

【民航局领导到院调研】 12月28—29日，民航局党组成员、副局长吕尔学一行到学院调研，先后考察徐汇校区和浦东校区，实地走访图书馆、食堂、教室、各专业实训场馆、学生宿舍和运动场馆，零距离解学院两个校区的发展现状和浦东新校区的发展规划，并与学院领导就各项具体工作进行现场交流。（白前永）

附：学校负责人及地址

（2018年1—12月）

校党委书记：孙　莹（11月离任）、戴志刚（11月到任）
　副书记：胡亚明（兼）、孙　群

院　长：胡亚明
副院长：章恒龙、杨　征、孙　暄

地址：龙华西路1号
邮编：200232
电话：34693226

上海大学

【2018年概况】 学校设有26个学院、1个学部(筹)和2个校管系;设有82个本科专业,44个一级学科硕士学位授权点、15种硕士专业学位类别;24个一级学科博士学位授权点、8个交叉学科博士点。有19个博士后科研流动站。拥有4个国家重点学科、4个上海市Ⅲ类高峰学科、牵头建设1个上海市Ⅳ类高峰学科、10个上海市Ⅰ类高原学科、6个上海市Ⅱ类高原学科,8个学科进入ESI排名全球前1%。拥有1个科技部与上海市共建的省部共建国家重点实验室,1个科技部与上海市共建的省部共建国家重点实验室培育基地,1个国家教育部国际联合实验室,3个“高等学校学科创新引智计划”(简称“111计划”)创新引智基地,3个教育部重点实验室,2个国家教育部工程研究中心,1个国家体育总局体育社会科学重点研究基地,1个教育部批准备案建设的国别和区域研究中心,2个上海市协同创新中心,7个上海市重点实验室,4个上海工程技术研究中心,4个上海市专业技术服务平台,2个上海市人民政府决策咨询研究基地,3个上海市社会科学创新研究基地,2个上海市高校E-研究院,1个上海高校智库建设项目,1个上海高校人文艺术创新工作室,2个上海高校人文社会科学研究基地,3个上海高校重点实验室,1个上海高校工程研究中心;增加1个国家工程研究中心南方实验基地,1个与企业共建国家工程实验室,1个科技部国际科技合作基地。共有专任教师3022人,其中教授680人、副教授1087人,博士生导师409人,具有博士学位的教师2100人。有中国工程院院士6人,外籍院士10人;享受“国务院特殊津贴”人员34人;“万人计划”入选者7人;教育部“长江学者”特聘教授9人、讲座教授3人;长江学者青年项目4人;“百千万人才工程”国家级人选10人;国家自然科学基金杰出青年科学基金获得者19人;国家自然科学基金优秀青年科学基金获得者12人;上海市领军人才19人。有研究生16954人,全日制本科生20448人,专科生37人,预科生55人,成人教育学生19372人。校园占地面积近200万平方米,校舍建筑面积132万平方米,形成以校本部为“一体”、延长校区和嘉定校区为“两翼”的“一体两翼”校园格局。图书馆建筑面积5.4万平方米,馆藏图书405万余册;订购纸质报刊1828种;订购电子文献数据库73种,含电子刊6.4万种,电子书515万种。在软科世界大学(ARWU)学术排名中由上年的501+,上升至401—500档位;在QS世界大学排名全球毕业生就业力排名中继续保持前500。

提升育人水平。制订《上海大学三全育人规划方案》,钱伟长学院入选全国首批“三全育人”综合改革试点学院;成立本科生学业发展指导中心,开展150余项本科生发展领航项目,覆盖学生近万人次;与静安、宝山、嘉定等区委统战部签署民族学生培养合作框架协议、与上海陆军预备役高射炮兵师第一团实现共建,打造区校、军校协同育人“第三圈”。新增“大国方略”系列课程5门,建设课程思政示范课10门、系列微课59门;“创新中国”网络课程为国内1000多所高校选用,选课学生20多万人,获评首批“国家精品在线开放课程”,相关改革成果获国家级教学成果奖二等奖1项。推进本科专业建设标准试点,8个专业率先探索教学质量标准、课程质量标准、创新能力课外培养平台建设,《面向全球卓越城市厚植人才培养优势建设一流本科专业群》入选首批“上海高等学校一流本科建设引领计划”建设项目,金属材料工程专业完成工程教育认证专家进校考察;发布《研究型挑战性教学课程认定标准》，首批认定课程163门，获上海市优质在线课程3门、精品课程2门、示范性英语课程建设项目2门；2018届本科毕业生国内外深造比例达到40.3%；全国高校本科学科竞赛评估排名前45，较上年提升8位；以第一单位获上海市教学成果特等奖2项、一等奖13项、二等奖9项；持续实施研究生教育质量提升工程，启动本硕博贯通式培养改革，打造"贯通培养、一流水平、凸显创新"的研究生培养体系；钱伟长学院拔尖创新人才培养成效全面显现，5名本科生分别以第一、第二作者发表4篇科学引文索引(SCI)论文。实施"一省一策"本科招生策略，外省市生源质量持续提升，理科新生位居各省前15%的有11个省(市)，较上年增加2个；文科新生进入前15%的有18个省(市)，与上年持平；上海生源质量明显改善，有2个专业组招生位次前移1200位；接收硕士推免生1278人，同比增长13.6%，连续4年位居全国地方"211"高校前列。深化创新创业平台建设，深入推进创新创业教育，获批上海市A级创业指导站，在多个全国大学生创业大赛中获多项银奖和铜奖；在全国研究生创新实践系列竞赛中，获全国"优秀组织奖"3次、特等奖1项、一等奖22项、二等奖151项，获奖总数位居上海高校第四；12个项目获上海市大学生科技创业基金资助；11个项目入选"上海市研究生创新创业能力培养计划"，其中4项获得天使基金资助。推进校院两级教学质量保障与督导组队伍建设试点，加强教学质量大数据的有效利用和反馈；年内，学校继续落实本科教学工作审核评估的整改工作，试点建设文学院、管理学院、材料学院和钱伟长学院的学院教学督导组建设工作，通过强化校院两级队伍建设，逐步推行学校督导、学院保障相结合的教学质量多元评价模式，狠抓人才培养主战场——课堂教学的质量，通过教育质量年度白皮书的绩效激励有序提升人才培养质量和办学质量。

推进学科建设。确立"1+6"学科发展总体布局，明确"强工、振理、厚文、优商、精艺、兴医"学科建设原则；完成第四轮学科评估分析，谋划第五轮学科评估工作目标、建设举措和推进机制；实施ESI学科倍增计划；打造交叉学科创新机制，进一步细化"智能运载科学与工程"国家一流学科群建设内容。积极布局人工智能学科，形成《上海大学人工智能学科布局分析报告》，明确发展方向与建设重点，推动人工智能跨学科研究平台建设，参与发起"全球高校人工智能学术联盟"；推进医科建设，成立医学院筹建工作领导小组、工作组和项目组，基本形成医学院建设方案；自主增设"新药物与新材料"和"智能医学诊疗"两个交叉学科博士点，医学学科平台初步形成。2018年软科世界一流学科排名前500的学科增加3个，总数达16个；QS世界大学排名全球排名前400学科数量达15个，同比增加2个，其中艺术设计进入全球前150位；工程学和材料科学分别提升至基本科学指标数据库(ESI)全球前1.6‰和1.7‰；在工商管理学科一级评估指标"全国百篇优秀管理案例"中，曾连续3年排名全国前三升为第二；自2017年一流商科建设启动以来，在ABS四星级期刊发表论文12篇，超过以往总和。

优化师资队伍。完成中欧工程学院院长、新闻传播学院院长、法学院院长、社会科学学部(筹)主任和马克思主义学院院长、经管学部筹建工作负责人的聘任，积极营造广纳贤才的用人氛围；计算机学院教授郭毅可当选英国皇家工程院院士、理学院教授赛斯勒(Jonathan L. Sessler)当选欧洲科学院院士、文学院教授布罗维(Iris Borowy)获"白玉兰纪念奖"、诺贝尔经济学奖获得者莫顿教授(Robert C. Merton)受聘学校"兼职教授"。发布《教师手册》，通过开展教师沙龙、主题实践、新老结对等活动打造"师与远方"教师思想政治教育品牌。举办4场针对海外优秀青年学者的"青年英才国际论坛"，在全市率先举办上海高校国际青年学者论坛；针对不同人才群体，制定《创新博士后泮池计划》《"荣誉岗位引领计划"实施办法》等政策草案，实施《专职科研人员聘任管理办法》；全年新增高层次人才90人，高层次人才总数达到427人；新增"上海高水平地方高校创新团队"7个，创新团队总数达39个，成员774人，占学校专任教师总数的26%。

涌现科研硕果。理工科纵向课题到账经费2.6亿元，同比增长24%；获批国家自然科学基金159项，其中国家自然科学基金重大重点项目8项，直接经费超过9679万元，同比分别提高8.9%和

20.5%；军工科研生产到账经费3840万元，同比增长76%，获得国家"两机"重大专项基础研究项目及核电厂隔震技术研究重大项目；文科获得国家社科重大项目5项、教育部重大项目1项、中宣部马工程重大理论研究项目1项，近三年国家社科重大项目总数位列全国第14位，较三年前提升了20位。以第一单位获得国家自然科学二等奖和国家科技进步二等奖各1项，以第一完成人获得国家技术发明二等奖1项；院士张统一获何梁何利基金科学与技术进步奖；发表科学引文索引(SCI)论文2636篇，同比增长10%，其中《自然》(Nature)和《科学》(Science)正刊各1篇，子刊16篇；理学院教授李常品入选2018年"全球高被引科学家"；37项科研成果获市第14届哲学社会科学优秀成果奖，较上一届增长60.9%；省部级科研基地"特种光纤与光接入网教育部重点实验室"建设评估获得优秀，新增"有机复合污染控制工程教育部重点实验室"和"海洋智能无人系统装备教育部工程研究中心""中华古诗文吟诵和创作基地"入选教育部首批中华优秀传统文化传承基地。

增强社会服务。到账横向科研经费突破3亿元，同比增长25.1%；试点推进大型总包项目，如江南造船厂喷涂车间和预处理车间的VOCs治理工程项目，总合同金额达5000万元，成为行业标杆示范项目；与潍柴动力股份有限公司和华为技术有限公司等签署战略合作协议，打造校企产学研合作的长效机制；积极推进与浙江、江苏、四川相关县市共建技术转移工作站和地方研究院。落实股权奖励、股权奖励递延纳税、现金奖励个人所得税减半计征等政策；以作价投资方式实施科技成果转化项目金额3600万元，以许可/转让方式实施科技成果转化项目到账金额970万元；智能助行机器人获上交会"最具技术交易潜力奖"；在第二十届工博会上获高校展区优秀展品特等奖、二等奖各1项。学校报送48篇智库专报获省部级以上批示或采用，其中获党和国家领导人正面批示15篇；上海研究院报送的104篇智库专报获省部级以上部门采用，其中获国家领导人批示1篇；基层治理创新研究中心入选中国智库索引高校百强智库；学校出版两种期刊进入科学引文索引(SCI)、社会科学引文索引(SSCI)的Q1区，连续三届获四项中国出版政府奖；与中国商飞上航公司的合作项目获"上海产学研合作优秀项目奖"唯一特等奖；"全国高等美术教育成果系列展"进入上海市"文创50条"建设项目；与曹鹏音乐中心合作打造自闭症音乐康复研究工作室；管理学院联合计算机学院、机自学院，获1000万元企业资助打造不动产研究院；与宝山区签约共建上海大学附属宝山外国语学校，与嘉定区签约共建上海大学附属南翔高级中学，基础教育成员学校达到7所。

扩大国际与港澳台地区合作。全面实施"战略伙伴大学合作计划"，与澳大利亚悉尼科技大学、英国拉夫堡大学等12所世界著名大学的全方位合作不断深化；与美国宾大沃顿商学院、西北大学、英国皇家艺术学院围绕一流学科进行国际合作布局，通过强强联合，努力打造国际学术高地；参与发起"沪港大学联盟"，积极开展沪港高校合作交流。以"城市与大学"为主题，举办第三届"一带一路"大学校长论坛；整合校内外学科资源，为乌兹别克斯坦国家行政学院青年干部培训班举办领导力培训，打造具有品牌效应的中国特色经济发展和政府治理培训课程体系；成为全球跨境电商教育联盟首批高校。围绕一流学科发展，立项建设32个国际科研合作平台；"复杂网络化系统智能测控与应用学科创新引智基地"入选"高等学校学科创新引智计划"，成为全国唯一连续三年入选该项目的地方高校。国际学历生规模达1466人，同比增长29.7%；"国际学生大使计划"逐步成为国内"国际学生服务国际学生"的标杆；实施学生"国际视野提升计划"，外派访学学生1969人次，同比增长16%；成立上海大学东京学院，在乌兹别克斯坦、阿根廷、巴基斯坦等国家筹建境外合作办学项目。发布《国际员工手册》，成功上线学校新的英文网站，帮助国际员工快速融入学校，助力学校全球品牌建设；优化5所孔子学院定位，打造区域性合作平台，促进校际合作；组织巴基斯坦COMSATS美术馆《从卷轴到书籍》画展等文化交流活动，积极传播中华文化。

发展校园文化。"上海大学"微信公众号累计阅读91万人次，校外主流媒体发表860余篇正面报道，创历史新高；重新拍摄招生宣传片，首次制作学校年度总结回顾片；持续开展校园文化品牌建设，成功举办第六届国际文化节和第十六届菊文化节、首届安全文化节等活动；高雅艺术进校园活动不断拓展，承办第五届全国大学生艺术展演（舞蹈专场）活动，教育部中华优秀文化传承基地“中华古诗文吟诵和创作”正式挂牌；溯园成为“上海市社会科学普及示范基地”；社区学院“剪人生邻里陪伴项目”获第四届中国青年志愿服务项目大赛银奖；新增以钱伟长塑像为核心的东区5组景观雕塑和溯园雕塑，进一步提升校园文化环境品质。社会筹集资金到账金额2324万元，同比增长45.4%；成立日本校友会、越南校友会、北京校友会、电影学院校友会、美术学院校友会；举办原上海科学技术大学建校60周年校友返校聚会活动。（郑　亮）

【上海大学人工智能理论、技术、平台与应用交流合作论坛举行】 3月28日，“上海大学人工智能理论、技术、平台与应用交流合作论坛”暨《秩序的重构——人工智能与人类社会》新书发布仪式举行。市新闻出版局局长徐炯，市委宣传部、市经信委、市科委、张江高新技术产业开发区管委会等单位领导，近300位专业教师、研究生和基础教育集团代表参与论坛，希望通过论坛，搭建一个融人工智能理论、技术、平台与应用于一体的舞台，展示学校师生在人工智能研究领域的创新思想、研究进展与成果，促进新技术和新成果服务于国家、上海的人工智能产业发展。（郑　亮）

【延长校区建设改造工程开工】 3月28日，延长校区建设改造工程开工仪式举行。开工仪式的举行，标志着高水平大学校区功能调整的实质性启动。建设项目将于2019年底完工。改建后的延长校区将逐步发挥学校艺术（电影、美术）学科的人才优势，推动建成全球一流、亚洲最好、以影视艺术设计为核心的人才培养、学术研究和艺术创作的高地。进一步服务上海影视文化产业的发展，提升上海文化软实力和核心竞争力。（郑　亮）

【严隽琪到校调研】 4月4日，全国人大常委会原副委员长、民进中央原主席严隽琪到学校调研。民进中央副主席、上海市政协副主席、民进上海市委主委黄震等陪同调研。校党委书记、校长金东寒，党委副书记、副校长龚思怡，党委统战部部长、组织人事部副部长曹为民等参加调研座谈。（郑　亮）

【在《自然》发表人工智能领域论文】 4月，学校量子与分子结构国际中心（ICQMS）、理学院物理系东方学者Mark Waller教授，在国际顶级期刊Nature上发表以学校为通讯作者单位的研究论文“Planning chemical syntheses with deep neural networks and symbolic AI”。这是一篇具有重大国际影响力的人工智能领域学术论文，是学校“双一流”建设道路上的里程碑式成果。（郑　亮）

【校友值年返校活动启动仪式举行】 5月19日，2018年校友值年返校活动启动仪式暨原上海科学技术大学建校60周年校友返校聚会举行。市政府原副市长，市人大常委会原副主任、党组副书记周慕尧，中国工程院院士、学校复合材料研究中心主任、纳米科学与技术研究中心主任孙晋良，校党委书记、校长金东寒，校党委副书记、上海大学校友会会长徐旭，校党委常委、副校长吴明红，原上海科学技术大学的老领导、老教师代表，学校各职能部处、各学院主要负责人，以及从全球各地专程返回母校的校友们参加本次活动。（郑　亮）

【李强到校调研】 5月21日，市委书记李强在上海大学调研时指出，高校要牢牢抓住培养社会主义建设者和接班人这个根本任务，以习近平新时代中国特色社会主义思想为指导，办好中国特色社会主义大学。大学的发展，要始终立足大局、联系实际，积极服务国家战略，全力参与上海建设，为上海加快建设“五个中心”、迈向卓越的全球城市和具有世界影响力的社会主义现代化国际大都市提供更有力的人才支撑和智力支持。校党委书记、校长金东寒就学校近年来改革发展以及人才培养的工作作汇报。（郑　亮）

【市领导、校领导访问土耳其海峡大学】 当地时间6月8日，市委副书记、市长应勇，校党委书记、校长金东寒一行到访土耳其海峡大学。会谈时应勇指出，开放是上海最大的优势，教育国际交流是上海对外开放的重要体现和组成部分。2008 年以来，上海大学和海峡大学共建孔子学院，在汉语教育、文化交流、学术研究等领域取得丰富的合作成果。上海市政府将一如既往支持孔院发展以及上海大学与海峡大学之间的合作，希望两校合作成为上海和伊斯坦布尔两市合作的典范。学校与海峡大学签署第二轮两校校际合作协议，以推动两校全方位、多领域的合作交流。访问期间，代表团一行出席由上海市人民政府外事办公室、海峡大学及上海大学主办的"春华秋实四十年——中国上海改革开放成就图片展"开幕式。 （郑　亮）

【与莱斯大学合作的科研成果在《科学》上发表】 8 月，曹世勋教授团队与美国 Rice 大学 Kono 教授团队等国际同行在 matter-matter 系统中发现了第一个 Dicke 协同作用的实例，这一发现将有助于增进对磁现象的理解。曹世勋教授和 Kono 教授为共同通讯作者，该研究成果以"Observation of Dicke Cooperativity in Magnetic Interactions"为题在国际著名顶级期刊 Science 发表。该研究工作为利用量子光学中的概念和工具，去理解、控制和预言凝聚态物质中的新物相提供一条新的途径，也代表了学校与国际一流高校合作在量子物质研究领域有重要影响的学术成果。 （郑　亮）

【与宾夕法尼亚大学沃顿商学院合作备忘录签约仪式举行】 8 月 25 日，与宾夕法尼亚大学沃顿商学院举行合作备忘录签约仪式，并为"上大-沃顿合作项目办公室"揭牌。此次签约是学校在高水平大学建设，特别是一流商科建设征途中一个重要标志性的节点。 （郑　亮）

【新闻传播学院揭牌】 10 月 20 日，世界传播论坛 2018："一带一路"与新闻传播学教育的跨文化交流暨上海大学新闻传播学院揭牌仪式举行。新闻传播学院将在部校共建的基础上，加强学界业界联动合作，构建国际新闻传播人才培养新范式，主动对接国家和上海市发展战略，培养适应媒体深度融合和行业发展，讲好中国故事、传播中国声音的卓越新闻传播人才，为迈上高等新闻传播教育质量新台阶再添新引擎。 （郑　亮）

【诺贝尔经济学奖获得者受聘学校"兼职教授"】 10 月 22 日，诺贝尔经济学奖获得者罗伯特·C·莫顿教授受聘学校"兼职教授"，聘任仪式暨主题演讲活动举行。引入国际知名学者加盟上海大学，是学校继与沃顿商学院签署合作备忘录，实现商科发展的里程碑之后，在建设"一流商科"、推进国际化水平和学术影响力方面的又一重要举措。 （郑　亮）

【金东寒当选国际内燃机学会主席】 10 月 30—31 日，国际内燃机学会（CIMAC）秋季董事会和理事会先后在德国法兰克福召开。经董事会推荐，理事会各成员国代表投票表决，一致推举 CIMAC 副主席、中国内燃机学会理事长、学校党委书记、校长金东寒院士为 CIMAC 新一届主席，任期为 2019—2022 年。这是该组织成立近 70 年以来，首次由中国科学家担任主席职务，是中国参与国际内燃机工作的重要里程碑。 （郑　亮）

金东寒当选国际内燃机学会主席。图为他与学会成员合影

附：学校负责人及地址

（2018 年 1—12 月）

校党委书记：金东寒

副书记：徐　旭、夏小和（1 月离任）、段　勇（1 月到

任）、龚思怡

校　长：金东寒（兼）

副校长：徐　旭（2月离任，兼）、龚思怡（兼）、段　勇（2月离任，兼）、吴明红、聂　清、欧阳华、汪小帆（2月到任）

校本部地址：上大路99号

邮编：200444

延长校区地址：延长路149号

邮编：200072

嘉定校区地址：塔城路453号

邮编：201800

上海理工大学

【2018年概况】 学校有17个学院、1个教学部，有56个本科专业，8个一级学科博士学位授权点，4个博士后科研工作流动站，27个一级学科硕士学位授权点，11个硕士专业学位类别。全日制在校生24700人，其中本科生16713人，研究生7987人，有专任教师1706人，其中中国科学院、工程院院士7人（含双聘院士），外籍院士1人；国家杰出青年科学基金获得者、“万人计划”领军人才等国家级人才59人；上海领军人才、上海市优秀学科带头人等各类省部级人才158人。学校是国家国防科技工业局与上海市人民政府共建的国防特色高校。年内，学校成为上海市“高水平地方高校”建设试点单位。

坚持“立德树人”根本任务，培养高水平人才。学习贯彻全国高校思想政治工作会议和全国教育大会精神，举办“学习新思想千万师生同上一堂课”、开展“新时代·中国说”大学生思政讲师大赛等活动。加强师德师风建设，推行新时期班主任制度，院士庄松林获“上海市教育功臣”称号，庄院士团队入选教育部首批“全国高校黄大年式教师团队”；姜颖杰获“2018上海高校辅导员年度人物”荣誉称号。开展“新时期本科教育思想大讨论”，推进“产业学院”和“项目课程”建设，获国家级教学成果奖2项，上海市教学成果奖16项，入选首批上海高等学校一流本科建设引领计划。以多元化的专业认证引领专业建设，5个本科专业通过中国工程教育认证或接受认证专家进校考查；5个本科专业通过德国ASIIN认证复审评估或接受认证专家进校考查；管理学院7个专业通过AACSB国际认证，学校成为大陆地区第二十所通过AACSB国际认证的大学。

建设特色优势学科，服务国家和区域发展战略。新增系统科学和食品科学与工程2个一级学科博士学位授权点，马克思主义理论、外国语言文学、力学、信息与通信工程和化学5个一级学科硕士学位授权点及新闻与传播硕士、会计硕士、艺术硕士3个专业学位授予点。“材料科学”学科ESI排名进入全球大学和科研机构的前1%。机械设计制造及其自动化、材料科学与工程、光电信息科学与工程、测控技术与仪器4个专业进入全球工程教育“第一方阵”。学校在太赫兹科学与技术领域取得进展，与俄罗斯莫斯科国立大学合作建立“太赫兹技术创新国际联合实验室”；“太赫兹精准生物医学技术学科创新引智基地”入选国家“高等学校学科创新引智计划”（111计划）；“太赫兹波谱与影像技术协同创新中心”被列入省部共建。建设“增材制造国际实验室”，成立机器智能研究院，筹建深海装备技术及应用研究院，入选教育部“首批高等学校科技成果转化和技术转移基地”。主动对接国家和地方战略需求，与宝钢、商飞、光明乳业、微创商谈合作，开展战略合作和联合技术攻关，进一步深化“长三角高等工程教育联盟”建设，加入沪港大学联盟。

深化教师管理体制改革，激发干事创业热情。全职引进院士、长江学者、国家杰青等人才12名；

凝练五大优势学科，组建24支创新团队，申报成功18支；实施"沪江博士后计划""思学计划""志远计划""乘风计划"，实行青年教师助教制、科研配套制，全面加强青年人才的引进和培养。

依法治校，提升高水平大学管理水平。制定《关于全面推进依法治校实施意见》，构建并完善依法治校工作体系；探索成立国际咨询委员会，制定高水平大学经费管理办法和项目申报管理办法和大型设备共享管理办法；推动主校区南北校园贯通工程。（杨　阳）

【学校管理学院通过AACSB国际认证】 5月2日，管理学院正式通过国际精英商学院联合会（The Association to Advance Collegiate Schools of Business，简称AACSB）国际认证，成为国内首个通过此项认证的非教育部直属大学。（杨　阳）

上海理工大学管理学院通过AACSB国际认证

【创新国际联合实验室揭牌】 9月12日，学校和莫斯科国立大学联合建立的"太赫兹技术创新国际联合实验室"在俄罗斯莫斯科国立大学物理楼揭牌。上海市委副书记尹弘、市委组织部副部长陈皓、市委研究室副主任向义海、市政府外事办公室副主任刘光勇、市科委副主任傅国庆、校长丁晓东、莫斯科国立大学第一副校长费贾宁等共同见证揭牌，并为实验室剪彩。（杨　阳）

【"材料科学"学科进入ESI全球前1%行列】 据科睿唯安ESI数据库公布的数据显示，学校"材料科学"学科ESI排名进入全球大学和科研机构的前1%，这是继2015年"工程学"学科之后在ESI学科全球排名中取得的新突破。（杨　阳）

【2项教学成果获国家级教学成果奖】 12月21日，教育部下发《关于批准2018年国家级教学成果奖获奖项目的决定》，学校2项教学成果获国家级教学成果奖。教授顾争参与的"入耳入脑入心　同向同行同频：以思政课为核心的课程思政教育教学改革与创新"获国家级教学成果一等奖、教授吴松领衔的"'三结合、三递进、三协同'构建创新创业教育体系的探索与实践"项目获国家级教学成果二等奖。（杨　阳）

【举行"新时代·中国说"首届大学生讲师选拔赛】 12月26日，"新时代·中国说"首届大学生讲师选拔赛决赛举行。来自15个学院的18支团队通过竞讲选拔，角逐学校5组讲师席位。市教育卫生工作委员会副书记、上海市教育委员会副主任李昕，上海理工大学党委书记吴松，校长丁晓东等领导出席。经过角逐，环建学院和医食学院团队荣获一等奖。"新时代·中国说"首届大学生讲师选拔赛启动后，共有2000余名学生参与报名，获得一、二等奖的5支大学生讲师团将走进课堂，用专业实践、鲜活事迹和生动故事，感染、影响身边的同学。（杨　阳）

附：学校负责人及地址

（2018年1—12月）

校党委书记：吴　松
　　副书记：丁晓东（1月到任，兼）、刘道平、顾春华、孙跃东、盛　春

校　长：丁晓东（1月到任）
副校长：顾春华（4月离任，兼）、盛　春（4月到任，兼）、陈　斌、蔡永莲（9月到任）、刘　平、田蔚风（8月离任）、吴　忠、张　华（5月到任）

军工路校区地址：军工路516号
邮编：200093
电话：55277040

复兴路校区地址：复兴中路1195号
邮编：200031
电话：64725420

上海海事大学

【2018年概况】 学校有二级学院12个，研究机构4个。设有博士后科研流动站2个、一级学科博士点4个、二级学科博士点17个、一级学科硕士学位授权点16个、二级学科硕士学位授权点59个、专业学位授权点12个、本科专业47个。拥有12个省部级重点研究基地。有1个国家重点(培育)学科、1个上海市高峰学科、2个上海市高原学科、9个部市级重点学科，港航物流学科保持全球领先。5个国家级特色专业，1个国家级综合改革试点专业，6个教育部卓越工程师教育培养计划专业，17个上海市本科教育高地。拥有万吨级集装箱教学实习船“育锋”轮，4.8万吨散货教学实习船“育明”轮。在校学生24000余人，其中本科生16500余人，各类在校研究生近5000人，留学生近700人。学校专任教师1200余名，教授160余名，具有博士学位教师比例约63%。

学校规划与综合改革。各项改革任务按计划有序开展。启动高水平大学建设，本着服务国家战略、行业急需和国际前沿的发展理念，形成《上海海事大学深化改革建设高水平地方高校(学科)建设方案(2019—2023年)》。建立校务委员会试点工作稳步推进，现代大学制度建设特色项目“用法制建设保障现代大学制度的建立与实施”完成。《深入推进依法治校，构建现代大学制度——上海海事大学的探索与实践》出版。获批上海市依法治校示范校。完成上海高校分类评价自评工作，治理能力和水平稳步提升。

人才培养。安全工程专业获第六批应用型本科试点专业建设立项。商船学院、交通运输学院与物流工程学院共10个专业试点实施一年级全院培养。完成校级专业综改三年建设，8个综合改革试点专业建设校企合作课程30门；增设金融学第二专业。立项市级精品课程2门、市级全英语教学示范课程2门、市级优质在线课程1门。构建“思政课程、科学精神、人文素养、健康体魄、艺术美育”多位一体的通识教育课程体系。完成《课程思政试点课程授课案例集》，出版《走向深蓝》《大国航路》教材。组织新一批校级三年规划教材立项。组建现代教学技术研发中心。重点推行“智慧课堂教学”，推进工程素养能力训练平台、“i-Logistics”远程虚拟移动实验平台、创客空间等创新平台建设。入选国家级大学生创新创业训练计划项目56项，市教委立项资助大学生创新创业项目160项。本科生参与各级各类学科竞赛46项，获省市级奖项506项，979人次获奖。获全国大学生数学建模竞赛一等奖1项、全国大学生节能减排社会实践与科技竞赛一等奖1项、全国大学生智能汽车竞赛一等奖1项、全国海洋航行器设计与制作大赛特等奖1项、第十二届中国智能制造挑战赛一等奖1项、全国大学生物联网设计竞赛一等奖1项。239支队伍参加2018年全国研究生数学建模大赛，获全国一等奖3项、二等奖27项、三等奖58项，获奖总数位列全国高校第七位。

学科建设。新增船舶与海洋工程、电气工程2个一级博士点。新增应用经济学一级学科硕士学位授权点。新增汉语国际教育硕士、会计硕士2个硕士专业学位授权点。撤销软件工程、电磁场与微波技术2个硕士点，替换为控制科学与工程、数学2个一级学位点。增列安全科学与工程学位点。4个异地合办研究生院相继揭牌。建设5个全英文课程群共21门课程。设立4个研究生案例库。首次开展研究生优秀成果评选。出台《研究生学分认定暂行管理办法》和《研究生联合培养实施办法》。获批上海市研究生专项项目孵化类4项。开设实验课程339门,实验项目1602项,"自动化码头装卸工艺虚拟仿真实验"和"船舶操纵/避碰与BRM实操虚拟仿真实验项目"成功入选上海市首批虚拟仿真实验教学项目。

科学研究。工程学保持在ESI全球前1%,位列国内高校第155位。推进高峰高原学科第二阶段(2018—2020年)建设。科技总经费超3亿元,纵向与横向科技项目经费分别同比增长57.5%和22.98%。科技项目立项共598项,其中国家级项目48项。国家自科基金项目30项,面上项目11项,创新高。此外,国家重点研发计划1项、社科基金重大项目2项,取得零的突破。市级重大(重点)项目6项,经费超过3000万元。获各类科技奖项33项,省部级科技奖项13项,其中科技类奖5项、哲社类奖4项(上海市决策咨询一等奖1项、二等奖3项)。申报上海市科技成果奖6项,获奖5项(二等奖2项,三等奖3项),首次获上海市自然科学奖二等奖。科技论文总量1063篇,其中SCI/SSCI论文260篇,同比增长18%;发表ESI高被引论文、热点论文16篇。出版专著教材105部。申请专利314项,其中发明专利257项,同比增长57%;授权专利116项,其中发明专利85项,同比增长15%。通过上海市专利示范单位项目验收。"十三五"以来再获省部级科研基地,获批设立"上海智能海事搜救与水下机器人工程技术研究中心"。2项科技成果以作价入股形式成功转化为科技型企业。入选国家"十三五"重点图书出版规划1项。上榜自然指数(NI),位列国内高校前196。

师资队伍建设。加大高层次人才引进的宣传和公开招聘力度,注重提升引进人才绩效。全职引进校领航计划杰出人才"国务院学位委员会学科评议组委员"1人、校领航计划领军人才3人、校远航计划特聘教授1人、绿色通道教授4人及普通教授6人,柔性引进高层次人才共13人。补充师资74人,其中副教授以上18人,新聘客座教授10人。新增入站科研博士后人员1人,师资博士后人员4人。新增享受国务院政府特殊津贴人选1人、上海青年拔尖人才2人、上海浦江人才3人、上海晨光学者1人、上海曙光学者1人、上海人才发展资金资助2人、上海扬帆计划4人、宝钢优秀教师奖1人。61名青年教师获"上海市属高校优秀青年教师培养资助计划"资助,经费256万元。

招生就业和学生管理。生源基地数量新增48余所,且均为省重点。硕士生新招2039人,博士生新招79人。本科生就业率98.72%,签约率84.93%;研究生就业率99.37%,签约率92.76%,均创新高。就业指导中心获"教育部产学研合作育人协同项目"1项。学生事务中心窗口业务从72项增至80项,接待学生近40000人次,心理咨询服务567人次。开启家校合作的心理健康教育和咨询新模式。为3148名困难本科生解决学费和生活费问题,共计7474名本科学生获各类奖学金资助,共计1112.036万元。

国际交流。与丹麦哥本哈根商学院等4所境外高校签署校际合作协议;与比利时安特卫普港务局、英国伦敦海事仲裁员协会等机构签署双边合作协议,开展海事类人才培养合作。135名海外专家到校进行长短期授课或开设讲座;7名海外专家获国家外国专家局教科文卫引智项目资助。与海外近50所院校或机构开展合作,学生海外学习实习项目达81项,共计派出638名学生,同比增长33%。3个海外交流项目获批国家留学基金委优秀本科生项目,7位学生获国家留学基金委资助。学校创作的歌曲《驶向更美好的未来》(For a Better Future)在联合国国际海事组织第100次海安会上唱响。在缅甸设立国际海事亚洲技术合作中心第二个分中心。主持召开国际海事教师联合会第25次大会。成为国际航行学会联合会高级副主席单位。继续深化与"一带一路"沿线国家政府海事主管机关或高校的合作关系,开展海事教育或技术合作。协办"一带一路"海事国家"船舶能效管理和数据收集""航海院校师资"等培训项目。

社会服务。在2018世界交通运输大会上成立全球航行状况研究中心,再次牵头发布《南海航行状况研究报告》。首届中国国际进口博览会期间,作为唯一高校,联合主办2018全球贸易与国际物流高峰论坛,并发布全球贸易与国际物流中国方案。联合发起成立北方国际航运研究院和雄安现代物流研究院，服务京津冀协同发展、雄安新区和“一带一路”倡议。与WTO/TBT-SPS国家通报咨询中心共建国内首个技术性贸易措施专业研究基地。国际顶级学术分支机构国际电气与电子工程师协会（IEEE）电力电子分会上海分部落户学校。军民融合物流研究中心、地下物流技术研究中心、船舶动力工程研究所、智慧海事技术创新中心等相继在校内挂牌。成功举办“全球绿色航运论坛”“第十一届安全科学与技术国际会议”“第一届IEEE物联网感知与仪器国际研讨会”“第九届海商法国际研讨会”“2018全球贸易与国际物流高峰论坛”等大型国际学术会议。上海国际航运研究中心和中国（上海）自贸区供应链研究院双双入选“中国智库索引高校智库百强榜”。发布《全球港口发展报告》《全球港航信息化发展报告》，向交通运输部、上海市政府等省部级领导提交专报12份。

校园文化建设。完成学校临港校区道路命名工作。成功申报校园大师剧《陈嘉庚》。开展庆祝改革开放40周年主题活动。完成校志第五稿100万字书稿的编纂。通过易班、微信、微博等渠道，推进网络文化建设。获亚运会冠军1个（武术），获亚洲帆船锦标赛亚军；武术队、地掷球队、健美操队均在全国锦标赛上取得好成绩。获“学校体育先进单位”。获“上海市五一劳动奖状”称号。新成立1个校友企业家联合会、4个地方校友会和2个校友兴趣俱乐部。（许梅英）

【4个异地合办研究生院相继揭牌】 在日照、钦州、海口、湾区（广州南沙新区）等4地成立研究生院，旨在为当地培养更多港航物流专业人才和特色工程师。截至年底，学校拥有5家异地研究生院，将进一步加强合作办学制度建设，推进异地研究生院规范化管理。（许梅英）

【首次入围泰晤士亚洲大学排行榜】 首次入选2018泰晤士亚洲大学排行榜，并位列中国内地高校第63位。榜单对学校简介中写道，上海海事大学“是一所具有工学、管理学、经济学、法学、文学、理学等学科门类的多科性大学，是中国在航运和交通领域最顶尖的大学之一”。（许梅英）

【北方国际航运研究院成立】 5月17日，第二届世界智能大会在天津举行，由上海海事大学、天津港（集团）有限公司等5家单位发起的北方国际航运研究院宣告成立。天津市、天津港和学校领导以及其他单位代表出席成立仪式。该院首任院长由上海海事大学担任。在发布的首批研究课题中，由学校牵头的《京津冀自由贸易港建设方案》将对标国际最高标准，立足天津区位、产业、海空港、开放型经济等优势和特色，突出服务京津冀协同发展、雄安新区建设等重大国家战略，提出涵盖基本制度体系、特色功能和产业业态、管理体制、风险防控、法制保障、配套设施建设提升的系统性解决方案。（许梅英）

【5项成果获2017年度市科学技术奖】 3月23日，在上海市科学技术奖励大会上，学校共5项成果获奖。其中，由校长黄有方联合上海振华重工（集团）股份有限公司等单位共同完成的“自动化集装箱码头装卸系统关键技术及应用”获科技进步一等奖（第二完成单位）。文理学院张小红主持的“模糊逻辑、粗糙集及相关不确定性研究”获自然科学三等奖。商船学院胡勤友主持的“电子海图船舶动态监控与导航保障大数据技术开发与应用”、离岸工程研究院教师刘海威主持的“智能型集装箱龙门起重机绿色成套技术及其工程应用”获科技进步三等奖。交通运输学院沙梅联合上海海勃物流软件有限公司等单位共同完成的“世界级超大型集装箱港口智能运营系统的研发及应用”获科技进步三等奖（第二完成单位）。（许梅英）

【重大项目获上海工程技术研究中心立项】 年底，上海市科委公布2018年度上海工程技术研究中心立项评审结果，由学校牵头联合交通运输部东海救助局、交通运输部东海航海保障中心、上海航天控制技术研究所等4家单位共同承担的“智能海事搜救系统关键技术研究与示范”重大项目获立项资助。该重大项目以学校具备的水面海难目标示位系统、海难目标漂移预测系统和水下搜救机器人系统为基础，结合现代卫星通信及人工智能技术，研发智能海事立体搜救系统，并选定长江入海口水域进行应用

示范，推动中国海事搜救技术进步，为上海国际航运中心建设提供装备与技术支撑。（许梅英）

【主办全球绿色航运论坛】 7月11日，是第十四个中国航海日，也是“世界海事日”在中国的实施日。由学校主办的全球绿色航运论坛暨庆祝国际海事组织成立70周年活动在上海国际会议中心举行。联合国国际海事组织（IMO）秘书长林基泽（Kitack Lim），国际海事组织理事会主席、中国交通运输部国际合作司副司长张晓杰，学校党委书记、亚洲国际海事技术合作中心理事长金永兴，丹麦海事局局长 Andreas Nordseth、交通运输部海事局局长许如清，市人大外事委员会主任、市教委副主任高德毅，缅甸海事局副局长 Ye Myint，市交通委员会副主任张林等中外来宾出席。来自世界各国的百余名国际海事专家齐聚一堂，共商应对航运业现在及未来挑战的策略，助力全球绿色航运发展。（许梅英）

【国际海事亚洲技术合作中心缅甸分中心成立】 11月5日，由学校主办的国际海事亚洲技术合作中心（MTCC-Asia）在缅甸海事大学（Myanmar Maritime University）成立缅甸分中心。这是 MTCC-Asia 继2017年12月在柬埔寨设立首个分中心后，进一步实施国际海事组织（IMO）和欧盟温室气体减排战略计划的又一项重大活动。（许梅英）

【举行安全科学与技术国际会议】 8月7—9日，第十一届安全科学与技术国际会议举行。校长黄有方出席开幕式并致辞。来自中国、法国、西班牙、加拿大、美国、日本等国家和地区的254位安全科学专家学者参加。会议期间，11位国内外安全科学技术领域的专家学者作大会报告，111名与会代表作分会场报告，针对火灾安全、化工安全、海洋安全、环境安全、过程工业安全及城市安全等11个领域进行广泛探讨和深入交流。（许梅英）

【主办 SISI 国际港航发展论坛】 9月7日，由上海海事大学主办、上海国际航运研究中心承办的“SISI 国际港航发展论坛（2018）——新时代　新步伐　新开局暨上海国际航运研究中心10周年庆典”举行。交通运输部原副部长、国际海事组织海事大使徐祖远，全国人大常委、中国公路学会理事长、交通运输部原党组副书记、副部长翁孟勇，上海市交通委员会副主任蔡军，上海市教育委员会巡视员蒋红，学校校长黄有方等出席庆典。来自各地港航企业、海事院校、港航管理机构在内的100余家单位300多位嘉宾参与活动。论坛举行了“中国航运青年杰出人物”颁奖典礼，19位“中国航运青年杰出人物”受到表彰。由15家航运创新龙头企业和功能性机构共同发起的“航运创新联盟”正式成立。（许梅英）

【联合主办全球贸易与国际物流高峰论坛】 11月8日，首届中国国际进口博览会物流业重要配套论坛——2018全球贸易与国际物流高峰论坛在国家会展中心（上海）隆重举行。本次论坛由交通运输部支持，以“物流改变世界”为主题。论坛由中国交通运输协会主办，上海海事大学联合主办。第十二届全国人大财经委主任、交通运输部原部长李盛霖，交通运输部副部长刘小明，阿塞拜疆经济部部长沙赫因·穆斯塔法耶夫，交通运输部原副部长徐祖远，中国交通运输协会副会长杨洪义，市教育委员会主任陆靖，芬兰国家商务促进局局长兼科沃拉市发展局局长西蒙·帕维宁等国内外政府、协会、组织、企业的相关领导和负责人约500人出席论坛。作为联合主办进博会配套论坛的唯一上海市地方高校，校长黄有方出席并发表主题演讲，学校还发布了全球贸易与国际物流“中国方案”。

（许梅英）

【与安特卫普港务局签署合作协议】 11月5日，学校与比利时安特卫普港务局合作协议签署仪式在上海举行。比利时王国副首相兼经济大臣、比利时王国驻华大使、比利时王国驻上海总领事、校党委书记金永兴等出席协议签署仪式。根据协议，安特卫普港将继续在学校设立优秀学生论文奖学金，并开展教师培训、研究生联合培训及短期课程学习等合作。（许梅英）

【学生在亚运会获金牌】 8月20—21日，第十八届亚运会武术女子剑术枪术个人全能比赛在雅加达国际会展中心举行。来自交通运输学院国航147班的学生郭梦娇，以剑术9.75分，枪术9.74分，共计19.49分的总成绩获金牌。（许梅英）

上海海事大学学生郭梦娇代表中国获亚运会女子剑术枪术个人全能冠军

附：学校负责人及地址

（2018年1—12月）

校党委书记：金永兴

副书记：黄有方（兼）、门妍萍、王海威（8月离任）

校　长：黄有方

副校长：杨万枫、王海威（8月离任，兼）、施　欣、严　伟

临港校区地址：海港大道1550号
邮编：201306
电话：38282000（总机）

港湾校区地址：浦东大道2600号
邮编：200129
电话：58711692

东明路校区地址：东明路1336号
邮编：200126
电话：68702503

上海海洋大学

【2018年概况】 学校有14个二级院系，2个博士后科研流动站，4个一级学科博士学位授权点，11个一级学科硕士学位授权点，2个二级学科硕士学位授权点，4个专业学位硕士学位授权点，42个本科专业及方向，10个高职专业。有1个国家“双一流”建设学科、1个国家重点学科、3个上海高校高峰高原学科、3个上海高校一流学科、9个省部级重点学科、5个国家特色专业、5个上海应用型试点本科专业、3门国家精品课程、29门上海市精品课程、14门上海市示范性全英语教学课程、2门上海高校优质在线课程、2个上海市虚拟仿真实验教学项目、1个国家级和4个市级教学团队、2个国家级实验教学示范中心、1个上海市实验教学示范中心建设项目。年内招收普通本科生3044人、全日制研究生1230人，其中硕士研究生1155人，博士研究生75人。有全日制本科生12100余人、研究生3200余人。有双聘院士、“长江学者奖励计划”特聘教授、国家杰出青年科学基金获得者、“百千万工程”国家级人才、国家“万人计划”科技创新领军人才等国家级各类人才27人次，上海市领军人才、上海市曙光学者、上海市晨光计划等省部级各类人才152人次，国务院第七届学科评议组成员2人，享受国务院特殊津贴人员57人，农业部现代农业产业技术体系岗位科学家10人等。

坚持党的全面领导，深入学习宣传贯彻习近平新时代中国特色社会主义思想、全国教育大会和宣传思想工作会议精神。规范党委常委会、校院两级学习研讨机制，组织11次党委中心组集中学习。组建宣讲团开展主题宣讲。举办“学习新思想　千万师生同上一堂课活动”专场，近2000名师生参加活动。围绕庆祝改革开放40周年、新校区启用10周年、校庆106周年等主题，服务中心，做好宣传工作。完善课程思政工作体系，推进课程思政校级项目重点建设。加强师德师风建设，初步形成“1＋3

+1”制度体系。认真落实全面从严治党主体责任。构建并完善“四责协同”机制,以目标责任制为载体,实现三大主体责任同部署、同督查、同考核。在意识形态领域,建立健全意识形态制度体系和责任体系,加强网络意识形态管理。以“三全三圈十育人”综合改革为抓手,将思想政治工作融入办学治校全过程,涌现出首批“全国高校黄大年式教师团队”等先进典型。

坚持立德树人根本任务,提高人才培养质量。加强价值引领,全面加强学生德育工作。开展“五四精神”等四大主题活动。加强辅导员队伍建设,新聘辅导员 24 人。推进海洋特色易班建设,服务教育教学。开展实践育人,深化校训宣传,组织千名学生分赴 18 个省区开展“行走的课堂”实践活动。成立艺术教育委员会,在全国第五届大学生艺术展演中获 2 个一等奖、7 个二等奖、6 个三等奖的优异成绩;在“创青春”“上汽杯”等各级各类创新创业比赛中屡创佳绩,龙舟队代表中国参加第五届亚洲龙舟锦标赛获得 1 金 2 银 1 铜。《德能双进的大学生理性平和心理健康与生涯发展一体化建设》项目入选国家第二批高校思想政治工作精品项目。60 名学生参加首届中国国际进口博览会志愿者服务。开展教学改革,提升本科人才培养质量。做好本科教学工作审核评估迎评工作,针对专家组的整改意见和建议,进一步组织开展教育思想大讨论,形成本科教学工作质量提升行动计划。完成 2018 版人才培养方案。推进本科教学教师激励计划,为本科生上课教授副教授达 95.9%。新增计算机科学与技术、日语第二专业双学士学位教育。获批上海高等学校一流本科建设引领计划,获市教委重点教改项目 2 项、市级精品课程 1 门、优质在线课程 2 门,空间与数字技术专业入选市应用型试点本科专业。投入 1908.14 万元建设 19 个教学实验室,获批“海洋科学与技术”上海市实验教学示范中心建设项目及 2 项上海市虚拟仿真实验项目。推进“卓越农林计划”,做好少数民族预科生管理工作。提高研究生教育和培养质量。获批海洋科学一级学科博士学位授权点和应用经济学一级学科硕士学位授权点。完成第四轮学科评估结果剖析及新一轮学科建设方案,完成 17 个学位点合格评估工作。试点博士生招生“申请-考核”制。推进亚洲校园项目,中日韩三校学生依托双学位和短期交流项目互派成为常态,完成项目中期评估现场考察。在第十五届中国研究生数学建模竞赛中,获二等奖、三等奖各 2 项,首届“能源·智慧·未来”全国大学生创新创业大赛获国家二等奖 1 项。做好招生及就业工作。坚持阳光招生,完成本科生招生计划,生源质量再上台阶,达一本线率提高 5.74%。研究生招收规模进一步扩大,招收硕士生 1230 名、博士生 75 名,在校研究生达 3228 名,其中博士生 188 名。毕业生就业率稳步提升,被评为上海市“三支一扶”先进集体。

提高科学研究水平,提升科技创新能力。推进一流学科建设,推进高水平地方特色大学建设方案编制和实施工作。1 月 24 日,学校公布《上海海洋大学一流学科建设高校建设方案》,植物与动物学科 ESI 排名较上年同期提升 55 位,达第 725 位;农业学科 ESI 排名临近前 1%。主持科技部国家重点研发计划“蓝色粮仓”专项和“深海关键技术与装备”专项各 1 个;获得国家自然基金项目、国家社会科学项目、教育部人文社会科学基金项目多项,截至 12 月 12 日,总到账科研经费达 1.36 亿元。对接国家战略,推进科研平台建设。与西湖大学合作开展深海科技前沿研究,万米级着陆器成功到达 10918 米深渊。获批“国家食物营养教育示范基地”,发起成立“中国植物性食品产业联盟”。加入中国-中欧北极研究中心,拓展极地研究。新增上海市河口海洋测绘工程技术研究中心,与上港集团共同推进船舶压载水检测试验室建设,助力上海航运中心建设。提交国际履约报告和政府咨询报告 40 余份,关于鲨鱼问题专报被中办全文单篇采纳。“淞航”号完成 5 项科考作业。《水产学报》获“百种中国杰出学术期刊”称号,为年度水产学科唯一入选期刊。提升科技成果转化能力,服务经济社会发展。获授权专利 198 项,申请知识产权 328 项。横向合作合同金额达 2107 万元。与农业部长江办、中华鲟自然保护区管理处等单位开展合作,推进生态文明建设。对接精准扶贫,对口支援西藏、新疆、云南、贵州等贫困地区工作,教育部网站在国家扶贫日刊发学校在西藏亚东精准扶贫报道。对接乡村振兴战略，在崇明、宝山、青浦开展美丽乡村建设。年内科技成果转化交易达2230万元。

加强交流合作，推进国际化发展战略。拓展国际视野，加速国际化进程。与18所国(境)外大学、科研机构签署或续签合作协议，邀请外交部、农业农村部渔业渔政管理局领导来校讲学，推进与非洲、东南亚等“一带一路”沿线国家交流，积极开展中外合作办学项目。规范留学生教育，加强中外学生交流。完善留学生培养方案，开展成批次招生，加强全英文硕士专业建设；成功申请教育部丝绸之路项目和高校研究生项目；留学生总量突破600人，结构比例不断优化。成功举办首届国际大学生龙舟邀请赛。

健全人事管理制度，推进师资队伍建设。完善岗位职责，健全制度体系。开展机关、学院、直属部门分类指导，实行定机构、定职责、定编制。合理配置人力资源。构建招聘录用内控制度体系，新进教职工110人。加强高层次人才引进，注重高层次人才培养。5个高水平创新团队建设获批，包括2个战略创新团队、3个重点创新团队。 (郝玉凤)

【与农业部长江办签订战略研究合作协议】 2月2日，学校与农业部长江流域渔政监督管理办公室共同签订《长江水域生态保护战略研究合作协议》。双方协议设立“长江水域生态保护战略研究中心”。 (郝玉凤)

【获批海洋科学一级学科博士点、应用经济学一级学科硕士点】 3月，学校获批新增海洋科学博士学位授权一级学科，产业经济学硕士学位授权二级学科新增为应用经济学硕士学位授权一级学科。至此，学校拥有博士一级学科学位授权点4个、硕士一级学科学位授权点11个、硕士二级学科学位授权点2个、硕士专业学位授权点4个。学位与研究生教育涉及的学科门类包括理学、工学、农学、经济学和管理学。 (郝玉凤)

【中华绒螯蟹“江海21”科技成果转化签约】 3月28日，中华绒螯蟹“江海21”优良品种科技成果转化在上海签约。根据合作协议，学校与苏州西风阁电子商务有限公司将在大闸蟹暂养和品质调控与保障等方面进行深入合作。 (郝玉凤)

【获批水产新品种】 5月31日，学校获批三角帆蚌“申紫1号”(GS-01-011-2017)和缢蛏“申浙1号”(GS-01-013-2017)2个水产新品种证书。(郝玉凤)

【校龙舟队获第五届龙舟亚锦赛冠军】 7月6—7日，由校龙舟队组成的中国代表队，在第五届龙舟亚锦赛中的200米混合赛中获金牌，在500米混合、200米女子比赛中获2枚银牌，200米男子比赛中获铜牌，位列奖牌榜第三位。 (郝玉凤)

上海海洋大学龙舟队代表国家队获得第五届龙舟亚锦赛冠军

【获科技部国家重点研发计划】 8月，以学校作为牵头单位、深渊科学与技术中心教授方家松为负责人的“深渊生物学资源勘探、获取和开发的前沿技术体系研究”项目，获得国家重点研发计划“深海关键技术与装备”重点专项立项批复。 (郝玉凤)

【审核评估本科教学工作】 11月12日，学校本科教学工作审核评估工作启动，专家组于11月15日反馈审核评估意见。 (郝玉凤)

附：学校负责人及地址

(2018年1—12月)

校党委书记：吴嘉敏

副书记：汪歙萍、何　雅、吴建农

校　长：程裕东

副校长:汪歙萍(兼)、李家乐、李延臣(7月离任)

临港新城校区地址:沪城环路999号
邮编:201306

军工路校区地址:军工路318号
邮编:200090
电话:61900296

上海中医药大学

【2018年概况】 学校在校生10957人,其中博士生633人、硕士生2399人、本科生3651人、专科生206人、成人教育学生4068人。有21个二级学院、部;有15个本、专科专业,5个二级学科硕士学位授予点,3个一级学科博士学位授予点,24个二级学科博士学位授予点;8所附属医院。

师资队伍。推进柔性引智,新增国家级人才8人,团队引进8人。加强中医传统学科人才建设,筹建国医大师工作室。聘请名誉教授4人,客座教授10人,兼职教授3人,终身教授3人。实施青年教师班主任制度,开展分层次的杏林中青年人才培养体系建设,开展党务工作人员"双线晋升"试点工作。扩大中青年教师国内外访学资助覆盖面,推出"博士后创新激励计划"。新增中国博士后科学基金面上资助项目一等资助2项、二等资助8项,上海市"超级博士后"资助6项。全年获得上海市领军人才1人、上海市人才发展资金资助项目2人、上海市青年拔尖人才1人。开展"争做'四有'好老师"系列活动,"杏林有约"老专家老教授和青年教师面对面活动。教授赵志礼入选市教委"为人为师为学"宣传典型,教授李征宇入选市教委系统"最美教师"。

教育教学。本科教育坚持"一体两翼"人才培养目标,推进"岐黄中国"品牌课程建设,形成以"人体解剖学"为标杆的课程思政改革,是教育部高校"课程思政"现场推进会上海地区4个现场考察点之一。课程思政教学改革项目获国家级教学成果一等奖,"跨界协同育人共同体"项目入选教育部高校思想政治工作精品项目。"立足传承发展,强化协同创新,培养一流中医人才"项目入围首批上海高等学校一流本科建设引领计划。增开通识课项目近40项,建设校级课程200余项,完成慕课上线4门、拍摄8门,新增上海市精品课程4门,上海市在线课程2门,上海市全英语示范课程3门。教学成果获奖数量和等级均创历史新高,获上海市教学成果奖特等奖1项、一等奖4项、二等奖3项,以第三完成单位参与获特等奖1项,附属蔷薇小学获基础教育类别一等奖1项,康复实验教学中心获评上海市实验教学示范中心,与泰州市中国医药城共建中医人工智能学院。研究生教育坚持质量提升导向,新增3个硕士学位授予点,完成2个硕士专业学位授权点专项评估和学位点合格评估工作,派出研究生境外学术交流及海外访学80人。研究生发表学术论文805篇,其中SCI期刊169篇,影响因子5分以上24篇。9篇博士生学术论文入围全国中医药优秀论文奖。留学生教育以培养知华友华优秀国际学生为目标,继续推进国际化课程建设,学生国外访学比例提升30%以上,生物医学工程、食品卫生与营养专业学生海外访学比例达到100%,首批中医学专业学生进入马耳他中医中心实习。发挥大学生文化素质教育基地、中国大学生武术训练基地作用,开展并参与各类文化艺术活动和武术竞赛活动。在第十四届全国中医药院校传统保健体育运动会上,包揽团体项目6项第一名,共获个人和集体项目19枚金牌。"五禽戏"首批获得教育部命名"中华优秀传统文化传承基地"的称号。做好首届中国国际进口博览会志愿服务工作。在第四届全国青年志愿服务项目大赛中,获得2项银奖。在“双创”竞赛中，获国家级奖项4项、市级奖项40项，2名本科生获上海市青少年“明日科技之星”称号。成立“岐黄修身”系列大学生文化素质教育工作室，原创话剧《裘沛然》登上舞台。

科学研究。着力推进地方高水平大学、一流学科建设，支持61个创新团队建设，其中顶尖优势创新团队20个、高峰高原创新团队41个，覆盖校本部和7家附属医院，获得建设经费3836.53万元。加强特色学科和潜力学科建设力度，投入建设经费1500万元，对20个项目予以支持。各级各类学科基地项目稳步推进，中医学和中西医结合学科升格为Ⅰ类高峰学科。完成国家中医药管理局“十二五”重点学科、上海市公共卫生三年行动计划重点学科验收评估。自然科学研究在前沿科学和重大领域抢占制高点，学校系统获资助国家自然基金项目共计138项，其中重点项目2项、重点国合项目1项、优秀青年科学基金项目1项，资助经费共计7775万元，连续8年资助项目数和立项经费数行业第一名。新增国家重点研发项目5项，立项经费总额5335万元。获1项“主动健康和老龄化科技应对”重点研发项目立项，实现学校在非中医药研究领域的新突破。获得各级各类科技奖项38项，包括上海市科技进步奖5项、教育部科技进步奖2项。发表SCI收录论文472篇（IF＞5，69篇）、CSSCI收录论文26篇。获授权专利100件。新增教育部人文社会科学研究项目2项。上海市哲学社会科学规划项目立项数首次达到5项，其中1项为冷门绝学项目。上海市教育科学研究项目资助4项，其中获市哲社教育学专项项目1项。完成上海市公共卫生系统三年行动计划“中医特色医养结合示范基地”项目，1项科研成果获工博会大会创新银奖。

国际交流。加强与“一带一路”沿线国家和地区中医药领域合作，中捷中医中心、泰国中医中心、摩洛哥中医中心、毛里求斯中医中心被列为国家中医药管理局国际合作中医中心项目。在希腊建立全球第一家太极健康中心。承办市教委“一带一路”沿线国家医学高端人士中医院研习班，正式成为中俄医科大学联盟成员，中药全球化联盟在学校设置执行秘书处。《WHO中医药术语国际标准》进入全球审评阶段，WHO ICD-11传统医学章节历时9年正式发布，首个由学校主导的ISO中医药国际标准正式发布，成功举办ISO/TC249第九次年会。《“一带一路”上最美拇指：李征宇》获得上海市教育系统微电影比赛一等奖。“上海加快中医药事业发展改革，提升中医药国际标准的话语权”“援外医疗搭建中非友谊之桥，海外中医中心落实‘一带一路’倡议”2个项目入选改革开放40周年“上海卫生改革发展20件事”。

医院管理。发挥办医主体职能，推进附属医院学科内涵建设，做好临床人才培养，提升医院整体水平。岳阳医院成为第二批国家中医临床研究建设基地，4家医院9个专科入选中医区域诊疗中心。龙华医院通过JCI评审，成为全球首家通过JCI国际学术型医学中心认证的中医医院。7个项目获国家重大疑难疾病中西医临床协作试点项目。正式启动第九家附属医院创建工作。（刘红菊）

【承办中药学一流学科建设研讨会】 1月6日，由国务院学位委员会学科评议组（中药学）主办、学校承办的“中药学一流学科建设研讨会”举行。来自全国49所高等院校180余名中药学专家、学者围绕认真落实党的十九大提出的“科教兴国战略”，全面落实《统筹推进世界一流大学和一流学科建设总体方案》和《统筹推进世界一流大学和一流学科建设实施办法（暂行）》的任务和要求，就中药学学科内涵与外延、中药学继承与创新发展、高层次创新人才培养、中药学研究生教育、中药学一流学科与“一带一路”等中心议题进行交流和讨论。（刘红菊）

上海中医药大学举办中药学一流学科建设研讨会

【教育部高校“课程思政”现场考察】 1月16日，教育部党组在上海召开加强新时代高校思想政治理论课建设现场推进会。教育部党组书记、部长陈宝生及上海市委副书记尹弘到校实地教学观摩基础医学院解剖学教研室张黎声讲授“人体解剖学第一课”。该课通过讲述6个真实的遗体捐献者故事，从“人”的角度诠释大体老师生命的特殊存在方式和意义。体验和感受遗体捐献者及其亲属的大爱大义，引发对生命的尊重，引发学生对中医药的认同感和投入健康中国伟业的自信心。 （刘红菊）

【获上海市教学成果奖特等奖】 5月7日，学校获上海市教学成果奖特等奖1项、一等奖4项、二等奖3项，获奖数量和获奖等级均创历史新高。

（刘红菊）

【沈远东当选ISO/TC249主席】 6月6日，国际标准化组织技术管理局任命中医药国际标准化研究所所长沈远东为国际标准化组织/中医药技术委员会（ISO/TC249）主席。沈远东当选标志着中国在中医药国际标准化领域取得的突破性进展，对中国国际标准话语权和影响力的增强具有重要意义。

（刘红菊）

【龙华医院成为全球首家通过JCI国际学术型医学中心评审的中医医院】 7月3日，经国际医疗机构认证联合委员会（Joint Commission International，JCI）总部确认，龙华医院正式通过JCI初次评审，成为全球首家通过JCI国际学术型医学中心认证的中医医院。JCI标准代表了全球医疗服务、医院管理的最高水平，又被称为验证医疗机构的“金字准绳”。 （刘红菊）

【获第十一届“中国医师奖”】 8月19日，首个“中国医师节”庆祝大会暨第十一届“中国医师奖”颁奖大会在人民大会堂举行，全国80名优秀医师获评第十一届“中国医师奖”。岳阳医院推拿科主任医师龚利作为上海市4名获奖者之一接受表彰。

（刘红菊）

上海中医药大学附属岳阳医院推拿科医师龚利获评“中国医师奖”

【获哲学社会科学类高级别奖项】 11月14日，教授段逸山主编的《上海地区馆藏未刊中医钞本提要》获上海市第十四届哲学社会科学优秀成果奖学科学术著作类一等奖。该著作是中医文献学领域的重要工具书，通过书录提要的形式，较为完整而系统地反映了上海地区馆藏清末前未刊中医药抄本的全貌，编纂过程历经10年，有近40位研究人员参与编写工作，是学校首次获得哲学社会科学类的高级别奖项。 （刘红菊）

【承办“大美中医·大师论坛”】 11月15日，由中华中医药学会、全国中医药高等教育学会主办，上海中医药大学、上海市中医药发展办公室、上海市中医药学会共同承办的“大美中医·大师论坛”举行。3位院士、13位国医大师、19位全国名中医、近百位相关领域国内外资深专家齐聚上海，通过主旨演讲展示中医药在思想、品格、技艺等方面汇聚之美。大会举行了《大师谈中医》系列访谈纪录片开拍仪式。 （刘红菊）

【入选国家首批省部共建协同创新中心名单】 12月12日，教育部公布首批省部共建协同创新中心的名单，学校“上海中医药慢性病防治与健康服务省部共建协同创新中心”获得立项。 （刘红菊）

【获国家级教学成果奖一等奖】 12月29日，教授房敏领衔的“传承与发展并重，特色与引领并举——我国推拿学教育体系的创立与改革实践”获国家级教学成果奖一等奖。学校作为主要完成单位参与的“以标准引领全球中医药教育——中医药教育标准的创建与实践”和“入耳入脑入心　同向同行同频：以思政课为核心的课程思政教育教学改革与创新”2个项目获一等奖。 （刘红菊）

附:学校负责人及地址

(2018 年 1—12 月)

校党委书记:曹锡康

副书记:徐建光(兼)、朱惠蓉、施建蓉(1 月离任)、张艳萍(1 月到任)、季　光

校　长:徐建光

副校长:何星海(1 月离任)、陈小冰(3 月离任)、陈红专(1 月到任)、胡鸿毅、朱惠蓉(兼)、杨永清(1 月到任)、王拥军(1 月到任)

地址:蔡伦路 1200 号
邮编:201203
电话:51322001

上海师范大学

【2018 年概况】 学校下设 19 个学院,有在读全日制本科学生 20000 多人,研究生 8000 多人,留学生 2700 多人,夜大学学生 5800 人左右。设 88 个本科专业,一级学科博士学位点 9 个,一级学科硕士学位点 32 个,专业学位硕士点 16 个,9 个博士后流动站。有 1 个国家重点学科,11 个上海市重点学科,11 个学科进入上海市高峰高原学科,4 个教育部高等学校特色专业建设点,1 个教育部和上海市本科专业综合改革试点专业,3 个教育部卓越教师培养计划改革项目,1 个国家级新工科研究与实践项目,8 个上海市属高校应用型本科试点专业建设项目,18 个上海市本科教育高地建设项目。4 个学科进入 ESI 前 1%学科。

实验室和科研基地。有 1 个国家文科基础学科人才培养和科学研究基地,1 个国家重点培养人才基地,1 个教育部人文社会科学重点研究基地,1 个教育部国际教育研究培育基地,1 个教育部区域与国别研究培育基地,1 个教育部第一批中华优秀传统文化传承基地,1 个教育部重点实验室,1 个教育部国际合作联合实验室,1 个教育部国际合作与交流司备案的国别和区域研究中心,1 个上海市重点智库,1 个上海高校智库,3 个上海市重点实验室,2 个上海高校重点实验室,2 个上海市工程技术研究中心,1 个上海市协同创新中心,12 个上海市人文社科研究和决策咨询基地,4 个上海市高校 E-研究院,1 个上海市卓越新闻传播人才培养基地。主办或承办 25 种学术期刊,其中《高等学校文科学术文摘》是全国三大社会科学文摘期刊之一。

师资队伍。有教职员工 2917 人,具有副高及以上专业技术职务人员 1124 人,其中国家"万人计划"教学名师 1 人,国家"万人计划"哲社领军人才 1 人,国家"万人计划"青年拔尖人才 1 人,国家教学名师入选者 2 人,国家"杰出青年科学基金"获得者 7 人,国家"优秀青年基金"获得者 6 人,人社部"新世纪百千万人才工程"国家级人选 6 人,教育部"新世纪优秀人才支持计划"16 人以及上海领军人才 2 人,上海市优秀学科带头人计划入选者 11 人,上海市"曙光计划"人才入选者 39 人,上海市"浦江人才"计划入选者 51 人,上海市青年拔尖人才 2 人,上海市青年科技启明星计划入选者 30 人,上海市青年科技英才"扬帆计划"入选者 14 人,上海市"晨光计划"入选者 28 人,上海市"阳光计划"入选者 23 人等。新增长江学者 1 人、国家杰青 3 人、东方学者 5 人;5 名教师获国家留学基金等高层次资助项目,3 人入选上海市"超级博士后"激励计划;学校教师获上海高校青教赛一等奖 2 项。教学科研人员增加 130 人,此外,学校组建一支 500 余人的兼职教师队伍。

人才培养。招生和就业工作取得实效。录取本科生 5065 人。博、硕士研究生 3073 人,其中博士生 189 人,硕士生 2884 人。全校本、硕、博各学历层次的平均签约率较上年提高 3.84%,就业质

量、用人单位满意度提高。推动一流本科建设，入选首批上海高校一流本科建设引领计划。完善教学质量体系建设，建立通识教育选修模块课程，强化学涯指导服务，提升本科人才培养质量。获批国家级新工科研究与实践项目2项。视觉传达设计、舞蹈学专业获批市属高校应用型本科试点专业。获批市级精品课程4门、示范性全英语教学课程2门、优质在线课程2门。获国家级教学成果奖3项，其中一等奖2项；获市教学成果奖32项，其中特等奖3项。深化研究生教育综合改革。获上海市级研究生教育教学成果奖一等奖1项，学生成果入选全国专业学位硕士教学案例库案例4篇，获上海市研究生创新创业能力培养专项12项，比较文学与世界文学专业在中国研究生教育排行榜中位列榜首。完善学位论文质量监控体系，研究生高质量论文发表数量提高。在“挑战杯”、数模竞赛、英语竞赛、创业竞赛等国内外专业技能大赛中，获各类奖项250余项，获奖人数近800人次。创新创业教育。推进大学生创新创业训练计划项目建设，完善课程教学、培训、竞赛、实训、实践和孵化全链条推进的工作体系。成立南太湖创新设计中心，服务学校创新创业。获“创青春”全国大学生创业大赛1银2铜，“互联网+”全国大学生创新创业大赛上首铜奖，第二十四届科创杯奖项18项，第十届上汽教育杯科创奖项11项。

学科与科研情况。科研立项方面，获国家社科基金各类项目45项，其中国家社科重大项目3项，位居全国第二十八；教育部项目获批13项，其中重大攻关1项；获国家自然科学基金项目31项，包括杰青1项。科研成果方面，29项文科科研成果获市第十四届哲学社会科学优秀成果奖，其中8项成果获一等奖，并再次获学术贡献奖；学校教授课题组在*Science*、*Nature*等全球顶级科研刊物上接连发文。科研平台建设方面，首家上海市重点智库（上海全球城市研究院）落户学校，为上海全球城市的建设与发展提供人才支持、智力服务和知识支撑；与上海世纪出版（集团）有限公司签约共建“光启书局”，共同推进中国特色新型智库建设和智慧成果的出版推广。

完成新一届学术组织换届，“教授治学”理念得到体现。开展学位点动态调整，完成39个一级学科博士、硕士和专业硕士学位点的评估工作。基本完成理工科学科布局和院系建制调整工作，新成立生命科学学院、化学与材料科学学院、环境与地理科学学院，学科优势凸显。数学、材料、化学和工程学4个学科进入ESI前1%。在2018软科中国最好学科排名中，六成学科排名上升，世界史学科排名第四，音乐与舞蹈学跻身前5%。学校QS世界大学排名亚洲排名前226，上升35—44位。学科平台建设成果显著，获批高等学校学科创新引智基地（111计划），顾绣传承师范教育基地获批教育部第一批中华优秀传统文化传承基地，“上海市绿色能源化工工程技术研究中心”获批上海市工程技术研究中心，“亚毫米波望远镜和探测技术”获批上海市重点国际合作专项。学报（哲社版）在上海高校学报排名第二，在全国师范大学学报排名第四。

交流合作。被列入来华留学生中国政府奖学金院校以及上海市外国留学生预科基地。学校与全球六大洲40多个国家和地区的近400个高校和组织建立交流合作关系。与美国、英国、德国、荷兰、俄罗斯、法国等6个国家的7所高校合作举办10个中外合作办学项目。在日本广岛福山大学、非洲博茨瓦纳大学和美国密苏里大学建有3所孔子学院。与英国共同发起“现代地方大学国际联盟”，入选“沪港大学联盟”首批成员单位。与美国、德国、博茨瓦纳等14个国家（地区）的23所世界名校或地方强校签署合作协议。新增“一带一路”沿线高校合作高校10余所；在2018年度留学生生源地的91个国家中，“一带一路”沿线国家占90%；承办第三期“一带一路”沿线国家教育行政人员高级研修项目、中英数学教师交流项目、中非20+20高校自主招生项目等。做好海外孔子学院合作共建工作。全年共招收2628名留学生，其中学历生人数较上年增长8%。全年公派出国（境）团组363个，比上年增长5%；共计623人次，比上年增长11%。全年派出学生赴海外进行各类长、短期学习或培训项目人数共计1387人次。

教师教育。开展师范专业认证试点工作。启动以“自主激励、本硕一体”为主要特征的“世承学子”3.0版培养。师范生综合能力提升，在全国各类师范生教育教学赛事中获佳绩。举办第一届长三角教师领导力训练营，深度参与并引领区域卓越教师培养。加强师范生教育实践，深化研究生高端教育实践基地建设，开展师范生国(境)外研习交流活动。推进国际教师教育中心建设，在团队建设、成果产出等方面取得阶段性成果。教育服务水平不断提升，承办教育部“国培计划”——中小学名师名校长领航工程、上海市民办高校“强师工程”等项目。依托教师教育优势与特色，努力拓展教育合作领域，不断扩大学校教师教育影响力。规范继续教育合作办学，严把非学历教育办学权和教学权，积极推动继续教育转型发展。（徐　晨）

【与黄浦区教育局签订新一轮合作办学协议】 3月13日，学校与黄浦区教育局举行新一轮合作签约仪式。黄浦区副区长李原、上海师范大学副校长柯勤飞等共同出席签约仪式。双方签订了《上海市黄浦区教育局、上海师范大学合作办学协议书》。

（徐　晨）

【现代地方大学国际联盟启动】 5月3日，上海师范大学、英国利物浦约翰摩尔大学、马来西亚马拉技术大学和美国南加浬狄格州立大学共同在吉隆坡宣布启动“现代地方大学国际联盟(Universitas Civic Moderna)”。开启国际交流与合作的新模式。

（徐　晨）

【商界校友联谊会成立】 5月26日，学校商界校友联谊会成立仪式举行。校长、校友会会长朱自强，副校长、校友会副会长蒋明军，以及来自全国各地的商界校友参会。与会人员表决通过《上海师范大学商界校友联谊会工作条例(草案)》和《上海师范大学商界校友联谊会第一届主要机构负责人选名单(草案)》。（徐　晨）

【举行纪念改革开放40周年第五届师生歌咏会】 5月30日，由校工会、宣传部、学工部、人事处(教师工作部)联合举办的“唱响主旋律　讴歌新时代谋求新作为”——上海师范大学纪念改革开放40周年第五届师生歌咏会在徐汇校区音乐厅举行。

（徐　晨）

【在《自然》上发表研究成果】 6月6日，学校生命与环境科学学院肖胜雄教授、美国哥伦比亚大学Colin Nuckolls教授、Latha Venkataraman教授以及丹麦哥本哈根大学Gemma Solomon教授(论文共同通讯作者)合作的研究成果以“Comprehensive suppression of single-molecule conductance using destructive σ-interference”(通过破坏性的σ键量子干涉实现单分子电导的全面抑制)为题，在Nature(《自然》)上发表。丹麦哥本哈根大学博士生Marc Garner、美国哥伦比亚大学博士生Haixing Li以及学校硕士研究生陈艳为论文的共同第一作者。

（徐　晨）

【在《科学》上发表研究成果】 6月29日，学校资源化学教育部重点实验室赵宝国课题组的研究成果以“Carbonyl Catalysis Enables a Biomimetic Asymmetric Mannich Reaction”(羰基催化的策略实现仿生的不对称曼尼希反应)为题，在Science(《科学》)上发表。该研究由国家自然科学基金项目等资助。

（徐　晨）

【发布上海红色文化基因图谱】 6月30日，在第二届“上海:党的诞生地”学术研讨会上，学校都市文化研究中心发布最新考订的近400处革命纪念地，与此前考订的纪念地一同构成丰富的上海红色文化基因图谱——1000处革命纪念地。（徐　晨）

【与吴江高新技术产业园区签订合作办学框架协议】 7月24日，与江苏吴江高新技术产业园区、舜盛创业投资(苏州)有限公司合作办学框架协议签约仪式在学校会议中心举行。副校长张峥嵘、吴江高新区党工委书记范建龙、舜盛创业投资(苏州)有限公司董事长张卫祥分别代表三方签署合作办学框架协议。

（徐　晨）

【获评第十届“中华慈善奖”慈善楷模】 9月13日，第十届“中华慈善奖”表彰大会在人民大会堂举行。

学校原校长、教授杨德广多年来热心公益、帮困助学，获评第十届“中华慈善奖”慈善楷模。（徐　晨）

【上师大附中（闵行）教育集团成立】 10月10日，上师大附中（闵行）教育集团成立仪式举行，会议同时签署关于开办上海师范大学附属闵行第三中学的合作备忘录，闵行区通过组建教育集团，整体提升区域优质教育总量。（徐　晨）

【与河南驻马店市签署合作办学框架协议】 10月16日，上海师范大学与河南驻马店市、河南广思实业有限公司合作办学框架协议签约仪式举行。拟合作共建的附属学校是一所十二年一贯制民办学校，暂定名“上海师范大学附属驻马店实验学校”，预计于2020年9月1日正式招生。（徐　晨）

【获全国脱贫攻坚奖创新奖】 10月17日，国务院脱贫开发领导小组授予学校基础教育发展中心常务副主任傅欣“全国脱贫攻坚奖创新奖”。傅欣作为上海市首批“组团式”教育人才援藏工作队队长，赴日喀则市上海实验学校开展教育援藏工作，注重上海教师与当地教师充分融合，实行“一岗双人任”，提出教学“双十标准”，推动日喀则地区的教育现代化进程。（徐　晨）

【上海全球城市研究院揭牌】 11月21日，上海新型智库建设工作推进会暨落户学校的首家上海重点智库“上海全球城市研究院”揭牌仪式在学校举行。作为市委宣传部支持上海全球城市研究院智库建设的举措之一，会上同时举行上海世纪出版（集团）公司与学校共建“光启书局”的签约仪式。学校党委书记滕建勇和世纪出版（集团）公司党委书记、总裁王岚分别代表双方签署战略合作框架协议。（徐　晨）

上海师范大学与上海世纪出版（集团）公司签约共建“光启书局”

【举行中英数学教师交流项目第三轮（2018—2019）启动仪式】 11月26日，中英数学教师交流项目第三轮（2018—2019）启动仪式在学校举行。英国86位小学数学教师参加开幕式。（徐　晨）

【召开学习全国教育大会精神专题研讨会】 12月20日，学习全国教育大会精神专题研讨会暨《现代基础教育研究》专家咨询会召开。原校党委书记、教授陆建非、上海师德研究与评价中心主任、教授王正平、上海师范大学教育学院教授吴立岗、上海市实验学校校长徐红、上海师范大学附属外国语中学校长肖铭等近40位上海市知名中小学校长以及教育领域的专家出席会议并讲话。学校主办的《现代基础教育研究》是唯一入选中文社会科学引文索引（CSSCI）来源集刊系统的基础教育学术刊物。（徐　晨）

附：学校负责人及地址

（2018年1—12月）

校党委书记：滕建勇

　副书记：秦莉萍（12月离任）、葛卫华、裴小倩、刘晓敏（1月到任）、张叶江（12月到任）

校　长：朱自强

副校长：葛卫华、康　年、高建华（1月离任）、柯勤飞（4月离任）、刘晓敏（2月离任，兼）、张峥嵘、蒋明军（2月到任）、陈　恒（2月到任）、李　晔（10月到任）

徐汇校区地址：桂林路100号
邮编：200234
电话：64322881

奉贤校区地址：海思路100号
邮编：201418
电话：57122472

上海对外经贸大学

【2018年概况】 学校有12个学院、1个教学部，2个研究所，5个研究院，5个教育部备案的区域国别研究中心。设有30个本科专业，有7个一级学科硕士点、33个二级学科硕士点和9个专业学位硕士点。在校生11996人，其中全日制本科生9093人、专科生1人、硕士生2902人。在校国际生1508人，其中学历生559人。专任教师800人，其中国家“外专千人计划”高端外国专家项目、教育部“新世纪优秀人才”、上海“千人计划”“领军人才”和“东方学者”等国家级、省部级专家70余人。

围绕国家和上海经济社会发展提升服务能级。发挥学科优势，深度融入和服务首届中国国际进口博览会：主办2018中国国际进口博览会·首届虹桥国际贸易论坛专题研讨会，承办首届中国国际进口博览会“进口促进，法律合作”法律论坛；发布中国国际进口博览会关注度指数、首届中国国际进口博览会主宾国进口贸易指数；承办首届中国国际进口博览会第二批长期管理岗位志愿者培训会，选派2名干部参与“进博局”筹备，派遣200余名学生志愿者服务“进博会”。提升科研服务能级，服务国家“一带一路”倡议和上海“五个中心”建设，组建成立自由贸易港战略研究院、“一带一路”国家经贸关系与合作高等研究院和国际发展合作研究院等3个实体性科研创新平台。发布“中国—中东欧进口贸易指数”“中国—金砖国家进口贸易指数”，撰写上海自由贸易港建设方案并出版《探索建设自由贸易港》蓝皮书；为长江经济带、“长三角”一体化和具有全球影响力的科技创新中心建设提供高质量决策咨询服务；学校教师在中国社会科学评价研究院主办的第一届“中国智库建设与评价”高峰论坛暨颁奖仪式上，获“中国智库创新人才青年标兵奖”称号。

实施六大重点举措和六个三年行动计划深化内涵建设。围绕“维护稳定、凝聚共识、推动发展”三大任务，确定年度学校党政工作重点，即配套实施一级学科建设、博士点筹建、人才工程、干部队伍建设和大学生综合素养与能力提升系列计划等六大重点举措。根据六大重点举措，制订《全力建设“一流本科工程”加快建设卓越国际经贸人才培养创新基地三年行动计划（2018—2020年）》《全力建设“重点学科工程”加快建成国内一流特色学科三年行动计划（2018—2020年）》《全力建设“一流师资工程”加快建成高水平师资队伍三年行动计划（2018—2020年）》《全力建设“博士点工程”加快建成博士学位授予单位三年行动计划（2018—2020年）》《“智慧校园”建设三年行动计划（2018—2020年）》和《教育国际化三年行动计划（2018—2020年）》，以“一流本科工程”“一流师资工程”“重点学科工程”“博士点工程”等四大工程建设为依托，以“智慧校园”建设和教育国际化发展为保障，全面提升学校内涵建设水平，努力提高办学质量。围绕6个三年行动计划的完善和推进，分别召开一流本科建设专题研讨会、重点工作调研座谈会、一级学科建设专题研讨会、人才工程专题研讨会、国际化和智慧校园建设专题研讨会，听取意见、统一思想、凝聚共识，有序推进重点举措和三年行动计划的落实。建立推进落实的考核监督机制，定期对其实施进度进行评估，对推进落实情况不达标的单位、部门及其负责人追究相应责任。 （姜传松）

【成立自由贸易港战略研究院】 4月28日，学校召开“探索建设自贸港，深化自贸试验区改革理论与实践”高级研讨会，与会专家深入探讨了我国自贸试验区的建设与发展等一系列重大问题。会上，举

行了上海对外经贸大学自由贸易港战略研究院揭牌仪式。（姜传松）

【成立“一带一路”国家经贸关系与合作高等研究院】 5月26日，举办“中国国际进口博览会与上海‘一带一路’桥头堡建设”高级研讨会。会上，举行“一带一路”国家经贸关系与合作高等研究院揭牌仪式。“一带一路”国家经贸关系与合作高等研究旨在发起、协调和促进“一带一路”沿线国家经贸关系与合作研究，为政府和企事业单位相关部门提供决策咨询服务。（姜传松）

【成立国际发展合作研究院】 6月8日，由学校主办，学校国际发展合作研究院、中国国际发展研究网络、上海市国际贸易学会联合承办的国际发展合作研究院揭牌仪式暨“中国的国际发展合作：新时代　新挑战　新战略”研讨会举行，会上深入探讨了新时代中国国际发展合作面临的新挑战和新战略。（姜传松）

上海对外经贸大学成立国际发展合作研究院

【获批上海高等学校一流本科建设引领计划首批入选项目】 6月8日，学校“服务国家开放战略，打造卓越国际经贸人才培养创新基地”项目获批为上海高等学校一流本科建设引领计划首批入选项目。（姜传松）

【国家自然科学基金立项数创历史新高】 8月16日，国家自然科学基金委员会公布2018年申请集中受理期间项目评审结果通知，学校共获得项目资助12项（其中面上项目1项、青年科学基金项目11项），受资助项数创学校历史新高。（姜传松）

【入选教育部高等学校教学指导委员会委员】 11月1日，2018—2022年教育部高等学校教学指导委员会成立会议在北京召开。会上，教育部公布了委员名单，学校朱国宏、徐永林、徐波、刘永辉、龙江等5名教授入选新一届教学指导委员会委员。（姜传松）

【获全国大学生金融法知识竞赛总冠军等奖项】 11月16日，第五届全国大学生金融法知识竞赛决赛在西南政法大学举行。在竞赛项目中，学校代表队以250分的团体最高分夺得冠军。此外，学校学生在2018年度还夺得美国大学生数学建模竞赛国际一等奖、全国大学生中澳友好英语大赛一等奖、全国商业精英挑战赛一等奖等奖项。（姜传松）

【成立中国特色社会主义理论体系研究中心】 12月7日，学校举行中国特色社会主义理论体系研究中心成立仪式。学校党委副书记许玫宣读《学校党委关于成立中国特色社会主义理论体系研究中心的决定》，学校党委书记殷耀和特聘研究员陈锡喜教授共同为研究中心揭牌。（姜传松）

【教工党支部和学生党员获荣誉称号】 11月30日，教育部思想政治工作司公布关于对新时代高校党建示范创建和质量创优工作的评审结果。学校国际商务外语学院教工第四党支部获评“全国党建工作样板支部”。12月10日，教育部办公厅公布高校“百名研究生党员标兵”创建工作评审结果，学校国际商务外语学院学生党员郝前获“全国高校‘百名研究生党员标兵’”称号。（姜传松）

【深入学习贯彻全国教育大会精神】 深入学习贯彻全国教育大会精神，组建由学校领导组成的宣讲团，宣讲全国教育大会精神。11—12月，先后邀请市教委主任陆靖教授、复旦大学熊庆年教授和北京师范大学冯刚教授作专题培训报告。学校在学院试点“三全育人”工作，打造“梦享家”社区青年中心。持续推进“课程思政”改革，形成系列“课程思

政”改革案例。各学院以校外导师聘任会等形式，积极推进人才培养和“三全育人”工作。（姜传松）

附：学校负责人及地址

（2018年1—12月）

校党委书记：殷　耀

副书记：朱国宏（兼）、许　玫（5月到任）、祁　明

校　长：朱国宏

副校长：祁　明（兼）、陈　洁、徐永林、张道方（5月到任）

松江校区地址：文翔路1900号

邮编：201620

电话：67703612

古北校区地址：古北路620号

邮编：200336

电话：52067202

华东政法大学

【2018年概况】 学校设有22个学院（部），180余个科研机构；拥有法学、公共管理一级学科博士学位授予权、硕士学位授予权，应用经济学、政治学、马克思主义理论、社会学、外国语言文学、新闻传播学一级学科硕士学位授予权，建有8个硕士专业学位点（领域）、24个本科专业，以及法学博士后流动站；有1个国家级重点学科、5个省（部）级重点学科、2个上海市一流学科、上海市高峰高原学科各1个。出版《法学》《华东政法大学学报》等法学类核心期刊。图书馆藏书251万册，中外文报刊近1300种，各类数据库98个，电子图书163万册，是华东地区最大的法律文献中心。中外文法学数据库在全国法律院校中排名第一。

各类在校生18000余人，其中全日制本科生11582人、硕士研究生4555人、博士研究生344人、留学生702人。年内，招收全日制本科生2920人、各类研究生1949人。毕业生总体就业率为95.80%，本科毕业生就业率95.33%，硕士就业率96.76%，博士就业率100%。教职工1296人，其中专任教师789余人；具有高级专业技术职务教师381人，其中教授119人、副教授262人。26人享受国务院政府特殊津贴。5人入选“影响中国法治进程的百位法学家”，9人入选上海高校中青年教师国外访学进修计划，4人入选上海高校青年骨干教师国内访问学者计划，1人入选上海高校教师产学研践习计划，2人入选上海高校实验技术队伍建设计划，1人入选国家留学基金委访问学者项目。1人获上海市人才发展资金资助。1人获评上海“最美教师”。36人入选上海青年法学法律人才库。8人获上海市大学生暑期社会实践优秀指导教师。

人才培养。入选首批上海高等学校一流本科建设引领计划，新增国家级教学成果奖2项，市级精品课程3门、全英语示范课程3门，获国家级大学生创新创业训练计划项目40项，市级大学生创新创业训练计划项目108项。全校开设课程2808门（以课程代码计，以下均此口径），其中26门为引进优质网络课程，396门为跨校选修课程。在学校开设2386门课程中，包括966门专业必修课，693门专业限制性选修课，非书院通识课程7类173门，书院通识课程8类171门，全校性公选课程383门。

新增社会学、新闻传播学、外国语言文学3个一级学科硕士点，会计、新闻与传播2个专业学位硕士点。实施研究生教育创新计划专项资金项目，申请数为614项，共立项231项，立项率为37.62%。

其中，优秀博士学位论文培育项目10项，专业学位群体竞赛5项，研究生群体学术活动14项，年度研究生教育创新计划专项资金项目资助金额达210万元。选派研究生到最高人民法院实习，其中3名学生获“优秀法律实习生”称号。举办“Moot Shanghai”国际模拟商事仲裁庭，有超过来自海内外12个国家(地区)12支参赛队伍的150余名法学院学生参与比赛。

社会实践活动取得优异成绩，1支队伍获上海市大学生“知行杯”社会实践大赛特等奖，6支队伍获二等奖，2支队伍获三等奖。与11个校外共建单位设立“法律志愿服务窗口”，提供线下接待咨询共计2000余次，其中有效解答1600余次；走进85所中小学为学生普法宣讲。选拔142名志愿者参与首届中国国际进口博览会志愿服务工作，先后被央视新闻、东方卫视、澎湃新闻等媒体采访报道20余次。建设创客空间，指导学生在创新创业大赛中项目落地，大学生创新创业训练计划工作，共立项108项市级、40项国家级大创项目。

队伍建设。有校聘教授(研究员)33人，兼职教授261人，客座教授15人，荣誉教授3人。引进高层次人才6人，聘用各类人员100人，人事派遣人员转聘为事业编制聘用合同制人员3人，退休27人，辞职调动27人。共招收博士后43人，在站人数共计143人，其中，师资博士后27人，学科博士后116人。法学博士后科研流动站成为全国单科规模最大、在站人数最多的流动站。

获上海市辅导员职业能力大赛二等奖1人、三等奖1人。2人参选上海市辅导员年度人物。获第三届上海高校青年教师教学竞赛市级一等奖1人、二等奖1人、三等奖3人、优秀奖1人，获奖数量为学校有史以来最多。学校获评全国心理健康教育与咨询先进集体，“基于课程主渠道建设的学生心理健康教育生态体系建设”心理育人项目获批教育部首批高校思想政治工作精品项目，国际法学院国际公法教研室党支部入选首批“全国党建工作样板支部”。

学科建设与科学研究。有183项各类课题获得立项，其中省部级以上课题77项。国家社科基金项目23项，教育部人文社科课题6项，司法部部级项目6项，中国法学会项目12项，上海市哲学社科规划课题16项，上海市决策咨询项目11项，上海市软科学研究计划项目2项，曙光计划项目1项，上海市教育科学研究项目1项，上海市教委科研创新计划项目1项，华东政法大学科研项目40项，其他各类横向课题64项。国家社科重大项目立项7项，中标率达到2014年以来最佳水平。学校在国家社科基金中华学术外译项目上立项1项，实现了零突破。共有34项成果获上海市第十四届哲学社会科学优秀成果奖，获奖数量创历史新高，其中中国特色社会主义理论奖8项，学科学术奖24项，决策咨询与社会服务奖2项。另有5项成果获“第七届钱端升法学研究成果奖”，其中三等奖2项，提名奖3项。以法学、政治学为重点，学校被正式列入上海市高水平地方大学建设序列。

合作与交流。坚持开门办学、开放办学，推进多层次、多领域的对外合作与交流。学校已逐步形成校友总会、省市校友会、地市校友会和地区(国内外)、院系、专业、年级、兴趣“五位一体”的多维立体的校友组织和工作体系。已设有各级各类校友组织101个。学校认真做好对外合作交流协议的洽谈、签约工作和推进落实合作协议约定事项的沟通协调工作。新签署合作协议12个，为加强法治实践与法学教育互动交流，在合作单位新设立8个“华东政法大学法学研究与实践基地”。

非学历培训数量196个，培训学员超过1.6万人，辐射24个(省、直辖市、自治区)，以及全国近100个市县区。培训单位由公、检、法、司，拓展到人大常委会、政法委、纪委、监察委、质检、民政等多个部门，以及金融行业、律师协会、公证员协会及银行法规条线等。进一步覆盖与法律职业培训及政府法律专业培训相关的行业。接待美国、英国、新加坡、加拿大、日本、克罗地亚、波兰、匈牙利等国家政要、大学官员等79批次共计169人次。新增海外学习项目6个，有本科生交流项目62个，其中得到国家留学基金委员会资助的项目28个。共有本科生140人、研究生39人获海外学习、实习项目资助，另有59名本科生获得教育部留基委资助。接受中国政府奖学金留学生122人、中外合作办学项目学生30人，接受教育部“来华留学卓越奖学金硕

士项目”留学生 22 人。留学生中学位生在长期生总体规模中所占比例近 40%。（胡　珺）

【举行共建马克思主义学院签约揭牌仪式】 4 月 19 日，上海市委宣传部与学校共建马克思主义学院签约揭牌仪式举行。市委宣传部与学校共建马克思主义学院，是首家上海市属高校马克思主义学院的部校共建，将为学校解决马克思主义学院建设发展中的瓶颈短板，助力学校马克思主义学院、学科建设提质升级提供强有力的组织领导和发展保障，引领和带动全市高校马克思主义学院的整体发展。（胡　珺）

上海市委宣传部与华东政法大学共建马克思主义学院

【殷一璀到校调研】 6 月 11 日，市人大常委会主任殷一璀到校调研。市人大常委会副主任莫负春，相关专门委员会主任委员、副主任委员等陪同调研。学校党政领导、相关专家教授以及部分职能部门负责人参加调研座谈。殷一璀对学校五年立法规划编制课题组的研究工作和成果表示肯定，并就如何妥善把握立法的稳定性和变动性、现实性和前瞻性、原则性和可操作性等之间的关系，更加扎实地推进规划编制工作提出具体要求。（胡　珺）

【举办全国政法大学“立格联盟”高峰论坛】 7 月 14 日，由学校和崇明区委、区政府主办的“全国政法大学‘立格联盟’第九届高峰论坛暨崇明世界级生态岛建设法治研讨会”在崇明召开。此次“区校”联合举办论坛，是在“立格联盟”新一轮高峰论坛组织形式方面的一种探索，将进一步促进联盟“法学教育与社会服务紧密相连，法学理论与法治实践紧密相连，办出、办好一流大学与地方法治和区域经济建设紧密相连”。（胡　珺）

【马克思主义学院被列为习近平新时代中国特色社会主义思想研究基地】 12 月 26 日，上海市庆祝改革开放 40 周年理论研讨会在中共市委党校举行。会上对上海市习近平新时代中国特色社会主义思想研究中心首批研究基地和第二批聘任研究员进行授牌和授证。学校马克思主义学院被列为首批上海市习近平新时代中国特色社会主义思想研究基地。（胡　珺）

【获 4 项国家社科基金重大项目立项】 全国社科规划办发布 2018 年度国家社科基金重大项目立项名单，学校共有 4 项课题中标，分别为教授陈金钊主持的“新兴学科视野中的法律逻辑及其拓展研究”，教授马得懿主持的“军民融合战略下海上通道安全法治保障研究”，教授屈文生主持的“‘一带一路’沿线国家法律文本翻译、研究及数据库建设”，教授何明升主持的“中国特色网络内容治理体系及监管模式研究”。（胡　珺）

【《法学》在 CNKI2018 版法学期刊影响因子排名中位列第三】 “法学学术前沿”公众号发布 2018 年度法学专业期刊影响因子排名。《法学》的复合影响因子和综合影响因子排名由上年的第五位跻身前三，仅次于《中国法学》和《法学研究》。此次排名以中国知网（CNKI）于 2018 年最新发布的期刊影响因子排名为依据。（胡　珺）

【获批建设高校思想政治工作队伍培训研修中心】 教育部思想政治工作司公布了全国获批建设思想政治工作队伍培训研修中心 40 所高校名单，学校作为上海唯一的市属高校入选。（胡　珺）

【法学学科在第四轮学科评估中被评为 A 级】 教育部学位与研究生教育发展中心发布的第四轮学科评估结果显示，参与本次评估的法学、政治学、应用经济学、马克思主义理论等 4 个学科全部上榜，其中法

学被评为A级，政治学被评为B级，应用经济学、马克思主义理论等学科排名也均稳中有升。（胡　珺）

附：学校负责人及地址

（2018年1—12月）

校党委书记：曹文泽（8月离任）、郭为禄（9月到任）

副书记：叶　青（兼）、应培礼、闵　辉、唐　波

校　长：叶　青

副校长：闵　辉（兼）、陈晶莹、张明军、周立志

长宁校区地址：万航渡路1575号

邮编：200042

电话：62071666

松江校区地址：龙源路555号

邮编：201620

电话：57090261

上海工程技术大学

【2018年概况】 学校有松江、长宁、虹口等校区，占地近93.4万平方米，总建筑面积约48万平方米。主校区松江校区坐落于上海松江大学园区。有1个国际化博士学位培养基地，9个一级学科硕士学位授权点，3个硕士专业学位授权点，62个本科专业（含专业方向）。全日制在校生逾22000人，其中研究生近3200人。截至年底，有教职工1822人，专任教师1416人，其中高级专业技术职务教师526人。

学校有19个院、部教学机构，1个国家级实验教学示范中心，1个国家级虚拟仿真实验教学中心。1个上海市Ⅲ类高峰学科，1个上海市Ⅳ类高峰学科。11个省级学科科研平台（包括2个协同创新中心、2个研发公共服务平台和1个工程技术研究中心）。国家大学科技园是学校科技成果转化、创业企业孵化、创新创业人才培养的综合性科技创新平台。新建产学合作教育基地44家，基地总数累计近千家。组织师生开展14个境外产学合作教育项目，持续凝练具有学科背景、专业特色的产学合作教育协同育人案例。毕业生就业率达98.86%，签约率达95.65%，就职岗位与所学专业相关度达81.88%。

"高水平应用技术型大学建设方案"获市教委批准。作为地方应用型大学办学典型，在教育部高教司重要报告中被作为全国样板校案例介绍。获国家级教学成果奖2项、市级教学成果奖19项。国家自然科学、国家哲学社会科学基金项目的立项总数和经费总额在市属理工科高校中分别位居第二名、第一名。

思政教育与时俱进。组织师生收看庆祝改革开放40周年大会实况，在全校开展习近平新时代中国特色社会主义思想读书会、改革开放成果寻访主题党日、改革开放成果展等活动，引导学生坚定理想信念。"沪滇益＋艺"项目获全国"三下乡"优秀项目和上海市大学生社会实践大赛特等奖，校园心理情景剧大赛入选上海科技节科普教育基地特色活动。学生志愿者参与首届中国国际进口博览会等大型活动。

人才培养质量持续提高。专业建设成效显著，获批上海市一流本科建设项目1项，应用型本科试点建设专业1个，国家精品在线开放课程1门、市级示范性全英语课程2门、市级精品课程3门、市级优质在线课程2门。作为新工科研究地方高校组牵头单位，获批教育部首批"新工科研究与实践"项目3项，学校人才培养研究和实践案例被教育部高等教育教学评估中心主编的《2018年中国工程教育质量报告》收录。以工程教育专业认证促进高水平专业建设，环境工程、化学工程与工艺、服装设

计与工程、交通运输等4个专业完成认证专家进校考查，4个专业申请受理，部分专业启动申请国际认证前期准备。现代职业教育和继续教育协调发展，获批中高职教育贯通专业教学标准开发2项、上海职业教育技能大师工作室1项。世界技能大赛项目训练基地建设得到国家人社部和市人社局肯定，高质量完成2018中国技能大赛暨第四十五届世界技能大赛“工业控制”项目全国选拔赛赛务及保障工作。

创新创业能力持续提升。学生获国家级奖项35项，省市级奖项200余项。全国大学生机械创新设计大赛和全国三维数字化创新设计大赛均获一等奖。研究生参加第十五届中国研究生数学建模竞赛，获得全国奖共计93项，其中一等奖3项、二等奖30项，获奖总成绩排名全国第六，全国普通高校竞赛评估结果(本科)TOP100排行榜排名全国前95，进入全国百强行列。“创青春”大学生创业大赛首获全国银奖，研究生创新创业能力培养计划获市大学生科技创业基金会孵化培养8项，获铜奖。

科学研究实力显著增强。获批国家自然科学基金项目32项、国家哲学社会科学基金项目6项、教育部人文社科项目3项、国家艺术基金项目1项。发表高水平论文，SCI收录207篇，SSCI收录2篇，EI收录224篇。获发明专利授权139项，1项发明专利获美国授权。获省部级科研奖项共11项，其中上海市科学技术奖8项，获上海市哲学社会科学优秀成果奖二等奖3项，关键性科研指标创历史最好成绩。通过上海市武器装备科研生产保密资格认定委员会现场审查，通过上海市国防科技工业办公室安全生产保密检查，获军工保密资格。以机构改革助推博士学位学科建设，成立机械与汽车工程学院，探索校级管理与学科自身管理相结合的人员激励经费管理模式，实施学科梳理，推进学科分类建设。

师资队伍引培双举得力。出台引进高层次人才和聘请院士的相关制度。首次全职引进中国工程院院士1名。引进机械工程学科带头人(国家万人计划领军人才)1名，洽谈国家级人才、上海特聘专家、博导等10余名，落实各项人才计划的配套政策。全年新进教职工238人，其中博士177人。35人入选市教委国外访学、国内访学、产学研践习、实验室队伍建设计划项目，师资队伍结构优化。

交流与合作层次升级。持续开拓高层次国际合作伙伴。新签、续签海外合作办学协议数量较上年增长20%，新增英国阿伯丁大学、加拿大多伦多大学等海外合作伙伴10个。新增博士联合培养协议使合作高校达到8家。成立中瑞创新科学学院、中爱国际联合研究与开发中心、中马“一带一路”研究中心、中英智能运动服装联合实验室等4个高水平国际合作机构，为联合培养博士生、开展科学研究及技术创新、外籍专家引进等提供学术机构和服务平台。首次开展境外合作院校学生来华实习项目，学生赴境外学习交流人数较上年增长22%。

文化传承守正创新。“产教融合·国际合作：承四十载办学传统，铸新工科教育辉煌”建校40周年纪念活动成功举办，评选表彰杰出校友12人、知名校友28人。编印《四十年办学成就回顾》《百名校友访谈录》《四十年毕业生名录》等，虚拟校史馆建成开放，各类活动凝聚海内外校友。“非遗文化易班校园行”“万人登台”“十大歌手”“新生秀”“青程朗读者”、新昆曲资助育人、传统文化节等系列校园文化活动，覆盖近80%在校学生。原创舞蹈《匠心》获全国大学生艺术展演艺术表演类一等奖。

(金峥杰、宋　娟)

【合作共建G60科创走廊高技能人才公共实训基地】 1月8日，与松江区签署区校战略合作协议，并为G60科创走廊高技能人才公共实训基地揭牌。

(宋　娟)

上海工程技术大学与松江区举行区校共建战略合作签约暨G60科创走廊高技能人才公共实训基地揭牌仪式

【学生代表参加与全国两会代表面对面活动】 学生吴豪作为全国艺术青年(自由职业者)界20位代表之一,获邀参加由团中央2018年度"共青团与全国人大代表、全国政协委员面对面"活动、在宋庄国中美术馆举行的艺术青年(自由职业者)界别专场及在北京新文化运动纪念馆举行的参观交流活动。吴豪代表新兴青年群体,与人大代表、政协委员面对面交流。 (宋 娟)

【尹弘到校调研】 4月12日,市委副书记尹弘在市教卫工作党委书记虞丽娟、市教委主任陆靖的陪同下到校调研。尹弘副书记一行深入二级学院实验室进行现场调研指导,对学校在轨道交通运营安全检测地方标准的制定、地铁线路安全评估服务、轨道交通运营保障检测设备研发与技术服务、轨道交通线路维保等方面表示肯定。 (宋 娟)

【承办第四届有机功能材料研讨会】 4月13—15日,由华东理工大学主办、学校承办的第四届有机功能材料研讨会举行。本次会议在宣传学校底蕴、开拓研究视野、促进学术交流、搭建合作平台等方面取得良好效果。对学校化学化工学院的学科建设、科研能力提升、博士点申报等工作起到推动作用。 (宋 娟)

【入选2017年度国家级示范性虚拟仿真实验教学项目】 航空运输学院(飞行学院)教师党淑雯负责的《仿真雷达管制下Cessna172R模拟器标准五边本场飞行训练》项目入选2017年度示范性虚拟仿真实验教学项目名单。该项目充分实现线上线下相结合的个性化、智能化、泛在化实验教学新模式。 (宋 娟)

【世界技能大赛中国研究中心落地】 5月3日,由国家人力资源和社会保障部和上海市人民政府共同领导、上海市人力资源和社会保障局和上海工程技术大学共建共管的世界技能大赛中国(上海)研究中心(以下简称"世赛研究中心")落户学校。世赛研究中心致力于打造世界技能组织赛事智库并为其提供决策支持、服务上海筹办第四十六届世界技能大赛。 (宋 娟)

【承办数学类专业教学指导委员会工作会议】 5月5—6日,由教育部高等学校数学类专业教学指导委员会主办,学校承办、高等教育出版社协办的"教育部高等学校数学类专业教学指导委员会2018年工作会议"举行。大会围绕新工科项目进行研讨,并就应用理科(新工科)专业名称与建设、新时期学科建设与人才培养模式等内容进行交流与探讨。 (宋 娟)

【与中国医药工业研究总院签署全面战略合作框架协议】 6月28日,学校与中国医药工业研究总院全面战略合作框架协议签约仪式举行。双方全面战略合作框架协议的签署,符合上海高等教育尤其是研究生教育进入高质量发展轨道的趋势,符合学校致力于高等教育教学综合改革目标的实现,对学校学位点建设和研究生教育取得跨越式发展,人才培养形成工程大特色等方面意义重大。 (宋 娟)

【纪念建校40周年】 10月27日,举行以"产教融合国际合作,承四十载办学传统,铸新工科教育辉煌"为主题的建校40周年纪念大会。校党委副书记、校长夏建国做主题汇报,回顾学校40年的办学历程,描绘学校未来发展的美好愿景,展示在建设现代化工程应用型特色大学的历史征程上再出发的坚定信心。大会激了广大校友、师生爱校荣校、共谋发展的热情。 (宋 娟)

【共建"5G+人工智能应用联合创新实验室"】 11月28日,以"5尽想象,G致未来"为主题的上海联通5G峰会举行。学校党委副书记、校长夏建国出席峰会,见证学校与中国联合网络通信有限公司上海市分公司"5G产学研合作协议"签约仪式。双方约定共建"5G+人工智能应用联合创新实验室"。 (宋 娟)

附:学校负责人及地址

(2018年1—12月)

校党委书记:李　江

副书记:夏建国(兼)、史健勇、鲁嘉华(1月到任)、朱晓青(1月到任)

校　长:夏建国

副校长:刘武君(2月到任,11月离任)、姚秀平、王岩松、朱晓青(2月到任,兼)

松江校区地址:龙腾路333号

邮编:201620

长宁校区地址:仙霞路350号

邮编:200336

虹口校区地址:逸仙路88号

邮编:200437

上海电力大学

【2018年概况】 学校有杨浦、浦东两个校区。设能源与机械工程学院、环境与化学工程学院、电气工程学院、自动化工程学院、计算机科学与技术学院、电子与信息工程学院、经济与管理学院、数理学院、外国语学院、国际交流学院、高等职业技术学院、继续教育学院(含上海新能源人才技术教育交流中心)、马克思主义学院、体育部共14个院部。召开第四次党代会,对今后5年至未来一段时期的主要任务做出系统部署。"上海电力大学"更名,标志着学校进入全面提高人才培养层次、质量、水平和学校竞争力的新阶段,步入全日制目标在校生15000人规模的新历程。学校科研能力全面提升,《我国首座大型海上风场关键技术及示范应用》项目获国家科技进步二等奖。科研总量与质量创历史新高,科研经费总额、顶尖学术论文都较上年大幅度提高,首次拥有ESI前1%学科。通过教育部本科教学审核评估,明确教学工作进一步发展的方向和目标。

人才培养。学校围绕定位、学科专业发展、二级质量监控,全面制定"2018—2021年各专业人才培养规范"。入选首批"上海高等学校一流本科建设引领计划",启动"电力菁英班"选拔培养,聚焦产业发展特色,发挥产业集群效益,在教学手段、内容、模式及考核方式等方面开展系列改革探索。获批教育部"新工科"建设项目1个,上海市应用型本科试点专业2个,获上海市级教学成果奖特等奖1项、一等奖5项、二等奖2项,获批上海高校本科重点教学改革项目3项,上海高校精品课程2门,获批"核电技术与控制工程"新专业。"电气工程及其自动化"专业通过教育部高等教育教学评估中心和中国工程教育专业认证协会的共同认证。完成本科教学工作审核评估。学生"双创"工作获国家级奖项120余项(其中一等奖19项),省市赛区级奖项150余项(其中一等奖39项),数量和质量同比上年有增长。完成学硕合格评估、专硕评估及归类工作,保障学科发展提升。获批《上海能源电力一流应用型研究生培养基地建设及创新研究生教育机制改革》项目,完成《上海电力大学学科学位点规划与行动方案》,规划学校2020(23)年学科点申报和建设方案,明确动力工程及工程热物理、化学工程与技术申报博士授权学科;管理科学与工程、计算机科学与技术、机械工程、材料科学与工程、仪器仪表与工程、电子科学与技术、数学、马克思主义理论、外国语言文学、翻译等申报硕士授权学科。实施学业奖励激励、严把学位论文审查,研究生发表高水平论文数较上年增长25%。确定建立研究生创新学院,持续推进双创工作。提出研究生思政"四育人"计划,与上海院士风采馆签约全国首家"院士馆研究生思想政治教育基地"。全年,在31个省(自治区、直辖市)招生,涵盖本科普通批、本科一批、本科二批、春季招生、三校生招生、中本贯通招生、内地新疆班、内地西藏班、高水平运动员、专升本及2017年少数民族预科转入等多种招生类型，少数民族预科班在全国6个省(自治区)招生。全日制本科录取共计2605人，其中普通本科2603人，专升本2人；录取少数民族预科班学生48人。录取研究生813人，较上年增加28%，在校研究生人数超2000人。截至9月1日，本科生就业率为98%，研究生就业率连续多年保持100%。出台《上海电力大学辅导员队伍建设三年行动计划(2018—2020)》等制度文件，夯实辅导员队伍。打造闭环式育人模式，采取线上线下联动，构建立体育人格局；持续推进“三大学风建设工程”，评优与督查“双管齐下”，加强考风教育和检查。选拔134名“小电荔”志愿者服务首届中国国际进口博览会。艺术教育中心面向全体学生开设的全院性人文艺术类选修课共计71门次，选课人数达3585人次，并引入8门线上课程。参评摄影作品《我们的世界》获全国第五届大学生艺术展演艺术作品类全国一等奖。高水平运动队在“全国大学生手球锦标赛”“首届全国大学生沙滩手球锦标赛”“全国大学生击剑锦标赛”“全国击剑冠军赛”“上海市运动会”等比赛中摘金夺银。

师资队伍建设。成立“教师思想政治工作领导小组”“师德师风建设委员会”“教职工表彰奖励委员会”，制定《教师政治理论学习制度》《教师育德意识与育德能力提升计划》等文件，在教师招聘、职务职级晋升、考核评优、业务培训等环节严格执行师德一票否决。优化师资队伍，推进“引才工程”，刚性引进国家青年千人1人，光明学者1人，柔性引进名誉院长、特聘教授、光明学者等5人。推进“育才工程”，继续开展各类人才计划申报，获批人才发展资金资助2人、入选“市高校青年教师培养资助计划”14人，培养东方学者1人。实施各类教师培养培训项目，30名教师获批国外、国内访学、产学研践习等教委项目，22人入选校“双师计划”，组织赴上海华能等短期培训百余次。坚持“人才引进与教师培养相结合”“刚性引才与柔性引智相结合”“岗位培养与特色培养相结合”“面上推进与机制建设相结合”的四个“结合”建设思路，着力实施“123456”人才培养工程，即建设10个高水平技术创新团队、培养20名工程教学名师、打造30个产教融合教学团队，引进行业及海外名师40人、凝聚产学研领军人才50人、“双师型”教师比例达到60%。

学科科研与产学研合作。深化科研体制改革，制定完善校院两级科技管理、科研工作量计分方法、纵向横向科研经费管理办法等一系列科研制度，成为全国首家通过国家知识产权管理体系认证的高校。推进科研体系创新，加快推进“上海能源电力科创中心”的实体化建设，打造高端人才集聚和高水平成果孵化基地。科研能力全面提升，科研总量与质量创历史新高。顶尖学术论文增长率达60.7%。获国家科技进步奖二等奖1项、省市科学技术奖4项、省市哲学社会科学优秀成果奖二等奖(论文类)1项。积极响应长江经济带发展战略，进一步深化区域协同。搭建产学研合作平台，参加“南通·上海地区高校智能装备产业产学研合作洽谈会”“上海高校与江苏省扬中市产学研对接活动”“浙江嘉兴建设长三角有影响力的孵化城(上海)推介会”等，收集长三角地区企业的技术难题，及时发布企业需求，积极对接合作项目。推进产教融合协同育人，启动“上海(长三角)能源电力一流应用型研究生培养基地”建设工作，与扬中高新区、华电电科院等签署共建协议。推进校地共建，积极参加江苏科技镇长团挂职计划，共享科研平台资源，14个省部级以上科研基地全年对外开放。积极推进高峰高原学科建设，获电气工程高峰高原学科建设第二阶段延续支持项目。成立高峰高原学科建设与考核领导小组，制定《高原高峰学科培育项目建设管理办法》，推出高峰高原学科培育和基础交叉学科建设项目，进一步优化学科布局结构。完成《上海电力大学学科学位点规划与行动方案》，全局规划、提前启动2020、2023年学科点申报相关工作。组织参展第二十届工博会，7项教师科研成果和1项学生创新创业项目成果参展，“上海电力大学临港新校区智能微电网示范项目”获工博会高校展区优秀展品奖一等奖，学校获工博会高校展区优秀组织奖。

公共服务与对外交流工作。完善产业服务大

学生创业的保障举措，建设师生共享平台，设立“上电产业扶持大学生创业专项基金”，对大学生创新创业项目进行资助。继续教育拓展新的战略协作单位，与国家电投新疆能源与化工集团公司、北极星等单位签署继续教育战略合作协议。在喀什地区开辟覆盖周边 4 地的成人学历教育基地并已开班。拓展学历教育，“向西向南向边”开拓新地缘新地域，与“新生业态”单位签约合作，获批自动化新专业招生，在 5 个函授站和 5 个教学点通过面授+网络进行日常教学和管理，首次编写《上海电力大学 2017 年度继续教育发展年度报告》。继教学院当选“上海市成人教育协会七届一次会议”常务理事单位，加入“中国电力高校继续教育协作组”。学校被中电联授予“全国电力行业‘火电’仿真培训基地”，实现具有面向行业培训资格“零的突破”。申报《电力高校服务“一带一路”能源电力国际化人才培养的成功实践》获“中国电力教育协会”十佳项目。承办“全国电力企事业单位会议”“2018 年中电联会员单位联络员会议”。新开辟国网信通公司、国电发展公司的业务渠道；探索与北极星、康恒环境的合作新模式。接待上百家单位到访交流、工作洽谈。举办“国际高校联盟・区域能源互联网论坛”，发起成立全球首个由国外高校及企业参加的“一带一路”电力高校联盟及产学研联盟。与巴西圣保罗大学、坎皮纳斯大学等 16 所国外高水平大学新建合作关系；与亚洲开发银行、全球能源互联网发展合作组织加强互动；与国网巴西控股 CPFL 公司、上海电力建设股份有限公司等多家中国海外投资企业及泰国、菲律宾、印尼、巴西等 4 个国家的 5 所高校签署三方产学研合作协议，与企业协同育人国际化合作迈开重要一步。接待国外高校到访批次较上年增加 54%。推进海外学习、实习项目，海外学习学生数量稳步增长。

基础建设与保障工程。新校区建设工程一期、二期项目及时竣工，完成搬迁工作。提升后勤管理运行效益，大幅度降低运行成本，举办后勤“优质服务月”，严抓食品卫生安全，先后制定《上海电力大学食堂处罚制度》《上海电力大学食堂员工行为准则》等五项规章制度，成立伙管会，聘任 15 位学生委员。出台《上海电力大学仪器设备开放共享管理办法》，“校内共享设备查询平台”同时上线。“实验室安全管理信息系统”正式运行，《上海电力大学实验室安全责任追究办法(试行)》正式实施。图书馆馆际交流合作方面取得实质性突破，逐步实现与临港地区高校的馆际互借服务，加入上海东北片高校跨校借阅平台。（曹婷婷）

【获全国首个“高等学校知识产权管理规范”认证】 在全国率先开展贯彻“高等学校知识产权管理规范”工作，通过认证审核，获全国高校第一张认证证书(证书号：165IPG180001R0L)。（曹婷婷）

【学校获批博士学位授予单位】 经国务院学位委员会第三十四次会议批准，学校获批博士学位授予单位，电气工程学科获批为一级学科博士学位授权点。（曹婷婷）

【获中国工程教育认证】 电气工程及其自动化本科专业通过工程教育专业认证，获教育部高等教育教学评估中心、中国工程教育专业认证协会授予的工程教育证书，该专业达到中国工程教育认证标准要求，符合《华盛顿协议》国际互认条件。（曹婷婷）

【承办海峡两岸大学创新创业活动】 承办 2018 年海峡两岸大学创新创业活动，来自海峡两岸的近 130 名师生聚焦智慧城市，共同提交了大数据分析、智能养老、无人机巡航等 24 件创新创业作品参加评比。（曹婷婷）

【举办国际电力高校联盟暑期学校】 举办 2018 年国际电力高校联盟暑期学校，来自澳大利亚科廷大学、马来西亚国能大学等 6 所国际高校学生参加。（曹婷婷）

【老挝妇女代表团到校交流】 9 月 6 日，老挝人民革命党中央委员、妇联主席因拉万・乔本潘为团长的妇女代表团一行 9 人到学校交流。（曹婷婷）

【获批更名为“上海电力大学”】 11 月，教育部同意上海电力学院更名为“上海电力大学”，全日制在

校生发展规模为15000人。 （曹婷婷）

【通过上海市本科教学工作审核评估】 12月，学校通过上海市专家组对学校进行本科教学工作审核评估。 （曹婷婷）

【举行"南京大屠杀死难者国家公祭日"纪念活动】 12月13日，学校举行"铭记历史、振兴中华—南京大屠杀死难者国家公祭日"纪念活动，临港地区高校师生代表千余人参加活动。 （曹婷婷）

上海电力大学举行"南京大屠杀死难者国家公祭日"纪念活动

【获中国新能源国际发展先锋单位】 12月26日，由国家能源局新能司指导，中国新能源海外发展联盟主办、协鑫集团支持的2018中国新能源国际发展大会在北京举办。学校作为高校代表被评选为2018中国新能源国际发展先锋单位。 （曹婷婷）

【获国家科技进步二等奖】 学校领衔完成的"我国首座大型海上风场关键技术及示范应用"项目获国家科技进步二等奖。 （曹婷婷）

附：学校负责人及地址

（2018年1—12月）

校党委书记：李明福
副书记：李和兴（兼）、李艳玲、翁培奋（2月到任）、徐　凯

校　长：李和兴
副校长：徐　凯（兼）、封金章、符　杨、黄冬梅（2月到任）、张　川

杨浦校区地址：长阳路2588号
邮编：200090

浦东校区地址：沪城环路1851号
邮编：201300
电话：61655008

上海应用技术大学

【2018年概况】 学校有学院（部）19个。设有本科专业51个，一级学科硕士点6个（包括28个二级学科和方向），专业学位授权领域3个。本科在校生15263人，研究生1412人。专任教师1114人，教授（正高）123名，副教授（副高）381名，具有博士学位的教师577名，硕士学位的教师434名。拥有奉贤、徐汇两个校区，占地总面积94.6万平方米。

发展规划与内部治理。4月，学校新的领导班子组建。坚持党委领导下的校长负责制，严格按照党委常委会议事决策规则和"三重一大决策"制度、校长办公会议事规则进行议事决策，提升决策水平。接受市委巡视，以此为契机，全面提升办学治校水平。申报成功列入上海高水平地方应用型高校的重点建设大学；构建"思政理论课、综合素养课和专业育人课"三位一体的"思政树"课程体系。启动依法治校示范校建设。

人才培养。强化应用型专业建设，教育教学内涵质量继续提升。提出以"ASciT（爱科技）"能力素养结构为核心的卓越工程师培养模式，培育具有理想信念、家国情怀、扎根基层、勇担责任的高素质应

用技术人才。对照新工科要求、专业认证标准，完善人才培养方案，土木工程专业通过专业认证，食品科学与工程、制药工程 2 个专业认证申请被受理。凝练学校教学成果和优势学科专业群，获上海市高等教育教学成果奖 12 项，获批教育部“新工科”研究与实践项目 2 个，获批上海高校一流本科建设引领计划项目。认真贯彻国家教育发展战略，制定“金课”、微专业、产业学院、VR 实验室、产教融合建设方案。积极探讨市实验教学示范中心、教学成果奖的培育方案，努力提高教育教学质量。积极推进本科生就业见习计划，将产教融合、校企合作育人的工作落到实处。继续推进教师激励计划，开展教学质量月活动及教育思想大讨论，凝聚共识。积极探索贯通式人才培养体系建设方案和实施路径。学校生源质量上扬，一批次招生省市增加至 14 个，全校所录超一本线考生人数占秋招外省市本科生的 75.54%，学校本科总人数的 51.41%，12 个省市所有专业录取最低分都超一本线。凝练提升，学位点申报、学科建设取得新突破。加快打造结构优化、满足需求、协同创新的卓越而有灵魂的研究生教育，获批一流研究生教育计划项目 1 项。数学硕士一级学科被列入上海市新增学位授权点推荐名单。启动博士学位点筹建工作，积极推动与相关院校的研究生联合培养工作。获批香料香精及化妆品教育部工程研究中心，成为学校获批的首个教育部工程研究中心。获批上海工程技术研究中心建设立项 2 项。积极拓展新的合作领域和新的合作院校，新增合作协议 21 份。教师赴海外交流共计 60 批 101 人次。共执行学生海外学习实习项目 35 个，新增海外交流项目 7 个，派往海外院校学习、实习和培训的学生 395 人次，其中长期交流生(3 个月及以上)181 人次。获批与法国斯特拉斯堡大学的优本项目 1 项。聘有外籍专家和教师在校任教，邀请高层次专家来校讲学，开展合作研究。新聘校级海外名师 1 名。

学科建设与科学研究。持续推进协同创新平台建设。组织平台参加创新对接会 10 场。上海东方美谷产业研究院正式运营，支撑上海化妆品之都建设。举办上海先进空气洁净技术与绿色制造产业链协同发展大会。应用基础研究水平稳步提升，科技成果奖出现新亮点。学校共获各类省部级科技成果奖 15 项。其中，获上海哲社优秀成果奖一等奖，实现了在文科成果奖上的重大突破；科技类获奖中，包括上海市科技进步二等奖、上海市技术发明二等奖与中国轻工业联合会和中国人工智能协会科技奖一等奖等。科研经费到款 1.95 亿元。推动产学研深度融合，服务区域经济能力进一步提升。“联盟计划”资助项目，连续 8 年居于全市高校首位。成立上应大科协，拓展科研发展载体。19 项应用科技成果亮相工博会，获优秀组织和高校展区二等奖。主办“2018 上海产学研深度融合合作创新论坛”。

师资队伍建设。创设“明德讲坛”“教师沙龙”两大载体，举办 10 余场次，实现教师思想政治教育常态化；出台课程思政建设体制机制文件、制定课程思政实施标准等；举办“新进教师与新晋职称教师宣誓仪式”“青年教师教学展示课”等，新进青年教师 16 位获上海市优秀青年教师资助项目，继续推进“六大工程”，教师受益面不断扩大。引育并举，优化教师队伍结构。加大人才引进力度，先后分 10 批录用(完成公示)100 余名教师；制定并实施高层次人才引进及管理文件。深化人事制度改革，完善考核制度，制定并实施年度部门考核方案。新增高层次人才 25 人，获曙光计划、浦江计划、扬帆计划、晨光计划、阳光计划等 11 项，1 人入选上海市人才发展资金资助计划。

学生工作。不断优化“微 + 思政共同体”模式，加强思政、就业、心理、资助协同育人，围绕纪念改革开放 40 周年开展主题教育活动，深化构建社区“微讲堂”“微学习”“微党建”“微团队”“微实践”等五微一体思政教育体系，丰富社区思政教育新内容。创新思政工作载体，充分发挥“上应微学工”和易班网络育人平台功能，重点围绕学习宣传贯彻党的十九大精神、纪念改革开放 40 周年、践行社会主义核心价值观、校庆月、毕业季、迎新季等开展一系列主题教育活动，为网络思政教育提供新思路、新内涵、新实践。持续推进 365 青年成长计划，充分发挥激励、自律、监督、成长的教育理念和作用。深入开展“校长奖”评选、校长奖宣讲会，“学习标兵”“学习型寝室”和“优良学风班”评选，充分发挥榜样力量、朋辈楷模的示范作用。

辅导员思政工作能力稳步提升。修订完善《辅导员双线晋升管理办法》《上海应用技术大学关于进一步加强辅导员队伍建设的实施办法》《上海应用技术大学青年教师担任兼职辅导员实施办法(征求意见稿)》等系列文件;组织10名骨干辅导员开展学校学习宣传贯彻党的十九大精神校园巡讲活动;组织近150名学工干部和支部党员开展"不忘初心、牢记使命"辅导员专题学习研讨班;组织22名辅导员赴安徽师范大学开展辅导员高级研修班。开展辅导员论坛、辅导员工作室建设汇报会等,推进辅导员队伍规范化管理、专业化发展。

毕业生就业工作向更高质量迈进。举办6场校级规模的校园招聘会,230余场各类专场招聘会及宣讲会,累计近2000家用人单位参与并提供招聘岗位20000余个。截至8月24日,2018届毕业生签约率为90.73%,就业率达99.49%,就业专业对口率达94.27%(本专)。共有15名学生走上服务基层的工作岗位,其中5名学生被西藏日喀则市专招项目录用,4名学生赴新疆和西藏参加"大学生志愿服务西部计划",6名学生被"三支一扶"服务计划录取。大学生心理健康教育与服务全面推进。2018级新生心理普测率达到100%;新生心理健康教育讲座覆盖率100%。学校与奉贤区精神卫生中心和上海市精神卫生中心共建"心理健康服务医教结合"项目。 (秦 凤)

【获批上海高水平地方应用型高校建设】 经上海市教育综合改革领导小组第55次专题会议审议,"上海应用技术大学高水平地方应用型高校建设方案"获批通过,支持聚焦香料香精技术与工程类学科专业,以学科专业为重点开展高水平地方应用型高校试点建设。同期获得上海高水平地方应用型高校试点建设的还有上海电力大学、上海工程技术大学和上海立信会计金融学院3所高校。

(秦 凤)

【获批教育部工程研究中心】 学校"香料香精及化妆品教育部工程研究中心"获批为教育部工程研究中心。从香料、香精、化妆品3个方向积极对接行业领军企业,聚焦解决关键共性技术难题,持续推进科技成果转化,打造属于自己的品牌。(秦 凤)

【获批2项上海市工程技术研究中心】 11月,学校作为牵头单位申报的"上海物理气相沉积(PVD)超硬涂层及装备工程技术研究中心"及学校与相关企业联合申报的"上海建筑防水材料工程技术研究中心"获批上海市工程技术研究中心。 (秦 凤)

【获12项上海市级教学成果奖】 5月14日,市教委发布《上海市教育委员会关于公布2017年上海市教学成果奖获奖名单的通知》,学校有12项成果获本届上海市教学成果奖。其中,《中国顶级香精技术人才培养体系的创建与实践》获特等奖,另有一等奖3项、二等奖8项。 (秦 凤)

【入选首批上海高等学校一流本科建设引领计划】 6月25日,市教委发布《关于公布上海高等学校一流本科建设引领计划首批入选项目名单的通知》,学校"面向美丽健康产业,培养服务香料香精化妆品全产业链的一流专业人才"入选建设项目,成为上海市一流本科建设引领计划首批项目之一。学校将集聚校内外资源合力推进一流本科建设,由香料学院牵头,材料学院、化工学院、生态学院、艺术学院、经管学院共同参与,根据"学生发展为本,体制创新为先,推进产教融合,专业协同发展"的建设思路,优化专业设置,按需重组人才培养方案和教学环节,形成标志性、引领性的本科人才培养改革措施和路径,使之在高水平应用技术大学的专业建设中发挥示范引领作用。 (秦 凤)

【获批一流研究生教育计划项目】 学校获批一流研究生教育计划项目1项,以应用型学科群建设为支撑,以协同创新为路径,以研究生培养机制创新为突破口,加快打造结构优化、满足需求、协同创新的卓越而有灵魂的研究生教育,培养具有理想信念、家国情怀和社会责任的,具备厚德精技特色的应用创新型人才,支撑上海及长三角地区经济社会快速发展。 (秦 凤)

【实施"一带一路"中老铁路工程服务人才合作项目】 10月18日，学校举行"'一带一路'中老铁路工程服务人才合作项目"开学典礼及中老铁路工程国际联合实验室签约揭牌仪式。上海市外办相关出席。"'一带一路'中老铁路工程服务人才合作项目"是在上海市外办大力支持下，为老挝培养本土化的中老铁路行车维护高级技术人才的国际合作项目，是铁路工程高等教育合作新模式。首批招收本科生10人、研究生3人。 （秦　凤）

中老铁路工程国际联合实验室签约揭牌

【19项科创新成果亮相工博会】 9月19日，学校19项科创新成果亮相第二十届中国国际工业博览会。成果着力解决现实应用需求，体现智能、安全、健康、绿色，闪烁着科技创新之光。其中，付泽民教授团队研发的双动力伺服压力机对冲压机与无锡中胜达自动化科技有限公司达成合作协议，合作合同标的1000多万元。 （秦　凤）

附：学校负责人及地址

（2018年1—12月）

校党委书记：刘宇陆

副书记：陆　靖（2月离任，兼）、柯勤飞（3月到任，兼）、宋敏娟、何星海（1月到任）、张艳萍（1月离任）、王　瑛（3月到任）

校　长：陆　靖（2月离任）、柯勤飞（4月到任）

副校长：张艳萍（2月离任，兼）、王　瑛（4月到任，兼）、陈东辉（2月离任）张锁怀、毛祥东（4月到任）

奉贤校区地址：海泉路100号
邮编：201418
电话：60873530

徐汇校区地址：漕宝路120号
邮编：200235

上海科技大学

【2018年概况】 学校现有物质科学与技术学院、生命科学与技术学院、信息科学与技术学院、创业与管理学院及创意与艺术学院5个学院，以及免疫化学研究所、iHuman研究所、数学科学研究所3个研究所。截至12月底，共有在籍学生3208人，其中本科生1431人、硕士研究生1203人、博士研究生574人。教职员工总数1112人，其中常任教授190人，中科院特聘教授255人，非中科院特聘教授30人，专职科研与教辅人员385人，行政管理人员152人。

参与上海科创中心建设。学校牵头或参与建设软X射线自由电子激光用户装置、活细胞结构与功能成像等线站、超强超短激光实验装置、光源二期等重大科技基础设施，2016年11月开工后按计划推进设备研制和系统集成调试。其中，2018年上海科技大学牵头建设的细胞结构与功能成像等线站工程已经冻结工程设计，全面开展工艺设备加工与制造，部分系统已完成搭建和离线测试。年内，作为项目法人单位，学校与应物所和光机所共建，承担《国家重大科技基础设施建设"十三五"规划》优先布局、国内迄今为止投资最大的科技基础设施项目—硬X射线自由电子激光装置，4月正式开工建设，工程各项建设任务按计划推进。围绕国家重大战略需求和上海科创中心建设使命，学校继续推进“多空间多时间尺度生物成像平台”“机器学习与虚拟现实平台”等科创中心建设重点工作，参与“硬X射线自由电子激光关键技术研发及集成测试”“硅基高速光通信和计算关键芯片及工艺开发”等市级重大科技专项，牵头的“非平庸拓扑电子结构探索及在量子计算中的应用”任务（项目）也得到了市级重大科技专项的经费支持。

师资队伍。新到位常任教授44位。其中，新增资深教授（正教授、副教授）11位，增聘特聘教授5位。学校专任教师队伍中包括诺贝尔奖获得者4位、中国科学院院士32位、中国工程院院士3位、美国国家科学院院士9位、美国人文和科学院院士5位、英国皇家学会会士3位、“杰青”97位。师资队伍呈现年轻化、国际化特点。常任教授平均年龄38岁。常任教授中有外籍35位，占常任教授总人数的18%。超过80%的常任教授具有5年以上海外学习或工作经历。

学生培养。学校继续采取“综合评价、择优录取、多元选择”的招生模式，在北京、上海、山东、江苏、浙江、江西、福建、河南、四川、贵州、云南、辽宁、天津、湖北、陕西、湖南、甘肃等17个省（市）招收422名本科生，包括第一批来自甘肃、陕西和湖南3个新增省份的学生。完成2018年春、暑、秋学期4个年级本科生的课程教学。全体2017级本科生组成14支实践队伍，分赴滇、贵、川、陕、宁、辽、浙、皖、赣等9个省10余个地区开展以“了解国情、体验艰苦”为主题的暑期社会实践活动，活动成果获得团中央和上海市表彰；全体2016级本科生围绕14个学校课题和2个自设课题，前往50余家企业、科研院所等开展以“了解国家战略、体察行业趋势、探索个人发展”为主题的暑期产业实践活动。6月，首届184名2014级本科生毕业，就业情况良好。截至12月，毕业生中有68名前往国（境）外攻读研究生，约占全体毕业生37%。在物理学、化学、生物学、材料科学与工程、计算机科学与技术、电子科学与技术、信息与通信工程7个一级学科独立招收了566名硕博连读研究生，接收了220名硕转博研究生，生源质量稳步提高。同期，学校与中国科学院大学联培的首届博士生（硕博连读）、第三届硕士生依托中国科学院大学毕业和授予学位。其中41人获得博士学位（理学博士22人，工学博士19人），175人获得硕士学位（理学硕士75人，工学硕士100人）。截至12月，2018届硕士毕业生整体就业升学率达99%，首届博士毕业生整体就业率达100%。

学校新增生物医学工程本科招生专业。数学与应用数学本科招生专业通过上海市评审，进入国家备案阶段，计划于2019年招生。学校入选“上海高等学校一流本科建设引领计划”首批建设项目。5月，学校新增为博士学位授予单位，新增材料科学与工程一级学科博士和硕士授权点。同年，计算机科学与技术一级学科硕士学位授权点通过上海市统筹增列，进入国家审批阶段。“上海一流研究生教育行动计划”通过评审。

科研学术。各学院/研究所建立共计224个研究组，其中：物质学院66个组、生命学院49个组、信息学院52个组、创管学院20个组、免疫化学研究所12个组、iHuman研究所13个组、数学科学研究所12个组。年内新增科技部及基金委国家级项目45项，新增上海市项目27项；全年学校科研项目到位经费达1.41亿元。学校科研人员共参与发表学术论文1008篇，同比增长25.5%。其中，上海科技大学第一单位及通讯单位论文共592篇，同比增长21.1%；累计已申请专利163件，其中包括国际专利（PCT途径）42件。举办“材料科学前沿”全球科技研讨会、第十七届国际生物大分子结晶大会（ICCBM17）暨第六届iHuman论坛等10余场大型国际学术会议。

科教融合。与中科院上海分院全面合作。参加中科院研究所牵头的各类重大项目——张江实验室牵头的市级重大专项“硬X射线关键技术”及“硅光子”、微系统所牵头的“超导计算机研发”先导专项、应物所牵头的“未来先进核裂变能”先导专项及“先进核能创新研究院（筹）”、微系统所牵头“超导电子学卓越创新中心”、生化所牵头“分子细胞科学卓越中心”等国家级科研攻关与创新载体，承担前沿科学研究计划“大脑皮层发育机理以及相关疾病非人灵长类动物模型"项目，与中科院上海分院相关院所建立超强超短激光及其应用联合实验室、上海雾计算实验室、量子电子学联合实验室、光子科学联合实验室、低碳能源联合实验室等联合实验室，承担神经生物学国家重点实验室（中科院神经所）、中科院低碳转化科学与工程重点实验室（中科院上海高研院）、上海市分子男科学重点实验室（中科院上海生科院生化与细胞所）、生命有机化学国家重点实验室（中科院有机所）、中科院微小卫星重点实验室开放课题科研工作。

产教融合。与多家国内外知名高科技企业合作，主要包括：与上海华力微电子有限公司、上海兆芯集成电路有限公司、上海集成电路研发中心有限公司3家企业联合成立上海微电子产学研联盟，在学校设立微电子联合研究中心；加入国际雾计算产学研联盟（OpenFog联盟），当选大中华区主任单位，成立上海雾计算实验室；与上海联影医疗科技有限公司签署战略合作协议，在智慧医疗、先进成像设备等方向展开深入合作；与北京旷视科技有限公司成立上海科技大学—北京旷视科技联合实验室；与9家知名跨国制药企业结成"G蛋白偶联受体研究联盟"；与荷兰皇家壳牌石油公司、索尔维、华为开展项目合作。

交流合作。与哈佛大学、耶鲁大学、牛津大学、加州大学伯克利分校、麻省理工学院、康奈尔大学、密歇根大学、伊利诺伊大学厄巴纳—香槟分校、帕多瓦大学等知名大学开展本科生暑期课程项目、本科生3+1国际交流项目、课程合作等形式多样的合作项目。在原有合作高校的基础上，还与卡耐基梅隆大学、宾夕法尼亚大学等签署了学生交流合作协议。44名本科生前往加州大学伯克利分校、帕多瓦大学进行暑期课程学习和文化交流，14名本科生参与了加州大学伯克利分校、加州大学洛杉矶分校、卡耐基梅隆大学等学校的暑期科研项目以及莱顿大学短期培训项目，45名学生前往哈佛大学、耶鲁大学、麻省理工学院、加州大学伯克利分校、密歇根大学、伊利诺伊大学香槟分校进行3+1交流项目。创意与艺术学院与南加州大学电影学院合作举办制片人、编剧、导演、编辑培训班。多位助理教授前往巴布森学院、哈佛商学院参加教师培训项目。

条件支撑。学校重点建设电镜、纳米工艺中心、软纳米材料实验室、生物成像、动物房、核磁、数据储存与计算等大型科研与教学平台。年内入库仪器设备约4.6亿元/7269台件，入库仪器设备存量达12.1亿元/2.7万台件，采购（即将到位）20万元以上仪器设备共计5.2亿元/300台套。信息化建设全面推进。学校招生、教学、学工、人事、科研、财务、设备、资产、档案管理等30多个业务管理系统或已全面使用或进入试运行，在线服务大厅汇集近300个服务，网络互动教学平台开通281门课程。积极与国际著名咨询机构合作，围绕学校发展愿景和重点工作，研究基于衡量教学、科研产出质量和产出效率的全成本核算方法，使全校师生员工建立起成本意识，并将在学生培养、科学研究、教师队伍发展和学校运行等方面逐步实施，使资金使用效益最大化，支持学校可持续发展，更好地回报政府和社会各界的支持与信任。上海科技大学附属学校和附属幼儿园已初步完成基础设施建设，师资已到位受训。（牛牧原）

【习近平总书记考察张江科学城展示厅】 11月6日，习近平总书记赴张江科学城展示厅考察，参观了一批大科学设施模型。其中包括学校作为项目法人单位与中科院上海应用物理研究所和中科院上海光机所共建的硬X射线自由电子激光装置，参与建设的软X射线自由电子激光用户装置、活细胞结构和功能成像等线站工程、超强超短激光实验装置、上海光源二期线站工程等。学校相关人员为习近平总书记演示了亿万像素智能监控系统、三维视频融合技术、光场智能相机、实时光场全息直播系统等4项人工智能的研究成果。（牛牧原）

【李强到校视察】 6月5日，中共中央政治局委员、上海市委书记李强调研上海科技大学。李强参观了物质科学与技术学院、生命科学与技术学院及信息科学与技术学院，详细了解最新科研成果和大科学装置的项目进展情况，并与师生交流互动。李强对上海科技大学创办以来所取得的发展成绩表示肯定，强调市委、市政府将继续支持上海科技大学改革创新。（牛牧原）

【首届本科生、博士研究生毕业】 6月16日，学校2018届毕业典礼暨学位授予仪式在体育馆举行。184名首届本科生、41名首届博士研究生及175名2018届硕士研究生毕业并被授予学位。（牛牧原）

上海科技大学首届本科生、硕士研究生、博士研究生毕业

【硬X射线自由电子激光装置开工建设】 4月27日，作为项目法人单位，学校与应物所和光机所共同承担《国家重大科技基础设施建设"十三五"规划》优先布局的国内迄今为止投资最大的科技基础设施项目—硬X射线自由电子激光装置，正式开工建设。该装置将成为世界上最高效和最先进的自由电子激光用户装置之一，能够为物理、化学、生命科学、材料科学、能源科学等多学科提供高分辨成像、超快过程探索、先进结构解析等多种极具前瞻性的尖端研究手段，形成独具特色、多学科交叉的先进科学研究平台。（牛牧原）

【取得多项重要科研成果】 物质学院左智伟课题组成功发展了一种廉价、高效的铈基催化剂和醇催化剂的协同催化体系，解决了利用光能在室温下把甲烷一步转化为液态产品的科学难题（发表于《科学》）；iHuman研究所刘志杰课题组解析与肥胖、精神类疾病密切相关靶点——五羟色胺2C受体的三维精细结构（发表于《细胞》）；iHuman研究所徐菲课题组解析首个人源卷曲受体（Frizzled-4）三维精细结构，这一关键突破为相关生物学功能研究和药物设计带来重要发展（发表于《自然》）；免疫化学研究所饶子和院士的科研团队破解结核分枝杆菌能量代谢奥秘，为抗击严重威胁人类健康的耐药结核的新药研发奠定了重要基础（发表于《科学》）；物质学院林柏霖课题组颠覆"使用化石能源来驱动二氧化碳化学还原会造成更多二氧化碳排放"的思维定式，提出二氧化碳大规模减排新策略（发表于《焦耳》）；钟超课题组开发出可编程可3D打印的生物被膜活体功能材料（发表于《自然·化学生物学》）；生命学院庄敏课题组开发出研究膜蛋白相互作用的新型分子工具（发表于《自然·方法》）；黄行许课题组、陈佳课题组与合作者开发出普适型碱基编辑器（发表于《自然·生物技术》）；王皞鹏课题组与合作者利用CRISPR全基因组遗传筛选，首次绘制人类T细胞功能的调控图谱（发表于《美国科学院会刊》）；信息学院Manolis Tsakiris课题组提出全局最优的非凸异常值检测（发表于《机器学习研究杂志》）；吴幼龙课题组研发出新型的反馈及中继技术（发表于《IEEE信息论汇刊》）；王成课题组首次揭示光子集成电路用量子点激光器抗光反馈能力极强（发表于《光学快讯》）。（牛牧原）

【多名学生获奖项和表彰】 学生在2018年国际基因工程机器大赛（iGEM）全球总决赛中获得金奖；在2018 ASC世界大学生超级计算机竞赛获亚军和e Prize计算挑战奖；在2018网易游戏高校MINI-GAME挑战赛中获冠军；获美国大学生数学建模竞赛两项一等奖。本科生暑期社会实践云南寻甸小分队获2018年全国大中专学生"三下乡"社会实践优秀团队，其实践项目还与四川雅安石棉实践项目《互联网+科技扶贫——让优质农产品走出西部》、宁夏固原实践项目《宁夏固原基础教育、产业及旅游业带动扶贫架构下的现状调查》及云南挖色实践项目《云南挖色白族民居建筑艺术研究》共同获得上海市2018年"知行杯"大学生实践大赛决赛三等奖。（牛牧原）

附：学校负责人及地址

（2018年1—12月）

校党委书记：李儒新
副书记：鲁雄刚

校　长：江绵恒
副校长：李儒新（兼）、印　杰、朱志远、鲁雄刚（兼）、丁　浩
电话：20685160
地址：岳阳路319号8号楼
邮编：200031

地址：华夏中路393号
邮编：201210

上海纽约大学

【2018年概况】 学校有本科生1326人，其中中国学生696人，来自全国33个省、市、自治区以及港澳台地区；国际学生630人，来自世界71个国家和地区。教师203人，其中专任教师137人、与纽约大学双聘教师15人、客座教师33人、兼职教师18人，员工及教学辅助人员356人。全体教职人员来自全球31个国家及地区。

一、建设进展

年内，招收30个省市自治区以及38个国家的454名中外2022届新生。首次招收来自青海和西藏的新生。国际新生233名分别来自美国、摩洛哥、英国、法国、厄瓜多尔、俄罗斯、德国、墨西哥、荷兰、哈萨克斯坦、埃塞俄比亚和洪都拉斯等各国。9月，学校与纽约大学和纽约大学阿布扎比校园的本科交换学生265人，纽约大学交流或合作项目来访的研究生40人。大三学生与部分其他年级的学生也展开海外学习之旅，共292名学生前往纽约大学或纽约大学阿布扎比校园，以及遍布亚太、欧洲和南美的10个海外学习中心，修读课程，探索世界。

本科毕业生254人，其中143名中国学生、111名国际学生，来自43个国家和地区。53%的毕业生直接工作，其中，国内毕业生就业率为99%。就业领域进一步拓宽，首次有毕业生就职于非政府组织及政府间国际组织。41%的毕业生选择出国（境）深造，61人进入USNEWS世界大学排名前50大学深造，占出国（境）深造人数61%。10人获博士项目直接录取资格，占出国（境）深造人数的10%。国际毕业生中，18名留在中国就业或深造，占国际毕业生人数16%。

5月，2017届毕业生马博柯（Max Bork）成为首位获得美国政府博伦奖学金（Boren Fellowship）学生。同月，2018届毕业生佐伊·乔丹（Zoe Jordan）和阿米特·盖尔沃（Amit Gal-Or）获选北京大学燕京学堂2018级学生，获得攻读中国学硕士研究生项目的全额奖学金。2017届毕业生阿汉·法卡（Alhan Fakhr）和2018届毕业生布兰登·泰勒（Branden Taylor）在9月成为2018年“普林斯顿在亚洲”项目研究员，将分别前往马来西亚和蒙古，完成为时1年的社会服务工作。

9月开启2019年本科招生工作。截至年底共收到16750份入学申请，同比增加25%。国际学生申请者来自149个国家及地区，在纽约大学全球教育体系的3所门户校园中，将上海纽约大学列为入学首选的人数大幅上升，同比增加43%。中国学生申请人数超过2900人，同比增长近45%。首次实现全国34个省、市、自治区都有本科入学申请者。

新增来自世界各地的44位教师，新增教师包括11名长聘职位教师和预聘职位教师，覆盖城市设计、工程学、管理学等9个学科领域。学校师生比为1∶6.8。8月，建立教师发展中心，为学校教师提供教学能力提升、教育技术普及、教育理论培训等服务和相关资源。学校教师在国际上屡获荣誉。纽约大学暨上海纽约大学历史与欧洲研究副教授亚历山大·盖普特（Alexander Geppert）被美国国家航空航天博物馆任命为2019—2020年查尔斯·A.林德伯格航空航天史首席教授。交互媒体艺术

(IMA)助理艺术教授安托尼斯·威瑞德加加(Antonius Wiriadjaja)于4月获富布赖特美国学者奖。

4月,学校与纽约大学斯特恩商学院宣布推出2个一年制联合培养硕士项目,分别为"计量金融硕士"以及"数据分析和商业计算硕士",均为3个学期的全日制课程,为金融分析专业领域的人士提供新的深造机会。7月,与纽约大学斯坦哈特文化教育和人类发展学院合作开设的英语教育硕士项目(TESOL)迎来首届17名新生。也为中国的在职英语教师提供上海和纽约两地学习的机会。12月,与纽约大学文理研究生院及柯朗数学科学研究所共同合作,推出新数学博士研究生项目,将于2019年秋季迎来首届学生。

推进新校园规划建设。由建筑设计公司——Kohn Pedersen Fox(KPF)建筑设计事务所为学校前滩校园所做的概念设计初步成型,学校师生及员工代表参与设计过程。设计方案可容纳2000多名本科生与研究生同时就读。

二、人才培养

学术资源中心(ARC)为学生提供学业指导和帮助,覆盖化学、生物学、经济学、物理学、数学等专业领域。年内推出一项新举措—同伴辅导项目(Peer-tutoring Program),帮助学生提高写作与口语表达能力,增进学生交往互助机会。

2月,学校互动媒体艺术(IMA)专业4名学生的作品亮相上海闵行万象城艺术空间的"光影秘境·旭"公益展。4月,学校交互媒体艺术专业和多个艺术项目的师生亮相第十五届上海教育博览会新时代美育展,展示学校在高等教育艺术课程方面的国际化办学特色与跨文化创新实践。9月,9名交互媒体艺术专业的学生通过一门创意新课"中国再造"(Re-Made in China),寻求对废弃物可持续升级再造的方法。

学校探索培养学生六大核心能力:算法思维、思辨能力、创造力、社会感知力、说服力、以及"独立相依"(独立并相互依存)的能力。8月,常务副校长杰夫·雷蒙(Jeffrey S. Lehman)出席在墨尔本举行的"澳大利亚金融评论报高等教育峰会",并就培养六大核心能力发表主旨演讲。

上海纽约大学学生举办2018废弃物重纫时装秀

学校职业发展中心全年为学生累计提供近300小时的咨询,组织72个与职业相关的讲座及项目。学校举办3场大型招聘会,累计143家公司参与;组织27场企业招聘宣讲会,其中24场宣讲会语言为英语。学校招聘网站共计发布职位近1990个。其中近1140个岗位工作地点为中国,近887个工作地点为海外。11月,邀请世界500强公司职业招聘人士,就职业规划分享见解。

积极丰富校园活动,拓展学生知识面和社会经验。学内,学校活动部邀请了80多位嘉宾,举办182场活动,包括讲座、研讨会、工作坊、电影放映、演出等形式,涉及经济金融、社会工作、人工智能、体育、医药、神经科学、历史、诗歌、环保、心理学、政治科学、当代艺术、考古、数学等众多领域。秋季,图书馆推出新系列讲座"数据的千谎百计",6位来自不同学科领域和学术背景的教授以及常务副校长杰夫·雷蒙(Jeffrey S. Lehman)一起带领学生从不同方面探索数据问题。

7月,学校首次在印度新德里举办宣讲会。向近百名学者、政府官员、媒体人士、学生以及印度各界人士详细介绍本科生与研究生教育项目,以及学校的教育理念和教学模式。在北京、广州、成都、南京、赣州、西安等城市的高中举办路演宣讲。向社会各界介绍本科生与研究生教育项目和申请流程,同时也请随行教授介绍博雅教育的优势和国际化的教育环境。

三、科学研究

稳步有效吸引全球人才,积聚科研力量。物理学助理教授Pilkyung Moon与韩国成均馆大学的同行合作,成功研制出一种新型准晶体。照片被《科学》杂志选作封面。学校研究人员和纽约大学坦登工程学院发布关于Facebook政治广告的首份深度分析报告。化学系助理教授William Glover及其研究小组的研究发现丁二烯是多烯的分子中最小的，对光的吸收有动态响应。研究结果帮助科学家进一步理解多烯作为一个整体的基本物理特性。神经与认知科学助理教授田兴和纽约大学的同行发现人类大脑中思想的声音大小，以及如何想象某些东西的方式会影响人们判断真实外界声音的大小。在《自然人类行为》杂志上联合发表题为《想象的声音影响声音的感知响度》的研究论文，为大脑活动的本质提供了新的见解。

学校科研项目继续获得国际基金青睐以及支持。4月，学校环球亚洲研究中心(CGA)宣布与纽约大学环球亚洲研究中心以及纽约大学阿布扎比环球亚洲研究中心，共同获得来自亨利·鲁斯基金会的研究资助为45万美元，将用于开展为期3年的“环球亚洲港口城市环境研究”合作研究项目。学校环球亚洲研究中心负责印度洋区域的研究，并与纽约和阿布扎比两地的研究中心以及德国的哈雷-维腾贝格马丁路德大学展开研究合作。学校波动研究所(VINS)举办第四届年会。11月，学校师生与近200名金融领域专家学者与业界领袖参加本届年会，共同就会议主题——“地缘政治与金融市场”进行圆桌会谈以及研究报告陈述。

四、社区合作

1月，学校与陆家嘴集团合作推出一套楼宇智慧管理平台在校园内正式启动。4月，学校与浦东新区政府正式宣布双方合作共建。9月，学校举办由浦东新区文明办、浦东新区妇女联合会和学校联合主办的浦东新区第十七届家庭文化节暨第二十届家庭教育宣传周开幕式。

11月，学校举办了第二届模拟联合国大会(NYUSHMUNC)，来自全国及海外的160多名青年齐聚共议当今世界面临的跨国主义以及全球如何互联互通，促进增长繁荣等热点议题。

3月，学校协办由浦东新区社会工作协会主办的第十二届浦东社工节。吸引了300多名上海本地社会工作者、志愿者以及学生参加。9月迎新周安排了新生社区志愿服务活动。培养新生深入社区、回馈社会的价值观，践行学校“立足城市，融入城市”的理念。

(任　远)

【举办各种校园活动】 全年，举办182次校园活动，形式多样，内容丰富，共有100多位著名学者和演讲者作客上纽大，其中包括著名科幻小说家刘慈欣，风险投资家及人工智能专家李开复，以及世界花样滑冰传奇人物关颖珊。

(任　远)

【在上海高校体育赛事中获荣誉】 学校运动队在上海高校体育赛事中屡获荣誉。春季学期，校女子足球队在上海市大学生足球联盟联赛中获冠军；10月，学校与阿布扎比校园举办首场女子足球友谊赛；10月，22名学生挑战57层楼(1460级台阶)，登顶上海国际金融中心，获3枚金牌；学校篮球和羽毛球友谊赛于10月首战击败昆山杜克大学；新生杨知恒、包涵丹分获第16届上海市运动会网球(高校组)男女单打冠亚军。

(任　远)

上海纽约大学与阿布扎比校园举办首场女子足球友谊赛

【互动影像装置亮相教学楼】 1月31日，互动影像装置“The Box”亮相教学楼。“The Box”项目是学校感谢捐赠人的首个永久互动装置。该项目由学校教育发展基金会发起。基金会也会在其网站上公布和更新捐赠者名录，向支持过学校的人士表达感谢之情。

(任　远)

【举办纽约野生动物电影节】 3月，学校再次联手纽约野生动物电影节主办方，在时隔一年后举办了

纽约野生动物电影节上海场活动。电影节展映了多部涉及野外探险、野生动物和环境保护主题的纪录片。（任　远）

【获“最具影响力的外国专家”称号】 4月，常务副校长杰夫·雷蒙(Jeffrey S. Lehman)被国家外国专家局评选为40位“改革开放40周年最具影响力的外国专家”之一。（任　远）

【举办“造就青年”首秀】 5月13日，学校举办“造就青年”首秀。5名学生与1名校友参加了活动，与台下300名听众分享关于创意创新、社会责任、自我赋能等主题的个人经历与心得。（任　远）

【学校教授任亚马逊上海人工智能研究院院长】 9月，学校计算机科学系教授张峥被任命为亚马逊AWS在上海成立的人工智能研究院(ASAIL)首任院长，将带领研究院展开关于深度学习领域的研发工作。（任　远）

【学生加入2018上海马拉松志愿者活动】 11月18日，上海国际马拉松赛鸣枪开跑，学校共有40名学生加入志愿者“小马达”的队伍中。本届赛事主题是“和世界一起跑”，12名国际学生志愿者加入活动。（任　远）

附：学校负责人及地址

（2018年1—12月）

校　长：俞立中
常务副校长：杰夫·雷蒙(Jeffrey S. Lehman)
副校长：郑恩坦 (Eitan Zemel)、丁树哲

浦东校区地址：世纪大道1555号
邮编：200122
电话：20595500

上海第二工业大学

【2018年概况】 在校全日制学生12986人，其中普通本科生10265人、专科生2426人，研究生230人，留学生65人；夜大(业余)学生数6644人。教职工1102名，其中专任教师785名，副高级及以上专业技术职务教师334人，具有博士学位教师261人。有国家级特色专业3个，教育部卓越工程师培养计划专业2个，教育部“本科教学工程”地方高校第一批本科专业综合改革试点1个，上海市属高校应用型本科试点专业10个，全英语建设专业2个。中本贯通专业4个，中高贯通专业6个，高本贯通专业1个。上海高校优质在线课程3门，上海高校青年教师教学竞赛获奖者13人，上海高校优秀教材奖获奖者12人，上海高校市级教学团队15个，上海高校教学名师获奖者6人。有国家级精品课程3门，上海市精品课程19门，上海市示范性全英文课程建设项目9项，上海市教委重点课53门，上海高校本科重点教学改革项目20项。有校级重点学科、培育学科16个。纵向科研项目立项33项，横向科研项目立项157项。与36个国家和地区的133所高校和机构建立稳定的合作关系。合计开展实施学生海外项目50项，参与学生达300人。

招生与教育教学。研究生招生103人，本专科招生3655人，学历留学生招生32人，成人学历教育招生3614人。研究生录取平均分为284分。本专科在外省市普通本科一批、二批录取新生1343人，一本录取率达76.32%。学校获得上海市教学成果奖6项，一等奖3项、二等奖3项，获奖数量和

一等奖数量创历史新高。深耕研究生“工程导入”“三段式”人才培养模式,加强导师队伍建设、课程建设、条件建设和过程管理。“对接‘上海制造’的一流特色本科专业建设”,成为“上海高等学校一流本科建设引领计划”首批入选项目。探索高等职业技术(国际)学院综合改革,建设一流高职学院、一流高职专业。学校服务国家特需项目以较好成绩通过验收。制定2020年“6+2”学位点申报规划,“资源与环境”等6个学科领域培育建设专业学位硕士点,“材料科学与工程”等2个学科培育建设学术学位硕士点。与上海材料研究所、上海市计算技术研究所、喀什大学签约联合培养硕士研究生。制定审核评估整改方案。加强一流特色本科专业建设,以智能制造工程和创意产品设计专业为制高点,辐射带动全校本科专业协同发展。制定专业布局调整规划(2018—2020年),启动新一轮人才培养方案修订工作。43个本科专业全部完成前期调研论证工作。工程教育专业认证工作稳步推进,“机械电子工程”等4个专业向中国工程教育协会递交认证申请。“智能制造工程”“复合材料成型工程”专业(目录外)、“应用化学”专业(目录内)获准设置,年内招生。“产品设计”等2个专业成为第五批市属高校应用型本科试点专业,试点专业总数达10个。申报并获批1个高本贯通专业。3门课程获批市级示范性全英语课程建设项目,1门课程获批市级精品课程。面向留学生开设全英课程68门,项目35个,市级留学生英语示范课程总数达5门。立项校级优质在线课程14门,引进在线课程24门,立项校级重点课程44门,校级全英语课程20门,开设全新课程90门。组织开展首批14门市级“课程思政”项目验收工作,立项校级“课程思政”项目56门。开设艺术教育类课程,加强大学生艺术团建设,丰富校园文化生活。加强在线教学网络平台建设和智慧教室建设,丰富学生学习体验。成立考试中心,加强试题库建设和试卷标准化建设,探索通过信息化手段实现教考分离。学业导师制实现对2016级、2017级、2018级学生全覆盖。“学业导师制改革”入选2017年度上海教育综合改革典型案例。加强教育教学质量保证体系建设,制定本科教学质量标准、程序文件和实施方案,构建教育教学质量保证闭环系统。基本实现教学督导“覆盖全部教学环节,覆盖全体教师,覆盖所有课程”。将“课程思政”纳入教学督导范围,增强思政工作的针对性和有效性。就业方面,有毕业生3254人,其中研究生48人、本科生2317人、专科(高职)生889人。截至11月20日,全校总体就业率98%,其中研究生就业率97.92%,本科生就业率97.41%,专科(高职)就业率99.55%。

人才队伍建设。引进录用92人,入库兼职主讲教师273人,兼职实践教育教师46人,兼职教授58人。45名教师获上海市“高校青年教师培养”计划资助,24名教师获上海市教委“教师专业发展工程”计划资助,1名教师获2018年上海市五一劳动奖章,1名教师获“宝钢优秀教师奖”,共1130人次参加校外各类进修及学术、教学会议。53人次获海外职业行业资格证书22项,47人次获海外机构资质认证。根据上海市高校分类管理评价“应用技术大学指标”,优化完善学校考核体系。

学生发展。研究生获得省部级以上奖项20余项,4名研究生入选上海市研究生创新创业能力培养计划。发表SCI、EI收录论文88篇,其中SCI一区论文10篇。申请或参与申请国家专利147项。《劳模文化融入高校思想政治教育工作实践》项目获首批高校思政工作精品项目立项。易班被评为上海市十佳易班工作站、上海高校易班示范性建设中心。大学生事务中心全年累计服务学生规模超过2万人次。获第四届“互联网+”创新创业大赛市级铜奖5项、优胜奖1项,学校获“优秀组织奖”。获得“知行杯”上海市大学生社会实践大赛三等奖3项、个人奖项3项,“创青春杯”上海市铜奖7项,上海高校学生创造发明“科技创业杯”奖三等奖5项。参加校内外学科技能竞赛,获奖296个,获奖学生640余人,其中全国奖166个。申报年度大学生创新项目442项,其中国家级35项、市级120项,参与学生1334人次。30名学生获得德国HWK行业证书。国家、市、校三级学生奖学金共计569.89万元,海外交流学生奖学金共计373.37万元。研究生赴海外开展企业实践、课题研究和访问交流受益率达82.5%。

科研与产业化。“环境科学与工程(资源循环科学与工程)"学科获批纳入上海高校Ⅱ类高原学科建设。开展"十三五"学科建设中期考核。国家重大专项课题、国际科技创新合作重点专项实现零的突破,国家哲社基金、管科 SCI 高水平论文实现零的突破。上海电子废弃物协同创新中心完成整体搬迁,市教委实地考察评价良好。以"七立方杯"大赛、"云丰杯"大赛为抓手,探索涵盖创意设计、智能制造、回收与资源化、再制造资源循环全产业链的产教融合新模式。以大学科技园为依托,深化产学研合作。知识服务团队组织开展技术推广和交易活动 80 余次,参与教师 73 人,走访企业 100 余家,签订协议 37 项。新建江苏启东、浙江建德技术转移工作站。

交流与合作。与 17 个国家和地区的 29 所高校和机构,新缔结协议 39 个。新开拓学生海外项目 17 项。实施 111 个教职工因公出国(境)团组,涉及 332 人次。接待来自 31 个国家和地区的 109 个高校或机构、154 批 477 名境外嘉宾来校访问。62 名外籍专家和教师共计 83 人次来校执行教学科研任务。积极服务国家"一带一路"倡议,与巴塞尔公约亚太区域中心共同承办"'一带一路'教育项目——城市矿产与污染防治研修班"。举办第五届全球合作伙伴周,15 个国家和地区 25 个高校和企业的 40 名代表(含 9 名合作伙伴校领导)参会,签署协议 3 个。完成昆士兰学院四期延长办学合作洽谈及决议签署。两个中美合作办学项目通过到期实地评估。有序进行独立法人中外合作办学机构申报筹备工作。举办首届国际文化节。

管理与服务。成立校友会办公室、校区建设办公室、离退休工作处,调整成立资产与实验室管理处。成立研究生教育工作委员会,学校行政性非常设机构达 19 个。完成 22 类、300 个具体事项的工作流程梳理优化,行政办公系统发文并编纂成册。金海路校区 2.5 期项目、3 期项目获准立项。学生活动中心投入使用。文理学部布局调整项目获市教委专项资金支持。加强财务管理,健全管理制度,完善工作流程,严格会计监督,规范会计核算,提高资金使用效益。科学合理编制学校年度部门预算。全校无线网络实现 eduroam 国际漫游,建设就业联动数据分析应用系统。图书馆实现图书自助借还、手机网上图书续借、研讨室预约、阅览室座位预约、凭二维码进出图书馆。包起帆创新之路展示馆接待校外单位 60 余家、3400 余人次,校内 4000 余人次参观,学生上课 3400 余人。申报并成功加入上海市高校博物馆联盟。新增各类固定资产 4332 件,增值 5935 万余元。 (宋偲蕾)

【签订硕士研究生培养战略合作协议】 1 月 11 日,学校与上海材料研究所签约,共建"测试计量技术及仪器"和"材料学"硕士学位点。3 月 8 日,与上海市计算技术研究所签署"计算机软件与理论"硕士研究生培养战略协议。7 月,与新疆喀什大学签署研究生联合培养协议,在马克思主义基本原理、思想政治教育、应用统计、课程与教学论(英语)等领域开展研究生联合培养。 (宋偲蕾)

【举行"国际会展·产业升级转型·会展研究"研讨会】 3 月 10—11 日,以"国际会展·产业升级转型·会展研究"为主题的研讨会举行,旨在探索新时代我国会展产教融合、产研融合的创新模式。学校与上海会展行业协会、中国会展经济研究会、上海浦东商务委员会会展办、中贸慕尼黑国际展览有限公司、讯狐国际科技有限公司共同签署会展合作研究战略意向书,与 31 会议、掌上世博·双线会展等多家企业签署校企合作协议。 (宋偲蕾)

【成为上海自贸区保税区首批高校人才基地合作单位】 4 月,上海自贸区保税区举行人才基地建设战略合作协议签约仪式,学校作为 5 所市属高校之一,成为首批高校人才基地合作单位,共同签署《上海自由贸易试验区保税区域人才基地建设战略合作协议》。 (宋偲蕾)

【举行首届国际文化节】 4 月 20 日,学校首届国际文化节举行。来自哈萨克斯坦、蒙古、泰国、老挝、韩国、津巴布韦、喀麦隆、意大利、芬兰、德国、瑞典等国家的留学生一起参加文化节各项活动。

(宋偲蕾)

上海第二工业大学举行首届国际文化节

【入选上海教育综合改革典型案例】 5月，上海市教育综合改革领导小组办公室、市教卫工作党委、市教委下发《关于公布上海教育综合改革典型案例(2017年)的通知》。学校“创新学业导师制 积极探索完全学分制背景下个性化人才培养新途径”成为23个高校典型案例之一。(宋偲蕾)

【制定3项逆向物流行业标准】 8月，学校牵头主持制定的3项国家标准经审核通过，正式向全国发布实施。这3项标准是我国首个逆向物流行业系列标准，填补国内空白。(宋偲蕾)

【举办“走进上海第二工业大学”产学研对接活动】 10月25日，“走进上海第二工业大学”产学研对接活动举行。活动由杨浦区科委、上海市科技创业中心主办，学校技术转移中心、上海高校技术市场承办，上海临港科技创业中心、上海发明家联盟共同协办。(宋偲蕾)

【助力进博会、上海国际马拉松赛】 11月5—10日首届中国国际进口博览会期间，学校招募214名师生志愿者(由1名教师长期岗、22名学生长期管理岗和191名学生会期服务岗的志愿者组成)分别在进博局的统筹运营处、招展处、展商联盟、制证中心以及进博会志愿者指挥部等重要岗位开展服务工作。11月18日，407名学生志愿者助力上海国际马拉松赛。(宋偲蕾)

【获教育部首批高校思政工作精品项目立项】 12月，教育部公布高校思想政治工作精品项目遴选结果，“劳模文化融入高校思想政治教育工作实践”项目获首批高校思政工作精品项目立项。(宋偲蕾)

【获第六届黄炎培职业教育奖优秀学校奖】 12月28日，第六届黄炎培职业教育奖颁奖大会举行，会上公布《关于表彰第六届黄炎培职业教育奖先进集体和个人的决定》，学校获第六届黄炎培职业教育奖优秀学校奖。(宋偲蕾)

附：学校负责人及地址

(2018年1—12月)

校党委书记：宋宝儒
副书记：俞　涛(兼)、邹龙飞、吴沛东、莫亮金

校　长：俞　涛
副校长：莫亮金(兼)、徐余法、谢华清、徐玉芳

地址：金海路2360号
邮编：201209
电话：50214090

上海健康医学院

【2018年概况】 学校设有临床医学院、护理与健康管理学院、康复学院、医疗器械学院、医学技术学院、医学影像学院、药学院、基础医学院、文理教学部、外语教学部、体育教学部、马克思主义学院、继

续教育学院等13个学院(部)。年内招收13个本科专业、20个专科专业,在校专科生6729人,本科生4540人、成人专科356人、成人本科680人、外国留学生143人。全校教职员工768人,专任教师458人,高级职称152人,具有博士学位的教师128人。

优化校院两级管理体制。完成年度考核指标细化修订工作,构建校院二级绩效工资实施监督体系,开展职能部门岗职体系分析研究。完善人事聘用机制,合理配置教学科研、管理服务和工勤技能等各类岗位人力资源,完成“定岗定编”调整,专任教师岗位比例从55%提升到65%。推行教师分类管理,修订聘期考核管理办法。打通优秀青年拔尖人才晋升绿色通道,出台《青年优秀人才高级专业技术职务破格聘任实施办法(试行)》。建立院校双聘制,完善临床教师专业技术职务评聘制度,提升医、教、研整体水平。完善内部激励机制,推进本科教学、高峰高原计划和学校层次“四大”激励计划,实施以年薪制、项目制、绩效工资制等为主的多样化分配模式。推进医教研协同发展,开展附属医院教学与科研水平专项投入绩效评价,探索建立院校双聘制,为附属医院提供约30名编制,年度共引进双聘人才4名。推动附属医院兼职教师选聘和培训工作,制定《上海健康医学院附属医院教师专业技术职务同等评聘办法(试行)》。全年,附属医院教师入选师资人才百人库27人,组织附属医院123名教师进行高校教师资格认定。

创新探索师资队伍科学管理,推进专任教师岗位分类管理。29名教师入选市教委教师专业发展工程,13名教师入选上海高校青年教师培养资助计划。建设双师型、国际化、高水平师资队伍,全年引进(含柔性引进)省部级及以上人才7人,专业学科带头人8人,国家级人才引进实现零的突破。新进教师161人,其中博士104人,实现博士比例达46%,副高及以上比例达36%。外聘来自行业、具有较高理论素养和丰富实践经验的专家15人。学科专业建设和人才培养水平同步提升。

人才培养。加强顶层设计,全面推进课程思政教学改革,课程思政评估指标、教学比武、示范实践基地建设走在上海高校前列,形成“学校有氛围、学院有特色、课程有品牌、教授有风格”的课程思政工作新格局。形成以“人民健康”为主体的“一体两翼”马克思主义理论学科发展方向。按照“理论、实践、教材和网络”的模式,探索“人民健康事业中的责任与担当”教学专题的实践互动答疑模式。加强教师思政和师德师风建设,完善教师工作部职责,开展全校教师思想政治工作和师德师风长效机制建设实地督查,建立“思想政治+业务能力”联动培训机制,着力打造高素质、专业化、创新型教师队伍。

组建心理健康教育与咨询中心、艺术教育中心,优化学生成长发展的心理空间和工作生态。开展学校成立3周年系列活动,完成医学长廊等环境文化建设。招生工作首次实现海南、青海一本招生,2018届毕业生就业率、签约率分别达99.38%、86.79%。加强创新创业教育一二课堂有效联动,联合14家企业,建立5个HHE创新创业教育工作室,获批国家和市级大学生创新创业训练项目23个,“互联网+”创新创业大赛整体实力位列市属高校第七名,获iCAN国际创新创业大赛中国总决赛一等奖2项,在参赛高校中综合实力位列第五名;获汇创青春大赛二等奖2项,三等奖5项,居上海市属高校前列。2个学生团队获全国大学生电子商务“创新、创意及创业”挑战赛全国总决赛三等奖。

教育教学。优化专业布局,全面修订2018级人才培养方案及教学大纲,新增医疗产品管理、数据科学与大数据技术和康复物理治疗3个本科专业,医护康健类、医学技术类、医疗器械类三大专业群日趋完善。

专业建设坚持扶优助强与加强诊断改进相结合,完成首批3个本科专业达标预评估工作,获批1个一流本科引领专业、2个市级应用型本科试点专业。对5家附属医院、7家社区联盟教学基地开展质量评估。成立实践教学中心,建设健康互动实训中心,推进与欧洲模拟医学联盟(SESAM)国际模拟医学教育的认证,与企业联手开展项目合作。立项市级及以上教学建设项目15项,在一流本科建设引领计划、教育部产学合作项目、虚拟仿真实验项目以及实验教学示范中心等方面取得零突破。构建“一体两翼三融合”的通识教育课程体系,形成通识教育核心课程两大模块六大课程群的构思,引进61门优质网络共享通识课程。获国家级职业教育教学成果奖1项，获市级教学成果奖10项，其中高等教育获奖3项，取得新突破。明确以“学校为主导、学院为主体”的教师竞赛管理机制，获得市级及以上各类教师教学竞赛奖41项，获省部级及以上学科竞赛和创新创业大赛奖259项，获批第四十五届世界技能大赛“健康与社会照护项目”中国集训主基地。

科学研究。实施种子基金项目培育、协同创新重点专项培育、教师科研能力提升激励计划三大科研助推计划，推进高水平科研项目的申报和获批项目的过程管理。建成特色高质量资源共享科研平台，满足多方面、一体化科学研究需求。获国家级项目13项，其中国家自然科学基金重点项目1项；获批厅局级及以上项目35项。科研论文发表与上年相比，Ⅰ类论文数量增长50%，Ⅱ类论文数量增长53%。申请专利200项，授权专利35项。医学技术（医学影像技术）学科纳入上海市Ⅱ类高原学科建设，全国学科排名进入前十；成功获批“上海市全科医学教育与研究中心”项目；1人入选为东方学者，1人入选晨光计划。

进一步拓展国际与港澳台地区合作。共有23个国家和地区的55个批次210人次到校合作交流，在校外籍专任教师达16人。教师赴境外访学3个月以上26名，短期海外交流77名。与日本大阪滋庆学园、美国鲍勃琼斯大学、比利时列日大学、法国蒙彼利埃大学等开展联合培养，完成美国波士顿大学、麻省药科与健康科学大学等20个学生海外学习和实习，举办2018第三届亚洲临床工程论坛、2018海峡两岸医疗市场发展趋势论坛等5个学术会议。

交流合作与对口支援。完成嘉定区中心医院、浦东新区周浦医院学校附属医院挂牌工作，筹建附属金山区中心医院、附属台资上海禾新医院。做好新疆喀什订单定向医学生委托培养项目、校地共建附属喀什二院工作、喀什卫校帮扶项目，推进贵州毕节医学高等专科学校帮扶项目。完成2018年“校长奖”评选工作，搭建校友沟通发展平台，组织首届校友企业专场招聘会，107家校友企业提供了1423个就业岗位。开展与海南卫计委、高新区，湖州、嘉定、金山、崇明和上海食药监局医疗器械检测所等合作洽谈签约；完成与太平洋保险公司等40余家国内外企业合作对接，签署协议12项。建设健康智库，成立上海浦江健康科学研究院，牵头编写《中国城市健康生活报告》《上海市养老机构评价报告》《中国健康保险发展报告》。承担《上海地区慢病养老照护服务标准》制定，完成《核医学与分子影像临床应用指南解读培训班》等3项国家级继续医学教育项目。

校园建设。落实“1357”工作制度，加强督查督办力度，创新开发智慧办公督办功能模块，建立年度目标管理库，全年督办各类事项549项，推进“一站式”服务大厅建设工程。完成新南苑800人多功能礼堂、北苑国际教学楼、图书馆、北苑综合楼、200人报告厅、400人学生会堂、周祝公路及天雄路段文化墙和大门、国家医疗器械质量监督检验中心（分部）等维修、改造项目。智慧校园建设，出口带宽扩容至3.5G，移动校园平台上线智慧应用120多项。成立上海健康医学院附属医学图书馆服务联盟，图书馆资源向附属医院开放。按国家二级要求，高标准建成综合档案室，实现数字化管理。实施十大便民实事，建设大学生活动中心、艺术教育中心、心理健康教育与咨询中心等。（张毅婷）

【签约共建海南卫生健康职业学院】 1月8日，沪琼合作共建海南卫生健康职业学院签约仪式在海口举行。海南省卫生健康委员会副主任陈少仕主持。双方代表在合作协议上签字。学校向海南卫健委4所直属卫校捐赠了教学资料。根据协议，双方整合海南省直属4所卫校资源，建立海南卫生健康职业学院。海南省第五人民医院确定为海南卫生健康职业学院的直属附属医院，由双方共同引进人才来实现对直属附属医院的人才培养和管理。

（张毅婷）

【主办第三届亚洲临床工程论坛】 5月17日，由学校主办、大阪滋庆教育集团和滋庆医疗科学大学院大学协办的纪念FACE2018第三届亚洲临床工程论坛（Forum for Asian Clinical Engineering）在上海博雅会议中心召开。论坛主题为发展临床工程、维护临床安全。来自中国、日本、马来西亚、尼泊尔

等国家的临床工程技术领域的专家、学者、教授和医疗器械业的代表共同分享临床工程技术领域的最新发展成果。（张毅婷）

【上海健康医学院消化内镜培训中心揭牌】 6月29日，学校与富士胶片（中国）投资有限公司合作共建的“上海健康医学院消化内镜培训中心”揭幕仪式举行，该中心同时也是中国非公立医疗机构协会消化内镜专业培训基地。来自全国各大医院的12位专家出席仪式，继教学院和医学影像学院负责人、首期培训学员和学生代表共同参会。（张毅婷）

【获批世界技能大赛中国集训主基地】 9月21日，学校获批第四十五届世界技能大赛“健康与社会照护项目”中国集训主基地，同时也成为该项目上海集训基地，承担该项目上海及全国选手的培养、集训、选拔等主要工作的组织实施任务。6月12—16日，第四十五届世界技能大赛在国家会展中心举行。学生杨梦菁、林秀怡作为上海队选手，分别获“健康与社会照护”项目全国第一名和第三名。（张毅婷）

【举办“医之魂——医学人文油画及雕塑展”】 9月28日，《医之魂——医学人文油画及雕塑展》在图书馆展出，数十件医学史和美术史上的名画和雕塑作品亮相。校长黄钢与北京大学教授王一方就“医学与名画”展开“南北对话”，讲述医生职业价值，感悟医者仁心，憧憬医之大道。（张毅婷）

【举行急救技能大赛暨进博会志愿者急救大练兵】 10月，学校举行2018年急救技能大赛暨进博会志愿者急救大练兵，本次大赛共分为初赛、复赛、决赛3个环节，200名来自学校各个学院、各个专业的学生进行了CPR心肺复苏技能操作。10月18日举行决赛，共角逐出一等奖1名，二等奖2名，三等奖3名，优胜奖4名，并获得美国心脏学会基础生命学员(BLS Provider)课程。该项赛事旨在贯彻健康中国战略要求，进一步普及应急救护知识与技能，提高学生在自然灾害和突发事件中的自救互救意识和能力，集中宣传、检验、推动医学生掌握急救技能，提高学校进博会志愿者的应急处置能力。（张毅婷）

上海健康医学院2018年急救技能大赛
暨进博会志愿者急救大练兵现场

【承办中国医学模拟教学联盟大会】 12月6—8日，由中国医学模拟教学联盟、中国健康医学教育PBL联盟主办，人民卫生出版社、上海健康医学院共同承办的第三届中国医学模拟教学联盟大会暨第三届中国健康医学教育PBL联盟大会在上海举行。会议以“智慧、交融、机遇、发展”为主题，通过人工智能的医学模拟和PBL交融切实推进医学教学的质量和改革探索。大会邀请国内外著名医学教育专家，共同分享智慧医学推动医学教育提升经验，深入认识医学教学理念和教学技巧的前沿发展。（张毅婷）

【与金山区签约培养卫生人才】 12月26日，学校与金山区政府举行卫生人才培养战略合作框架协议签约揭牌仪式。金山区卫健委主任鲁桂根介绍区校合作基本情况和合作内容。校长黄钢与副区长张娣芳签订《卫生人才培养战略合作框架协议》。上海健康医学院附属上海市第六人民医院金山分院（筹）揭牌成立。根据协议，双方在优势领域协同合作，加快金山卫生人才培养。（张毅婷）

附：学校负责人及地址

（2018年1—12月）

校党委书记：郑沈芳
副书记：黄　钢（兼）、李明磊、于　莹

院　长：黄　钢

副院长：陈小冰（6月到任）、唐红梅、孔宪明、张道方（6月离任）、许铁峰

地址：周祝公路279号

邮编：201318

电话：65881000

上海体育学院

【2018年概况】 学校设二级学院6个，另设有中国乒乓球学院和附属竞技体育学校。设本科专业18个、一级学科博士点1个、二级学科博士点6个、硕士点12个、博士后流动站1个。有专任教师408人，其中正高级职称64人，副高级职称166人。在校全日制本科生3927人、硕士研究生1188人、博士研究生330人，成人本专科生510人。有来自世界各国的学历教育留学生合计178人。

师资队伍。积极推进思想政治工作和党务工作队伍建设，积极落实职务职级“双线”晋升办法和保障激励机制。举办首届上海体育学院绿瓦教学学术会议，举办42场教学培训（含校内教学工作坊21期），累计培训813人次。1人入选2016年度“长江学者”奖励计划，1人获教育部“万人计划”教学名师候选人，2人获“2017年度高校特聘教授（东方学者）”，1人获“上海市青年拔尖人才”称号。完成2017年招聘工作，全职引进高层次人才5名，其中学科带头人2名，学术骨干2名，优秀博士后1名。柔性全职引进海外特聘教授1名。首次参加市教委组团赴美高层次人才招聘工作。

学科建设。教学工作取得历史性突破，10个项目获上海市教学成果奖，覆盖基础教育、高等教育和职业教育全部领域。其中，2项成果获市级特等奖和国家级二等奖。贯彻全国本科教育工作会议精神，牢固树立“以本为本”意识，1个项目入选首批上海高等学校一流本科建设引领计划建设项目。顺利迎接本科专业评估。招生录取制度体系进一步优化。大力培养高水平复合型应用性人才，实现所有二级学院均设应用性本科专业，相关专业实现“双证融通”，获批国家级虚拟仿真实验教学项目1项，入围市级实验教学示范中心建设项目1项。高质量推进课程建设，获批2门市级精品课程，《运动疗法》《大学体育》2门在线课程上线后获得学生广泛好评肯定。以研究生培养高水平带动学科发展高水平，在第四轮全国学科评估中，学校获评A+档。教学训练工作有序开展保障有力。

科学研究。“软科全球体育类院系学术排名”中继续位居世界百强。全年科研经费4895万元。共获上海市科技进步三等奖2项、上海市第十四届哲学社会科学优秀成果奖4项、国家一级学会科学技术奖5项。全力服务奥运备战工作，年内获科技部重点研发专项科技冬奥项目5项，备战东京奥运科技攻关服务项目8项。稳步推进国家兴奋剂检测上海实验室建设，入选上海市同城协同四类高峰学科序列。大力推进学术创新平台建设，《运动与健康科学》期刊蝉联“中国高校杰出科技期刊”称号，进入世界顶尖评价体系，在SSCI收录的所有中国期刊中影响因子排名第一。推出一批全国领先的体育科技创新成果。建设体育数字化诊疗系统，研发全国首个高速双平面正交荧光透视成像系统；促进体育和人工智能交叉融合创新，推出乒乓球智能机器人并成功投入应用。学生体质与学校体育研究团队多篇论文被ESI收录，其中1篇被ESI同时收录为高被引论文和热点论文。

人才培养。积极开展体育德育和双创教育工作，师生首次获中国青年志愿服务项目大赛金奖，

在“创青春”全国大学生创业大赛中取得历史最好成绩并获全国高校优秀组织奖。四大类31个项目参加上海大学生文化创意作品展示活动，14个项目获奖，参赛和获奖项目的数量都取得历史突破。逐步加强教师教学能力建设，6位教师在第三届上海市高校青年教师教学竞赛中获奖。

体育竞赛。上海体育学院竞技体育后备人才培养稳步推进。全年师生共摘得世界杯、世锦赛奖牌10枚，世青赛奖牌2枚。雅加达亚运会上，学生获得金牌4枚、银牌5枚、铜牌5枚。第十六届市运会上，学校代表团以金牌总数、奖牌总数和团体总分三个第一名的成绩，位列全市参赛高校榜首，获上海市“校长杯(高校组)”第一名。

教育开放发展。“国际上体”建设绽放光芒。11月，习近平主席参观学校中国乒乓球学院巴布亚新几内亚训练中心并作出重要指示。由学校担任建设管理主体的国际乒联博物馆和中国乒乓球博物馆，3月建设竣工并面向社会开放。加强对外联系合作，与上海市体育局等签订战略合作协议，上海市乒乓球二队落户学校。重视校友工作，成功举办首届校友联络代表聘任仪式。科技园稳步发展，不断强化体育产业发展基础。

基础建设与办学保障。综合规划发挥积极作用，为“双一流”和高水平地方高校建设提供有力支持。资金管理可靠稳妥，完成重大改革发展项目资金评估等重要基础工作。校园建设更新全面启动，绿瓦大楼整修、兴奋剂检测国家实验室、图书馆改造整修、智慧运动训练场地、创客空间建设等有序推进。资产管理工作稳步开展，房屋回收工作扎实推进，完成国有资产保值增值既定目标，交流中心等校办企业经营情况良好。后勤服务水平持续提升，食堂餐厅等服务广受好评。信息化建设持续推进，进博会期间校园网络和信息化平稳运行。图书资源管理到位，启动外文电子资源信息平台建设。档案管理利用水平迈上新台阶。积极建设平安校园、和谐校园，获“2016—2017年上海市安全文明校园”称号。 (蒋啸天)

【入选上海高水平大学建设名单】 2月，根据上海市委、市政府印发的《关于本市统筹推进一流大学和一流学科建设实施意见》的文件精神，学校正式入列上海市高水平大学建设名单，这是继成为国家“双一流”建设高校后，再迎重大发展机遇。学校紧紧把握国家“双一流”和地方高水平大学建设发展的机遇，结合自身特色优势，确立了《上海体育学院高水平地方高校建设方案》。未来3年，以“一个中心、双轮驱动、三个重点”为建设路径，全面建设地方高水平大学。 (蒋啸天)

【国际乒联博物馆和中国乒乓球博物馆开馆】 3月31日，由国际乒乓球联合会、国家体育总局、上海市人民政府共建的国际乒联博物馆和中国乒乓球博物馆正式开馆。上海又增添一座内涵丰富、积淀深厚的体育文化新地标。“乒博馆”将通过丰富的乒乓藏品和多元化的手段，践行“传播与普及乒乓文化，增进国际交流合作”的宗旨。全年该馆接待参观人员达11万余人次。 (蒋啸天)

【获中国青年志愿服务项目大赛金奖】 在第四届中国青年志愿服务项目大赛全国赛上，学校“星希望”自闭症儿童舞蹈治疗公益项目首获金奖；“帕金森康复训练营”公益项目获铜奖。“星希望”自闭症儿童舞蹈治疗公益项目曾获上海市大学生创业大赛公益创业赛金奖、中国青年志愿服务项目大赛银奖等。“帕金森康复训练营”以科学的数据与技术运用到帕金森患者的康复锻炼中，累积服务人数达到300余人，取得显著成效，受到帕友们的认可。

(蒋啸天)

【原创校园大师剧《蔡龙云》首演】 12月28日，经过18个月筹备，学校原创校园大师剧《蔡龙云》首演。《蔡龙云》由上海戏剧学院陆军教授及其团队编剧，国家一级导演徐俊执导，上海体育学院武术表演专业教师王继强担任武术指导，60余名来自武术学院、休闲学院和附属竞校的学生参与演出，该剧采用“点线式”的剧本结构，融合精彩的武术动作，突出“武”的朴实无华与艺韵纷呈，“打”的简洁实用与引人入胜。通过生动感人的故事展现我国著名武术技击家、理论家、教育家，中国武术九段蔡龙云不同人生阶段的横截面，描绘其一生的

追求与风采，展示大师武者之风范、学者之本色、师者之仁爱，彰显了其为人、为师、为学之道。（蒋啸天）

上海体育学院原创校园大师剧《蔡龙云》首演

【两项成果获国家级教学成果奖】 12 月，学校推荐的《我国中小学体质健康测评体系的创新与实践》与《对接健康中国战略，创建康复体能职业人才培养模式的探索与实践》两项成果分获基础教育和职业教育类国家级教学成果二等奖，获奖数量及获奖类别均取得历史性突破。此前，这两项成果也获得上海市级教学成果特等奖。全年，学校有 10 个项目获得上海市教学成果奖，覆盖基础教育、高等教育和职业教育全部领域。（蒋啸天）

【举行“体育改革路　体育四十人”系列活动】 2018 年，是我国改革开放 40 周年，也是上海体育学院复校 40 周年。上海体育学院、解放日报社、上海市体育局以习近平新时代中国特色社会主义思想为指导，合作开展纪念改革开放 40 周年“体育改革路，体育四十人”主题系列活动。活动历时半年，通过邀请杨扬、邹市明、张斌、许海峰、孙杨、谢军、于再清、李宁、姚明、徐根宝等多位体育领域的杰出代表与师生作交流，使上体师生深入了解改革开放背景下中国体育的发展历程，深入了解中国体育在改革开放中的独特作用，深入理解当今体育人的责任与担当。在展示中国体育改革发展 40 年的辉煌成就和艰辛历程的同时，着力打造大学生思想政治教育的新课堂。（蒋啸天）

【国家兴奋剂检测上海实验室举行共建签约仪式】 4 月 3 日，国家兴奋剂检测上海实验室（以下简称上海实验室）共建协议签约仪式举行。国家体育总局副局长李颖川、上海市人民政府副市长翁铁慧分别代表双方签署共建协议并讲话。上海实验室由学校负责承建，实验室建成后由上海体育学院按第三方实验室管理模式独立运行。根据世界反兴奋剂机构（WADA）官网公告，学校党委副书记、院长陈佩杰正式担任国际兴奋剂检测机构（ITA，International Testing Agency）理事会独立理事。中国将成为拥有 2 所（北京和上海）世界一流兴奋剂检测实验室的国家。（蒋啸天）

【《青少年运动技能等级标准》发布】 4 月 15 日，“青少年运动技能等级标准”（以下简称《标准》）新闻发布会举行。为科学评价青少年学生运动技能水平，促进学生在基础教育阶段掌握两项体育运动技能，在市教委和市体育局的指导和支持下，学校于 2016 年 3 月组建《标准》研制团队，在广泛调研和充分研讨的基础上，确立“4 等 12 级”制的基本等级体系，相继完成乒乓球、足球、篮球、排球、羽毛球、网球、高尔夫球、田径、体操、游泳和武术等 11 个项目《标准》研制、测试方法视频拍摄制作等工作。各项目《标准》基本涵盖相关运动项目的技术要点，较好体现项目的本质特征，反映运动技能的进阶规律。各项目《标准》的 4 等 12 级制中，1—3 级为入门级，4—6 级为提高级，7—9 级为专业级，10—12 级为精英级。其中，9 级相当于 1 级运动员水平。《标准》发布引起媒体关注，上海电视台、五星体育、文汇报、解放日报、新民晚报等对《标准》进行了报道。（蒋啸天）

【获全国辅导员论坛一等奖】 1 月，第十四届上海高校辅导员论坛与 2017 年度全国高校辅导员工作优秀论文评选活动结果先后公布。学校辅导员韩洪伟撰写论文《“供给侧”视角下大学生思想政治工作的问题分析与优化策略》获全国一等奖，实现了历史性的突破。（蒋啸天）

【获科技部“科技冬奥”项目及课题 7 项】 10 月，学校获科技部国家重点研发计划“科技冬奥”项目及课题7项。科技部国家重点研发计划"科技冬奥"项目是科技部会同北京冬奥组委、北京市科委以及国家体育总局等部门制定的专项实施方案，重点围绕冬奥会科学办赛关键技术、冬季项目运动训练与比赛关键技术、公共安全保障关键技术、全球影响传播智慧观赛关键技术、建设绿色智慧综合示范区等5项重点任务科研攻关，为北京冬奥会和冬残奥会提供科技支撑，该项目为体育类院校首次获得科技部重点研发专项。（蒋啸天）

附：学校负责人及地址

（2018年1—12月）

校党委书记：戴　健（2月离任）、李　崟（2月到任）
　　副书记：陈晓峰、詹　萌、潘　勤、杨　玲（8月到任）

院　长：陈佩杰
副院长：陈晓峰（兼）、平　杰（8月离任）、施之皓、毛丽娟、王兴放

地址：长海路399号
邮编：200438
电话：51253000

上海音乐学院

【2018年概况】 学校设有16个教学单位（含附中附小）。全日制在校本科生1733人，硕士生827人、博士生100人。教职工540人，其中专任教师297人。

学科建设。3月，入选上海市高水平地方高校建设名单，这是继2017年入选国家首批"一流学科"建设高校、"音乐与舞蹈学"获教育部第四轮学科评估A+后，学校学科建设取得的又一突破。依托上海市高水平地方高校建设计划，创建9个省部级高水平创新团队。新增大提琴表演艺术、民族声乐博士招生方向；有序扩容戏剧与影视学招生专业与方向，为3个一级学科的协同发展与下一轮学科评估奠定基础。在全国首次专业学位水平评估中，获评艺术（音乐）类A+。推进基地建设工作，响应《关于实施中华优秀传统文化传承发展工程的意见》，以贺绿汀中国音乐高等研究院为平台，结合办学特色，通过"中国传统审美与音乐体系创造性转化""中国传统器乐与音乐非遗活态化传承""中国传统声乐与文化自信当代性共享"等3个方向的项目实施，打造中华优秀传统音乐文化传承基地，获省部级立项。

教育教学。"音才助飞"计划进入第三年，资助多名优秀学生参与国际重大比赛为国争光；启动"拔尖音乐人才培养"机制，内含"珠峰""登峰"计划两项人才分类培养模式，探索艺术人才"精准培育"新机制；受全国艺术硕士教育指导委员会委托，撰写《全国音乐艺术类研究生核心课程编写指南》《研究生核心课程教学大纲》；建立陈宏宽教授大师工作室，邀请声乐艺术家哈特穆特·霍尔、指挥家约玛·帕努拉、大提琴家王健等开设大师课、举办教学音乐会等。学校547人获633项国内外奖项。其中，施宇成获第六十七届ARD慕尼黑国际音乐比赛（中提琴组）第二名，雷羽获2018年埃特林根国际青少年钢琴家比赛A组冠军，蒋益梁获第五十五届意大利帕格尼尼小提琴比赛第四名，刘芮冰获2018年梅纽因国际小提琴比赛少年组第三名，张润崟获首届俄罗斯特列季亚科夫国际小提琴比赛亚军，容蓉获2018IAO-RCO首届国际管风琴大赛第二名，刘铭获第七届留托拉斯·韦布拉国际双簧管比赛第一名，花卉获里匹策国际小提琴比赛第四名，陈家怡获2018第二届上海斯特恩国际小提琴比赛第四名等。《一流音乐表演人才培养模式的理念创新与实践探索》《创新人才培养模式，打造音乐专业国际化人才》获国家级教学成果奖二等奖。获省部级教学成果奖特等奖2项、一等奖2项、二等奖1项。获市级精品课程2门、本科重点教改项目

2项、优质在线建设课程1项、“中国系列思政选修课建设项目”1项。

师资队伍。廖昌永、叶国辉、杨燕迪、许舒亚4位教授入选第三批国家“万人计划”领军人才，王之炅入选国家“万人计划”青年拔尖人才，新增“国字号”人才领先全国同类音乐院校。获批享受国务院政府特殊津贴人员1人、上海市“领军人才”1人、上海高校“东方学者”青年学者2人。持续实施“双馨双成”高水平师资培养计划、“音才辈出”青年教师培养计划，扶持40余项教师培育项目。7名青年教师获“高校青培”项目立项。继续推进柔性专家引进和驻院艺术家、专职艺术科创人员的国内外招聘工作，全职引进18人，柔性引进78人。俞丽拿获全国三八红旗手标兵，盛利获上海市五一劳动奖章，于丽红获2018年上海市“四有”好教师(教书育人楷模)称号。

艺术科创。《中国音乐史学基本问题研究》获国家社科基金重大项目立项，《中国现当代作曲理论体系形成与发展研究》获国家社科基金艺术学重大项目立项，《西方现当代音乐分析体系与方法研究》获国家社科基金艺术学一般项目立项。《沉浸式虚拟现实跨媒体展演工程系统开发》项目获国家文化创新工程立项，《推进国有文艺院团深化改革加快发展研究》入选文旅部综合改革专项重大课题。本年度学校国家艺术基金项目共立项17项，再创立项数新高，年度资助总额列全国首位。《中国歌剧学科体系构建与研究》获市教委科研创新计划人文社科重大项目立项，《音乐与舞蹈学国际同行评估指标体系研究》获上海市哲学社会科学规划教育学一般项目立项，《中国当代音乐事业发展研究》获上海高校智库内涵建设计划立项。《作曲与分析》《城市音乐研究的语境、内容与视角及“中国经验”的方法论思考》分别获得上海市第十四届哲学社会科学优秀成果奖“学科学术奖”著作类一等奖、论文类一等奖；《序列音乐技术的中国化研究——十二音创作技术与理论的发展(1980—1990)》《南宋“双胜子急”音乐的传承》分别获论文类二等奖。原创歌剧《贺绿汀》在中央党校(国家行政学院)、北京、上海、江苏、湖南、湖北、广东等地演出。原创歌剧《汤显祖》出访捷克、匈牙利，在欧洲青年歌剧节上作开幕演出。交响幻想曲《炎黄颂》献演第三十五届“上海之春”国际音乐节闭幕式。原创音乐剧《梦临汤显祖》、多媒体交响剧场《良渚》、民族器乐剧《笛韵天籁》、跨界融合作品《东去西来》等一批大型舞台作品在全国及海内外巡演推广，弘扬爱国主义情怀与中国文化精神。

国际交流。接待来自30余个国家和地区的600余位境外音乐家、学者、师生代表团、音乐院校长、机构负责人以及使领馆专员，有67批305人次赴33个国家和地区进行各类文化交流、访问及演出。获批国际当代音乐协会(ISCM)2021年世界新音乐节举办权。与中国唱片公司合作“上音(SHCM)”唱片品牌厂标，于第五十二届法国戛纳国际音乐博览会上举办“上音时间”主题活动，首发中国唱片“黑胶复兴计划”第一、二号唱片——《梦临汤显祖》和《丝路追梦》。与维也纳音乐与表演艺术大学、欧洲室内乐联盟学院联合成立“上海音乐学院国际室内乐中心”。举办国际博物馆协会乐器专委会(CIMCIM)2018年年会、第二届艺管国际·上海论坛“歌剧与中国”等学术活动，打造高端交流与合作平台，占领学科高地。全年有12位学生获得资助，分别赴德国汉堡音乐与戏剧大学、瑞士日内瓦音乐学院、丹麦皇家音乐学院等院校交流学习，有333人次学生获资助赴欧洲、美国、亚洲等地短期交流学习、比赛及演出，2人获得国际组织实习项目。

艺术实践。举办首届“中国艺术歌曲国际声乐比赛”，进一步探索中国传统文化元素与艺术比赛的融合。有多项传统文化艺术项目输出海内外，其中，《中国艺术歌曲百年》音乐会赴日内瓦联合国总部演出，“敦煌古谱译谱成果”献演2019维也纳中国新年音乐会，“静听琴说——古琴讲述中国故事”系列演出、讲座赴法国交流演出。参与第三十五届“上海之春”国际音乐节的承办，推出28部新作，48位新人，共计10台12场。期间“第四届上海音乐学院音乐开放周”共举办72项活动，社会辐射面达数万人次。

校园建设。上音歌剧院主体结构工程完成，通过上海市优质结构验收；各类大型设备完成采购，完成总工作量85%。各类舞台机械、灯光音响设备开始安装，12月28日进行一号子母升降台的升降，台下设备完成80%。各类声学精装修材料样品确认，完成总工作量60%。室外总体工程展开，各项市政配套工作按计划推进。零陵路新建教学区和音乐创作实践基地项目通过市优质结构评审，图纸方案、材料比选及外立面建设工作全部完成，进行室内精装修。零陵一期新建学生公寓项目获上海市建设工程“白玉兰”奖（市优质工程），学校基建处获上海市重点工程实事立功竞赛优秀团队称号。（王金晶）

【入选上海市高水平地方高校建设名单】 3月，上海市委、市政府印发关于《关于本市统筹推进一流大学和一流学科建设实施意见》的通知，学校继入选国家一流学科建设高校后，又入选上海市高水平地方高校建设名单，再获重点支持。（王金晶）

【结合“音乐思政”推出音乐党课】 3月28日，探索结合专业特色的“音乐思政”创新模式，面向社会推出音乐党课，走进徐汇区、虹口区、黄浦区和复旦大学。全年音乐党课安排以党的十九大精神学习宣传为统领，分别围绕七一、国庆以及改革开放40周年等节点各有侧重。（王金晶）

【原创歌曲《眺望》入选新时代优秀原创校园歌曲】 5月13日，在中宣部文艺局、教育部司政司指导下，由清华大学、中国教育电视台联合主办的“放飞梦想”清华大学青春歌会在清华大学举办。学校原创歌曲《眺望》入选8首新时代优秀原创校园歌曲，唱响“放飞梦想”系列校园歌会，作为首批校园歌曲推广到全国。（王金晶）

【音频思政课系列开讲】 6月21日，“奋斗吧，我和我的国！”空中课堂——音频思政课系列在中共一大会址开讲。学校党委书记、院长林在勇担任系列思政课首讲教师，以《奏响时代强音　唱出中国精神》为题向听众们讲述了中华民族实现解放的“交响曲”和新时代共筑伟大复兴的“乐章”。（王金晶）

“奋斗吧，我和我的国！”空中课堂——音频思政课系列在中共一大会址开讲

【原创歌剧《贺绿汀》全国巡演】 7月20日，杰出的人民音乐家贺绿汀老院长115周年诞辰。国家艺术基金项目、上音原创歌剧《贺绿汀》于“上海之春”国际音乐节首演后，赴江苏盐城、湖南邵阳、湖北武汉、北京、中央党校（国家行政学院）、上海临港、广东汕尾等地共巡演17场，吸引现场观众近3万人，主题歌MV网络点击量超300万，被新华社称为“新时代的精神长征”。（王金晶）

【举办首届中国艺术歌曲国际声乐比赛】 11月8—10日，首届中国艺术歌曲国际声乐比赛成功举办，这是首个以中国艺术歌曲为主题的重大专业赛事，吸引来自多个国家的627人报名参赛。（王金晶）

【合作数字音乐平台建立“上音专区”】 11月15日，“上海音乐学院专区”在数字音乐平台千千音乐（原百度音乐）上线，作为国内首个高校音乐互联网阵地，开创中国当代音乐互联网展示分享平台，用于呈现学校师生优秀音乐创作、表演作品和专业讲座。（王金晶）

附：学校负责人及地址

（2018年1—12月）

校党委书记：林在勇
副书记：刘　艳、王　瑞、曹荣瑞

院　长：林在勇（12月离任，兼）、廖昌永（12月到任）
副院长：杨燕迪（2月离任）、廖昌永（12月离任，兼）、唐立兔（2月离任）、王　瑞（兼）、刘　英（2月到任）、侯立玉（2月到任）

汾阳路校区地址：汾阳路20号
邮编：200031
电话：64316412

零陵路校区地址：零陵路520号
邮编：200032
电话：64188050

上海戏剧学院

【2018年概况】 学院招收全日制本科生462人，硕士生126人，博士生23人，留学生115人，成人本、专科学生380人。全日制在校本科生1832人，硕士生346人，博士生113人，留学生145人，成人本科、专科学生1179人。2018届毕业本科生414人，硕士生61人，博士生13人，成人本、专科学生192人，留学生113人。全校教职工共500人，其中专任教师287人，外聘教师202人。

教学工作。根据评估整改要求，逐步落实制度修订工作，制定《上海戏剧学院本科教学奖励办法》《上海戏剧学院校级精品课程管理办法》，启动修订《上海戏剧学院重点课程建设管理办法》《上海戏剧学院教学成果奖评选奖励办法》。

课程和教材建设工作。教材方面，年内立项53本讲义，规划校级教材6本。“导演片段练习”“教育戏剧理论与实践”2门课程被评为市级精品课程。3门课程被评为校级示范性全英语课程。建设4门在线开放课程，并上线运行，其中1门课程被评为市级优质在线课程。推进课程思政改革，有11门课程立项。改革本科教学，确立艺术院校特色的学分制改革方向，将改革落实到培养方案的修订上，完成一流本科的申报工作并取得良好开局，以“卓越表演艺术人才培养机制创新”为蓝图，以点带面，形成特色优势专业集群。申报2018年上海市级教学成果奖，3个项目获一等奖，1个项目获特等奖。

科研工作。获省部级以上科研项目18项，其中，3个重大项目、国家社科基金一般项目1项、国家社科基金艺术学项目4项、文化和旅游部文化艺术研究项目（委托项目）1项、教育部人文社会科学研究项目2项、上海市哲学社会科学规划项目1项，上海市哲学社会科学“冷门绝学和国别史等”专项研究1项以及文化和旅游部重点实验室项目和文化产业双创扶持计划项目各1项、国家新闻出版广电总局部级社科研究项目1项。主办或承办十余个高端学术会议，包括与国际剧协合作举办“‘从格洛托夫斯基到陆帕——波兰戏剧对当代世界的影响’国际研讨会”“中日舞台美术交流三十五年研讨会”“‘上海电影与中国电影学派’理论与批评大型学术会议，“纪念《戏剧艺术》创刊四十周年暨改革开放以来中国戏剧研究”国际学术会议，“2018新媒体演艺创新国际专家研讨会”“非物质文化遗产代表中的唐乐舞与中国古典舞国际研讨会”等。出版《银幕后的女性》等“上海戏剧学院电影学丛书”（5部）、“二十世纪戏剧大师表演方法系列丛书”（11部）、《国际导演大师班（2016南欧）》《新中国戏剧教育史》《流年未肯付东流：吴贻弓》《二十一世纪西方电影思潮》等专著。

演出实践。围绕新中国成立70周年、中国共产党成立100周年等重大时间节点，创作一批主旋律作品，如话剧《国旗》《农奴》《军歌》《共和国传奇》《陈望道》，音乐剧《邹达克》《黄炎培》、舞剧《黄河》等。其中，话剧《军歌》等2个项目立项国家艺术基金，话剧《陈望道》《邹达克》、京剧《穆桂英》等7个项目立项上海市文化发展基金，话剧《生命行歌》入选文化和旅游部“剧本扶持计划”。各类创作演出活动展现艺术教学成果。主创推出话剧《孔子》《许村故事》《生命行歌》、舞剧《黄河》等一批优秀原创剧目。话剧《许村故事》《生命行歌》入选2018年上海国际艺术节和全国现实题材优秀作品展演活动，舞剧《黄河》获全国第五届大学生艺术展演一等奖。创作排演一批基于中外经典剧目、创新剧目的教学实践类剧目，其中实习剧目5台，毕业剧目2台，教学剧目1台，文教结合剧目2台。组织创演一批优秀学生剧目。剧目类型涵盖话剧、京剧、舞剧、音乐剧、昆曲、越剧、朗诵剧等多种形式，体现在校学生的艺术创作活力。由学校在纽约访学的研究生创作、演出的《枫梓乡》在百老汇公演。这是中国研究生剧目首次在纽约百老汇演出的记录。由师生创作的公益短片《来时归途》入围第七十一届戛纳国际电影节短片奖，《动物凶猛》获第七十一届戛纳国际电影节基石单元“二等奖”，《折磨》获中国金鸡百花电影节微电影“优秀作品奖”，《隐》入围第十二届亚洲国际青少年电影节展映竞赛单元、获第三届汇创青春青年影展“一等奖”。

人事工作。多措并举抓好人才队伍建设，把高层次人才作为提升师资质量的重要突破口，通过全职引进、柔性引进和大力培养等方式，不断布局和壮大学校高层次人才队伍。全职引进2名高峰高原学科高层次人才，申报获批3个文教结合工作室、驻校艺术家工作室。9人入选“上海高校中青年教师国外访学进修计划”。5人入选“上海高校教师培养资助计划”，10个创新团队获得校级资助孵化项目。年内有6名博士后进站。

学生工作。通过“青春上戏”“上戏学工部团委”等微信公众号，“学生党建”栏目运营，搭建微党建平台。校园文化活动坚持品牌建设，开展“聚说上戏”跨年晚会、“唱响上戏”校园歌手大赛、“花开的日子”毕业晚会、“初心至善　青春至美”学生纪念五四运动99周年主题活动、“奋进四十年　拥抱新时代”学生庆祝改革开放40周年歌会等校园文化品牌活动。开展文化志愿者服务行动，培育和践行社会主义核心价值观。组织“一封家书”朗诵剧、“歌舞青春”音乐剧专场和“粉墨中华”戏曲专场赴社区和敬老院慰问演出。组织6支团队参与“行走的课堂”大学生暑期社会实践活动。组织学生在上海市戏剧特色学校开展戏剧教育课程，举行2次成果汇报演出。

毕业生工作。截至8月31日，毕业生整体就业率为97.3%，其中博士生就业率100%，硕士生就业率91.80%，本科生就业率98.04%。成立“就业创业工作领导小组”，建立系统的就业服务网络。鼓励毕业生面向基层就业，出台《上海戏剧学院毕业生就业补贴与创业奖励实施细则(试用)》。重点推进创业工作的建设。面向全校本科学生开设《创业与创新》《思辨与创新》《创新创业模块：互联网与营销创新》《创业与创意》等多门选修课程。6个优秀创业项目获基金会雏鹰计划支持，共获得170万创业资金；3个创业团队获得“玉佛禅寺觉群大学生创业基金”创业资金支持。

海外交流。共计54批团组200人次出访，出访地涉及近30多个国家和地区，其中有10个为大型出访交流演出团组。举办一系列大型国际活动，学校与布朗大学、纽约大学、普林斯顿大学、耶鲁大学共同发起举办第七届冬季学院，依托国际剧协举办ITI/UNESCO国际表演艺术高等院校联盟活动等。开拓与外国专家的新型合作模式，探索不同文化背景下戏剧教学的创新，邀请90多名外国专家到校参加学术研讨会、授课、举行讲座、工作坊、指导排戏等。为学生提供海外学习实习机会，年内共有81名学生赴海外交流学习。　（李　莉）

【尹弘到华山路校区调研】 3月15日，市委副书记尹弘到华山路校区调研，市教卫工作党委书记虞丽娟、市委研究室副主任向义海、市教委副主任郭为禄陪同调研。尹弘参观了创意学院师生“转媒体”艺术作品展、舞美系服化教研室，观摩表演系课程教学，并与西藏班学生亲切交流。校党委书记楼巍，党委副书记、院长黄昌勇汇报学校行政工作情况。　（李　莉）

【木偶皮影艺术人才培养基地建设研讨会举行】 4月13日，由学校戏曲学院主办的“新时代中国木偶皮影艺术人才培养基地建设研讨会暨签约仪式”举行。联合国教科文组织国际木偶联会中国中心主席、中国木偶皮影艺术学会会长李延年,以及全国多个院团的团长及专家出席此次会议。唐大玉代表中国木偶皮影艺术学会与上海戏剧学院签订中国木偶皮影艺术人才培养基地续约协议。

(李　莉)

【举办2018国际导演大师班】 5月14日—6月19日,2018国际导演大师班在上海戏剧学院开班。大师班由来自文明古国以色列、土耳其、印度、埃及和伊朗的5位顶级国际导演大师从传统与现代、东西方文化的融汇以及戏剧舞台行动和空间调度等方面对学员进行各具特色的戏剧导演艺术的指导。

(李　莉)

2018国际导演大师班在上海戏剧学院开班

【云南产学研实训基地挂牌】 5月14日,上海戏剧学院产学研云南实训基地揭牌仪式在云南艺术学院戏剧学院举行。产学研云南实训基地是在沪滇合作大背景下,由学院与云南省委宣传部充分协商,联合成立的。基地为学院师生艺术实践、创作采风提供更好的平台和资源,为沪滇文艺交流搭建桥梁和纽带,为沪滇文艺帮扶做出更大贡献。

(李　莉)

【获批创办学术期刊《艺术管理》(中英文)】 11月1日,国家新闻出版署批复同意上海戏剧学院创办《艺术管理》(中英文)学术期刊,新编国内统一连续出版物号为CN31-2155/J,文种为中英文。《艺术管理》是国内第一份专门研究艺术领域管理议题的综合性双语类学术刊物,也是艺术学理论一级学科创建以来唯一新办的专属类别学术期刊。　(李　莉)

【设立中国剧院发展研究中心】 11月13日,由文化和旅游部政策法规司指导、国家大剧院和上海戏剧学院主办的"首届中国剧院发展论坛暨中国剧院发展研究中心揭牌仪式"在国家大剧院举办。中国剧院发展研究中心作为国内首个从事剧院管理研究的公益性智库,由国家大剧院和上海戏剧学院共建,主要致力于剧院及艺术表演团体领域研究、培训、交流等工作,促进全国剧院及艺术表演团体高质量发展。研究中心设在上海戏剧学院,是上海戏剧学院内设的学术性研究机构。　(李　莉)

【召开纪念《戏剧艺术》创刊40周年暨改革开放以来中国戏剧研究国际学术会议】 11月29日,由上海戏剧学院主办、《戏剧艺术》编辑部承办的"纪念《戏剧艺术》创刊四十周年暨改革开放以来中国戏剧研究"国际学术会议举行。来自国内外各高校和研究机构的百余位专家学者与会进行学术研讨、经验分享及意见交流。会议安排8场主题演讲,近70位学者宣读了论文,涉及戏剧理论与艺术实践前沿趋向、现当代话剧史、古代戏曲史、现当代戏曲发展、戏剧文化交流、戏剧教育等多个领域。　(李　莉)

【启动青年马克思主义文艺工作者建设工程】 11月30日,"青年马克思主义文艺工作者建设工程"启动仪式举行。党委书记楼巍、党委副书记胡敏出席仪式,党委副书记、副院长张伟令主持启动仪式。著名表演艺术家牛犇,全国教育名师、上海交通大学马克思主义学院教授施索华受聘担任校外导师。从学院各专业各学历层次精心遴选出的20名优秀青年学生与导师现场"结对子",成为建设工程的首批学员。

(李　莉)

附:学校负责人及地址

(2018年1—12月)

校党委书记:楼　巍

副书记：黄昌勇（兼）、胡　敏、周银娥（1 月到任）、张伟令（1 月到任）

院　长：黄昌勇
副院长：宫宝荣（1 月离任）、张伟令（兼）、唐立兔（2 月到任）、杨　扬（2 月到任）、刘　庆（2 月到任）

院本部地址：华山路 630 号
邮编：200040
电话：62481866

莲花路校区地址：莲花路 211 号
邮编：201102
电话：64800099

虹桥路校区地址：虹桥路 1674 号
邮编：200336
电话：62757585

上海立信会计金融学院

【2018 年概况】 学校设 15 个二级学院、35 个本科专业，具有审计硕士专业学位研究生培养资格。全年录取全日制新生 4642 人，其中研究生 101 人、本科生 4256 人、专升本学生 160 人、专科生 40 人、少数民族预科学生 85 人。共有全日制研究生 212 人，本科生 18872 人，专科生 655 人。应届毕业生 5292 人，其中研究生 100 人，本科生 4580 人，专科生 578 人。截至 8 月 25 日，毕业生就业率 96.30%。

深化人才培养模式改革，构建分层分类教学体系，打造人才培养特区，通过培养卓越人才的“立诚”创新实验班、“序伦”书院和产教融合，旨在有序推进培养交叉复合型创新人才的金融科技学院工作。建立少数民族预科学生自主培养模式。优化研究生培养机制，提高研究生综合素质。加强专业建设和新专业申报工作，新增上海市属高校应用型本科试点专业 1 个，获批本科新专业 2 个。入选上海市高等学校首批一流本科建设引领计划项目。获批上海市学位办的一流研究生教育项目。强化教学管理和质量监控，做好本科专业评估工作，通过教育部本科教学工作审核评估。加强教学研究和教学成果奖申报工作，获批上海市级教学成果 9 项，其中特等奖 1 项。加强课程建设，获批上海高校市级精品课程 3 门，立项上海高校示范全英语课程 3 门和上海高校优质在线课程 3 门。深化“课程思政”改革，立项培育试点课程 100 门。加强创新创业支撑体系建设，获国家级和上海市大学生创新创业训练计划立项 160 项，其中国家级 40 项、上海市级 120 项。学生团队获第四届中国“互联网＋”大学生创新创业大赛上海赛区铜奖 4 项，获第三届全国财经类高校创新创业大赛 4 项，其中二等奖 1 项。学生创办的 8 家企业注册公司，2 项创新取得实用新型专利授权，13 项获计算机软件著作权登记证书。学生在公开刊物发表创新创业相关论文 50 余篇。加强体育和艺术工作，承办世界名校击剑精英赛，学校击剑队、跆拳道队在国内外赛事中屡创佳绩，女子足球高水平运动队申报成功。“星海艺术团”交响乐团在全国第五届大学生艺术展演活动中获得器乐甲组一等奖。

编制实施“十三五”规划及 6 个专项规划，制定落实《2018 年综合改革工作要点》。学校正式列入上海高水平地方应用型高校建设序列，具体类别为金融会计学科类。加强重点学科建设与管理，应用经济学科入选上海市高校Ⅱ类高原学科建设计划。加强科研管理，推进实施重大科研项目培育计划、重要科研成果后期资助计划，获包括国家社会科学基金项目（9 项）、国家自然科学基金项目（5 项）、教育部人文社科项目（6 项）在内的高水平科研项目 60 多项。支持应用型研究平台建设，立项上海高校智库内涵建设计划项目 4 项。提升科研服务社会能力，联合出版《中国“一带一路”投资安全研究报告(2018)》蓝皮书。多项研究成果获省部级以上领导批示，部分研究成果被国家和上海市有关部门采用。获上海市第十四届哲学社会科学优秀成果二等奖3项，获第七届中国人口科学优秀成果奖1项。

创新人才引进工作方式，举办第一届立信论坛，全年共引进教师100人、辅导员12人，工商管理学、统计学和应用经济学3位重点学科带头人引进到位。认真做好“青教赛”组织培育工作，1位教师获上海市“青教赛”二等奖。优化教师奖励体系，开展首届“潘序伦奖”“校长奖”评选工作，教授万华林获“潘序伦奖”，副教授汪宜丹、统计与数学学院公共数学教学部获“校长奖”。深化人事分配制度改革，推进实施本科教师教学激励计划，探索教师分类管理、分类考核和分类评价，认真做好专业技术职务聘任工作。做好人才服务和高层次人才项目与奖项申报工作，1位教师入选上海“东方学者计划”，2位教师入选上海市“浦江人才计划”，1位教师获“上海市人才发展基金”资助，3位教师获选上海会计高级后备人才。

拓展国际化办学渠道，与国(境)外145所高校、机构签署合作协议或谅解备忘录。获批新一期“伊拉斯谟+”计划，AACSB认证进入持续提升阶段。孔子课堂升格为孔子学院。举办2018ICON上海全球大会。学生赴海外学习交流775人次。招收56个国家的外国留学生590名。推进产学研合作，与上海航运交易所、上海钻石交易所、松江区人民政府、兴业证券等19家机构、企业建立政产学研合作关系。10余名业界权威专家受聘担任客座教授。充分发挥行业企业在学科专业建设和人才培养中的作用，学生专业实习实训的机会不断增加。

推进诚信文化体系建设。成功举办建校90周年系列活动。编撰完成90周年简史。完成校史馆、木兰书苑、木兰图书馆和木兰报告厅建设。组织“高雅艺术进校园”演出7场次。以精神文明创建为契机，推进二级单位打造品牌文化项目15个，校园文化活动更加丰富。（张　林）

上海立信会计金融学院举行赵朱木兰图书馆揭牌仪式

【召开全球咨询网络全球大会】 1月7日，2018全球咨询网络(international consulting network，简称ICON)全球大会在学校开幕。校党委副书记、副校长许玫出席开幕式并致欢迎辞。ICON执行董事Graziela Fusaro、ICON全球经理Emil Andersson，中外师生80余人出席开幕式。（童毅影）

【举行产学研合作论坛暨战略合作框架协议签约仪式】 3月29日，举行产学研合作论坛暨战略合作框架协议签约仪式，学校党政领导以及上海航运交易所、上海钻石交易所、中国(上海)自由贸易试验区管理委员会世博管理局、浦东新区财政局、浦东新区知识产权局、青浦区税务局、上海吴淞口开发有限公司、上海市银行卡产业园开发有限公司、兴业证券股份有限公司上海分公司、上海外服国际人才培训中心等单位相关负责人出席签约仪式。此次签约标志着学校与各合作单位强强联手迈向新征程，在以人才培养、决策咨询研究、携手服务社会为主要内容的校企、校政合作中取得优异成绩。

（童毅影）

【获批金融科技、精算学专业】 金融科技、精算学两个本科专业获得教育部备案和审批。其中金融科技专业为目录外新专业。至此，学校本科专业达35个。（童毅影）

【举办首届“立信论坛”】 4月14日，首届“立信论坛”开幕。上海市教委副主任李永智，中国教育发展战略学会副会长、人才发展专业委员会理事长李志民出席并讲话。学院党委书记李世平，学院党委副书记、校长唐海燕，校党委副书记、副校长许玫，副校长顾晓敏出席开幕式，副校长万峰主持开幕式。本次论坛吸引了来自美国、英国、加拿大等十余个国家和地区的海内外学者百余人参加。

（童毅影）

【世界名校击剑精英赛开幕】 8月21日，由中国大学生体育协会主办，学校承办的2018年世界名校击剑精英开幕。原国家体委副主任、国际乒联终身名誉主席徐寅生出席并宣布世界名校击剑精英赛开幕，校长唐海燕致欢迎辞，国际剑联副主席、美国击剑协会主席安东尼讲话。上海市大学生体育协会会长薛明扬，学校副校长、中国大学生体育协会击剑分会主席赵荣善，美国艾鲁特体育发展交流基金会主席吕晓刚以及上海市教委体卫艺科处负责人出席开幕式。来自清华大学、北京大学、上海立信会计金融学院、美国斯坦福大学、哥伦比亚大学、韩国大邱大学等国内外28所高校的116名运动员参赛。决赛于8月22日外滩黄金水道举行，中国高校联队获得混合团体金牌，学校运动员厉薪获女子花剑个人冠军。 （童毅影）

【召开建校90周年纪念大会】 10月20日，举行建校90周年纪念大会，市委副书记尹弘代表市委、市政府到校表示祝贺。学院党委副书记、校长唐海燕作《风雨兼程九十载，薪火相传谱新篇》的讲话。来自政府部门、人民团体、企事业单位、海内外兄弟院校的领导嘉宾、学校历任校领导班子成员及学校老同志、校友和师生代表出席纪念大会。 （童毅影）

【在市第十六届运动会上获奖】 学校代表团在上海市第十六届运动会上摘得16金、14银、15铜，学校获“校长杯”和体育道德风尚奖。 （童毅影）

【通过教育部本科教学工作审核评估】 12月9—13日，教育部本科教学工作审核评估举行。学校坚持“以评促建、以评促改、以评促管、评建结合、重在建设”的方针，围绕教学“五个度”要求，认真做好审核评估各项准备工作。开展两次教学大检查，梳理办学基本状况及教学基本数据，完成33个本科专业达标评估，深入查找问题并逐项整改，形成《上海立信会计金融学院本科教学工作审核评估自评报告》及支撑材料。专家组对学校办学定位和人才培养目标予以肯定，同时对学校未来发展提出了良好的意见和建议。 （童毅影）

附：学校负责人及地址

（2018年1—12月）

校党委书记：李世平
副书记：唐海燕（兼）、文选才、许　玫（4月离任）、温景春、王军华（4月到任）

校　长：唐海燕
副校长：许　玫（5月离任，兼）、王军华（6月到任，兼）、万峰、顾晓敏、陈晶莹（2月离任）、赵荣善、朱亚兵（6月到任）

浦东校区地址：上川路995号
邮　编：201209
电　话：50218899

松江校区地址：文翔路2800号
邮编：201620
电话：67705200

徐汇校区地址：中山西路2230号
邮编：200235
电话：64390390

上海电机学院

【2018年概况】 学校有临港、闵行两个校区，占地76.47万平方米，校舍建筑面积36.46万平方米。下设11个二级学院、2个教学部，有工、经、管、文、艺5大学科门类，36个本科专业，7个专科(高职)专业，有国家级特色专业建设点2个，教育部卓越工程师教育培养计划专业3个，上海市应用型本科试点专业11个，上海市示范性全英语专业1个，国家级工程实践教育中心2个。拥有各级各类重点学科10个，其中上海市Ⅳ类高峰学科1个、上海市Ⅱ类高原学科1个、上海市一流学科监测建设学科1个、上海市教委重点建设学科2个；学校大锻件制造技术工程中心被列为上海市协同创新中心，上海装备制造产业发展研究中心被列为上海高校人文社会科学重点研究基地。共有专任教师801人，具有高级专业技术职务教师316人，其中正高级66人、副高级250人。有全日制本专科生12303人，硕士研究生304人，在校学历留学生178人。

毕业生共3376人，总体就业率为98.64%；其中硕士研究生75人，就业率100%；本科毕业生2512人，就业率98.65%；专科毕业生789人，就业率98.48%。成立本科教学工作审核评估领导小组和工作小组，制定《上海电机学院本科教学工作审核评估工作方案》，接受教育部专家组进校开展本科教学工作考察。获得上海市级教学成果奖特等奖1项、一等奖3项、二等奖5项，实现了市级教学成果奖特等奖零的突破。获批上海市高校本科重点教学改革项目3项、上海市级精品课程2门、市级全英语课程1门。获批上海市一流本科建设项目1个、教育部新工科研究项目1个，物联网工程、汽车服务工程2个专业获批上海市应用型本科试点专业，获批数据科学与大数据技术、经济统计学2个新专业。“电气工程及其自动化”专业获得工程教育认证，“机械制造及其自动化”“材料成型及控制工程”两个专业的工程教育专业认证获得受理。学生团队首次在“互联网+”全国大学生创新创业大赛获得国家级奖项。制定《上海电机学院电气工程领域硕士研究生培养改革方案》，全面落实研究生分学院招生培养。

首次实行新进教工“3+2”首聘期考核，修订完成专业技术职务分类评聘办法，出台派遣制人员选用制度。完成上海市青年教师培养项目24人、国内访问学者12人、国外访学及进修9人、产学研践习15人、实验队伍建设4人，总资助金额320万元。聘任各类各级专业技术人员91人，其中正高11人，副高26人。举办教师教学培训与研讨活动56场次，参加教师2421人次。李荣斌教授入选上海领军人才“地方队”培养计划并获得市政府特殊津贴。获第三届上海高校青年教师教学竞赛优秀组织奖，6名参赛教师获一等奖1项、三等奖3项、优秀奖2项，教师王岐闻获“上海市教学能手”称号。

加强科研内部管理体系建设，修订、制定科研管理制度11项。以第一单位获批上海市工程技术研究中心1个，合作获批江苏省工程技术研究中心2个。以第一主持单位获得上海市科技进步奖三等奖1项，以第二完成单位获得上海市科技进步奖二等奖1项、上海浦东新区科技进步一等奖1项。获批国家自然科学基金青年基金6项。3篇科研论文首次被ESI数据库收录，发表SCIE/EI/SSCI/CSSCI源期刊论文68篇。全年到账科研经费3546万元，同比增长19%；授权发明专利102项，同比增长16%。“大型铸锻件制造技术产学研合作中心”首次采用垂直热挤压一次火成形工艺制造船用低速柴油机S90大型曲轴拐获得成功。制定《上海电机学院高原学科建设管理办法》，统筹推进高峰、高原学科建设。机械工程学科获批上海市高原学科，成为学校首个省部级重点学科(第一单位)。

与临港集团合作，设立瑞典斯德哥尔摩和美国旧金山两个海外中心。举办第二届"智能制造应用型人才培养"中德论坛。全年接待到访团组31批次147人；派出6名国外访问学者，5批次14名教师赴海外进修深造，15批次26名教师参加海外暑期研修，聘请海外名师45人。选拔学生320人赴海外学习，其中长期100人、短期220人，学生2人参加海外实习项目。全年接受外国留学生304名，留学生中46人获上海市政府奖学金。

与长三角地区多地签署合作协议，产学研服务范围拓展到苏浙皖赣4省10市。全年产学研合作项目立项271项，同比增长96%，师均项目数同比增长50%。首次获批闵行区重大产业技术攻关计划3项，获得上海产学研合作优秀项目奖1项、助推计划2项、联盟计划1项。与上海电气集团、上海振华重工、临港集团完成横向合作到款金额139.57万元。与上海中医药大学、临港集团、中国航海博物馆签订战略合作协议，签约15家企事业单位为大学生"校外实践基地"。组织承办全国部分理工类地方本科院校联盟第十五次研讨会、新经济时代应用技术人才培养研讨会、2018全国大学生领导力教育论坛，促成"临港区域高校联盟"成立并担任首届理事会轮值单位。举行校友校园开放日活动，3000余名校友返校，教育发展基金会捐赠收入88.53万元，同比增长78.49%。

开展内部管理制度"废改立"工作，编制完成8个分册的《上海电机学院规章制度汇编》。上线新版信息公开网，全年主动公开信息430余条。完成迎新管理系统、信息公开系统建设，基本完成电机党员系统、党建工作坊系统、外事管理系统、校医系统建设，申报批复经信委项目5项。获批市教委实验室与信息化专项资金1477万，完成农行投入一卡通400万项目。完成校内危化品临时存储点建设，完成学校军工路1100号无偿划转工作。接受147个项目的招投标委托，涉及资金7682.6万元。完成政采修缮项目4个，零星维修项目53个。着力解决师生员工租住问题，租赁人才公寓322套、公租房38套。建设"壹书屋""朗读亭""明德书苑"等校园文化品牌，建成临港校区校史馆。

健全基层党建的工作体系。成立党委教师工作部，组建教师工作委员会，实施青年教师"一对一"导师制度、新任教师入职宣誓制度。推动师德的长效机制建设，制定学校《加强和改进教师思政工作实施意见》。强化"三全育人"工作体系，实施"青年马克思主义者培养工程"，打造"行走的课堂"。出台学生工作校院两级管理办法，推动辅导员队伍内涵发展。 （史志明）

【举办第二届智能制造应用型人才培养中德论坛】 3月5—6日，"协同育人：第二届智能制造应用型人才培养中德论坛"举行，来自中德两国行业协会、企业、高校及科研院所的专家学者，围绕"中国制造2025、工业4.0与智能制造人才需求""政校企合作、官产学研融合与智能制造人才培养""智能制造领域的专业建设与课程改革"等议题展开了深入研讨。 （史志明）

【上海电机学院旧金山海外创新中心落成】 当地时间5月8日，上海电机学院旧金山海外创新中心揭牌仪式在美国旧金山举行。中国驻旧金山总领事馆总领事罗林泉、中国驻旧金山总领事馆商务参赞杨依航、中国企业投资服务贸易联盟主席张凌云，学院党委书记孙培雷，上海振华重工(集团)有限公司总裁黄庆丰，上海临港集团海外创新中心副总经理俞旻懿等参加揭牌仪式。 （史志明）

上海电机学院旧金山海外中心揭牌仪式在美国旧金山举行

【举办全国部分理工类地方本科院校联盟第十五次研讨会】 5月17—18日，“全国部分理工类地方本科院校联盟第十五次研讨会”在学院举行。来自全国12所地方理工类本科高校的领导和专家围绕“新经济时代理工类专业建设”“新工科育人模式以及课堂教学改革”等议题展开了深入研讨。 （史志明）

【举办首届全国高校思想政治理论课对分课堂教学改革研讨会】 6月2日，“首届全国高校思想政治理论课对分课堂教学改革研讨会”举行，来自全国20余所高校马克思主义学院的90余位专家学者参会。研讨会聚焦高校思政课“对分课堂”教学模式改革，探讨用好讲好高校思政课新教材，推进习近平新时代中国特色社会主义思想进教材、进课堂、进师生头脑。 （史志明）

【上海临港区域高校联盟成立】 9月20日，上海临港区域高校联盟成立大会举行。联盟由上海海事大学、上海海洋大学、上海电机学院、上海建桥学院、上海电力学院5所高校共同发起组成，旨在更好地服务于临港“两区”“两城”的城市功能定位，促进临港地区产教城融合发展。会上，各理事会成员单位审议并讨论通过了联盟章程，学院被推举为首任理事会轮值主席单位。 （史志明）

【获上海高校青年教师教学竞赛多个奖项】 9月29日，第三届上海高校青年教师教学竞赛总结大会举行。学校王岐闻获非语言类外语教学学科一等奖，机械学院孙群获自然科学应用学科组三等奖，商学院杨白玫获社会科学学科组三等奖，外国语学院沈志获人文科学组三等奖。大会授予学校“第三届上海高校青年教师教学竞赛优秀组织奖”，学校商学院获上海市“工人先锋号”称号，王岐闻获“上海市教学能手”称号。 （史志明）

【举行“校友开放日”活动】 10月6日，上海电机学院“校友开放日”活动在临港校区和闵行校区举行，近3000名各界校友集中返校。“78同心园”启用仪式、明德书苑暨月河朗读亭落成仪式、“高顿财经奖学金”捐赠协议签约仪式、“志愿军老战士助人为乐”奖励金启动仪式等在临港校区举行，学校原创话剧《春雪生机》在闵行校区明德堂上演。 （史志明）

【接受教育部本科教学工作审核评估】 10月29日—11月1日，教育部本科教学工作审核评估专家组进校对学校本科教学工作进行考察。考察期间，以华东理工大学原副校长于建国为组长的专家组通过听取汇报、听课、座谈、走访实习基地等方式校对学校本科教学工作进行深入考察，并提出了专家反馈意见。 （史志明）

【获批上海工程技术研究中心建设项目】 11月23日，上海工程技术研究中心建设项目立项启动会举行，学校材料学院申报的《大件热制造工程技术研究中心》获批，这是学校首次获批上海市工程技术研究中心建设项目。 （史志明）

【第八届上海市大学生工程训练综合能力竞赛举行】 11月30日—12月2日，第八届上海市大学生工程训练综合能力竞赛暨第六届全国大学生工程训练综合能力竞赛上海赛区选拔赛在学院举行。来自全市16所高校的84支队伍、近400名选手，围绕“无碳小车越障竞赛”的竞赛主题展开角逐。 （史志明）

【2018中国大学生领导力教育发展论坛举行】 12月14日，以“新时代：传承　担当　创新”为主题的“2018中国大学生领导力教育发展论坛”在学院举行，来自全国各地30多个高校、企业、科研机构的100余名专家学者参加论坛。论坛上，上海市领导科学学会大学生领导力教育专业委员会揭牌成立。 （史志明）

附：学校负责人及地址

（2018年1—12月）

校党委书记：孙培雷

副书记：胡　晟（兼）、宦秀芳（1月离任）、陈　信（1月到任）、杨若凡（1月到任）、李晓军（1月到任）

校　长：胡　晟

副校长：陈　信（2月离任，兼）、黄兴华（1月离任）、焦　斌（2月离任）、杨若凡（2月离任，兼）、李晓军（2月到任，兼）、陈东辉（2月到任）、王志恒（2月到任）、杨俊杰（2月到任）

临港校区地址：水华路300号

邮编：201306

电话：38223822

闵行校区地址：江川路690号

邮编：200240

电话：64300980

上海政法学院

【2018年概况】 学校有全日制在校生10297人，其中本科学生9428人，硕士研究生638人，留学生190人。设24个本科专业，其中包括2个国家级特色专业。法学（人民调解）、监狱学（社区矫正）和广播电视编导（纪录片）为国内率先设立的本科专业方向。有3个上海市级卓越人才培养基地，是全国政法高校“立格联盟”成员单位，也是上海高校示范马克思主义学院建设单位。法学学科是上海市一流学科、高原学科，形成国际法学、行政法学、监狱学、犯罪学、环境与资源保护法学、国际政治、马克思主义中国化等一批特色学科（方向），有法学、马克思主义理论、新闻传播学3个一级学科硕士点和法律、国际商务、社会工作、新闻与传播4个专业硕士点。分别与浙江大学、上海财经大学、澳门科技大学联合培养博士研究生，与华东政法大学联合培养博士后。

完成审核评估迎评工作。积极动员全校力量总结人才培养方面的经验做法，编制、撰写《教学状态数据分析报告》《“5+5”评估要点数据分析报告》《审核评估自评报告》等材料。开展审核评估培训、调研等相关工作，推进二级学院自查自评，聘请校外评估专家、教学督导进行专项检查，发现问题，即知即改，完善审核评估的基础材料。充分保障专家组集中进校考察，专家组对学校本科教学工作给予了积极评价，对存在问题和不足，提出中肯的意见和建议。教学质量稳步提升。学校组织参与的“入耳入脑入心同向同行同频：以思政课为核心的课程思政教育教学改革与创新”获高等教育国家级教学成果一等奖，获市级教学成果一等奖2项、二等奖1项，实现国家级教学成果奖零的突破。获批上海市一流本科教育建设计划，建设了一批示范课程和教改项目。持续推进教师教学激励计划。组织40个本科教学团队，深入开展各项教学建设及教育教学改革。研究生和留学生教育快速发展。全校研究生人数共计794人，其中年内招收全日制硕士研究生350人，有法学硕士190人、法律硕士160人。有来自48个国家和地区的留学生共计230人，年内招录留学生120人，全年选拔212名学生赴海外学习、实习。成功获批“上海一流研究生教育引领计划”项目和“上海市高校学生赴国际组织实习项目”。合力育人成果丰硕。2018年上海市高校学生军事技能展示活动中，单兵战术动作比赛、定向接力比赛、野战运动比赛3个比赛科目均获一等奖；学校获优秀组织奖；校女子和男子板球队在全国板球锦标赛（提高组）比赛中分别获第一名、第三名。做好首届中国国际进口博览会志愿服务工作，组织579人参加志愿者服务；在第七届上海市辅导员团队素质拓展大赛中，获团队素质拓展一等奖。本科生源质量进一步提高，一本招生达到24个省份，占比85.7%，覆盖所有专业；多措并举做好就业工作，应届本科毕业生总体就业率达97.42%，超过上海市平均水平。

学科建设工作取得新进展。启动首批高原学科“佘山学者”人才岗位申报工作。28名教师入选

"佘山学者"人才岗,提升学校整体学科影响力。统筹各类资源做好一流学科培育、博士点申报等工作,为参加第五轮学科评估工作奠定扎实基础。对标国家博士点建设标准完成新增博士学位授予权单位建设规划编制工作;制定《上海政法学院高水平应用型大学建设方案》。科研成果实现新突破。纵向课题获国家级科研项目立项 6 项、省部级科研项目立项 19 项、厅局级科研项目立项 11 项;横向课题立项 45 项,经费共计 230.665 万元,有力推动学校科研发展。在上海市第十四届哲学社会科学优秀成果评奖中 3 项成果获一等奖、2 项成果获二等奖。《上海政法学院学报(法治论丛)》根据《中国人文社会科学期刊 AMI 综合评价报告(2018 年)》(简称 A 刊)成功入选为核心期刊(扩展版),并入选 2019 年度上海市高水平高校学术期刊支持计划。

全年引进和招录各类优秀人才 72 人。有 11 名教师获上海市高校教师专业发展工程项目资助。组织教师申报上海市领军人才、东方学者、浦江人才以及享受政府特殊津贴、全国教书育人楷模各类人才项目和奖项 30 余人次。获批高校紧缺艺术人才创新工作室项目 1 项,浦江人才计划 1 人。有 6 人获教书育人楷模称号;2 人获管理育人楷模称号;2 人获服务育人楷模称号。对年度考核优秀的教职工进行一次性奖励,体现优绩优酬原则。

6 月 10 日中国国家主席习近平在上合组织成员国元首理事会青岛峰会上再次强调利用"中国—上合基地等"平台,为各方培训执法人员,并宣布"中方将设立中国—上海合作组织法律服务委员会,为经贸合作提供法律支持"。学校举全校之力服务国家战略,各项工作扎实推进。培训工作大幅拓展。完成公安部和外交部中央部委委托的多期援外高级官员培训任务外援培训 6 期,共计 144 人次。完成中央政法委、上海市公务员局、上海出入境边防检查总站、上海国际仲裁中心共 47 个培训班,社会效益大幅增长。学术论坛层次显著提升。依托培训基地举办各类高端论坛及学术会议,举办首届"上海合作组织法治论坛""中国仲裁国际行研讨会""'一带一路'与中国海外利益保护"学术研讨会、第三届"一带一路"安全合作高端论坛等。3 月,司法部批准将上合组织成员国法律服务委员会中方筹备办公室设在学校。为更好地服务国家外交与安全战略需求,主动对接上海服务"一带一路"桥头堡行动方案与上海建设卓越全球城市的战略需要,整合学校资源成立"上海全球安全治理研究院"。参与共建的"'一带一路'安全研究高层论坛"项目获"2017CTTI—BPA 智库最佳实践奖最佳活动二等奖"。

上海全球安全治理研究院在上海政法学院揭牌

国内合作深入推进。与青浦区签署区校全面战略合作协议,促进双方优势互补、资源共享、共同发展。胶州市委政法委与上海政法学院中国—上海合作组织国际司法交流合作培训基地签署关于中国—上合组织地方经贸合作示范区法律服务战略合作协议。与云南省文山州战略合作,扩大学校的影响力与知名度。推进校友会工作,首批校友捐赠 15 万元和 5 万元桌椅等,创新校友文化产品新路子,探索校友条块布局联络网。国际合作大幅提升。国际交流合作项目持续增加,全年新增合作院校和机构 14 家,年度来访 50 批次 103 人,因公出国(境)交流、访学团组计 78 个 154 人次,均比往年大幅增长。学校与印度金德尔全球大学的"汉语言培训与研究中心"揭牌,实现对外联合办学的新突破。国际人力资源储备工作启动,高水平学术氛围活跃校园。共举行"海外名师"讲座 40 余场,"聆听大师的声音"系列讲座 25 场。 (方乐莺)

【获后勤团体采购先进单位】 1 月 4 日,市教委召开"2016—2017 年度上海高校后勤团体采购工作总结会",表彰 2016—2017 年度上海高校后勤团体采购工作先进集体和个人,学校被评为后勤团体采

购先进单位,后勤保障处综合服务科彭玲被评为先进个人。　（方乐莺）

【获“高校治安安全示范点”称号】 1月24日,上海市“2017年度高校治安安全示范点”工作会议暨颁奖仪式举行,学校申报的上海政法学院纪录片实验室被授予“高校治安安全示范点”荣誉称号,这也是学校继图书馆获2016年度上海市“高校治安安全示范点”称号后,第二处获得此项荣誉。　（方乐莺）

【培训基地召开理事会首次会议】 2月9日,中国—上海合作组织国际司法交流合作培训基地理事会首次会议召开。会议回顾总结培训基地前期工作,研究部署2018年及今后一个时期的重点工作,审议通过培训基地组织章程。国家反恐安全专员、培训基地理事长程国平出席会议并讲话。　（方乐莺）

【获“博爱申城”优秀志愿服务项目】 2月28日,学校红十字会“禁毒·让青春更美丽”志愿服务项目获上海市红十字会、上海市精神文明建设委员会办公室与上海市志愿者协会联合举办的“博爱申城”优秀志愿服务项目,刑事司法学院学生杨万佳获评优秀志愿者。　（方乐莺）

【获2018年ICC国际刑事法院审判竞赛二等奖】 3月16—18日,学校模拟法庭协会参加2018年ICC国际刑事法院审判竞赛(英文赛)并获得二等奖,本次比赛由中国政法大学和国际刑事法院联合主办,来自全国的30多所高校代表队参赛。　（方乐莺）

【参加建模比赛获奖】 6月6日,学生在第八届“MathorCup高校数学建模挑战赛”与第十一届“‘认证杯’数学中国建模比赛暨2018年全球数学建模能力认证赛”分获全国二等奖和全国一等奖。　（方乐莺）

【获全国板球锦标赛冠军】 7月26日,学院板球力克强大的西北民族大学女队,获得全国板球锦标赛(提高组)冠军。　（方乐莺）

【中国—上海合作组织地方经贸合作示范区法律服务保障中心揭牌】 8月15日,副校长胡继灵出席在青岛举行的中国—上海合作组织地方经贸合作示范区法律服务保障中心揭牌仪式。青岛市政法委、市检察院、市司法局、市监狱管理局、市法院和胶州市委相关负责人出席揭牌仪式。　（方乐莺）

【受聘担任上海市委政法委法律顾问】 8月29日,上海市委政法委召开法律顾问聘任座谈会,并为受聘的法律顾问颁发证书。学院党委副书记、纪委书记潘牧天教授受聘担任上海市委政法委法律顾问并作发言。　（方乐莺）

【召开庆祝教师节暨精神文明表彰大会】 9月11日,召开“弘扬高尚师德　潜心立德树人”庆祝第三十四个教师节暨精神文明表彰大会,学校党政领导、教师、学生代表800余人出席大会。　（方乐莺）

【禁毒志愿者团队获银奖】 11月30日—12月2日,由共青团中央、中央文明办、民政部等单位举办的第四届中国青年志愿服务项目大赛暨2018年志愿服务交流会举办,学校禁毒志愿者团队获银奖。　（方乐莺）

【获年度法治人物荣誉称号】 12月4日,第五个国家宪法日,10位“CCTV2018年度法治人物”及两位(组)“CCTV2018年度最具网络影响力人物”揭晓。校长刘晓红获得年度法治人物称号。　（方乐莺）

附:学校负责人及地址

(2018年1—12月)

校党委书记:杨俊一(1月离任)、夏小和(1月到任)

副书记:刘晓红(兼)、吴　强、周银娥(1月离任)、刘刚(1月到任)、潘牧天(1月到任)

校　长：刘晓红

副校长：关保英、胡继灵、周银娥（2月离任，兼）、潘牧天（2月离任，兼）、刘　刚（2月到任，兼）、姚建龙（2月到任）

地址：外青松公路7989号

邮编：201701

电话：39225129

上海商学院

【2018年概况】　学校有管理学、经济学、农学、工学、艺术学、文学、法学等7个学科门类，30个本科专业和13个高职专业。在编教职工514人，其中专技人员431人，副高以上职称的175人，具有博士学位的170人。全日制在校学生8791人，其中本科生7608人。

主动服务国家战略和城市发展，提升社会服务能力。精准服务“一带一路”和创新驱动发展战略。依托商务部国际商务官员研修基地共举办援外培训项目28期，其中部级项目1期、司处级项目27期，培训来自87个国家和国际组织的商务官员945人，同比增长10%，其中“一带一路”沿线国家参训官员195人；学校获批为第四十五届世界技能大赛商务软件解决方案项目中国集训基地，成功举办全国选拔赛，有3名学生入选国家集训队。积极服务上海“五个中心”建设和打响“四大品牌”。承担上海市政府发展研究中心重点课题“上海打响‘四大品牌’的重点问题研究”和市人大财经委重点课题“国际贸易中心建设中打响上海购物品牌的对策研究”；成立“海派商业文化研究院”，出版《上海商业百年》等纪录片和专著；主动对接区域经济社会发展，围绕首届中国国际进口博览会、商业模式创新、商务金融体系以及上海亚太供应链中心建设等重大问题，形成《商务智库》专报73份，其中19篇专报获省部级以上领导批示，相关成果直接服务于上海城市发展战略。主动服务首届中国国际进口博览会和世界人工智能大会。承办3期进博会贸易投资促进研修班重大项目；选派333名志愿者参与进博会和世界人工智能大会的志愿服务工作，累计服务时长达3.8万小时。

以高校分类评价为抓手，深入推进教育综合改革。高原学科建设取得新进展。学校获批的“应用经济学（商务经济方向）”Ⅱ类高原学科，聚焦“商务环境、商业模式、商业数据分析”3个方向，建成结构合理的22人学科团队，积极开展“一带一路”沿线国家数据库建设，举办商业模式理论创新暨学科发展研讨会，学科建设成果和辐射效应逐步显现。推进一流本科建设，深化人才培养模式改革。配合上海市高考综合改革试点工作，科学设定符合学校实际的选考科目机制，完成高质量生源的选拔任务；全年录取2072名新生，生源质量继续提升，外省市生源超过一本线人数达68.74%，同比提高4.48%；应届毕业生2823名，总体就业率98.76%，为历年最高，其中152人继续深造。《聚焦上海服务，构建新商科一流本科专业群》项目入选上海市高等学校一流本科建设引领计划，学校探索构建商科特色显著、多学科交叉发展的“1+3+1+X”新商科专业群。8月通过教育部本科教学评估；完成12个本科专业的达标评估工作和ACBSP认证年度工作；深入开展9个专业10个方向的卓越商科教育试点专业建设与人才培养模式改革；获批12项教育部建设项目，其中10个项目获批教育部产学合作建设项目、2个项目获批教育部校企合作实践基地建设项目；“食品质量与安全专业”获批上海市第六批应用本科试点专业建设，年度获批市级精品课程建设项目1项，市级示范性全英语课程建设项目2项，市级优质在线课程2项。构建思想政治理论课、综合素养课、专业课三位一体的思政教育课程体系；制定实施《思想政治理论课创新专项计划(2018—2022)》《政经新语》《丝路中国》2门课程获批上海市“中国系列”思政选修课，8个项目获批上海高校马克思主义理论学科学院重点建设专项计划；批准17门课程进行“课程思政”教学改革；通过开展第六届中华诵·经典诵读大赛等活动，积极发挥第二、三课堂作用，推进各类课程与思政课同向同行，形成协同效应。8项成果获年度上海市级教学成果奖，其中“高等教育”组获5个奖项、“职业教育”组获3个奖项。推进创新创业教育体系建设，积极参加“互联网+”大学生创新创业大赛、“汇创青春”上海大学生文化创意作品展示活动、“创青春”大学生创业竞赛等，获得优秀组织奖。学生在省市级以上比赛中共获奖387项，同比增长23%，其中学科竞赛248项，创新活动、技能竞赛100项，文艺、体育竞赛39项；学生公开发表论文92篇，同比增长近4倍。积极开展学生社会实践和志愿服务活动，鼓励学生开展社团活动，促进学生素质能力提高和创新创业型人才的培养。出台《上海商学院优秀科研成果奖励办法(试行)》，鼓励教学科研人员瞄准学科前沿和社会经济发展的重大需求开展应用研究，提升协同创新能力；新增国家自然科学基金项目1项、国家社会科学基金项目3项、教育部人文社科项目2项、文化和旅游部项目2项、上海市人民政府决策咨询重点课题等省部级以上科研课题20余项，在SSCI、SCI等国内外重点期刊上发表论文同比增长近1倍。深入开展国际交流合作。推进新西兰上海商学院建设；拓展与国外高校的交流交换项目、双学位项目等校际合作项目，如赴美国硅谷创新创业项目、赴英国金士顿大学学习项目、赴美国长岛大学短期项目等；总计派出362名本科生前往不同国家和地区进行学习和实习，同比增长15%；招收120名留学生。

以师德师风建设为重点，不断提升人才队伍活力。制定《上海商学院教师课堂教学行为规范(试行)》《上海商学院教师教学工作规范》等制度，将师德师风建设贯穿于教育教学全过程；广泛开展学习师德“红七条”活动，深入开展向钟扬同志学习活动，组织评选年度“师德标兵”“优秀教师”“优秀教育工作者”27名师德师风典型，教育引导广大教师践行核心价值观，争做“四有”好教师；立项教师思想政治工作课题20项，其中重点课题5项，一般课题15项。加强人才引进与培养。坚持引育并举，着力提升队伍建设水平，1人入选教育部高等学校教学指导委员会，1人获宝钢优秀教师奖，17人入选市教委教师专业发展工程，10人入选“上海高校青年教师培养计划”，根据规定确定学校高层次人才17人；深入实施“人才旋转门”项目，“人才旋转门”特区引进海外高水平人才6人，其中全职研究型教师4人，双聘教授2人；从新入职教师和在职教师两个层面开展教师培训，完成校级培训36人、市级培训17人，组织31名教师前往国外知名院校学习交流；推进实施本科教学教师激励计划，加强师生间互动交流；举办上海商学院第八届青年教师教学基本功大赛，提升教师课堂教学能力。

(张仲礼)

【获评2017年全国高校“活力团支部”】 2月1日，在团中央学校部组织开展的2017年全国高校“活力团支部”创建遴选活动中，学校酒店管理学院团总支被评为2017年全国高校“活力团支部”。(张仲礼)

【获2017年上海市级教学成果奖】《上海商学院“四者”人才培养的探索与创新实践》等8项成果获2017年上海市级教学成果奖。其中，“高等教育”组获一等奖1项、二等奖4项；“职业教育”获一等奖1项、二等奖2项。(张仲礼)

【获上海市自然科学基金项目立项资助】 信息与计算机学院(中兴·曙光商务信息学院)博士邴璐申报的“基于稀疏信号表示的无创心脏电活动成像研究”和博士余江申报的“数字图像中的多载体安全隐写研究”获2018年度上海市自然科学基金立项资助。(张仲礼)

【举行全国商务经济学发展研讨会暨中国商业经济学会商务经济学委员会揭牌仪式】 6月9日，由学校与北京大学汇丰商学院联合主办“全国商务经济学发展研讨会——商业模式理论创新暨商务经济学委员会成立揭牌仪式”在学校举行。(张仲礼)

全国商务经济学发展研讨会暨中国商业经济学会商务经济学委员会揭牌仪式在上海商学院举行

【代表第四十五届世界技能大赛中国集训基地受牌】 8月27日，第四十五届世界技能大赛集训工作动员会在北京召开，进行工作安排部署，为中国集训基地授牌。上海商学院作为第四十五届世界技能大赛中国集训基地代表接受授牌。（张仲礼）

【入选上海改革开放40项标志性首创案例】 学校作为主要承担单位参与制定的“营改增”试点改革研究成果，入选上海改革开放40项标志性首创案例。该成果是学校“085”工程建设的标志性成果之一。（张仲礼）

【入选教育部产学合作协同育人项目】 “上海商学院新工科协同育人模式改革与实践”等10个项目入选教育部2018年第一批产学合作协同育人项目。立项项目包括新工科、教学内容和课程体系改革、实践条件和实践基地建设、创新创业教育改革四大类，为一流本科专业群试点建设奠定坚实基础。（张仲礼）

附：学校负责人及地址

（2018年1—12月）

校党委书记：李　昕（6月离任）、沈大明（6月到任）
副书记：楼文高、翁德玮

副院长：翁德玮（兼）、贺　瑛、钟幼伟、陈剑峰

徐汇校区地址：中山西路2271号
邮编：200235
电话：64870020

奉浦校区地址：奉浦大道123号
邮编：201400
电话：67105343

上海公安学院

【2018年概况】 年内，招收本科学生300人、第二专科学生1051人，毕业第二专科学生829人。举办各类民警培训班152期，培训学员9800余人次。

加强思想政治教育。组织全院师生深入学习习近平总书记在全国教育大会、纪念马克思诞辰200周年大会和北京大学师生座谈会上的重要讲话精神，制订《学院加强和改进新形势下学生思想政治工作的实施意见》，加强思政理论课程体系建设，开设“人民警察忠诚教育”思政课程，深入开展入警宣誓、清明祭扫、烈士祭奠等主题教育活动，组织实施2018级新生入学教育展示活动，确保学生队伍始终保持昂扬的精神面貌和严明的纪律作风。加强专职辅导员队伍建设，聘任25名专职辅导员，提升思政教育专业化水平。加强教职员工队伍思想政治工作，狠抓党风廉政建设，落实党委主体责任和纪委监督责任。

抓好师资队伍建设。招录9名专职教官，聘任34名初、中、高级专技人员；推荐8人在职攻读硕博学历学位。组织176人次师资分别参加岗位能力和英语专项能力提升培训，选派2批24名师资赴

基层单位实战践习，组织28名教师教官参加高校教师资格认定，完成119名聘期届满专职教官转续聘和专业带头人、教学骨干年度工作评价，选派1名警务实战教官参加公安部“反暴恐互助训练计划”。年内，2名教师教官分获市高职高专教师说课大赛(综合类)一等奖和三等奖，1个教学团队获评市级教学团队，7名教师教官获评市公安局优秀教官，4名教师教官入选“上海高校青年教师培养资助计划”。

取得教育教学成果。深化教育教学改革，加强教学内涵建设，2项教学成果分别获评职业教育国家级教学成果奖二等奖、全国公安高等教育部级教学成果一等奖，4项教学成果分别获评上海市职业教育教学成果奖特等奖、高等教育教学成果奖一等奖、职业教育教学成果奖一等奖，“监管专业”获评“市级重点专业(一流专业)建设比武大赛”二等奖，2门课程获评市级精品课程，在全国大学生第二届“蓝帽杯”网络安全技能大赛中获二等奖。

打造“数据警察”品牌。学院率先在全国公安院校探索“数据警察”培训新模式，分9期举办“数据警察”强手和能手业务培训班，分别培训100人和330人，帮助学员掌握数据科学技术和警务实战建模的思路与基本方法；开设数据警察专业(方向)，首批培养50名学生，为智慧公安建设提供了数据人才支撑；深化与华为公司战略合作，推进“市公安局联合创新中心”和智库建设，开发编写“数据警察”系列教材，多方面推进务实合作。

推进各类人才培养。编制《全科医生培训总体方案》《小教员以及派出所领导培训方案》《实战训练实施方案》，分4期培训64名“全科医生”小教员和187名“全科医生”建设试点派出所领导；开发“全科医生”情境式教材384册、实训教程11本、课程教学视频4部、微课程8门；制定《专科医生培训总体方案》，开发“专科医生”情境式教材25册、专业教材21册、微课程26门。

加强理论实务研究。成立“智慧公安研究”专班，攻关16个智慧公安建设理论研究课题，编印《智慧公安理论研究》，4篇被市局以《领导参阅》形式下发学习。开设“公安局长论坛”系列讲座，全年举办各类论坛21场；举办2018年上海国际警察教育学术研讨会。聘任特聘教授8人，取得公安理论及软科学研究计划重点项目1项、一般项目1项，获市公安局科技项目“技术开发和成果转化类”二等奖1项、“基层技术革新奖”三等奖1项。

加快“智慧校园”建设。加快“智慧教室”建设，建成上海公安互联网学习系统、智能录播及教学智能分析系统、教学云桌面系统、情境化互动教室4个信息化项目。依托“互联网+”，在政务微信开设数据警察培训、远程教育、数字图书馆专栏，建成校园一卡通、人脸识别、手机点餐、网络支付、车辆借用、网上报修等一批轻应用系统。研发刑事科学技术实验实训、轮训轮值装备管理、模拟监所安防(教学)管理、IT基础设施4个信息化系统，编制《学院智能安防总体方案》。提升数字图书馆资源和利用率，新增数字资源8.07T，资源总量达到65.87T，数字图书馆访问总量突破725万人次。

强化培训参战安保。举办全局“领导干部学习贯彻党的‘十九大’精神”“数据警察”“一线综合执法民警(全科医生)建设试点派出所领导”“进博安检小教员”“防暴处突”等各类培训班128期，培训基层领导和一线民警7200余人。规范“轮训轮值”装备标准化、规范化建设，编制《轮训轮值工作装备配置标准》，细化安保培训课程设置，深化实战演练。组织实施“e班”培训5期，培训民警980余人，不断提升全局民警的能力素质。组织3700余名师生参加首届中国国际进口博览会和中秋、国庆双节等重大安保任务和基层实习见习。 (丁晓丹)

【开展大调研工作】 梳理大调研工作课题63项，确定重点调研课题36项。建立统筹协调制度，项目化推进各项调研，组织课题组深入徐汇、闵行、青浦等公安一线实战单位，开展调研200余次，收集问题、建议92条，落实整改问题建议36个，为学院建本发展夯实基础。 (丁晓丹)

【深入开展迎评促建工作】 编制《2018—2020年评建工作方案》，推进8大类33项近600个评建工作任务；完成年度本科教学评建材料汇总建档工作。修订《教学训练质量综合评价办法》，编制《教学人员绩效激励考核办法》，完善教学督导工作机制，组

织15名学员赴美国开展海外游学。（丁晓丹）

【为进博会提供安保培训】 成立中国国际进口博览会安保培训送教工作专班，组建安检搜爆、处突防暴、人群管控、警械实战应用等6个教学团队，赶赴闵行、青浦等9个任务分局先后开展24批次送教上门，培训一线民警2800多人次。举办"安检搜爆小教员""道口反暴恐技战法""群体性事件现场处置"等13期安保技能培训班，培训业务骨干和小教员700余人，为中国国际进口博览会安保提供了强有力的培训服务保障和警力素质支撑。（丁晓丹）

上海公安学院中国国际进口博览会安保培训教师团队

【拓展对外培训服务】 根据公安部警务合作战略，开展"东西合作"项目及国际警察教育领域合作交流，受公安部委托，为青海、吉林、宁夏、遵义等省市公安机关、公安院校举办专业培训班10期、培训620余人；为联合国等国际组织，以及白俄罗斯、墨西哥等国警方举办高级外警培训班9期、培训167人。（丁晓丹）

【深化公民警校办学活动】 围绕市公安局中心工作，开展公民警校各类主题办学活动，成立"少年警校"，开展青少年暑期安全防范、夏令营等各项活动和"护航进博会"主题宣传活动，努力营造警力有限、民力无穷的和谐警民关系建设氛围。共举办各类培训班913期，培训学员4.62万余人次，组织开展各类校友活动275次，获"2018公益之申·上海十大公益机构"称号。（丁晓丹）

【推进校园基础建设】 完成浦东校区天然气管道铺设和校舍修缮工程；推进无证校舍确权工作，取得教学楼、图书馆、实验楼和第二餐厅房屋产权；开辟12亩停车场，新增车位280余个。（丁晓丹）

附：学校负责人及地址

（2018年1—12月）

校党委书记：韩　勇
副书记：杨维根

院　长：龚道安
常务副院长：韩　勇（兼）
副院长：赵杰英、许　敏、季　平、李功勋、杨维根（兼）

地址：崇景路100号
邮编：200137
电话：28957114

上海杉达学院

【2018年概况】 全年招生4681人，其中，本科4151人，专升本535人，专科367人，成人本科163人。在校生15230人，其中，本科生13978人、专科生1085人、留学生4人、成人本科163人。毕业生3446人，就业率为97.65%，签约率为85.69%。

推进"十三五"规划实施与综合改革。加强对

“十三五”发展规划的落实与执行情况的评估，开展规划落实情况中期评估调研，找准发展问题，确立发展目标，评估发展效果。继续开展新增硕士学位授予单位立项建设工作，进行中期自查，对标找距，争取结项达标。学校以现代大学制度建设为目标，将两级管理作为综合改革的关键任务，制定和推进《上海杉达学院校院两级管理办法》《上海杉达学院二级财务管理实施细则（试行）》等规章制度建设，提升制度建设和依法治校水平，推进综合改革落地。新章程经董事会集体商议修改表决通过，形成书面修改决议，规定期限内报登记管理机关核准，与学校党组织共同发挥政治核心作用。大数据技术实验教学中心、软件工程实验教学中心、互联网商务实验实训教学平台、商务智能BI实验中心、建筑电气与智能化实验中心、人力资源开发与管理实验实训中心、计算机教学中心、师资队伍等30个项目获批民办高校政府专项扶持资金立项建设，为学校转型发展夯实基础；完成2016和2017年度专项资金项目结项检查；完成2018年度专项资金项目中期检查，启动结项检查工作；做好2019年度专项资金项目上报准备。年内推进综合实验实训楼、学生公寓修缮改造及8、9号教学楼装修改造等重大新建和续建工程，加强基本建设、实验室管理、财务管理、对外交流、学生管理等规范管理工作和应急预案。通过民办高等学校年度检查，申报并开展“上海市依法治校示范校”建设工作。学校被评为“全国国防教育特色学校”“上海市安全文明校园”。

教学工作。深化专业与课程建设。新增“建筑电气与智能化”“俄语”“时尚传播”3个本科专业。获“康复治疗学”“食品质量与安全”“教育学”3个专业学士学位授予权。“产教深度融合，为数据中国培养高素质一流工程技术人才”入选上海高等学校一流本科建设引领计划培育项目，“国际经济与贸易”专业获批上海市属高校应用型本科试点专业；计算机科学与技术（金融IT）、国际经济与贸易（食品进出口）等2个专业获批“中本贯通”试点专业，机电一体化技术专业获批“中高职贯通”试点专业，护理学专业获批“高本贯通”试点专业。课程中心建立685个课程网站、“形势与政策”进阶式课程学习、“军事训练与理论”网络课程学习。开设公共选修课45门次，选课9719人次；跨校参加东北片辅修127人次。加强教学质量保障。继续坚持引入第三方评估机制，全年聘请校外专家完成翻译、产品设计、劳动保障、工程管理、教育学（卫生教育）、护理学、食品质量与安全、新闻学、旅游管理、法学10个专业的合格评估。在委托第三方调查完成应届毕业生社会需求与培养质量跟踪评价报告的基础上，编制发布《上海杉达学院2017—2018学年本科教学质量年度报告》《上海杉达学院教学质量保障工作条例》，完成《上海杉达学院2016—2017学年本科教学工作状态报告》《上海杉达学院2017年度本科专业评估资料汇编》。自主开发“上海杉达学院教学状态评价与预警系统”，为监控学生学习状态和教师课程教学提供有效手段。加强产学合作教育，促进校企深度合作。制定校企合作工作评价指标体系、产学合作教育基地建设评估指标体系、校级产学合作教育基地申报流程、专业兼职教授（副教授）申报流程等。与20余家企业沟通洽谈合作，成功与曹路镇党委、金桥镇党委、上海仁恒物业管理有限公司、中科智谷人工智能研究院、德国陆科思德教学器材发展（上海）有限公司等单位签订战略合作协议。探索创新创业教育新模式。构建创新创业教育体系及创新创业工作体系，深化创新创业课程改革，采取混合教学模式：“教材＋在线课程＋线下见面课互动＋课外教学实践环节指导”。共立项双创训练计划项目180项，其中校级110项、市级60项、国家级20项。组织学生参加第四届中国“互联网＋”大学生创新创业大赛，获4个铜奖、1个优胜奖，参加上海市“汇创青春”文创大赛，获6个一等奖、14个二等奖、24个三等奖。

师资队伍建设。引进和招聘新教师130人，其中副高级职称及以上人才10人。继续实施青年骨干教师学历提升计划，20人在职读博（国内12人、海外8人）。完成市民办高校“强师工程”各类教师专业培训15人、新教师培训56人、海外课程研修2人，派遣14人德国学习考察团和完成英语教师海外强化培训2人。开展辅导员各类专业化职业化培训，落实经费培养培训青年教师，共参与160多人次。

合作交流。接待国（境）外到访团组70个，共计人数233人，分别来自21个国家和地区；校领导组团出访国（境）外4次16人次；与8个国家和澳门地区新签续签协议19个；与23个国家和港澳台地区的近百所学校签署校际合作交流协议，其中与近50所学校开展校际交流项目；外籍教师共53人，长期（半年及以上）来华留学生42人，来华留学生短期团组7个127人。教师赴国、境外学校攻读学位、培训、讲学等达71人次。学生赴国、境外学习和交流人数共125人，获年度市民办高校“大学生海外学习实习奖学金”共50万元。

科研工作。科研项目批准立项113项，其中市教育科研项目1项，市哲社项目1项，市教委“晨光计划”1项，市德育实践研究课题1项，市体育科研项目3项，新增科研经费596余万。获市质量技术监督局年度上海市标准化优秀成果奖三等奖，第三十三届市教育技术协会外语专业委员会年会暨学术研讨会论文评选三等奖，中国英汉语比较研究会全国第七届专门用途英语研讨会优秀论文三等奖，包豪斯国际设计协会第四届全国艺术与设计大展学院派奖入选奖，中国法学会能源法研究会中国法学会能源法研究会中青年优秀论文二等奖，中国法学会能源法研究会第三届全国“绿能”杯高校法学研究生暑期调研竞赛二等奖。申请发明专利1项、实用新型专利2项、外观专利5项。实用新型专利授权4项；外观设计专利授权36项；软件著作权申报1项。教师发表论文231篇，其中国际三大检索来源刊收录3篇、南大核心期刊和CSCD期刊14篇、中文核心期刊和科技期刊38篇；出版专著9部、译著9部、教材26部。成立13个研究中心或研究所，遴选第一批校科研创新团队4个。

学生工作。持续加大学生资助力度。践行公益办学理念，认真做好资助育人工作，修订《上海杉达学院国家奖学金管理办法》《上海杉达学院国家励志奖学金管理办法》《上海杉达学院上海市奖学金管理办法》。促进学生身心健康成长。组织开展“做最好的自己”心理健康教育系列专题讲座、心理学影视赏析、团体心理辅导、心理沙龙，举办14场大型心理健康专题讲座、团体心理辅导活动31场次，受益学生5500多人次。举办第九届校园心理情景剧大赛，举行“持续的幸福”读书活动，编写《杉树林》心理健康知识宣传专刊报纸8期，张贴心理健康宣传海报70余张，接待个体心理咨询353人次。加强心理健康教育课课程建设，完成3400多个学生的心理健康教育课程教学工作。

党建和思想政治工作。学习党的十九大会议精神，落实思政工作会议精神。开展“学习新思想千万师生同上一堂课”专场活动，开展《勇立潮头——上海市庆祝改革开放四十周年主题展》巡展活动等。“中国系列”思政选修课——《弘毅中国》制作在线课程上线，150人选课并开始线上线下混合式上课学习。加强辅导员队伍建设，官巧玲获上海高校2018年形势政策教学竞赛二等奖，庞玉洁被授予第三届全国民办高校优秀辅导员称号。接受2017—2018年度上海市文明校园创建终期考评实地检查，庆祝26周年校庆，传承杉达文脉，弘扬杉达精神。组织201名学生参加首届中国国际进口博览会志愿者服务、58名学生参与2018世界人工智能大会志愿者服务等社会公益活动。开展上海浦东国际机场春运志愿者、上海南站春运志愿者、上海科技馆志愿者、曹路镇爱心暑托班志愿者、周家渡爱心暑托班志愿者、K11美术馆志愿者等特色志愿者活动。年累计志愿服务人数5071人，服务人次13912人，服务时间59108小时。（李　杨）

【成立“杉达—华为ICT（信息与网络技术）学院”】 1月8日，与华为技术有限公司合作共建的“杉达—华为ICT（信息与网络技术）学院”揭牌，致力于培养信息、通信技术优秀人才。（李　杨）

【成立“杉达—万豪酒店管理学院”】 3月30日，与万豪酒店联手共建的“杉达—万豪酒店管理学院”揭牌成立，致力于培养高素质酒店管理行业人才。（李　杨）

【召开弘扬非营利性公益办学精神座谈会】 4月2日，召开弘扬非营利性公益办学精神座谈会，围绕“传承教育情怀，不忘创办初心，牢记公益使命”的主题谈感想体会，深切缅怀学校首任董事长李储文，感念他为教育事业发展做出的杰出贡献。

（李　杨）

【与上海东方卫视中心共建产学研合作基地】 4月19日，与上海东方卫视中心联手打造行业特色鲜明、专业设置与职业岗位衔接紧密的产学研合作基地签约仪式于举行。 （李 杨）

【获2017年上海市教学成果奖二等奖】 4月20日，学校国际医学技术学院院长徐燕教授领衔的《"五式一体"应用型护理本科人才培养改革与实践》、胜祥商学院教授牛淑珍领衔的《因材施教，错位发展，应用型金融人才培养模式创新与实践》、信息科学与技术学院副院长朱志强副教授领衔的《产教融合导向的电子商务"223"人才培养模式探索与实践》3项成果获上海市教学成果（高等教育）二等奖。 （李 杨）

【第九届"斯维尔杯"BIM大赛总决赛（南方赛区）开赛】 5月26—27日，第九届全国高等院校"斯维尔杯"BIM大赛总决赛（南方赛区）开赛。学校代表队获全能一等奖；工程设计、绿色建筑分析、工程造价3项专项一等奖等。 （李 杨）

【获批年度上海高校市级精品课程】 6月7日，学校马克思主义学院院长邵龙宝负责的"思想道德修养与法律基础"和胜祥商学院教师孙爱丽负责的"成本会计"2个项目获批2018年度上海高校市级精品课程。 （李 杨）

【"数据工程"项目入选上海高校一流本科建设引领计划】 7月，学校"服务数据中国，产教一体育人，培养高素质复合应用技术人才"项目入选上海高等学校一流本科建设引领计划首批入选的建设项目和培育项目名单。 （李 杨）

【成立"无国界航空学院"】 7月6日，学校与江苏无国界航空发展有限公司举行合作办学签约仪式。双方以合作办学形式，成立"上海杉达学院无国界航空学院"，属学校内设二级学院。 （李 杨）

【获批上海市属高校应用型本科试点专业建设】 9月17日，市教委公布第六批上海市属高校应用型本科试点专业建设名单，学校国际经济与贸易专业获批，应用型本科试点专业建设总数达到7个。 （李 杨）

【获市高校红十字应急救护比赛一等奖】 10月28日，由国际医学技术学院马礽杰、冯烽、郑伦杰、孙连、伍靓雯5名学生组成的代表队，获2018年上海市高校红十字应急救护比赛决赛一等奖。（李 杨）

【"见信如晤"入选高校宣传工作展示案例】 11月15—16日，中国高等教育学会宣传工作研究分会2018年学术年会举行。学校"'见信如晤'润无声，催送校园百花艳"项目入选在2018年高校宣传工作创新案例推广展示活动"展示案例"。 （李 杨）

上海杉达学院学生获2018年上海市高校红十字应急救护比赛一等奖

附：学校负责人及地址

（2018年1—12月）

校党委书记：朱绍中
　副书记：李 进（兼）、王馥明、陈 暐

校 长：李 进
副校长：朱绍中、张增泰、王馥明（兼）、冯伟国、贾巧萍

地址：金海路2727号
邮编：201209
电话：50210894

上海建桥学院

【2018 年概况】 学校卓越建桥计划深入推进，量化指标完成率达到 92%，开展“十三五”规划纲要实施中期检查，全面对标补足短板。

党建工作扎实推进。召开第三次党代会，产生新一届党委领导班子，强化“党政同责”和“一岗双责”工作体制。推进“两学一做”学习教育常态化制度化，加强以提升组织力为重点的基层党建工作。开展“亮身份、做表率、树形象”党员佩戴党徽行动；开展“不忘初心、牢记使命”主题教育，组织青年骨干教师一行 40 余人赴革命老区闽西、赣南—古田、瑞金等地开展“行走的课堂”暑期考察学习活动；开展“学习新思想千万师生同上一堂课活动”；承办上海民办高校干部和党员研修基地党员骨干培训班。试点推行党员专题党课和组织生活观摩活动。信息技术学院党总支党建案例获评上海市教卫工作党委“十佳”主题党日案例。

以学雷锋德育特色品牌为依托，建立以“新时代雷锋精神”为引领的思政教育新格局。成立新时代雷锋精神研究中心，汇编课程思政学习材料，开展课程思政质量提升工程。召开“课程思政”教育教学改革研讨会。创新网络思想政治工作，深化易班校本化建设，丰富网络文化内容供给。加强网站维护管理，落实意识形态工作责任制，做好预警预判、排查化解、舆论引导和应对处置。召开第二届新时代雷锋精神与高校思政工作研讨会暨社会主义核心价值观典型课堂建设专家咨询会。《新时代雷锋精神融入立德树人全过程　提升民办高校思政教育针对性有效性》获年度上海市教学成果一等奖；“奉献中国”系列课程将雷锋精神融入课程，“奉献中国”系列课程获得 2017、2018 年度上海市教委课程思政培育项目立项。《中国教育报》《光明日报》等多家媒体以整版或头版头条予以报道。教育部党组在上海召开“加强新时代高校思想政治理论课建设现场推进会”，学校为来自全国各省市教育厅和重点高校领导等进行经验分享式的特色思政课程推介教学。

坚持把师德师风作为衡量教师的第一标准，把师德师风的建设与要求贯穿于教师职业发展的全过程。从教师入职、新教师培训、职称评定、评奖评优、年度考核等方面突出师德要求，构建全方位全过程师德建设体系。成立形象建设委员会，学校形象识别的统一性、严肃性和规范性得到维护，校园形象建设管理更加规范。文明校园创建工作稳步推进，凝练办学特色、弘扬雷锋精神与建桥文化，启动新一轮文明校园创建和全国文明校园创评活动。提升“百家讲坛”“博士论坛”等品牌影响力，邀请知名专家学者到校讲座 9 场，举办其他各类讲座 37 场。

教育教学改革不断推进。全面推动本科教学质量的提升，基本完成本科教学审核评估评建自评综述的撰写、问题查找和整改工作。推进专业达标评估，完成网络工程、日语、新闻学等 7 个专业的外审后续整改工作，组织软件工程、传播学、工商管理等专业的外审工作。扎实推进试点和优势特色专业建设，制定完善专业教学质量标准、优化人才培养方案。大学生安全教育课程列入必修课。推进成果导向能力本位的课程建设。开展课程进行达标及重点建设，继续开展能力本位和成果导向的课程建设，注重对 11 个 OBE 教学规范性文件的落实；深化以过程性、多元化、多样化为导向的 1 + X 考核方式改革。应用型本科建设经验得到教育部关注，网站推介学校深化转型改革、持续推进应用型本科建设经验。工程管理专业和网络工程专业教师代表参加长三角民办高校应用型教学内涵建设大赛表现突出。全年校级立项50项校级重点课程，获2个上海市教学成果一等奖、1个上海市教学成果奖二等奖、1门上海市优质在线课程、1门上海市全英语课程建设。入选上海高等学校一流本科建设引领计划首批培育项目。

师资队伍建设步伐加快。加大引才育才力度，全年引进教师119人，其中专职教师58人，具有博士学历12人、高级职称16人。规范和优化招聘流程，实行人才分类招聘和管理。注重培养和发掘中青年骨干教师，全年任免和调整中层干部35人次。重视师德师风建设，考核相关指标纳入到教职工年度考核中，并举办专题培训班。青年教师在全市高校青年教师教学竞赛获二等奖3项、三等奖2项、优胜奖1项。推进人事制度改革。成立“双师双能型”教师认证委员会，发布《双师双能型教师认证管理办法》，开展双师双能型教师审核认证。推进薪资结构改革，初步建立“以任务定岗位、以岗位定薪酬、以考核定绩效、以绩效定分配”的分配制度。推进人才引进改革，首设立伯乐奖，动员全校职工推荐优秀人才初见成效。修订发布《岗位说明书》，明确和完善各类岗位要求。规范二级学院下设机构及自行选配干部的任免程序。推进分类考核改革，出台《教师考核评价办法》，加强辅导员队伍建设，健全辅导员管理制度，推动辅导员队伍专业化、职业化建设。

学生竞赛活动成果丰硕。全年学科竞赛共有490项获奖，其中国家级37项、省部级138项。在“海淞杯”上海市大学生创意机器人挑战赛、“杭州未来科技城杯”第八届全国大学生机械创新设计大赛全国总决赛、“海拉杯”第七届上海市大学生机械工程创新大赛先后获奖。男篮获上海市第二届校园篮球联盟杯高校组冠军、击剑队在全国大学生击剑锦标赛中获4金3银1铜。珠宝学院学生分别在全国院校钻石分级竞赛、全国高校广艺杯钻石分级竞赛中获奖。艺术设计学院、新闻传播学院、国际设计学院、珠宝学院的师生在第三届“汇创青春”比赛中获40项奖项。艺术设计学院学生在第十届全国大学生广告艺术大赛上海赛区中获12个奖项。信息技术学院学生在华为中国区大学生ICT大赛中以总分第一的成绩获得上海赛区初赛一等奖。

招生就业工作平稳有序。完成既定招生任务，新入学学生5085人（含专升本、春招），在校学生总规模1.78万人，其中本科生数占九成。承办2019年全国研招咨询会，来自全国众多高校及千余名考生现场参与。举办上海市本科院校联合大型招生咨询会，为1.7万名考生家长提供咨询服务。升学就业工作再创新高。应届毕业生3929人，就业率99.01%，签约率93.05%，升学总人数为316人，其中国内考研46人。首届5名外籍留学生毕业。获2017—2018年市高校毕业生就业创业工作专项督查优秀单位。

学生工作力度持续加强。成功举办第五、六届锻造营活动，1000余名学生参加。召开少数民族学生座谈会，关心关怀少数民族学生。依托菁英学院，788名学生骨干参与系列培训。开展“女教授与女大学生结对子”活动。开展科技、体育、文化活动700余场。在上海科技馆、航海博物馆等37个服务基地完成志愿任务7000多人次。首届中国国际进口博览会期间，学校志愿者人数达168人。举办长三角地区民办高校辅导员“心理健康教育与危机处理”专题培训班。商学院会计班团支部获评“全国高校活力团支部”。

科研与学科建设平稳发展。科研经费总数较明显增加。全年获各级各类科研项目立项46项，总经费649.98万元，立项经费总量比上年明显上升。其中纵向课题29项，立项经费410.5万；横向课题17项，课题经费239.48万。各类学术论文发表数量有所增加。发表各类学术论文241篇，其中核心期刊42篇，全年SCI、EI、ISTP收录26篇。编写专著26部。新增授权的发明专利1件，实用新型24件，外观设计88件。《上海建桥学院学报》获评全国民办高校学报“十佳期刊”称号。学科建设稳步推进。结合硕士点建设，加强总体谋划和顶层设计，主动对接硕士授权建设单位指标，编制《上海建桥学院专业硕士点建设方案》，二级学院陆续探索成立学科与专业建设指导委员会，扎实推进试点和优势特色专业学科建设，加快学科专业布局结构调整步伐。

开放办学水平取得新进展。选派538名学生赴国(境)外交流学习，其中137名学生升入京都情报大学院大学攻读硕士课程。学校首届iBA实验班学生毕业，6名毕业生前往英国大学攻读硕士学位。首期珠宝学院与法国南锡商学院国际合作项目正式启动，招收10多名法国留学生。来华留学生(含短期交流)近203人次，来自13个国家。加强来华留学生的服务管理。建成英语文化交流中心。发挥警民联动效应，邀请民警为留学生进行安全教育宣讲，提高留学生自我保护能力。合作交流渠道拓宽。新增韩国明知大学，印度尼西亚万隆科技大学等6所合作院校，国(境)外协议院校近110所，其中港澳台地区高校30余所。在招收国际学生方面，注重与丝路沿线国家高校开展交流合作。连续四年承办上海暑期学校中国围棋班(3S项目)。第六期丹麦班开班，39名中外学生编班共同学习。成功举办第二届中日民办(私立)大学校长论坛，50余所中日民办(私立)大学校长共商民办(私立)大学教育发展。校企合作产教融合深入。全年新增校企合作单位18家，其中有上海六院东院、科大讯飞、上海电气等知名企事业单位，意向合作单位5家，共计合作单位108家。加强对中兴ICT、中国制造2025等重大校企合作项目建设，夯实合作项目成果，探索打造统一的创新创业教育平台和体系。5项获得教育部校企协同育人项目立项。

(陈少东)

【举办"加强新时代高校思想政治理论课建设现场推进会"实地观摩活动】 1月16日，教育部党组在上海召开加强新时代高校思政理论课建设现场推进会，学校党委书记江彦桥等分别为全国各省教育厅、教育部直属高校负责人50余人讲授《奉献中国》思政课选修课、《弘扬雷锋精神，践行青春使命梦想》和《马克思主义原理》课。(陈少东)

【建成一批"课程思政"示范课】 开展为期三年的"课程思政"示范课程立项建设，其中校级课程思政示范课13门，院级课程思政示范课27门，课程思政示范课社群9个、服务学习7项。(陈少东)

【成立新时代雷锋精神研究中心】 3月3日，学校新时代雷锋精神研究中心揭牌成立。这是全国民办高校唯一一所以研究雷锋精神为主题的应用型科学研究机构。揭牌当天，学校首次向葛红梅、谭湘蓉、楼纪国等3名教职工颁发雷锋奖。

(陈少东)

上海建桥学院成立新时代雷锋精神研究中心

【获市教学成果奖】 4月，学校党委书记江彦桥主持的"新时代雷锋精神融入立德树人全过程提升民办高校思政教育针对性有效性"、副校长周健儿主持的"'卓越建桥'引领改革发展　全面提高应用型本科人才培养质量"获一等奖，教务处处长徐方勤主持的"政校园企合作培养创新型计算机类专业本科应用人才的模式研究与实践"获二等奖。学校获教学成果一等奖1项。6月，"聚焦互联网+，服务国家智能制造战略的ICT智能应用一流专业群建设"入选上海高等学校一流本科建设引领计划首批项目。

(陈少东)

【举办首届教学节】 6月4—7日，举办教学节。围绕"育人为本，教学为本，本科为本"主题，分别开展教育教学成果展及各类主题活动。活动分为"名师促教""以生为本""以评促建""学术引领""以赛促学"等版块，通过回顾总结、氛围营造凝聚全校师生本科教育共识。

(陈少东)

【首届留学生毕业】 6月30日，首届本科外籍留学生毕业。在本科毕业典礼暨学位授予仪式上，国际设计学院5名外籍留学生完成大学四年学业。学校第一次向外国留学生授予学士学位证书和毕业证书。 （陈少东）

【青年教师教学竞赛获奖】 9月，在上海市高校青年教师教学竞赛中获佳绩，3人分别获自然科学应用学科组、自然科学基础学科组、社会科学组二等奖，2人分别获非语言类外语教学组、人文科学组三等奖，1人获思想政治理论课组优胜奖。 （陈少东）

【学院监事会成立】 12月29日，经学校举办者、党委、教代会分别推荐，学院监事会正式成立，会议表决通过监事会监事长，通过《上海建桥学院监事会章程》。 （陈少东）

附：学校负责人及地址

（2018年1—12月）

董事长：周星增

校党委书记：江彦桥
　　副书记：朱瑞庭（3月到任，兼）、夏　雨

校　长：朱瑞庭
副校长：周健儿、郑祥展、夏　雨（兼）、俞晓光

地址：沪城环路1111号
邮编：201306
电话：58137788

上海兴伟学院

【2018年概况】 举办者明确学校法人属性为非营利。在校基金会资金保障下，继续坚持小班化教学模式。本科招生第五年，全日制本科学生83人，包括英语和国际商务两个专业方向；有教职工35人，其中专任教师14人（其中外籍教师1人）。

党建工作完善。10月，经中共上海市民办高校工作委员会同意，确定新任党委书记，明确党政交叉任职的领导机制，通过书记进入董事会的决定。

学校第一届本科生毕业，除1人结业外，其余全部取得学位证书，并达成100%就业率。两个专业共招收新生44人，较上年有较大幅度提高。

继续深入探索和实践教育综合改革。在教育教学方面，进一步完善两个专业的人才培养方案，合理分配专业课程和通识课程的学时，完善具体课程的设计。通过各种组织活动，拓展学生学习平台，多次组织与上海温哥华电影学院的交流活动，在新生入学教育阶段组织与太湖大学堂的交流活动。

在学生健康成长方面，为促进学生身心综合素质的培养，优化学生健康成长的环境，先后派出4位教师参加高校心理学课程的培训，明确心理咨询教师的人选，心理咨询室初步建成。

在学校管理方面，进一步完善学生参与学校管理的模式。为更好地协调内部管理与外部工作，确保学生在校内真实工作环境实践的意义，制定学生管理委员会与工作机构关系安排的制度文件。为保障各项管理工作有序开展，在教育教学、财务管理等方面增订修订相关管理制度。

抓好师资队伍建设，围绕英语教学的特色和学科发展的需要，积极引进海外高层次人才，加大与国际同类院校的交流合作。同时，积极利用本地资源，合理配置教师结构，充分发挥企业专家和社会名人的来校作用。在多元化校园文化中，各类型教

师的教育教学促进了学生视野的开拓。教学相长,学校始终坚持以人为本,全面营造人才稳定发展的良好环境,积极完善不同层次优秀人才的培养与激励机制,促进师资队伍的可持续发展。先后完成5人次的教师业务培训和企业文化培训,占教职工总人数比例14.3%。(郑　辉)

【首届本科毕业生毕业】 5月,经学校学术委员会和学位委员会审核,校长办公会批准,2018届18名本科毕业生,除一人结业外,其余全部毕业并取得学士学位资格,该批学生全部为本科英语专业。(郑　辉)

上海兴伟学院2018届首届本科毕业生毕业典礼

【学士学位授予单位和授予专业评审结论】 根据《上海市学位委员会关于公布2018年增列学士学位授予单位及其学位授予专业名单的通知》,学校获批准增列为学士学位授予单位,英语专业增列为学士学位授予专业。(郑　辉)

【完成年度招生计划】 年度招生计划180个,录取新生180人,完成招生计划。开学实际报到44人,报到率较上年大幅度提高,报到新生来自全国各地,标志着学校在全国各省市影响力逐步增强。(郑　辉)

【新聘教师陆续到岗】 先后组织参加网络发布和现场招聘会等不同形式的招聘。层层筛选后,一名辅导员和一名英语专业方向带头人到岗,海外教师的招聘工作取得初步成效,春季到岗2位。学校选派5人次教师参加培训,其中3人次参加上海市民办高校新教师岗前培训,1人次参加强师工程专业教师培训。(郑　辉)

【举办太湖大学堂交流活动】 11月3—5日,学校大一新生和部分教师一行近60人参加为期三天的太湖大学堂交流学习活动。让新生切身体验生动的入学教育课程,对于新生了解兴伟校园文化,加强自我管理和团队协作意识起到积极作用,为新生融入兴伟,开展后续学习和生活得到较好的收效。(郑　辉)

附:学校负责人及地址

(2018年1—12月)

董事长:陈公白

院党总支书记:王玉林

院　长:俞光虹

地址:惠南镇城南路1635号
邮编:201399
电话:68020843

上海视觉艺术学院

【2018年概况】 学校现有视觉—德稻设计学院、新媒体艺术学院、时尚设计学院、美术学院、表演艺

术学院、文化创意产业管理学院、文物保护与修复学院、流行音乐学院和基础教育学院9个学院，院务部、教务部、科研部、继续教育部、学科办5个行政机构，实训管理中心、图文信息中心、国际艺术交流中心3个业务中心，共有教职工414人(不含兼职教师)，其中专任教师344人，聘请兼职教师310人，客座、外籍教授14人。学校有四年本科在校生4419人，其中普通本科生4312人。

全年，教师在各类核心期刊发表论文3篇，2篇英文论文被收录进SCI来源刊；出版学术专著、编著、译著、画册等15部；申请专利53项，其中实用新型专利11项，获国际级奖项1项，国内专业协会奖3项。在省部级公立美术场馆举办教师个展、群展共3个；获部级以上立项24项，横向项目32项。

思想政治工作持续深入推进。学校认真落实立德树人根本任务，切实加强和改进大学生思想政治教育工作，着力推进全程育人、全员育人、全方位育人。新成立直属学校的二级机构思政教研部，由校党委副书记担任教研部主任，按照马克思主义学院内涵建设要求，补充思政理论课专兼职教师队伍力量。积极开展和深化“思政课程”和“课程思政”改革，充分发挥主渠道、主课堂功能。立足学校艺术专业特色，探索和构建“课程思政”教学改革整体框架，形成具有艺术院校特色的立体化“课程思政”教学平台和全方位育人体系。被列为上海市教委“课程思政”教育教学改革12所重点培育单位之一。“中国审美大型系列讲座”入选上海市教委重点推介“课程思政”大国系列课的组成，已开展第三期讲座，完成30讲，成为学校课程思政教育教学改革的亮点。

依法治校工作进一步加强。学校成立“依法治校工作领导小组”，全面统筹领导学校的依法治校创建相关工作，组织全校教职员工认真学习领会修改宪法的重要意义，增强宪法意识和法治意识。积极推进民主办学。12月，学校召开一届八次教职工代表大会暨第二届工会会员代表大会，审议并通过《上海视觉艺术学院企业年金修改意见》《上海视觉艺术学院关于2018年度考核工作的实施方案》及《2018年度年终奖的发放办法》。继续依法依规开展招生工作，招生办获2018年上海市教育考试院与上海市教育发展基金会的“华强奖”集体奖项。进一步加强信息公开工作，探索信息公开工作的新思路、新办法、新途径，完善信息公开工作配套制度，重视信息公开工作队伍建设，加强对二级单位信息公开工作的业务指导，提升科学化水平和信息公开程度。学校被上海社团局评为规范化建设5A级社会组织。

师资队伍建设不断加强。制定《落实师德建设长效机制的实施办法(试行)》。年底完成师德建设长效机制贯彻落实的自查工作。4月，召开人才工作会议，提出人才队伍建设目标。坚持人才引进和培养并重，高级职称人员5人，博士学位人员1人，其中2人为外籍专家。学校评审新聘任高级职称人员6人。经过“引育结合”的人才队伍建设，使得师资队伍结构更趋合理。344人专任教师中，拥有高级职称的48.8%，中级职称的35.8%；硕士学位以上81.7%，有海外留学经历的21.7%；兼职教师中70%以上来自业界精英。推进薪酬分配制度改革和绩效工资改革，明晰各类岗位职责，建立健全科学、合理的人才评价体系和科学高效的分配激励制度，更好地激发教职员工的活力。

各项教育教学改革取得新进展。积极实施“一流本科、一流专业和一流人才”行动计划，组织申报成功第六批应用型本科试点专业——产品设计，已有“工艺美术”“动画”“视觉传达”“文化产业管理”“文物保护与修复”“服装与服饰设计”“产品设计”等7个应用本科试点专业建设项目。“聚焦一流艺术人才、培养卓越设计师”成功入选上海市教委首批上海高等学校一流本科建设引领计划建设项目。应用本科试点专业(服装与服饰设计)参加长三角民办高校应用型教学内涵项目建设大赛获二等奖。与上海灿星文化传媒股份有限公司合作创办流行音乐学院，新开办流行音乐和流行舞蹈2个专业方向；与上海第九城市信息技术有限公司合办数字互动娱乐电竞专业方向、数字互动娱乐策划专业方向和数字互动娱乐美术专业方向。与德稻教育集团合作成立视觉—德稻设计学院，进一步推进校企合作国际化人才培养项目的深度融合和教学模式创新。学校开展通识教育改革，集中在道德认知领域、学科认知领域、专业认知领域等三大领域，通过一系列课程设置和改革，努力打造一个宽口径、厚基础的通识教育平台，致力于给学生提供更宽的平台、更大的空间、更多的资源，以培养学生跨学科学习和自主学习的能力。学校教学改革成果实现零的突破。其中“视觉·德稻实验班”创新教学模式获上海市教学成果一等奖，“艺术植入医疗空间的专业育人模式实践与探索”等两个项目获上海市教学成果二等奖。长三角教育协作项目获两项立项。组织申报、评审、报送上海市教委精品课程1门、优质在线课程3门、重点教改5项。启动教学质量保障体系建设，针对教学存在的突出问题，根据实际情况和艺术教学培养模式及特点，对与学校教学质量保障相关的各项制度进行全面梳理、修订、补充和完善。

科研创新和社会服务成果。加大对科研工作的投入和支持力度，切实提高教师的学术研究能力，加强学科建设，积极推动专业硕士点授予单位和学位点申报工作。12月，接受申硕工作中期检查并通过。积极举办和鼓励、组织、协调学校教师的高水平展演，凸显学校特色的研创成果，与中华艺术宫合办“水墨概念艺术大展”获得上海市文化基金会立项资助；与刘海粟美术馆合作主办“绵延——杨冬白作品展”与“自然的气息——张同水彩画展”等。继续承办第三届“汇创青春”大学生创意文化作品展示分项“视觉传达设计类”的展示与评审工作。发挥专业特色和优势，积极服务社会。合计完成上海市文化从业人员“万人培训”“中国非物质文化遗产传承人群研修班”、丝路国家影视制作发行研修班等各类培训班共19期，培训2536人次。组织上海地区参加美术考级报名人数达4万多。在上海市教育发展基金会“登高计划”专项项目支持和资助下，致力于艺术教育研究及智库的建设，打造校内外艺术教育、研究、应用等各种资源紧密结合的平台。

开放办学和国际交流合作不断深化。继续走开放办学、“需、学、研、产”一体化的办学道路，加强与行业和企业，以及与国际的深度合作，探索有效的工作室教学和项目制教学机制，切实落实项目制教学模式，积极建设实习和教学实践基地，推动学科建设和人才培养。新媒体艺术学院数字媒体技术专业师生与上海绿之都合作“消防虚拟现实数据可视化系统开发”，以BIM + VR的方式，在Unity3D中进行多维的视角切换，极大提高了消防的执行效率。该项目获全国三维数字化创新设计大赛一等奖；与昂游网络科技有限公司共建视频基地，与企业共同探讨短视频的发展趋势，引导学生制作短小精悍更适合互联网传播的影像；与上海晟一文化传媒有限公司合作，制作《小蛮敲黑板之24节气》动画片，为学生提供实践锻炼机会。时尚设计学院和山东华光集团、浙江雅莹集团、山东海思堡集团、沃尔玛集团上海光华医院，罗莱家纺等企业，开展“服装品牌专题设计家纺艺术与工艺”“罗莱家纺产品改造”“医护服装设计”“T恤衫设计”“沃尔玛职业装设计”等7门校企合作课程。项目成果达到校企双赢。文物保护与修复学院的蒋道银工作室第二次成功申报上海市文教结合工作三年行动计划项目。学校共有校外实习、实训基地69个，接纳学生1426人次。继续通过引进来、走出去等方式，致力于搭建国际化合作交流平台。与国外院校新增缔结5个国际交流合作协议，其中包括3个实质性合作协议和2个交流意向协议，共有76个国际合作院校，较上年增加了5个院校，合作形式包括学分互认项目、师生工作坊项目、学生短期交流项目、教师访问项目以及合作展览项目等。新媒体艺术学院与加拿大谢尔丹学院、英国威特敏斯特大学建立合作关系，两校合计派出4位专业教授到学校开设工作坊；时尚设计学院成功加入时尚教育界的国际性权威组织“国际时装院校联盟”，受邀参加在英国曼彻斯特大学举办的第二十一届联盟年度会议；文物保护与修复学院与意大利国家文物保护与修复高级研究院(罗马修复学院)、罗马第三大学、美国盖蒂研究所、日本东京文化财经研究所等国际知识文化遗产保护教育机构和研究机构建立了实质性合作关系。

人才培养质量继续提高。学生在国内外各级各类比赛中共有268人次获奖，总获奖项达212个，其中国际奖项20个、全国奖项46个、省部级奖项115个，市级奖项22个。其中团体奖项18个，个人奖项194个。视觉—德稻设计学院学生靳雅婷获德国红点设计概念奖，唐逸云获英国牛津挑战赛二等奖，陈晓童获美国彼得罗夫海报设计大赛一等奖，蒋正哲获全国大学生工业设计大赛上海赛区一等奖，蓝凯悦、鲁昊天、于钰洋获中国好创意第十二届全国数字艺术设计大赛银奖，张曼琳获上海大学生全国工业设计大赛上海赛区一等奖，冯牧童、赵佩希、祖悦敏获上海市第三届大学生"汇创青春"设计大赛一等奖；新媒体艺术学院的田博文获"深语—ACG主题网辩赛"冠军，王缘、王卓滢、宋天琦获DIOR新锐摄影奖最高奖，刘虎杰获IPA国际摄影奖一等奖，贾仕丞获第三届"汇创青春"美术类金奖，顾添怡、王铎、宋海麒获全国三维数字化创新设计大赛一等奖，张雨珂获第六届全国高校数字艺术设计大赛一等奖；时尚设计学院的陈浩归获第四届"学院派奖"全国艺术与设计大赛二等奖；美术学院的陆有优获第三届"汇创青春"上海大学生文化创意作品一等奖；表演艺术学院的陈怡、范鸣迅分别获第十届海峡两岸电视主持人大赛金奖和银奖，胡也森获"我来五星说上马"解说员选拔赛一等奖，陈柏希、陈泓坚、高嗣航、胡也森、罗昌豪获第二届长三角地区大学生经典诵读邀请赛上海赛区决赛特等奖；学生代表队还获上海第三届大学生安全知识竞赛最高奖。

招生和就业质量保持平稳态势。全年学校总报考人数为16577人，计划招生1000人，实际录取1053人(其中表演和播音与主持两个专业的录取率分别为241∶1和235∶1)，实际报到1018人，报到率为96.68%。共有毕业生1010人，就业率为98.5%。毕业生就业专业对口率进一步提升。选择自主创业和灵活就业的毕业生人数继续增长，占比为43.7%，13个创业团队在就业指导中心和学院指导下，注册了公司。 (黄　华)

【成立上海文化资源与非物质文化遗产教研联合基地】 6月22日，由学校文化创意产业学院、华东师范大学非遗传承与应用研究中心、上海社会科学院文学所3家单位联合发起成立的"上海文化资源与非物质文化遗产教研联合基地"在学校举行揭牌仪式。教研联合基地致力于打造成为上海文化资源和非遗教学研究的开放性、示范性平台，为上海市文化资源与非物质文化遗产的保护和创新提供高水平、高品质的理论研究和决策咨询建议。

(梁　艳)

【举行钟扬先进事迹报告会】 6月6日，钟扬先进事迹报告会在学校举行。钟扬先进事迹报告团成员和家人通过回忆与钟扬相处的点点滴滴，从不同角度、不同侧面讲述了钟扬的突出贡献、感人事迹和崇高精神，把钟扬勤奋、执着、质朴、奉献的鲜活形象展现在与会听众面前。学校党政领导班子、教职员工、学生党员、入党积极分子和松江区委宣传部、广富林街道的党员代表等800余人共同聆听报告。 (梁　艳)

【文化产业研究所挂牌成立】 6月8日，文化产业研究所成立仪式举行。学校董事长、党委书记陈立民，党委副书记、校长周斌与沪上新闻传媒界、文化产业界学者、专家出席活动，并为聘任的首批4位顾问、7位研究员颁发聘书。文化产业研究所以文化创意产业管理学院为基础，联合全校各相关专业力量，聘请具有丰富实践经验的业界精英、具有巨大社会影响力的学界领军人物作为资深顾问、研究员，借助上海文化传播领域资源，立足上海、面向全国，对标国际一流，扎实调研、创新方法，在理论研究、案例分析与政策咨询等方面，发出学校"声音"，提高学校对上海和全国文化创意产业发展的"贡献度"。 (梁　艳)

【与"灿星传媒"跨界共建流行音乐学院】 1月12日，学校与上海灿星文化传媒股份有限公司共同创办的"上海视觉艺术学院流行音乐学院"宣布成立。学院开设"流行音乐"和"流行舞蹈"两个专业，并于9月正式招生。 (梁　艳)

【承办第三届"汇创青春"系列活动】 5月15日，第三届"汇创青春"——上海大学生文化创意作品展示季"视觉传达设计类"作品展开幕式在"松江美术馆"举行。本届活动总计收到来自42所高校的500多份大学生原创作品，经专业评审教授评选后，共有185件作品获奖并参展。 (梁　艳)

【举办2018昂西国际动画电影节市场聚焦中国单元活动】 4月11日，2018昂西国际动画电影节市场聚焦中国单元高峰论坛暨颁奖典礼举行。出席论坛的中法行业专家围绕"如何用动画讲故事"的论坛主题，从不同角度、领域进行深度透析、现身说法。在颁奖典礼上，经过激烈角逐，最终《芝热妈妈》等3个作品获奖。 （梁 艳）

【举办第十一届上海大学生电视节闭幕式】 6月13日，为纪念改革开放40周年，以"绽放激情飞扬的青春风采，共筑我们心中的中国梦"为主题的第十一届上海大学生电视节闭幕式暨颁奖盛典举行，包含紫丁香评委大奖在内的20个各类别奖项逐一揭晓。活动还首次设立"向大师致敬"单元，向84岁表演艺术家牛犇颁奖。作为国家教育部高校文化建设优秀项目和面向国际的年度青年影视交流活动，上海大学生电视节由上海视觉艺术学院和华东师范大学联合发起，全国52所高校共同协办。

（梁 艳）

第十一届上海大学生电视节在上海视觉艺术学院落幕

【主办水墨概念艺术大展】 11月11日，作为第二十届中国上海国际艺术节的系列展演活动和上海文化发展基金会扶持项目的"水墨概念艺术大展"在中华艺术宫开幕。此次艺术大展是学校新成立的"当代水墨艺术研究院"首次高水平艺术联展。大展有别于传统水墨画展，以改革开放40年为路径、以"民族·现代·传承"为主题，就中国"水墨概念"发展之态势、"当代水墨"创作衍化之格局，聚集了国内外31位当代水墨名家的80余幅全新力作。 （梁 艳）

【入选进博会和"双年展"等文化展演活动】 11月5—10日，首届中国国际进口博览会举行，美术学院教授杨冬白的琉璃雕塑作品《山中人》和《江山卧游境界》，丁乙教授的综合绘画作品《时空之谣》在博览会上展出。此外，教师徐喆的作品《匮乏》入选"2018上海双年展"，视觉—德稻设计学院视觉传达专业2017届毕业生彭炜然毕业作品《鼻屎说》从500多册参评书籍中脱颖而出，获2018年度上海"最美的书"称号。 （梁 艳）

【获"上海市第三届大学生安全知识竞赛"特等奖】 12月20日，第三届上海市大学生安全知识竞赛总决赛暨颁奖典礼举行。6名学生代表学校在第三届上海市大学生安全知识竞赛中获特等奖，连续三年蝉联总决赛。 （梁 艳）

附：学校负责人及地址

（2018年1—12月）

校党委书记：陈立民
　　副书记：周　斌（兼）、俞振伟

校　长：周　斌
副校长：张　同、俞振伟（兼）、毛　方

地址：文翔路2200号
邮编：201620
电话：6782500

上海立达学院

【2018 年概况】 3 月，上海市政府批复市教委，同意组建上海立达学院。5 月，教育部复函市教委，同意上海立达学院予以备案。5 月 26 日，上海立达学院正式揭牌成立。

新组建的学校设置有经管学院、传媒学院、艺术学院、护理学院、信息学院和基础与外语学院 6 个二级学院，设有国际商务、财务管理、产品设计、视觉传达设计、摄影等本科专业和护理、艺术设计等 24 个专科专业。截至年底，全日制在校生 7100 余人。专任教师 376 人，其中硕士、博士研究生学历教师 205 人。

学校升本后，组织“新立达建设教育思想”“国际化背景下的综合改革”和“进一步深化教学改革”等一系列专题讨论，统一思想，转变思维，更新办学观念。明确推进“高端化、国际化、个性化”的发展战略；突出服务区域经济社会发展的办学定位；以管理学和艺术学为主，多学科协调发展的办学方向；以形成专业群、专业间互为支撑梯次发展为抓手，坚持培育好本科专业的增长点，继续做好特色高职教育，积极推动专—本—硕—博海外直通项目的办学思路。

9 月，首批 5 个专业 200 名本科新生报到入学。新申报会计学、播音与主持艺术两个本科专业，对健康管理、环境艺术设计、冷链物流技术与管理等 8 个专科专业进行调整。重新修订 2018 级 5 个本科专业和 24 个专科专业的培养方案，加大应用型教学实践教学比例。在培养方案中融入国际化因素，制订灵活的学分互换制度。加大外语教学改革的力度，引入雅思教学方式。积极推进海外微留学项目、海外本硕直通项目和联合国人口基金“一带一路”青年领导力项目。本硕直通项目首批招生 29 人，完成微留学项目 19 人。12 月，联合国人口基金“一带一路”青年领导力项目正式启动，青年领导力第一批培训班 29 名学生完成第一次培训。

学校在建立和完善本科教学管理制度的基础上，教学工作规范、有序，教学管理和服务水平得到提高。进一步完善教学质量监控体系，落实领导干部听课制度和教务三期检查制度。根据教育部要求，完成全国高校教学基本状态数据上报工作；完成高等职业院校人才培养工作状态数据采集与管理系统填报工作，发布《2018 年高等职业教育质量年度报告》。并通过上海市社团局、上海市教委年度检查。

招生范围覆盖全国 30 个省市自治区，实现当年获批的本科专业当年招生。共录取新生 2982 名新生，实际报到 2709 人(本科生 200 人，专科生 2509 人)，录取率和报到率都处在上海同类院校前列。2018 届毕业生校园招聘会参加单位质量普遍提高，提供岗位及数量普遍好于往年；年底，毕业生初次签约率和就业率分别为 91.01%和 98.39%。

引进 75 名教职员工，其中硕士 41 人。引进的 22 名专职教师中，具有中级职称的 4 人。同时，引进一批具有企业背景的技术人员充实教师队伍，提高“双师型”教师比例。聘请诺贝尔奖得主埃里克·马斯金、清华大学全球领导力项目秘书长顾常超博士等 48 位国内外学者为客座教授。

学校制定《扶持专项资金项目建设管理办法》《扶持专项资金使用管理办法》《科研项目管理办法》《学术道德规范》等文件，确保科研及专项资金规范使用。全年项目立项 42 项，结题 19 项、中期检查 39 项。教师发表科研论文 39 篇，出版教材 8 本。全年获批市级以上教学科研成果 4 项，其中 2 个项目获上海市级教学成果二等奖，2 个项目获教育部产学合作协同育人项目立项。2 名青年教师申报的项目成功入选上海市“晨光计划”，8名教师入选2018年上海高校青年教师资助培养计划。

组织学生参加第四十五届世界技能大赛上海选拔赛6个赛项，5名学生获奖；1名学生获全国职业院校技能大赛上海赛区三等奖；在第二届中国·哈尔滨“广厦杯”国际大学生冰雕艺术大赛上，学校师生获一等奖、最佳团队奖、优秀组织奖、最佳技巧奖。《同心筑梦三点半》项目获上海市互联网+大学生创新创业和大赛铜奖，同时该项目获得上海高职高专组创新创业大赛铜奖。

加大对教学仪器设备采购、图书添置、实训基地条件改善、学生宿舍楼住宿条件完善和师资培养等方面的投入。截至12月，学校教学仪器设备值达到8901.52万元；馆藏图书66.04万册，教学用计算机1928台，网络多媒体教室由上年的89间增加到112间，校园网主干带宽2048兆，网络接入信息点8500个，满足本专科教学需要。建设标准的网球场，升级运动场达到国家二类田径运动场标准。完成新改造三幢学生公寓6T达标公寓创建，4星级以上公寓通过市教委验收。

校党委认真履行“三大主体责任”，围绕中心、服务学校发展大局，充分发挥民办高校党组织的政治核心作用。进一步健全党的基层组织机构，严把党员发展质量关。组织174名师生参加中级党校培训和92名师生参加的高级党校培训班。

认真贯彻落实全国和上海市关于加强和改进高校思想政治工作会议精神，严格执行学校制定的“加强和改进思想政治教育工作的三年计划”，在立足思政课堂主阵地建设、发挥主渠道作用的基础上积极推进课程思政建设。组织教师积极参加各级各类教学比赛，成果丰硕，在上海高职高专思政理论课教学和设计相关比赛中，获二等奖1次，三等奖2次。

注重思政理论课建设与改革，积极推动社会主义核心价值观和十九大精神进教材、进课堂、进头脑，努力提高思政理论课教学质量，拓展思政理论课第二课堂和教学实践基地建设。

推进互联网德育教育平台，发挥易班学生新闻中心作用，继续推进“易班”微信公众号建设。开展各类线上活动及校园文化系列宣传，服务学生学习生活，受到广大师生好评。推广使用易班优课平台，提升教师职业能力，开展《学生手册》线上学习和测试，全体新生测试覆盖率达到100%。

加强校园文化建设，上半年举办体育文化节，下半年举办艺术文化节等大型活动，发挥团学组织的作用。校志愿者服务总队再次获“上海科技馆志愿服务表扬集体”称号。其中，“爱心暑托班”项目获松江区“优秀志愿服务品牌”，西部支教助学暑期实践活动——“七色花爱心课堂”获市级三等奖。

结合民办高校的特点和立达学院的校情，进一步推动文明校园创建工作。通过党建工作引领精神文明建设，加强政治学习，抓好意识形态工作，开展区域党建，与地方党委和政府积极开展精神文明共建。（郑贺春）

【获教育部“2017年度创新创业教育改革项目”立项】 1月25日，在《教育部高等教育司关于公布有关企业支持的2017年第二批产学合作协同育人项目立项名单的函》公布的2017年第二批产学合作协同育人项目立项名单中，“上海立达创新创业基地建设项目”“上海立达HTML5校外实践基地建设项目”获批立项。（郑贺春）

【获上海市级教学成果二等奖】 3月20日，市教委公布2017年上海市级教学成果奖获奖项目名单。“叙事护理教学在护士人文修养课程中的应用”“航运物流专业群实训中心建设”均获二等奖。

（郑贺春）

【在第九届蓝桥杯全国软件和信息技术专业人才大赛中获奖】 4月1日，在第九届蓝桥杯全国软件和信息技术专业人才大赛中，学校选送7位选手参赛。2人获上海赛区一等奖；2人获上海赛区二等奖；3人获上海赛区三等奖。（郑贺春）

【师生作品参加上海教育博览会新时代美育展】 4月16日，学校艺术教育片《揭开珐琅彩瓷的神秘面纱》以及学生制作的7部动画和微电影作品，在第十五届上海教育博览会新时代美育展高等教育展

区展出获好评。（郑贺春）

【获上海市职业教育协会第十三届“优秀论文二等奖”】 5月2日，上海市职业教育协会公布上海市职业教育协会第十三届优秀论文入选名单，教师刘剑昀的《中高职贯通的“赛证结合”课程设计初探——以〈维修电工〉国家职业资格标准为例》论文获二等奖。（郑贺春）

【举行上海立达学院成立揭牌仪式暨建校15周年庆典】 5月26日，上海立达学院成立揭牌仪式暨建校15周年庆典举行。学院作为一所民办高校，办出特色，进入普通本科高校系列具有里程碑意义。学校将遵循“质量兴校、特色发展、强化内涵、优化条件”的发展理念，把学院办成一所国内一流、具有一定国际影响力的民办本科学校。（郑贺春）

【上海社会科学院乡村振兴战略研究基地揭牌】 6月28日，上海社会科学院乡村振兴战略研究基地在校揭牌。叶榭镇和上海社科院应用经济所签订《叶榭镇乡村振兴战略课题研究委托协议》，学校与叶榭镇签订《地校共建合作协议书》。（郑贺春）

【通过上海普通高等学校语言文字工作评估】 11月20日，学校接受上海普通高等学校语言文字工作达标评估。上海市教育委员会、上海市语言文字工作委员会、上海市教育评估院派出专家组，对学校近年来的语言文字工作全面评估，给予高度评价。（郑贺春）

【获年度品牌实力民办高校荣誉】 11月30日，在2018年度新华教育论坛上，发布一年一度的中国教育界、媒体界具有广泛的影响力和号召力教育榜单，学校以鲜明的办学特色、先进的办学理念、优秀的品牌影响力和社会声誉获年度品牌实力民办高校荣誉。（郑贺春）

【启动联合国人口基金“一带一路”青年领导力项目】 12月18日，联合国人口基金“一带一路”青年领导力项目暨青年领导力论坛在学校举行。联合国人口基金驻华代表，中国计划生育协会领导，上海市民办高校党工委以及上海市教育国际交流协会相关负责人出席，正式启动联合国人口基金“一带一路”青年领导力项目。联合国人口基金“一带一路”青年领导力培训中心同日揭牌。（郑贺春）

联合国人口基金“一带一路”青年领导力项目
暨青年领导力论坛在上海立达学院举行

【与中国广播电影电视社会组织联合会演员委员会签署合作协议】 12月22日，中国广播电影电视社会组织联合会演员委员会会长唐国强、校长孙德彪签署中国广联演员委员会与学校的合作协议。唐国强受任传媒学院名誉院长，严翔、梁波罗、陈达明等著名艺术家受聘为客座教授。（郑贺春）

【获教育部大学生微电影展示活动优秀奖】 11月，由学校学生创作的《不忘初心　砥砺前行》微电影作品，获教育部第二届“我心中的思政课”全国高校大学生微电影展示活动优秀奖。（郑贺春）

附：学校负责人及地址

（2018年1—12月）

校党委书记：张天启
　　副书记：刘鹤霞（兼）

校　长：刘鹤霞（6月离任）、孙德彪（6月到任）
副校长：张天启（兼）、王淑华、李　斌、杨昆呈

地址：车亭公路1788号
邮编：201609
电话：57805678

上海外国语大学贤达经济人文学院

【2018年概况】 学校有虹口、崇明两个校区。开设涉及文学、法学、经济学、管理学、教育学和艺术学6大门类23个本科专业，有全日制本科在校生7000余人。

依法治校。坚持“依章办学，依法治校”，健全科学民主决策机制，实行董事会领导下的校长负责制。在治理结构中，董事会决策学校重大事项，校长主持学校行政工作。党委发挥政治核心和监督保障作用；监事会对学校董事会、校领导班子团队依章办学、依法治校进行监督；学术委员会是“教授治学”的重要体现；教职工代表大会、学生代表大会参与学校民主管理。

人才培养。学校以提高人才培养质量为目标，以专业建设、实践能力培养、教学改革为重点开展工作。召开教学工作会议，发布《上外贤达学院本科专业达标评估工作方案》，明确本科专业达标评估要坚持以评促建、以评促改、以评促管、评建结合、重在建设的基本原则；通过专业达标评估，牢固确立人才培养在学校工作中的核心地位。会议决定2018年以英语专业、会计专业为试点，接受上海市教育评估院组织的专业达标评估。学校成立专业达标评估工作领导小组，认真对照《上海市本科专业达标评估指标体系》，研究收集相关支撑材料，总结专业发展的特色，补齐专业建设的短板。12月，上海市本科专业达标评估专家组对英语、会计学两个专业进行全面考察评估。贯彻全国本科教育工作会议精神，实施本科教育质量提升计划，对各学院经过筛选申报的项目组织专家评审，批准“英语教学团队”建设、应用型本科试点专业培育建设、优质在线课程建设以及“翻转课堂”等4个实施计划项目。启动年度(教学类)内涵建设项目申报评审工作，24个项目获得立项资助。组织外语学院、文管学院等一批教师申报2019年上海高校本科重点教改项目，积极主动地参与市级教改平台的竞争，提升办学特色。继续深入开展大学英语教学综合改革，依托ITEST测试系统实行基础英语分级教学基础和英语听力分级教学，完善月考、经典名著课外必读和英语角活动等，为学生营造良好的学习氛围。继续推进实施“英语+”战略，完善全英语班、双语班、英语商科复合班的教学，扩大学生海外游学交流面，全面提高学生的跨文化交流能力。顺利落实完成15级中外交流班计12个专业、14个班共250余名学生的留学申请，启动16级中外交流班学生的留学指导工作，为近百名非中外交流班学生落实海外学习或实习项目。从应用型人才培养的实际需要出发，修订完善人才培养方案，实施“英才计划”，梳理有关课程的教学内容，开展校企合作办学，落实实践教学各个环节，加强教学过程管理，严格考试纪律，进行论文重复性检测和论文抽检，使毕业生的专业理论、实践能力、创新意识有新的提高。全校毕业生1628人，其中1554名学生获颁毕业证书，1492名学生被授予学士学位。171人出国续研占11.42%；24人国内续研占1.6%；毕业生总体就业率为91.95%。

科学研究。学校把科研工作纳入对教师的年终考核和奖励，全年争取到30项上海市和有关部门的研究课题，获得科研经费近200万元；完成上海市民办高校重点科研项目、示范性全英语课程项目、晨光计划项目、重点教改项目等一批市级项目的结项评审；取得各类科研成果199项，公开发表论文134篇，其中核心期刊26篇，出版专著和译著11部、教材教辅24部；外语学院教师参与编写的《英语专业中级能力综合教程》《英语专业高级能力综合教程》《翻转课堂与任务型教学》《口译社会学研究初探》等出版；艺术系青年教师编写普通高等学校音乐专业“十三五”规划教材《视唱练耳弹唱教程》，合作出版专著《高等音乐教育模式改革与创新》等；艺术系2016级学生江枫，在《当代音乐》期刊发表混声四部合唱诗经作品，展现出较好的专业作曲素养与和声理论功底。

队伍建设。全校教职工总数551人。其中专任教师340人，行政人员137人，教辅、工勤人员74人。引进教授8人、副教授9人、博士8人。聘用各类外教近20人，其中博士后1人，博士2人。紧缺人才的加盟为学校发展注入了新的活力。学校坚持引育并重，培养国内博士研究生6人、国外博士研究生5人，选送41人参加市级强师工程等项目培训，遴选3名中青年教师赴美国伊利诺伊大学香槟分校接受能力与素质提升，为10名高层次人才提供科研资助，实施了以“提升教职工才华，满足职业发展需求”为宗旨的培训18场，覆盖1000余人次。有60余人晋升各类专业技术职务，其中获高级技术职务7人。实施以“普遍提高薪资水平，优化分配激励机制”为总体思路的薪资调整方案。下拨10%—20%绩效工资给二级单位，根据教职工业绩自主调控，扩大二级单位的薪资分配自主权。一批教师在各类比赛、评比中获奖，基础教学部教师陈利获“2018年宝钢优秀教师奖”，外语学院教师林正奇获第九届“外教社杯”全国高校外语教学大赛上海赛区商务英语专业组冠军并代表上海市参加全国总决赛，教师赵一鸣获2018年“外研社杯”教学之星大赛亚军，文管学院教师霍佳获2018年“外研社杯”多语种教学之星大赛全国总决赛亚军，外语学院教师朱莉莉和张蕾蕾均获该项比赛季军。

学生工作。切实贯彻全国高校思想政治工作会议精神，加强辅导员队伍建设，抓好辅导员上岗培训，完善辅导员工作考核，出台了实施辅导员职级制政策。强化思政课程、课程思政，邀请“上海百老德育讲师团”定期为学生作报告，开设《对话中国》《中国精神》等实践型体验课程，深受学生欢迎。狠抓学风、校风建设，以“勿忘初心砥砺行，惟德善事贤达生”为主题，以端正学习态度为核心，以思想引领和人才培养模式创新为抓手，以班级建设和宿舍管理为重点，着力构建学风校风建设的长效机制。还开展“我与改革开放共成长”主题团日活动，激励学生比学赶帮；参与青春助力进博会、世界铁人三项赛等大型志愿者服务，向国内外展示贤达学子的风采；参加暑期社会实践、迎新活动等，提升能力、回报社会、陶冶情操。学校进一步健全奖助学金和帮困制度，全年1850余名学生获颁各类奖学金，其中国家奖学金12人，上海市奖学金17人，国家励志奖学金183人；获国家助学金377人；给417名学生发放帮困补助。学生在各类比赛中获奖，文管学院学生周可沁、胡香园、周慧萍在澳大利亚举办的2018亚太商务活动策划总决赛上获亚军；学校舞台剧《大红灯笼高高挂》在上海市第三届汇创青春大赛上获戏剧类一等奖，在上海市大学生电视电影节上获剧本类一等奖和公益类视频广告一等奖；商学院学生在上海市大学生网络商务创新应用大赛上获一等奖1项、二等奖1项、三等奖2项；外语学院钱晨、吴佳佳、冯世豪在第三届“外教社杯”上海高校学生跨文化能力大赛上获三等奖；艺术系陈哲旻获意大利博洛尼亚国际声乐大赛本科组三等奖；国际交流学院教师刘娟带领郑蕙、唐玥、吴珊珊组成的HOTS Team代表队，在英国伦敦格林威治大学举办的首届金丝雀·商业挑战计划总决赛中获一等奖；文管学院亓王莹和郑佳静的作品《谢谢》在第十一届上海大学生电视节上获原创剧本三等奖，商学院严雪茜、密蔚尹、杨天娇的作品《垃圾分类，环保中华》获公益类视频广告一等奖。

党群工作。董事会和党政领导班子认真研究落实全国教育大会和全国高等学校本科教育工作会议精神，在全校教职工大会上传达并组织中层干部专题学习。组织全体中层干部和学生党员观看爱国主义教育纪录片、“改革开放40周年纪念大会”实况，引导师生关注主旋律。校工会充分发挥群众组织的特点和优势，鼓励分工会结合自身特色开展文体活动。组织教职工到“雪龙号”极地考察船参观学习；外语学院分工会举办跳绳比赛，商学院分工会组织踏青赏樱，文化产业与管理学院开展师德师风评比活动等，教职工日益增长的精神文化生活。组织成立教职工羽毛球协会、旗袍社团、合唱团，并配备专业老师指导，定期开展社团活动，推动工会工作创新。积极维护女教职工权益，关心女教职工身心健康，组织健康体检；建立爱心妈咪小屋、举办婴幼儿语言发展讲座。活动开展，增进女教职工间的相互了解，增强凝聚力和向心力。

（袁 源）

【举行首届“专升本”“三校生”招生考试】 在虹口校区举行上外贤达学院2018年“专升本”“三校生”招生考试工作，这是学校首次招收“专升本”“三校生”。“专升本”报考160人，录取124人；“三校生”报考133人，录取80人。 （袁 源）

【举行2018年“英才计划”选拔考试】 5月22日，崇明校区举行“英才计划”选拔考试。经学院推荐、教务处审核，有来自17级的48名学生进入考场参与选拔。上午面试环节主要考核学生的英语口语能力及中文的话题评述；下午笔试环节主要考核学生的思辨能力和文字水平。 （袁 源）

【完成英语、会计学专业达标评估工作】 12月20日，以复旦大学原副校长孙莱祥教授为组长的专业达标评估专家组一行12人到校，对学校英语、会计学两个专业现场考察评估。专家组认为学校建校以来，在各方面取得了较大成绩，呈现出良好的发展态势。专家组成员分别就进校考察过程中发现的问题提出了针对性的意见和建议。 （袁 源）

上海外国语大学贤达经济人文学院本科专业达标评估

附：学校负责人及地址

（2018年1—12月）

董事长：鲍贤嗣
执行董事长：李　进
副董事长：冯庆华、陆朴鸣

校党委书记：夏骄雄
　　副书记：郑　虹

校　长：张定铨
副校长：徐　征、马艳红、罗玲芳

虹口校区地址：东体育会路390号
邮编：200083
电话：51278000

崇明校区地址：东滩大道999号
邮编：202162
电话：39665000

上海师范大学天华学院

【2018年概况】 招生录取总人数2520人，实际报到2320人，报到率92.06%。在校生总计9469人，分布7个二级学院，269个行政班，27个专业。2018届毕业生1980人，毕业生就业率97.29%，签约率88.08%。有专职教职工588人。其中，干部88人，教师287人，正辅导员52人，副辅导员36人，行政教辅125人，另有兼职教师136人。

师资队伍建设。坚持优化教师队伍结构，提高全院教职工整体素质，努力做好师资队伍建设工作，依托“强师工程”平台，26名教师参加各类培训，并组织36名“三双”（双师、双语、双能）教师参加暑期培训、新东方托福培训、教育研究方法培训；81名新进教职员工（包括“三双”教师）参加为期5天的系列培训活动。精心组织新教师教案及教学课件等比赛，打造“名师工作坊”“博士沙龙”两大活动品牌，举办“名师工作坊”活动9次，“博士沙龙”活动8次，着力提高教师队伍的综合素质和业务技能。继续推进第五批4名教师及第六批教师赴国外学习进修，拓展国际化视野，革新教学理念、创新教学方法。制定完善教师师德考核方案，广泛宣传学校师德标兵的先进事迹，树立先进典型，弘扬师德师风正能量。

科研工作。围绕“文化、特色、责任、活力”八字方针，以项目为抓手推进教学科研团队建设，提高教师科研与教学水平；学校获上海市教学成果奖2项；新申报上海市级以上项目10项，新立市级以上项目34项。5个民办高校重大内涵（重点科研）项目通过市教委结项验收；根据科研成果奖励制度，表彰一批科研先进工作者，奖励104人，奖励金额14万6千元，提高教师科研积极性。

交流合作。积极扩宽中外合作领域，与美国、英国等学校建立长期合作，共建国际合作的桥梁。国际交流合作不断向纵深发展，在办好原有合作项目基础上，新增3个专业的课程合作，深化课程、教材、教师以及配套设施和管理措施的安排落实，总结办学经验，积极开拓合作办学发展新维度。先后接待美国伊利诺伊州立大学、美国孟菲斯大学、美国田纳西大学查塔努加分校、新西兰坎特伯雷大学等11所大学的到访师生。21名骨干教师赴美国阿拉巴马大学、西俄勒冈大学、查普曼大学、英国赫特福德大学、新加坡南洋理工大学访学、攻读学位。有32名学生通过海外交流项目分别赴美国、德国、英国完成交换生及暑期交流项目。

学生工作。以落实“为做人而学习”的校训为出发点和落脚点，建设学习型校园，不断总结和优化具有天华特色的学生管理工作经验。继续以“三抓三坚持”工作（抓早晚自修教学视频的播放，抓所有学生参与的中英文辩论训练，抓30部经典的阅读，坚持两支辅导员队伍，坚持德育学分制，坚持学生自我管理与服务）的落实，营造良好的学习氛围，引领学风建设。鼓励学生开展广泛的社会调研，关注社会热点，服务国家社会的发展。积极开展丰富多彩的校园文化活动，举办大型校园活动、体育比赛、学科竞赛等350多场；支持学生社团开展活动，共有56个学生社团，参与人数4315人，获多项国家级、市级竞赛奖项。（邓　宇）

【打造“活力课堂”，实现教学创新】 作为教育教学改革的一个重要举措，学校在前期三批基础上，又增加19门课程作为第四批“活力课堂”试点课程，在4个批次共118门试点课程中，开展“在线学习中心”课程建设及考核工作，并作为“活力课堂”星级教师评选、校级教学名师评选和教师重点性调资的指标之一。“活力课堂”课程全部排入课表，写入学分。（邓　宇）

上海师范大学天华学院打造“活力课堂”实现教学创新

【获市教卫工作党委系统党建研究会重点课题立项】 6月，上海市教卫工作党委系统召开党建研究会2018年年会，表彰了2017年党建研究课题优秀成果，下发2018年重点课题立项通知书，确定年度市教卫工作党委系统党建研究重点立项课题35个，一般立项课题161个。学校党办主任、宣传部长齐砚奎主持的课题“党内政治文化引领民办高校文化建设研究”获重点课题立项。（屠　潇）

【党员骨干培训班举行开班典礼】 10月18日，上海民办高校干部和党员研修基地在学校举行党员骨干培训班开班典礼。在上海市教卫党委的关心支持下，在上海市民办高校党工委的统一部署下，经8所民办高校党委认真遴选、推荐报名，上海民办高校干部和党员研修基地精心组织、认真筹备，上海民办高校党员骨干培训班正式开班。来自上海8所民办高校的50名党员骨干参加研修班。

（屠　潇）

【举办第十期干部学习会】 11月30日—12月1日，学校在东方绿舟召开“思考未来，检讨现实”第十期干部学习会。学习会的主题是：优化专业布局，注重特色建设。学校董事长、副董事长、执行董事长、学校党政领导班子等120余人参加会议。各二级学院汇报了各专业的办学现状与未来发展规划，学前教育、康复治疗学等9个专业获重点扶持70人以上的赞成票。

（邓　宇）

附：学校负责人及地址

（2018年1—12月）

校党委书记：陆建非
　　副书记：叶才福（兼）、曹云林、许　岳

院　长：叶才福
副院长：龚春蕾、陈新斌、朱国权、王友根、吴国兴

地址：胜辛北路1661号
邮编：201815
电话：39966266

上海旅游高等专科学校

【2018年概况】 学校在校专科生3593人，本科生1585人，研究生267人（硕士研究生221人，博士研究生46人），学历教育夜大学生151名（学历教育夜大学本科生91人，学历教育夜大学专科生60人）；接受各类留学生36人，其中在读学历生13人（全日制专科学历生3人，本科学历生6人，硕士研究生4人），短期非学历交换生23人。

持续深化教育教学改革。推进校企深度合作，学校成功申请“高尔夫球童岗位”认证机构，成立上海市唯一的高尔夫球童岗位鉴定所。完成烹饪高职现代学徒制项目建设与验收工作，初步形成校企“双主体”合作办学、联合招生、资源共享、校企专兼教学团队互聘互用机制。完成校企合作育人学分认证工作，挖掘各类专业课程的创新创业教育新资源。成功申报财务管理和空中乘务2个新专业，葡萄酒营销与管理作为目录外专业参加教育部年底组织的目录外专业申报工作。编写完成学校《专业建设与发展调研报告》，增设专科酒店管理中加合作专业教学部、文化与素养课程教研室、旅游概论课程教研室、管理学课程教研室以及经济学课程教研室。完成专科13个专业及本科6个专业人才培养方案的修订工作。与上海市工商外国语学校联合申请，将旅游日语专业纳入2018年上海市中高职教育贯通培养模式试点工作。继续推进与加拿大乔治布朗学院合作举办的酒店管理专业办学，构建了包含22门专业核心课程的特色酒店管理专业课程体系。制定学校《内部质量保证体系建设与运行实施方案》。获国家级教学成果二等奖1项，市级教学成果特等奖1项，市级教学成果一等奖2项，市级教学成果三等奖3项。完成2项市级精品课程、1项教学团队项目的申报答辩工作，18个专科项目继续获得市教委创新发展行动计划项目资助。完成市教委课程思政教育教学改革试点项目1项。获第十届全国旅游院校服务技能（导游服务）大赛、2018年全国高校商业精英挑战赛会展创新实践竞赛、第三届全国高等职业院校“创新杯”大数

据分析大赛、上海赖声强杯西餐烹饪大赛、第三届酒店管理信息系统大赛等多个赛项一等奖。

全面提升学校科研能力。年内，获得国家级项目9项，总经费363.2万元；省部级项目9项，总经费47.5万元。其中国家自然科学基金面上项目2项，国家自然科学基金项目3项，国家重点研发计划子课题4项，上海市哲社项目2项，上海市决策咨询项目7项。完成校级科研项目申报63项。管理学校纵向项目4项，横向项目21项，共计72.95万元。本年度学校教师发表学术论文163篇，较上年增长26.4%，其中SCI论文7篇、SSCI论文5篇、EI论文7篇、CSSCI/CSCD论文11篇、中文核心期刊论文2篇。不断强化工商管理学科建设，推进工商管理高原学科与环境科学高原学科的第二阶段建设。完成年度旅游管理MTA专业硕士学位点的合格评估工作。继续完善都市旅游研究基地、中国酒店创新研究院平台等项目的建设。承办“第八届中日卓越全球城市与区域创新空间国际学术研讨会”“旅游管理类教指委工作会议”等大型国内国际学术会议。组织完成2018年中国自然资源学会年会旅游资源研究专业委员会分会场的学术报告。完成并移交上海市旅游局、上海市旅游培训中心“东方讲坛十周年汇编”成果100套。提升学校行业影响力和学术话语权。《旅游科学》继入选南京大学中国社会科学研究评价中心评选的《中国社会科学引文索引》(CSSCI)来源期刊后，又入选中国社科院评价研究院的《中国人文社会科学期刊AMI》收录期刊，获上海市期刊编校质量检查优秀期刊、上海市高校学报优秀学报。

实施人才强校战略。进一步规范干部管理，制定《中层领导干部管理监督办法》《聘任制干部管理办法(试行)》《中层后备干部选拔管理工作实施办法》《中层领导干部试用期管理工作实施办法》《干部人事档案任前审核办法》。持续加大人才队伍引进力度。全年引进副教授13人、博士11人。入选国家旅游局“万名旅游英才计划”之“双师型教师培养项目”3项。学校人才队伍建设工程“五大计划”项目，有21位教师获得资助。4位教师入选市教委教师专业发展工程“产学研计划”，1位教师入选“国内访学计划”。完成新进博士科研启动基金申报项目6项。落实教师各类培训进修工作。全年共有18名教师参加教师发展工程项目赴国(境)外进修、学习和培训，129人次参加各类校外业务培训，支持1名教职工进行硕博、博士后学历学位进修。完成2017—2018学年度锦江“教书育人、管理育人、服务育人”先进个人的评选工作，评选先进个人20人，其中“教书育人”先进个人12人、“管理育人”先进个人4人、“服务育人”先进个人4人。

提升学生综合素养。持续办好“礼仪文化月”等传统文化品牌活动，首次开展融各项球类赛事和体验类体育运动为一体的“体育文化月”活动。获全国第五届大学生艺术展演活动一等奖和三等奖。本专科学生累计1400余人次参与申报90余项场馆类志愿服务项目，155项社会调研大赛项目以及9所爱心学校、5所爱心暑托班志愿活动，社会实践时间逾千小时，为上万人次提供服务。200名本科生入选首届中国国际进口博览会志愿者。深入实施创业教育，提升学生就业创业能力。全年共举办企业宣讲、行业讲座和专家访谈20余场，邀请140家国内外知名企业参加旅游类专场招聘会并提供2500多个优质岗位。建立就业困难群体毕业生数据库，针对西藏、新疆及少数民族的就业工作实行“一生一策”动态帮扶。与第三方合作完成《上海旅游高等专科学校2018届就业质量年度报告》《上海师范大学旅游学院2018届就业状况白皮书》等多份调研报告，为学校人才培养提供参考依据。全年有3支创业团队入驻校内创业基地，53个项目参加中国第四届“互联网+”创新创业大赛上海赛区的比赛。创业项目“思迈德研学旅行创业项目”获上海赛区“青年红色筑梦之旅”赛道银奖。创业项目“杏仁枣泥枇杷酥”入围2018年“挑战杯——彩虹人生”上海市职业学校创新创效创业大赛决赛。

开展对外交流合作。共接待来自12个国家和地区的33个国(境)外来访团组，并与新西兰、澳大利亚、加拿大等6家境外高校和企业签订合作协议。继续推进与加拿大乔治布朗学院联合举办酒店管理中外合作办学项目的持续招生工作。选派112名学生参加海外游学及实习项目，其中45名学

上海旅游高等专科学校200名大学生完成首届中国国际进口博览会志愿者工作

生参加交换与交流生项目,36名学生参加海外实习与就业项目,16名学生参加双学位及联合培养项目。与美国迪士尼乐园、阿联酋顶级奢侈酒店、马尔代夫度假酒店等合作开展院际学生实习交流项目40余项,拓展学生海外学习交流渠道。留学生队伍不断壮大。全年共接受各类留学生27人,开设全英文"中国文化和旅游专业课程项目"。继续加强与锦江集团、法国雅高集团校企合作,开设"酒店课程和实习项目",为进一步拓展留学生教育夯实基础。 (武　婕)

【举行"美丽中国"中期研讨会】 9月19日,学校中国系列思政选修课"美丽中国"中期研讨会举行。党委书记刘晓敏、副书记郑旭华、副校长贾铁飞及教学团队部分专家教师出席研讨会。思政选修课"美丽中国"3月进入校公选课系统,第一轮共有115位学生选修,通过9位老师、9个专题的分享,课堂授课与课下作业的结合,校内课堂与行走课堂的互补,"美丽中国"选修课取得预期效果,受到师生普遍好评。 (武　婕)

【获上海市教学成果奖】 学校6项职业教育教学成果获市级教学成果奖,其中特等奖1项、一等奖2项、二等奖3项,在上海同类高职院校中名列前茅。 (武　婕)

【获国家级教学成果奖】 5月,康年教授领衔团队申报的"基于活动管理的高职会展专业一体化教学模式改革"获职业教育国家级教学成果二等奖,填补了学校国家级教学成果奖项的空白,是学校推进教育教学研究,强化专业内涵建设的又一标志性成果。 (武　婕)

【获评"旅游教育突出贡献人物""旅游教育名师"】 11月30日—12月1日,中国旅游协会旅游教育分会第三届二次理事会暨云南旅游优质发展国际论坛在云南昆明召开,173家教育与学术机构,近400人参加会议。会议举行首届"旅游教育人物名单"发布仪式暨新时代中国旅游教育发展论坛,学校酒店研究院院长朱承强教授获首届"旅游教育突出贡献人物"荣誉称号,酒店与烹饪学院院长、副教授王培来获首届"旅游教育名师"荣誉称号。 (武　婕)

附:学校负责人及地址

(2018年1—12月)

校党委书记:刘晓敏
　　副书记:徐继耀、郑旭华

校　长:康　年
副校长:高　峻、张建业、贾铁飞、王建昌

地址:海思路500号
邮编:201418
电话:57126268

上海出版印刷高等专科学校

【2018年概况】 学校计划招生1991人(自主招生计划300人,“三校生”招生计划10人,中高职贯通招生计划78人,秋季招生计划1603人),实际录取新生1946人,新生报到人数为1767人,报到率90.8%。毕业生总人数为2078人,截至9月1日,就业率为99.04%,签约率为83.59%。

有序完成巡视整改。印发《关于加强全面从严治党“四责协同”机制建设的实施办法(试行)》,加强对拟提任干部个人有关事项的全面审核,加强对重点领域和关键岗位廉政风险的研究,严格执行“四书四会三报告”制度。完成各类审计项目共计83项。组织召开意识形态工作领导小组会议,成立网络和信息安全工作领导小组。出台《学校新媒体运行管理办法》《学校信息化建设工作管理办法(试行)》,推进网络信息化建设。

优化内部治理结构。深入推进以“党委领导、校长负责、多元参与、校企合作、双师治学、民主管理”为核心的现代大学制度建设,完成“上海市依法治校示范校”创建实地评估,“分类评价”工作在上海“应用技能型院校”中排名前列;内控体系建设不断完善,深入推进学校管理重心下移,实施“系部为实体”的管理体制改革,持续深化服务型机关建设,完善服务措施,提升机关服务保障能力和服务水平。

加强教育教学内涵建设。完成校内37个专业备案工作,开展2个新专业申报,落实高等职业教育创新发展行动计划,持续推进“启盈创新班”工作,完成状态数据填报工作,推动校级专业教学资源库课程项目建设,组织填报2018上海市职业院校评估数据,通过语言文字工作评估,举办65周年校庆教育教学成果展。中高职贯通工作持续推进。包装策划与设计、影视动画两个联合申报专业中高职教育贯通培养试点项目获批。获上海市教学成果奖7项、全国新闻出版职业教育教学指导委员教学成果奖4项。应用技术型本科院校建设准备工作有序推进。初步完成可行性论证报告、中长期事业发展规划(2018—2025年)、申办报告及相关支撑材料。持续推进教学诊断与改进工作,实施课程考核制度综合改革。继续深化高技能人才培养,学校被确定为第四十五届世界技能大赛印刷媒体技术项目集训基地,教师李不言担任中国专家组组长。

科研成果取得新突破。发表各类学术性论文(含报刊)250篇,出版教材和著作(含参编)20部。获批各类专利36项,其他类型科研成果(含艺术作品)及获奖47项。累计签订横向合同89项,获批教育部高校示范马克思主义学院和优秀教学科研团队重点立项,获批上海市哲学社会科学研究一般项目1项,成为近五年来在该领域中标的唯一高职高专类院校。“柔版印刷绿色制版与标准化实验室”被评为2017年度优秀新闻出版业科技与标准重点实验室,“出版传媒技术技能型院校产教融合示范项目建设”获上海市文教结合项目建设经费728.9万元。强化决策咨询研究。1篇研究报告入选《上海文化产业发展报告(2018)》,1篇学术论文入选《统计学学科前沿研究报告》,发布《出版传媒动态前沿简报》4期,编撰《高职决策参考》3期,《出版与印刷》出刊4期。

推进师资队伍建设。拓展教师成长渠道。完善教师工作部和教师发展中心职能,举办新教师培训班,举办上海高职院校兼职教师队伍建设专题研讨会,成立上海师德建设实践创新基地,持续推进“大师工作室”建设,拓宽教师行业、企业实践培养平台。人才梯队初具规模。引进高层次人才10人,推进实施青年人才全程培养计划。进一步优化人才管理体制。研究制定《关于全面深化新时代教师队伍建设改革的具体实施意见(讨论稿)》《教师职业道德规范(讨论稿)》,持续推进人才分类评价,完善职称、岗位晋升标准,优化绩效工资分配,深入推进骨干教师教学激励计划。

多渠道抓好学生工作。注重新媒体平台建设。扩大"上海版专学工在线""版专就业""版专心理"等微信平台功能,努力拓展和丰富大学生思想政治教育新平台。完善心理五级网络建设。在形成自学校领导小组到宿舍心情联络员上下通达、反馈良好的心理健康教育五级网络系统的基础上,细化日常工作体系,梳理并制定"班级心理委员周报表""分中心心理健康状况月报表"等表格。力推"互联网+就业"模式。依托"版专就业"微信公众号和"就业信息服务网"平台,完成"互联网+就业"模式升级。学工队伍职业能力进一步优化。通过在CRP辅导员工作日志的记录和班主任工作推进表的审核,加强辅导员、班主任队伍建设。搭建学生工作交流平台,体现学校班主任队伍建设的成效。

对外交流与合作工作。举办"一带一路"印刷职业教育与印刷装备发展研讨会和"一带一路"中德职业技能人才培养研讨会,组织国家商务部援外培训项目—2018年"俄语国家大学校长研修班"到校研讨,接受美国印刷工业协会ACCGC印刷媒体技术专业认证,完成"现代传媒技术与艺术学院"中外合作办学机构办学初期建设工作。继续开展海外实习项目,资助派出237名优秀学生、11名教师赴海外学习实习。对接"一带一路"倡议,为白俄罗斯国立技术大学等5批境外高校开展技术和文化培训;为哈萨克斯坦国家参加第四十五届世界技能大赛印刷媒体技术项目的候选选手进行赛前培训。

平安校园建设有序推进,完成"治安消防安全责任制"三级签约,召开3次安全生产会议,组织开展6次专项安全隐患检查,规范完成固定资产设备管理、物资采购和基建修缮工作,优化校内实验实训基地建设。完成教工之家改造工作,完成国际化教学实训基地——水丰路实训大楼装修工作,完成国顺东路运动场建设,完成水丰路校区、营口路校区的学生宿舍空调安装等工程。 (聂韶晶)

【举办建校65周年纪念大会暨王选创新精神研讨会】 10月28日,举办建校65周年纪念大会暨王选创新精神研讨会。同日,有"汉字激光照排之父"之称的王选塑像揭幕仪式举行。中国印刷及设备器材工业协会会长徐建国,学校党委书记顾春华,北京大学计算机科学技术研究所副所长汤帜,王选纪念室主任丛中笑共同为王选雕像揭幕。(聂韶晶)

【世界技能组织主席受聘学校名誉教授】 3月2日,学校举行世界技能组织主席西蒙·巴特利名誉教授的聘任仪式。西蒙·巴特利作为名誉教授,将定期为学校师生做关于"应用技术技能"领域的国际学术前沿专题的授课,为学校人才培养提供智力支持和咨询服务。 (聂韶晶)

【完成印刷媒体技术专业ACCGC认证现场评估工作】 10月16—19日,学校印刷包装工程系印刷媒体技术专业接受ACCGC组织的现场评估。ACCGC(The Accrediting Council for Collegiate Graphic Communications)是美国针对高校印刷专业进行教学评估的第三方机构。 (聂韶晶)

上海出版印刷高等专科学校完成印刷媒体技术专业ACCGC认证现场评估工作

【获14项班尼金奖】 7月,学校选送的14件参赛作品全部获得班尼金奖。美国印刷大奖组委会首次向学校颁发集体金奖,学校也成为单届获得金奖最多的中国高校。班尼奖是由美国印刷工业联合会主办的美国印制大奖,是印刷业最权威、最具影响力的产品质量评比赛事，于1950年创办，其设置的班尼奖是以曾为美国印刷业技术带来革命性发展的发明家本杰明·富兰克林命名的最高荣誉奖项。（聂韶晶）

【获评优秀新闻出版业科技与标准重点实验室】 学校牵头建设的“柔版印刷绿色制版与标准化实验室”被评为2017年度优秀新闻出版业科技与标准重点实验室。（聂韶晶）

【开设电子竞技运动与管理专业】 12月，学校与阿里体育联姻，双方就电子竞技运动与管理专业展开校企合作，达成《关于电子竞技教育的战略合作框架协议》。学校将首次开设电子竞技运动与管理专业，于2019年秋开始招生。（聂韶晶）

【在第三届上海高校青年教师教学竞赛中获多个奖项】 9月29日，在第三届上海高校青年教师教学竞赛中，艺术设计系教师1人获特等奖，印刷设备工程系教师1人、影视艺术系教师1人获三等奖。其中，1人被授予“上海市五一劳动奖章”。学校获“第三届上海高校青年教师教学竞赛优秀组织奖”，教务处获“工人先锋号”称号。（聂韶晶）

【获2018年“上海工匠”称号】 11月9日，2018年“上海工匠”命名暨工匠精神主题论坛在东航之家举行。教师王东东获2018年度“上海工匠”称号。（聂韶晶）

【获上海出版新人奖】 3月，上海市新闻出版（版权）工作会议举行。1人获“上海出版新人奖”。（聂韶晶）

附：学校负责人及地址

（2018年1—12月）

校党委书记：顾春华（3月到任）
副书记：陈　斌（兼）、顾　凯

校　长：陈　斌
副校长：滕跃民、周国明、曾　忠、黎　卫

地址：水丰路100号
邮编：200093
电话：55530024

上海行健职业学院

【2018年概况】 学院计划招生1560人（其中上海生源680人，外省生源880人），实际报到1347人。录取最低分数线208分，学前高本贯通255分，学前教育236分，其余各专业分数线为208分。共有高职学生3915人，23个专业（含方向），其中一流专业1个，骨干专业5个，特色专业15个。应届毕业生就业率98.68%，高于全市高职就业率98.20%。学院被上海市教委认定为优质高等职业院校，建设完成上海市高职“一流专业”学前教育专业，上海市高职骨干专业飞行器制造技术、电子商务。在编教职工183人，其中179人为专技职务。有正高级职称2人，副高级职称45人；专技人员中有一线教师96人，一线教师获职业技能证书超过90%；教职员工中有博士6人、硕士130人。获2个上海市教学成果一等奖，分别为学前教育专业“幼儿钢琴弹唱”教学创新与实践和《学前儿童行为观察与分析》（教材）。

国家发布《职业教育改革实施方案》《教师职业行为十项准则》，学院组织广大教师认真学习全国教育大会精神和新颁布有关规定，对标国家标准，先后进行几项自评，包括：职业教育适应社会需求评价、高校分类评价、毕业生就业质量年度评价、高等职业教育年度质量评价。从不同着眼点全面分析学院办学情况，按照要求向社会公开，接受社会评价和检验。11 月市政府督导室公布第一次上海市高等教育高校分类评价情况，学院在应用技能类高校中排位区间为 40%—60%。市教委公布 10 所优质高职院校及 20 个高职骨干专业建设名单。学院是 10 所优质高职院校之一，飞行器制造技术专业、电子商务、学前教育专业是骨干建设专业。

推进社会主义核心价值观和中华传统文化教育。全面学习宣传贯彻党的十九大精神，推进习近平新时代中国特色社会主义思想进教材、进课堂、进师生头脑。培育和践行社会主义核心价值观，引导广大学生树立正确的世界观、人生观、价值观。加强“一训三风”教育，利用学院明德笃行文化建设项目，弘扬中华优秀传统文化和革命文化、社会主义先进文化。推进《自信中国》思政课选修课建设。加强理想信念教育，深入开展“我的中国梦”主题教育。加强思政政治工作。加强思政课教师队伍建设，提升思政课的亲和力、针对性。加强辅导员队伍建设，鼓励辅导员在职培训、挂职、进修和开展相关研究。探索科学有效方法，充分利用“今日校园”“易班”、官微等新媒体，有效开展大学生网络思政教育，不断推出深受大学生喜爱的“有态度、有温度、有厚度、有力度”的系列教育文化产品，开展丰富多彩、积极向上的校园文化活动。推进心理健康教育。健全心理危机干预实施办法，完善心理工作体系，编发心理工作手册，推进学生动态心理档案信息化建设，加强心理健康教育队伍建设。

提升教职工育人能力和水平，要求广大教职工履行好“教书育人、管理育人、服务育人”的职责，不断提高专业能力。一是加大人才引进力度。根据学院发展规划、专业建设需要，通过公开、公正、规范的招聘程序，引进优秀人才充实教师队伍。共招聘硕士研究生专任教师 3 人、专职辅导员 6 人、实训教师 1 人。二是积极开展教师专业培训。通过新老教师结对带教、校内专题讲座、素质拓展、校外专业培训等，使新教师尽快熟悉高职教育教学特点、掌握学生心理，尽快适应高职教育教学工作。三是积极开展教师企业实践。通过企业实践，专业教师更加熟悉企业岗位需求，明确人才培养方向。教师参加企业实践近 40 人。

强化产教融合、校企合作，改进和完善人才培养机制。网络技术专业和市北职高中高职贯通首届毕业生 6 月毕业。与上海市群益职业技术学校合作开展学前教育(幼儿保健)专业、与新陆职业技术学校合作开展学前教育专业。并与上海师范大学天华学院开展高本贯通，每年 1 个班级 40 人，大一新生于 9 月入学。组织学生参加全国职业技能赛、世界技能赛选拔赛；推进教学一体化改革，提高学生学习体验，广泛参与教学过程。3 月，3 名学生参加第四十五届世界技能大赛网络系统管理项目上海选拔赛，分别以第一名、第三名成绩进入上海市集训队。学生何学杨晋级国家队。重视大学生创新创业工作，将创新创业工作作为人才培养的重要环节纳入学院教育质量提升工程，整合有效资源，打造工作品牌，构建长效机制，完善工作体系。注重创业指导服务水平的提升，根据毕业生调查问卷反馈，聚焦问题，实施改善。举办第一届“行健杯”创新创业大赛。累计报名参赛项目 107 个，29 个项目进入复赛，11 个项目进入决赛。

坚持开放办学，继续推进国际化合作办学项目，积极开展学前教育国际化项目探讨研究。中法合作工商管理专业持续推进国际课程引进，11 名学生赴法留学。根据市教委统一安排，承担对口帮扶喀什师范学校学前教育专业、电子商务专业的任务。学院领导带队赴喀什师范学校支持其电子商务专业及学前教育专业建设。接待新疆交流学习人员 30 人，云南交流学习人员 25 人。

（王　欢）

【举办第一届社团文化节】　4 月 19 日，以“绽放社团魅力　放飞青春梦想”为主题的第一届社团文化节开幕。活动持续近 1 个月。本届社团文化节，鼓励各学生社团独立思考、勇于实践，以踏实的求学态度，良好的学习风貌创新社团工作。　（王　欢）

【喀什师范学校领导和教师到校交流】 5月10日，喀什师范学校领导和教师到校学习交流。学院党委书记李国庆、院长黄群、副院长章卫芳，以及相关部门、学前教育系教师参加交流活动。喀什师范学校是学院重点对口援建的学校。近年来，学院对喀什师范学校的学前教育专业进行多方面支持。此次交流重点对其人才培养方案的修订、核心课程标准建设给予指导。（王　欢）

【举办“文化与自然遗产日”活动】 6月15日，举办上海行健职业学院“文化与自然遗产日”活动暨行健展厅启用仪式。静安区、上海市文化广播影视管理局非遗保护处相关负责人出席活动，并为“国家非物质文化遗产印泥制作技艺”揭牌。多年来，学院一直致力于中华优秀传统文化和技艺的传承。还着眼于传统文化的开发性保护，在传统文化辐射社区、校本教材和资源库建设、非遗技艺挖掘和创新等方面进一步探索。（王　欢）

上海行健职业学院非遗社团学习陶瓷修复技艺

【举行“学习新思想　千万师生同上一堂课”活动】 6月20日，学院开展“学习新思想　千万师生同上一堂课”活动。校党委书记李国庆作“奋勇投身新时代　接力建功中国梦”主题讲座。学院校级领导、中层干部、思政理论课教师及学生代表与会。各系师生通过易班直播进行在线同步学习。（王　欢）

附：学校负责人及地址

（2018年1—12月）

校党委书记：李国庆
副书记：李　越

院　长：黄　群
副院长：章卫芳

地址：原平路55号
邮编：200072
电话：56075555

上海城建职业技术学院

【2018年概况】 学校有全日制在校大学生9350人，毕业生4229人，就业率98.37%，签约率88.48%，进入世界500强、全国500强和建筑类百强企业就业人数跃升至300多人。在编教职工625人，人事代理76人，其中，专任教师435人，副高以上职称134人。有上海市骨干专业14个，中高职贯通专业19个，高本贯通专业2个，上海市级教学团队18个，上海市级精品课程34门。获省部级各类项目27项，经费1438万，横向科研项目取得突破性进展，签署合同37项，合同金额385万元，校内科研项目立项122项、经费300余万元，获各类科研成果奖励9项。

推动顶层设计。加强党对学校工作的全面领导，严格履行“三大主体责任”，规范执行党委领导下的校长负责制，落实全面从严治党。核准并实施学校《章程》。制定学校“五年发展规划（2018—

2022年)”。明确五年发展目标、重点任务和主要举措,启动师资队伍建设规划(2019—2023年)、专业建设与发展规划(2019—2023年)的编制工作。形成“新城建”共识。确立“立德、立人、立业”校训,成立校友会,筹划“三立”教育发展基金会。

深化教育教学改革。“三年行动计划”基本收官。完成“创建A类优质院校评估”两个阶段的总结汇报,开展上海市高校二维分类评价的自我评估。优化专业结构。新增道路桥梁工程技术、老年服务与管理、建设项目信息化管理、物业管理(智能管理)、物流管理(铁路运输)等5个专业(方向),初步形成土木市政工程类、健康养老类、城市智能管理类、公共管理与服务类、文化与艺术传承类、商贸流通类等6个专业群。推进现代学徒制试点。物业管理、食品营养与检测、护理和文物修复与保护4个专业获得立项,“现代学徒制千生计划”基本完成。食品质量与安全、酒店管理2个专业通过教育部和市教委中期检查。推进双证融通专业建设。食品质量与安全、机电一体化2个专业获批成为上海市第三批双证融通试点项目。推进质量保证体系建设。继续委托上海市教育评估协会组成教学督导组对学校教学工作开展第三方督导,推进30个专业、60门课程参与诊断与改进工作。推进创新创业教育。开展专题讲座和专项赛事累计近50场,孵化落地创业项目12个,聚集校院两级双创项目近130个。

加强思政工作。推进课程思政试点。在2018级学生中全面实施思政实践课教学,在基础课、综合素养课和专业课中全面推行课程思政教学改革。“中国城事”新增10个授课单元,推进在线课程建设。“综合素质培养”课程成果汇报——“让每一个青春都出彩”得到社会广泛关注和好评。弘扬劳模(工匠)精神。开发“走近劳模”课程,成立新时代劳模(工匠)精神教育中心,举办“劳模(工匠)精神教育实验班”。建立2个劳模创新工作室、14个劳模育人实践基地。“走近劳模”暑期社会实践团获“知行杯”上海大学生社会实践项目大赛二等奖。在全国大中专学生志愿者暑期“三下乡”社会实践活动中被评为优秀单位。校团委获上海高校共青团年终工作考核中“优秀”,在全市高职高专院校中排名第一。

加强师资队伍建设。加强师德师风建设。制定《加强师德师风建设的实施办法(征求意见稿)》,举办新入职教师培训班并举行入职宣誓,举行从教30年教师颁证仪式。150余名教师参加国家行政学院举办的“加强师德师风建设,牢记立德树人使命,做新时代党和人民满意的好老师”专题网络培训。加大教师培训力度。推进实施“青蓝工程”青年教师提升计划和“上海市高校教师专业发展计划”,有21名教师分别获得上海高校教师产学研践习计划和国内、国外访问学者计划支持。加强辅导员队伍建设。制定“辅导员星级管理办法”,辅导员团队在上海市辅导员素质拓展活动中获得团体三等奖。加强人才引进力度。全年新招聘77人,其中博士20人,高级职称19人。制定并实施柔性人才引进与管理办法,柔性聘用高层次人才5人。

积极服务社会。科研工作显著进步。《上海城市管理》入选《中国学术期刊影响因子年报》统计源期刊。继续教育事业稳步发展。举办各类培训班129个,总培训量近1.1万人次;学历教育在校生达到3014人。积极促进教育发展。承办市教委首届养老护理技能培训班、国家文物局文博相关职业院校骨干教师研修班。组织开展上海市养老建筑设施地方标准的制定。承办2019年上海市普通高校招生美术与设计类专业统一考试。服务重大任务和社会公益事业。101名学生志愿者全程参加首届中国国际进口博览会的志愿者服务工作,“铁路志愿服务队”再次受到上海铁路局上海站春运表彰。

拓展对外合作交流,办学影响力显著提升。服务“一带一路”建设。举办2期“一带一路”基础设施建设国际人才研修班,设立“鲁班学堂”,培训10个国家(地区)50多名学员。派出专业团队培训205名印度尼西亚学员。做好援建工作。继续开展西藏日喀则、青海果洛、新疆喀什住建系统领导干部培训,启动对口支援喀什职业技术学院筹建工作。重视校企合作。全面推进上海建筑职教集团工作,开展课题研究、师资培训、教师企业实践、师生和企业员工技能大赛等各项活动,积极推进境外职业资格证书考核培训。社会影响不断扩大。中央媒体和上海各大媒体报道学校改革发展92篇次，学校推进中英职业教育合作发展的工作被市教委选为教育综合改革典型案例，形成专报上报至国家科技教育领导小组办公室、教育部办公厅以及上海市委、市人大、市府、市政协办公厅。校训故事入选市教卫工作党委主办的校训专题广播系列节目。《中国城事》栏目在东方广播电台播出，援边精神进校园专题片在上海教育电视台播出。提升学生综合素养案例被《2018年中国高等职业教育质量年度报告》选用。

完善内部治理体系。加强学校制度建设。制定或修订各类规章制度100余项，在绩效工资、岗位职责设置等重要改革方案酝酿过程中召开座谈会近30次。开展"城建下午茶""校领导与学生面对面午餐"等活动。提升后勤保障能力。完成学生公寓"6T"三星服务创建。杨浦校区4号楼获得上海高校学生公寓"6T"管理五星级示范公寓，杨浦校区3号楼、奉贤校区1号楼、2号楼、10号楼获得四星级达标公寓，奉贤校区5号楼9号楼获得三星级达标公寓。改善校园环境设施。做好奉贤校区规划调整工作。做好与杨浦油库的土地置换工作。 （范春燕）

【举行标识系统新闻发布会】 3月15日，学校举行标识系统新闻发布会。徽志为圆形，外圈为中英文校名，中心标识以"城建"首字母"CJ"代表"上海城建职业学院"；三个几何图形"C""J""G"寓意三校融合；"匠"字也是"匠人"两字变形，寓意学校坚持职业教育导向，以工匠精神作为校园文化的重要特征，以培养大国工匠为己任，"U"字造型代表Urban；呈上海市花白玉兰形状，象征学校地域特征；造型为翻开书籍，彰显学校文化氛围；整个图案呈向上生发之态，寓意学院事业欣欣向荣。 （范春燕）

上海城建职业技术学院举行标识系统新闻发布会

【承办多项技能大赛】 3月28日，学校承办第四十五届世界技能大赛混凝土建筑项目、砌筑项目上海选拔赛；5月6日，学校承办住建行业花艺项目选拔赛；6月1—4日，学校承办第九届全国职业院校民政职业技能大赛暨第六届全国高职高专社会工作职业能力竞赛。 （范春燕）

【举行校友会成立大会】 3月30日，学校召开校友会成立大会，100余名校友代表返校参会。大会审议通过《第一届理事会成员建议名单》《校友会章程》。在校友会第一届理事会第一次会议上，提名并表决产生出首届校友会会长、副会长、秘书长、副秘书长。 （范春燕）

【入选全国劳模文化研究联盟理事单位】 4月20—22日，新时代劳模精神、工匠精神与思想政治教育研讨会暨全国劳模文化联盟推进会在中国劳动关系学院举行，全国100所高校的领导、专家等200余人出席会议，学校入选全国劳模文化研究联盟理事单位。 （范春燕）

【获批第二批高本贯通试点】 4月25日，"食品营养与检测"专业获批成为上海市第二批高本贯通试点专业，继2017年批准的"建筑工程技术"专业，学校已有2个高本贯通试点专业。 （范春燕）

【学校《五年发展规划(2018—2022年)》通过专家论证】 5月17日，联合上海市教育科学研究院职业教育与成人教育研究所共同研究的学校《五年发展规划(2018—2022年)》通过专家论证。 （范春燕）

【被推举为中英职业教育合作发展联盟副主席单位】 5月28日，中英职业教育合作发展联盟成立大会暨中英职业教育交流研讨会在北京举行，全国30多所高职院校及中国职业教育对外联盟等机构、企业和媒体参加大会。学校作为联盟发起单位之一参与中英职业教育合作发展联盟筹备工作，会上被推举为副主席单位。11月16日，中英卓远职业学院成立大会暨第二届中英职业教育国际交流合作论坛召开。中英卓远学院致力于建成为集专业共建、师资培养、创新人才培养模式、推进办学国际化等多项功能的平台。学生经考核达到英国标准后获取英国教育系统、国际认可的职业证书和文凭。（范春燕）

【马克思主义学院揭牌】 6月28日，以马克思主义青年理论研究为特色的马克思主义学院成立。并举行了习近平新时代青年思想研讨会。（范春燕）

【通过上海市语言文字工作达标评估】 11月30日，受市语委、市教委委托，上海市教育评估院组织评估专家对学校语言文字工作进行实地考察评估。经过评议，专家组成员一致认为，学校的语言文字工作达到评估合格标准。（范春燕）

【举行首批“劳模(工匠)精神教育实验班”开班仪式】 9月26日，首批“劳模(工匠)精神教育实验班”开班仪式举行。实验班聚焦学生发展的核心素养，通过遴选优质生源，改革人才培养模式，实施重点培养工程，提供一流学习条件、创造一流学习氛围，配套优质保障措施，造就一批具有劳模(工匠)精神、较强创新思维、较强实践能力和国际视野的高素质技术技能人才。（范春燕）

【参与进博会志愿者服务工作】 首届中国国际进口博览会期间，学校共有101名志愿者在国家会展中心从事志愿服务工作，主要分配在摄影、制证、信息报送、医疗服务、展务咨询等岗位。志愿者帮助患高血压的非洲参展商及时联系救护车送医获得受助者高度好评，被人民网、青年报等多家新闻媒体报道。（范春燕）

【服务长三角发展战略】 11月23日，举办“2018长三角城市发展论坛”，邀请三省一市建设类高校共聚一堂，中国科学院、市政府相关机构的知名专家学者和市领导共论高质量城市规划、发展、创新和人才等议题。10月27—31日，举办首届长三角“VR设计极限任务挑战赛”，各参赛队在BIM VR和装饰VR两个项目上角逐；11月24日，举办长三角高职院校创新创业实践联盟建设研讨会，探索长三角高职院校创新创业教育在实践教学领域的培养理念、方法和机制体系，加强三省一市高校间的合作与交流，努力实现双创实践教学的平台共建和资源共享。（范春燕）

【举办纪念改革开放40周年系列活动】 先后开展50多场十九大精神辅导宣讲活动、13场“上海高校学习新思想千万师生同上一堂课”专题宣讲活动。学校大国系列特色课程“中国城事”首次登陆东广新闻台，共同纪念改革开放40周年中国波澜壮阔的城市化进程，覆盖听众200万人。（范春燕）

【多名师生获奖】 4名教师获上海高职院校教师教学能力大赛三等奖，1名教师获上海高职院校教师说课比赛一等奖。“立足‘四维共建’养老平台，构建医养护结合的老年健康服务人才培养模式”等2项成果获得上海市优秀教学成果一等奖，另有2项成果获上海市优秀教学成果二等奖。学生参与16个世赛项目，获得团体和个人2项一等奖、2项三等奖，4名学生分别进入花艺和精细木工项目国家集训队。在全国职业技能大赛上海选拔赛中参与14个赛项，获得团体和个人7项一等奖、8项二等奖、5项三等奖。在“挑战杯——彩虹人生”全国职业学校创新创效创业大赛中获得1项特等奖、1项二等奖、2项三等奖和上海市特等奖1项。在全国舞龙争霸赛中获得传统套路金奖和团队金奖，在长三角舞龙舞狮邀请赛上获银奖，在第十一届全国大学生舞龙舞狮锦标赛上获第一名，《传统体育、游艺与杂技——舞龙竞技》项目获上海市市级非物质文化遗产保护项目立项。（范春燕）

【深入推进产教融合】 与临港集团签署战略合作框架协议，与漕河泾新兴技术开发区发展总公司签署战略合作协议，共建科技园区运营管理学院。与北京世家国际会展有限公司、上海会展有限公司、中科公司签署校企合作协议。励展博览集团大中华区在学校设立并颁发首个“励展(中国)奖学金”。招商局慈善基金会在学校设立并颁发“招商局奖学金”。（范春燕）

附：学校负责人及地址

（2018 年 1—12 月）

校党委书记：褚　敏

副书记：杨光辉、何　光

校　长：叶银忠

副校长：范文毅、郭洪涛、淦爱品、李　进、杨秀方

地址：南亭公路 2080 号

邮编：201415

电话：57460188

上海交通职业技术学院

【2018 年概况】 学院分宝山校院和浦东校院；另设轨道学院。学院有 9 个教学系部。全日制在校生 4520 人，其中外省市生源占 52.26%，较上年增长 3.19%；专任教师 253 人。有 34 个专业（含专门化方向），其中“汽车运用技术”“集装箱运输管理”2 个专业为国家级教改示范专业。2018 年 22 个专业（含专门化方向）全日制毕业生 1749 人，就业率 95.60%。

优化专业人才培养机制。完成 2018 级招生专业人才培养方案编制，并将基础学科、241 门专业核心课程标准、专业人才培养方案汇编成册。修订完善《中高职教育贯通培养模式试点联合管理实施方案》等中高职贯通教学管理制度，制订《专业设置管理规定》《专业建设管理办法（试行）》《精品课程评选办法》《关于课程建设的实施意见》《课程建设经费管理办法（试行）》《关于国家（市）级招生考试工作实施细则》等。中高职贯通层面修订完善中高职教育贯通培养模式试点联合管理实施方案、关于中高职教育贯通培养模式一年“甄别”和三年“转段”工作的规定、中高职教育贯通培养模式甄别工作实施细则、中高职教育贯通培养校长联席会议制度等中高职贯通教学管理制度。组织中高职贯通教学工作会议，规范完善“物流管理”专业“点对面”中高职教育衔接专业培养方案。完成高水平优质交通职业院校建设方案、汽车专业教育部第三批现代学徒制项目申报。推进校企合作项目，“国际商务”专业与京东合作，开设定向培养“京东班”。汽车专业与上海汽车工业销售有限公司举行校企合作签约仪式。《纯电动汽车结构与控制技术》《国际货运代理》2 门课程申报市级精品课程建设项目。

深化教师培养发展机制。完善师资培养制度。完成骨干教师、教职员工培训等 6 项管理办法，建立新教师培养机制、“双师型”骨干教师培养机制，开展自主招聘、“双师型”教师认定标准制定。全年共有 728 人次参加各级各类岗位培训。师德师风网络培训实现专任教师全覆盖。市级培训层面，完成 7 名教师 2017—2018 年度优青项目申报、国内访问学者申报等项目，49 名骨干教师、教学名师、专业带头人完成中期考核。完成 20 名教职员工引进工作。完成 9 人职称申报，5 人职称晋升。

创新思政育人途径。制订《上海交通职业技术学院关于进一步加强与改进高校形势与政策课的意见》，开展“千万师生同上一堂课”“行走的课堂”“十九大精神进高校课堂”、思政实践课教学等活动。5 月组织开展“五分钟课程思政”授课决赛。制定思政队伍培养规划，完善思政教师实践锻炼制度、外出学习考察制度、暑期集中备课制度，发挥思政教育骨干作用。加强学生网络思政。开展学生第二课堂、“不忘初心　牢记使命”主题实践活动、校园寝室文化节等系列活动，完成第四十五届世界技能大赛全国选拔赛志愿者服务工作。

提升招生就业工作质量。完成依法自主招生及“三校生”、高中生招生工作。计划招生 1800 人，录取 1768 人，录取率 98.22%，实际报到 1611 人

(含29名保留入学资格的新生),报到率91.12%。其中,依法自主招生计划200人,实际报到200人;"三校生"计划10人,录取10人,实际报到10人;五年制中高职贯通转段学生469人;高中生实际报到944人。开展2019年毕业生就业工作,采集并预报高职2019届毕业生生源信息及联系方式。安排近100家企业到校招聘,提供岗位700余个。完成就业工作年度报告编制,完成2018年毕业生就业跟踪调查专题调研报告。

加强社会服务力度。发挥职教集团服务功能。3家单位加盟职教集团,职教集团成员单位增至66家。完成《上海市职教集团十年发展报告暨优秀案例专辑》编撰任务。完成"内河船员综合技能训练平台"和"现代物流类技术技能人才供需发布机制研究"信息化项目研发任务,相关专业平台达到8个。完成"特聘企业兼职教师"资源库建设及典型案例汇编。主办交通运输管理类专业全国师资培训班,推进集团化办学区域合作、产教融合、校企合作,承办"全国高等职业学校智能交通监控系统集成与应用技能竞赛"等相关活动。做好继续教育工作,学历教育招生435人,在校生1255人;职业技能培训鉴定3642人次;社会服务和赛事组织共计2668人次。组织完成技能培训学校换届选举、法人变更、"三证合一"工作,恢复"民非"性质培训学校各项培训资质;通过"2015—2017年度民办职业培训学校办学质量和诚信等级评定"。协助参与第四十五届世界技能大赛全国选拔赛、宝山人保局汽车维修工(中、高级)竞赛、汽车维修工(电器维修)(中级)、宝山区财政局注册会计师全国统一考试等工作。

上海交通职业技术学院参加第四十五届世界技能大赛全国选拔赛志愿服务

规范落实各项保障工作。完成128个政府采购项目。完成重要建设项目8项,零星维修工程共计完成12项。完成8个专业实训室改造项目。校园信息化、智能化建设项目。10月,完成原上海大学巴士学院固定资产处置。落实安全工作责任制,加强网络安全防范。

做好国际交流工作,与英国博尔顿大学签署合作框架协议,参加中国—东盟交通职业教育联盟;全年组织48名师生分赴6个国家出访交流。

(王晓红、胡萌萌)

【教育对口支援】 6月,学院开展面向云南省保山市建档立卡贫困家庭考生高职单招专项试点工作,招生10人,招生专业为"汽车运用与维修技术"。招收贫困学生在校学习期间减免全部学费,全部纳入享受国家助学金范围,单独制定人才培养方案,提供优先实习和就业机会。 (王晓红、胡萌萌)

【创建"六T"公寓】 3月,浦东校院试点创建2栋"六T"学生公寓,改善公寓内公共服务设施,整理完成各项管理服务规章制度,建立各类管理台账,管理服务人员、学生楼管会人员落实培训到位。10月向高校后勤协会申报"六T"达标公寓楼验收事项,获"五星级示范公寓"称号。

(王晓红、胡萌萌)

【与英国博尔顿大学签署合作协议】 4月16日,与英国博尔顿大学签署教育交流合作协议,开展汽车工程、赛车技术、物流、供应链管理、艺术设计等相关专业领域的师资培训、学生学历学位进修等方面的合作。并就2019年双方合作工作进行沟通,计划互派教师开展校际交流,根据合作协议开展进一步深入合作。 (王晓红、胡萌萌)

【教学成果申报与评选】 组织完成2018年教学成果奖申报工作,获上海市教学成果奖3项。《五年制中高职贯通汽车营销与服务专业技能复合型人才培养新途径》获特等奖,并获国家教学成果二等奖、交通运输部教学成果二等奖;《"三元融合"本土培养汽车技术技能国际化人才创新实践》获一等

奖;《集团化办学背景下学分互认课程衔接中高职贯通培养创新实践》获二等奖。（王晓红、胡萌萌）

【申报新专业】 10月,成功申报“道路与桥梁工程”“游戏设计”2个专业,并与浦东外事服务学校、上海海事大学附属职业技术学校申报“新能源汽车技术”“报关与国际货运”2个专业中高职贯通项目。（王晓红、胡萌萌）

【落实专项督导整改】 10月29日,完成市教委教育评估院专家对中高贯通“航海技术”专业的跟踪检查。11月9日,接受上海市人民政府教育督导对学校中高、中本层面专项督导、“学校办学能力专项督导整改落实情况”的飞行检查。（王晓红、胡萌萌）

【学校获多个奖项】 学院获2016—2017年度上海市安全文明校园;被教育部评为2017年国防教育特色学校;获第二届全国大学生网络文化节全国高校“校园好声音”作品征集活动暨“唱响青春中国梦”第三届全国高校“校园好声音”活动上海地区季军、优秀组织奖。10月,参加上海市红十字应急救护比赛获优秀组织奖;板球队代表国家队参加亚洲板球锦标赛。（王晓红、胡萌萌）

【多名教师获奖】 社科部孙业凤参加上海市高职高专思政教师微课比赛,获三等奖,参加上海高校信息化说课比赛,获优秀奖。社科部顾晓宁参加全国交通高职思政微课大赛,获“思想道德修养与法律基础”课程一等奖。人文艺术系马晓羚获上海市高职院校教师信息化教学大赛三等奖。学工部(处)沈乾、孔佳宁获第二届全国大学生网络文化节全国高校“校园好声音”作品征集活动暨“唱响青春中国梦”第三届全国高校“校园好声音”活动优秀指导教师奖。（王晓红、胡萌萌）

【学生获多个奖项】 3月,参加2018年中国技能大赛暨第四十五届世界技能大赛上海市选拔赛8个项目,汽车技术项目获一等奖、三等奖,车身修理项目获二等奖,货运代理项目获第三名,平面设计项目1人获三等奖(第六名)、1人优秀奖(第八名)。第五届大学生艺术展演中,韩晨平面设计作品《上海崇明——猎宴农场》获设计类(甲组、乙组)唯一的一等奖,10月获全国二等奖,作品被中华儿女美术馆收藏。李庆书法作品《雨铃霖》《博学笃志》分获书法类一、三等奖,邵正杰摄影作品《匠人·匠心》荣获摄影类一等奖。（王晓红、胡萌萌）

【推进助学育人工作】 全年共计发放国家助学金、学院奖学金、国家奖学金、上海市奖学金、国家励志奖学金共计1355人次,387万元。申请国家助学贷款、参加生源地信用助学贷款共计376人次,295.65万元。特殊困难学生资助97人次,发放学院助学金19.95万元。校内勤工助学岗位资助1107人次、发放工资22.14万元。做好云南保山建档立卡贫困户学生教育扶贫工作,认真制定“关于云南省贫困学生管理工作方案”。4月26日,学院与无限极(中国)有限公司合作建立“思利及人助学圆梦计划”,通过思利及人公益基金会,提供60万元(每年20万元,共3年)助学基金,用于19名云南贫困生在学期间的学费、住宿费、医疗保险、生活补贴等各类费用,直至其完成三年高职阶段教育。

（王晓红、胡萌萌）

附:学校负责人及地址

(2018年1—12月)

校党委书记:董晓峰

副书记:徐　辉、顾剑锋(11月到任)、张巳冬(11月到任)

院　长:徐　辉

副院长:顾剑锋(11月到任,兼)、刘　伟(11月到任)、钱啸寅、朱建柳

地址:呼兰路883号

邮编:200431

电话:56993234

上海海事职业技术学院

【2018年概况】 学院设有航海技术系、机电工程系、航运管理系、公共教学部、管理系5个二级教学系部、1个职业教育培训中心。全日制高职在校生962人,开设专业16个,毕业生就业率91.06%。专任教师78人,其中具有中高级专业技术职务的比例达81%。

坚持内涵建设、特色发展。向市教委申报年度课程思政改革方案,获得"一般培育校"立项,"中国航运文化(海丝中国)""航运中国"两门"中国系列"课程开讲,会计专业财经法规与会计职业道德课程、报关专业海商法课程、港口与航运管理专业国际货运代理课程相继开展专业课程思政建设试点;完成高职创新发展行动计划(2015—2018)2017年绩效考核填报、2018年预算申报,以航海技术、轮机工程技术、港口与航运管理3个骨干专业建设为核心,完成创新创业教育课程等6个项目24项任务的建设。

推进新形势下人才培养模式改革,提升职业教育教学质量。物流管理专业完成"双证融通"试点,上海市人社局高级职业资格证书获证率达到88.4%;报关与国际货运专业"双证融通"人才培养方案、课程标准、课程实施方案以及课程考核方案通过市教委答辩;机电工程系中高职贯通专业"华力微电子订单班"开班,进入企业培训阶段。

社会服务能力不断增强。完成第四届全国职业教育活动周上海高职院校"职业体验日"活动,"船舶海上航行体验""神秘的船舶心脏"两个体验项目共接待4批次近200名中小学生和家长参观体验。

继续以职业教育培训"品牌化"建设为抓手,狠抓质量、争先创优。利用央企办学发展平台和职业教育师资、设备等品牌优势,积极推进校企合作、产教融合,全年举办各类企业员工(船岸人员)培训475期17271人次;船长、轮机长培训累计考证合格率分别为100%、90%;大副、大管轮培训累计考证合格率分别为92%、75%,知识更新培训合格率99%,职业教育培训的质量始终稳定在较高水平,在上海辖区船员职业教育培训中继续发挥"排头兵"作用,为上海国际航运中心建设做出积极贡献。

继续推动人才队伍良性发展。加强师德师风建设,增强教师做"有理想信念,有道德情操,有扎实学识,有仁爱之心"的"四有"好教师的责任意识、阵地意识与底线意识;通过岗位培训、业务研修、评奖评优、资格认证等多种形式,继续分层分类推进人才队伍专业化发展,全国师德师风建设网络培训9人,专业建设培训2人,创业能力师资培训3人,上海高校课程思政高级研修班5人;上海市安全生产管理人员培训7人,大连海事大学极地水域航行安全培训2人;同步开展中高级专业技术聘任、高校教师资格证认定、高职企业实践等;7位培训师完成聘任和考核工作,7位质量体系内审员完成换证知识更新,3位管理干部参加海事局船员教育和培训质量管理体系内审员培训。学院船长、轮机长等各类"双师"型素质教师比例达65%以上。

组织开展教育教学科研工作。组织上海市高教学会、上海市高职高专教学研究会、上海市职业教育协会等各类纵横向课题以及上海市职业教育教学成果奖申报;交通运输部应用基础研究项目"我国航海高职人才培养模式改革及评价体系研究"被交通运输部科技司确认为科学技术成果并在上海市职业教育教学成果奖评选中获一等奖；上海市高职高专教学研究会2018年度教师教改资助项目“行动导向法在航海理实结合教学中的应用”结题；国家级项目航海技术专业教学资源库船舶操纵课程建设子项目结题。2位老师分别获得上海市高等职业院校教师教学能力大赛暨信息化教学能力大赛二等奖、第三届上海高校青年教师教学竞赛决赛三等奖。

营造和谐、健康校园文化环境。以立德树人为根本任务，培育学生综合素质，组织开展“践行雷锋精神　绿色海事家园”义务植树活动；《新时代面对面》十九大精神专题学习月活动；“青年大学习、科技强国梦”五四主题团日活动以及“中国新时代，海事新声音”2018校园歌手大赛等。

学生红十字急救队获上海市高校红十字应急救护比赛优秀组织奖；学生代表队先后取得“新时代　中国梦”——上海市大中学生主题演讲展演活动、第四届中国“互联网＋”大学生创新创业大赛上海赛区复赛、第六届上海高职高专创业计划大赛三等奖和铜奖的好成绩，将学院精神文明建设推向更高水平。　（李惠君）

【召开“海船船员培训大纲（2016版）”驾驶专业课程认证会】　4月10日，学院邀请上海海事大学、中国远洋海运集团有限公司等航海院校及行业企业专家对驾驶专业培训项目进行课程认证。驾驶专业10个培训项目课程均通过专家认证，并向上海海事局备案。　（李惠君）

【获全国职业院校技能大赛高职组上海市选拔赛英语口语赛项三等奖】　4月14日，2018年全国职业院校技能大赛高职组上海市选拔赛英语口语赛项在上海行健学院举行，学院报关161班学生何妮获三等奖。　（李惠君）

【完成国家学生体质健康标准测试抽查工作】　11月5日，学院完成2018年国家学生体质健康标准测试抽查工作。3个年级240名学生参加测试。　（李惠君）

【60周年校庆】　11月18日，学院举行“凝心聚力，砥砺前行”为主题的60周年庆祝大会。历任离退休老领导到校，校友代表、退休教师代表、在校教师代表与在校学生代表分别致辞。　（李惠君）

上海海事职业技术学院60周年校庆

【获第五届上海市大学生创业决策仿真大赛一等奖】　11月24日，由市教委主办、东华大学承办的2018年第五届“上海市大学生创业决策仿真大赛”颁奖典礼举行。学院学生代表队获大赛一等奖，指导教师获优秀指导教师奖。　（李惠君）

附：学校负责人及地址

（2018年1—12月）

校党委书记：孙欣欣

院　长：孙　琦
副院长：林　海（1月离任）、张卫亮（9月到任）

地址：源深路158号
邮编：200120
电话：58311677

上海电子信息职业技术学院

【2018年概况】 学院有10个二级学院30个专业,其中国家级重点专业4个,上海市重点专业6个。招收全日制新生3220名。全院全日制在校生9288人,专兼职教师近500人,毕业生就业率达97.34%。

强化立德树人根本任务。全面贯彻落实习近平总书记关于加强和改进大学生思想政治教育工作精神,开展"三圈三全十育人"工作,开展以问题为导向的专题思想政治理论课教学改革,完成53门专业课程思政改革。思政课和专业课同向同行,挖掘专业课程的思想政治教育资源,实现价值塑造、能力培养、知识传授三位一体的教学目标,实现思想政治教育融入课程教学的全过程。《高职高专毛泽东思想和中国特色社会主义理论体系概论教学指南研究》获批教育部课题,《高职思政课专题教学与主题实践教学一体化改革探索》获批市级改革试点项目。组织"不忘初心,牢记使命"、诚信教育、感恩励志教育等主题活动,开展"5.25"大学生心理健康宣传月等活动,做好"文明班级""文明寝室"工作。组织辅导员参加校外培训30人次、校内6次,组织学校第七届辅导员职业能力大赛,获上海高校辅导员团队拓展活动最佳风尚奖。

促进学生综合素质全面发展。组织开展各类志愿者服务1412次,参与志愿者7753人次;开展"爱心暑托班"活动,1位教师获上海市"爱心暑托班"优秀指导教师称号,11位学生获上海市"爱心暑托班"优秀志愿者称号;开展大学生"走下网络,走出宿舍,走向操场"主题课外体育活动和校园文化活动。在上海市学生智力运动会和阳光体育大联赛中,获足球联赛高职组亚军,田径、篮球、棋类、啦啦操、羽毛球等5项团体一等奖。在全国职业院校技能大赛中获1个一等奖、3个二等奖、3个三等奖,获第四十五届世界技能大赛信息网络布线第二名。在"挑战杯——彩虹人生"全国职业学校创新创效创业大赛中获一等奖、三等奖各一项,学生老公房电梯机器人项目成功申报国家发明专利。

深化教育教学改革。推进质量提升计划、通信技术一流专业、上海市智能制造产教研协同基地建设、"双证融通"人才培养试点工作、示范品牌专业建设。优化人才培养方案,实施15个专业中高职贯通、1个专业中本贯通、2个专业高本贯通培养试点工作,探索实施"1233"质量监控模式。推进专业布局调整和结构优化,新增招生2个专业,申报3个新专业。加强常态化教学检查,开展教学质量监控、评教评学等工作,完成语言文字工作达标评估,完成市级"教学团队""精品课程"申报培育工作,开展教师说课大赛等活动。通过校企协同、专业与专业协同,促进产教融合,成立校企协同创新基地、新技术研发研究所、生产性实训基地等一系列创新融入载体平台。与商飞公司上海飞机制造有限公司签约开设"大飞机订单班",与腾讯公司合作建立腾讯智慧安全协同创新基地,与上海天辰智能科技有限公司共建智能服务机器人技术与应用研究所。

强化师资队伍建设。引进专任教师49人(副高级职称6人),辅导员14人,教辅行政岗位人员23人。制订完善《新入职专任教师的管理办法》《建立教师轮训制度的管理办法》《专业带头人选拔与管理办法》等,为专业带头人、骨干教师、"双师素质"教师、兼职教师分类培养和管理提供制度保障。梳理教师思想政治工作的运行机制。聘请兼职教师310人、教师参加企业实践18人、职业能力培训121人次、教育教学能力提升培训82人次、社会服务能力提升培训269人次、参加教师专业发展工程进修4人次、学历学位进修14人次。申报攻读硕士10人、博士4人;获得硕士学位3人、博士学历学位2人。获全国职业院校技能大赛优秀指导教师、第四十五届世界技能大赛上海市选拔赛金牌教练奖、第十届上海市高职院校新教师教学技能大赛一等奖、2018年上海市高职院校教师说课大赛二等奖等奖项。

组建长三角市电子信息职业教育集团。12月召开第十届长三角教育一体化发展会议,成立“中国长三角上海市电子信息职业教育集团”。集团由学院牵头,为三省一市相关电子信息类职业院校、企业、行业协会加盟组成的区域性非营利性职业教育集团。共有170家单位加入,其中高职院校32所、中职学校55所、企业及行业协会83家。集团成立推进相关优质职教资源共建共享,打造长三角“职教人才成长带”,向行业提供充分的智力支持和人才保障。

深化国际交流内涵。寻求与东南亚国家和地区职教主管部门与机构的合作,给予专业建设以及教师培训方面的支持,服务走出去企业,提升学院服务国际社会的能力。签署中泰“一带一路”职教合作备忘录,开展中泰职业教育文化交流周项目,与摩洛哥穆罕默德五世大学科技学院达成合作共识,推进摩洛哥“产教研”一体员工培训基地项目。与德国巴伐利亚州文教、科学与艺术部、德国汉斯·赛德尔基金会、德国兰茨胡特应用技术大学、德国帕绍技术员学校、英国巴斯斯帕大学、加拿大温哥华岛大学、芬兰欧米尼亚职教集团等国外组织、院校在中外合作办学、师资培训、学生互访游学、专业建设等方面开展合作。接收17名德国留学生,接收15名泰国学生和27名德国学生开展短期交流。有46名学生获“德国政府认可技术员”证书。学生海外学习团组计10批148人,共接待14批次95人次来自德国、英国、加拿大、美国、泰国和摩洛哥等国家的友好访问团。学院获2018年亚太职业院校影响力50强荣誉。

健全依法依规治校保障。持续推进以学校章程为中心的制度建设,新增制度99条,修订30余条,废除28条,强化制度发文的规范性,印制《上海电子信息职业技术学院制度汇编(2018年版)》。持续推进法律顾问制度实施,年内共处理涉诉、非诉案件12项,律师提供相关重要事项法律咨询意见6项。健全权利救济和纠纷解决机制,完善学院信访制度,开展校领导接待日工作,完成信访件近90件,结案率100%。强化信息公开,公开信息达650条,获评教委系统信息公开优秀单位。开展“学宪法讲宪法”和国家宪法日主题教育活动,弘扬宪法精神。

推进智慧校园建设。采用1+1+N(一个基础平台,一个门户,N个应用)的建设模式,通过统一通信平台、KV平台建设完善基础平台。升级档案管理系统,实现网上归档信息化。完善OA办公管理流程,完成合同567份。实现图书馆RFID智能化管理,优化数字资源的阅读方式和服务水平,开展“书香悦读读书节”等系列活动。(马宏亮)

【获上海高校信息公开评议工作优秀单位】 4月4日,学院获评2016—2017年度上海高校信息公开评议工作优秀单位。(李　旺)

【在全国职业院校技能大赛获奖】 学生在全国职业院校技能大赛中获1个一等奖、3个二等奖、3个三等奖,获第四十五届世界技能大赛信息网络布线第二名,学生李铭入选国家集训队,学院获上海市选拔赛团体金牌。(马宏亮)

上海电子信息职业技术学院师生参加2018年全国职业院校技能大赛

【召开“一带一路”中泰职业教育合作研讨会】 10月23日,召开2018年“一带一路”中泰职业教育合作研讨会，共谋中泰职业教育合作，服务国家“一带一路”倡议。在各院的见证下，曼谷职教中心、上海电子信息职业技术学院、唐风汉语教育科技有限公司三方共同签署“一带一路”职业教育合作备忘录。

（汤艳琦）

【承办学术年会暨工信行指委电子信息专指委会议】 11月30日，学校承办中国电子教育职教分会2018年学术年会暨工信行指委电子信息专指委会议，会议旨在加强全国各职业院校电子信息类专业教学成果与经验交流，推进教育部高职电子信息类专业教学标准制（修）订工作。（李　夏）

附：学校负责人及地址

（2018年1—12月）

校党委书记：田　钦

副书记：杨秀英（兼）、毛玉婷（11月到任）、张　涛（11月到任）、顾剑锋（11月离任）

院　长：杨秀英

副院长：张　涛（兼）、窦争妍、徐德明、方林中（11月到任）

地址：瓦洪公路3098号

邮编：201411

电话：57131333

地址：中山南二路620号

邮编：200032

电话：64172394

上海工艺美术职业学院

【2018年概况】 学院设手工艺术学院、WPP视觉艺术学院、环境艺术学院、数码艺术学院、产品设计学院5个二级学院及工艺美术研究中心等科研机构。招生专业24个。共有专任教师230名，在校学生3656名。全年立项53项课题（其中上海市各类纵向项目17个，横向项目7个，学院科创团队项目29个），国家艺术基金项目1项，完成科研创新课题、上海市教育科学研究项目、高职高专教学研究会项目、2017科创团队等科研课题的结题19个，发表核心期刊论文21篇，授权专利20件。获上海市教学成果奖一、二等奖5项，担任教育部国家艺术设计类教指委工艺美术专委会主任委员单位。

顺应高等教育发展需要，做好分类评价工作。学院根据《上海高等教育布局结构与发展规划（2015—2030年）》，基于全市高校的分类发展要求和自身的特色定位与发展方向，向市教委提交了多份建设应用技术型院校的论证报告，及时反馈分类评价体系指标，在上海高校分类评价工作中位列22所应用技能型高校的第二名。

深入推进中长期发展计划。继续推进学院改革和发展“十三五”规划，依托上海高等职业教育创新发展三年行动计划（2015—2018）的验收，组织开展“十三五”改革与发展中期检查与总结，发掘人才培养与专业建设典型30余个，管理改革与创新工作7项。组织学校各部门完成三年行动计划的校内验收、总结报告与支撑数据，申报成为优质高职院校建设单位，6个专业申报成为上海市骨干专业。

运转内涵建设体系，打造管理信息系统。学院内涵建设项目管理逐步体系化，继续修订《内涵建设项目管理办法》，形成“学院战略规划引导——项目布局结构优化——项目实施质量提升——项目信息系统支撑”的项目治理机制，明确提出项目管理质量标准，形成“三阶段九环节”管理模式，内涵建设管理系统闭环持续完善。学院项目管理信息系统建设基本完成，按照项目管理原则、层次、结构、阶段和范式，实现项目信息和管理进入信息系统，从而实现项目流程管理、经费支出管理、档案信息管理，并可直观展示项目内容。

完善人才培养方案，继续探索人才培养模式。组织完成19个专业三年建设规划（2018—2020年），完成24个专业（含方向）专业市场调研报告，修订完成2018级人才培养方案，形成结构化、系统化的人才培养方案与专业质量数据，成功申请1个新专业（文物修复与保护专业）。

开展课程与教材建设。组织完成国家精品在线开放课程申报工作，申报1门课程，完成在线开放推广课程招标，确定3门课程筹备建设在线开放课程，立项建设5门院级精品课程，成功申报1门市级精品课程《漆艺—刻灰》与2个教学团队（工艺美术品设计专业、产品艺术设计专业团队），立项建设23本教材，完成已立项12本教材的出版验收工作。

提升教师教学素养。学院为新进教师、中青年教师搭建"思想政治、专业技能、教学科研、职业生涯规划、信息应用技术"等培育发展平台，推进形成较为成熟的新教师岗前培训、后备领军人才培育、教师专业发展工程等多模块多类型的培育体系。全年，共有10名教师参加各类访学项目；完成产学研践习项目过程管理、费用报销36人；第一届后备领军人才经考核32人完成培育，并举办了成果汇报展汇报培育成果情况，第二届后备领军人才33人完成中期答辩；8名新任专职教师完成上海高职院校新教师岗前培训；11名教师参加专任教师导师制培养工作。在第三届上海高校青年教师教学竞赛中，学校教师获2个一等奖、1个优秀奖，学院获优秀组织奖。

创新创业工作。以创新创业基地建设为契机，完善双创课程体系，与合作单位研发并录制《社会创业与非遗传承》慕课，8个创业项目入驻众创空间，举办第二十期创业训练营。举办"聚焦文创，协同育人"上海市高校毕业生就业创业工作示范基地专题论坛暨第六届全国高职院校创新创业教育研讨会、上海市首届大学生"科技+文创"进阶营，搭建并扩大学生创业交流平台。学生参加各类创业大赛成果显著。

加深对外交流，启动国际课程设置。实施13个国际交流项目与88人次的出访交流。与美国帕森斯设计学院建立交换生互访合作关系，与新西兰奥塔哥理工学院签订合作备忘录。与巴塞罗那大学启动交换生项目。逐步构建国际性教学课程。

思政课程与人文素养选修课程进一步完善。"工艺中国"特色思政选修课对全校学生开放，2个学期选修人数近150人。举办"纪念改革开放40周年暨思政课实践教学成果展""课程思政——专业课育人"课堂展示暨教学研讨会，申报上海市"高职高专思政课教师教研协作培训"项目。以项目为依托，承办和参与多项全市规模思政课程比赛和活动。人文素养选修课正式上线，推出线上选修课29门，线下课程4门，选修人数超过1700人。

（俞晓菁）

【开展扶贫与社会服务】 学院在开展非遗传承人员培训的同时，选择促进滇西少数民族地区传统工艺振兴作为帮扶方向，携手云南省文产办，建立传统工艺振兴合作平台，签署合作框架协议（2018—2023），建立新阶段合作的产教平台。对接楚雄永仁县，助推彝绣文化传承和转型升级，率先开展彝绣文化采风、设计创作与展演发布，8月，与永仁县启动共建"永仁彝族文化传承和创新中心"，合作开展文化传承、产业创新、人才培养、文化活动。支持德宏芒市，建设工艺美术从业人员创业基地，由上海老凤祥有限公司与学院提供支持，7月工艺美术创新创业培训第一期开班，学院报告《发挥学院文创特色　促进滇西少数民族地区传统工艺振兴》，被教育部官网采纳刊登。（俞晓菁）

【发起和参与国内外高水平论坛与展览】 学院与清华大学美术学院联合发起首届当代工艺美术批评论坛，启动"中国当代工艺美术口述史研究计划"和"中国当代工艺美术提名展计划"，10余所高校及研究机构的30余名专家参加；承办全国高校教师作品艺术设计大赛，577所院校参赛；学院携百余件作品赴"一带一路"城市埃及亚历山大参加"中国传统文化巡展"；携作品赴孟加拉参展2018年"薪技艺"国际工艺美术展览及论坛。

（俞晓菁）

上海工艺美术职业学院主办首届当代工艺美术批评论坛

附:学校负责人及地址

(2018年1—12月)

院党委书记:许　涛
　副书记:郭光武、王　波

院　长:仓　平
副院长:杨　勃、王　波(兼)、唐廷强、李　波

地址:嘉行公路851号
邮编:201808
电话:69977888

上海科学技术职业学院

【2018年概况】 学院设有商贸管理学院、通信与电子信息系、机电工程系、人文与社会科学系、思想政治教学研究部和基础教学部,下设安全防范技术(集成技术和产品制造)、应用电子技术、通信技术、机电一体化技术、信息安全与管理、应用英语、社会工作、电子商务等23个专业。有全日制高职在校生4739人,全年招生1504人,面向20个外省市招生;有毕业生1597人,就业率达98.56%,专业对口率和职业稳定性良好。

以学习贯彻落实十九大精神、全国教育大会重要讲话精神为重点,强化“四个意识”。坚持把学习习近平新时代中国特色社会主义思想,以及全国教育大会精神,作为首要的政治任务,作为全院教职工学习的必修课。以党委中心组学习、政治学习、专题讲座等形式,引导广大教职员工深入领会精神实质,不断增强“四个意识”,坚定“四个自信”。

6月出台《上海科学技术职业学院“学习新思想　千万师生同上一堂课活动”工作方案》。6月15日,举行了“学习新思想　千万师生同上一堂课活动”首场授课活动;7月5日,邀请上海高校“习近平总书记重要讲话精神讲师团”成员、华东理工大学马克思主义学院院长杜仕菊作专题讲座;8月24—27日,带队青年学生20余名,深入延安梁家河,接受延安精神教育,探究梁家河“大学问”,打造“行走的课堂”。

上海科学技术职业学院暑期社会实践活动——探究“梁家河”大学问

学院以纪念改革开放40周年为契机,开展丰富多样的主题实践活动,11—12月,参观“奋进·再出发——嘉定区庆祝改革开放40周年”主题展览;12月12日,“扬帆再起航”——纪念改革开放四十周年文艺汇演举行;12月18日,300余名师生集中观看《庆祝改革开放40周年大会》直播;组织“纪

念改革开放40周年摄影爱好大赛”和“纪念改革开放40周年校园歌手比赛”活动。

强化课程思政育人价值。一是落实党政一把手上思政课的制度，校党委书记王云飞，院长董大奎先后走入课堂，为大一新生上开学第一堂思政课。二是以赛促教，深入挖掘专业课程中的“思政元素”，学院课程思政指导委员会先后组织开展“上海科学技术职业学院课程思政”教学设计竞赛。三是通过专题讲座、学术沙龙、示范巡讲，聆听课程思政领域内专家讲评，提升教学能力，推进学院课程思政建设。学院先后邀请上海出版印刷高等专科学校常务副校长滕跃民教授，上海电子信息职业技术学院思政教师谢国日、朱佳，课程思政的积极实践者、上海中医药大学的张黎声教授到院做专题讲座与交流。

推进内部质量保证体系建设。学院的《内部质量保证体系建设与运行方案》于11月通过上海市高职院校教学诊改专委会评审，专家对学院方案给予充分肯定。修订《专业教学质量评价指标体系》，开展“专业需求调研制度、专业教学评价制度、专业建设保障制度、专业布局调整制度”等专业诊断与改进的各类操作性文件的制订。布置制订专业设置标准、专业动态调整标准，编制专业建设方案、专业教学标准、课程标准的指导性文件。

进一步优化专业结构，促进专业建设内涵发展。提高专业结构对产业结构的契合度和对办学定位的支撑度，提高师资队伍、教学仪器设备、实践教学基地、图书资料等教学资源对人才培养的保障度。按照学院《专业结构优化调整方案》，进一步合理配置办学资源，调整优化专业结构。移动互联应用技术专业正式招生，同时，应用电子技术、计算机网络技术、工商企业管理(创业管理)、人力资源管理4个专业停止招生。

组织师生参加各类竞赛和体验活动。学生在“全国大学生数学建模竞赛”中获得专科组国家二等奖1项，专科组上海赛区一等奖1项、二等奖1项、三等奖2项；在“第一届全国工业机器人自动化焊接技术大赛”中获全国二等奖；在“挑战杯——彩虹人生”全国职业学校创新创效创业大赛决赛中获(高职组)全国二等奖，上海赛区二等奖1项、三等奖1项；在“第七届全国高等职业院校日语技能大赛”中获个人特等奖及团体一等奖；在“第三届全国移动商务技能竞赛”中获全国团体第一名(一等奖)及团体三等奖；在第四届全国大学生“互联网+”创新创业大赛中获上海赛区银奖1项、铜奖3项、优胜奖1项。教师张丽在“2018年上海市高职院校教师说课大赛(决赛)”中获二等奖。

总结成果、突出特色，积极准备《创新行动计划》验收。组织各项目团队和承担任务的职能部门完成了项目总结、财务审计、典型案例撰写、佐证材料收集等工作，策划学院创新发展行动计划成果展示室的建设，展示三年来学院建设成效。12月，学院组织所有项目和任务进行校内验收，重点建设项目邀请校外专家进行验收指导。发现问题，积极整改，把迎接验收过程作为完善提高的过程，进一步挖掘亮点，提炼特色，突显成效。

加强学生职业素养培养。学院领导多次召开“职业素养与创业就业指导”课程建设专题会议，并深入教学第一线调研。课程建设小组聚焦学生受教育后获得什么和能够做什么，进一步加强课程设计，修订课程标准；做好教材修订、课件修改、案例收集、系列微课制作、网上资源选用等新一轮教学资源开发，重点引进行业企业的教学资源；深入开展专题性的教学法研究。取得了一系列阶段性成果，为2017级课程的升级与拓展做好准备。

思想政治教育坚持创新、常抓不懈。相继开展“抓学风　促新风”首日教育活动，及“青春，走在科院的绿荫下”新生入学教育系列活动。开展十九大精神进校园融媒体作品征集评选、学生进剧场易班送福利等活动。举行“献礼十九大　青春谱华章”一二·九主题纪念活动；举行“青春科院‘班’绘人生”主题班会优秀项目汇报会。举办“一个自由的青春　从遵守法律开始”“健康人生，绿色无毒”“漫话艾滋”等教育主题讲座和宣传活动。组织2018级新生学习《大学来了——e时代大学生学习指导》《艾滋病、性与健康》两门慕课课程。举行2017—2018学年学生表彰大会暨“扬帆再起航”纪念改革开放40周年文艺汇演。

立足新起点，提升培训事业办学层次。学院培训资质从原有的200多个缩减到42个。培训中心不断提升培训层次,扩展培训市场。全年完成等级工培训1486人,完成班组长等其他培训760人,完成各类国家职业技能鉴定9095人次。接受职业技能年检、区民政局的财务抽查、2015—2017年诚信等级评估等6项检查。培训中心被评为上海开放大学非学历培训工作先进集体,获嘉定区第十二届技能大赛优秀组织奖。 (庞 媛)

【举办全国职业院校信息化调研会】 5月16日,由中国职业教育信息化联盟和北京中育教育与产业发展研究中心联合举办的全国职业院校信息化建设调研活动在学院举行,来自全国40余所高校的校长和信息中心主任参加此次调研会。与会代表围绕职业院校信息化建设过程中的重点和难点问题做了交流与讨论。 (庞 媛)

【承办高职院校创新人才培养模式研讨会】 7月18—19日,学院与上海工商职业学院、大唐邦彦(上海)信息技术有限公司联合承办了"高职院校对口合作联盟四届二次会议"暨"新时代产教融合背景下高职院校创新人才培养模式研讨会",来自全国各地近40所职业院校、18家企业和媒体机构的150余名代表济济一堂,共话产教融合,共谋高职教育发展。 (庞 媛)

【举办车享家第一届全国岗位技能大赛总决赛】 10月14—16日,学院举办"车享家第一届全国岗位技能大赛总决赛",来自全国20余个省市的车享家门店的76名决赛选手分别就汽车机修和汽车美容技能进行了较量。此次大赛是学院与上海车享家汽车科技服务有限公司签署校企合作协议后举办的第一场大型赛事活动,由上海车享家汽车科技服务有限公司主办,上海科学技术职业学院承办。 (庞 媛)

【在"挑战杯——彩虹人生"全国职业学校创新创效创业大赛获好成绩】 8月17日,在"挑战杯——彩虹人生"全国职业学校创新创效创业大赛决赛中,学院教师李华指导的"潘达迷宫——濒临灭绝动物主题立体迷宫设计"和教师郝振金指导的"树Bar·校园景观环境艺术设计"两个项目分获上海市二等奖,教师张东指导的"全自动密封圈视觉检测系统"项目获上海市三等奖,其中"潘达迷宫"在全国总决赛中获(高职组)全国二等奖。 (庞 媛)

【承办"高职'双证融通'人才培养改革试点工作论坛"】 12月,学院承办2018年上海市"高职'双证融通'人才培养改革试点工作论坛"。本次论坛的主题是"新时代产教融合背景下试点专业高职'双证融通课程'的开发与实施",论坛聚焦改革试点中的重点、难点、热点和焦点问题,加强协作交流、经验分享、问题研讨、成果共享、合作共进,为构建改革试点内涵提升的新阶段奠定基础。

(庞 媛)

附:学校负责人及地址

(2018年1—12月)

董事长:朱建新

校党委书记:王云飞
副书记:周财宝

院 长:董大奎
副院长:韩 芳(常务)、周财宝(兼)、卓丽环(9月到任)、高 康

地址:金沙路280号
邮编:201800
电话:69990010

上海农林职业技术学院

【2018年概况】 学院可使用土地面积965800平方米，包括松江主校区、浦东实训基地、松江泖港实训基地和奉贤海湾实训基地4个校区。拥有南汇、海湾、五库3个实训基地及实验动物实训中心、农产品检测实训中心、上农动物实训医院、工厂化种苗生产实训园等，实验实训室面积共94543平方米，生产性实训基地680000平方米。设有植物科学技术系、风景园林技术系、动物科学技术系、农业生物与生态技术系、农业经济管理系和农业信息工程系6个专业系，开设园林技术、动物医学等22个专业（含5个中高贯通专业），涉农专业及涉农专业学生占比均超80%。全日制在校生3785人（其中中职生494人），录取新生1311人（其中中职生180人）；教职工307人，其中专任教师161人，副高以上职称42名。

学院获“全国文明单位”“教育部首批现代学徒制试点学校”“上海市文明单位”“上海市平安示范单位”“上海市花园单位”“上海市安全文明校园”“上海市高校毕业生‘三支一扶’计划先进集体”等称号，是全国青少年科普示范基地、全国农业物联网示范基地。

立德树人体系不断健全，农林特色思想政治工作水平稳步提升。第一、第二及网络课堂的育人体系充分发展，启动“大国三农”课程教材出版编辑工作。开启高职思政课程示范巡讲校际教学交流方式。开展优秀课程思政案例评选和课程思政微课制作，汇编思政典型案例189个。聆听“道德讲堂”师生超过3500人次，并向中、高职学生进行网络播放。学工队伍建设成果丰硕，通过10余场校内培训、35人次市级培训、学生工作论坛、“燕语小屋”工作室、素质拓展，特别是学生工作案例征集，增强了思政工作活力。充分发挥“农林易班”“上农青年”微信公众平台的网络思政育人功能，易班活跃度与共建指数排名持续上升。“上农之春”文化节、原创农业剧、纪念“一二·九”运动暨校歌大合唱、舞龙等活动彰显农林文化育人特色。实践育人创新多样，志愿服务2500人次，24支团队近1500人次奔赴安徽、江西4个乡村以及上海各区开展调研。从严治教落到实处，严格审核毕业条件。德育分系统提供全新育人抓手，国防教育、心理咨询、宿舍管理、资助工作发挥有效的管理服务育人作用。以实施全国高校文明校园创建规划，争创首届上海市文明校园为契机，营造了良好的育人环境。

教学改革稳步推进，专业影响力得到提升。申报2个新专业，动物医学专业全面开展国际水平试点课程改革。完善人才培养方案，完成各专业课程标准修订，接受中高贯通办学专项检查。承办中国现代畜牧业职教集团宠物专业委员会工作会议，提升了专业影响力。

以教学诊断与改进为抓手，教学管理显有新成效。通过明确5个诊断项目、15个诊断要素、37个诊断点推进高职诊改工作。进一步完善中职教学诊断与改进方案，分解三学年的阶段目标，确定诊断与改进目标链。全面推进信息化管理系统，强化顶岗实习过程管理，实现过程数据采集；完善升级实验实训室信息管理系统；改革公共选修课平台选课制度，拓展学生学习方式。

现代学徒制进一步拓展，校企合作持续深化。顺利通过现代学徒制试点校验收。新增3个现代学徒制办学班。以职教集团为平台，进一步巩固与五四公司、农信公司等农业龙头企业的合作，建立校企合作的长效机制。融入松江G60科创走廊建设，实施松江区职教集团区级职业教育校企合作基地建设项目，农生系和植物系分别启动校企合作基地项目。动物疾病实验室诊断及检测技术开发与培训校企合作基地获松江区职业教育校企合作优秀基地称号。首次设立由企业出资的“博阳奖学金”，50人获奖。

创新创业成效显著，招生就业稳定开展。学生在各类创新创业比赛上获8个奖项，其中在互联网+创新创业(上海赛区)大赛上获3个铜奖，在第六届上海市高职高专大学生创业计划大赛上获银奖，2名教师获优秀指导教师和先进个人，学院获优秀组织奖，综合排名成绩居上海市高职前列。学院被授予“上海市高校创业指导站”铜牌，获专项经费支持。学生代表上海参加世赛选拔赛等各类技能大赛，获国赛二、三等奖各1项。

人才队伍建设力度加大，教学科研能力有所增强。录用专任教师、专职辅导员及管理人员26人，完成工勤技能、非领导职务管理岗位聘任。调整劳务派遣人员工资标准，增设校龄津贴，建立劳务派遣人员激励长效机制。16名教师下企业实践，1名参加教师产学研实践。分批次组织教职工210余人次赴国内一流农业大学学习培训，学习农业知识和了解农业发展政策方向。获校外教科研课题15项，院级教科研课题立项19项。获上海市级教学成果奖二等奖1项。评出校内教科研成果奖并予表彰。20余名教师参加教学技能竞赛、信息化教学、说课比赛、微课大赛等，获各类奖项8项。

实验实训条件不断优化，社会服务有序推进。完成对五库园区农业用地的续租，建设园林专业比赛场地。新增1010平方米农业备案地，用于完善农业实训配套设施。举办中小学生职业体验日，接待737人次，并获最佳项目设计奖一等奖及特色组织奖。组建植保无人机服务队、与农机服务队一起参与泖港当地农村农业生产。继续实施援助南疆职业教育，举办第五期新疆莎车县技工学校师资培训班，开启援疆远程教学形式，开展其他各类社会培训901人次。

现代大学治理结构不断完善，依法治校工作进一步规范。坚持党委领导下的校长负责制，召开四届二次双代会、第九次学代会，确保师生履行民主治校权力。制定《教师外出参加学术类会议和培训管理办法》等9项制度。制定《项目库建设与管理办法》，项目入库出库工作更加规范。开展两校修缮类和设备类项目校内储备库申报，66个项目入库。学校获评市教委信息公开优秀单位，阳光办学水平不断提升。法律事务咨询审核合同327件，有效规避校内经济活动风险。

做好财政保障服务工作，提升国资管理水平。年度预算执行率有提高。进一步完善财务制度体系。启用学费自助缴费APP。规范日常财务收支管理，争取更多资金支持。财务信息化试行网上自助报账系统，学生收费电子票据系统正式上线。对5万元以上维修项目实行决算审价全覆盖，平均核减15%，节约资金249万元。严格执行公务卡制度和控制现金支出制度。校办企业纳入学校监管体系。新增资产1200多台件、价值7200多万元。规范处置报废资产，完成资产账面核销工作。完成校园综合节能监测管理平台建设，对10幢建筑物和187台空调实现自动化监测及远程控制管理。依法依规完成各类公开招投标124项，政采集市平台和集中采购24批次。

智慧校园建设升级，绿色文明和谐校园建设有力。校园网无线覆盖升级，新版数字化校园门户上线，进一步推进无纸化办公，提升办公效能。加强档案信息化建设。教职工福利、离退休、红十字会等工作保障到位。打造“一横两园三纵”多点多线景观，获“全国绿化模范单位”参评资格。通过上海市花园单位复评，被推荐为“上海市绿化先进集体”。完成校园“两基两辅”建设和维修工作各类项目28个，全面推进浦东校区建设。获评节水型校园。坚持“安全第一、预防为主”的方针，校园安全工作扎实，持续加强技防、物防、人防水平。完成与教委安全责任签约，并层层落实。师生安全教育工作有序开展。 （费　明）

【招生就业工作稳定开展】 开展“就业指导服务月”活动，350余家单位提供就业岗位4000余个，毕业生就业率97.11%，签约率87.17%，重点专业对口率60%左右。招生宣传力度加大，录取新生报到

1311人，上海市一流专业动物医学招生受到青睐。

(费　明)

【参加市文化科技卫生“三下乡”活动】 2月，学院在上海市文化科技卫生“三下乡”活动启动仪式暨“文化育农”集中示范活动中展示“农产品快速检测”方法、农业物联网管控系统的使用、现场艺术压花创作、现场插花等内容。现场参与村民600余人次，吸引上海观察、文汇报、东方卫视、上海三农等主流媒体采访报道。

(费　明)

【自产大米获农业部绿色食品认证】 3月，学院自产大米经中国绿色食品发展中心审核，认定为绿色食品A级产品。

(费　明)

【入选上海市教育综合改革典型案例】 5月，学院2017年“突出农林特色充分开发专业课程育人资源”案例入选上海市教育综合改革典型案例。

(费　明)

【第三十一届“上农之春”文化节落幕】 6月，学院第三十一届“上农之春”文化节圆满落幕。本届文化节以“文化尚农　青春绽放”为主题，开展党的十九大知识竞赛、教职工板书大赛、学生手工报制作比赛、主题团日活动展示与评比、求职模拟比赛、“我的图书馆我做主”设计比赛、“园”创绿色科技节、农业创新创意大赛、缤纷农创生态节、宠物嘉年华、上农数字艺术作品大赛、环保服饰大赛等活动。2000余人参与，8000余人观摩，300多名师生在各类活动中获奖。

(费　明)

【开展“育德意识与能力提升”培训】 7月，全体教职工分3批次赴山东、北京两地开展培训。此次培训以“育德意识与能力提升”为目标，精选培训内容，创新培训形式，强化培训管理，为参训教师创造了在新课堂教学中探讨和交流的机会，并给予向更多优秀老师学习的契机，为学院教育教学提供了强有力的师资保障。

(费　明)

【“远程教学”开启援疆新形式】 8月，农业生物与生态技术系教师范丽平在录播教室给新疆喀什莎车职业技术学校二年级42名维吾尔族学生远程授课。授课内容为“速测卡法测定蔬菜中的农药残留”，分为样品前处理、加样、预反应和速测卡反应等步骤，通过远程实时交互的视频会议系统，实现相隔千里的信息化授课学习。这是自2016年学院开展援疆工作以来新的援疆形式。

(费　明)

上海农林职业技术学院教师在录播教室远程授课

【获上海高校资助育人优秀组织单位】 10月，学院获上海市高校资助育人典型案例征集工作优秀组织单位。学院以全面提升学生资助工作水平为目标，全面贯彻落实国家关于高等学校家庭经济困难学生的各项资助政策，坚持“奖助结合、育人为本、资助与励志并举，助学与育人并重”原则，不断提升工作质量和服务水平，为广大家庭经济困难生提供所需服务，促进每一个家庭经济困难学生成长成才。

(费　明)

【志愿者服务进博会】 11月，首届中国国际进口博览会举行。114名志愿者分别参与松江广富林文化遗址讲解、朱家角城市文明志愿服务及轨道交通志愿服务。志愿者们坚守岗位，为八方来客提供优质的服务与帮助，每天平均工作7小时，服务总时间4000余小时，服务人次近万人。

(费　明)

【通过现代学徒制第一批试点单位验收】 12月，学院收到教育部职业教育与成人教育司发布的《关于公布现代学徒制第一批试点验收结果和第二批试点检查情况的通知》，确定124家通过验收。学院作为首批试点单位通过验收。

(费　明)

附:学院负责人及地址

(2018年1—12月)

校党委书记:蔡　红(11月到任)

副书记:魏　华(兼)、俞锦禄、陈　谊(11月到任)

院　长:魏　华

副院长:陈　谊(11月到任,兼)、张佳敏、谢锦平、王军亮

地址:中山二路658号

邮编:201699

电话:57822666

上海体育职业学院

【2018年概况】 学院承担教育教学及管理的高等教育层次的学生包括:高职生383人;梅陇、绿舟成人大专运动员89人。还承担上海体育学院专升本学生160人的教学任务(梅陇教学点)、上海体育学院学籍的硕士研究生的带教和管理工作。2018届毕业生是上海体育学院学籍第二届高职生共89人,截至8月底签约率超97.3%(不含在训运动员)。年内,全日制高职招生113人。

竞技体育工作。学院设有16个运动大项、20个分项、190个全运小项。在世界比赛中共获得3枚金牌。跳水运动员掌敏洁获得第21届FINA跳水世界杯女子双人十米台冠军;乒乓球运动员许昕获得乒乓球世界杯团体赛冠军、世界乒乓球团体锦标赛男团冠军。第十八届亚运会在印度尼西亚雅加达举行,学院51名运动员、16名教练员入选中国体育代表团,获得14枚金牌、33枚奖牌。其中,自行车运动员钟天使、秦晨路蝉联女子、男子团体竞速赛冠军;田径运动员谢文骏以13.34秒的年度个人最好成绩蝉联110米栏冠军,实现了亚运会该项目的中国九连冠、上海六连冠。在全国最高级比赛中,共计获得16枚金牌、18枚银牌、19枚铜牌。上海男子排球队在2017—2018赛季中再次夺得联赛冠军,实现联赛四连冠,获第十四座奖杯;上海田径运动员郭钟泽获男子200米、400米、4×400米接力3枚金牌;上海女子手球队时隔20年后获冠军杯赛冠军。

新专业申报。依托上海体育学院教学资源,成功申报上海高等职业教育(专科)新增专业——上海体育学院高职体育保健与康复专业。该专业发展定位为培养具备在运动训练基地、各级医院、康复医院等单位,从事运动防护师、康复体能师和康复治疗师等职业。

教学质量监控。根据教学质量要求,对各教学环节质量具体实施监控。教学部门领导班子在学科专业建设、重点课程建设、师资队伍建设、教学改革和教学质量监控等重大问题上发挥决策作用。分管教学的系副主任负责教学质量监控的组织、实施、分析、反馈和控制。聘用校外教学督导加强课堂检查力度,采用随机听课的方式,对中青年教师授课、学生听课存在的问题进行督导,全面了解教学状况,帮助和指导中青年教师不断改进教学工作。

教学成果。2位教师获上海市高等职业院校教师说课大赛一等奖和三等奖。师生参加全国高等职业院校学生体育职业技能大赛健身技能指导项目比赛,获团体二等奖和体育道德风尚奖。“对接健康中国战略,创建康复体能职业人才培养模式的探索与实践”获职业教育国家级教学成果二等奖。

学籍管理。严格学院学籍管理。在新生入学教育中将修业年限、课程修读、课程考核、休学、退学、毕业与结业等各项学籍管理细则告知学生,平时做好注册工作,抓好学籍异动情况。7月,市教委要求学院学生学籍转入上海体育学院,教务处逐一与92名在籍学生联系,签署转学或放弃学籍(退学)的意向书。共有74名在籍学生转入上海体育学院。

实习实训及就业指导工作。联合各校企合作

单位完成2015、2016级实习实训工作。其中,2015级参加实习实训学生110人,就业率超97.3%。2016级参加实习实训学生77人。辅导员在前期对学生就业意向进行分析,根据学生就业意向,积极拓展校企合作单位,增加专业教练岗位的企业,有针对性开展4次校企合作单位校园宣讲。根据课程计划,实训工作小组安排好课程培训,使岗前培训及就业指导课程平稳有效开展,其中邀请企业为校企合作学生进行岗前培训共计20学时。

思政工作。扎实开展“不忘初心　牢记使命”主题教育活动。学院各级党组织深入开展“进博先锋　党员行动”专题组织生活,组织学习钟扬、郑德荣等全国优秀共产党员的先进事迹,以及中央、市委领导的重要批示精神。组织观看谷好好等10名上海党的十九大代表和港珠澳大桥岛隧工程项目总经理、总工程师林鸣的奋斗事迹。邀请市委党校教授作题为《上海改革开放的精神品格——使命、担当、睿智》纪念改革开放40周年专题讲座,组织参观“勇立潮头”上海改革开放40周年成果展。学院组织领导干部参加双休日专题讲座、处级领导干部进修班、党政领导干部培训班以及网上干部在线学习等学习培训110余人次。　(叶丽玉)

【获全国选拔总决赛最佳台风奖】 3月30日—4月1日,首届“为你诵读”范读导师全国选拔总决赛上,教师尚延侠凭借《一棵开花的树》赢得全国百强选手称号,并获单项奖中最佳台风奖。　(叶丽玉)

【健康进社区志愿者活动】 “学雷锋健康进社区志愿活动”于3月13日在长桥街道光华社区展开,下属体育医院的专家和医师们积极投身志愿活动,通过专业特长和专业能力,向社区居民普及健康的生活方式和生活理念。　(叶丽玉)

【“冠军叫你做运动”系列活动】 “冠军叫你做运动”首期活动,由学院两名击剑运动员——佩剑全国冠军刘星宇、重剑全国冠军朱海禹,带大家体验击剑运动。　(叶丽玉)

【陈群到校调研】 7月3日,副市长陈群到学院调研工作,召开座谈会听取工作汇报,并慰问夏训中的运动员和有关人员。陈群指出,学院要审慎坚定推进体制改革,稳步实施两校合并和崇明基地搬迁。　(叶丽玉)

【“改革再出发　共续新辉煌”定向越野挑战赛】 时逢改革开放40周年,为进一步展现体育人拼搏向上、勇闯第一的精神风貌,学院举行第五届定向越野挑战赛。比赛在辰山植物园召开,45支参赛队伍同时出发,进行体力、毅力和脑力之间的较量。　(叶丽玉)

【参观改革开放40周年大型主题展览】 为庆祝改革开放40周年,深入开展“不忘初心、牢记使命”主题教育活动,学院党员干部120余人赴上海展览馆参观“勇立潮头——上海市庆祝改革开放40周年”大型主题展览。　(叶丽玉)

附:学校负责人及地址

(2018年1—12月)

校党委书记:苏清明
　副书记:沈富麟(兼)、曹培中、魏　燕

校　长:沈富麟
副校长:苏清明、曹培中(兼)、海　线、邱培康、王励勤、史闽越、钱风雷

地址:百色路1333号
邮编:200237
电话:64771485

上海东海职业技术学院

【2018 年概况】 学校是一所公益性的民办大学，创建于 1993 年初，是上海市特色高职院校、上海市示范性民办院校、上海市安全文明校园、上海市文明单位。

学校设 7 个二级学院(经管学院、艺术学院、机电学院、护理学院、商学院、传媒学院、航空学院)，2 个教学部(基础教学部和社会科学部)及继续教育学院，共 20 个专业。有 41 本教材已公开出版。投入 400 万元，先后有 104 门课程实施建设，参与教师达 400 多人次，经过 5 年建设，8 门课建成“市级精品课程”，38 门课建成“校级精品课程”，65 门课建成“优质课程”。质量工程成效显著。学校优质课程的建设带动了专业核心课程、市级精品课程和专业的建设，先后有 7 门课程被评为上海高职高专精品课程，有 5 个专业被评为市级优秀教学团队，有 1 个专业被选为上海一流专业，重点专业建设教学设计比武连续三年获奖。104 门课程建设通过验收，104 本校本教材投入使用，初步建成开放性的共享型教育资源库。

学校实训室建设面积 12637 平方米，实训机位有 300 多座。有 3 个具有“校中厂”和“厂中校”特征的校内外实训实习基地，7 个高仿真“工作情景实训中心”，新建 2 个校内专业实训室，改(扩)建 4 个校内专业实训室，校内拥有的高仿真专业实训中心已增加到 15 个，新增幅度 100%，改扩建专业实训室 9 个。校内实训室面积新增 5637 平方米，新增实训项目 40 余项，实训工位数 2489 座。校外顶岗实习基地建有 88 家左右。学校生均教学科研仪器设备值(元)从 2015 年的 8645 元增加至 17622 元，增加幅度为 171%。

学校扩大合作办学，引入德国手工业协会的先进职教理念和职教模式，与美国、德国、澳大利亚和日本等国高校建立了合作交流机制，引进内容丰富并符合学生意向的国际交流项目，让更多的学生走出校门、走出国门，走进海外高水平高校交流学习、考察研究、提升学历、提升国际化视野及竞争力。

全年招收 84 名新疆籍维吾尔族内职班学生。与云南保山地区、迪庆藏族自治州及香格里拉市、新疆喀什地区及泽普县、湖北宜昌、武汉江夏区、吉林白城等地区合作，共办班 52 期，培养干部、教师、农民共 1702 人次。派讲师团赴云南保山培训干部 358 人次。学校培养毕业生累计近 27000 余人，毕业生受到用人单位的欢迎，全年就业率达 98.48%。

(杨　静)

【举办第三届校园读书节】 4 月 19 日，学校第三届校园读书节开幕式举行，回顾上年学生读书情况，介绍全校具有特色的读书品牌和项目，预告本届读书节主要活动。特邀上海作家协会副主席赵丽宏教授进行“阅读的境界”专题讲座。(杨　静)

【成立庄飞柳奖助学基金会】 庄飞柳老师在学校捐资 100 万元建立东海学院奖助学基金会，校董事长曹助我捐 10 万 3 千元，其中包括其 2017 年获得

上海东海职业技术学院成立庄飞柳奖助学基金会

的上海民办教育十大杰出人物贡献奖奖金3000元。这是东海学院第一次收到奖励学生的社会捐助。（杨　静）

【会计专业获上海市教学成果特等奖】 学校共有4个项目获奖上海市教育教学成果奖，其中，经管学院"面向小微企业，聚焦'三会'能力，探索与实践高职会计专业新型育人模式"获上海市教学成果特等奖。这是学校专业建设发展中的一大突破。（杨　静）

【获全国职业院校关务技能大赛团体一等奖】 6月29日，由中国报关协会、全国报关职业教育教学指导委员会共同主办的2017年全国职业院校关务技能大赛在江西南昌外语外贸职业学院举行。学校获团体一等奖。（杨　静）

【获全国"银行业务综合技能"比赛团体二等奖】 6月2日，全国职业院校技能大赛高职组"银行业务综合技能"比赛在广州落下帷幕。由商学院教师李庆华、崔红军指导的学生团队（周世杰、白林梦、顾铮、郑奚云）获团体二等奖，收获了学校在全国银行赛项中的首枚奖牌。（杨　静）

附：学校负责人及地址

（2018年1—12月）

董事长：曹助我

校党委书记：赵佩琪
　　副书记：王　玉、项家祥（兼）

校　长：项家祥
副校长：尹雷方、程龙根、赵佩琪（兼）

地址：虹梅南路6001号
邮编：200241
电话：64505555

上海工商职业技术学院

【2018年概况】 学院有党政机构12个，直属部门3个，教学机构包括2个二级学院、7系1部，24个招生专业。有教职工478人（含外聘教师），其中校内专任教师282人。校内专任教师中具有硕士研究生及以上学位的162人，占专任教师57%；讲师103人，占专任教师总数37%；教授8人、副教授55人，占专任教师总数22%；行业类各种高级技师、工程师29人，占专任教师总数10%。普通高职专科在校生5613名。普专入学报到率85.78%。毕业生1960名、就业率100%。

嘉定、青浦两个校区有土地总面积138662平方米，租用土地面85703平方米。建筑面积合计103091.84平方米（含在建汽车、机电大楼24241平方米、餐旅大楼4230.73平方米）。租用建筑面积合计29132.43平方米。绿化面积合计67036.3平方米。生均教学行政用房16.51平方米。

学院有纸质图书457004册（含新进图书17198册）；建立数据库3个；图书馆推出修身养性专题书目1600余种、达9千余册；引进超星期刊电子资源，设立红色经典阅读专区。

教学科研方面，市级精品课程达到10门；建成课程中心，有院级精品课程22门上线；获市级以上组织奖、团体奖等各类奖项50多项；师生获市级以上各等级奖项142人次，其中教师34人次、学生108人次；机电一体化、计算机应用技术及首饰设计与工艺3个专业教学团队被评为上海市专业教学优秀团队。2017—2018年度学院青年教师教科研成果丰硕：市各级各类科研立项73项。其中晨光计划课题4项、民办教育重大课题3项、市德育课题2项、市教育工会课题3项、市民办高校党建重点课题1项；立项课题获市级奖2项；在北大南大核心期刊上发表论文6篇、其他一般期刊上发表论文29篇。主编规划教材3本，参编教材、校本教材20余本。（刘晓燕）

【召开校企合作研讨会】 1月9日，学院召开2018年校企合作研讨会，各企业代表从不同角度切入，与学院交流研讨如何建立完善学生就业指导服务的渠道、机制。（刘晓燕）

【获上海市教育系统巾帼文明岗荣誉称号】 3月6日，上海市教育系统"纪念三八国际妇女节108周年暨先进表彰大会"举行。学院珠宝系宝玉石鉴定与加工教研室获2017年度上海市教育系统巾帼文明岗荣誉称号。（刘晓燕）

【在全国职业技能大赛中多次获奖】 5月18日，在兰州资源环境职业学院举行的全国职业技能大赛（高职组珠宝玉石鉴定赛项）中，珠宝系代表队获三等奖。5月29日，在福建船政交通职业学院举行的全国职业院校技能大赛（虚拟现实（VR）设计与制作赛项）中，计算机信息系代表队获三等奖。6月1—3日，在吉林省举办的全国职业技能大赛（计算机网络应用赛项）中，计算机网络技术专业代表队获三等奖。（刘晓燕）

上海工商职业技术学院计算机网络技术专业代表队获全国职业技能大赛三等奖

【在上海市职业学校创新创效创业大赛中获大奖】 6月7日，上海市职业学校创新创效创业大赛决赛举行。大赛由团市委、市教委、市人社局、市科委、市学联共同举办。经全市各中、高职学校选拔推荐及复赛，共有73件作品入围决赛。学院"特斯拉音乐喷泉"项目获特等奖，"匠心古韵传统手工扎染定制品牌"获一等奖，并双双进入国赛。（刘晓燕）

【在上海大学生文化创意作品展示（工艺美术类）中获奖】 1月，中共上海市教育卫生工作委员会、上海市教育委员会主办第三届"汇创青春"——上海大学生文化创意作品展示活动，学院珠宝系获一等奖和三等奖。（刘晓燕）

【召开高职高专推动创新创业高质量发展专题研讨会】 12月28日，上海市高职高专推动创新创业高质量发展专题研讨会召开。参与研讨会的有市教委高教处、学生处、就业促进中心、学生事务中心，嘉定区就业促进中心、区外冈镇政府，教育部高校创业教学指导委员会、教育部高校创业教学指导委员会的相关领导以及全国21所院校领导和从事创新创业教育教学工作的教师。（刘晓燕）

附：学校负责人及地址

（2018年1—12月）

校党委书记：金伟国
副书记：陈英南（兼）

校　长：陈英南
副校长：胡家秀、王中强、叶　松

地址：冈峰公路68号
邮编：201806
电话：60675958

地址：新凤北路565号
邮编：201708
电话：60258299

上海震旦职业学院

【2018年概况】 学校有教职员工423人，其中校内专任教师236人，副高以上职称100人，硕士及以上学位133人，"双师型"专任教师80人。年内录取新生1716人，实际报到1517人，报到率88%。毕业生1283人，就业率98.91%，签约率98.83%。

深入实施素质教育。注重人才培养实效，召开教学工作会议。全面推进语言文字"以评促建"工作，通过了上海市语言文字工作达标评估。全面推进教学诊断与改进工作，切实发挥教育质量保证的主体作用。开展"教学质量月"系列活动，组织10个"专项行动"。召开创新发展三年行动计划专家评审会，稳步推进23个任务和7个项目进一步落实。新增"产品艺术设计""工程造价""虚拟现实应用技术"3个专业。立项建设12门校级精品课程；3个专业获批上海高等职业教育"双证融通"改革试点；与上海市信息管理学校、上海市逸夫职业技术学校联合申报中高职贯通培养试点。"'课岗证赛创'五位一体的计算机应用类专业人才培养模式的创新与实践"获2017年上海市教学成果一等奖。规范教育教学管理，召开教学工作例会17次，举行8次教学信息员座谈会。修订试卷质量评价标准，组织专家对期末考试试卷进行检查和分析，检查覆盖面接近60%。参加全国职业院校技能大赛上海选拔赛，获团体一等奖1个、团体三等奖1个、团体优胜奖2个，个人三等奖5个；参加第四十五届世赛全国选拔赛，获个人优胜奖1个；参加全国职业院校技能大赛，获团体三等奖2个；组织师生参加学校职业技能竞赛29个项目，参与人数800余人，近200名学生获奖。扎实推进继续教育，不断创新思路举措。举办各类语言及技能类培训班，全年培训653人。13名学生参加暑期赴美带薪实习项目。

优化教师培养模式。举办教师资格证面试应对策略培训班。选派24名教师、管理干部参加市教委组织的民办高校"强师工程"研修班，引进6位具有副高以上职称的中层管理干部。推进教师职称制度改革，成立了教师职务和其他专业技术职务聘任委员会。坚持新老结合的"师徒结对"制度，成立带教工作领导小组，共有18对教师结对。鼓励教师参与教学创新，获批并立项市级科研项目31项、校级科研项目18项。陈小红"一种基于改进的KNX-EIB协议栈的智能家居管理系统"项目获国家发明专利授权。

创新学生管理举措。积极开展校内外专题培训和交流，组织6期辅导员沙龙活动。举办为期10周的第九届军训营，组织283名学生参加。组织辅导员参加第七届上海高校辅导员团队拓展活动，获"最佳团队奖"。充分发挥学生干部作用，促进学生"四自"管理。健全责任追究制度，提升资助育人水平。积极推进奖助学金制度改革，加强对中西部困难新生及困难少数民族学生的帮扶，修订9项评审办法，新增3项实施细则。以主题教育活动为载体，培养校、院两级团学组织骨干力量230余人。全面推进青年师生社会实践、志愿服务工作。在上海市第十六届运动会跆拳道(高校组)比赛中，取得5金、2银、2铜和3个第五名的成绩。成立艺术教育指导委员会，提升师生艺术文化修养。

稳步推进国际交流。韩国庆南情报大学访问团2次到访，签订两校交换生合作协议。韩国东西学园朴东顺理事长一行到访，为合作共赢战略奠定基础。美国锡耶纳赫兹大学李・强森副校长一行到访，双方就合作协议内容达成共识。引进国外优质教学资源和先进管理理念，申报"戏剧影视表演"和"艺术设计"专业两项中外合作办学教育项目。举办英国赫特福德大学留学项目校园宣讲会，开拓学生的国际视野。

强化服务育人手段。全面推进依法治校，成立学校监事会。深化以教代会、工代会为基本形式的民主管理制度。加大信息公开力度，提高政务舆情回应的主动性。成立校招生工作领导小组和监查小组，全面落实岗位目标责任制。加大毕业生就业宣传和教育，介绍就业单位800余家，提供3500余个就业岗位。修订资产管理制度，明确资产设备管理流程。加强养老护理实训室等12个实验、实训基地建设，确保政府专项资金申报和使用规范。牢固树立安全发展理念，加强后勤保卫人员培训。完成警校共建续签工作，定期开展安全教育和消防演练活动。丰富优化馆藏资源，推进信息化建设。举办“第七届震旦读书月”系列活动，邀请校领导为学生分享阅读感悟。完成法人财产权落实工作，2017年办学情况年度检查结果为合格。（廖文文）

【民办高校心理健康教育基地揭牌】 10月18日，上海民办高校心理健康教育基地揭牌仪式暨长三角高校心理健康教育发展一体化协作会议举行。民办高校党工委、高校心理咨询协会、震旦职业学院领导共同为“上海民办高校心理健康实训中心”“上海高校心理咨询协会专家委员会”揭牌。（廖文文）

上海民办高校心理健康教育基地揭牌仪式暨长三角高校心理健康教育发展一体化协作会议在上海震旦职业学院举行

【承办上海市第五届航空服务礼仪大赛】 11月23日，第五届上海市航空服务礼仪大赛举行，来自7所高校及中职院校8支参赛队的64名选手参加比赛。学校以总分114分的成绩，获“团体一等奖”，夏子康获“礼仪之星”称号，周仁强获“形象之星”称号，张逸涵获“全能之星”称号。（廖文文）

附：学校负责人及地址

（2018年1—12月）

理事长：张惠莉
董事长：张　沈

校党委书记：黄晞建
　副书记：陈力华（兼）、夏　臻

校　长：陈力华
副校长：张惠莉（兼）、张　沈（兼）、王纯玉

地址：罗店镇市一路88号
邮编：201908
电话：66866920

上海民远职业技术学院

【2018年概况】 学校有全日制在校生818人，生均占地面积133.8平方米，实习实训场所5758平方米，教学科研仪器设备1484万元，纸质图书27.95万册。毕业生就业率99.43%。学校专任教师41人；生师比为15.28∶1，教师资格证持证率96%以上，其中拥有副高级及以上职称的37.1%，中级职称60.9%，硕士及博士研究生学历占全体教师数的70.7%，双师型教师21名，占全体教师数51.2%。

新一届董事会成立后，聘请上海理工大学教授陈敬良为校长。校内设党政办、人事处、教学科研处、学生处(学工部)、招生就业处、电教网络中心、财务室、图书馆和后勤资产保卫处等9个职能部门。调整干部队伍，引进多名教育专家担任学校领导，博士生导师担当学院带头人，中层管理干部平均年龄下降7岁。不断完善行政管理、人事聘用、教学科研、学生工作、后勤保障等方面的各项规章制度，从部门岗位职责、日常工作流程、党务行政、学生和后勤等多方面建规立制，保证学校走上法制化规范化制度化的运行轨道。

重新明确学校定位，建立新的专业体系。围绕上海“四个中心”建设，立足社会需求、紧贴科技前沿、着眼长远发展办学宗旨，重点发展旅游、财经、先进制造、文化创业、国际航运等有吸引力的品牌专业，培养应用技能型紧缺人才。设置国际航运物流学院、经济管理学院、智能工程与技术学院、外国语学院、艺术学院、思政教学部五院一部；通过申报，开展新专业申报(方向调整)工作，获批4个专业，分别为工业机器人技术、医疗设备应用技术、电子商务(跨境电子商务方向)、集装箱运输管理(集装箱多式联运方向)，恢复市场营销专业招生。招生专业(包括专业方向)达到18个，具体为：报关与国际货运、物流管理、电子商务、会计、酒店管理、新能源汽车技术、汽车运用与维修技术、机电一体化技术、应用英语(国际导游方向)、应用韩语(国际导游方向)、艺术设计(室内软装饰设计方向)、艺术设计(广告视觉传达方向)、艺术设计(数字传播艺术方向)、工业机器人技术、医疗设备应用技术、电子商务(跨境电子商务方向)、市场营销、集装箱运输管理(集装箱多式联运方向)等。

加强质量保障体系建设，全面提升教学质量。不断修订教学管理及相关规章制度，重视培养目标和教学过程，加强教学结果管理，完善质量保障体系。日常教学工作“6评1改”模式(简称“6+1”模式)，促进教学质量提高。11月20日，接受上海市语言文字评估专家组语言文字工作评估的检查。专家组通过听取汇报、查阅资料、召开座谈会、实地走访、问卷调查、书面测试等方式，对学校近年来语言文字工作的管理体制、工作机制、运行情况以及校园语言文字应用状况进行全面检查。学校语言文字评估工作得到专家肯定。

引进高水平人才，加强师资队伍建设。学校加大人才引进力度，先后引进6位教授担任相关院系负责人，全校有教授10名，确保每个专业教师7名以上，专业带头人具有副高以上职称。组织教师申报上海高职高专教学研究会教师教改项目、上海市职业教育协会课题研究项目、上海市民办高校教育科研项目及上海市高等教育学会课题。专职教师在国内学术期刊发表论文共1篇，编写译著1部，教材2部，5名教师获2项技术专利。

加强学生党建工作。新生入学，举办初级党校，帮助新生了解党的基本知识。组织入党积极分子学习党的十九大精神，培育共产主义远大理想和中国特色社会主义共同理想。认真考察入党积极分子，要求结合思想、学习、工作实际，写好思想汇报。安排入党积极分子承担部分学生工作，在实际工作中认识提升。

“筑牢理想信念　传承红色基因”系列活动成功得到市教委“民创”项目专项资金支持，旨在通过主题党日活动与校园文化建设相结合的方式，组织形式多样、主题鲜明的各项校园文化活动，提高师生党员、入党积极分子的参与度。纪念改革开放40周年，组织15次主题活动：邀请校外专家学者举办专题讲座5次、外出进行现场教学4次、举办大型活动2次、党史知识竞赛1次、观看纪录片1次、校内讨论学习会1次、总结交流会1次。师生参与达到1603人次，覆盖全校师生员工，活动频率达到每月2—3次。

通过举办各类培训、专题讲座和讨论，强化教师职业教育理念，有效引导教师根据市场和社会需要不断更新教学内容，改进教学方法，依据职业教育的理念制定合理的人才培养、选拔、评价标准和评价制度，快速推进和深化职业教育教学改革。鼓励专业教师通过在生产一线实践、申报行业专业技术任职资格、开展科学研究、校企合作等途径成为“双师型”教师。注重从生产一线引进具有行业中级专业技术任职资格的专业技术人员。校外兼职教师和专家的聘任:为确保学生实践技能的培养,学校从企业、行业聘用一批高素质的兼职教师和专家,以改善教师结构,适应职业教育发展的要求。

（吴永丽）

【获批4个新专业】 向市教委申报获批,学校新增四个专业(方向):智能工程学院"工业机器人技术"专业、"医疗设备应用技术"专业、国际航运物流学院"集装箱运输管理(集装箱多式联运实务方向)"专业、经济管理学院"电子商务(跨境电子商务方向)"专业。（吴永丽）

【获评上海高校信息公开评议工作表扬单位】 接受市教委组织开展的2016—2017年度上海高校信息公开评议工作检查。专家组从提升学校依法治校的水平、保障师生员工和社会公众合法权益出发,围绕基础工作、信息主动公开、信息依申请公开、便民服务与网上互动、信息公开专栏服务与功能等5个方面展开全面检查。学校信息公开工作得到了检查专家的肯定,评为"上海高校信息公开评议工作表扬单位"。（吴永丽）

附:学校负责人及地址

（2018年1—12月）

董事长:王　勋

校党总支书记:周志进

校　长:陈敬良

副校长:刘江宁

地址:唐陆路3892-3928号

邮编:201210

电话:68791220

上海思博职业技术学院

【2018年概况】 学校有全日制高职在校生近7000人,计划内成人教育大专生703人。师资总人数384人,其中专任教师271人,具有高级职称占31.37%,硕士研究生以上学历占55.72%。拥有上海市级精品课程14门,上海市优秀教学团队10个,上海市教学名师5人。毕业生2180人,就业人数2170人。签约率95.00%,就业率99.54%。签约率较上年低0.19%,就业率较上年高0.02%。

学校以创建教育部优质高职院校为载体,以专业升级发展为重点,以产学融合、校企合作深度发展为突破口,通过充分发掘并利用上海报业集团、新华发行集团以及与学校人才培养相关的行业企业资源优势,继续秉持"相信人人有才,帮助人人成才"办学理念,坚持"双主体办学,全方位育人"办学模式,彰显"素质+技能"人才培养特色,深化办学体制和内部治理结构综合改革。

高度重视思想政治工作教育与校园文化建设。全面贯彻落实十九大精神和全国高校思想政治工作会议精神,以学生发展为中心,全面提升高等学校教育质量。1月4日,召开贯彻落实十九大精神"专业优化与调整"专题研讨会。为庆祝改革开放40周年,12月18日,统一部署安排,学校校领导、中层领导干部、各二级学院及教学单位教师和学生在会议室、办公室、礼堂、思政课堂上集中收看大会直播,认真学习习近平总书记重要讲话精神。开展"改革开放40周年"系列活动。开展党员"家乡四十年的变化"社会实践调查,以及学生主题参观、主题征文、主题讲演等系列活动,在思政教师带领下举行学生"行走课堂"和官网、"思博青年"

"思想思博"等微信号改革开放40周年系列宣讲报道等活动。

大力推广信息技术在教学中的应用，通过专家辅导、教改立项促进信息化教学手段的应用具有初步成效。部分课程针对疑难教学章节，不同程度引入微课和视频课件，利用课程网站和多媒体广播系统，创新教学手段，提高学生自主学习和互助学习能力。加强校企合作，促进信息技术专业群的建设与发展，学校与华为通信技术有限公司、大唐邦彦(上海)信息技术有限公司等4家大型知名科技教育公司洽谈合作。双方在明确校企合作模式、深化校企合作、专业共建、师资队伍建设、人才培养等方面提出详细方案，拟签订正式合约。学校大数据与虚拟现实技术综合实训中心通过专家验收。专家对照项目立项书，对各项指标完成情况、资金使用情况、目标达成情况等进行评估，同意通过验收，并对与实验室硬件建设配套的课程体系方案建设、实验室功能的深入挖掘、整合现有数据发挥实训室公共数据平台作用，为全校各专业建设提供服务等提出进一步优化建议。

深化对外合作，加强相互交流，在务实、有效发展的思想引领下，扎实推进教育国际化进程。学校先后与美国威斯康星协和大学、美国圣马丁大学等签订合作办学协议。学校领导出访西日本短期大学等6所日韩院校，与6所院校针对专业共建、师资共享、学历深造等方面深入探讨，在文化与社团交流、创新创业合作等方面达成意向。学校领导8月中旬，受邀对加拿大多伦多大学、加拿大圣劳伦斯大学、美国芝加哥大学、美国威斯康星协和大学、美国圣马丁大学和美国华盛顿大学访问，双方就共同关心的专业共建、师资共享、学历深造、师生互访等进行探讨。

学校连续4届蝉联上海市精神文明单位称号；获教育部"国防教育特色学校"称号；中国科学评价研究中心(RCCSE)、武汉大学中国教育质量评价中心和中国科教评价网联合发布两届中国专科院校排行榜，学校均位列500强；并获"首批全国跨境电商专业人才培养示范校"称号。在全国性和省市级各项大赛中多次获得重要奖项：篮球队获市阳光体育大联赛3连冠；在上海市第十六届运动会暨2018第三届上海市校园篮球联盟联赛中获得男篮季军；获2018—2019年全国啦啦操联赛冠军并受邀参加国际比赛；体育舞蹈队在上海市高校阳光体育大联赛舞蹈比赛中获1金6银4铜；"思博BIM工作室"获全国"互联网+"大学生创新创业大赛上海赛区复赛铜奖；学生作品在上海高校大学生思政课艺术作品巡展活动中获3项一等奖；报关学生获全国第五届报关IECC业务技能大赛第一名；创业项目获"首届海纳百创长三角模拟公司交易会"团体第一名；建筑工程技术专业获"长三角民办高校应用型教学内涵项目建设大赛"一等奖；思政中心获评上海高职高专院校思政课联盟"先进集体"；教师获高职院校"管理会计"技能大赛特等奖；刘飞等3位老师分获上海高校青年教师教学竞赛一等奖等奖项。 (程伟超)

【获全国职业院校技能大赛上海选拔赛奖项】 4月25日，2018年全国职业院校技能大赛上海选拔赛各项赛事落下帷幕，学校护理技能、养老服务技能、银行业务综合技能、互联网+国际贸易综合技能、智慧物流作业方案设计与实施、工程测量、建筑工程识图、汽车检测与维修8个赛项挺进国赛，其中银行业务综合技能、互联网+国际贸易综合技能、工程测量和建筑工程识图4个赛项获第一名。 (程伟超)

【获上海高校青年教师教学竞赛奖项】 5月25日、26日、27日及6月3日举行的第三届上海高校青年教师教学竞赛决赛、第四届全国高校青年教师教学竞赛选拔赛中，国商学院教师刘飞获高职高专综合学科组一等奖、陈海华获高职高专综合学科组三等奖，艺术设计学院商晏铭获社会科学组优秀奖。 (程伟超)

【获全国"互联网⁺"大学生创新创业大赛上海赛区复赛铜奖】 6月10日，第四届中国"互联网⁺"大学生创新创业大赛上海赛区复赛上，建工学院学生朱田、张旭、林江、陶宇斐、朱晨钰、徐俊杰的"思博BIM工作室"，获就业型创业组铜奖。 (程伟超)

【参加世界轮滑锦标赛】 7月,2018世界速度轮滑锦标赛和2018世界自由式轮滑锦标赛在荷兰举行,作为自由式轮滑的世界冠军,国商学院2017级应用英语专业学生叶浩钦将和搭档张颢代表中国队参赛,角逐成年男子组"速度过桩""花式绕桩""花式对抗""双人花式绕桩"4个项目。

(程伟超)

【陆靖上"开学第一课"】 9月16日,市教委主任陆靖以"学在大学"为题,为2018级新生上"开学第一课"。学校举办方上海新华发行集团党委副书记、总裁、学校董事长李爽,学校校长皋玉蒂、校党委书记常焕等全体校领导、学校中层干部及2018级新生近2300人在现场或通过网络直播收看讲座。

(程伟超)

【检查评估学校语言文字工作】 10月26日,语言文字工作评估汇报会举行,以上海开放大学校长、语委主任袁雯为组长的评估专家组对学校的语言文字工作进行全面检查和达标评估,市教委语管处、市教育评估院等相关成员出席会议,校长皋玉蒂、副校长张学龙及校语委成员参加评估汇报会。

(程伟超)

【获上海市第十六届运动会高校篮球联赛季军】 11月4日,上海市第十六届运动会暨2018第三届上海市校园篮球联盟联赛决赛举行,学校篮球队以54∶51的成绩战胜对手同济大学,获男子组季军。

(程伟超)

【举行庆祝建校15周年系列活动】 11月13日,学校为庆祝建校15周年举办第六届全国高校数字艺术设计大赛全国高校巡展、啦啦操大赛、教职工代表座谈会、特色留影、社团展示、15周年庆大型文艺晚会一系列活动。

(程伟超)

【获2018—2019年全国啦啦操联赛冠军】 12月14—16日,2018—2019年全国啦啦操联赛在华东师范大学举行,学校啦啦操队蔡逸龙、陈莹莹在公开青年丁组(即高职组)双人花球自选动作比赛中获冠军,参加集体花球赛项的21位啦啦操队员获公开青年丁组亚军。

(程伟超)

上海思博职业技术学院获2018—2019年全国啦啦操联赛冠军

附:学校负责人及地址

(2018年1—12月)

校党委书记:常　焕
副书记:皋玉蒂(兼)、姚大伟

校　长:皋玉蒂
副校长:张学龙、姚大伟(兼)、沈小平

地址:城南路1408号
邮编:201399
电话:68029005

上海济光职业技术学院

【2018年概况】 学院设有1个二级学院、5个系、2个教学部、1个研究所、1个继续教育学院，共有26个专业。全年招生总计划为2500名，录取1999名，计划录取率为79.96%，到校报到1835名，录取报到率91.79%。2018届毕业生1966名，毕业签约率93.57%、就业率99.8%。有专任教师188人，拥有高级职称的教师45人，占总数24%，具有硕士研究生及以上学位教师104人，占总数55%。校园占地面积11.3万平方米，建筑面积101364.68平方米。

贯彻落实党的十九大精神。大力推进产教融合，健全德技兼修、工学结合的育人机制。积极推进与同济大学合作共建工作，加强思政课程建设，推进课程思政教学试点改革，提升"形势与政策"课教育教学质量；加强思政工作队伍建设，建立职能部门与二级院系协同育人工作机制，全面提升育人功能；加强文明建设，推进文教结合、文化育人。

强化人才培养中心地位。建立专业设置为产业行业需求服务的快速反应机制，制定专业设置及人才培养方案制定工作流程；组织开展2019年新设专业的调研论证和建设规划制定工作，成功申报软件与信息服务等5个新专业；风景园林设计专业经校企合作教学实践，获批教育部第三批现代学徒制试点；工程造价等5个专业积极开展需求调研，与5个中职校申报中高职教育贯通模式试点；积极促成建工系建设工程管理专业与杉达学院高本贯通模式试点工作的开展。成立艺术设计系。深入推进课程改革。组织开展以二级院系为单位的"服务中国"大国系列思政课程选修课的教学活动，校内外专兼职教师组成讲师团队，以"核心价值观"教育为引领；遴选出10门课程作为第二批课程思政改革试点课程；在内部质量保证体系建设中，推选出7个专业和16门课程率先开展标准建设试点；2门课程入选市级精品课程。建立健全教育质量保证体系，成立内部质量保证体系推进领导小组，初步拟订济光学院教学质量保证纲要保证项目的保证维度、保证项目及保证要素，组织各系部(学院)专家、教师共同参与内部质量保证体系建设的研讨。构建有济光特色的人才培养质量监控评价体系，推行网格化管理，建设好校园CRP系统，推进治理建设信息化、数字化。持续加强创新创业教育，在相关院系开设相关创新创业教育课程，有的专业纳入必修课程系列；加强创新创业导师队伍和创业团队建设，发挥专业竞赛对创新创业教育的驱动作用。学生参加技能大赛有突破，从市赛到国赛再到第四十五届世赛全国选拔赛获奖项目达35项，经管系酒店专业学生获得全国职业院校技能大赛(高职组)"导游服务"一等奖。

深化教育交流与合作。成立2018级建筑设计专业中捷创新班和护理专业中英国际班，与韩国大庆大学签订合作协议。分别与台湾"中华"大学、台湾南开科技大学、台湾德明财经科技大学等高校签订合作备忘录，开展海峡两岸文化交流活动。探索高职教育理念国际化，先后组织教职工近40人次利用假期组团分别赴捷克、西班牙、意大利、英国、芬兰、韩国等国家的高校和专业机构交流学习。探索师资建设国际化，邀请国(境)外专家、引进外籍教师为学生讲座、讲学，全年国(境)外专家讲座7场，接待国(境)外来访7个团组，共计25人次。开展学生交流活动，选派20名优秀学生代表分别前往新西兰商学院、新西兰林肯大学、捷克布拉格建筑学院等国外高校开展大学生专业研修营活动。年内，共接待3批80人次分别来自香港和台湾地区的学生文化交流团。

落实人才强校战略。鼓励支持教职工参加校内外各类专业会议、技能竞赛、技能培训学习，资助约50余人次；鼓励和支持教师参加国内外访学、研修和提升学历，支持3名教师赴海外学历提升，利用市教委专项资金选拔1名教师赴海外访学和2名教师国内访学，支持5批次、16位教师赴海外短期学习交流。积极推动专任教师赴企业实践，开展“双师型”教师培养培训基地建设；完善教师赴企业实践制度，落实教师实践锻炼的企业和岗位，加强过程管理与考核，提高实践质量和效果，利用三年行动计划经费和政府扶持资金资助26名教师到企业践习；完善校外兼职教师的聘用与管理，组建混合教学团队，发挥好企业技术骨干和能工巧匠在“双师型”师资队伍建设中的作用。由学院自主进行专业技术职务评审，物色校内外专家成立各级评审机构，制定5个类别评聘的基本标准和岗位职责要求，规范岗位聘任评审流程；制定出台学院专业技术职务评聘实施办法；评审出副教授7人、校内副教授3人、校内高级工程师1人、讲师9人。推进教职工薪酬体系改革，收入分配向骨干、向一线、向基层、向青年教职工倾斜，提高教职工工资收入水平，形成较为合理的、有序的收入分配格局。弘扬校园尊师重教的浓厚氛围，对教学育人有突出贡献的、参加市级以上比赛或指导学生参加技能大赛获奖的教师进行嘉奖，对学院10名“优秀教师”、2名“优秀辅导员”、3名“先进教育工作者”进行表彰。

推进与企业的交流与合作。完善校企合作机制：建立落实到各院系的目标管理考核责任制，加快推进校企合作协议的落实，为校企协同育人提供平台支撑；校企协同共组教学团队、共创培养方案、共建职业环境、共筑服务平台，以企业真实项目引领建筑系相关专业进行教学实践。推进与各行业核心企业的深度合作，与50家单位签订校企合作培养人才协议书，与108家企业分别签订“校外实习基地协议书”并举行挂牌仪式。

提升资源使用效益。推动后勤机构设置和改革，撤销后勤服务中心，将后勤服务中心职责和功能纳入后保处，推进后保处定编定岗、岗位标准设置、考核标准、关键职责、奖惩规定等方面改革。加快智慧校园建设，完善信息化基础设施，推进数据中心机房建设；加强学校数据治理体系建设，加强网络与信息安全建设，落实网络安全责任制，构建安全可靠的校园网络平台；推进云数据平台、云盘空间和虚拟空间扩容等建设工作；建立集人事、财务、科研与教学等一体的信息化平台。推进校园基础设施建设，完成杨浦校区教学楼东侧与中部的装修、宿舍卫生间、体育场所等修缮工程；完成宝山校区6个院系部办公室调整装修，完成电瓶车充点电等基础设施改造；完成宝山校区办公楼北面建筑系园林实践园建设工程。完善资产管理机制，制定《上海济光职业技术学院家具固定资产管理办法》《上海济光职业技术学院设备家具配置管理实施细则》和《上海济光职业技术学院设备器材损坏、丢失赔偿办法》；完成教学楼基础部、护理学院、经管学院和实训楼机电系、建工系公用房调整工作；完成资产管理系统建设并投入使用。推进平安校园建设，建立安全管理问责机制，进行三级签约；加强校园安全监管，重点做好实训室、宿舍等重点场所的安全隐患排查、依法整治工作，技防建设投资约30万元；完善应急处置预案，提高公共安全保障能力；共组织消防逃生、灭火、救护演练3次，反恐演习1次，各类安全讲座32场，参加人数约11000余人次，组织义务消防队、食堂、实训人员灭火培训5次。

丰富校园文化生活。通过中华优秀传统文化体验中心、陶艺工作室、非遗蜡染艺术大师工作室的建设与相关活动的开展，提升学生们的人文艺术修养；举办“立德树人·允文允武”趣味运动会，树立师生文化自信。持续建设“济光讲坛”校级文化品牌活动，二级院系开展“一系一品”如“经管讲堂”“建工讲堂”“艺术讲堂”“筑语沙龙”等系列活动。开展纪念改革开放40周年系列活动，如“倾听时代声音　讲述身边故事”大学生讲故事大赛、“抒爱国情怀　展青春风采”“一二·九”歌会、“青春筑梦新时代　砥砺前行新作为”知识竞赛等系列活动，引领青年一代自觉肩负起实现中国梦的重担。全面推进资助育人，共评选出国家奖学金2人、上海市奖学金4人，国家励志奖学金157人；春季发放国家助学金488人，金额72.2万元，秋季发放国家助学金460人，金额54.32万元；2018—2019学年生源地贷款126人，金额100.8万元；为1033人次发放勤工俭学金额16.59万元。社会职业培训资质从C级升到B级，济光高级职业技能培训中心获得宝山区民政局批准，培训中心产权得以明晰，选择成为非营利民办非企业职业培训机构。（杜 宇）

【获全国职业院校技能大赛（高职组）奖项】 5月26日，在2018年全国职业院校技能大赛高职组“建筑工程识图”赛项中，建工系高琦、丁子昊组成的参赛队获得团体三等奖。5月28—30日，在全国职业院校技能大赛（高职组）“导游服务”赛项中，经管系酒店管理专业学生刘雨婷获全国一等奖，学生顾颖获全国二等奖，教师林俊获优秀指导教师奖。

（杜 宇）

上海济光职业技术学院学生在全国职业院校技能大赛中获奖

【参加第四十五届世界技能大赛全国选拔赛】 6月，在第四十五届世界技能大赛混凝土建筑项目全国选拔赛中，建工系2016级学生鲍志豪作为上海代表队的两位选手之一表现优异，上海代表队以“木模操作第一、钢筋操作数一数二、铝模良好”的成绩位列全国第六。（杜 宇）

【获第九届“斯维尔杯”BIM大赛全国总决赛全能二等奖】 5月，在第九届全国高等院校“斯维尔杯”BIM大赛总决赛中，建工系代表队获本届赛事全能二等奖（总排名全国第二十二名），绿色建筑分析专项、工程管理专项2项二等奖，工程设计、工程造价2项三等奖。（杜 宇）

【获养老护理技能大赛一等奖和优秀奖】 12月22日，对接世界技能大赛——“健康与社会照护”项目标准的养老护理技能大赛在上海城建职业学院举办，护理学院2016级护理专业学生陈慧勤、章颖分获一等奖和优秀奖，教师姚淳获一等奖指导教师称号。

（杜 宇）

【在长三角“首届VR极限任务挑战赛”中获奖】 11月1日，在长三角“首届VR极限任务挑战赛”中，建筑系教师陈仙鸿带领孙乐意、金明、唐逸杰、吕涵4名学生组成的“JTLS团队”历经VR软件培训、方案设计、VR建模、成果展示获BIM装饰VR组三等奖。建工系由教师俞嘉领队，朱懿、付嘉伟、张华坤3名学生组成的“济光香饽饽”团队获BIMVR类团队二等奖；由教师刘夏虹领队，周浩然、李鸿航、潘敏、陈超逸4名学生组成的“筑梦队”获BIMVR类团队三等奖。（杜 宇）

【获上海市高等职业院校教师说课大赛二等奖】 11月17日，2018年上海市高等职业院校教师说课大赛决赛举办。建工系教师王丽获上海市高等职业院校教师说课大赛（决赛）二等奖。（杜 宇）

【在全国职业院校艺术设计类作品“广交会”同步交易展中获奖】 12月21—23日，由教育部职业院校艺术设计类专业教学指导委员会主办的全国职业院校艺术设计类作品“广交会”同步交易展暨2018年校企创新成果对接会举办。艺术设计系由系副主任丁亮副教授带队，共选送60多件作品，获一等奖3个、二等奖4个、三等奖8个。（杜 宇）

【探索公办高校与民办高校思政共建新模式】 学院与同济大学充分依托“同城协同平台工程”建设，结合公办高校优势和民办高校特色，积极探索公民共建、公民办优质资源共享等新方法、新途径，12月28日，同济大学—上海济光职业技术学院党建共建签约，通过共建活动平台、交流工作经验、解决实际问题等方式，以双方党建共建为契机，进一步发挥公办高校和民办高校党建工作的联动作用。

（杜 宇）

附：学校负责人及地址

（2018年1—12月）

校党委书记：姜富明

副书记：李永盛（兼）、王　滟

校　长：李永盛

副校长：姜富明（兼）、胡展飞

地址：水产路2859号

邮编：201901

电话：66761065

上海工商外国语职业学院

【2018年概况】 学校开设英语、日语、德语、法语、韩语、西班牙语、俄语等7个语种和商务、文法、机电、艺术类共30个专业（含方向）。新设立智能制造与信息工程学院、新媒体与文法学院及东方语言文化学院3个二级学院。招生计划3720人。实际录取3442人，录取上海专科层次（依法自主招生）850人；5月，上海"三校生"招生260人；上海秋季招生153人；上海中高职贯通招生29人；外省市秋季招生2150人。录取后报到3023人，报到率87.83%。在校3个年级总人数8309人。毕业生2723人，比上届增加97人，签约率98.86%，就业率99.93%。

党务与思政工作。学校获批民办高校党建与思政创新发展项目6个，其中包含一个A类项目"上海民办高校党建服务中心"，以及"傅雷校园文明项目——傅雷馆三期建设"等5个B类项目。课程思政教育教学改革，已初步形成以思政课必修课为核心、"中国系列"思政课选修课——"开放中国"为骨干、综合素养课——"中华传统文化精要"为支撑、专业课育人为辐射的"课程思政"同心圆，做到全方位育人。

师资队伍稳步提升。共有专、兼职教师400余人，其中高级职称教师占专任教师的22%以上，硕士研究生及以上学历教师占专任教师的60%以上，外籍教师20余人，留学归国教师30余人，上海市教学名师奖2人，上海市高校育才奖5人。基本形成了一支结构合理、素质精良的师资队伍。开设辅导员午间工作坊，为辅导员提供交流工作经验和心得的新平台。为推进双师型教师培养，共组织2名教师赴企业挂职锻炼；18名教师参加强师工作新教师培训；6名教师参加强师工程各类骨干教师培训；组织81人次的国内各类骨干及专题培训；选送商学院2名教师利用寒假国外短期访学；选送13名教师赴马来西亚相关院校进行专题培训；选送6名语言类教师赴目的语国学习。

教学与科研管理工作。批准24个院级教学改革和课程建设项目，其中重点项目13项、一般项目11项。"综合英语"入选2018年市级精品课程，3名教师入选"上海高校青年教师培养资助计划"。俄罗斯教育科学院教育管理研究所发布"关于批准定期出版物《人与教育》编辑部与编辑委员会组成人员"3号令，欧洲语言文化学院副院长、戈梅利学院院长王保士被正式批准为《人与教育》编委会委员（新编委会20名编委中唯一中国学者）；蒋隆全应邀参加在希腊赛萨洛尼基（Thessaloniki）举办的第十四届国际科学与工程计算方法研讨会（简称ICCMSE 2018），发表《调查大学生跨文化能力的设计与测试》的科研成果；刘丽领衔的"基于供应链商务流程的国际商务应用性人才培养模式改革的探索与实践"获上海市教学成果奖二等奖；杨春兰、吕冬梅、钟松影在2018年"新道杯"上海市高等职业院校教师"管理会计"技能大赛中分别获得一、二、三等奖。

加强学生文化与职业素养。积极推动宿舍文化建设、开展学子讲坛、优秀学子风采等特色工作，开展高品质、多样性的校园文化活动，开展新生心理普查工作，构建学校心理健康教育三级网络系统。第七届全国高等职业院校日语技能大赛获团体赛一等奖、个人赛一等奖；2018“高教社杯”全国高职高专职业院校技能大赛实用英语口语大赛一等奖；《帮帮种农场》创业团队获第四届中国“互联网＋”大学生创新创业大赛青年红色筑梦之旅赛道铜奖；《心灵树洞》创业团队获浦东新区第二届大学生创业新势力选拔赛优胜奖；第二届“国青杯”全国高校艺术与设计作品大赛上，创意设计学院师生获20个奖项等。

国际交流与合作方面。学校与英国赫特福德大学、德蒙福特大学、加拿大圣力嘉大学、日本星槎道都大学、城西国际大学、大手前大学、神户山手大学、东亚大学、长崎国际大学9所国(境)外大学签订校际合作协议。学生出国专升本(硕)留学、国(境)外短期学习、国外实习及游学共计223名，其中出国专升本(硕)留学92名，短期学习83名，赴美暑期实习26名，国外游学22名。首次招收来自俄罗斯、墨西哥、乌兹别克斯坦、哈萨克斯坦、印度尼西亚等9个国家59名长期留学生。承担17批国(境)外大学来访；2批学校团队出访。（徐　华、葛春晖）

【成立智能制造与信息工程学院、新媒体与文法学院】 4月27日，智能制造与信息工程学院、新媒体与文法学院举办成立大会暨揭牌仪式，这标志着学校整合资源，增强基层活力，顺应新经济发展，向培养新技术、新产业、新业态、新模式所需要的应用型人才又迈出了新一步。（徐　华、葛春晖）

【成立东方语言文化学院】 12月28日，东方语言文化学院成立大会暨揭牌仪式举行，新学院更坚持科学发展、内涵发展、特色发展和创新发展，在人才培养、教学改革与创新、社会服务和文化引领等各方面，努力成为上海乃至整个长三角地区的重要基地。（徐　华、葛春晖）

【戈梅利大学—上海工商外国语职业学院汉语教学中心成立】 6月8日，戈梅利大学—上海工商外国语职业学院汉语教学中心在白俄罗斯戈梅利国立大学挂牌成立。在白俄罗斯戈梅利大学成立汉语教学中心，是在落实国家“一带一路”倡议的背景下，根据两校合作办学的框架协议，由双方共同商定。（徐　华、葛春晖）

戈梅利大学—上海工商外国语职业学院汉语教学中心成立

【成立人文艺术研究院】 11月22日，学校人文艺术研究院揭牌成立，研究院要努力建设成为学生来往于学校和社会两个课堂间的绿色通道，要成为社会优秀人才走进校园和学校学生走向社会的平台媒介。（徐　华、葛春晖）

【大师工作室和劳模工作站揭牌】 9月27日，学校成立大师工作室、劳模工作站，旨在让大师和劳模亲临学校、进入课堂、深入课程，在实践中指导学生成长成才。同时在助推职业教育的发展方面，努力开拓奋进，力争有所作为。全国劳动模范徐小平、上海市劳动模范陈海明与智能制造与信息工程学院400余名学生代表参加揭牌仪式。（徐　华、葛春晖）

【签署传承发展浦东非遗文化共建合作协议】 11月7日，为充分发挥高等学校服务社会的功能，进一步弘扬与传承浦东优秀地域文化，学校与浦东新区惠南镇文化服务中心举行了“传承发展浦东非遗文化共建合作协议签约仪式”。（徐　华、葛春晖）

附：学校负责人及地址

（2018年1—12月）

校党委书记：朱南勤

副书记：段仁启

校　长：毛忠明
副校长：段仁启（兼）、林财兴

地址：观海路505号
邮编：201399
电话：68020621

上海邦德职业技术学院

【2018年概况】 学校设5个二级学院，22个专业（不含专业方向）。在校学生总计3492人；专任教师112人，兼职教师147人；各类实训室24个；2015级毕业生专升本19人。全校毕业生1208人，有1207人就业，就业率达99.92%；有1169人签约，签约率达96.77%。

深化产教融合校企合作。充分利用中国跨境电子商务培训认证管理（上海）中心关于“专业建设、培训认证、技能大赛”的三大功能定位，依托电子商务和现代物流类、外语类、艺术类等专业群优势，整合国家级行业协会、学校、企业三元结构的优质教学资源，创新“多方协同、引企入校”的产教融合模式，如期建成包含130个跨境电商工位的大型综合实训场所，举行“跨境电商仿真实训中心落成、上海跨境电商生态链联盟实训基地揭牌、沈跃华跨境电子商务工作室揭牌、跨境电子商务培训认证点授牌仪式”，举办“长三角跨境电商营运高层论坛暨高级师资培训班”，主办“全国职业院校跨境电商技能大赛暨长三角高职高专跨境电商技能大赛”，应邀承担中国电子商会主办的“跨境电商发展高峰论坛（产教融合分论坛）”中英双语主持工作，有效开展跨境电商师培训认证、教师跨境电商企业践习、跨境电商平台实务培训、跨境电商实训课程共建、跨境电商创客中心共建、应用英语专业（跨境电商方向）中高职贯通、跨境电商外语教材开发等一系列活动。有效促进了专业的转型发展、师生的能力培养、企业的产业升级。

逐步优化专业结构。以“质量、特色、精致”为标志的品牌高等职业院校建设，主动实施“融入行业发展，服务区域经济，创建品牌专业”的发展战略，逐渐形成“以就业为导向，走产学合作、共同育人”的办学模式。继续专业结构优化调整，取消原有的“影视动画”和“影视灯光技术与艺术”专业，新开设“游戏设计”“舞台艺术设计与制作（舞台灯光技术与艺术）”“电子商务”“数字媒体应用技术（虚拟现实VR设计）”4个新专业。

加强实训室建设。新建西餐烹饪实训室、跨境电商仿真实训中心、人物形象设计造型实训中心、酒店集成管理中心、邮轮与物业实训中心、社会工作室、虚拟现实VR图形工作站、云桌面实训中心等，满足学校教学的需要，提升教学实践的水平。

落实师资队伍建设。编制并实施《邦德强师项目（第六期）》；进一步完善劳动合同制，圆满完成217名员工的劳动合同、工作协议的签约工作，5名教职工被辞退；积极开展专业技术职务聘任工作，上半年聘任高、中、初职务，下半年高中级职称的推荐申报工作如期完成（2位申请副高，9位申请中级职务），4位助教的评审得到通过；积极开展招聘人才工作，全年完成教师、干部、专业人才招聘录用11人，顶岗实习生5人。

以赛促学，以赛促教。全校师生在各级各类竞赛中取得优异成绩。学生共获27个奖项，获第九届“外研社”杯全国高职高专英语写作大赛上海赛区特等奖、2018“一带一路”暨金砖国家技能发展与技术创新大赛——首届虚拟现实（VR）产品设计与开发大赛团体一等奖、2018中国电影电视化妆大赛创意造型银奖等；教师共获20个奖项，包括全国职业院校技能大赛职业院校教学能力比赛国家三等奖、第三届上海市高校青年教师教学竞赛二等奖、上海城市业余联赛“精武杯”第十六届太极、传统武术比赛女子F组陈式竞赛套路一等奖等。

提升教育信息化的支撑力。开展“红楼梦”“视觉与艺术”“艾滋病、性与健康”等20门线上公共选修课；2017年获批成功的“商业空间设计”精品课程，教师用户147人，学生用户756人，开放课程用户访问量8000人次；“中国名菜（淮扬风味）及制作”课程，教师用户41人，学生用户498人，开放课程用户访问量11000人次；“网络设备配置与调试”课程，教师用户45人，学生用户626人，开放课程用户访问量12000人次。

开展奖助学工作。充分发挥勤工助学岗的育人功效。学校设校内勤工助学固定岗位7个。主要岗位有图书馆、德艺楼、实训室、晚点名、财务处、酒店实训室等。家庭经济特别困难的勤工助学的学生每月补助共计约17000元，每人约400元。

办学支撑体系建设。加快校园基础设施建设，对德智楼教学楼四、五、六楼教室的课桌椅（共1144人位）进行更新，18个教室的空调更新，将23个普通教室改造为多媒体教室；对德艺楼教学楼整体进行翻新；完成德庆楼、德艺楼的消防改造。积极落实市教委和学校对校园安全工作的总要求，强化“人防、技防、物防、消防”四位一体功能，对食堂区域（共53个点位）视频监控系统进行模转数的改造，所有视频监控均达到数字化、高清化要求；开展上海市节水型学校评审工作，5月11日获“上海市节水型学校”称号。 （郑　楷）

【成立中国跨境电子商务培训认证管理上海中心实训室】 6月8日，学校中国跨境电子商务培训认证管理上海中心实训室正式落成。在跨境电商实训室大厅隆重举行沈跃华跨境电子商务工作室、上海跨境电子商务生态链联盟实训基地的揭牌暨培训认证点授牌仪式。 （郑　楷）

【举行首期艺术化装专业能力评价考评员培训班暨江浙沪研讨座谈会】 12月9日，由文化和旅游部人才中心主办，学校承办的“首期文化行业艺术化装专业能力评价考评员培训班暨江浙沪研讨座谈会”举行。前来参加考评员培训的百余名专业学员听了“提升‘四养’力建功新时代——政德修养、专业素养、文化涵养、实践滋养”“阅读时尚”“深化评价标准，造就优秀专业人才”以及第五十五届金马奖最佳造型设计奖获得者陈敏正主讲的“彰显工匠精神，做艺术化装的手艺人”4场讲座。 （郑　楷）

【进行烹饪专业“双证融通”改革试点】 12月20日，市教委召开“2018年高职‘双证融通’人才培养改革试点工作论坛”，市人社局、市职业技能鉴定中心、上海已开展高职“双证融通”改革试点的院校、有意开展“双证融通”试点的院校、参与改革试点的专家学者及行业企业代表参加会议。学校“烹调工艺与营养”专业自2016年申报被批准开设以来，已完成4门核心课程的考核，通过率100％，处于成绩审核、申请证书的收官阶段。 （郑　楷）

【举行首届全国职业院校跨境电子商务技能大赛暨长三角高职高专跨境电子商务技能大赛】 12月23日，由长三角教育协作发展研究中心和学校主办，上海市宝山区职业教育集团、上海跨境电商生态链联盟、上海聚文信息技术有限公司协办的首届全国职业院校跨境电子商务技能大赛暨长三角高职高专跨境电子商务技能大赛举办。来自全国33所职业院校的300余名选手和指导教师参加比赛。 （郑　楷）

【获全国高等院校技能大赛三等奖】 学校酒店烹饪学院的青年教师沈丛文，代表上海市高职院校获2018年全国高等院校技能大赛（国赛）职业院校教师教学能力比赛全国三等奖，成为学校第一位在全国大赛上获奖的教师。 （郑　楷）

【获中国电影电视化妆大赛创意造型银奖和铜奖】 由学校教师王慧、闵依纯指导，朱明苍、刘瑞两位学生分别在11月17日中国电影电视技术学会化妆委员会举办的2018中国电影电视化妆大赛创意造型上获银奖和铜奖。 （郑　楷）

上海邦德职业技术学院学生在2018中国电影电视化妆大赛中获奖

【获首届虚拟现实(VR)产品设计与开发大赛团体一等奖】 由学校教师陈孟军指导,王胤、王俊两位学生在金砖国家技能发展与技术创新大赛组委会举办的2018"一带一路"暨金砖国家技能发展与技术创新大赛—首届虚拟现实(VR)产品设计与开发大赛获团体一等奖。 (郑　楷)

附:学校负责人及地址

(2018年1—12月)

校党委书记:杨卫武(3月到任)

校　长:葛　朗

副校长:姚永敬(2月到任)

地址:锦秋路299号

邮编:200444

电话:56680657

上海中侨职业技术学院

【2018年概况】 学校设有经济与管理学院、信息与机电学院、护理与健康学院、建筑工程学院、艺术学院、食品学院与外国语学院。共有34个专业和专业方向面向全国招生。学校的日本交流项目、日本交换项目、赴美专业实习项目被列入上海市"高校学生海外学习、实习项目",累计派送500余人出国接受短期交换学习实践及留学深造。在校生6502人,其中全日制专科生6128人,成人专本科在校生374人;教职工465人,专任教师351人。

推动育人质量提升。深入学习宣传习近平新时代中国特色社会主义思想。开展"学习新思想同上一堂课"主题教育,组织专题报告会、行走的课题活动,引导广大青年学生内化于心,外化于行。组织学生骨干带头学习,举办第六期"青马工程"大学生骨干培养班,开展《习近平的七年知青岁月》学习交流会和征文活动,观摩"改革开放40周年"成果展。用新思想、新实践熏陶、感染学生。建立"一院一站"创新创业体系,6月成立创业学院。12月经市人社局评定被授予"上海高校创业指导站",信息与机电学院学生罗鞘入选市委组织部"上海市青年创业英才选拔培训班"。在"挑战杯"职业院校创新创业创效大赛中成绩显著,信息与机电学院"智慧城市无人机"等3个项目分获全国一、二、三等奖,艺术学院"裸眼3D金山农民画"等4个项目分获上海市特等奖和一、二、三等奖。经济与管理学院"拙一茗茶"茶创项目获第六届上海市高职高专大学生创业计划大赛铜奖。食品学院"食品安全"项目获"知行杯"上海市大学生暑期社会实践大赛三等奖。健全学校少数民族学生管理工作体系。成立校级少数民族教育管理领导小组,形成全员齐抓共管的良好局面。配齐少数民族学生专职辅导员,与带班辅导员一起做好少数民族学生的思想政治教育工作。制定《少数民族学生教育服务管理工作实施细则》等制度,开展少数民族管理专题辅导员培训,提升辅导员的民族政策理论水平和民族事务管理能力。弘扬劳模工匠精神,营造精益求精的敬业风气。邀请上海市劳模成立"蔡蕴敏劳模(工匠)育人工作室"和"吴文巍劳模(工匠)育人工作室",开展多场劳模工匠巡讲活动,让劳模工匠形象生活化,增强互动性,增强青年学生对劳模工匠的认同感和亲近度。厚植社会主义核心价值观,推出贯穿全年的志愿公益季、创新创业季、文化艺术季、乐活健康季、社会实践季、新生季、职业风采季七大特色主题活动季,涵盖三五学雷锋、社团嘉年华、校园十大歌手、班班有歌声、科技创新节、外语文化节、班级微视频大赛、舞之魅、职业生涯规划大赛、经典诵读十大品牌活动。加强社团内涵建设,开展星级社团评定。践行校训精神,开展"校训校赋校歌"传颂系列活动。积极申报"民创计划",提升校合唱团、舞蹈队和舞龙队的品质和内涵。开展志愿服务,促进实践育人。完成首届中国国际进口博览会、世界人工智能大会、中国技能大赛等重大赛会的志愿者服务工作。充分利用新媒体手段,拓展学生教育管理空间。开发"君宝"动漫形象,塑造青春活力的网络形象。全面推进易班平台建设,开展五四系列线上评选,举办"计算机一级考试交流会",抢占网络主阵地,"中侨青年"微信公众平台,微信推送突破1200期,用户突破1.9万人,全年累计阅读量91万次。上榜全国高校微信公众号百强排行榜16次,在7月排名全国第二,获团中央推荐。

强化教学科研水平。以升格转型为契机,以课程改革研究为主线,以应用研究和实证研究为重点,以科研基础性制度建设为抓手,以优秀科研团队建设为保障条件,深入开展各项科研工作。共申报各类课题33项,完成开题22项、中期检5项、结题12项。完成2018政府专项申报课题项目10项。完成教育部创新发展(2015—2018)三年行动计划项目7项、23个绩效数据统计申报。申报6项实用新型专利、2项发明专利,获得授权6项实用新型专利。"教风正、学风好、管理严"的理念贯穿教学工作,切实提高人才培养质量,进一步加大人才培养重视力度,进一步加强课堂教学建设、提高教师教书育人能力、加强专业建设,进一步深化创新专业教育改革,严格落实教授上课制度。开展"教学质量月"活动,以"夯实教学基础,展示教学技能;规范课堂教学,确保教学秩序"为主题,为学院内涵建设打好基础。以赛促学、以赛促教,推动学校技能竞赛项目化、常态化,提高师生技能水平,提升实践教学整体质量。

参加各类技能大赛。共有18个项目参加全国职业院校技能大赛上海市选拔赛,有7个项目入围国赛。其中物联网应用技术项目获国赛一等奖,市场营销技能项目获国赛三等奖。获共青团中央中国教育部举办的"挑战杯—彩虹人生"全国职业学校创新创效创业大赛一、二、三等奖;全国第五届大学生艺术展演活动大学生艺术实践工作坊一等奖;在第八届全国大学生计算机应用能力与信息素养大赛大数据赛项获团体冠军;OFFICE商务应用能力赛项电子表格赛项中获一、二、三等奖。第八届海峡两岸大学生大数据应用技术分析大赛冠军、一、二等奖。"挑战杯—彩虹人生"上海市职业学校创新创业大赛特等奖、一、二、三等奖;上海大学生企业经营模拟沙盘大赛二等奖;第六届数字媒体大赛二、三等奖;"高教社杯全国大学生数学建模竞赛"上海市二、三等奖;上海高职高专大学生创业大赛铜奖;"第三届奥派杯"全国移动商务技能竞赛三等奖。

进一步升级校企合作,与多家知名五百强企业建立合作关系。与上海永达汽车集团有限公司签订合约,开展订单式人才培养模式、专业建设等合作;与携程旅行网开展人才技能培训、人才培养探索等合作,与大连东显公司、上海万申信息产业股份有限公司、越海全球物流有限公司等多家知名企业开展校企合作。与金山本地企业展开深入合作,先后与金山工业区、西门子线路保护系统(上海)有限公司、上海统一企业饮料食品有限公司、上海南侨食品有限公司、上海和辉光电有限公司等多家企业开展教学科研、人才培养等方面的合作。继续深入与英国南威尔士大学、西班牙巴塞罗那大学、日本京都情报大学院大学、西日本短期大学的合作,为拓展学生国际化视野,共有34名学生赴英国、日本、西班牙参加短期访学、专业实习活动。新开辟的升本、升硕项目为到国外求学学生搭建平台,取得良好反响。年内,赴日本留学学生26人,其中升

硕6人，赴英国留学学生12人。为加强教师队伍国际化建设，共组织7人次赴国外合作院校进修学习。（单驹超）

【与金山工业园区开展“校企（园）合作”】 5月24日，学院与金山工业区“校企（园）合作”签约仪式举行，金山工业园区与学校全面建立战略合作伙伴关系，进一步搭建优质平台，互通有无，共享优质资源，实现双方共赢。在人才培养、教育教学、外聘兼职教师、就业实习、专业技能人才供需平台建设等方面开展合作。（单驹超）

【成立劳模（工匠）育人工作室】 5月和12月，先后成立“蔡蕴敏劳模（工匠）育人工作室”和“吴文巍劳模（工匠）育人工作室”。以劳模（工匠）工作室建设为基础，以劳模（工匠）精神宣讲团建设为抓手，营造“劳模工匠”精神育人的校园新文化，提高大学生的思想道德素质、专业素质、文化素质和身心素质，发挥劳模引领作用，根植劳模精神。（单驹超）

【创业学院成立】 6月4日，举行创业学院成立仪式。创新创业学院的成立，是学校具有里程碑意义的一件大事，顺应了国家“大众创业、万众创新”的时势需求，也是学校创新创业教育工作进程中的一个重要实践。（单驹超）

【获上海市校长杯乒乓球比赛亚军】 6月2日，由上海市教委、上海市教育工会、中国教育工会上海市委员会举办的上海市校长杯乒乓球比赛中，学校代表队获得亚军。（单驹超）

上海中侨职业技术学院代表队获上海市“校长杯”乒乓球比赛亚军

【举办民办高校护理“八校联盟”研讨会】 6月8日，“2018年上海市民办高校护理‘八校联盟’暨养老护理专业建设和人才培养研讨会”举行，上海思博职业技术学院、上海杉达学院、上海东海职业技术学院、上海震旦职业学院、上海济光学院、上海立达学院护理学院、上海中侨职业技术学院等院校专家出席了会议。（单驹超）

【上海首家老年模拟体验中心投入教学】 9月29日，老年模拟状态体验中心投入教学，这是上海首家老年模拟体验中心，且设备精良、理念先进。共有偏瘫患者体验、老年人状态体验、老年人认知体验、感官体验4个项目，旨在培养体验者的同理心，更好地理解病患。（单驹超）

【获“非遗教育传承示范基地”“传统技艺传承示范基地”称号】 12月8日，教育部职业院校文化素质教育指导委员会公布全国职业院校“非遗教育传承示范基地”“传统技艺传承示范基地”，艺术学院以“金山农民画”为项目，获全国“非遗教育传承示范基地”“传统技艺传承示范基地”称号。（单驹超）

附：学校负责人及地址

（2018年1—12月）

董事长：严健军

校党委副书记：陈晓斌（兼）、管琰琰

校　长：陈晓斌

副校长：寇新建（常务）、卓丽环、张　瑜、罗　宁

地址：漕廊公路3888号

邮编：201514

电话：31616009

上海电影艺术职业学院

【2018年概况】 学院有19个专业与方向，全日制在校生1818人，专任教师146人。教学科研仪器设备总值4416.6万元，图书馆藏书1416万册。学院以深入"贯彻全国教育大会精神，做新时代教育践行者，厚植爱国主义情怀"为主题，以建设"特色鲜明、优势显著、最具活力的高职院校"为发展目标，坚持做特、做精、做优，通过深化产教融合、整合国际资源、文教联动协同发展，不断深化专业内涵建设，进一步提升学院人才培养的质量和水平。

加强基层党建，发挥党组织的政治核心作用。掀起学习贯彻全国教育大会精神的热潮。学院党总支下发《上海电影艺术职业学院关于认真学习贯彻全国教育大会精神的通知》，党总支书记分别对教师和学生宣讲全国教育大会精神，凝聚思想，做好保障。以组织生活有效性推动党支部工作有效性。组织观看舞剧《永不消逝的电波》，感受信仰的力量。以"重温红色文化、唱响主旋律"为主题，与四行仓库纪念馆共建上海红色文化品牌和爱国主义教育基地、大学生实践教育基地，成功举办"勿忘国耻，铭记历史——上海四行仓库抗战纪念馆国家公祭日主题活动"。启动向建国70周年献礼的校园版舞台剧《51号兵站》创作。与上海华源传统文化研究院联合举办"时代之强音"——百位名家百首核心价值观之歌百场传唱活动首场歌舞专场。抓好党风廉政建设和党内监督工作。结合教育部师德十条禁令的贯彻执行，制定上海电影艺术职业学院《关于加强廉政风险防控的若干意见》，对学院从业人员提出"十一个不得"廉政风险预警防控与相应工作纪律和要求。划出底线，扎紧篱笆。

上海电影艺术职业学院与上海华源传统文化研究院联合举办"时代之强音"活动

紧扣社会需求，加强专业人才培养。改革学校内部治理结构，激发创新内生动力。3月起，对原有19个专业的专业布局结构及整体运行框架做出重大调整，实施"1+4+X"平台布局战略：1个平台为通识教育平台；4个中心为表演艺术中心、影视特效中心、影视制作中心、视觉艺术中心；"X"为有待培育而相对独立发展的新闻采编专业与播音主持专业。以赛促教以赛促学，提高学生专业技能。学生参加国际级、国家级、省市级比赛近20场，获国际级奖项2项4人，国家级奖项12项37人次，省部级奖30余项。强化骨干企业引领作用，打造协同育人品牌。坚持"依托企业、立足行业、面向全国、围绕职业、服务就业"的原则，将"产教深度融合，校企协同育人"作为应用型人才培养的方针之一。通过与企业多形式、深层次的互动与合作，扩大校企合作范围，加强产学研三方对接力度，形成校企一体化协同育人的人才培养模式。精准就业服务，促进就业质量稳步提升。"线上"网上信息发布及微信群共推送就业信息岗位436个，"线下"校园招聘会为毕业生提供就业岗位总数702个。毕业生人数为641人，就业人数626人，就业率97.66%，其中选择在沪就业人数比例为70.61%。

坚持引进培养兼职并重，加强师资队伍建设。严把"师德师风"关。学院将教育部关于高校教师师德十条准则与2014年教育部关于师德“红七条”一起纳入“师德承诺书”，划出师德红线，守住师德底线。师德建设工作被收入市教委《2018年上海高校师德师风建设经验交流文集》。落实思想政治理论课改革、推进课程思政。学院贯彻全国和上海高校思想政治工作会议精神，将“三圈三全十育人”落到具体实践当中，以聘请名师引领，提升育德能力系列报告，提升教师把握专业课程思政“概念”的内涵与外延能力，做到专业课与课程思政的双设计双备课，达到引起学生情感共鸣，有效促进学生理解掌握与拓展深化的效果。加强高素质双师型教师队伍建设。有4名骨干教师被选派出国进修访学，17名教师参加产学研和企业实践项目，80%以上一线专任教师直接参与产教融合工作室项目制作中，有效推进教师团队双师素质提升。深化教学科研与艺术实践，助推内涵强势发展。学院逐步实现科研、教学与实践的相辅提升，形成教学科研与艺术实践并重的艺术实践发展路径，有9项科研项目获得专项资助。 （杨怿瑢）

【获全国大学生艺术实践工作坊展示与评比活动一等奖】 4月，影视动画专业的漫联动漫工作室与同济大学、东华大学、上海大学等6所高校共同作为上海地区的代表，参加全国第五届大学生艺术展演活动大学生艺术实践工作坊展示与评比活动。“漫联·动漫创客坊”获全国大学生艺术实践工作坊一等奖。 （杨怿瑢）

【获上海高校青年教师教学竞赛一等奖】 影视表演专业青年骨干教师仲夏获2018年第三届上海高校青年教师教学竞赛(高职高专综合学科)一等奖、上海市教学能手称号。 （杨怿瑢）

【开展数字化校园改建工作】 学院智慧校园项目启动，一期主要模块包括统一身份认证平台、校园门户平台、数据中心平台、信息标准规范、数据交换平台、教务管理系统、资产设备管理系统、学生服务管理一体化系统、人事管理系统、科研经费管理系统、OA行政办公系统、师生服务大厅、移动校园服务系统，一期项目总投入130万元，实施周期1年。 （杨怿瑢）

【联合举办奥斯卡特效化妆训练营】 9月24日—10月6日，学院与国际行业顶尖团队展开合作，联合美国斯坦·温斯顿学校(Stan Winston School of Character Arts)共同举办特效化妆训练营，学习奥斯卡级别特效化妆师与角色塑造心法，以及影视工业化流程下的好莱坞特效化妆制作的标准全流程。 （杨怿瑢）

附:学校负责人及地址

(2018年1—12月)

院党总支书记:顾成明

院　长:江　泊

地址:达尔文路188号
邮编:201203
电话:50271101

上海开放大学

【2018年概况】 学校高等教育招生27848人，毕业学生18700人，在校生规模为73476人。非学历教育板块整合内外部优质资源，开拓各类培训项目和考试服务。开设22个托育从业人员培训

班，培训学员1014人。新农村教育持续推进，完成388人的村（居）干部“3+X”培训；完成6124人的初级工商管理EBA培训。老年教育稳中有进，非学历舞蹈、钢琴班招生515人。完成16期723人的社区教育培训；完成1800人的“老字号进校园”青少年校外教育培训；完成100家学生社区指导站巡访评估工作；委托培训不断拓展，完成22期2799人的会计继续教育培训，完成13个会计类专题班；完成监狱非学历教育29期，覆盖全市13所监狱，学员870余人；完成65人的对口援建项目培训；完成市妇联、海关等各类培训班40余个。考试服务保障有力，完成各类考试1626场。网考项目获评年度全国优秀考点。电视中专招生6226人，共有在校生10116人。制定《上海开放大学合作办学管理办法》，与蚂蚁计划合作成立蚂蚁学院。

完善学科专业布局。获批学前教育、软件工程（高起本）、软件工程（专起本）、视觉传达设计、市场营销、航空物流6个新专业，调整12个专业，共有48个专业，基本形成专本衔接、对接上海卓越城市和“四大品牌”建设要求的学科专业布局。优化专业课程体系，探索构建功能模块与知识模块相组合的二维分类架构。积极推进硕士单位和MPA学位点建设。深入贯彻落实教育部《新时代高校思想政治理论课教学工作基本要求》，形成“1+4”思政理论课体系，构建以“学习中国”为引领的综合素养课，强化对学生的思想引领和价值引导。编制完成“上海开放大学课程管理工作流程”，贯穿课程准入到退出全过程，为课程建设的质量控制提供保障。进一步优化人才培养方案，与分校合作，大胆探索基于直播课堂的订单式人才培养，并在紫江集团下属企业成功试点。坚持德育为先，成立“1+7”系统培训联盟，组建“托育人才师资库”，加强职业道德教育，探索学前教育专业课程新体系，共开办13期“托育机构从业人员培训班”，1000余名人员参训，得到市政府领导肯定，中央电视台、人民网等近60家媒体进行近500次报道。响应长三角协同发展的政策号召，牵头召开长三角区域开放教育工作研讨会，就区城开放教育工作的融合、创新、发展进行讨论，推进同创共建，服务区域经济社会发展。联合市教育评估院一起研制学校办学水平评估指标体系，基本完成学校课程质量标准的研制。

加强师资队伍建设，制定《关于进一步完善上海开放大学二级学院绩效工资考核管理的指导意见》，修订学校专业技术聘任办法，推进二级学院绩效工作管理改革。引进国际优秀资源开展教师培训，首次组织赴美国海格思大学的骨干教师培训班。引进澳洲老年护理培训资源，开展首期“上海高校养老类专业教师培训班”。举办首期上海开大国际汉语教师培训。邀请英国开放大学课程专家赴学校开展三期“学习设计与课程设计工作坊”和“辅导教师培训工作坊”。面向全系统专兼职教师组织开展各类培训35场次，2656人次参加。

推进国际交流与合作。首次举办“联合国教科文组织成员国面向终身学习的教育体系开发能力建设研修班”，并推动实施联合研究和培训计划暨UIL上海办公室建设。提升“海濡汇”国际学生项目品牌质量，首次与时尚学院、上海国际时尚教育中心合作，举办2018“海濡汇”国际学生时尚设计工作坊，11个国家的27名国际学生参与该项目。首次外派人员至联合国教科文组织终身学习研究所开展短期工作。选派教师和学生参加俄罗斯萨拉托夫社会经济学院的国际教育课程，实现学生首次“走出去”参加海外交流的案例。拓展英国开放大学和贵州广播电视大学加入姊妹大学网络，成员单位由原来15家拓展至17家。

校园信息化建设不断提升。优化在线学习平台功能，提高个性化教学支持能力，试点在线课程开放，促进优质课程资源社会共享。实现移动办公和充值支付，推进网上服务大厅深入应用。优化网络架构，提高校园基础环境服务能力，完善《上海开放大学信息化建设管理办法》。健全网络安全防护体系，做好重要时段保障工作，落实网络和信息安全责任制，以及重要时期信息安全值班制度等，保证校园网络健康、稳定、高效地运行。

上海学习网积极服务于学习型社会的建设工作。开展第八届上海社区网上读书活动、鲁迅青少年文学奖海外征文活动、全国社区服饰大赛、上海学习网摄影达人评选活动、闵行“读书最美”市民读书网上行等各类活动，将优秀资源推送给学习者。截至年底，市民在网创建的学习团队达3600余个，发表互动话题651万余条；学习网发布的终身学习资讯1800余条。上海学习网官方微信发送各类微信文章和专题逾300条，微信粉丝近30000人。点击量突破2.3亿次，在上海学习网注册的学习人数达到443万。

学校获第五届暨全国第二届大学生创业决策仿真大赛3个特等奖、7个一等奖、3个二等奖、2个三等奖。获2018年中国大学生计算机设计大赛一等奖和三等奖各1个。获市级教学成果特等奖和二等奖各1个，其中"学分银行"项目获高等教育国家级教学成果二等奖。（王会姣、韩　玲）

【举办首期联合国教科文组织成员国面向终身学习的教育系统开发能力建设研修班】 10月22日，由学校和联合国教科文组织终身学习研究所、中国联合国教科文组织全委会、华东师范大学联合举办的首期"联合国教科文组织成员国面向终身学习的教育系统开发能力建设研修班"开幕。上海市教育委员会副主任倪闽景、中国联合国教科文组织全国委员会教育处处长遇晓萍、联合国教科文组织终身学习研究所所长戴维·阿乔莱那(David Atchoarena)、校长袁雯出席开幕式并致辞。研修班旨在促进与联合国成员国及"一带一路"沿线国家终身教育、学习型城市建设的互学互鉴和共同发展，共享传播上海经验，提升与国际组织的合作水平，服务于上海的终身学习和城市发展。

（王会姣、韩　玲）

【举行"终身学习监测：中外专家对话"研讨会】 10月23日，"终身学习监测：中外专家对话"研讨会举行。校长袁雯、上海开放大学研究院、"市民终身学习需求与能力监测研究"项目组、上海终身教育研究院、上海市教委教研室相关负责人以及上海开放大学、上海市教育科学研究院等项目组成员出席会议。联合国教科文组织成员国面向终身学习的教育体系开发能力建设研修班的全体学员出席了会议。（王会姣、韩　玲）

上海开放大学举行"终身学习监测：中外专家对话"研讨会

【上海开放远程教育工程技术研究中心加强前沿创新研究】 上海开放远程教育工程技术研究中心牵头研制的在线学习者画像参考模型和学习分析可视化Dashboard行业规范，已形成规范草案，并进行实践应用。工程中心承担的全国教育科学"十三五"规划国家一般课题"大数据下在线学习用户画像的构建及其应用研究"取得阶段性成果，发布《基于在线学习者画像的精准化终身学习调查报告》，成果被国内十余家权威媒体报道。工程中心承担的上海市教育科学研究重点课题"面向上海终身教育的在线学习模式研究"完成主要研究任务，主要成果由中国金融信息网对外发布。工程中心组织华东师范大学—上海开放大学教育技术学博士后流动站博士后完成"基于混合式教学的教学效果评估研究""基于教育大数据的学习资源成效分析研究"2项前沿课题研究，组织开放大学教师围绕学习者画像实证开展11项开放课题研究。新申请2项发明专利，软件著作权5项，在国际会议发表3篇论文，出版1本开放课题成果论文集。组织开展"大数据背景下学习技术驱动的教与学创新论坛"，邀请国内外学习分析领域专家，介绍学习分析技术在教与学创新应用方面最新研究成果和应用案例。与荷兰开放大学、英国博尔顿大学、挪威奥斯陆城市大学、南非大学的专家合作开展开放教育大数据和开放学习分析应用研究。邀请荷兰开放大学和挪威奥斯陆城市大学的两位学者到工程中心进行访学合作研究，合作形成《中国和荷兰在线开放课程比较研究》和《开放学习分析架构研究》等研究报告。（王会姣、韩　玲）

【优化在线学习平台功能】 以学习者为中心，提升在线学习平台个性化学习体验。平台支撑868门网上课程，为2168名总分校教师、65117名上开学习者提供在线教学个性化教学服务支持，课程平均访问数达1050次，7830个学生对资源进行评价，资源评价总数达247531次，收集到1500多份学习风格测评以及466门课程的课程满意度调查卷7440份。为教师提供BBS、微信、视频直播等多类型活动支持5353次，累计发送提醒信息47万条次，增加基于腾讯云的直播基础支持环境，设置微信活动达200次，是上年同期的2倍，直播课堂363次，是上年同期的5.5倍，总时长1167小时，是上年同期的5倍，教师对直播课堂的满意度达到81%。

（王会姣、韩　玲）

【推进学分转换相关工作】 截至年底，共有60个普通高校、56个成人高校（普通高校继教院）累计存入高校学历教育学生成绩信息约5700万条。组织各高校网点开展学历教育不同高校之间、学历教育与职业培训等非学历证书之间的学分转换。共有约7.4万人进行学分转换，转换为学历教育学分数约达58万分。组织推进自学考试成绩存入学分银行工作，自学考试累计存入成绩人数约45.9万人，成绩数超过324万条。推进“上海工匠研修班”等非学历培训与学校学历课程的学分沟通，累计为136名工匠学员颁发学分银行成绩证明。

（王会姣、韩　玲）

【推进“双证融通”相关工作】 学分银行管理中心将“学分认可型双证融通”拓展到本科、高职高专和中职中专3个教育层次，建立“学分认可型双证融通”课程成绩与人社局在线审核等机制。有30所院校的36个项目通过专家评审，进入实施阶段，其中1911名学生获得项目学分，334名学生的学历教育学分认定为市人社局职业资格考证。继续推进“证书认可型双证融通”试点工作。完成112个职业资格证书可转换为学历教育课程学分的认定工作，共有1.5万张职业资格证书转换为学历教育学分。基本实现市人社局职业资格证书发证数据的对接获取，存入市人社局国家职业资格证书人数131万人，证书212万张。开展全年全市社区教育课程、老年教育课程学习成果信息全部存入学分银行工作。累计存入成绩学员数近32.9万人，存入课程成绩数103万条。

（王会姣、韩　玲）

【拓展学分银行信息化服务平台功能】 设计开发学分银行微信服务号，为学习者提供手机查询学分转换标准、个人学习档案等移动互联网服务。依据学分银行个人学习档案，推出学习者学分银行“存折”——积累的学习成果证明服务。

（王会姣、韩　玲）

附：学校负责人及地址

（2018年1—12月）

校党委书记：楼军江
　副书记：王连华（1月到任）、高建华（1月到任）、
　　　　褚劲风、孙向彤（9月到任）

校　长：袁　雯
副校长：王　宏、张　瑾、王伯军

地址：国顺路288号
邮编：200433
电话：25653100

教育科研与考试、评估机构

Institutions of Scientific Research, Examination and Evaluation on Education

上海市教育科学研究院

【2018年概况】 全年共完成、在研各级各类课题335项，包括市委、市政府和市教卫工作党委、市教委委托课题98项，教育部委托课题32项，国家级和市级规划课题22项；编著出版图书32部，在中央媒体连发9篇文章解读《上海教育现代化2035》。

申报并获准立项的规划项目15项，其中国家一般课题1项、教育部青年专项1项、市政府教育决策专项1项、上海市哲社一般1项、上海市哲社青年1项。提交各类内参专报近200份，其中22篇专报获党和国家领导人批示、8篇获正国级中央领导同志批示、1篇获教育部领导批示、6篇获市领导批示。有64篇专报被中共中央办公厅录用，其中单篇录用30篇、综合录用34篇。共获国家级教学成果奖一等奖2项，上海市教学成果奖特等奖3项、一等奖2项、二等奖2项，上海市哲学社会科学优秀成果奖二等奖1项。

国家级教学成果奖

奖项级别	课题名称	参与者
高等教育一等奖	入耳入脑入心　同向同行同频：以思政课为核心的课程思政教育教学改革与创新	沙　军 宗爱东
基础教育一等奖	“新优质学校”课程教学变革及支持系统	普教所

上海市教学成果奖

奖项级别	课题名称	参与者
特等奖	探索新时期义务教育阶段公办学校发展之路——上海市新优质学校推进项目	普教所
特等奖	教育行动中提升幼儿园教师专业自觉的研究	普教所
	高校思想政治教育课程体系（课程思政）建设的探索与实践	德育院

续表

奖项级别	课题名称	参与者
一等奖	融入学习基础素养的课堂观察与课堂变革	普教所
	以“科研搭桥”整体推进上海高职教育教学质量管理的实践探索	职成教所
二等奖	上海市普通高中学生综合素质评价研究与实践	普教所
	非沪籍中职学生软技能课程开发与教学实践	职成教所

上海市哲学社会科学优秀成果奖

奖项级别	课题名称	作　者
学科类著作二等奖	论教育中的实质非理性现象	方建锋

在服务上海方面，开展“迈向2035：上海全面实现教育现代化”“上海教育现代化监测评价指标体系”等重大项目研究，为科学规划上海未来教育改革发展奠定基础，并承担市政协重大课题“推进基本公共教育均衡发展”的调研任务，撰写的报告得到市委、市政府、市政协领导批示。在《上海市民办培训机构设置标准》《上海市营利性民办培训机构管理办法》和《上海市非营利性民办培训机构管理办法》的调研、起草、宣讲等工作中，市教科院参与并发挥作用。

在服务全国方面，市教科院与麦可思研究院共同编制《中国高等职业教育质量年度报告》并连续发布7年，李克强总理对此作重要批示。市教科院受教育部委托开展“关于海南教育创新岛建设实施方案”研究，相关成果被教育部牵头起草的《关于支持海南深化教育改革开放实施方案》采纳；因为对全国各省（自治区、直辖市）人民政府和新疆生产建设兵团履行教育职责评价进行研究并在实际核查中完成多项任务，国务院教育督导委员会办公室专门发了感谢信。

在服务国家“一带一路”倡议和对口帮扶方面，市教科院加大帮扶力度、提升服务能级。以喀什为重点区域，多次组团赴疆，为当地高等教育、基础教育、职业教育与成人教育发展提供智力支持。

在育人研究方面，创新课堂形式推进习近平新时代中国特色社会主义思想“进教材、进课堂、进学生头脑”，因成效显著得到中央及市委领导同志批示肯定。助力上海获批全国首批“三全育人”试点区，课程思政改革做法作为教育系统唯一成果入选“上海改革开放标志性首创案例”。

在学术交流合作方面，市教科院先后举办 80 余场高水平学术活动，包括第七届全国教育效能研讨会、首届长三角家校合作高峰论坛、第四届中国语言政策与规划研讨会、首届长江经济带职业教育教科研机构联盟合作论坛、集团化办学监测与评估研讨会、民办教育发展环境高峰论坛、上海高校课程思政高级研修班，以及 20 余场以纪念改革开放 40 周年为主题的学术活动，拓展延伸研究成果的辐射弧；同时，不断扩大国际(境外)教育科研朋友圈，先后举办中日学校改进高峰论坛、学校心理健康教育与咨询国际论坛等，传递中国教育声音，传播中国教育理念。进一步拓展与港澳台地区教育交流合作品牌项目，接待多个国家和地区的教育主管部门、知名高校和教育机构来访，有效提升了在业界的综合影响力。

编辑出版期刊 4 本，分别是《教育发展研究》《思想理论教育》《上海教育科研》《中国高等教育评估》。

3 月 27 日，中国人民大学人文社会科学学术成果评价研究中心联合人大书报资料中心研制发布“2017 年度‘复印报刊资料’转载学术论文指数排名”，在“教育学”学科期刊转载学术论文转载量(率)排名中，《教育发展研究》以 43 篇的转载篇数排名转载量第二，以 14.48%的转载率排名转载率第十六(发文 297 篇)，综合指数排名第三。在“马克思主义理论”学科期刊转载学术论文指数转载量(率)排名中，《思想理论教育》以 38 篇的转载篇数排名转载量第二，以 16.42%的转载率排名全文转载率第二(发文 231 篇)，综合指数排名第一。 (孙崇文)

【英国伦敦大学教育学院代表团到访】 11 月 26 日，英国伦敦大学(UCL)教育学院国际项目部副主任率团访问市教科院。市教科院院长桑标教授、副院长陆璟研究员接待该团到访，并向来宾介绍上海教育、上海市教育科学研究院的基本情况。院普教所及院智力所相关科研人员参与接待。 (印成君)

【泰国教育部教育委员会代表团到访】 9 月 18 日，泰国国民议会议员兼奇托拉拉技术学院主席苏蒙塔・蓬布恩率泰国教育部教育委员会代表团一行 10 人访问市教科院，泰国驻上海总领事飒丝黎・丹绲拉陪同。副院长陆璟主持会议并介绍市教科院概况。市教委教研室介绍上海推进二期课改的主要做法和成功经验、上海的中小学科学教育情况；院普教所介绍上海在数学教育方面的改革历程和成功经验；院普教所 SHPISA 秘书处和研究中心以 PISA 与上海教育改革为题，介绍上海学生在 PISA 测试上的表现，以及上海基础教育改革的成功经验。泰方就上海课程体系改革、教学研究、教师研修和培训、PISA 测试组织和研究等内容与中方与会人员开展讨论与交流。 (印成君)

【举办中日学校改进论坛】 4 月 28 日，由上海市教育科学研究院、日本筑波大学共同主办的“中日学校改进”高峰论坛在市教科院召开。会议主题为“学校改进的理论、实践与政策环境”。日本筑波大学、日本高崎健康福祉大学、中国教育科学研究院、华东师范大学、杭州市教育科学研究所的专家及市教科院普教所全体研究人员、各区教科研人员和部分学校校长、科研基地代表等 100 余人参加此次论坛。副院长张珏、院普教所所长汤林春参加会议。“中日学校改进”高峰论坛围绕中国与日本在学校改进方面的实践探索，基于证据的学校改进的策略与方法，学校改进的价值取向、目标与动力，学校改进的全球趋势、经验及启示等议题进行交流，达成学校改进研究和实践的若干共识。4 月 27 日，日本专家参访上海市江宁学校、上海市长征中心小学。

(印成君)

【召开第四届中国语言政策与语言规划学术研讨会】 7月7—8日，市教科院与中国语言学会语言政策与规划专业委员会在沪联合召开"第四届中国语言政策与语言规划学术研讨会"。会议以"新时代的语言生活"为主题，聚焦语言生活研究及语言生活视角下的语言政策与规划研究进行深入研讨。语言政策与规划专委会、全国有关高校和科研机构的语言政策与规划研究专家、中青年学者等120余人出席会议。11位专委会理事作大会发言，60余位学者在"语言政策与语言战略研究""语言生活研究""汉语本体建设、应用与传播研究""外语政策与外语教育研究""语言政策国别研究"5个分论坛上宣读参会论文，讨论话题包括精准扶贫与推普政策、改革开放以来语言生活变化发展、国家语言能力建设、新时代孔子学院转型发展、网络空间语言规划、家庭语言政策、小学语文教材建设等。会议既是语言政策与规划专委会的2018年学术年会，也是市教科院国家语言文字政策研究中心为执编《中国语言政策研究报告(2018)》(语言生活蓝皮书)而进行的学术准备。 (陈颖慧)

【首届学习素养·项目化学习峰会召开】 11月19—20日，来自全国各地的专家、学者，以及芬兰、美国、英国等不同领域的研究者、实践者400多人参加会议。大会围绕"项目化学习"从"学习素养与课程创新""学科与跨学科项目化学习""学校项目化创新探索"3个部分进行主旨报告，系统展示学习基础素养在过去四年中的创新研究与实践，峰会推出项目组的重要研究成果《项目化学习设计：学习素养视角下的国际与本土实践》。峰会有5所项目学校(幼儿园)分别承办本次峰会的分论坛，以更加多元的方式向参会者展示项目化学习的实践样态。学习基础素养项目化学习实验室的研究人员参与这些分论坛的研讨。 (杨金芳)

【开展2018年全国职业院校评估】 "2018年全国职业院校评估"是2016年首次开展评估后的第二轮评估。在对评估数据采集分析和对部分省份督查调研的基础上，完成《2018年全国职业院校评估报告》《2018年全国高等职业院校适应社会需求能力评估报告》《2018年全国中等职业学校办学能力评估报告》3份督导评估报告。 (张　鸣)

【参加基于分类评价的高校督导研究工作和专项督导工作】 为贯彻落实《上海市高等教育促进条例》，强化分类评价的引导功能，由上海市政府教育督导室组织多方多次研讨、征求意见和起草修订的《上海高校分类评价指标体系》已付诸实施。其中，高校"办学声誉"评价指标由院高教所承担的"基于分类督导与评价的上海高校毕业生质量雇主调查"和"上海高校人才培养质量社会评价调查"的结果作为主要支撑数据。5—9月，通过对上海140余家用人单位、覆盖全市高校各学历层次的2017年毕业生"双定向"调查(问卷调查定向毕业生用人单位，用人单位填写问卷定向评价毕业生)，以及对全市高校2017年毕业生全样本推送的网络问卷调查，完成由用人单位及毕业生调查数据为依据的上海高校"办学声誉"的分类评价结果，报呈市教育督导办。此外，应市政府教育督导室邀请，7月11—12日，市教科院高教所所长董秀华、副所长周江林参加上海高校分类评价工作的专家评审，又分别于4月19日、9月26日赴上海健康医学院和上海兴伟学院开展专项督导工作。 (印成君)

【承担对省级人民政府履行教育职责评价研究】 国务院办公厅2017年5月31日发布《对省级人民政府履行教育职责的评价办法》，国务院教育督导委员会办公室于2018年组织对各省(自治区、直辖市)人民政府和新疆生产建设兵团履行教育职责评价工作。受国家教育督导局委托，市教科院智力所承担对省级人民政府履行教育职责评价的研究工作，智力所科研人员在有限的时间内高质量地完成研究报告，报告内容被教育部督导局采纳，为制定《对省级人民政府履行教育职责的评价办法》及其实施细则提供重要支撑，报告中的《对省级人民政府履行教育职责评价的测评体系》作为2018年开展对31个省(直辖市、自治区)和新疆生产建设兵团评价省级政府履职工作评价的重要依据。在对各省人民政府和新疆生产建设兵团的核查中，智力所负责专家培训、联络保障、系统开发、报告撰写等工作，全力落实国务院教育督导委员会的部署安排，得到国务院教育督导委员会的表扬。为此，国务院教育督导委员会办公室向上海市政府办公厅发送了感谢信。（付　炜）

【开展援疆志愿服务】 受上海市对口支援新疆工作前方指挥部（以下简称“前指”）委托，市教科院高教所承接喀什地区高等教育重点学科发展规划研究项目，为喀什大学提供中长期发展规划咨询服务。5月23—25日，院党委书记王刚带队前往喀什地区，与上海前指和喀什大学校领导进行沟通交流。市教科院与喀什大学共同签署《喀什大学与上海市教育科学研究院战略合作框架协议》。12月16—22日，课题组再次赴喀什大学，对喀什大学开展全方位的校内调研活动，全面了解学校办学现状与发展诉求。（陈颖慧）

【完成上海市高职和中职两份教育质量年报】 市教科院分别受市教委高教处和职教处委托，承担《2017年上海市高等职业教育质量年报》和《2017年上海市中等职业教育质量年报》的编制任务。其中上海高职年报在全国各省级年报的合规性评价中，取得第一的好成绩。（张　鸣）

【推进上海职业教育质量提升和三年创新行动计划服务平台建设工作】 受市教委高教处委托，组织召开全市高职院校教学工作会议；指导推进2018年第二批“高本贯通”试点、一流专业和产教研协同基地，以及高职三年创新行动计划建设等重大项目实施。（张　鸣）

【完成上海中职专项经费投入机制改革“因素分配法”研究】 受市教委职教处委托，完成“因素分配法”的风险评估报告和研究报告，明确而具体地提出如何将传统的单纯由政府主导的以公共财政投入为主的职业教育经费保障机制，调整为政府推动、市场引导下，举办者投入问责和学校资助办学及面向市场筹资的多元经费保障机制，以及一系列可供政府和相关部门选择采纳的对策建议。（张　鸣）

【完成《上海市终身教育促进条例》修订草案】 受市教委终身教育处委托，修订《上海市终身教育促进条例》。通过召开市、区、街镇和行业企业等各层面的系列调研座谈会，以及开展相关专访，全面梳理和总结出条例实施以来上海终身教育事业发展取得的成效及存在的问题，并提出需通过立法解决的关键性问题。已完成一份调研总报告及若干分报告、立项论证报告及条例修订草案，并提交市教委和市人大。（张　鸣）

【发表“职业教育教材建设规划研究”系列论文】 受教育部教材局委托，2017年承担“职业教育教材建设规划研究”工作，2018年在完成研究报告的基础上，课题组采用以老带新的形式进行学术成果开发，设计分工撰写系列论文5篇，集中发表在12月的《职教论坛》杂志上。这组论文既有不同专题又形成一个系列，成为决策咨询成果深度开发的一个成功案例。（张　鸣）

【中国银行上海市分行参与老年教育的探索与实践项目结项】 受中国银行上海市分行的委托，完成“中国银行上海市分行参与老年教育的探索与实践”结项成果。项目报告全面回顾中国银行作为国内唯一持续经营百年的商业银行，与市教委合作开展“中银常青树”老年教育项目的历程、成效与经验，并对未来中国银行和其他社会力量更多参与和服务上海老年教育提出前瞻与建议。（张　鸣）

【举办上海市中职师资培训基地（管理类）培训】 受市教委委托承接上海市中等职业技术教育师资培训基地（管理类）工作，面向全市中职学校各类管理干部和骨干教师分别开设专题化的高级研修班，年内共举办8个市级培训班和校本培训班，参加培训学员人数达521名。（张　鸣）

【举行“2018年海峡两岸中小学教育学术研讨会”】 研讨会由上海市教育科学研究院主办、闵行区教育局承办，主题为“基于学生发展的学校创新与变革”。台湾地区的嘉义大学、高雄师大、台中教育大学、台湾师大、彰化师大、南台科技大学和部分中小学校长主任等32人参会。市教科院、华东师范大学、上海师范大学、市教研室、市师资培训中心、南京晓庄学院、杭州市教科所、哈尔滨学院等高校、科研机构的专家学者和中小学校长300余人参会。上海市教科院院长桑标主持研讨会开幕式。双方交流论文报告16篇。研讨会以论文报告、专家点评，质疑提问的方式进行。（杨金芳）

上海教育科学研究院主办2018年海峡两岸中小学教育学术研讨会

【获上海市级教学成果特等奖与国家级教学成果一等奖各一项】 “高校思想政治理论教育课程体系(课程思政)建设的探索与实践”获上海市级教学成果特等奖，“入耳入脑入心　同向同行同频：以思政课为核心的课程思政教育教学改革与创新”获国家级教学成果一等奖。（申国勇）

【举行首届长三角家校合作高峰论坛】 6月11—12日，以“新时代　新智慧　新实践”为主题的首届“长三角家校合作高峰论坛”在沪举行。该论坛由市教科院普通教育研究所、上海市静安区教育局、长三角家校合作研究与指导联盟联合组织。500多位校长、专家学者参加会议。与会人员推广家校合作研究成果，探讨学习家校合作的新智慧和新方法。（杨金芳）

【完成民办教育重要政府文件起草及编制】 市教科院民办所承担并完成“上海市3岁以下幼儿托育机构管理暂行办法”的课题研究及文件研制工作。课题最终成果《上海市3岁以下幼儿托育机构管理暂行办法》，经市政府常务会议审议通过后，于4月28日，以市政府办公厅文件形式正式印发。配合民办教育新法新政的落实，针对非营利性和营利性民办学校分类管理需要，院民办所开展地方配套制度研究，参与《上海市民办学校分类许可登记管理办法》及相关文件的编制工作，相关成果转化为市政府文件。（潘　虹）

【上海获批全国首批“三全育人”综合改革试点区】 课程思政的上海做法由地方实践经验上升为国家战略部署，课程思政改革做法作为教育系统唯一成果入选市委“上海改革开放标志性首创案例”。2018年德育研究院（筹）参与组织申报，上海获批全国首批“三全育人”综合改革试点区。（申国勇）

【开展2018年心理健康教育活动月】 5月，开展2018年心理健康教育活动月活动，上海高校参与度达85%，40所高校围绕“校园心理情景剧”打造特色活动，学生主体共开展活动1051场，覆盖学生高达334092人次，重大活动346场，覆盖学生297229人次。同时，上海16个区心理中心全部参与其中，共推出59场大型活动，辐射至全市各中小学及中职院校，惠及学生、家长和教师。（申国勇）

【《思想理论教育》杂志入选中国人文社会科学期刊(AMI)核心期刊】 《思想理论教育》杂志继入选CSSCI来源期刊后，2018年入选中国人文社会科学期刊(AMI)核心期刊。（申国勇）

附：院负责人及地址

（2018年1—12月）

院　长：桑　标（10月到任）、陈国良（1月离任）
常务副院长：王　刚（兼）
副院长：张　珏、陆　璟、沙　军

院党委书记：王　刚
副书记：陈国良（4月离任，兼）、陆　勤

地址：茶陵北路21号
邮编：200032
总机：64167677

上海市教育考试院

【2018 年概况】 市教育考试院全年承担各项考试共计 43 次，考生达 173 万余人（考生数不包括各项艺术、体育类专业考试及普通高校联合招收华侨港澳台学生入学考试上海考点等）。全年共录取 24 万余人，其中，普通高校招生录取 59348 人，研究生招生考试录取硕士生 55260 人、博士生 9007 人，成人高校招生考试录取 48103 人，中等学校高中阶段招生录取 68262 人（含三线单位高中）。普通高校招生报名人数 73871 人，硕士研究生报名人数 193203 人、博士研究生报名人数 20569 人，成人高校招生考试报名人数 56557 人，初中毕业统一学业考试报名人数（含三线单位）69765 人，高中学业水平考试报名人数 220272 人，报考科次为 724708 人。高等教育自学考试全年报考人数 164057 人，报考科次为 515137 人。承办各类社会考试项目共 6 项，考生总规模 834819 人。

稳步推进高考综合改革，主动开展调研，注重问题导向。2018 年是上海市高考综合改革推进深化之年，市教育考试院在考试评价、考试组织和招生录取等环节精心设计、规范操作、分步推进、稳妥实施，招考制度改革成果不断巩固，形成了具有上海特色的分类考试、综合评价、多元录取、程序透明的高等教育考试招生模式。2018 年各科目命题均保持稳定，为各类考试的招生录取奠定稳定的基础。优化 2018 年院校专业组设置方案，规范各类招生录取工作的校测工作流程，建设和升级招生投档录取信息系统，加强网上评卷工作的质量控制，实施非通用语种的网上阅卷，有效提高上海高考招生工作质量。积极探索艺体类平行志愿改革，规范专科自主招生院校校测流程，使具有上海特色的分类考试、综合评价、多元录取、程序透明的高考招生改革成果不断巩固，上海高考综合改革平稳进入纵深发展新阶段。

强化安全意识，优化考试服务，确保社会稳定。所有招考核心业务系统均通过三级等保；强化数据系统的安全性，加强对第三方技术公司及人员的监管，注重过程管理和控制，确保数据信息安全可靠。联合市教卫工作党委宣传处网研中心实时监控有害信息和网络舆情，及时化解各类信访隐患和矛盾；积极对接主流媒体，及时发布各类招考信息；成立专门咨询平台，主动做好政策宣讲，化解各类矛盾，确保社会和谐稳定。提升专业化服务能力与水平。关注特殊环节和群体。制作盲生和低视力等特殊考生专用试卷，考试组织人性化，维护特殊考生权益，树立友好考试的价值引导。

实行标准化规范化建设，全面提升考试组织管理水平。完善流程设计，加强考务标准化建设。强化考务组织的规范流程以提升安全性，全面梳理各类考试考务流程，推出“考务环节确认表”，提升考点考务管理水平。依托信息技术，推进智能化考务管理，采用加装视频监控设备的邮政专车运送试卷，使用 RFID 电子标签对试卷、答题卡进行分发、回收管理，探索试卷管理全流程监控，开发全生命周期的考务管理系统。制订各项考试标准化评卷管理办法，建立评卷教师绩效评价记录，探索评卷教师积分制管理，建立科学的命题、评卷联动工作机制。落实市委市府“一网通办”要求，优化报名工作流程，取消自考、高考报名现场确认环节，实现网上支付。发布标准化考点新标准，引入生物特征识别、图像语音识别、手写体识别以及人脸识别、5G 通讯屏蔽等人工智能技术，考生入场采用人脸识别技术。在命题管理中构建无纸化命题平台，通过云桌面方式，进行信息化管理。首次实施特教学业考试命题与考务组织工作。实现自考的网上阅卷，扩大自考集约化考场试点类型，上线高考听说测试模拟系统供学生免费使用。

对标国际，推动专业化考试机构建设。开展考试评价，以评价视角组织开展命题工作。持续推进高中学业考考试评价工作，发布6门科目的高中学业水平考试评价报告、结合各科目教学的知识内容、能力目标进行统计、分析，形成等级性考试、合格性考试的个人评价报告和学业考区域评价报告，推动学校不断提高教学质量。借助复旦大学等高校和专业机构的力量，成立项目组，开展高中学业水平考试评价维度和指标体系的研究、机考可行性研究；开展“基于国家课程标准的测试技术研究”，以高中物理为试点学科探索基于高中物理课程标准的测试技术规范。开发论证合格考标准设置，建立与评价标准一致的划界分数。全面启动中考考试内容改革研究。提升题库建设专业化水平。制定《基于题库的命题工作管理办法》。建立数据收集机制、组卷系统、题库系统，建设多个语种的高考题库。开设工作坊，组织语言测量与考试数据统计分析系列培训。开展“上海英语高考与中国英语等级量表对标研究”，基于国家标准进行英语题库建设，确保外语一年两考的可靠性和稳定性。持续推进K-12测评研究项目，建立研究组织架构、专家队伍和测评基地学校。加强国内外学术交流，有效提升命题队伍业务水平。举办2018学业水平考试学术研讨会。持续与美国ETS、美国大学入学考试中心(ACT)、英国剑桥大学考评院、香港考评局等世界一流考试机构进行学习交流，引入先进考试理念和考试运作模式、考试评价方法和技术，不断提升上海市命题队伍视野和水平。全年共组织8个外事出访团组前往美国ETS、美国大学入学考试中心(ACT)、英国剑桥大学考评院、香港考评局等世界各国和地区的顶尖考试机构学习交流。接待外事来访10批次。首次接待了泰国国民议会议员率领的泰国教育部教育委员会代表团，这是上海市教育考试院迄今为止接待的最高规格外国代表团来访。

注重学术发展，提升科研水平。完成2019年度上海市教育科学研究项目的申报工作。经上海市教育委员会核查，市教育考试院共有两项课题获批立项。本年度共有两个项目获上海市教育委员会、上海市人力资源和社会保障局颁发的2017年上海市级教学成果奖。 （黄 琦）

【普通高校招生】 全年报考普通高校生源数共73871人。分为1月份的春季招生，3月份的高职(专科)层次依法自主招生，5月份的招收应届中等职业学校毕业生(以下简称“三校生”考试)和6月统一高考招生4个阶段招生录取。其中，春季高考报名45619人；高职(专科)层次依法自主招生报名17805人；“三校生”考试招生报名5659人；统一高考招生报名49805人。上海市普通高校各类招生计划共59239人。其中，春季招生计划2237人(本科)；高职(专科)层次依法自主招生计划11315人；“三校生”考试招生计划4403人，其中本科968人(包括盲生20人，中本贯通593人)，专科3435人；统一高考招生计划41284人(本科36529人，专科4755人)。

2018年上海市普通高校招生实际录取考生59348人。本科录取41732人，高职(专科)录取17616人。其中，春季招生实际录取考生2113人(本科)；高职(专科)层次依法自主招生实际录取考生11275人；“三校生”考试招生实际录取考生3501人(本科347人，专科3154人)，中本贯通专业录取576人；统一高考招生实际录取考生42499人(本科38875人，专科3624人)。

一、统一高考招生

1. 考生报考情况

2018年报名参加统一高考的人数为49805人，实际参加统一高考的人数为45972人(含内地新疆班、西藏班考生1459人)，比2017年增加539人。报考考生中，上海应届毕业生44057人，占95.83%；非上海应届毕业生1915人，占4.17%。

参加艺术类、体育类专业统考的考生共有7909人(仅为参加秋季统一高考录取考生，含兼报)，占实际参加统一高考人数的17.20%。其中，美术与设计学类考生5263人，音乐学类考生287人，编导类考生1054人，表演类考生374人，播音与主持艺术考生309人，体育类(包括社会体育指导与管理、体育教育、休闲体育专业)考生622人。

2. 招生计划情况

2018 年共有 646 所普通高校在沪招生(含 2 所香港地区高校和 8 所军队、武警部队高校),其中上海院校 63 所,外省市高校 583 所。

2018 年统一高考公布招生计划总数为 41284 个(不含未编制分省招生计划的高校艺术类招生计划),其中本科计划 36529 人,专科计划 4755 人。具体分批次计划情况如下:

招生批次	院校数	院校专业组数	计划数
综合评价批	12	23	2201
零志愿批	2	4	48
本科提前批	49	69	2691
本科艺体批	125	136	3823
地方农村批	8	8	208
本科普通批	515	1036	27298
专科提前批	8	—	310
专科艺术批	19	—	522
专科普通批	82	—	3923
合　　计	820 (含重复)	1276	41284
其中本科合计	711 (含重复)	1276	36529

3. 招生录取情况

2018 年上海市普通高校统一高考招生集中录取工作主要分为两个阶段进行:本科录取和高职(专科)录取,其中录取批次及各批次录取顺序与 2017 年保持一致。本科录取阶段按照高考综合改革要求,以院校专业组为单位开展志愿填报和投档录取,专科阶段以院校为单位开展志愿填报和投档录取。招生计划总数为 41284 人,实际录取总数为 42499 人,其中本科计划 36529 个,实际录取 38875 人,计划完成率为 106.42%;专科计划 4755 个,实际录取 3624 人,计划完成率为 76.21%。具体各批次录取情况如下:

综合评价批、零志愿批、本科普通批和高职(专科)普通批实行平行志愿投档录取方式;本科提前批、本科艺体批和农村专项计划仍实行顺序志愿投档录取方式。艺术体育类本科招生分为甲乙两个批次进行。

在集中录取期间,协助香港地区高校完成在沪招生 36 人,协助台湾地区高校完成在沪招生 16 人。

另有非集中录取招生的考生共 349 人。其中,保送生共 15 所院校录取 139 人;公安英烈保送生共 1 所院校录取 2 人;运动训练、民族传统体育专业共 20 所院校录取 126 人;6 部委体育保送生共 6 所院校录取 56 人;体育单招共 14 所院校录取 26 人。

二、春季招生录取

2018 年春季招生仍采用“统一文化考试 + 院校自主测试”的模式,试点“一档两投”的投档方式,首次采取考后填报志愿的方式。2018 年春季招生录取继续实行一档两投方式。考生若同时被 2 个专业预录取,可选择其中 1 个专业的招生高校确认录取。23 所市属本科院校招生计划(均为本科) 2237 人,实际录取 2113 人,完成招生计划 94.46%。

三、专科层次依法自主招生

专科层次依法自主招生总计划 11315 人,其中高中生计划 4108 人[其中高中学业考成绩齐全考生计划 3702 人,高中学业考成绩不齐全考生计划 406 人(含退役士兵计划 60 人)],“三校生”计划 7057 人,西藏内职班 22 人,新疆内职班 128 人。报名参加专科自主招生考试考生 17805 人(含高中生 4336 人,“三校生”13469 人)。实际录取考生 11275 人,完成招生计划 99.65%。其中,录取高中生 3509 人(含退役士兵 47 人),录取“三校生”7766 人(含 1613 名随迁子女)。其中专科自主招生随迁子女报考考生 2757 人,录取考生 1613 人。

四、应届“三校生”招生录取

招收“三校生”的普通高校共 33 所,计划招生 4403 人(含上海应用技术学院 20 个听力残障单独招生计划),其中本科专业招生计划 355 人(含非艺术类专业计划 290 人,艺术类专业计划 65 人),高职(专科)专业招生计划 3435 人(含非艺术类计划 2551 人,艺术类专业计划招生 884 人)。

2018 年“三校生”高考报考人数 5659 人(含随迁子女 845 人),共录取新生 3501 人(含随迁子女 430 人),完成计划的 79.51%,录取率为 62.04%。本科专业录取考生 347 人,其中非艺术类专业录取 283 人,艺术类专业录取 64 人。高职(专科)专业录取考生 3154 人,其中非艺术类专业录取 2654 人,艺术类专业录取 500 人。此外,中本贯通专业录取

576人(不占用公布计划)。 (刘学岚)

【硕士研究生招生考试】 上海市硕士研究生招生下达总规模为57061人(含推免生),其中全日制招生规模为44941人,非全日制招生规模为12120人,总规模比2017年增加2773人,总规模增幅为5.11%。共有193203人(含推免生)报考上海各硕士生研究生招生单位,比上年增加32810人,增幅为20.51%。报考上海各博士研究生招生单位的考生共有20569人,比上年减少5752人,降幅为21.85%。上海50所硕士招生单位上报录取硕士生55260人(含推免生),比上年增招2854人,增幅为5.50%,报名人数和录取人数之比约为2.86∶1。上海有25所博士生单位参加招生,实际录取考生9007人,比上年增加1248人,增幅为16.08%。 (曾斌宏)

【成人高校招生考试】 在沪招生的成人高校共61所,其中上海成人高校56所,外省市成人高校5所。2018年上海报考人数为56557人,比上年减少2926人。其中专科起点升本科(简称"专升本")报考人数为36589人,比上年减少1740人;高中起点升本科(简称"高起本")报考人数为4755人,比上年减少1389人;高中起点升专科(简称"高起专")报考人数为15213人,比上年增加203人。共录取48103人(含"三支一扶"和"退役士兵"),完成招生计划的100%,录取率为91.8%。普通高职(专科)毕业生服义务兵役退役和下基层服务期满免试接受成人本科教育招生共录取考生179名。 (曾斌宏)

【中等学校高中阶段招生】 全市中招报名人数69405人(不含进城务工人员随迁子女和三线单位考生,下同),报考初中毕业统一学业考试(以下简称"中考")的考生人数为68838人,参加招生录取人数为67974人,其中67583人升入高中阶段各类学校,招生录取率为99.42%,完成市教委预定目标。市教委下达高中阶段各类学校招生计划数为80957人(含部分学校直升计划)。其中,参加招生的高中学校共有248所,招生计划共53242人;参加招生的中职校66所,招生计划共27715人(含中本贯通1301人、中高职贯通5576人)。高中阶段各类学校共录取新生67583人,其中50931人升入普通高中,16652人升入职校。其中,普通高中提前批共录取9029人,计划完成率88.68%;中职校提前批共录取11719人,计划完成率86.31%;普通高中统一批共录取41902人,中职校统一批共录取4933人。具体录取情况如下:

招生批次	招生学校分类	招生类别	计划(人)	录取(人)	计划完成率
提前招生录取	普通高中	推荐生	4268	3620	84.82%
		自荐生	4537	4468	98.48%
		国际课程班	1377	941	68.34%
		小　计	10182	9029	88.68%
	中职校	中本贯通	1586	1602	101.01%
		中高职贯通	6082	6101	100.31%
		自主招生	5910	4016	67.95%
		小　计	13578	11719	86.31%
统一招生录取	普通高中	零志愿	2244	2083	92.83%
		名额分配	2311	2272	98.31%
		1—15志愿	38505	37547	97.51%
		小　计	43060	41902	97.31%
	中职校	1—15志愿	14137	4933	34.89%

注:报名参加中考的三线单位考生927人,其中679人被三线单位高中录取。报名参加中职校自主招收随迁子女考试的考生6532人,其中6068人被中职校录取。另外,中职校还通过对口支援、普通外招、成人中专招生等渠道招收12606人。

(戴芳芳)

【普通高中及中等职业学校学业水平考试】 全年高中学业水平考试开考科目为语文、数学、外语、思想政治、历史、地理、物理、化学、生命科学、信息科技10门，共组织考试4次，报考总人次为220272人次，报考总科次为724708科次。其中，1月份合格考，开考语文、数学、外语3个科目，报名6505人，计13761科次；4月份合格考补考，开考思想政治、历史、地理、物理、化学、生命科学6个科目，报名5799人，计8922科次；5月份等级考，开考思想政治、历史、地理、物理、化学、生命科学6门科目，报名99400人，计162199科次；6月份合格考开考思想政治、历史、地理、物理(含物理技能)、化学(含化学技能)、生命科学(含生命科学技能)、信息科技7门，报名108568人，计539826科次。中等职业学校学生学业水平评价公共基础课程考试开考科目为语文、数学、英语和信息技术基础。语文、数学、英语3门科目分设合格性考试和等级性考试。全市考生共23528人参加考试，其中仅参加合格性考试的有7870人，同时参加合格性考试和等级性考试的有15459人，参加信息技术基础考试的854人，计86298科次。 (戴芳芳)

【高等教育自学考试】 2018年上海市高等教育自学考试工作基本情况：

一、高等教育自学考试基本情况

2018年共组织4月、10月2次高等教育自学考试。主考学校为19所，开考本专科专业共90个。全年总计报考人次数达到164057人次，考试科次515137科次。相比上年度，报考人数上升24.2%，理论考试科次数上升22.6%。审核、发放2017年下半年和2018年上半年毕业证书6703张。

二、证书考试基本情况

2018年度共有3所主考院校开设3个证书考试项目。华东政法大学和华东理工大学联合主考的“中英合作商务与金融专业管理段证书考试”5月报考人数为6175人，共报考12423科次；“中英合作商务管理与金融管理专业基础段证书课程考试”5月报考人数为2216人，共报考4859科次。根据《关于停考中英合作商务管理与金融管理(基础段)、(管理段)证书考试的通知》相关精神，2018年6月1日后不再组织该项目证书课程的考试。

上海大学主考的“能源管理师职业能力水平证书考试”5月报考人数为316人，共报考711科次；11月报考人数为172人，共报考363科次。2019年1月1日后不再组织该项目证书课程的考试。

根据国家调整关停证书考试的要求，上海非学历证书项目全部完成了停考过渡，2019年1月1日起后不再组织任何证书课程的考试。 (肖 广)

【进一步深化招生考试改革】 根据教育部印发的《普通高校本科招生专业选考科目要求指引(试行)》具体要求，结合目前院校专业组设置的实际情况，形成了2018年市属院校专业组优化设置的方案，提高了考生志愿意向与院校专业的匹配度。积极探索艺体类平行志愿改革，初步形成艺体类招生开展平行志愿方式改革的分析报告。优化专科自主招生工作，加强对专科自主招生考试考务组织的督查，开展专科自主招生院校校测的规范流程建设，汇总和梳理各专科自主招生院校的校测实施方案。进一步规范专科自主招生统考命题组织，确保命题工作组织的安全性、保密性。 (刘学岚)

【首次建立全年分级分类有害信息和舆情监控机制】 市教育考试院与上海教育系统网络文化研究发展中心签订战略合作协议，明确各项考试或招生重要节点的监控时间、监控要点及报告形式，共涉及100多个项目。春季高考、秋季高考以及美术类统考第一时间发现舆情，及时处置，确保平稳。全年商请市委宣传部和上海市互联网信息办公室发布6次宣传提示，为各项改革的深化和平稳推进创造良好的舆论氛围。高校招生集中录取期间，拍摄两部宣传片《满分》和《青春有梦，勇敢去追》，取得良好的社会反响。 (汤 军)

【简化考试报名流程实现“一网通办”和“公共支付”】 根据市府办公厅和财政局要求，全年分2批次上线9个考试项目。2019年高考大报名全面实行网上收费，取消大部分考试的现场确认环节，增加考场编排信息导入、准考证下载等功能。高等教育自学考试首次取消新考生报名现场确认环节，做到方便考生，实现网上一站式服务，基本实现了从“群众跑腿”到“数据跑路”的预期效果。通过将报名照片与身份证照片的人脸比对，输入手机动态确认码绑定手机等技术手段，使考生报名信息认证更加准确高效，确保考生报名信息的一致性与唯一性。成人高考和自学考试2个考试项目年内完成试运行。 （黄　琦）

【上海市高中学业水平考试成绩评价报告发布】 市教育考试院自2016年起对高中学业水平考试成绩开展分析和研究，从各科目知识内容和能力目标两个维度对学生在各分项的得分率、各分项得分相对全体考生所处位置的百分位等数据进行统计分析，为学生提供各科中英文成绩评价报告。2017年发布区域学业水平考试成绩分析报告，对区和校的学业水平考试成绩进行分析。2018年继续完善评价报告，统计指标更加丰富详实，呈现形式更加直观清晰，为学生、学校、区域有针对性地改进学习和教学提供数据支持和参考建议。 （王　丽）

【考生家长代表参观高考评卷点】 6月13日，黄浦、长宁、浦东和嘉定4个区的8名考生家长代表在市教委、市教育考试院的组织下，参观2018年秋季高考语文科目评卷点。评卷工作的科学、规范、公平、公正，让考生家长们印象深刻，对评卷工作表示放心、满意。 （汤　军）

【考生代表参观高招录取现场】 7月20日，金山、崇明、闵行和普陀4个区的8名考生参观上海高校

考生代表参观高招录取现场

招生录取现场，高招办负责人为考生代表介绍上海高考综合改革试点全面实施第二年的高招录取流程和环节。考生代表亲眼见证高招录取过程的严谨、公正。对录取结果感到非常放心。 （汤　军）

【举办学业水平考试学术研讨会】 11月22—23日，市教育考试院联合复旦大学举办的2018学业水平考试学术研讨会在复旦大学召开，此次研讨会共开展了2场专题报告、59场平行主题发言和1场特邀报告。会议得到了全国考试机构同行、各区教育机构和高中、高校的积极响应。共有75篇收入论文摘要集。会议以“学业水平考试的改革与发展”为主题，近300名与会代表围绕学业水平考试的组织与管理、学业水平考试的命题与评价、学生学业的评价与诊断等议题进行了广泛而深入的交流。 （褚慧玲）

2018学业水平考试学术研讨会举行

【获市级科研成果奖】 12月5日，市教委、市人力资源社会保障局联合颁发了2017年上海市教学成果奖。市教育考试院组织完成的《初中大规模数学测评研究》获特等奖；《生命科学学科能力的认知结构研究及其在大规模教育考试和学业评价中的应用》获二等奖。 （黄　琦）

【承办的主要考试项目】 全年，市教育考试院承办各项考试共计43次，考生173万余人（考生数不包括各项艺术、体育类专业考试及普通高校联合招收华侨港澳台学生入学考试上海考点等），录取24万余人。承办的主要考试项目见下表：

项目名称	报考人数	录取人数
全国普通高校招生统一文化考试(秋季)	49805	42499
上海市普通高校春季考试、统一高考外语科目考试(1月)	51560	2113
上海市应届“三校”毕业生报考普通高校统一文化考试	5645	4077
专科层次依法自主招生	17805	11275
全国硕士学位研究生招生考试	193203	55260
博士研究生招生	20569	9007
成人高校招生全国统一考试	56557	48103
同等学力人员申请硕士学位全国统一考试	8552	
普通高中学业水平考试*	220272	
上海市初中毕业生统一学业文化考试	69765	68262
特殊教育初中毕业统一学业考试	244	203
中职校自主招收随迁子女	6532	6068
上海市中等职业学校学业水平考试*	23528	
高等教育自学考试(4月、10月)*	164057	
中英合作、国内合作证书考试*	8879	
上海市高等学校计算机等级考试	81053	
全国大学英语四、六级考试(含小语种)	544123	

续表

项目名称	报考人数	录取人数
全国大学英语四、六级口语考试(含小语种)	57126	
全国英语等级考试(PETS)	30029	
全国计算机等级考试(NCRE)	64507	
全国中小学教师资格考试(笔试)	57981	
合　计	1731792	246867

注:上标所指四项考试统计数据中采用科次数,此次统计改用人数。

(黄　琦)

附:院负责人及地址

(2018年1—12月)

院　长:郑方贤
副院长:刘玉祥、周　勇、章　波

院党委书记:刘玉祥
　副书记:汪成辉

地址:民星路465号
邮编:200433
电话:35367070

上海市教育评估院

【2018年概况】 市教育评估院学习贯彻习近平新时代中国特色社会主义思想和党的十九大精神,紧紧围绕市教卫工作党委、市教委(以下简称“两委”)中心工作,认真履职尽责,积极服务教育改革发展,加强党建创建和规范管理,探索创新,不断深化内涵建设和提升专业化能力,持续推进事业发展进步。

全年对接服务“两委”16个处室,完成评估项目82项,其中新增项目13项。项目内容涵盖基础教育、高等教育、职业教育、终身教育、民办教育等各领域。

完成“两委”委托的重大项目,其中包含上海市教学成果奖评选(终评)、上海高校分类督导与评价、市实验性示范性高中督导评估、市中职校示范性品牌专业和品牌专业建设验收评估、普教系统特级校长评审、高校依法治校创建工作评估等。

针对不同项目的具体要求，灵活运用现代教育评估理论，有力地发挥教育评估的鉴定、诊断、激励和监控等功能，取得良好成效。具体方法有：审核评估、协商式评估、发展性评估、合格评估、优选评估、绩效评估等。

在规范运用现代教育评估理论的同时，不断探索、丰富教育评估技术，运用数据分析法、网上评估、元评估，提高专业化水平，服务教育改革发展。

深入贯彻学习习近平新时代中国特色社会主义思想和党的十九大精神，增强"四个意识"和"四个自信"，围绕党的十九大报告、市委十一届四次全会精神、习近平总书记在进博会开幕式上的主旨演讲和庆祝改革开放40年大会上的重要讲话等内容，搭建"看、写、谈、讲"平台，锤炼一支"充满激情、富于创造、勇于担当"的党员干部队伍。积极开展"改革先锋　岗位建功""我的初心使命""争做充满激情、富于创造、勇于担当好干部"等主题实践活动，提振广大党员干部干事创业精神。推进"两学一做"学习教育常态化制度化，精心制定"两学一做"学习教育计划，落实党支部书记讲党课，坚持全院专题学习日、支部主题党日活动。

坚持"评估实务是立院之本，评估科研是强院之路"的发展理念，加强教育评估科研，深化科研考核与奖励工作，促进提高专业化水平与服务能级。全院职工全年公开发表学术论文28篇(其中EI收录1篇、核心期刊19篇)；承担教育部委托的"普通高校设置标准研究"以及制定《上海外籍人员子女管理办法》等重大课题。2018年，市教育评估院首次获国家级教学成果奖；市教育评估院主办的期刊成功入围"中国人文社会科学期刊A刊扩展期刊"。

承担APQN(亚太区域质量保障网络组织)秘书处工作；组团随团出访13人，学习国外先进教育评估理论与经验，提升服务上海教育改革发展的能级。(胡恺真)

【上海市教学成果奖终评】 受市教委委托，市教育评估院在2017年完成的上海市教学成果初评1122个候选项目基础上，遵循"看齐国家要求、体现综改成果、坚持公平公正和立足初评结果"的评审原则，评选出2017年上海市教学成果奖特等奖、一等奖和二等奖建议名单，涵盖基础教育、职业教育和高等教育。教学成果奖评选旨在全面总结近年来上海教育综合改革、高考改革及教学建设取得的经验和成果，发挥教学成果奖在教学实践、改革、研究中的引领和激励作用。(冯修猛)

【上海高校分类评价与督导工作】 为进一步落实《上海高等教育布局结构与发展规划(2015—2030年)》《关于深入推进上海高校分类管理评价促进高等教育内涵式发展的指导意见》，市教育评估院受市政府教育督导室、市教委委托，开展上海高校分类评价与督导工作。5月，研制完成《上海高校分类评价指标(试行)》，并经市教育综合改革领导小组会议审议通过。依据该指标体系，对上海4类61所高校2017年的办学水平和办学绩效进行整体评价，并对部分高校开展实地督导。分类评价结果已作为市属高校内涵建设经费分配、地方高水平建设高校遴选、高校党政负责干部绩效考核等的重要参考依据。(吴新林)

上海高校分类评价与督导

【市属高校本科教学工作审核评估】 受市教委委托，市教育评估院开展了对华东政法大学、上海电机学院、上海海洋大学、上海政法学院、上海电力学院、上海立信会计金融学院等6所市属高校的本科教学工作审核评估。本轮审核评估以教育部审核评估方案为基础，结合上海已经开展的本科专业评估、本科教学教师激励计划等重大教育教学改革项目的要求与特点，形成具有上海特色的审核评估方案。"自主、协商、开放"的新型评估模式，符合上海地区高等教育发展和改革实际，得到相关管理部门的高度认可。评估专家对参评高校提出的问题和建议，既可以有效帮助学校发现本科教学工作中的不足，又为学校推进本科教学改革指明方向，并提供切实可行的实现路径。（方　乐）

【硕士学位论文抽检】 硕士学位论文是硕士研究生申请学位的重要依据，硕士学位论文质量是衡量学位授予单位研究生培养质量的重要指标。依据《上海市学位委员会、上海市教育委员会关于印发〈上海市硕士学位论文抽检办法〉的通知》《上海市学位委员会办公室关于做好2017年硕士学位论文抽检工作的通知》，受市学位办委托，市教育评估院组织实施2017年度硕士学位论文抽检工作。本次抽检范围为上海各学位授予单位（学位工作由其上级部门管理的单位除外）在2016年9月1日—2017年8月31日期间获硕士学位者的学位论文，涉及培养单位38家，共参评论文2235篇，其中学术学位论文1001篇，涵盖76个一级学科；专业学位论文1234篇，涵盖33个专业类别。（陈佳妮）

【高水平应用技术型高校建设方案论证】 市教育评估院受市教委委托，9—11月组织实施上海高水平应用技术型高校建设方案论证工作。本次论证强调“以协商为核心共同建构”的理念，围绕学校自拟的建设方案，采用专家指导式论证与评判式遴选相结合的方式，完成对首批4所高校建设方案的论证。论证过程中，专家组基于对学校建设基础条件完备性、改革任务举措合理性、目标达成可行性等多方面因素的综合考量，与学校共同协商建构，帮助学校认清发展目标，找准突破方向，明确重点任务，确保学校建设方案的适切、有效。（吴新林）

【上海高校Ⅳ类高峰学科建设第一阶段绩效评价】 受市教委委托，4—6月，市教育评估院组织开展了上海高校Ⅳ类高峰学科建设第一阶段绩效评价，完成对涉及7所高校牵头的8个Ⅳ类高峰学科的考核工作。本次考核采取书面材料考核与专家组现场实地考察相结合的方式，对入选学科各项建设工作进行阶段性考核。依据考核结果，进一步优化并调整Ⅳ类高峰学科布局。（吴新林）

【幼儿园质量评估】 受市教委委托，市教育评估院分别开展了新申报上海市一级幼儿园评估、上海市示范性幼儿园到期复验工作，组织专家组对44所新申报市一级幼儿园、2所到期市示范性幼儿园进行现场评估和复验。截至2018年12月，全市所有市示范性幼儿园首轮复验工作全部完成。为确保评估结果的公平与公正，不断提高评估工作的质量与效率，在项目实施过程中，评估院精心研制评估方案，严格规范评估程序，完善信息采集方式，优化网上评估系统，为促进每一所幼儿园提升质量，加强内涵建设发挥了重要作用。（郭朝红）

【城乡学校携手共进计划项目有序推进】 “城乡学校携手共进计划”包括实施郊区学校精准委托管理和城乡学校互助成长项目两项内容，共涉及42所受援学校、32所支援学校（专业机构）和34个互助成长项目。为推进落实城乡学校携手共进计划，2018年，市教育评估院对“第一轮郊区学校精准委托管理”和首批“义务教育阶段城乡学校互助成长项目”的中期评估方案和指标进行研制、完善和优化。10月25日组织召开2018年上海市城乡学校携手共进计划推进会暨中期评估培训会，对相关区教育局和学校的实施工作提供及时、有效的指导。

（严　芳）

【家庭教育示范校评估】 为充分发挥学校在家庭教育中的主渠道作用，营造良好的育人氛围，受市教委委托，市教育评估院于3—9月开展第二轮上海市家庭教育示范校评估。在学校自愿申报、区教育行政部门推荐的基础上，经专家材料评审（包括初评和复评）、家长网络问卷调查、集中评议、现场评估等程序，199所学校获评“上海市家庭教育示范校”。

（朱　丽）

【评选中职家庭教育示范校评估（中等职业学校）】 根据《上海市教育委员会关于开展上海市家庭教育示范校评估工作的通知》，受市教委委托，3—10月市教育评估院组织学校自评申报、上级主管部门初审推荐、市级评估、综合评议等环节，从8所申报学校中遴选出5所学校为首批中职校家庭教育示范

校，旨在发挥示范辐射和引领作用，并充分发挥学校在家庭教育中的主渠道作用，为未成年人的健康成长营造良好的环境。（胡　兰）

【中等职业学校示范性品牌专业和品牌专业创建验收试点评估】 根据《上海市教育委员会关于开展上海市中等职业学校示范性品牌专业和品牌专业创建工作的通知》等要求，受市教委委托，市教育评估院于3—9月组织力量研发评估实施方案和指标体系，于10—12月选取汽车类8个专业点作为试点评估专业，组织学校自评申报、专家网上材料评审、汇报答辩、实地抽查、综合评议等环节，旨在评选出一批能够在上海和全国发挥引领辐射作用的专业，树立标杆，形成丰富的职教资源和较高知名度的专业品牌。（胡　兰）

【文明校园（中职组）创建考评工作】 根据《关于开展2017—2018年度上海市文明校园中等职业学校创建考评工作的通知》精神，受上海市教卫工作党委系统文明办委托，2018年10—12月，市教育评估院组织专家组对39所中职校开展2017—2018年上海市文明校园（中职组）创建考评工作。通过在线创建、师生网络问卷调查、集中展示、实地检查、职能处室征询意见等多个环节，进一步将培育和践行社会主义核心价值观落细、落小、落实，使中职校的文明校园创建工作进一步规范化、制度化、常态化，发挥教育系统文明校园在提升城市文明程度过程中的示范引领作用。（黄　蓉）

【普通教育系统校长职级评审工作】 受市教委委托，市教育评估院开展上海中职校校长职级认定工作和第七批普教系统特级校长评定工作。中职校校长职级认定工作于6月启动，受理9个中职校的10位校长（书记）的申报校长职级认定。经评议，有4名申报人员为特级校长推荐人选，高级2位，中级2位。8月，市教育评估院共受理16个区、4所直属学校共146名特级校长推荐人选的材料，其中申请流动人员49人，乡村校19人，破格推荐25人。最终，评估院组织专家经材料审阅、面试答辩、综合评议、投票表决等环节，本年度共评选出83名特级校长（书记），其中流动33名。（程　婕）

普通教育系统校长职级评审

【中专技校正高级讲师任职资格评审】 根据《关于开展中专技校正高级讲师评聘试点工作的通知》的要求，上海开展了中专技校正高级讲师评聘试点工作。受市教委委托，市教育评估院组织实施了首次上海市中专技校正高级讲师任职资格评审。评审工作主要分为教科研成果鉴定、随堂听课和面试答辩等环节，重点围绕申报教师的师德修养和工作业绩、教育教学能力，教育教学研究水平等方面开展评议。经学科组综合评议及高评委审定，全市共有11名申报教师取得了中专技校正高级讲师任职资格。（黄丹凤）

【市级文明校园考评】 为充分发挥精神文明创建的基础作用和引领作用，在市教卫工作党委文明办的指导下，市教育评估院按照上海教育系统文明校园创建标准要求，组织实施了2017—2018年度上海市教育系统文明校园创建活动的考评工作。2017—2018年度市级文明校园考评工作对构筑上海市教育系统精神文明建设新高地，引领上海精神文明建设实现新跨越，提升城市文明程度过程中的示范引领作用等方面发挥了积极作用。（汪建华）

【开展上海市民办高校年检】 受市教委委托，市教育评估院组织专家组对6月30日前登记设立的20所民办高校进行2018年度检查。检查内容包括基本办学条件、党建与思想政治工作情况、依法治校情况、资产与财务管理情况、师资队伍建设情况、教育教学与科研情况及其他法定事项等7个方面。

本次年检与以往有较大改变，体现在年检时间提前并大幅度压缩、年检方式由查阅材料变为带问题去学校核对、年检指标进一步修改和简化、年检结果的应用更为广泛等。通过检查发现，党建与思想政治工作情况良好；法人治理结构进一步完善；财务与资产管理制度执行总体情况良好；师资队伍建设进一步加强；内涵建设不断提升。同时，检查中也发现一些问题：部分民办高校基本办学条件不达标；依法落实法人财产权任务依然艰巨，校舍对外租赁现象仍然存在；部分学校资产与财务管理问题依然突出；仍有一定比例的高校教师未持有教师资格证、师资队伍结构不合理；教育教学管理有待进一步加强。（汪建华）

【上海市依法治校创建工作评估】 为贯彻落实教育部《依法治教实施纲要（2016—2020年）》提出的"全面启动依法治校示范校创建活动"和"到2020年，学校要全面达到依法治校的基本要求"的总体部署，根据《上海市教育法治建设"十三五"规划》的任务要求，市教委委托市教育评估院于2018年首次开展上海高校依法治校示范校和标准校的相关评估工作。评估院组织上海教育界、法律界的资深专家对11所"上海市依法治校示范校"和2所"上海市依法治校标准校"申报高校进行实地评估。此项评估工作的开展有助于推动上海高校切实提高依法决策、民主管理和民主监督的水平，增强师生员工的法治观念和依法办事的能力，形成符合法治精神的育人环境，维护学生、教师和学校的合法权益，确保党和国家各项教育方针的贯彻落实，率先形成一批高标准的依法治校示范校，引领带动、提升上海高校依法治校工作的整体水平。（汪建华）

附：院负责人及地址

（2018年1—12月）

院党总支书记：冯　晖

副院长：冯　晖（主持工作，兼）、刘苹苹、陈滔宏（12月到任）

地址：陕西南路202号
电话：54041392

教育电视与报刊

Educational TV and Press

上海教育电视台

【2018年概况】 继续按照“坚持正确舆论导向、体现教育媒体特色和遵循教育电视规律办台”的工作要求，以庆祝改革开放40周年为契机，加强党的建设，提升节目制作能力和品牌影响力，进一步梳理现有资源、拓展外部资源，发挥集纳、创新、再造的作用，寻求突破，跟上新时代的步伐。

在上海地面频道组晚间黄金时段和全天时段中，排名较上年上升一位，位列第八。全年晚间黄金时段收视率较上年增长13%。在包括央视和各地卫视的所有频道中，排名第十六位。

2018年改革开放40周年，教育电视台把安全播出作为重中之重，统筹兼顾节目编排、节目引进和主题活动等，营造良好的氛围。在版面编排上，安排播出多部反映中国建设发展成就的纪录片，12月18日推出庆祝改革开放40周年全天特别版面。还联合上海市委党校、上海市委党史研究室、上海人民广播电台等单位推出“回响四十年，我们再出发——庆祝改革开放40周年实景党课”，整合各方资源，主题鲜明，立意深远，形式新颖，广受关注。

与市教卫工作党委、市教委、市科委、市卫生健康委等单位合作，强化教育特色，拓宽新闻视野。《教视新闻》内容不仅涵盖教育公共政策等各类教育话题，还关注科技创新、医疗卫生、文化艺术等民生热点。还结合宣传形势推出有关进博会志愿者、港珠澳大桥建设中的上海智慧、庆祝改革开放40年大型展览等重点报道。先后拍摄制作10集“教育年度新闻人物”专题片、10集“十佳班主任”专题片、8集“四有”好老师人物专题片。与新华社、《半月谈》杂志联合推出12期《致敬教育功臣》全媒体大型访谈，通过讲述12位上海教育工作者不忘初心，无私奉献的事迹，展现上海教育事业的蓬勃发展之路。

推动节目录制走向线下，联合相关合作单位，深耕城市人群需求，扩大节目的影响力。《银龄宝典》栏目配合民政部门完成31集“长护险”家居护理专题；完成20集《守护记忆，大城有爱》关爱认知症老人特别节目。《健康大不同》以栏目开办5周年为契机，联合医院和高校等，围绕健康热点开展节目的线下活动录制。“中国儿童青少年身体活动指南节目”“护士节特别节目”“中医体验日特别节目”以及“新华医院亚洲第一例胎儿先天性心脏病宫内手术”等多场活动受到观众欢迎。《帮女郎》栏目与上海市公安经侦总队合作，开办“经侦帮女郎”板块。特别节目《寻找》进一步拓展了题材。特别节目“爱·上海的温度”，彰显社会主旋律，感受身边平凡小人物的人性力量与希望。《常青树》栏目围绕老干部局工作重点，陆续推出《文化养老乐晚年》《夕阳接力育新苗》《庆祝改革开放四十周年》等三大系列节目。年内全新打造《银龄课堂》之“健康养老这些事”节目，紧扣国家老龄事业发展“十三五”规划，贴近上海老年人实际需求。有4部作品获评第五批全国老年远程教育优秀和特色视频课程。

打造融媒体平台。上半年，全新的上海教育电视台融媒体平台正式上线。融媒体平台提供直播、3天节目回看，自制节目点播等功能，对用户终端设备提供自动适配显示功能，这是教育台在媒体融合上走出的坚实一步。教育台官方微信公众号的粉丝数量比上年增长46%。9月1日，官微推送的《没有广告，满满干货“公共安全教育开学第一课”明天18:00准时开课》成为官微的第一篇10万+文章。推出新版“升学与就业”微信公众号《点！高招》，通过考试院政策解读、专家志愿分析等短视频，更有针对性地服务考生。

打造绿叶品牌活动。2月和9月，教育电视台相继制作播出“公共安全教育开学第一课(第一、二季)”。节目播出后，得到市领导多次表扬，该节目收视率也屡创新高。承接拍摄“学习中国”课程思政教学片，承接“全国‘周恩来班’纪念周总理诞辰120周年主题活动”“2017上海教育年度新闻人物颁奖”“援边精神进校园”“上海市学生才艺大赛”“2016—2017年度上海市美德少年颁奖仪式”“首届上海市中小学生阅读大会”等多场大型主题活动，在赢得良好社会反响的同时，还锻炼了团队。

推进高清技术改造项目。启动新闻演播室高清化改造项目。基本完成装修工程的技术方案和服务供应商等方面工作。二楼第一演播室高清化改造项目在由第三方专业机构做的绩效评估中获得等级为“优”。第一演播室全年共承担50天次的节目录制工作，录制超过80集电视节目。

加强团队培训建设。年内，通过公开招聘，6名新员工加入了“绿叶大家庭”，并完成了新员工的培训。目前，教育台员工总数152人，事业编制57人，高级职称13人，研究生以上学历18人。教育台还多次组织制片人、主持人、编导、记者、摄像和技术人员参加培训和进修，多人取得无人机中级操作证书，业务素质有了很大提升。　(姚赟勤)

【完成重要时间节点宣传与保障工作】　上海教育电视台坚持聚焦重点、打造亮点；高标准、严要求，确保播出安全、网络安全万无一失。

在内容组织方面，根据重要时间节点编排特别版面，先后推出自制节目《教视新闻》特别报道、《回响四十年，全媒体实景党课》《“致敬教育功臣”全媒体大型访谈》《常青树·建设者之歌——庆祝改革开放40周年》等，自制讴歌“改革先锋”于漪的宣传片“我和我的祖国”。适时播出引进节目《上海商业百年》《海上丝绸之路》等。多管齐下，营造积极向上、祥和喜庆宣传氛围。

在管理流程和技术保障方面，上海教育电视台严格执行节目三审制度与重播节目重审制度，严格规范节目送播流程；同时，精心组织技术演练，完善技术应急预案，落实安全保障责任制，加强24小时值班，全面实现安全播出无事故。　(刘　君)

【推出回响四十年全媒体实景党课】　11月27日—12月17日，教育电视台推出“回响四十年，我们再出发——‘庆祝改革开放40周年’全媒体实景党课”，每周一至周五黄金时间19:35首播，23:55重播。系列节目选取“土地批租开先河”“浦东开发开放”“从恢复高考到家门口的好学校”“第一张股票诞生”“苏州河里又见鱼”“洋山深水港建设”等上海改革开放历程中的重大标志性事件，寻找当时的历史场景，邀请历史当事人、改革亲历者、市委党校专家，进行实景访谈。通过15场大型实景访谈、40个短音频回首上海改革开放之路，展现上海坚持创新、锐意进取的发展历程，体现上海改革者的勇气、锐气与朝气，凸显当下改革成果的来之不易。

(刘　君)

【播出“公共安全教育开学第一课”】　2月和9月，教育电视台相继制作播出的“公共安全教育开学第一课(第一、二季)”，获得社会各界好评。由上海市公安局治安、交通、消防等系统的警官、嘉宾讲解和传授“地铁出行、校车乘坐、火场逃生、电梯解困”等公共安全知识。第二季更是走近城市轨道公交车站、城市公共道路、城市大型综合商场等贴近学生日常生活的真实场景，通过现场演示、情景实验、互动体验等方式，深入讲解公共安全的注意要点和自防自救的基本技能。节目以青少年最基本最现实的“守护生命”为课题，选取司空见惯的事例进行剖析，并对习以为常的标识和隐患加以提醒，具有针对性和实用性。节目展示的是流动的课堂，让学生进入现场，身临其境。通过教官问题设置、动作示范、短片播放、情景演示和学生现场提问、应对模拟，让学生感同身受，获得公共安全意识和自救技能，教学入耳、入眼、入心。节目的传播，不仅让学生掌握自救，实现互救的本领，也让家长及其他观众警钟长鸣。

节目播出后，得到市委书记李强等市领导在不同场合多次表扬。节目的收视率屡创新高，第一季收视率达到1.1%，第二季首播收视率达到1.21%，

创造年内自制节目最高收视率。（刘　君）

上海教育电视台播出“公共安全教育开学第一课”

【开播创新科普节目《打开吧脑洞》】 3月开播大型科普演说节目《打开吧脑洞》，共12集，每集40分钟，每周五晚19:35播出。节目由“我是科学伽”“未来由我说”“趣味小实验”3个环节构成。节目邀请来自复旦大学、交通大学、美国康奈尔大学、航天科技集团、中科院国家天文台、中国极地研究中心、公安部第三研究所等科研单位的30余位演讲嘉宾。通过嘉宾的讲述、现场实验等形式，用丰富的科学实践，超前的科学意识，以及勇于探索开拓的科研精神，全方位、多角度展现科学的魅力、创想的多彩。（金　山）

【《教视新闻》实现高清数字化送播】 2月，上海教育电视台完成《教视新闻》全流程的计算机网络非编化升级改造。7月，实现《教视新闻》播出节目数字化文件和蓝光碟备份的双保险送播，标志着《教视新闻》从前端采访，到后期制作已实现高清化和数字非编化升级。（王东雷）

【传统节目试水新媒体】 招考类节目是上海教育电视台最具教育属性和优势的品牌节目。年内继续对招考类节目进行融媒体改革，丰富和完善微信公众号内容。5月18日，推出新版的《升学与就业》微信公众号《点！高招》推出。截至11月，公众号累积关注人数9456人，较上年同期增长近200%。编辑推送170条，其中原创推送100条，平均阅读量1000以上。3—11月，通过公众号的“节目回看”功能收看节目次数达12337次，较上年同期增长1倍。原创推送阅读率为10%，打开率为3%，均高于行业平均水平。栏目公众号用户除来自上海及江苏、浙江周边省份外，还包括山东、河南、北京、广东、安徽等31个省份。（王东雷）

【录制完成“爱·上海的温度”大型公益节目】《帮女郎》2018年度特别节目“爱·上海的温度”历经近3个月的策划与摄制，于年底录制完成。节目选取10个真实感人的故事，其中包括“爱的港湾”临终关怀志愿者团队、“小杨热线”服务队、退休老教师的“园丁助学工作站”、上海普通市民参与的云南与大凉山地区的帮困助学、《帮女郎》的“小橘灯”爱心送诊活动、上海市罕见病防治基金会的志愿者代表，以及上海广播电视台无障碍电影公益解说团队等，从弘扬志愿精神，助推教育与卫生事业发展，关注特殊群体等各方面，展示发生在上海各个角落中的好人好事、义举善举，以温暖、励志的视角和细腻、自然的电视语言，彰显城市精神与文明程度。上海各大主流媒体对节目进行了宣传报道。（郭　枫）

上海教育电视台录制完成“爱·上海的温度”大型公益节目

【持续推进融媒体平台建设】 上海教育电视台推进融媒体平台建设。官方网站、官方微信号于2018年加载直播回看功能，实现电视端、网页端、手机端同步播出电视节目内容。网页端、手机端提供3天节目回看和自制节目点播功能，对用户终端设备提供自动适配显示功能。这是教育台在媒体融合上走出的坚实一步。教育台官方微信公众号的粉丝数量也有突破，比去年增长46%。（刘　君）

【稳步推进高清技术改造】 年内，教育电视台推进高清非编网与播出域之间互联互通的实践探索，实现了由串联单发起的非编制作、文件化审片、送播的网络化生产流程，推进全台文稿系统的使用，为教育电视台的媒资库建设构建起基础数据平台。媒资库建设进入论证阶段。教视大厦新闻演播室高清化改造项目完成前期技术论证及方案实施阶段计划制定。 （王金海）

附：台负责人及地址

（2018 年 1—12 月）

台党总支书记：朱晓青（4 月离任）、顾大文（7 月到任）

台　长：孙向彤（9 月到任）

副台长：陆　生（常务）、顾大文（7 月到任，兼）、姚赟勤（7 月到任）

地址：大连路 1541 号

邮编：200086

电话：021-65834001

上海教育报刊总社

【2018 年概况】 上海教育报刊总社以习近平新时代中国特色社会主义思想为指导，紧扣市教卫工作党委、市教委（以下简称“两委”）中心工作，加强主题宣传和媒体建设，真抓实干，稳中求进，完成各项工作任务。

强化落实重点工作，教育宣传能力有新提升。下属各媒体精心策划选题，主动传播成效显著。围绕市教卫工作党委、市教委年度重点工作，制订并实施《2018 年上海教育新闻宣传工作重点选题计划》，总计 10 大类 60 项，精心策划重点报道。先后举办新闻发布会、新闻通气会、媒体座谈会等总计 30 多场，组织媒体采访活动 130 多场，为媒体提供原创稿件近 300 篇约 40 万字。不断完善工作机制，舆情引导和宣传培训稳步推进。配合制定市教卫工作党委、市教委《关于完善重大政策和事项舆情风险评估和舆论引导机制的办法》，进一步提升两委新闻宣传的科学化、专业化、规范化水平。全年收集各类媒体报道 8000 余条，制作《教育新闻与舆情》日报 277 期、月报 10 期、专报 7 期、快报 12 期，为各级领导决策提供了重要的数据支撑和信息参考。新增评论员 70 余人，教育新闻评论员队伍扩充到 130 人。开展“上海教育系统新闻评论员培训”“上海教育系统新闻信息联络员培训”等 6 场专题培训，参训人数达到 350 人。

强化服务教育综改大局，主题报道有新成果。下属各媒体聚焦学习贯彻党的十九大精神，主题宣传有广度。《东方教育时报》推出“学习贯彻党的十九大精神”专栏和“新蓝图，新成就，新辉煌”——学习贯彻党的十九大精神各区巡礼专版。上海教育新闻网开通“学习贯彻党的十九大精神”专栏，全面及时报道各高校、各区教育系统深入学习贯彻党的十九大精神、全国教育大会精神的最新情况。聚焦纪念改革开放 40 周年，专题宣传有力度。《上海教育》推出《庆祝改革开放 40 周年：案例中的上海教育改革创新路》50 个版面的专题报道。《上海托幼》推出了“上海学前教育 40 年发展”系列报道。《少年日报》推出了“两代人话改革开放 40 周年”系列报道。《东方教育时报》推出多期两个版面“纪念改革开放四十周年”专题报道。聚焦教育热点，重点报道有深度。2018 年上海两会后，应勇市长给《少年日报》小记者回信，鼓励小记者积极参与上海建设大调研，《少年日报》先后推出了小记者采写的上海居民小区垃圾分类的调研等系列报道。致力于缓解家长入园入学焦虑，《东方教育时报》连续报道“家门口的好初中”“智慧家长不焦虑”“不一样的育儿经”。《上海托幼》连续刊登“家门口的好幼儿园”。《上海教育》“环球教育时讯”，关注国外教育改革与教育政策动向，揭示国际上的新探索、新实践。总社旗下媒体主题宣传取得累累硕果。上海教育新闻网的“中国好作业”项目获“全国教育好新闻”一等奖；《上海中学生报》的《“十九大进课堂”系列报道》获“全国教育好新闻”三等奖；《少年日报》获“第九届向全国少年儿童推荐的百种优秀报刊”称号；《少年日报》2 名记者获“上海新闻奖”三等奖；总社媒体在“上海教育新闻奖”评选中共有 20 篇作品获奖，其中 1 篇为特等奖。

强化新媒体宣传，融媒体实践有新突破。着力打造第一信源，政务新媒体有高度。上海教育政务微信用户数突破 41.6 万，阅读总数 570 万多；“教育大厅”微信功能菜单进一步完善，访问量累计超 44 万人次。上海教育政务微博粉丝数超 20.7 万，阅读总量超 4200 万。《教师博雅》微信用户数达到 16.5 万，阅读总数 123 万多。着力推动融合传播，新平台发展有亮度。总社重点建设的“第一教育”App 客户端于 11 月 8 日记者节如期上线，形成了资讯、微课和问吧三大板块，体现了教育新闻传播为主、兼具教育服务功能的特色。上海教育新闻网开发了移动 WAP，并在重点报道中进行 H5 页面直播或视频直播。“第一教育”“上海高招发布”等微信公众号，在媒体融合实践中积累了发展经验，新媒体平台的运营能力进一步得到加强。

强化校园阵地建设，经济运行总体稳健。坚持校园宣传阵地建设，发行经济总体平稳。不断完善校园报刊推荐目录的制度化机制。发布的报刊推荐目录及报刊产品在中小幼校园的平均覆盖率达 60%。坚持教育服务品牌化发展战略，努力提升综合运营能力。教育服务项目品牌化发展战略实现了经济效益与社会效益的高度统一，优化了经济结构，有效提升了下属媒体运营能力。OM 创新活动、鲁迅青少年文学奖、上海教育博览会、亲子嘉年华、古诗文大赛、市民诗歌节、科普校园行等品牌活动的社会影响力逐年提升，运营收入保持稳定。“申城行走，人文修身”获得“全国特别受百姓喜爱的终身学习品牌项目”称号。

强化从严治党，“五大建设”取得新成果。加强政治思想建设，深入推进“两学一做”学习教育常态化制度化。先后开展 10 次党委中心组学习活动和两次贯彻落实全国教育大会、全国宣传思想工作会议精神专题培训。建立党员“政治生日”制度，重温庄严时刻，牢记“第一身份”。抓实组织队伍建设，构建坚强有力的基层组织体系。在上级党委指导下，完成上海教育报刊总社党委、纪委换届选举工作。严格落实支部“三会一课”制度，做到“每月一交流、半年一检查、年终一考核”。对照最新党员发展工作细则，做好新形势下党员发展工作。精心组织实施“优秀青年骨干选拔培养计划”，对遴选出的 22 名优秀青年骨干开展三年系统性培养。深化作风建设，坚持不懈抓常抓细。完善相关制度，利用各种管理机制，多次开展有关中央八项规定精神学习，做好廉政提醒，打好“预防针”。开展民主管理建设，调动员工积极性。召开第三届工会会员代表大会，选举产生新的工会委员会、经费审查委员会和女职工委员会。召开职工代表大会，推进文化建设，党群联动以文化人。推进社史馆、职工之家、妈咪小屋、市民诗歌馆等场馆设施建设，优化人文环境。组织开展“文化大讲堂”“品质生活课程”等活动，不断丰富和充实员工精神文化生活。（杜守龙）

【举办第十五届上海市中学生时政大赛】 2—5 月，由市教卫党委、市教委指导，上海教育报刊总社主办，市教委教研室、市学生德育发展中心协办，《当代学生》杂志和上海市中职德研会承办的第十五届上海市中学生时政大赛举行。大赛以“开创新时代，共圆中国梦”为主题，宣传贯彻党的十九大精神，通过加强时政教育，引导中学生认识了解中国发展新的历史方位、新时代中国特色社会主义发展战略安排，积极培育中学生的家国情怀。5 月 27 日，第十五届上海市中学生时政大赛高中团体决赛暨大赛颁奖仪式在上海图书馆举行。（方林建）

【第七届上海市中小学生“我爱集邮”活动举行】 由市教卫工作党委、市教委、市集邮协会为指导单位，市教育系统集邮协会主办，市教育系统邮协青少年分会和上海教育报刊总社·少年报社承办的第七届上海市中小学生“我爱集邮”系列活动以“改革开放 40 周年”为主题，于 3 月启动，引导学生感知改革开放带来的巨大变革，为中华民族伟大复兴而努力奋斗。系列活动包括“我爱集邮”知识普及竞答活动、猪年生肖邮票设计活动、书法邮品设计活动、沪台青少年书信、集邮交流活动、“我爱集邮”夏令营等，130 多所学校参与活动。以“开放，传承”为主题的“我爱集邮”书法作品征集是新增的项目，共收到来自全市中小学生的近千幅书写“改革开放”和“家书”内容的书法作品。经过上海市书法家协会主席丁申阳等专家的评审，最终评选出小学及中学组一二三等奖。（孙　宏）

【承办“上海市民健康生活大讲堂”系列活动】 3—12 月，由市教委指导、上海教育报刊总社《康复》杂志社承办的“上海市民健康生活大讲堂”系列主题活动，在黄浦区、静安区、松江区、普陀区、浦东新区等区举办健康巡展 5 场、专家讲座 25 场、健康课程培训 16 场及医师义诊 3 场，参与市民数万人。（王　璐）

【承办学生健康知识宣传教育活动】 3—12 月，由市教委指导，报刊总社《康复》杂志社承办“学生健康知识宣教活动”系列主题活动，在苏河湾实验小学等学校开展“中医文化进校园”活动，活动以“阳台上的中药房”为主题，通过专家讲解，使学生们了解生活中的“中药”，通过现场互动，学生们提升对中医文化的兴趣与认知。（王　璐）

【“2017 上海教育年度新闻人物”揭晓】 4 月，十大“2017 上海教育年度新闻人物”揭晓。30 载潜心教学、科研聚焦国家重大技术难题的典范，上海交通大学教授王浩伟；搭起沪台青年交流桥梁的宝岛共产党员、复旦大学教授卢丽安；安于清贫 30 载、完成百万字《中国财政制度史》的上海财经大学教授黄天华；心系科普事业的院士、华东师范大学教授褚君浩；寓德于体、点亮学生生命之光的上海市梅陇中学校长卫洪光；专注初中生心理健康教育的“心灵守护者”、上海市建平实验中学校长李百艳；以“每天进步一点点”教育哲学探寻初中崛起秘密的上海市长青学校校长吴佩芸；11 年如一日传授公民道德修身课的传道之师、上海市嘉定区第二中学校长周凤林；实现世赛金牌上海“零”的突破的世赛金牌团队：杨山巍、潘沈涵；先天失聪演绎人生励志故事、华东理工大学学生高羽烨等 10 人为“2017 上海教育年度新闻人物”。东华大学教授邱夷平等 9 人获“2017 上海教育年度新闻人物提名奖”，并授予已故复旦大学生命科学学院教授钟扬“年度特别致敬人物”。该活动由上海教育报刊总社、上海教育电视台和上海市中小学幼儿教师奖励基金会主办，至今已举办 10 届。（赵　锋）

【举办第十五届上海教育博览会】 4 月 16—18 日，第十五届上海教育博览会新时代美育展在上海展览中心举行。本次展览共有 100 家单位在 10000 平方米的展馆中参展，并配有 300 平方米的公益展区，组织 69 场公共区域活动、近 200 场演出和互动体验。本次展会吸引了超过 14 万名观众入场参观。（吴依蓉）

【举办第四届全国职业教育活动周活动】 2018 年 5 月 6 日，以“职教改革四十年，产教融合育工匠”为主题的第四届职业教育活动周在上海市城建职业学院开幕。本届活动增设了“走进赛事，体验精彩”的环节，共吸引了全市 22 所高职院校的近 500 位老师和 2000 多名高职在校学生参与，共接待参加职业体验活动的中小学生近 12000 人次。（张　昭）

【举办 2018“中国好作业”公益活动】 2018“中国好作业”公益活动于 7 月 1 日—9 月 30 日举行，党的十九大代表、上海市总工会副主席、上海市劳动模范协会会长李斌，党的十九大代表、上海昆剧团团长谷好好，党的十九大代表、上海市实验小学校长杨荣等 27 位社会知名人士担任导师，布置了 5 大类 27 道题目，吸引了大中小学生 25019 人次参加。活动由市教委、市新闻出版局、市出版协会、市期刊协会指导，上海教育新闻网主办，被列入 2018 上海市文明办、市教委等部门联合推出的“上海市未成年人暑期活动方案”。（任朝霞）

【推出《改革开放 40 年的上海学前教育》专刊】 学

前教育专业媒体《上海托幼》(教师刊)在7月以专刊形式推出报道《改革开放40年的上海学前教育》(2018年7/8合刊)。专刊以"探寻上海道路,总结上海经验,传播中国特色"为宗旨,以时间为经,以重要事件和人物为纬,对40年来的上海学前教育改革历程进行记录与呈现。（陆怡君）

【第十三届中国长三角校长高峰论坛召开】 9月20日,由上海教育报刊总社、江苏教育报刊总社、浙江教育报刊总社、安徽教育宣传中心联合主办的第十三届中国长三角校长高峰论坛在浙江绍兴稽山中学举行。论坛主题聚焦"新时代高素质教师队伍建设:我们已经做的　我们还要做的",深入探讨师德师风建设、教师培养培训体系建设、教师成长面临的新变革等话题。上海市延安初级中学校长许军、江苏路第五小学校长孟水莲等8位校长获组委会颁发的"中国长三角最具影响力校长"奖。

（赵　锋）

【上海市中职校"星光之约"记者团活动举行】 10月1日,上海市中职校"星光之约"记者团2018级学生记者、指导教师招募活动在上海教育报刊总社举行,经过笔试、面试等环节,共招收学生记者30名、指导教师22名(见习6人)。上海市中职校"星光之约"记者团致力于提升职校学生综合素养,宣传报道职业教育发展新貌,参加第十五届上海教育博览会、中职校学生文化社团10周年等大型采访活动,以及赴甘肃永登的社会实践活动。（方林建）

【举办第十四届亲子嘉年华】 由上海教育报刊总社主办,《上海托幼》杂志、上海市幼儿游戏研究所、上海学前教育界联手打造的第十四届"亲子嘉年华"于10月27—28日在上海世博展览馆举办。本次活动以孩子最喜爱的"游戏"为主题,倡导"把游戏的权利还给孩子",为来自全国各地的1万户家庭的学龄前儿童和家长带来全新的快乐游戏体验。同时举办的还有第十一届"上海市幼儿亲子游戏评比",有96所优质幼儿园在"亲子嘉年华"现场进行113个亲子游戏的互动展示。亲子嘉年华不仅向全社会宣传游戏对于孩子成长的重要价值,还实现了教育媒体"服务社会、服务教育"的活动目标。

（周　妤）

【承办第三届少儿口腔健康科普节】 11月17日,第三届少儿口腔健康科普节活动在普陀区曹杨二中附属学校举行,此次活动由市教委指导,上海教育报刊总社、复旦大学附属口腔医院·上海市口腔医院主办,康复杂志社、普陀区教育局承办。活动以"口腔嘉年华活动"的形式开展,吸引了千余名小学、幼儿园学生及家长、老师参与。同日,由上海教育报刊总社《康复》杂志社设计、制作,由国内知名口腔预防专家指导审定的国内首款刷牙VR教程发布。学生佩戴VR眼镜,手持VR手柄即可进入模拟的口腔环境,身临其境地观察牙齿结构、牙菌斑的形态,并实景参与刷牙"大作战"。刷牙VR系统还附有评分系统、BASS(巴氏)刷牙法教程等,兼具教育性与游戏性。（王　璐）

【举办"科普校园行"总结研讨活动】 11月21日下午,主题为"传承　创新　向未来"的上海市中小学"科普校园行"科学家巡讲活动2018年总结研讨活动在上海教育报刊总社三楼会议室举行。活动由市教委体卫艺科处主办,上海教育报刊总社学生媒体发展中心承办,九三学社上海市委科普讲坛、上海市科普作家协会协办。活动于2013年4月启动,至今已连续开展了6年,进校园讲座累计突破600场。科学家宣讲团的专家已超过100位,累积可供学校选择的讲座主题有111个,并坚持在《少年日报》和《探秘》杂志上开设同名专栏。2018年最受欢迎的讲座内容是机器人和垃圾分类。在上海市绿化和市容管理局的支持下,活动组织方还录制了约20分钟的垃圾分类微视频。（谭杨红）

【举办"新沪杯"中学生法律知识竞赛】 由市教卫工作党委、市教委、市司法局、市法宣办主办,上海教育报刊总社学生媒体发展中心承办的2018年"新沪杯"中学生法律知识竞赛,有超过10万名学生在暑期参加网上答题,2万余名学生参加各区组织的初赛,来自16个区和中职系统的121所学校代表队参加市级复赛。12月2日,20所学校代表队经过激烈角逐，产生初中组、高中组、中职组的团体金、银、铜奖，虹口区、长宁区等6个区和中职学校德育专委会获优秀组织奖，240名学生获个人一、二、三等奖。 （张振华）

【承办第四届“上海市民诗歌节”】 由上海市学习型社会建设与终身教育促进委员会办公室、上海市语言文字工作委员会办公室、上海市作家协会、上海市振兴中华读书指导委员会办公室联合主办，上海教育报刊总社承办的第四届上海市民诗歌节活动，征集到全国各地的原创作品超过10万件，全市有100多万市民参与诗歌节。12月6日，第四届上海市民诗歌节诗歌盛典在上海梅赛德斯奔驰文化中心举行闭幕式。 （周俊峰）

【举办科学育儿公益讲座】 作为“2018科学育儿宣传推广活动”子项目，由上海市教育委员会指导、上海教育报刊总社主办、《上海托幼》杂志承办的“科学育儿公益讲座”活动，组织20位多位来自教育、心理、营养、医疗等各个领域的专家组成的“科学育儿专家讲师团”，为全市各托幼园所的“家长学校”开设公益讲座。全年在全市各区举办讲座20场，共计3500多户婴幼儿家庭在活动中受益。

（吴　丙）

附：总社负责人及地址

（2018年1—12月）

社长、社党委副书记：仲立新
社党委书记、副社长：周　烨

副书记：唐洪平
副社长、总编辑：金志明
副社长：徐　勇、王力力（6月离任）

地址：中山南二路151号
邮编：200032
电话：33395000

教育人物

Educational Personage

纪念人物

【陈琳瑚(1918—1980,诞生100周年)】 男,原名丛宏滋,又名丛虹、陈放、金树滋,山东文登人。1935年在北平参加"一二·九"学生运动,翌年参加中国共产党,后赴延安抗日军政大学学习,曾任陈云秘书。1939年至中华人民共和国成立,主要在山东从事革命工作。后调上海工作,任华东人民革命大学教务处长、华东军政委员会教育部高教处处长、中共上海市委宣传部副部长、教育卫生工作部副部长,兼上海市教育局局长及党组书记、市人民委员会文教办公室主任。是上海市第一至第五届人民代表大会代表,在第三、四、五届市人代会上被选为上海市人民委员会委员,在中共上海市第一、二、三届代表大会上被选为中共上海市委员会委员。1954年兼任第一届市体委副主任,1965年兼市体委主任。1954—1963年,担任上海市教育局局长、党组书记,贯彻教育向工农开门方针,关心工农子女入学,推动中小学和幼教事业快速发展,提倡民办学校和兴办农村中学,关心工农的扫盲教育和文化补习工作。从1961年4月起,主持起草《上海市全日制中学工作条例(草案)》《上海市全日制小学工作条例(草案)》,从办学方针、指导思想、领导制度、培养目标、教学、思想政治教育、生产劳动、体育卫生和生活管理、教师、领导管理等方面,较全面地确立了中小学教育的规章制度,核心是学校一切工作要以教学为主。"文化大革命"期间受迫害,1968年年底被关进监狱。"文化大革命"后重回教育领导岗位,任上海市政府教卫办顾问。

(资料来源:《上海普通教育志》)

【陈从周(1918—2000,诞辰100周年)】 男,浙江杭州人。1942年毕业于之江大学文学系。1952年进入同济大学建筑系执教。同济大学风景园林学科与建筑历史方向的创立人之一。曾任中国园林学会顾问、中国建筑学会建筑史委员会副主任、上海市文物保管委员会委员、美国贝聿铭建筑师事务所顾问。先后加入中国美术家协会、中国作家协会及日本造园学会并参与工作。主要从事中国传统园林、古建筑的研究,开创了对苏州园林、扬州园林等江南园林深入的调查、测绘与研究,提出有关传统园林保护、修造和赏鉴的理论,独树一帜;长期致力于古建筑、古园林以及风景名胜的保护工作,足迹遍布全国,为一大批遗产的保存做出了重要贡献。在造园实践方面有重要突破,上世纪80年代起陆续推出上海豫园东部、云南安宁楠园、江苏如皋水绘园等代表性作品,是传统园林当代延续的重要典范。陈从周以传统园林与古建筑为核心,贯通了传统艺术数个领域,扩展至文化遗产多个方面。有专著20余种,论文、散文、诗词不计其数,其中以《苏州园林》《说园》《梓室余墨》最为著称,是当代最有影响的园林著作之一。

(同　济)

【杭苇(1908—1988,诞生110周年)】 男,原名锡金,字一之,江苏无锡人。1928年考取上海美术专科学校。毕业后,回乡当小学校长。1940年经党组织介绍到皖南新四军军部文化服务处从事编辑工作,被分配到苏北行政委员会任文教编审委员会主任,负责编写教材工作。同年加入中国共产党。上海解放,作为上海市军事管制委员会市政教育处中教室主任,随军进入上海,在戴伯韬的领导下,与舒文、洪林等5位同志一起接管原国民党上海市政府教育局,具体负责接管中等学校和专科学校。从1951年秋起,担任上海市教育局副局长和党组副书记,主要分管教育业务。1959年参加《辞海》修订工作。1979年任市教育局局长。

中共十一届三中全会后，针对学生负担过重而教学质量又不高的情况，提出“既要减轻学生负担，又要提高质量”的要求；针对课堂教学中教师硬灌知识，学生死背知识，忽视发展智能的情况，提出“加强基础，培养能力，发展智力”的教学指导原则；总结课外活动的经验，提出“教学活动要全面安排”的要求，又针对教学中同班学生间学习成绩差距悬殊，难于进行教学的情况，提出了改进措施。撰写关于“三个面向”与培养创造性人才的文章，阐述上海普教改革方向，筹划编写《上海普通教育史》与《教育学》的纲要。1988 年因心脏病猝发辞世。历任上海市教育局副局长、局党组副书记、局长，《辞海》编委会副主任、上海教育学会会长、上海哲学社会科学学会副主任、上海市社联副主席等。著有《杭苇教育文集》。（资料来源：《上海普通教育志》）

【李秉成（1908—1991，诞辰 110 周年）】 男，浙江富阳人。1930 年获复旦大学土木系学士学位，1937 年获美国康奈尔大学研究院土木工程硕士学位。1939 年 3 月回国，先后任黔桂铁路副工程师、湘黔铁路正工程师、西北工学院土木系教授，为祖国的铁路建设和抗日事业贡献自己的力量。1945 年赴美考察实习。1948 年 6 月回国，担任浙赣铁路顾问工程师，同时也兼任粤汉铁路的技术顾问。1949 年 10 月起先后在复旦大学和上海交通大学土木系任教授。1951 年 9 月调任同济大学铁路公路系教授。1979 年起任中国铁道学会常务理事、上海铁道学会副理事长、原铁道部科学技术顾问委员会委员、上海市科协学术委员会委员、上海市教授职称评审委员会土木建筑组副组长及上海铁道学院管理科学研究所名誉所长。

主要从事铁道路线勘测与设计研究。结合早年在美国、加拿大、德国、英国、荷兰、比利时、法国等国的铁路考察实习经历，广泛吸取各国铁路建设的经验，发展中国铁路选线设计学科理论，完整地提出“按地形自然规律选线、工机配合”的选线设计思想。较早提出中国铁路应向重载、高速发展，对制定铁路科技发展政策起了促进作用。就铁路设计建设发表论文 20 余篇。结合中国实际情况编著的《铁道路线勘测与设计》(第一卷、第二卷)是中国最早被采用的铁路选线设计学科教材及专业用书之一。

（同　济）

【周予同（1898—1981，诞生 120 周年）】 男，浙江瑞安县人。毕业于北京高等师范学校国文部。毕生从事教育和中国经学史的教学和研究。历任商务印书馆《教育杂志》社编辑、编辑主任，安徽大学中文系教授、系主任、文学院院长，暨南大学史地系教授、系主任、教务长，上海开明书店编辑部编辑兼襄理，复旦大学历史系主任、副教务长，上海市文化教育委员会副主任，上海社会科学院历史研究所副所长，上海历史学会副会长，《辞海》副主编，第三届全国人大代表。1952 年加入中国民主同盟，任民盟上海市副主任委员。1919 年“五四”运动时期参与组织“火烧赵家楼”活动。主编有《中国历史文选》，著有《经今古文学》《中国现代教育史》等。在中国经学史方面发表的论文已汇编成《周予同经学史论著选集》。　　（资料来源：《上海高等教育志》）

【周谷城（1898—1996，诞生 120 周年）】 男，湖南省益阳县人，1898 年 9 月 13 日生于益阳县上湖乡农民家庭，幼年由亲友资助读书。1917 年考入北京高等师范学校英文系。1921 年毕业后任湖南第一师范英文教员兼伦理学教员。在毛泽东影响下很早就参加了农民运动，曾任湖南省农民协会顾问、省农民运动讲习所教师。1927 年春在武汉担任全国农民协会秘书、宣传干事。大革命失败后前往上海，为商务印书馆《东方杂志》《教育杂志》撰稿、译书，并在大学兼课。1930 年秋在广东中山大学任教授兼社会系主任，后在暨南大学任历史社会系主任、教授。1942 年任复旦大学教授、历史系主任、教务长。

抗日战争期间创办社会科学讲习所，宣传爱国主义思想。解放战争时期，积极参加反内战、反饥饿、反迫害斗争，为上海著名民主教授之一，是中国农工民主党的卓越领导人，中国共产党的亲密战友。大革命时期，曾与毛泽东、夏明翰一起从事革命活动。抗日战争中，拥护毛泽东和中共中央的抗日民族统一战线主张。新中国成立后，多次受到毛泽东接见，与党和国家领导人共同探讨学术问题，为党和国家的大政方针建言献策。从史学到政治学,从哲学到社会学,从美学到教育学,都有深刻的研究和著述。是中国史学会首任执行主席、中华炎黄文化研究会第一任会长、太平洋历史学会第一任会长、中华诗词学会会长。有《中国社会之变化》《中国政治史》《世界通史》等专著10多部,论文20多篇。

历任农工党上海市主委、中央委员、中央委员会主席团委员、副主席、主席、名誉主席,为参政议政、依法治国、实行民主政治作出了贡献。1949年9月以民主党派人士身份出席第一届全国政协会议。后任第五届全国政协常委,第六、第七届全国人大常委会副委员长和上海市政协副主席、上海市人大常委会副主任。（资料来源:《上海高等教育志》)

【张江树(1898—1989,诞生120周年)】 男,又名雪帆。生于江苏省常熟县。1910年考入上海龙门师范(上海中学的前身)。1914年以优异的成绩考入南京高等师范(中央大学的前身)。1923年考取公费赴美国留学,先在美国加州大学(插班四年级)读化学,1924年又成为美国哈佛大学研究生,两年后获哈佛大学理学硕士学位。1926年回国,先后在光华大学、中山大学、中央大学等校任教授。1952年任华东化工学院院长。1978年恢复院长职务。1981年起,因年迈多病,退出第一线,担任华东化工学院名誉院长,仍始终关心学校的改革和建设的进程。

1949年加入中国民主同盟,历任民盟中央委员、民盟中央参议员、民盟上海市委委员和顾问。1956年加入中国共产党。任全国人民代表大会第三届人民代表和上海市人民代表大会第一至第七届人民代表。1959年,主编的《物理化学与胶体化学》正式出版,为中国第一部供工科大学使用的物理化学统编教材,为日后高等院校化工教材的编写奠定了基础。是中国化学会的创办人之一。在教学上既强调理论教学,又重视实践性教学环节,并亲自为青年教师讲解物理化学课程中一些不易阐明的概念。对于物理化学中的热力学第二定律有精辟的见解,提出的“不可逆度”概念,一直为华东化工学院物理化学教学所沿用,并受到工程技术界的重视。（资料来源:《上海高等教育志》)

【杨卫玉(1888—1956,诞生130周年)】 男,字鄂联,嘉定人。少年时先学师范,后学理化,毕业于上海理科专修学校、上海尚贤堂书院。辛亥革命后,曾任江苏省第二女子师范学校附属小学主事(校长),投身于新教育的实施。1916年在嘉定组织儿童会,研究儿童好玩心理、体格与学力,以及群居心理,并致力于改进私塾。曾先后担任江苏省第一师范学校、第二师范学校、苏州女子职业学校校长。1920年在南翔发起以发扬平民精神、促进文化运动为宗旨的振学会,出版《振学会月刊》。翌年,应黄炎培邀请参加中华职业教育社,任副理事长、总干事,对中华职业教育社各项事业的开创和发展出力甚多。1929年中华职业教育社派其赴日本考察教育。1934年和胡厥文、吴蕴初、廖世承等人组织成立嘉定启良学校校董会,为学校筹募资金、修缮校舍、添置校具,供贫苦学生免费就读。1943年,协同黄炎培将中华职业教育社所办学校和工厂分批内迁至广西、重庆、昆明等地,培养大批建设人才。先后兼任上海大夏大学、上海工商专科学校、中华职业学校、民立女子中学、位育中学、南翔苏民职业学校以及重庆、桂林、昆明等地30多所学校的教授、校长、董事长、董事等职务。中华人民共和国成立后,被任命为中央人民政府政务院轻工业部副部长。1954年当选为政协第二届全国委员会委员。1955年当选为中国民主建国会第一届中央委员会常务委员。主要著述有《女子心理学》《职业教育概念》《小学职业陶冶》《工业教育》《职业教育理论与实践》等。

（资料来源:《上海普通教育志》)

【黎照寰(1888—1968,诞生130周年)】 男,字曜生,广东南海人。1907年赴美留学,先后获纽约大学商科学士学位、哈佛大学理科学士学位、哥伦比亚大学经济科硕士学位、宾夕法尼亚大学政治科硕士学位。留学期间结识孙中山加入同盟会,曾任孙中山秘书。1919年回国,任中国公学大学部教授。1926年任广东航政局局长、广九铁路管理局局长。1927年5月任武汉国民政府交通部铁路处处长,10

月任国民政府财政部参事兼中央银行副行长。1928年任铁道部常务次长。次年兼任交通大学副校长，主持校务。1929年10月—1942年，任交通大学校长。在交通大学任职期间，建成机械、土木、电机、科学、管理五大学院及中文、外文两系和一个研究所，形成了一个以工科为主、管理为辅、理科为基础的成熟的学科格局。学校还重视数理化及工科基础课程，强调实践环节。到抗战前夕，交通大学在院系规模、师资力量、教学水平、设备条件等方面，都达到了前所未有的高度，发展成为一所理、工、管结合的国内外知名大学。

历任全国政协第三届、第四届委员，上海市政协第一至第四届委员、副主席，上海市第一至第五届人民代表大会代表。有《中国国民党政策》和《中山先生之革命政策》等著作。

（资料来源：《上海高等教育志》）

【黄炎培（1878—1965，诞生140周年）】 男，字任之。生于江苏川沙（今上海浦东新区）城厢镇。1901年考入上海南洋公学学习。1902年中江南乡试举人。1905年加入中国同盟会。辛亥革命后，任江苏省教育司司长，江苏省教育会常务调查干事、副会长，江苏省议会议员，上海申报馆旅行记者等。1915年赴美国考察。1917年与蔡元培等在上海创立中华职业教育社，任理事长。次年创办中华职业学校，初设木工、铁工、珐琅、纽扣4科。1925年试办农村教育，企望改进农村生活。中华职业教育社组织了“农村教育研究会”，开展农村教育和乡村改进事业，还设立了“农村服务专修科”。先后在江苏昆山徐公桥办了乡村教育实验区，在上海高桥、镇江黄墟创立农（乡）村改进区，在上海漕河泾办农学团。为乡村改进工作还在吴县善人桥、泰县顾高庄、浙江长兴县渡口镇、宁波白河等地开展实验。

1931年“九一八”事变后，投入抗日救亡运动，组织成立上海地方协会。参与发起筹组中国民主政团同盟（即中国民主同盟）。抗日战争时期，中华职业教育社西迁重庆，坚持为中华职业教育社筹办各种事业，创建中华工商专科学校。1945年7月到延安访问，著《延安归来》一书。同年底发起筹组中国民主建国会。1949年2月离沪去香港。3月底到达北平，出席中国人民政治协商会议第一届全体会议。中华人民共和国成立后，历任中央人民政府委员、政务院副总理兼轻工业部长，一、二、三届全国人大常务委员会副委员长，一届全国政协常委，二、三、四届全国政协副主席，中国民主建国会主任委员等。主要著作有《八十年来》《蜀道》《断肠集》《抗战以来》《长天集》和《红桑》等。大部分教育论文收入《黄炎培教育文集》。

（资料来源：《上海职业技术教育志》）

【蔡元培（1868—1940，诞生150周年）】 男，浙江绍兴人。出身于商贾之家，少年时期饱读经史，17岁考取秀才，18岁任塾师，21岁中举人，24岁中进士，26岁升补翰林院编修。1898年戊戌变法失败，认为革新必先培养人才，走上倡导教育救国之路。同年9月弃官归里，任绍兴中西学堂监督。1906年至1916年10年间，赴德法留学。20世纪初，在上海组织中国教育会、创办爱国女校和爱国学社。1912年出任民国第一任教育总长，力推萧友梅建立上海音乐专科学校，并任首任校长。将德国人创办的同济大学改制为国立大学。1917年，任北京大学校长，提出“思想自由”“兼容并包”的办学方针，对北京大学进行全面改革，使之成为新文化运动的中心，成为研究学术、传播新思想、培养新人才的基地。

1928年8月以后，定居上海，“尽力于教育学术”。1937年年底，因病移居香港疗养。1940年3月5日病逝于香港。教育思想主要有“五育并举”“展个性，尚自然”等，反对违反自然、束缚个性的教育。一生主要以教育和科学作为事业的支柱，被后人尊称为“学界泰斗、人间楷模”。许多教育论著收入《蔡元培选集》《蔡元培教育文选》和《蔡元培全集》中。

（资料来源：《上海高等教育志》）

逝世人物

【何友声(1931.7—2018.1.17)】 男,浙江宁波人。中国流体力学知名学者、高速水动力学研究先驱。1952年同济大学造船系毕业,1957—1958年清华大学首届力学研究班学员兼辅导教师。历任大连工学院助教,上海交大造船系助教、讲师、工程力学系讲师、副教授、教授。1986—1992年任上海交通大学校党委书记、中共上海市第五届市委委员。1995年当选中国工程院院士。曾任中国力学学会第三、第四届副理事长;1989—2003年任国际理论与应用力学联合会理事。2001年获全国模范教师称号。2002年被遴选为欧洲科学院院士。

长期从事船舶原理、高速水动力学、飞行力学和出入水理论研究,是水翼及其兴波的水动力设计的奠基人。上世纪70年代率先倡导研究螺旋桨激振力,使中国设计的船舶减振性能可与国外的媲美。在空泡流、空泡脉动特性、物体出入水过程的数值模拟方面,取得系列成果。为适应长江口水资源开发、环境保护、航道建设需要,建立了河口水动力学的研究基地。在国内外有重大影响力的学术刊物和学术会议上发表学术论文百余篇。曾先后10余次获国家和省部级科技进步奖。2016年获辛一心船舶与海洋工程首届终身成就奖。 (尚　交)

【戴复东(1928—2018.2.25)】 男,安徽无为人。1952年毕业于南京大学建筑系,到同济大学建筑系任教。1983年公派至美国哥伦比亚大学访学,1984年任同济大学建筑系主任。1986年起,先后任同济大学建筑与城市规划学院副院长、院长。1999年当选中国工程院院士。无党派人士,曾任第六、第七、第八、第九届全国政协委员。第一届全国高等学校建筑学科专业指导委员会副主任委员,兼任同济大学建筑设计研究院(集团)有限公司顾问、同济建筑规划设计研究总院总建筑师、中国建筑学会常务理事、东部地区规划和住房组织副主席等。

提出“宏观、中观、微观应全面重视,相互匹配,首重微观”的全面环境设计观,推动了中国本土建筑理论的发展。在设计中崇尚以人为本,提倡“现代骨、传统魂、自然衣”精神,和夫人中国工程设计大师吴庐生共同设计并建成了120余项作品,获国家级和省部级奖15项。代表作包括武汉东湖梅岭工程群、北京中华民族园、绍兴市震元堂大厦、山东荣成北斗山庄海草石屋、同济大学研究生院大楼、中国残疾人体育艺术培训基地(诺宝中心)、浙江大学紫金港校区中心岛建筑群、武汉武钢技术中心系统工程、广西南宁昆仑关战役旧址博物馆等。

作为同济大学建筑学教学的主要设计者之一参与和见证了中华人民共和国建筑教育进程。提出建筑系应当是“研究人与环境之间关系的学术与教学机构”,并成立国内首创的“建筑技术中心”,将建筑技术研究推向新高度。

获中国创造学会与国际管理学会“终生成就奖”、中国建筑学会“第四届中国建筑学会建筑教育特别奖”和“中国当代百名建筑师”称号。出版专著11部,发表论文118篇,译书1部,合著4部。获国家专利2项。培养博士后、博士和硕士共100名。

(同　济)

【黄允箴(1945—2018.4.18)】 女,江西清江人。上海音乐学院教授、博士生导师。1968年毕业于上海音乐学院理论作曲系,1973—1979年在山东省京剧团工作。1979年被上海音乐学院录取为研究生,攻读中国民歌理论,获硕士学位。毕业后留校,从事中国传统音乐教学和科研。任教期间，所授课程“中国传统音乐理论”“中国民歌与当代社会”“民歌与风土”“民歌与传播”对中国传统音乐的理论教学做出重要贡献。主要著述有：《中国民族音乐大系·歌舞音乐卷》《纵横民歌时空——黄允箴音乐文集》《中国传统音乐导学》（合著）；论文《论北方汉族民歌的色彩划分》《汉族人口的历史迁徙与南方汉族民歌色彩的地理格局》《撞击与转型——论原生态民歌传播主体的萎缩》；教材《汉族民歌概论纲要》《中国传统音乐导学》等。晚年开创性地运用多学科研究方法，以多重文化视角、多元素、多层次地展开民歌歌种研究，其学术思想体现在著作《民歌与风土》中，将民歌中的人文景观与人类文化深层关联，探根寻源、尽览传统民歌之精妙。其创作的儿童合唱作品1994年获全国儿童歌曲新创作奖和1994、1995年上海十月歌会最佳创作奖和优秀创作奖。

（上　音）

【陆春龄（1921—2018.5.22）】 男，上海人。著名笛子表演艺术家，有“魔笛”“神笛”“笛王”之美誉。上海音乐学院教授。全国第三届人大代表，全国第五、第六届政协委员。上海市及全国劳动模范，并多次赴北京参加全国文教群英会。上海市第三、四、五届人大代表。被周恩来总理誉为“人民音乐的文化使者”，先后访问了70多个国家和地区。

1986年获首届上海文学艺术奖。1989年一曲《鹧鸪飞》及《梅花三弄》获中国首届金唱片奖。1992年获国务院颁发的文化艺术突出贡献奖并享受国务院特殊津贴。1993年在美国路易斯安那州拉法叶市获荣誉公民称号并被授予金钥匙奖。1999年，获上海市老有所为精英奖。2004年4月获中国民乐终身贡献奖。2008年被中国文化部命名为非物质文化遗产“江南丝竹”项目国家级代表性传承人。2009年8月获国际中华文化艺术交流展演协会、香港国际音乐家联合会终身成就奖。2009年11月获第七届中国金钟奖终身成就奖。2010年获上海文艺界终身荣誉奖。2011年获共和国杰出艺术家奖。2012年3月25日受新加坡鼎艺华乐团邀请在新加坡滨海艺术中心音乐厅演出，接受美国纽约世界终身成就奖。2012年7月3日获上海市文学艺术界联合会颁发的“第七届荣誉委员奖”。2017年10月获上海大世界吉尼斯总部颁发的“大世界吉尼斯之最”年龄最大的笛子演奏家证书。

整理改编了《鹧鸪飞》《小放牛》《中花六板》《行街》《梅花三弄》等名曲。创作了《今昔》《喜报》《江南春》《奔驰在草原上》《普天同庆》《练兵场上》（笛子协奏曲）、《月下思亲人》《节日舞曲》（巴乌独奏）《天和》（箫、笛协奏曲）、大型的笛子与男女声大合唱协奏曲《抗震救灾精神放光芒》等经典乐曲。

（上　音）

【陈　良（1925—2018.9.15）】 男，浙江上虞人。曾任上海音乐学院副院长、广西艺术学院副院长。1944年进入上海国立音专，主修声乐，自学作曲、指挥。中华人民共和国成立前和陈福美、黄伯春组建了上海音乐学院第一个中国共产党地下党支部。在党组织领导下积极参加进步学生运动，组织“新音乐社”，主编《新音乐》《春之歌选》，兼任大、中学校20余个歌咏团的指挥，创作了《春之歌》《铁流进行曲》等进步歌曲。1947年在香港中华音乐院、香港领英中学任教，期间参加香港新音乐社所领导的港九歌咏联合会，任青年进步歌咏团指挥，参加香港首次千人演唱《黄河大合唱》。1948年任越南西贡福建中学兼星期音乐班教员，首次把《黄河大合唱》传入越南。1949年创作《庆祝胜利》，盛传香港。中华人民共和国成立后任教于北京华北大学音乐科，参加筹建中央音乐学院、中央歌舞团、中央乐团、广西艺术学院。任教于天津中央音乐学院音工团、北京师范大学音乐系等，担任中央歌舞团合唱队长及中央人民广播电台少年广播合唱团第一任合唱指挥。1953年率领中央乐团合唱队参加在罗马尼亚举行的第四届世界青年联欢节，演唱《英雄战胜大渡河》《半个月亮爬上来》等中国歌曲，并获银质奖章。1956年任中央乐团合唱队长。1958—1979年任广西艺术学院音乐系主任、副院长兼广西壮族自治区音协副主席。1975年在广交会上指挥广西歌舞团演出《长征组歌》。1979—1986年任上海音乐学院副院长。1988年离休。其创作的《红领巾之歌》获全国群众创作歌曲二等奖，《光荣军属王大娘》获三等奖。担任歌舞剧《刘三姐》的音乐总设计与音乐指导，该作品获全国歌剧创作一等奖、演出二等奖。1995年受邀赴中国台湾指挥台北中乐团和成明合唱团演出合唱版“梁祝”。著作有《合唱指挥基本知识》《陈良抒情歌曲集》《老年合唱歌曲集》等。2013年被中国合唱协会授予“终身成就奖”称号。（上　音）

【张奠宙（1933.5.21—2018.12.30）】 男，浙江奉化人。1951—1952年在大连工学院数学系学习。1952—1954年在东北师大数学系学习。1954年9月入华东师范大学数学分析研究生班学习。1956年7月任华东师范大学数学系教师。1978—1986年任华东师范大学数学系讲师。1986年1月—2001年5月任华东师范大学数学系教授。曾担任华东师范大学数学教育研究所所长、《数学教学》杂志主编。曾至美国纽约市立大学、州立大学、数学研究所（伯克利），及德、法、加拿大等国家和地区访学。

主要研究领域为“线性算子谱理论”，长期主持华东师范大学数学系函数论的科研和教学。与程其襄等合著《实变函数与泛函分析基础》。在国内率先“尝试把代数拓扑应用到算子理论研究工作上”。是中国数学教育学科的理论奠基人之一。1995年，获国家教委、人事部全国优秀教师称号。2017年，入选中国当代教育名家。1994—1998年任上海市数学会常务理事。1990—1998年任中国数学史学会常务理事。1999年，当选欧亚科学院院士。1995—1998年任国际数学教育委员会（ICMI）执行委员，这是中国人第一次进入国际数学教育的领导机构。

发表高水平学术论文近10篇。主要著作有《二十世纪数学史话》（1984）、《漫谈现代数学》（1985）、《中国现代数学史话》（1987）、《中国现代数学史略》（1993）、《现代数学家传略辞典》（2001）、《20世纪数学经纬》（2002）、《中国近现代数学的发展》（2010）、《当代数学史话》（2010）、《陈省身传》（2011）等。（华　师）

【周尧和（1927.5—2018.7.30）】 男，河北深县人。1950年毕业于清华大学机械工程系获学士学位，1957年毕业于原苏联莫斯科钢铁学院获副博士学位，回国后长期任教于西北工业大学，1991年当选中国科学院院士，1996年起受聘为上海交通大学双聘院士，1997年当选亚太地区材料科学院院士。先后任国务院学位委员会学科评议组成员、中国机械工程学会副理事长、中国铸造学会理事长、国际铸造学会主席。长期致力于凝固理论与技术研究，是担任国际铸造学会主席的第一位中国人。领导建立铸造领域的首个国家重点实验室，在现代凝固理论、铸造过程控制等方面成就斐然、业绩卓著，取得了一批国际领先的研究成果；独创的新型保温冒口和调压精铸技术，对中国铸造技术的进步产生了深远影响；开创和引领了集约化绿色铸造在中国的发展，发明的金属熔体纯净化技术和高性能铝基复合材料解决了国家重大急需，为中国科技事业、工业及国民经济发展作出了巨大贡献。培养了包括新中国第一位铸造博士在内的博士研究生50余名。曾获中国机械工程学会最高荣誉——科技成就奖、航空工业个人最高荣誉——航空金奖以及首届中国铸造终身成就奖，并被授予全国劳动模范、全国优秀共产党员，以及为改革和发展教育事业作出重大贡献的教育工作者等称号。（尚　交）

大 事 记

Chronicies

2018年1—12月上海教育大事记

1月

1日,《上海市民办培训机构设置标准》《上海市营利性民办培训机构管理办法》《上海市非营利性民办培训机构管理办法》开始实施。

6—8日,2018年上海市普通高校春季考试、2018年上海市普通高中学业水平高三科目合格性考试和高考外语一年两考中的第一次考试举行。

8日,2017年度国家科学技术奖颁奖。复旦大学、上海交通大学、同济大学、华东理工大学、东华大学、中国人民解放军第二军医大学、上海大学、上海理工大学和上海中医药大学获奖。上海高校获奖(含参与)26项(人),其中特等奖1项、一等奖1项、二等奖22项、个人获奖2人。

2月

23日,市教委和市公安局共同启动"公共安全教育开学第一课"活动,推出覆盖大、中、小学和幼儿园的公共安全教育教学补充读本,并首次推出电视公开课,向广大青少年普及公共安全知识和紧急情况下自救互救技巧。

3月

21日,上海市教育委员会关于印发《上海市进一步推进高中阶段学校考试招生制度改革实施意见》的通知。

22日,2018年春季上海高校党政负责干部会议召开。副市长翁铁慧出席并讲话。

27日,首届上海高校特聘教授(东方学者)国情研修班开班。研修班以"汇聚东方·智观中国"为主题,为期6天。

28日,上海老年教育三类学习点工作推进大会召开。"居村委示范学习点""社会学习点""养教结合学习点"等基层老年教育机构建设指导标准在会上发布。

31日,由国际乒乓球联合会、国家体育总局、上海市人民政府共建的国际乒联博物馆和中国乒乓球博物馆在上海开馆。该项目由上海体育学院立项建设和运营管理。

4月

4日,市政府印发《关于进一步深化本市高考综合改革试点工作的若干意见》。

8日,为纪念时代楷模、全国优秀教师、上海市优秀共产党员、复旦大学教授钟扬,由上海市委组织部、上海市委宣传部支持,上海话剧艺术中心和复旦大学联合制作的报告剧《生命的高度》首次汇报演出。

12日,市委副书记尹弘,市教卫工作党委书记虞丽娟,市教卫工作党委副书记、市教委主任陆靖等到华东政法大学调研。

16—18日,由市教卫工作党委、市教委指导,上海教育报刊总社主办的第十五届上海教育博览会新时代美育展在上海展览中心举行。

16—21日,由教育部和上海市人民政府共同主办、以"理想与信念"为主题的全国第五届大学生艺术展演活动在沪举行。

18日,上海高校思想政治工作推进会召开。市委副书记尹弘出席会议并讲话。

22日,深化上海教育综合改革2018年度工作推进会召开。教育部党组书记、部长陈宝生,市委副书记、市长应勇出席。副市长翁铁慧汇报了部市深化上海教育综合改革2017年度工作进展和2018年度工作重点。

25日，上海召开特殊教育工作会议，加大特殊教育发展力度。

28日，《关于促进和加强本市3岁以下幼儿托育服务工作的指导意见》《上海市3岁以下幼儿托育机构管理暂行办法》《上海市3岁以下幼儿托育机构设置标准(试行)》印发。上述文件于6月开始实施。

5月

3日，中共中央政治局委员、上海市委书记李强到复旦大学，在《共产党宣言》展示馆重温"信仰之源"，感受真理力量，为复旦青年师生代表作形势政策报告。

5—7日，上海组团参加第三届全国基础教育信息化应用展示交流活动，从教育信息化促进教育公平、推动教学变革、助力高考改革3个方面，介绍近3年来上海基础教育信息化助力教育综合改革的最新成果。

8日，全国首家研究生思政教育基地揭牌。基地由上海电力学院和上海院士风采馆共同设立。

21日，中共中央政治局委员、上海市委书记李强到同济大学和上海大学调研。

22日，教育部副部长田学军率调研组赴杨浦区调研校园足球工作。

同日，主题为"艺体科融合　适性育人"的上海市推进特色普通高中建设项目展示会举行。

23日，市人民政府教育督导委员会全体会议召开。

25—27日，以"立德树人"为宗旨，以"青春在讲台"为主题的第三届上海高校青年教师教学竞赛决赛举行。

26—28日，"上海论坛2018"年会举行，主题为"变动世界中的亚洲责任"。

29日，市教委与德国巴伐利亚州文教、科学与艺术部职业教育与体育司签署为期两年的《关于开展职业教育友好合作交流的备忘录》。

6月

4日，教育部"学习新思想　千万师生同上一堂课活动"在上海高校开讲。

4—7日，国际标准化组织/中医药技术委员会(ISO/TC 249)第九次全体大会在上海召开。副市长许昆林出席开幕式并致辞。

5日，中共中央政治局委员、上海市委书记李强到华东师范大学和上海科技大学调研。

7—9日，上海市普通高校招生统一文化考试举行。

10日，市中小学非通用语种学习计划成果展示暨"上海市中小学非通用语种学习计划项目实践基地"授牌仪式举行。15所中小学被授牌为"上海市中小学非通用语学习计划项目实践基地"。

同日，第四届中国"互联网+"大学生创新创业大赛上海赛区复赛举行，上海共有60多所高校近8500个项目参赛。上海市高校创新创业青年学子嘉年华主题交流活动同时举行。

13日，"减少碳足迹・未来青动力"2018年上海市大学生校园绿色出行双创大赛开幕。

16—17日，2018年上海市初中毕业统一学业考试举行。

7月

1日，上海市学生体育项目训练基地夏令营在东方绿舟开营。近700名学生参加9个项目的夏令营活动。

2日，第四期"上海市普教系统名校长名师培养工程"暨百所公办初中强校工程工作会议召开并启动。副市长翁铁慧出席会议并作工作部署。

7—9日，来自长三角地区的百名国际学生参加"洋眼看上海"活动。

8日，以"新枫桥经验与社会治理创新"为主题的第十三届中国法学青年论坛在沪举行。

8—14日，2018中国(上海)国际青少年足球邀请赛在沪举行。

15—30日，2018年上海市普通高校招生本科普通批次录取工作进行。

18日，上海市政府合作交流办与复旦大学共同组建的上海(复旦大学)扶贫研究中心成立。

8月

5日，上海55名援藏教师赴西藏支教。

9 日，2018 年第五届海峡两岸暨港澳大学生运动交流赛开幕式在上海举行。

13 日，中国儿童青少年体育健身指数评估报告(2017)在上海面向社会公开发布。这是中国首次基于全国样本数据面向社会公开发布该指数。

17 日，上海 170 名援疆教师赴新疆支教。

29 日，2018 年秋季上海高校党政负责干部会召开。市委副书记尹弘出席会议并讲话，副市长翁铁慧作工作部署。

9 月

1 日，市教委主任陆靖为吴淞中学、上海外国语大学附属大境中学师生上“开学第一课”。

3 日，副市长翁铁慧到静安区、嘉定区检查开学工作并调研。

8 日，上海举行庆祝第三十四个教师节座谈会。中共中央政治局委员、上海市委书记李强代表市委、市政府向全市广大教师和教育工作者致以节日问候。

同日，市政府授予首届全国教书育人楷模、语文特级教师于漪“教育事业杰出贡献奖”，授予卞建鸿、庄松林、邱蔚六、周美琴、郑时龄、闻玉梅、徐红、鲁慧茹 8 位优秀教育工作者第四届“上海市教育功臣”荣誉称号。

同日，揭晓 2018 年上海市“四有”好教师(教书育人楷模)获评人选名单。9 名教师获上海市“四有”好教师(教书育人楷模)称号。

10 日，市委、市政府联合印发《关于全面深化新时代教师队伍建设改革的实施意见》。

13—19 日，第二十一届全国推广普通话宣传周上海主题宣传活动举行。

17 日，“全球高校人工智能学术联盟”在沪启动。美国麻省理工学院、英国剑桥大学、新加坡南洋理工大学、清华大学、香港中文大学、复旦大学、上海交通大学等高校联合开展跨国人才培养和科研合作。

20 日，上海高校本科教育工作会议召开。市教委主任陆靖出席会议并作工作部署。

27 日，上海电力学院入驻临港大学城新校区。至此，上海海事大学、上海海洋大学、上海电力学院、上海电机学院、上海建桥学院齐聚临港，临港地区“两海两电一桥”高校新格局形成。

27—28 日，2018 年上海市成人高校招生统一文化考试进行。

28 日，上海公共安全教育实训基地正式开放。

28—29 日，教育部在上海召开“双一流”建设现场推进会。教育部部长陈宝生出席会议并讲话。上海市委副书记、市长应勇出席并致辞。

10 月

19 日，上海高校纪念改革开放 40 周年合唱展演活动在上海理工大学举行。

20 日，以“学习的城市，卓越的未来”为主题的上海市第十四届全民终身学习活动周在华东师范大学开幕。

29 日，上海学习贯彻全国教育大会精神宣讲会举行。市委副书记尹弘作宣讲报告。副市长翁铁慧主持宣讲会。

11 月

1 日，上海市大学生平安志愿者行动总队成立大会举行，在册队员已达到 9425 人。

6 日，“沪港大学联盟”在沪成立。“沪港大学联盟”由上海 8 所高校(复旦大学、上海交通大学、同济大学、华东师范大学、上海大学、上海理工大学、上海师范大学、华东政法大学)和香港特区 8 所高校(香港大学、香港科技大学、香港理工大学、香港教育大学、香港中文大学、岭南大学、香港浸会大学、香港城市大学)共同倡议发起。

15 日，2018 上海市教育系统人才工作会议暨党政领导干部专题研修班开班。市委副书记尹弘讲话。副市长翁铁慧主持会议。

17—22 日，“2018 年中国上海教育展”分别在哈萨克斯坦和乌兹别克斯坦举办。参加此次教育展的有复旦大学、上海交通大学、上海大学等 25 所高校，以及上海中学等 7 所中小学汉语国际推广基地学校。

18 日，由中宣部文艺局、教育部思政司指导，上海市委宣传部、市教卫工作党委、市教委主办，复旦大学、上海广播电视台承办的“青春放歌——上海大学生校园歌会”在复旦大学举行。

21—22日，“新时代@德育新视野——教育综合改革背景下的中小学德育创新论坛”在上海举办。论坛上，长三角地区中小学德育工作联盟成立。

26日，中英数学教师交流项目第三轮（2018—2019）启动仪式在上海举行。

27日，2018年度上海教育工作通报会举行。市教卫工作党委书记虞丽娟主持会议。市教委主任陆靖向出席会议的党代表、人大代表和政协委员通报2018年代表委员建言献策的推动落实情况和当前上海教育改革发展的重点工作。

30日，中共中央政治局委员、上海市委书记李强在复旦大学调研高校智库建设情况并主持召开座谈会，围绕贯彻落实习近平总书记在首届中国国际进口博览会开幕式上的主旨演讲和考察上海时的重要讲话精神，听取专家学者的意见和建议。

同日，“与改革开放同行”上海市教育系统庆祝改革开放40周年主题活动举行。市教卫工作党委书记虞丽娟，市教委主任陆靖，市总工会副主席桂晓燕，市教卫工作党委副书记、市教育工会主席成旦红出席活动。

12月

4日，“弘扬宪法精神·建设法治上海·共筑美好青春”——上海市教育系统2018年国家宪法日专题教育活动举行。市教卫工作党委书记虞丽娟出席活动。

11日，唱响新时代强音——上海学生纪念改革开放40周年主题歌会在上海师范大学举行。

13—14日，第十届长三角教育一体化发展会议在上海举行。《长三角地区教育更高质量一体化发展的战略框架协议》在会上签署。

18日，上海教师于漪在全国庆祝改革开放40周年大会上，获“改革先锋”称号，获颁“改革先锋”奖章。在获颁授的100人中，她是唯一的基础教育界代表。

21日，教育部、国家卫生健康委、上海市政府共建托管复旦大学上海医学院及其直属附属医院签约仪式在北京举行。教育部党组书记、部长陈宝生，上海市委副书记、市长应勇，国家卫生健康委员会副主任曾益新出席签约仪式并讲话。

24日，市教卫工作党委中心组学习贯彻庆祝改革开放40周年大会精神会议召开。会议邀请“改革先锋”称号获得者、基础教育改革的优秀教师代表于漪作辅导报告。市教卫工作党委中心组组长、党委书记虞丽娟传达全国庆祝改革开放40周年大会和上海市庆祝改革开放40周年大会精神并作工作部署。市教卫工作党委副书记、市教委主任陆靖就开展学习宣传于漪先进事迹等工作提出要求。

法律　法规
规章　文件

Laws, Regulations and Documents

国务院办公厅关于转发教育部等部门教育部直属师范大学师范生公费教育实施办法的通知

（国办发〔2018〕75号）

各省、自治区、直辖市人民政府，国务院各部委、各直属机构：

教育部、财政部、人力资源社会保障部、中央编办《教育部直属师范大学师范生公费教育实施办法》已经国务院同意，现印发给你们，请认真贯彻执行。2007年5月9日经国务院批准、国务院办公厅转发的《教育部直属师范大学师范生免费教育实施办法（试行）》和2012年1月7日经国务院批准、国务院办公厅转发的《关于完善和推进师范生免费教育的意见》同时废止。

国务院办公厅

2018年7月30日

教育部直属师范大学师范生公费教育实施办法

（教育部　财政部　人力资源社会保障部　中央编办）

第一章　总　　则

第一条　为贯彻落实《中共中央　国务院关于全面深化新时代教师队伍建设改革的意见》，建立健全师范生公费教育制度，吸引优秀人才从教，培养大批有理想信念、有道德情操、有扎实学识、有仁爱之心的"四有"好教师，进一步形成尊师重教的浓厚氛围，特制定本办法。

第二条　本办法所称师范生公费教育是指国家在北京师范大学、华东师范大学、东北师范大学、华中师范大学、陕西师范大学和西南大学六所教育部直属师范大学（以下简称部属师范大学）面向师范专业本科生实行的，由中央财政承担其在校期间学费、住宿费并给予生活费补助的培养管理制度。

第三条　接受师范生公费教育的学生（以下称公费师范生）由部属师范大学按照《师范生公费教育协议》进行教育培养，在校学习期间和毕业后须按照有关协议约定，履行相应的责任和义务。

第二章　选 拔 录 取

第四条　教育部根据各地中小学教师队伍建设实际需要和部属师范大学培养能力，统筹制定每年公费师范生招生计划，确定分专业招生数量，确保招生培养与教师岗位需求有效衔接。

第五条　部属师范大学招收公费师范生实行提前批次录取，重点考察学生的综合素质、职业倾向和从教潜质，择优选拔乐教、适教的优秀高中毕业生加入公费师范生队伍。各地、各部属师范大学要加大政策宣传和引导力度，通过发放招生简章、开展政策宣讲等多种方式，为高中毕业生报考公费师范生营造良好环境。

第六条　部属师范大学根据国家相关政策，制定在校期间公费师范生进入、退出的具体办法。有志从教并符合条件的非师范专业优秀学生，在入学2年内，可在教育部和学校核定的公费师范生招生计划内转入师范专业，签订协议并由所在学校按相关标准返还学费、住宿费，补发生活费补助。公费师范生可按照所在学校规定的办法和程序，在师范专业范围内进行二次专业选择。录取后经考察不适合从教的公费师范生，在入学一年内，按照规定退还已享受的学费、住宿费和生活费补助，并由所在学校根据当年高考成绩将其调整到符合录取条件的非师范专业。

第三章　履约任教

第七条　公费师范生、部属师范大学和生源所在省份省级教育行政部门签订《师范生公费教育协议》，明确三方权利和义务。公费师范生毕业后一般回生源所在省份中小学任教，并承诺从事中小学教育工作6年以上。到城镇学校工作的公费师范生，应到农村义务教育学校任教服务至少1年。国家鼓励公费师范生长期从教、终身从教。

第八条　公费师范生由于志愿到中西部边远贫困和少数民族地区任教等特殊原因不能回生源所在省份任教的，应届毕业前可申请跨省就业，经所在学校、生源所在省份和接收省份省级教育行政部门审核同意后，按有关规定程序办理跨省就业手续。

第九条　各地要统筹规划，做好接收公费师范生就业的各项工作。省级教育行政部门会同人力资源社会保障部门按照事业单位新进人员实行公开招聘制度的要求，负责组织用人学校与公费师范生在需求岗位范围内进行专项招聘，通过双向选择等方式切实为每位毕业的公费师范生落实任教学校和岗位。

第十条　公费师范生要严格履行协议，未按协议从事中小学教育工作的，须退还已享受的公费教育费用并缴纳违约金。违约退缴资金由省级教育行政部门负责收缴、管理、使用，要专款专用，主要用于公费师范生人事招聘、履约管理、表彰奖励等相关工作。教育部要会同相关部门制定公费师范生履约管理具体办法等相关政策。省级教育行政部门要建立健全公费师范生履约动态跟踪管理机制，建立公费师范生诚信档案。

第十一条　公费师范生因生病、应征入伍等原因不能履行协议的，须提出中止协议申请，经省级教育行政部门同意后，暂缓履约。待情况允许后，经省级教育行政部门核实后可继续履行协议。公费师范生如确因身体原因需终止协议的，按协议约定解除协议。除特殊原因办理休学无法正常毕业等情形以外，公费师范生未按规定时间取得相应学历学位证书和教师资格证书的，按违约处理。

第十二条　公费师范生按协议履约任教满一学期后，可免试攻读非全日制教育硕士专业学位。公费师范生本人向本科就读的部属师范大学提出申请，经任教学校考核合格并批准，部属师范大学根据任教学校工作考核结果、本科学习成绩等进行综合考核后，录取为非全日制硕士研究生，以非全日制形式学习专业课程。任教考核合格并通过论文答辩的，授予相应的学历、学位证书。

除上述情形以外，公费师范生在协议规定服务期内不得报考研究生。

第十三条　公费师范生在协议规定服务期内，经省级教育行政部门同意，可在学校间流动或从事教育管理工作。

第十四条　公费师范生在报考、学习、转专业、就业、读研、任教等环节有弄虚作假或其他违规、违纪行为的，依据有关规定处理。

第四章　激励措施

第十五条　国家根据经济发展水平和财力状况，对公费师范生的生活费补助标准进行动态调整。优秀公费师范生可享受其他非义务性奖学金。鼓励设立公费师范生专项奖学金。支持部属师范大学遴选优秀公费师范生参加国内外交流学习、教学技能比赛等活动。

第十六条　各地要将公费师范生履约任教后的在职培训纳入中小学教师国家级培训计划，落实 5 年 1 周期的教师全员培训制度，支持公费师范生专业发展和终身成长。

第十七条　各地要落实乡村教师生活补助、艰苦边远地区津贴等优惠政策，吸引公费师范生毕业后到农村中小学任教。各地和农村学校要为公费师范生到农村任教提供办公场所、周转宿舍等必要的工作生活条件。

第十八条　要把培养优秀中小学教师的工作成效作为评价部属师范大学办学水平的关键指标。对在实施师范生公费教育工作中作出积极贡献的部属师范大学给予政策倾斜，进一步加大对师范专业的支持力度。

第五章　条件保障

第十九条　各地要加强组织领导和制度保障，按照建立“动态调整、周转使用”的事业编制省内统筹调剂使用制度有关要求，通过优先利用空编接收等办法，在现有事业编制总量内，妥善解决公费师范生到中小学任教所需编制。

第二十条　各地、各部门和各有关学校要切实加强协调，建立分工明确的责任管理体系。教育部门牵头负责公费师范生招生培养、就业指导、落实岗位、办理派遣、履约管理等工作；人力资源社会保障部门负责落实公费师范生专项招聘政策等工作；机构编制部门负责在核定的中小学教职工编制总量内落实公费师范生到中小学任教的编制；财政部门负责落实相关经费保障。

第二十一条　各地、各部属师范大学要构建地方政府、中小学校与高校共同培养公费师范生的机制，遴选一批县(区)建设教师教育改革创新实验区，公费师范生主要到实验区中小学进行教育实习。推进部属师范大学统筹各类资源，建设国家教师教育基地，打造公费师范生教育教学技能实训平台，探索优秀教师培养新模式，集中最优质的资源用于公费师范生培养，全面提高公费师范生培养质量。

第二十二条　部属师范大学要根据基础教育发展和课程改革的要求，加强公费师范生师德教育，引导公费师范生树立先进的教育理念，热爱教育事业，坚定长期从教的职业理想，为将来成为优秀教师和教育专家打下牢固根基。要精心制订教育培养方案，实行“双导师”制度，安排中小学名师、高校高水平教师给公费师范生授课。强化实践教学环节，落实公费师范生在校期间教育实践时间累计不少于 1 个学期的制度。

第二十三条　各地要采取措施，积极引导社会团体、企事业单位、民间组织出资奖励，对毕业后长期从事中小学教育的公费师范生给予鼓励和支持。地方各级教育、机构编制、人力资源社会保障、财政部门应根据本办法，制定实施细则，把师范生公费教育各环节各方面的工作抓紧抓实抓好。

第二十四条　国家发挥部属师范大学师范生公费教育的示范引领作用，建立健全师范生公费教育政策体系。各地可探索免费培养、到岗退费、学费补偿和国家助学贷款代偿等多种方式，开展地方师范生公费教育，具体办法由省级人民政府制定，所需经费由地方财政统筹落实。

第二十五条　各级教育督导部门要将师范生公费教育工作纳入督导内容，加强督导检查并通报督导情况。教育部会同相关部门按照国家有关规定，对师范生公费教育工作成绩突出的单位予以表彰，并及时总结推广成功经验。

第六章　附　则

第二十六条　本办法适用于签订《师范生公费教育协议》的公费师范生。原签订《师范生免费教育协议》且正在履约任教的免费师范生，一律依照公费师范生政策管理，相关各方权利和义务以签订补充协议的方式予以明确；违反《师范生免费教育协议》或已经按照规定程序解除协议的，不适用本办法。

第二十七条　本办法自印发之日起施行。

国务院办公厅关于规范校外培训机构发展的意见

（国办发〔2018〕80号）

各省、自治区、直辖市人民政府，国务院各部委、各直属机构：

面向中小学生的校外培训机构（以下简称校外培训机构）开展非学历教育培训是学校教育的补充，对于满足中小学生选择性学习需求、培育发展兴趣特长、拓展综合素质具有积极作用。但近年来，一些校外培训机构违背教育规律和青少年成长发展规律，开展以“应试”为导向的培训，造成中小学生课外负担过重，增加了家庭经济负担，破坏了良好的教育生态，社会反映强烈。为切实减轻中小学生过重课外负担，促进校外培训机构规范有序发展，经国务院同意，现提出如下意见。

一、总体要求

（一）指导思想。以习近平新时代中国特色社会主义思想为指导，深入贯彻落实党的十九大和十九届二中、三中全会精神，全面贯彻党的教育方针，坚持立德树人，发展素质教育，以促进中小学生身心健康发展为落脚点，以建立健全校外培训机构监管机制为着力点，努力构建校外培训机构规范有序发展的长效机制，切实解决人民群众反映强烈的中小学生课外负担过重问题，形成校内外协同育人的良好局面。

（二）基本原则。依法规范。依法依规对校外培训机构进行审批登记、开展专项治理、强化日常监管，切实规范校外培训秩序。校外培训机构依法依规开展培训业务和相关活动，自觉维护中小学生及家长合法权益。

分类管理。鼓励发展以培养中小学生兴趣爱好、创新精神和实践能力为目标的培训，重点规范语文、数学、英语及物理、化学、生物等学科知识培训，坚决禁止应试、超标、超前培训及与招生入学挂钩的行为。

综合施策。统筹学校、社会和家庭教育，既规范校外培训机构培训行为，又同步改进中小学教育教学，提高学校教育质量和课后服务能力，强化学校育人主体地位，积极推动家长转变教育观念，做到标本兼治、务求实效。

协同治理。强化省地（市）统筹，落实以县为主管理责任。建立健全工作协调机制，有关部门各司其职、分工协作，统筹做好审批登记和监督管理，形成综合治理合力，确保积极稳妥推进。

二、明确设置标准

（三）确定设置标准。省级教育部门要会同有关部门，结合本地实际，研究制订校外培训机构设置的具体标准；省域内各地市差距大的，可授权地市级教育部门会同当地有关部门制订，并向省级教育部门及有关部门备案。

（四）遵循基本要求。各地标准必须达到以下基本要求。场所条件方面，校外培训机构必须有符合安全条件的固定场所，同一培训时段内生均面积不低于3平方米，确保不拥挤、易疏散；必须符合国家关于消防、环保、卫生、食品经营等管理规定要求。通过为参训对象购买人身安全保险等必要方式，防范和化解安全事故风险。师资条件方面，校外培训机构必须有相对稳定的师资队伍，不得聘用中小学在职教师。所聘从事培训工作的人员必须遵守宪法和法律，热爱教育事业，具有良好的思想品德和相应的培训能力；从事语文、数学、英语及物理、化学、生物等学科知识培训的教师应具有相应的教师资格。培训机构应当与所聘人员依法签订聘用合同、劳动合同或劳务协议。聘用外籍人员须符合国家有关规定。管理条件方面，校外培训机构必须坚持和加强党的领导，做到党的建设同步谋划、党的组织同步设置、党的工作同步开展，确保正确的办学方向。必须有规范的章程和相应的管理制度，明确培训宗旨、业务范围、议事决策机制、资金管理、保障条件和服务承诺等。

三、依法审批登记

（五）确保证照齐全。校外培训机构必须经审批取得办学许可证后，登记取得营业执照（或事业单位法人证书、民办非企业单位登记证书，下同），才能开展培训。已取得办学许可证和营业执照的，如不符合设置标准，应当按标准要求整改，整改不到位的要依法吊销办学许可证，终止培训活动，并依法办理变更或注销登记。

（六）严格审批登记。校外培训机构审批登记实行属地化管理。县级教育部门负责审批颁发办学许可证，未经教育部门批准，任何校外培训机构不得以家教、咨询、文化传播等名义面向中小学生开展培训业务。校外培训机构在同一县域设立分支机构或培训点的，均须经过批准；跨县域设立分支机构或培训点的，需到分支机构或培训点所在地县级教育部门审批。中小学校不得举办或参与举办校外培训机构。

四、规范培训行为

（七）细化培训安排。校外培训机构开展语文、数学、英语及物理、化学、生物等学科知识培训的内容、班次、招生对象、进度、上课时间等要向所在地县级教育部门备案并向社会公布；培训内容不得超出相应的国家课程标准，培训班次必须与招生对象所处年级相匹配，培训进度不得超过所在县（区）中小学同期进度。校外培训机构培训时间不得和当地中小学校教学时间相冲突，培训结束时间不得晚于20:30，不得留作业；严禁组织举办中小学生学科类等级考试、竞赛及进行排名。

（八）践行诚实守信。校外培训机构应实事求是地制订招生简章、制作招生广告，向审批机关备案并向社会公示，自觉接受监督。要认真履行服务承诺，杜绝培训内容名不符实。不得以暴力、威胁等手段强迫学生接受培训。要不断改进教育教学，提高培训质量，努力提升培训对象满意度。

（九）规范收费管理。严格执行国家关于财务与资产管理的规定，收费时段与教学安排应协调一致，不得一次性收取时间跨度超过3个月的费用。各地教育部门要加强与金融部门的合作，探索通过建立学杂费专用账户、严控账户最低余额和大额资金流动等措施加强对培训机构资金的监管。培训机构收费项目及标准应当向社会公示，并接受有关部门的监督，不得在公示的项目和标准外收取其他费用，不得以任何名义向培训对象摊派费用或者强行集资。对于培训对象未完成的培训课程，有关退费事宜严格按双方合同约定以及相关法律规定办理。

五、强化监督管理

（十）完善日常监管。各地要切实加强对校外培训机构办学行为的日常监管，坚持谁审批谁监管、谁主管谁监管，防止重审批轻监管，健全监管责任体系和工作机制，切实加强监管队伍建设。教育部门负责查处未取得办学许可证违法经营的机构，并在做好办学许可证审批工作基础上，重点做好培训内容、培训班次、招生对象、教师资格及培训行为的监管工作，牵头组织校外培训市场综合执法；市场监管部门重点做好相关登记、收费、广告宣传、反垄断等方面的监管工作；人力资源社会保障部门重点做好职业培训机构未经批准面向中小学生开展培训的监管工作；机构编制、民政部门重点做好校外培训机构违反相关登记管理规定的监管工作；公安、应急管理、卫生、食品监管部门重点做好校外培训机构的安全、卫生、食品条件保障的监管工作;网信、文化、工业和信息化、广电部门在各自职责范围内配合教育部门做好线上教育监管工作。

(十一)落实年检年报制度。县级教育部门要会同有关部门按照校外培训机构设置标准、审批条件、办学行为要求和登记管理有关规定完善管理办法,认真组织开展年检和年度报告公示工作。在境外上市的校外培训机构向境外公开披露的定期报告及对公司经营活动有重大不利影响的临时报告等信息,应以中文文本在公司网站(如无公司网站,应在证券信息披露平台)向境内同步公开、接受监督。对经年检和年报公示信息抽查检查发现校外培训机构隐瞒实情、弄虚作假、违法违规办学,或不接受年检、不报送年度报告的,要依法依规严肃处理,直至吊销办学许可证,追究有关人员的法律责任。

(十二)公布黑白名单。全面推行白名单制度,对通过审批登记的,在政府网站上公布校外培训机构的名单及主要信息,并根据日常监管和年检、年度报告公示情况及时更新。各地可根据校外培训机构的设置和管理要求,建立负面清单。对已经审批登记,但有负面清单所列行为的校外培训机构,应当及时将其从白名单上清除并列入黑名单;对未经批准登记、违法违规举办的校外培训机构,予以严肃查处并列入黑名单。将黑名单信息纳入全国信用信息共享平台,按有关规定实施联合惩戒。将营利性校外培训机构的行政许可信息、行政处罚信息、黑名单信息、抽查检查结果等归集至国家企业信用信息公示系统,记于相对应企业名下并依法公示。对于非营利性校外培训机构的失信行为,依据社会组织信用信息管理有关规定进行信用管理并依法公示。

六、提高中小学育人能力

(十三)提升教学质量。切实加强中小学师德师风建设,鼓励广大教师为人师表、潜心教书育人。中小学校必须严格按照国家发布的课程方案、课程标准和学校教学计划,开足、开齐、开好每门课程。各地教育部门要指导中小学校,按照学校管理有关标准对标研判、依标整改,严格规范教育教学行为,努力提高教育教学质量,为切实减轻中小学生课外负担创造条件。坚持依法从严治教,对中小学校不遵守教学计划、“非零起点教学”等行为,要坚决查处并追究有关校长和教师的责任;对中小学教师“课上不讲课后到校外培训机构讲”、诱导或逼迫学生参加校外培训机构培训等行为,要严肃处理,直至取消有关教师的教师资格。

(十四)严明入学纪律。严肃中小学招生入学工作纪律,坚决禁止中小学校与校外培训机构联合招生,坚决查处将校外培训机构培训结果与中小学校招生入学挂钩的行为,并依法追究有关学校、校外培训机构和相关人员责任。

(十五)做好课后服务。各地要创造条件、加大投入、完善政策,强化中小学校在课后服务中的主渠道作用,普遍建立弹性离校制度。中小学校要充分挖掘学校师资和校舍条件的潜力,并积极利用校外资源,充分发挥家长委员会的作用,努力开辟多种适宜的途径,帮助学生培养兴趣、发展特长、开拓视野、增强实践,不断提高课后服务水平,可为个别学习有困难的学生提供免费辅导。坚决防止课后服务变相成为集体教学或补课。各地可根据课后服务性质,采取财政补贴、收取服务性收费或代收费等方式筹措经费。有关部门在核定绩效工资总量时,应当适当考虑学校和单位开展课后服务因素;学校和单位在核定的绩效工资总量内,对参与课后服务的教师给予适当倾斜。设定服务性收费或代收费的,应当坚持成本补偿和非营利原则,按有关规定由省级教育部门和价格主管部门联合报省级人民政府审定后执行。中小学生是否参加课后服务,由学生和家长自愿选择,严禁各地以课后服务名义乱收费。

七、加强组织领导

(十六)健全工作机制。各地要切实提高思想认识,将规范校外培训机构发展纳入重要议事日程。建立由教育部门牵头、有关部门参与的联席会议制度,制订详细的工作方案,细化分工、压实责任、大力推进。及时总结经验,研究新情况、新问题,不断改进政策措施。充分发挥相关行业协会在行业发展、规范、自律等方面的作用。注重多方联动,发展社区功能,加强少年宫、实践基地等场馆建设,多渠道满足中小学生的个性化需求,形成学校、家庭、社会育人合力。

（十七）做实专项治理。各地要开展好校外培训机构专项治理工作，进行全面摸排，认真建立工作台账，完善分类管理，对存在问题的培训机构逐一整改到位。要加大工作督促指导力度，通过开展自查、交叉检查、专项督查等方式，确保专项治理取得实际成效。

（十八）强化问责考核。教育督导部门要加强对地方政府规范校外培训机构发展工作的督导评估，评估结果作为有关领导干部综合考核评价的重要参考。建立问责机制，对责任不落实、措施不到位，造成中小学生课外负担过重，人民群众反映特别强烈的地方及相关责任人要进行严肃问责。规范治理校外培训机构及减轻中小学生课外负担不力的县（区），不得申报义务教育基本均衡和优质均衡发展评估认定；已经通过认定的，要下发专项督导通知书，限期整改。

（十九）重视宣传引导。各地要通过多种途径加强政策宣传解读，使改革精神、政策要义家喻户晓，形成良好社会氛围。通过家长会、家长学校、家访、专题报告等形式，促进家长树立正确的教育观念、成才观念，不盲目攀比，科学认识并切实减轻学生过重的课外负担。对表现突出的校外培训机构给予宣传，引导校外培训机构增强社会责任担当，强化自我约束，树立良好社会形象。

国务院办公厅

2018年8月6日

国务院办公厅关于进一步调整优化结构提高教育经费使用效益的意见

（国办发〔2018〕82号）

各省、自治区、直辖市人民政府，国务院各部委、各直属机构：

党中央、国务院高度重视教育工作，始终把教育放在优先发展的战略位置。近年来，国家财政性教育经费支出占国内生产总值比例达到并持续保持在4%以上，投入机制逐步健全，支出结构不断优化，有力推动了教育事业全面发展，中西部和农村教育明显加强。但还存在教育经费多渠道筹集的体制不健全，一些地方经费使用“重硬件轻软件、重支出轻绩效”，监督管理有待进一步强化等问题。为全面加强教育经费投入使用管理，加快推进教育现代化，办好人民满意的教育，经国务院同意，现就进一步调整优化结构、提高教育经费使用效益提出如下意见。

一、总体要求

（一）指导思想。全面贯彻党的十九大和十九届二中、三中全会精神，以习近平新时代中国特色社会主义思想为指导，坚持以人民为中心，落实新发展理念，牢牢把握社会主义初级阶段的基本国情，坚定不移把教育放在优先位置，妥善处理转变预算安排方式与优先发展教育的关系，改革完善教育经费投入使用管理体制机制，以调整优化结构为主线，突出抓重点、补短板、强弱项，着力解决教育发展不平衡不充分问题，切实提高教育资源配置效率和使用效益，促进公平而有质量的教育发展。

（二）基本原则。优先保障，加大投入。调整优化财政支出结构，优先落实教育投入，保证国家财政性教育经费支出占国内生产总值比例一般不低于4%，确保一般公共预算教育支出逐年只增不减，确保按在校学生人数平均的一般公共预算教育支出逐年只增不减。在继续保持财政教育投入强度的同时，积极扩大社会投入。

尽力而为，量力而行。紧紧抓住人民群众最关心最直接最现实的问题，在幼有所育、学有所教、弱有所扶上不断取得新进展，努力让每个孩子都能享有公平而有质量的教育。不提脱离实际难以实现的目标，不作脱离财力难以兑现的承诺，不搞"寅吃卯粮"的工程，合理引导社会预期。

统筹兼顾，突出重点。围绕立德树人根本任务和提高教育质量战略主题，统筹近期发展任务和中长期发展目标，统筹城乡、区域以及各级各类教育发展，统筹条件改善和质量提升，优化教育资源配置。坚持"保基本、补短板、促公平、提质量"，经费使用进一步向困难地区和薄弱环节倾斜，把有限资金用在刀刃上。

深化改革，提高绩效。推进教育领域中央与地方财政事权和支出责任划分改革，巩固完善以政府投入为主、多渠道筹集教育经费的体制。充分发挥财政教育经费的政策引导作用，推动深化教育体制机制改革。全面实施预算绩效管理，健全激励和约束机制，鼓励地方结合实际先行先试，创新管理方式，加强经费监管。

二、完善教育经费投入机制

（三）持续保障财政投入。合理划分教育领域政府间财政事权和支出责任，进一步完善教育转移支付制度。各级人民政府要按照"两个只增不减"要求，更多通过政策设计、制度设计、标准设计带动投入，落实财政教育支出责任。建立健全国家教育标准体系，科学核定基本办学成本，全面建立生均拨款制度。到2020年，各地要制定区域内各级学校生均经费基本标准和生均财政拨款基本标准，并建立健全动态调整机制。

（四）鼓励扩大社会投入。支持社会力量兴办教育，逐步提高教育经费总投入中社会投入所占比重。各级人民政府要完善政府补贴、政府购买服务、基金奖励、捐资激励、土地划拨等政策制度，依法落实税费减免政策，引导社会力量加大教育投入。完善社会捐赠收入财政配比政策，按规定落实公益性捐赠税收优惠政策，发挥各级教育基金会作用，吸引社会捐赠。完善非义务教育培养成本分担机制，地方人民政府应按照规定的管理权限和属地化管理原则，综合考虑经济发展状况、培养成本和群众承受能力等因素，合理确定学费（保育教育费）、住宿费标准，建立与拨款、资助水平等相适应的收费标准动态调整机制。自费来华留学生学费标准由学校自主确定。

三、优化教育经费使用结构

（五）科学规划教育经费支出。各地要加强教育事业发展规划与中期财政规划的统筹衔接。中期财政规划要充分考虑教育经费需求。教育事业发展规划要合理确定阶段性目标和任务，及时调整超越发展阶段、违背教育规律、不可持续的政策。学校建设要合理布局，防止出现"空壳学校"。严格执行义务教育法，坚持实行九年义务教育制度，严禁随意扩大免费教育政策实施范围。

（六）重点保障义务教育均衡发展。始终坚持把义务教育作为教育投入的重中之重，切实落实政府责任。进一步提高全国特别是西部地区义务教育巩固率，加大教育扶贫力度，为彻底摆脱贫困奠定基础。巩固完善城乡统一、重在农村的义务教育经费保障机制，逐步实行全国统一的义务教育公用经费基准定额。落实对农村不足100人的小规模学校按100人拨付公用经费和对寄宿制学校按寄宿生年生均200元标准增加公用经费补助政策，单独核定并落实义务教育阶段特殊教育学校和随班就读残疾学生公用经费，确保经费落实到学校（教学点），确保学校正常运转。全面加强乡村小规模学校和乡镇寄宿制学校建设，提升乡村学校办学水平，振兴乡村教育。推动建立以城带乡、整体推进、城乡一体、均衡发展的义务教育发展机制，着力解决人民群众关心的控辍保学、"大班额"、随迁子女就学、家庭无法正常履行教育和监护责任的农村留守儿童入校寄宿等突出问题。

（七）不断提高教师队伍建设保障水平。各级人民政府要将教师队伍建设作为教育投入重点予以优先保障,鼓励吸引优秀人才从事教育事业,努力让教师成为全社会尊重的职业。财政教育经费要优先保障中小学教职工工资发放,推动落实城乡统一的中小学教职工编制标准。各地要严格规范教师编制管理,对符合条件的非在编教师要加快入编,并实行同工同酬。各地要完善中小学教师培训经费保障机制,不断提升教师专业素质能力。健全中小学教师工资长效联动机制,核定绩效工资总量时统筹考虑当地公务员工资收入水平,实现与当地公务员工资收入同步调整,确保中小学教师平均工资收入水平不低于或高于当地公务员平均工资收入水平,使教师能够安心在岗从教。各地要加强省级统筹,强化政府责任,调整优化支出结构,优先落实义务教育阶段教师工资收入政策。力争用3年时间解决义务教育阶段教师工资待遇问题,凡未达到要求的地区要限期整改达标,财力较强的省份要加快进度。严格按照现行政策规定落实乡村教师生活补助政策,及时足额发放艰苦边远地区津贴,加强教师周转房建设,提高乡村教师工作生活保障水平,引导优秀教师到农村任教。各地要根据幼儿园规模,创新方式方法,合理配备保教保育人员,按照岗位确定工资标准,逐步解决同工不同酬问题。支持职业院校"双师型"教师和特殊教育学校教师队伍建设。

(八)着力补齐教育发展短板。在重点保障义务教育的前提下,优化支出结构,积极支持扩大普惠性学前教育资源、普及高中阶段教育、发展现代职业教育。各地要加快制定公办幼儿园生均财政拨款标准、普惠性民办幼儿园财政补助政策,逐步提高学前教育财政支持水平,多渠道增加普惠性学前教育资源供给。建立健全普通高中生均财政拨款制度,加大对普通高中急需的教育教学条件的改善力度。各地要按照地方政府债务化解范围,对普通高中债务中属于存量地方政府债务的,可通过发行地方政府债券置换。逐步提高中职学校和高职院校生均财政拨款水平,完善政府、行业、企业及其他社会力量依法筹集经费的机制,鼓励企业举办职业教育,深化产教融合、校企合作。支持发展面向农村的职业教育,服务乡村振兴战略。

财政教育经费着力向深度贫困地区和建档立卡等家庭经济困难学生倾斜。聚焦"三区三州"等深度贫困地区,以义务教育为重点,实施教育脱贫攻坚行动。加大中央财政相关转移支付力度,加强省级统筹,存量资金优先保障、增量资金更多用于支持深度贫困地区发展教育和贫困家庭子女接受教育,推动实现建档立卡贫困人口教育基本公共服务全覆盖。健全学生资助制度,完善资助办法,提高精准水平,实现应助尽助。强化资助育人理念,构建资助育人质量提升体系。

(九)聚焦服务国家重大战略。完善高校预算拨款制度,统筹推进一流大学和一流学科建设,加强一流本科教育,推动实现高等教育内涵式发展,培养造就一大批适应国家经济社会发展需要的高层次、卓越拔尖人才。持续支持部分地方高校转型发展,落实中西部高等教育振兴计划,以部省合建高校为引领,支持中西部高等教育发展,加快培养服务区域和产业发展的高水平、应用型人才,更好服务区域协调发展战略。深化高校科研体制改革,完善科研稳定支持机制,健全人才引进政策和激励机制,建立科研服务"绿色通道",为科研活动顺利开展提供便利。改革高校所属企业体制,推动产学研深度融合,促进科技成果转化,更好服务创新驱动发展战略。统筹出国留学和来华留学经费资助政策,支持推进共建"一带一路"教育行动,优化教育对外开放布局。

(十)持续加大教育教学改革投入。各地要在改善必要办学条件的同时,加大课程改革、教学改革、教材建设等方面的投入力度,促进育人方式转型,着力提升教育教学质量。确保义务教育公用经费、教研活动、教学改革试验等方面投入,推动实现义务教育优质资源均衡。支持普通高中课程改革与高考综合改革协同推进,促进学生全面而有个性的发展。支持开展职业教育实训实习,推动德技并修、工学结合的育人机制建设。支持高校优化学科专业结构,加快急需紧缺专业建设,创新人才培养机制,推进创新创业教育。支持教育信息化平台和资源建设,推进信息技术与教育教学深度融合,实现优质资源共享。

四、科学管理使用教育经费

(十一)全面落实管理责任。按照深化"放管服"改革的要求,进一步简政放权,落实省级政府教育经费统筹权和各级各类学校经费使用自主权。地方各级人民政府要建立健全"谁使用、谁负责"的教育经费使用管理责任体系。教育部门和学校是教育经费的直接使用者、管理者，在教育经费使用管理中负有主体责任，要会同相关部门科学规划事业发展和经费使用，依法依规、合理有效使用教育经费。财政部门要按规定落实国家财政教育投入等政策，优先保障教育支出，加强预算管理和财政监督。发展改革部门要优先规划教育发展，依法加强成本监审。人力资源社会保障部门要优先保障学校教职工配备，落实完善教师待遇政策。

（十二）全面改进管理方式。以监审、监控、监督为着力点，建立全覆盖、全过程、全方位的教育经费监管体系。健全预算审核机制，加强预算安排事前绩效评估。逐步扩大项目支出预算评审范围。加强预算执行事中监控，硬化预算执行约束，从严控制预算调剂事项，健全经济活动内部控制体系，实施大额资金流动全过程监控，有效防控经济风险。加强预决算事后监督，各级人民政府、教育部门和学校要按照预算法要求，全面推进教育部门预决算公开。加强各级教育经费执行情况统计公告。教育经费使用管理情况纳入教育督导范围。加强教育内部审计监督，提高审计质量，强化审计结果运用，推动完善内部治理。推进经济责任审计党政同责同审，实现领导干部经济责任审计全覆盖。鼓励各地探索建立中小学校长任期经济责任审计制度。

（十三）全面提高使用绩效。各级教育部门和学校要牢固树立“花钱必问效、无效必问责”的理念，逐步将绩效管理范围覆盖所有财政教育资金，并深度融入预算编制、执行、监督全过程，完善细化可操作可检查的绩效管理措施办法，建立健全体现教育行业特点的绩效管理体系。强化预算绩效目标管理，紧密结合教育事业发展，优化绩效目标设置，完善绩效目标随同预算批复下达机制。开展绩效目标执行监控，及时纠正偏差。坚持财政教育资金用到哪里、绩效评价就跟踪到哪里，加强动态绩效评价，及时削减低效无效资金。强化绩效评价结果应用，加大绩效信息公开力度，将绩效目标执行情况和绩效评价结果作为完善政策、编制预算、优化结构、改进管理的重要依据，作为领导干部考核的重要内容。坚持厉行勤俭节约办教育，严禁形象工程、政绩工程，严禁超标准建设豪华学校，每一笔教育经费都要用到关键处。

（十四）全面增强管理能力。各级教育财务管理部门要进一步强化服务意识，提升服务能力和水平，全面增强依法理财、科学理财本领。落实完善资金分配、使用和预算管理、国有资产管理、科研经费管理等制度体系，提高精细化管理水平。充分利用现代信息技术，建立全国教育经费信息化管理平台，实现即时动态监管。完善教育财务管理干部队伍定期培训制度，实现全员轮训，增强专业化管理本领。加强学校财会、审计和资产管理人员配备，推动落实并探索创新高等学校总会计师委派制度，加强学生资助、经费监管、基金会等队伍建设。

五、加强组织实施

（十五）加强组织领导。各地要进一步巩固财政教育投入成果，健全工作机制，加强统筹协调，形成工作合力，认真落实完善教育经费投入机制、优化教育经费使用结构、科学管理使用教育经费等各项任务，切实提高教育经费使用效益。各地要制定具体实施方案，细化分解任务，明确时间节点，层层压实责任，确保工作成效。

（十六）加强督查问责。各地要加大对财政教育经费投入使用管理情况的督查力度。中央相关部门要对各地义务教育阶段教师工资待遇政策等落实情况开展专项督查，各地要定期向教育部、财政部、人力资源社会保障部等相关部门报送落实情况，国务院将适时开展督查。对督查中发现的问题，抓好整改问责。对违反财经纪律的行为，依纪依规严肃处理。有违法行为的，按照相关法律法规进行处罚，构成犯罪的，依法追究刑事责任。

国务院办公厅

2018年8月17日

教育部关于印发《高等学校人工智能创新行动计划》的通知

（教技〔2018〕3 号）

各省、自治区、直辖市教育厅（教委），新疆生产建设兵团教育局，有关部门（单位）教育司（局），部属各高等学校：

为落实《国务院关于印发新一代人工智能发展规划的通知》（国发〔2017〕35 号），引导高等学校瞄准世界科技前沿，不断提高人工智能领域科技创新、人才培养和国际合作交流等能力，为我国新一代人工智能发展提供战略支撑，特制定《高等学校人工智能创新行动计划》，现印发给你们，请结合实际认真贯彻执行。

教育部

2018 年 4 月 2 日

高等学校人工智能创新行动计划

人工智能的迅速发展将深刻改变人类社会生活、改变世界。为贯彻落实《国务院关于印发新一代人工智能发展规划的通知》（国发〔2017〕35 号）和 2017 年全国高校科技工作会议精神，引导高校瞄准世界科技前沿，强化基础研究，实现前瞻性基础研究和引领性原创成果的重大突破，进一步提升高校人工智能领域科技创新、人才培养和服务国家需求的能力，特制定本行动计划。

一、总体要求

（一）基本态势

随着互联网、大数据、云计算和物联网等技术不断发展，人工智能正引发可产生链式反应的科学突破、催生一批颠覆性技术，加速培育经济发展新动能、塑造新型产业体系，引领新一轮科技革命和产业变革。我国正处于全面建成小康社会的决胜阶段，人民对美好生活的需要和经济高质量发展的要求，为我国人工智能发展和应用带来广阔前景。

人工智能具有技术属性和社会属性高度融合的特点，是经济发展新引擎、社会发展加速器。大数据驱动的视觉分析、自然语言理解和语音识别等人工智能能力迅速提高，商业智能对话和推荐、自动驾驶、智能穿戴设备、语言翻译、自动导航、新经济预测等正快速进入实用阶段，人工智能技术正在渗透并重构生产、分配、交换、消费等经济活动环节，形成从宏观到微观各领域的智能化新需求、新产品、新技术、新业态，改变人类生活方式甚至社会结构，实现社会生产力的整体跃升。同时，加快人工智能在教育领域的创新应用，利用智能技术支撑人才培养模式的创新、教学方法的改革、教育治理能力的提升，构建智能化、网络化、个性化、终身化的教育体系，是推进教育均衡发展、促进教育公平、提高教育质量的重要手段，是实现教育现代化不可或缺的动力和支撑。

高校处于科技第一生产力、人才第一资源、创新第一动力的结合点，在人工智能基础理论和自然语言理解、计算机视觉、多媒体、机器人等关键技术研究及应用方面具有鲜明特色，在人才培养和学科发展等方面具有坚实基础。面对新一代人工智能发展的机遇，高校要进一步强化基础研究、学科发展和人才培养方面的优势，要进一步加强应用基础研究和共性关键技术突破，要不断推动人工智能与实体经济深度融合、为经济发展培育新动能，不断推动人工智能与人民需求深度融合、为改善民生提供新途径，不断推动人工智能与教育深度融合、为教育变革提供新方式，从而引领我国人工智能领域科技创新、人才培养和技术应用示范，带动我国人工智能总体实力的提升。

（二）指导思想

全面贯彻党的十九大精神，以习近平新时代中国特色社会主义思想为指导，贯彻创新、协调、绿色、开放、共享的新发展理念，围绕科教兴国、人才强国、创新驱动发展、军民融合等战略实施，加快构建高校新一代人工智能领域人才培养体系和科技创新体系，全面提升高校人工智能领域人才培养、科学研究、社会服务、文化传承创新、国际交流合作的能力，推动人工智能学科建设、人才培养、理论创新、技术突破和应用示范全方位发展，为我国构筑人工智能发展先发优势和建设教育强国、科技强国、智能社会提供战略支撑。

（三）基本原则

坚持创新引领。把创新引领摆在高校人工智能发展的核心位置，准确把握全球人工智能发展态势，进一步优化高校人工智能领域科技创新体系，把高校建成全球人工智能科技创新的重要策源地。

坚持科教融合。全面落实立德树人根本任务，牢牢抓住提高人才培养能力这个核心点，推动人才培养、学科建设、科学研究相互融合；发挥科研育人在高等教育内涵式发展和高质量人才培养中的重要作用，并通过创新型人才的培养不断提升国家自主创新水平，构筑持续创新发展的优势。

坚持服务需求。深化体制机制改革，强化高校与地方政府、企业、科研院所之间的合作，加快人工智能领域科技成果在重点行业与区域的转化应用，提升高校服务国家重大战略、服务区域创新发展、服务经济转型升级、服务保障民生的能力。

坚持军民融合。准确把握军民融合深度发展方向、发展规律和发展重点，发挥高校在基础研究、人才培养上的优势和学科综合的特点，主动融入国家军民融合体系，不断推进军民技术双向转移和转化应用。

（四）主要目标

到2020年，基本完成适应新一代人工智能发展的高校科技创新体系和学科体系的优化布局，高校在新一代人工智能基础理论和关键技术研究等方面取得新突破，人才培养和科学研究的优势进一步提升，并推动人工智能技术广泛应用。

到2025年，高校在新一代人工智能领域科技创新能力和人才培养质量显著提升，取得一批具有国际重要影响的原创成果，部分理论研究、创新技术与应用示范达到世界领先水平，有效支撑我国产业升级、经济转型和智能社会建设。

到2030年，高校成为建设世界主要人工智能创新中心的核心力量和引领新一代人工智能发展的人才高地，为我国跻身创新型国家前列提供科技支撑和人才保障。

二、重点任务

（一）优化高校人工智能领域科技创新体系

1. 加强新一代人工智能基础理论研究。聚焦人工智能重大科学前沿问题，促进人工智能、脑科学、认知科学和心理学等领域深度交叉融合，重点推进大数据智能、跨媒体感知计算、混合增强智能、群体智能、自主协同控制与优化决策、高级机器学习、类脑智能计算和量子智能计算等基础理论研究，为人工智能范式变革提供理论支撑，为新一代人工智能重大理论创新打下坚实基础。

2. 推动新一代人工智能核心关键技术创新。围绕新一代人工智能关键算法、硬件和系统等，加快机器学习、计算机视觉、知识计算、深度推理、群智计算、混合智能、无人系统、虚拟现实、自然语言理解、智能芯片等核心关键技术研究，在类脑智能、自主智能、混合智能和群体智能等领域取得重大突破，形成新一代人工智能技术体系；在核心算法和数据、硬件基础上，以提升跨媒体推理能力、群智智能分析能力、混合智能增强能力、自主运动体执行能力、人机交互能力为重点，构建算法和芯片协同、软件和硬件协同、终端和云端协同的人工智能标准化、开源化和成熟化的服务支撑能力。

3. 加快建设人工智能科技创新基地。围绕人工智能领域基础理论、核心关键共性技术和公共支撑平台等方面需求，加快建设教育部前沿科学中心、教育部重点实验室、教育部工程研究中心等创新基地；以交叉前沿突破和国家区域发展等重大需求为导向，促进高校、科研院所和企业等创新主体协同互动，建设协同创新中心；加快国家实验室、国家重点实验室、国家技术创新中心、国家工程研究中心、国家重大科技基础设施等各类国家级创新基地培育；鼓励高校建设新型科研组织机构，开展跨学科研究。

4. 加快建设一流人才队伍和高水平创新团队。支持高校承担国家重大科技任务，培养、造就一批具有国际声誉的战略科技人才、科技领军人才；支持高校组建一批人工智能、脑科学和认知科学等跨学科、综合交叉的创新团队和创新研究群体；支持高校依托国家"千人计划""万人计划"和"长江学者奖励计划"等大力培养引进优秀青年骨干人才；加强对从事基础性研究、公益性研究的拔尖人才和优秀创新团队的稳定支持。

5. 加强高水平科技智库建设。鼓励、支持高校牵头或参与建设人工智能领域战略研究基地，围绕人工智能发展对教育、经济、就业、法律、国家安全等重大、热点、前瞻性问题开展战略研究与政策研究，形成若干高水平新型科技智库。

6. 加大国际学术交流与合作力度。支持高校新建一批人工智能领域"111 引智基地"和国际合作联合实验室，培育国际大科学计划和大科学工程，加快引进国际知名学者参与学科建设和科学研究；支持举办高层次人工智能国际学术会议，推动我国学者担任相关国际学术组织重要职务，提升国际影响力；支持我国学者积极参与人工智能相关国际规则制定，适时提出"中国倡议"和"中国标准"。

专栏 1:前沿创新

1. 强化人工智能基础理论研究。在自主学习、直觉认知和综合推理等方面取得重要进展，突破逻辑推导、知识驱动和从经验中学习等人工智能方法的难点问题，建立解释性强、数据依赖灵活、泛化迁移能力强的人工智能理论新模型和方法，形成从数据到知识、从知识到决策的能力。

2. 加强人工智能核心关键技术研究。围绕知识计算、跨媒体分析推理、群体智能、混合增强智能、自主无人系统等核心技术攻关，推进人工智能专用芯片、软件和硬件之间的协同，形成终端和云端之间协同的人工智能服务能力。

3. 促进人工智能的技术体系构建。在类脑智能、自主智能、混合智能和群体智能等核心技术取得突破的基础上，重点提升跨媒体推理能力、群智智能分析能力、混合智能增强能力、自主运动体执行能力、人机交互能力，促进以算法为核心、以数据和硬件为基础的稳定成熟的人工智能技术体系的构建。

4. 加强人工智能协同创新和战略研究。在人工智能基础理论、多元空间安全、知识服务、互联网金融、减灾防灾、社会精细管理、健康保障与疾病防护、科学化脱贫等方面推进协同创新；建设若干高水平人工智能科技智库，支持开展重大科技战略与政策研究，为社会经济发展提供理论支撑和战略指导，回应社会热点关切。

（二）完善人工智能领域人才培养体系

7. 完善学科布局。加强人工智能与计算机、控制、量子、神经和认知科学以及数学、心理学、经济学、法学、社会学等相关学科的交叉融合。支持高校在计算机科学与技术学科设置人工智能学科方向，推进人工智能领域一级学科建设，完善人工智能基础理论、计算机视觉与模式识别、数据分析与机器学习、自然语言处理、知识工程、智能系统等相关方向建设。支持高校在“双一流”建设中，加大对人工智能领域相关学科的投入，促进相关交叉学科发展。

8. 加强专业建设。加快实施“卓越工程师教育培养计划”(2.0版)，推进一流专业、一流本科、一流人才建设。根据人工智能理论和技术具有普适性、迁移性和渗透性的特点，主动结合学生的学习兴趣和社会需求，积极开展“新工科”研究与实践，重视人工智能与计算机、控制、数学、统计学、物理学、生物学、心理学、社会学、法学等学科专业教育的交叉融合，探索“人工智能+X”的人才培养模式。鼓励对计算机专业类的智能科学与技术、数据科学与大数据技术等专业进行调整和整合，对照国家和区域产业需求布点人工智能相关专业。

9. 加强教材建设。加快人工智能领域科技成果和资源向教育教学转化，推动人工智能重要方向的教材和在线开放课程建设，特别是人工智能基础、机器学习、神经网络、模式识别、计算机视觉、知识工程、自然语言处理等主干课程的建设，推动编写一批具有国际一流水平的本科生、研究生教材和国家级精品在线开放课程；将人工智能纳入大学计算机基础教学内容。

10. 加强人才培养力度。完善人工智能领域多主体协同育人机制。深化产学合作协同育人，推广实施人工智能领域产学合作协同育人项目，以产业和技术发展的最新成果推动人才培养改革。支持建立人工智能领域“新工科”建设产学研联盟，建设一批集教育、培训及研究于一体的区域共享型人才培养实践平台；积极搭建人工智能领域教师挂职锻炼、产学研合作等工程能力训练平台。推动高校教师与行业人才双向交流机制。鼓励有条件的高校建立人工智能学院、人工智能研究院或人工智能交叉研究中心，推动科教结合、产教融合协同育人的模式创新，多渠道培养人工智能领域创新创业人才；引导高校通过增量支持和存量调整，稳步增加相关学科专业招生规模、合理确定层次结构，加大人工智能领域人才培养力度。

11. 开展普及教育。鼓励、支持高校相关教学、科研资源对外开放，建立面向青少年和社会公众的人工智能科普公共服务平台，积极参与科普工作；支持高校教师参与中小学人工智能普及教育及相关研究工作；在教师职前培养和在职培训中设置人工智能相关知识和技能课程，培养教师实施智能教育能力；在高校非学历继续教育培训中设置人工智能课程。

12. 支持创新创业。鼓励国家大学科技园、创新创业基地等开展人工智能领域创新创业项目；认定一批高等学校双创示范园，支持高校师生开展人工智能领域创新创业活动；在中国“互联网+”大学生创新创业大赛中设立人工智能方面的赛项，积极推动全国青少年科技创新大赛、挑战杯全国大学生课外学术科技作品竞赛等开展多层次、多类型的人工智能科技竞赛活动。

13. 加强国际交流与合作。在“丝绸之路”中国政府奖学金中支持人工智能领域来华留学人才培养，为沿线国家培养行业领军人才和优秀技能人才；鼓励和支持国内学生赴人工智能领域优势国家留学，加大对人工智能领域留学的支持力度，多方式、多渠道利用国际优质教育资源；依托“联合国教科文组织中国创业教育联盟”，加大和促进人工智能创新创业的国际交流与合作。

专栏2：人才培养

1. 加快人工智能领域学科建设。支持高校在计算机科学与技术学科设置人工智能学科方向，深入论证并确定人工智能学科内涵，完善人工智能的学科体系，推动人工智能领域一级学科建设。

2. 加强人工智能领域专业建设。推进“新工科”建设，形成“人工智能+X”复合专业培养新模式，到2020年建设100个“人工智能+X”复合特色专业；推动重要方向的教材和在线开放课程建设，到2020年编写50本具有国际一流水平的本科生和研究生教材、建设50门人工智能领域国家级精品在线开放课程；在职业院校大数据、信息管理相关专业中增加人工智能相关内容，培养人工智能应用领域技术技能人才。

3. 加强人工智能领域人才培养。加强人才培养与创新研究基地的融合,完善人工智能领域多主体协同育人机制,以多种形式培养多层次的人工智能领域人才;到2020年建立50家人工智能学院、研究院或交叉研究中心,并引导高校通过增量支持和存量调整,加大人工智能领域人才培养力度。

4. 构建人工智能多层次教育体系。在中小学阶段引入人工智能普及教育;不断优化完善专业学科建设,构建人工智能专业教育、职业教育和大学基础教育于一体的高校教育体系;鼓励、支持高校相关教学、科研资源对外开放,建立面向青少年和社会公众的人工智能科普公共服务平台,积极参与科普工作。

(三) 推动高校人工智能领域科技成果转化与示范应用

14. 加强重点领域应用。实施"人工智能+"行动。支持高校在智能教育、智能制造、智能医疗、智能城市、智能农业、智能金融、智能司法和国防安全等领域开展技术转移和成果转化,加强应用示范;加强与有关行业部门的合作,推动在教育、文化、医疗、交通、制造、农林、金融、安全、国防等领域形成新产业和新业态,培育一批人工智能技术引领型企业,推动形成若干产业集群和示范区。

15. 推进智能教育发展。推动学校教育教学变革,在数字校园的基础上向智能校园演进,构建技术赋能的教学环境,探索基于人工智能的新教学模式,重构教学流程,并运用人工智能开展教学过程监测、学情分析和学业水平诊断,建立基于大数据的多维度综合性智能评价,精准评估教与学的绩效,实现因材施教;推动学校治理方式变革,支持学校运用人工智能技术变革组织结构和管理体制,优化运行机制和服务模式,实现校园精细化管理、个性化服务,全面提升学校治理水平;推动终身在线学习,鼓励发展以学习者为中心的智能化学习平台,提供丰富的个性化学习资源,创新服务供给模式,实现终身教育定制化。

16. 推动军民深度融合。以信息技术为重点,以人工智能技术为突破口,面向信息高效获取、语义理解、信息运用,以无人系统、人机混合系统为典范,建设军民共享人工智能技术创新基地,加强军民融合人工智能创新研究项目培育,推动高校相关技术创新带动军事优势、信息优势,做到"升级为军,退级为民"。

17. 鼓励创新联盟建设和资源开放共享。鼓励、支持高校联合企业、行业组织、科研机构等建设人工智能产业技术创新联盟,积极参与新一代人工智能重大科技项目的实施和人工智能国家标准体系建设与国际标准制定;支持高校积极参加人工智能开源开放平台建设,鼓励高校对纳入平台的技术作为科研成果予以认定,并作为评价奖励的因素。

18. 支持地方和区域创新发展。根据区域经济及产业发展特点,围绕国家重大部署,加强与京津冀、雄安新区、长三角地区、粤港澳大湾区、东北地区、中西部地区等区域和地方合作,支持高校、政府和企业共建一批人工智能领域协同创新中心、联合实验室等创新平台和新型研发机构,推动高校人工智能领域的基础性、原创性研究与地方、企业需求对接,加速地方转型升级和区域创新发展。

专栏3:科技成果转化与示范应用

1. 推动智能教育应用示范。加快推进人工智能与教育的深度融合和创新发展,研究智能教育的发展策略、标准规范,探索人工智能技术与教育环境、教学模式、教学内容、教学方法、教育管理、教育评价、教育科研等的融合路径和方法,发展智能化教育云平台,鼓励人工智能支撑下的教育新业态,全面推动教育现代化。

2. 推动智能制造应用示范。实现智能制造中设计、生产、试验、保障、管理和服务于一体的产业链全生命周期智能化,研发新型智能传感器件、突破智能控制装备难点问题、部署智能制造云,建设泛在互联、数据驱动、知识引导、共享服务、自主智慧、万众创新的新生态系统,推进新一代人工智能与智能制造的深度融合。

3. 推动智能医疗应用示范。针对人口老龄化、传染病与慢病、出生缺陷和生育障碍等主要健康问题,突破多模态流式健康大数据的分析与理解的瓶颈问题，促进非完全信息条件下综合推理、人机交互辅助诊断、医学知识图谱构建等技术在医疗领域高效融合，推动医学领域大数据与其他领域大数据的深度融合，搭建具有识别、判别、筛选和推理等功能的智能医疗人工智能辅助系统和创新服务云平台，增强智能医疗供给能力。

4. 推动智能城市应用示范。基于泛在汇聚和智能感知技术，实现对城市生态要素和城市复杂系统的全面分析和深度理解；基于综合推理、知识计算引擎和群体智能等核心技术，构建城市典型智能应用系统，深度推进城市运行管理高水平决策，推动城市大数据平台建设，构建智能城市精细管理、知识发现和辅助决策的支撑体系，在环境、政务、便民等方面构建领域智能产品和系统。

5. 推动智能农业应用示范。推动互联网、大数据、云计算和物联网等信息技术与现代生物技术、营养与健康、智能装备技术等深度融合，突破农业动植物信息感知、解析与智能识别、农业跨媒体数据挖掘分析、农业人机混合智能交互与虚拟现实、农业群体智能决策和农业人机物协同等关键技术，协同构建绿色化、高效化、智能化、多功能化的未来农业模式和示范基地。

6. 推动智能金融应用示范。围绕“互联网＋”战略在金融领域实施过程中的新问题和新需求，基于全息金融大数据，构建符合我国国情的宏观金融决策模型，突破金融内在的发展规律与外在社会环境之间的约束；基于银行、证券、网络等金融数据，利用深度学习等核心智能技术进行挖掘与分析，构建基于行业与领域的复杂金融指令模型；基于金融大数据的空间属性、时间属性及个体行为属性，利用知识图谱、推理计算等模型，准确实现金融风险防控、信用评估、态势演化等。

7. 推动智能司法应用示范。促进法学类院校和相关学科与人工智能学科的结合，充分应用文本分析、语音识别、机器学习、知识图谱等技术，基于大规模历史司法数据、互联网数据和其他关联数据，研制智慧检务和智慧法务系统，研发自动案件线索发现、智能定罪和辅助量刑、自动文书生成、自动法律问答、智能庭审等智能辅助工具，在法院和检察院进行应用示范，进而提高办案人员工作效率，提高案件审理的规范性和准确性。

三、政策措施

（一）加强组织实施。教育部成立人工智能科技创新战略专家委员会，指导和协调计划的实施；各有关司局积极研究具体落实措施，确保各项任务落到实处；各省（区、市）教育主管部门和高等学校要以服务国家重大需求为目标，统筹各类资源、加大探索力度，用好增量、盘活存量，支持人工智能领域交叉学科建设、人才培养、科技创新和成果转化应用等工作。

（二）优化资源配置。面向国家重大战略需求适当增加研究生招生指标；探索建立以高校面向国家重大战略部署所承担的国家重大科技任务、国家级创新平台、省部级创新平台等为支撑，强化高层次人才培养的模式，全面提高研究生特别是博士生培养质量，为人工智能创新发展提供所需人才；在“长江学者奖励计划”等国家重大人才工程中，加大向人工智能领域优秀人才的倾斜力度。

（三）加大引导培育。通过教育部科学事业费，重点开展重大创新平台顶层设计与培育、重大科技项目生成、重大科技战略与政策研究等工作，加快建设一批教育部创新平台，加大国家重大科技项目和国家级科技创新平台的培育，引导高校开展跨学科探索性研究，实现前瞻性基础研究、引领性原创成果重大突破。

（四）加强宣传推广。教育部通过中国高校科技成果交易会等方式加强对高校重大科技成果的宣传和推广。省（区、市）教育主管部门、教育部直属高校要及时总结报送本校或本地高校人才培养、服务国家重大项目实施、理论技术新突破和重大科技成果转化等情况。

教育部　财政部关于印发《高等学校勤工助学管理办法（2018年修订）》的通知

（教财〔2018〕12号）

各省、自治区、直辖市教育厅（教委）、财政厅（局），有关部门（单位）教育司（局），教育部直属各高等学校：

为深入贯彻党的十九大精神，不断健全学生资助制度，根据当前学生勤工助学工作的新特点及新需要，教育部、财政部对现行的《高等学校学生勤工助学管理办法》进行了修订。现将修订后的《高等学校学生勤工助学管理办法（2018年修订）》印发给你们，请遵照执行。

教育部　财政部
2018年8月20日

高等学校学生勤工助学管理办法

（2018年修订）

第一章　总　则

第一条　为规范管理高等学校学生勤工助学工作，促进勤工助学活动健康、有序开展，保障学生合法权益，帮助学生顺利完成学业，发挥勤工助学育人功能，培养学生自立自强、创新创业精神，增强学生社会实践能力，特制定本办法。

第二条　本办法所称高等学校是指根据国家有关规定批准设立、实施高等学历教育的全日制普通本科高等学校、高等职业学校和高等专科学校（以下简称学校）。

第三条　本办法所称学生是指学校招收的本专科生和研究生。

第四条　本办法所称勤工助学活动是指学生在学校的组织下利用课余时间，通过劳动取得合法报酬，用于改善学习和生活条件的实践活动。

第五条　勤工助学是学校学生资助工作的重要组成部分，是提高学生综合素质和资助家庭经济困难学生的有效途径，是实现全程育人、全方位育人的有效平台。勤工助学活动应坚持"立足校园、服务社会"的宗旨，按照学有余力、自愿申请、信息公开、扶困优先、竞争上岗、遵纪守法的原则，由学校在不影响正常教学秩序和学生正常学习的前提下有组织地开展。

第六条　勤工助学活动由学校统一组织和管理。学生私自在校外兼职的行为，不在本办法规定之列。

第二章　组织机构

第七条　学校学生资助工作领导小组全面领导勤工助学工作，负责协调学校的宣传、学工、研工、财务、人事、教务、科研、后勤、团委等部门配合学生资助管理机构开展相关工作。

第八条　学校学生资助管理机构下设专门的勤工助学管理服务组织，具体负责勤工助学的日常管理工作。

第三章　学 校 职 责

第九条　组织开展勤工助学活动是学校学生工作的重要内容。学校要加强领导，认真组织，积极宣传，校内有关职能部门要充分发挥作用，在工作安排、人员配备、资金落实、办公场地、活动场所及助学岗位设置等方面给予大力支持，为学生勤工助学活动提供指导、服务和保障。

第十条　加强对勤工助学学生的思想教育，培养学生热爱劳动、自强不息、创新创业的奋斗精神，增强学生综合素质，充分发挥勤工助学育人功能。

第十一条　对在勤工助学活动中表现突出的学生予以表彰和奖励；对违反勤工助学相关规定的学生，可按照规定停止其勤工助学活动。对在勤工助学活动中违反校纪校规的，按照校纪校规进行教育和处理。

第十二条　根据本办法规定，结合学校实际情况，制定完善本校学生勤工助学活动的实施办法。

第十三条　根据国家有关规定，筹措经费，设立勤工助学专项资金，并制定资金使用与管理办法。

第四章　勤工助学管理服务组织职责

第十四条　确定校内勤工助学岗位。引导和组织学生积极参加勤工助学活动，指导和监督学生的勤工助学活动。

第十五条　开发校外勤工助学资源。积极收集校外勤工助学信息，开拓校外勤工助学渠道，并纳入学校管理。

第十六条　接受学生参加勤工助学活动的申请，安排学生勤工助学岗位，为学生和用人单位提供及时有效的服务。

第十七条　在学校学生资助管理机构的领导下，配合学校财务部门共同管理和使用学校勤工助学专项资金，制定校内勤工助学岗位的报酬标准，并负责酬金的发放和管理工作。

第十八条　组织学生开展必要的勤工助学岗前培训和安全教育，维护勤工助学学生的合法权益。

第十九条　安排勤工助学岗位，应优先考虑家庭经济困难的学生。对少数民族学生从事勤工助学活动，应尊重其风俗习惯。

第二十条　不得组织学生参加有毒、有害和危险的生产作业以及超过学生身体承受能力、有碍学生身心健康的劳动。

第五章　校内勤工助学岗位设置

第二十一条　设岗原则：

（一）学校应积极开发校内资源，保证学生参与勤工助学的需要。校内勤工助学岗位设置应以校内教学助理、科研助理、行政管理助理和学校公共服务等为主。按照每个家庭经济困难学生月平均上岗工时原则上不低于20小时为标准，测算出学期内全校每月需要的勤工助学总工时数（20工时×家庭经济困难学生总数），统筹安排、设置校内勤工助学岗位。

（二）勤工助学岗位既要满足学生需求，又要保证学生不因参加勤工助学而影响学习。学生参加勤工助学的时间原则上每周不超过8小时，每月不超过40小时。寒暑假勤工助学时间可根据学校的具体情况适当延长。

第二十二条　岗位类型：

勤工助学岗位分固定岗位和临时岗位。

（一）固定岗位是指持续1个学期以上的长期性岗位和寒暑假期间的连续性岗位；

（二）临时岗位是指不具有长期性，通过1次或几次勤工助学活动即完成任务的工作岗位。

第六章 校外勤工助学活动管理

第二十三条 学校勤工助学管理服务组织统筹管理校外勤工助学活动，并注重与学生学业的有机结合。

第二十四条 校外用人单位聘用学生勤工助学，须向学校勤工助学管理服务组织提出申请，提供法人资格证书副本和相关的证明文件。经审核同意，学校勤工助学管理服务组织推荐适合工作要求的学生参加勤工助学活动。

第七章 勤工助学酬金标准及支付

第二十五条 校内固定岗位按月计酬。以每月40个工时的酬金原则上不低于当地政府或有关部门制定的最低工资标准或居民最低生活保障标准为计酬基准，可适当上下浮动。

第二十六条 校内临时岗位按小时计酬。每小时酬金可参照学校当地政府或有关部门规定的最低小时工资标准合理确定，原则上不低于每小时12元人民币。

第二十七条 校外勤工助学酬金标准不应低于学校当地政府或有关部门规定的最低工资标准，由用人单位、学校与学生协商确定，并写入聘用协议。

第二十八条 学生参与校内非营利性单位的勤工助学活动，其劳动报酬由勤工助学管理服务组织从勤工助学专项资金中支付；学生参与校内营利性单位或有专门经费项目的勤工助学活动，其劳动报酬原则上由用人单位支付或从项目经费中开支；学生参加校外勤工助学，其劳动报酬由校外用人单位按协议支付。

第八章 法律责任

第二十九条 在校内开展勤工助学活动的，学生及用人单位须遵守国家及学校勤工助学相关管理规定。学生在校外开展勤工助学活动的，勤工助学管理服务组织必须经学校授权，代表学校与用人单位和学生三方签订具有法律效力的协议书。签订协议书并办理相关聘用手续后，学生方可开展勤工助学活动。协议书必须明确学校、用人单位和学生等各方的权利和义务，开展勤工助学活动的学生如发生意外伤害事故的处理办法以及争议解决方法。

第三十条 在勤工助学活动中，若出现协议纠纷或学生意外伤害事故，协议各方应按照签订的协议协商解决。如不能达成一致意见，按照有关法律法规规定的程序办理。

第九章 附 则

第三十一条 科研院所、党校、行政学院、会计学院等研究生培养单位根据本办法规定，制定完善本单位学生勤工助学活动的实施办法。

第三十二条 本办法由教育部、财政部负责解释。

第三十三条 本办法自公布之日起施行。教育部财政部印发的《高等学校勤工助学管理办法》（教财〔2007〕7号）同时废止。

教育部　国家语委关于印发《中华经典诵读工程实施方案》的通知

（教语用〔2018〕3号）

各省、自治区、直辖市教育厅（教委）、语委，各计划单列市教育局、语委，新疆生产建设兵团教育局、语委，部属各高等学校、部省合建各高等学校，部内各司局、各直属单位：

为深入贯彻习近平新时代中国特色社会主义思想和党的十九大精神，落实中共中央办公厅、国务院办公厅印发的《关于实施中华优秀传统文化传承发展工程的意见》，学习贯彻全国教育大会精神，切实发挥语言文字在传承发展中华优秀传统文化、革命文化和社会主义先进文化中的重要作用，教育部、国家语委研究制定了《中华经典诵读工程实施方案》。现印发给你们，请认真贯彻执行。

教育部　国家语委

2018年9月25日

中华经典诵读工程实施方案

为深入贯彻习近平新时代中国特色社会主义思想和党的十九大精神，落实中共中央办公厅、国务院办公厅印发的《关于实施中华优秀传统文化传承发展工程的意见》，教育部、国家语委组织实施中华经典诵读工程，通过开展经典诵读、书写、讲解等文化实践活动，挖掘与诠释中华经典文化的内涵及现实意义，引领社会大众特别是广大青少年更好地熟悉诗词歌赋、亲近中华经典，更加广泛深入地领悟中华思想理念、传承中华传统美德、弘扬中华人文精神，特制定本实施方案。

一、总体要求

（一）指导思想

“普通话诵经典，规范字书中华”。中华经典诵读工程以立德树人、培育社会主义核心价值观为根本任务，以传承弘扬中华优秀传统文化、革命文化和社会主义先进文化为核心内容，以诵读、书写、讲解等文化实践活动为主要形式，以课程教材、资源平台及人才培养建设为基础支撑，以广大青少年、教师、家长和中华文化爱好者为基本对象，充分发挥语言文字在传承发展中华优秀文化中的重要作用，为青少年的美好人生打下鲜明中国底色，为增强人民群众的文化自信提供有力支撑。

（二）工作目标

到2025年，使社会大众尤其是青少年更加热爱中华经典，语文素养和语言文字应用能力显著提升，具有较强的国家通用语言文字规范意识和自觉传承弘扬中华优秀传统文化的意识，普遍具有高度的语言自信和文化自信，国家通用语言文字普及率进一步提升；学校和社会中华经典诵读活动广泛开展，成为品牌，形成长效机制；贯穿大中小幼的中华经典教育体系基本完善，中华优秀传统文化蕴含的思想观念、人文精神、道德规范得到进一步挖掘诠释，展现出永久魅力和时代风采，中华经典教育、诵读、书写、讲解资源基本满足全社会的学习需求；中华优秀语言文化的国际传播更加广泛，全球中文学习者大幅增加，以语言通促进民心通，助力“一带一路”建设，用中国声音讲好中国故事、传播中国思想理念，为增强国家文化软实力打下坚实语言基础，建成与综合国力相适应的语言文化强国。

二、基本原则

（一）坚持中央统筹与地方落实并重。在国家统筹基础上，充分发挥地方教育（语言文字）部门的主管作用，切实把中华经典诵读工程的实施摆上重要日程，协调有关行业主管部门、语委成员单位，充分调动各方面积极性，共同实施好工程的各项任务。

（二）坚持基础建设与创新发展并重。加强中华传统经典诵读教材、读本等基础资源建设，便于社会大众尤其是青少年知道“读什么”“怎么读”，学习领悟中华经典精髓；重视对中华经典的研究阐发，推动中华优秀传统文化、革命文化和社会主义先进文化创造性转化、创新性发展，不断丰富中华经典的内容和传播方式。

（三）坚持学校教育与社会参与并重。坚持以学校为主阵地，以课堂教学和学校活动为主渠道，为学生从小打下中国文化底色；注重发挥学校的辐射带动作用，发挥朗诵、书法、诗词等文化名家以及播音员主持人等的示范引领作用，激发社会大众学习中华经典的热情和参与经典诵读活动的积极性。

（四）坚持活动引领与机制建设并重。开展诵读、书写、讲解、诗词创作等实践活动，在全社会营造“亲近经典、承续传统”的良好氛围；通过课程教材建设、基地平台支撑等长效机制，保证中华经典诵读教育实践活动长期开展，使之成为每一个中国人不可或缺的生活方式。

（五）坚持传承普及与传播交流并重。要使社会大众特别是青少年更好地熟悉诗词歌赋，传承中华人文精神、普及中华传统美德，又要加强与海外的交流合作，通过人文交流机制、语言年、孔子学院、大型国际会议等平台，宣传中国思想理念，为世界和平与人类发展贡献中国智慧。

三、重点任务

（一）实践活动引领

1. 举办全国性大型活动。举办中华经典诵写讲大赛，通过赛事和诵读、书写、演讲、写作、诗词歌赋创作等展示活动营造氛围，激发社会大众尤其是学校师生参与诵读活动的积极性与热情。结合“全民阅读”以及“少年传承中华传统美德”系列教育活动、全国高校“礼敬中华优秀传统文化”系列活动等，广泛开展中华经典诵读。继续支持举办“中国诗词大会”等品牌节目，并扶持开发相关原创语言文化类品牌节目。

2. 建设校园诵读品牌。引导支持各级各类学校举办或定期开展推广普通话宣传周、阅读节、汉字文化节、诗歌节、读书会等形式多样的语言文化活动，建设“中华诵”“经典伴我成长”“最美诵读”等一批校园诵读品牌，并形成长效机制。以经典诵读、书写、研读、诗词创作、汉字艺术交流等为主题，与综合实践活动相结合，举办中华经典诵写讲夏令营活动。

3. 组织“送经典下基层”活动。鼓励和组织诵读、书法、诗词等名家进校园活动，推动经典诵读文化实践活动入社区、下基层、进部队。实施经典诵读教育志愿者计划。组织高校、媒体、文化社团等与周边社区和边远、民族地区县乡“结对子”，将优质师资、展览、文化作品、经典学习资源等送到基层。

4. 开展中国节庆日诵读活动。以中国传统节日和新中国重大节庆日、纪念日等为契机，指导、推动、组织举办中华经典诵读活动，创新活动形式，突出思想内涵，强化教育功能，丰实文化厚度，进一步增强中国节庆日的影响力和吸引力。

（二）平台基地支撑

5. 打造多媒体传播平台。充分发挥现代信息技术优势，创新“互联网＋语言文化”，开拓经典诵读新媒体传播渠道，活化经典、活态传播。打造集中华经典研究、展示、学习、培训、评价、交流等多功能于一体的多媒体传播平台。支持各级电台、电视台、主流平面媒体开设中华经典诵读专题节目、栏目，鼓励开发朗诵配音、诗词创作、成语游戏、汉字学习等公众号、客户端、小程序等多媒体资源，寓学于乐、寓读于乐。

6. 建设中华经典诵写讲基地。在全社会遴选建设中华经典诵写讲基地，依托基地开展丰富多彩的诵读、书写、讲解、演讲、吟诵、创作、展示等活动，加强中华经典的研究阐释、教育传承及创新传播，集中展示、宣传、传播中华优秀语言文化。鼓励支持学校和社会各界建立完善各种经典诵写讲社团和组织，充分利用好地方图书馆、书店、自媒体等学习场所和工具，弘扬中华优秀语言文化，营造全社会诵读经典的文化氛围。

（三）基础资源保障

7. 加强诵写讲师资队伍建设。实施中小学和幼儿园教师经典诵写讲教育培训计划，丰富培训形式，并着力向农村、边远和民族地区倾斜。各级教育（语言文字）部门应根据需要组织中小学及幼儿园在岗教师参加经典诵写讲教育专项培训；中小学语文、历史、道德与法治（或思想政治）、综合实践活动等课程教师应参加脱产或在线培训。实施名师英才成长计划，培养造就一批学生和社会喜爱的语言文化代表人物。

8. 构建经典诵读课程和教材体系。在中小学语文等学科中丰富、充实有关中华经典诵读内容，支持各地开发中华经典地方课程、校本课程，开展诵写讲特色项目研究、实践。指导编写不同学段的中华经典分级诵读本，建设“中小学语文示范诵读库”。支持高校面向全体学生开设大学语文、中华优秀传统文化等必修和选修课程，编写中华经典大学教材。举办中华经典诵读优秀读本展示活动。

9. 建设中华经典优质学习资源。发挥知名专家学者的影响力，建设“中华经典资源库”并加强宣传推广。编写中华经典读本盲文版和手语版，帮助残障人士学习中华经典。建设少数民族语言文字和汉语方言经典资源，科学保护传承各民族语言文化。研究制定基于普通话语音系统的《中华通韵》，编撰《中华韵典》。做好甲骨文、汉字溯源及简化字来源整理研究，支持编写语言文化大众读本，普及汉字知识，传承汉字文化。推进中华经典音乐化、视听化作品开发创作，支持开展吟诵研究和研讨交流。

（四）合作交流传播

10. 加强港澳台地区语言文化交流合作。深化内地与港澳、大陆与台湾地区语言文化交流合作，组织内地高校师生赴港澳台地区开展“中华经典诵读展演交流”，港澳台地区学生到内地（大陆）开展语言文化交流活动。支持港澳台地区学生参加中华经典诵写讲大赛、中国诗词大会等全国性活动。支持香港、澳门开展中小学教师普通话和中华经典诵写讲研修活动。

11. 加强中华优秀语言文化海外传播。支持开展海外中文教师中华经典诵写讲研修活动，选译中华思想文化术语，编写中国经典诗词名家选释与翻译丛书、中华经典诗词中外语言对照学习读本等海外传播精品内容。用好联合国中文日、语言年、世界读书日、双边教育文化交流、中外人文交流机制、孔子学院等平台，开展中华经典诵写讲巡演、巡展等活动。

四、组织实施

（一）加强组织领导。地方教育（语言文字）部门要将中华经典诵读工程作为传承发展中华优秀传统文化、提升文化自信的重要工作和贯彻落实全国教育大会的重要举措，加强统筹规划，结合本地区实际情况制定具体措施，确保工程各项活动广泛开展。

（二）发挥专家力量。建立由资深学者、文化名家、诵读名人、书法名家等各界人士构成的核心专家团队，在工程实施过程中积极参与项目策划落实、促进活动传播推广。

（三）整合社会资源。充分调动社会各方面力量，发挥机关的引领作用、学校的基础作用、媒体的示范作用、社区的普及作用，广泛动员和吸引企业等社会组织积极参与，形成合力，多方联动，共同促进。

（四）保障必要经费。中华经典诵读工程作为中华优秀传统文化传承发展工程的重点项目、国家级工程，要加大中央财政经费支持力度，各地政府和相关部门应保障本地经典诵读工程实施的必要经费，同时积极引导和鼓励社会各方力量参与工程建设实施，献智献力，共同推动各项任务落到实处。

教育部关于全面落实研究生导师立德树人职责的意见

（教研〔2018〕1号）

各省、自治区、直辖市教育厅（教委），新疆生产建设兵团教育局，有关部门（单位）教育司（局），中央军委训练管理部职业教育局，部属各高等学校：

研究生教育作为国民教育体系的顶端，是培养高层次专门人才的主要途径，是国家人才竞争的重要支柱，是建设创新型国家的核心要素。研究生导师是我国研究生培养的关键力量，肩负着培养国家高层次创新人才的使命与重任。为贯彻全国高校思想政治工作会议精神，努力造就一支有理想信念、道德情操、扎实学识、仁爱之心的研究生导师队伍，全面落实研究生导师立德树人职责，制定本意见。

一、指导思想和总体要求

1. 指导思想。高举中国特色社会主义伟大旗帜，以马克思列宁主义、毛泽东思想、邓小平理论、“三个代表”重要思想、科学发展观、习近平新时代中国特色社会主义思想为指导，增强中国特色社会主义道路自信、理论自信、制度自信、文化自信。全面贯彻党的教育方针，把立德树人作为研究生导师的首要职责，为实现“两个一百年”奋斗目标、实现中华民族伟大复兴的中国梦，培养德才兼备、全面发展的高层次专门人才。

2. 总体要求。落实导师是研究生培养第一责任人的要求，坚持社会主义办学方向，坚持教书和育人相统一，坚持言传和身教相统一，坚持潜心问道和关注社会相统一，坚持学术自由和学术规范相统一，以德立身、以德立学、以德施教。遵循研究生教育规律，创新研究生指导方式，潜心研究生培养，全过程育人、全方位育人，做研究生成长成才的指导者和引路人。

二、强化研究生导师基本素质要求

3. 政治素质过硬。坚持正确的政治方向，拥护中国共产党的领导，不断提高思想政治觉悟；贯彻党的教育方针，严格执行国家教育政策，坚持教育为人民服务，为中国共产党治国理政服务，为巩固和发展中国特色社会主义制度服务，为改革开放和社会主义现代化建设服务；自觉维护祖国统一、民族团结，具有高度的政治责任感，将思想教育与专业教育有机统一，成为社会主义核心价值观的坚定信仰者、积极传播者、模范实践者。

4. 师德师风高尚。模范遵守教师职业道德规范，为人师表，爱岗敬业，以高尚的道德情操和人格魅力感染、引导学生，成为先进思想文化的传承者和社会进步的积极推动者；谨遵学术规范，恪守学术道德，自觉维护公平正义和风清气正的学术环境；科学选才，规范招生，正确行使导师权力，确保招生录取公平公正；有责任心和使命感，尽职尽责，确保足够的时间和精力及时给予研究生启发和指导；有仁爱之心，以德育人，以文化人。

5. 业务素质精湛。具有深厚的学术造诣和执着的学术追求，关注社会需求，推动知识文化传承发展；熟悉国家招生政策，胜任考试招生工作。秉承先进教育理念，重视课程前沿引领，创新教学模式，丰富教学手段；不断提升指导能力，着力培养研究生创新能力，实现理论教学与实践指导之间的平衡，助力研究生成长成才。

三、明确研究生导师立德树人职责

6. 提升研究生思想政治素质。引导研究生正确认识世界和中国发展大势，正确认识中国特色和国际比较，正确认识时代责任和历史使命，正确认识远大抱负和脚踏实地；树立正确的世界观、人生观、价值观，坚定为共产主义远大理想和中国特色社会主义共同理想而奋斗的信念，成为德智体美全面发展的高层次专门人才。

7. 培养研究生学术创新能力。按照因材施教和个性化培养理念，积极参与制定执行研究生培养计划，统筹安排实践与科研活动，强化学术指导；定期与研究生沟通交流，指导研究生确定研究方向，深入开展研究；营造和谐的学术环境，培养研究生的创新意识和创新能力，激发研究生创新潜力；引导研究生跟踪学科前沿，直面学术问题，开拓学术视野，在学术研究上开展创新性工作。

8. 培养研究生实践创新能力。鼓励研究生积极参加国内外学术和专业实践活动，指导研究生发表各类研究成果，培养研究生提出问题、分析问题和解决问题的能力，强化理论与实践相结合；支持和指导研究生将科研成果转化应用，推动产学研用紧密结合，提升创新创业能力。

9. 增强研究生社会责任感。鼓励研究生将个人的发展进步与国家和民族的发展需要相结合，为国家富强和民族复兴贡献智慧和力量；支持和鼓励研究生参与各种社会实践和志愿服务活动，在服务人民与奉献社会的过程中实现自己的人生价值；培养研究生的国际视野和家国情怀，积极致力于构建人类命运共同体，努力成为世界文明进步的积极推动者。

10. 指导研究生恪守学术道德规范。培养研究生严谨认真的治学态度和求真务实的科学精神，自觉遵守科研诚信与学术道德，自觉维护学术事业的神圣性、纯洁性与严肃性，杜绝学术不端行为；在研究生培养的各个环节，强化学术规范训练，加强职业伦理教育，提升学术道德涵养；培养研究生尊重他人劳动成果，提高知识产权保护意识。

11. 优化研究生培养条件。根据不同学科、类别的研究生培养要求，积极为研究生的学习和成长创造条件，为研究生开展科学研究提供有利条件；鼓励研究生参与各种社会实践和学术交流；积极创设良好的学术交流平台，增加研究生参与社会实践和学术交流的机会；鼓励研究生积极参与课题研究，并根据实际情况，为研究生提供相应的经费支持。

12. 注重对研究生人文关怀。要加强人文关怀和心理疏导，加强校规校纪教育，把解决思想问题同解决实际问题结合起来，了解学生成长环境和过程，在关心帮助研究生的过程中做好教育和引导工作。加强与研究生的交流与沟通，建立良好的师生互动机制，关注研究生的学业压力，营造良好的学习氛围，提供相应的支持和鼓励，保护研究生合法权益；关注研究生的就业压力，引导研究生做好职业生涯规划，关心研究生生活和身心健康，不断提升研究生敢于面对困难挫折的良好心理素质。

四、健全研究生导师评价激励机制

13. 完善评价考核机制。坚持立德树人，把教书育人作为研究生导师评价的核心内容，突出教育教学业绩评价，将人才培养中心任务落到实处。教育行政部门要把立德树人纳入教学评估和学科评估指标体系，加强对研究生导师立德树人职责落实情况的评价；研究生培养单位要结合自身办学实际和学科特色，制订研究生导师立德树人职责考核办法，以年度考核为依托，坚持学术委员会评价、教学督导评价、研究生评价和导师自我评价相结合，建立科学、公平、公正、公开的考核体系。

14. 明确表彰奖励机制。研究生培养单位要将研究生导师立德树人评价考核结果，作为人才引进、职称评定、职务晋升、绩效分配、评优评先的重要依据，充分发挥考核评价的鉴定、引导、激励和教育功能。强化示范引领，对于立德树人成绩突出的研究生导师，研究生培养单位要给予表彰与奖励，推广复制优秀导师、优秀团队的成功经验。

15. 落实督导检查机制。教育行政部门和研究生培养单位要把研究生导师立德树人职责落实情况纳入教学督导范畴，加强督导检查。对于未能履行立德树人职责的研究生导师，研究生培养单位视情况采取约谈、限招、停招、取消导师资格等处理措施；对有违反师德行为的，实行一票否决，并依法依规给予相应处理。

五、强化组织保障

16. 各级教育主管部门加强组织领导。尊重高校办学自主权，优化管理，强化服务，加强宏观指导；统筹协调各方资源，切实保障各项投入，为研究生导师队伍建设积极创造条件；强化督导检查，确保政策落实；突出制度建设，形成落实导师立德树人职责的长效机制。

17. 研究生培养单位全面贯彻落实。制定和完善相关规章制度，强化落实，确保实效；安排专项经费用于导师队伍建设，定期组织交流、研讨，提升导师学术研究水平和研究生指导能力；尊重和保障导师自主性，维护和规范导师在招生、培养、资助、学术评价等环节中的权利；保障导师待遇，加强导师培训，支持导师参加学术交流活动和行业企业实践，逐步实现学术休假制度；改善导师治学环境，提供必要的工作场所、实验设施等条件；积极听取导师意见，营造良好校园文化环境，提升导师工作满意度。

18. 倡导全社会共同关心协同参与。积极营造全社会尊师重教的良好氛围，动员各界力量关心导师队伍建设；大力宣传导师立德树人先进典型，加强榜样示范教育；倡导全社会共同关心、协同参与，促进导师立德树人工作机制的常态化科学化。

各省级教育主管部门和研究生培养单位，要根据本意见制定相关的实施细则。

教育部

2018年1月17日

教育部关于印发《新时代高校教师职业行为十项准则》《新时代中小学教师职业行为十项准则》《新时代幼儿园教师职业行为十项准则》的通知

（教师〔2018〕16号）

各省、自治区、直辖市教育厅（教委），新疆生产建设兵团教育局，有关部门（单位）教育司（局），部属各高等学校、部省合建各高等学校：

为深入贯彻习近平新时代中国特色社会主义思想和党的十九大精神，深入贯彻落实全国教育大会精神，扎实推进《中共中央　国务院关于全面深化新时代教师队伍建设改革的意见》的实施，进一步加强师德师风建设，我部研究制定了《新时代高校教师职业行为十项准则》《新时代中小学教师职业行为十项准则》《新时代幼儿园教师职业行为十项准则》（以下统称准则）。现印发给你们，请结合实际，认真贯彻执行。

一、准则是教师职业行为的基本规范

师德师风是评价教师队伍素质的第一标准。长期以来，广大教师牢记使命、不忘初心，爱岗敬业、教书育人，改革创新、服务社会，作出了重大贡献，党和国家高度肯定，学生、家长和社会普遍尊重。但是，也有个别教师放松自我要求，不能认真履职尽责，甚至出现严重违反师德行为，损害教师队伍整体形象。制定教师职业行为准则，明确新时代教师职业规范，针对主要问题、突出问题划定基本底线，是对广大教师的警示提醒和严管厚爱，是深化师德师风建设，造就政治素质过硬、业务能力精湛、育人水平高超的高素质教师队伍的关键之举。

二、立即部署扎实开展准则的学习贯彻

各地各校要立即行动，结合落实师德师风建设长效机制，开展准则的学习贯彻。要结合本地区、本学校实际进行细化，制定具体化的教师职业行为负面清单及失范行为处理办法，提高针对性、操作性。要做好宣传解读，坚持全覆盖、无死角，采取多种形式帮助广大教师全面理解和准确把握，做到人人应知应做、必知必做，真正把教书育人和自我修养结合起来，时刻自重、自省、自警、自励，自觉做以德立身、以德立学、以德施教、以德育德的楷模，维护教师职业形象，提振师道尊严。

三、把准则要求落实到教师管理具体工作中

要把好教师入口关，在教师招聘、引进时组织开展准则的宣讲，确保每位新入职教师知准则、守底线。要将准则要求体现在教师聘用、聘任合同中，明确有关责任。要强化考核，在教师年度考核、职称评聘、推优评先、表彰奖励等工作中必须进行师德考核，实行师德失范“一票否决”。改进师德考核方式方法，避免形式化、随意化。完善师德考核指标体系，提高科学性、实效性。

四、以有力措施坚决查处师德违规行为

各地各校要按照准则及相应的处理指导意见、处理办法要求，严格举报受理和违规查处。对于发生准则中禁止行为的，要态度坚决，一查到底，依法依规严肃惩处，绝不姑息。对于有虐待、猥亵、性骚扰等严重侵害学生行为的，一经查实，要撤销其所获荣誉、称号，追回相关奖金，依法依规撤销教师资格、解除教师职务、清除出教师队伍，同时还要录入全国教师管理信息系统，任何学校不得再聘任其从事教学、科研及管理等工作。涉嫌违法犯罪的要及时移送司法机关依法处理。要严格落实学校主体责任，建立师德建设责任追究机制，对师德违规行为监管不力、拒不处分、拖延处分或推诿隐瞒等失职失责问题，造成不良影响或严重后果的，要按照干部管理权限严肃追究责任。

各地贯彻落实准则的情况，请及时报告教育部。教育部将适时对落实情况进行督查。

教育部
2018 年 11 月 8 日

新时代高校教师职业行为十项准则

教师是人类灵魂的工程师，是人类文明的传承者。长期以来，广大教师贯彻党的教育方针，教书育人，呕心沥血，默默奉献，为国家发展和民族振兴作出了重大贡献。新时代对广大教师落实立德树人根本任务提出新的更高要求，为进一步增强教师的责任感、使命感、荣誉感，规范职业行为，明确师德底线，引导广大教师努力成为有理想信念、有道德情操、有扎实学识、有仁爱之心的好老师，着力培养德智体美劳全面发展的社会主义建设者和接班人，特制定以下准则。

一、坚定政治方向。坚持以习近平新时代中国特色社会主义思想为指导，拥护中国共产党的领导，贯彻党的教育方针；不得在教育教学活动中及其他场合有损害党中央权威、违背党的路线方针政策的言行。

二、自觉爱国守法。忠于祖国，忠于人民，恪守宪法原则，遵守法律法规，依法履行教师职责；不得损害国家利益、社会公共利益，或违背社会公序良俗。

三、传播优秀文化。带头践行社会主义核心价值观，弘扬真善美，传递正能量；不得通过课堂、论坛、讲座、信息网络及其他渠道发表、转发错误观点，或编造散布虚假信息、不良信息。

四、潜心教书育人。落实立德树人根本任务，遵循教育规律和学生成长规律，因材施教，教学相长；不得违反教学纪律，敷衍教学，或擅自从事影响教育教学本职工作的兼职兼薪行为。

五、关心爱护学生。严慈相济，诲人不倦，真心关爱学生，严格要求学生，做学生良师益友；不得要求学生从事与教学、科研、社会服务无关的事宜。

六、坚持言行雅正。为人师表，以身作则，举止文明，作风正派，自重自爱；不得与学生发生任何不正当关系，严禁任何形式的猥亵、性骚扰行为。

七、遵守学术规范。严谨治学，力戒浮躁，潜心问道，勇于探索，坚守学术良知，反对学术不端；不得抄袭剽窃、篡改侵吞他人学术成果，或滥用学术资源和学术影响。

八、秉持公平诚信。坚持原则，处事公道，光明磊落，为人正直；不得在招生、考试、推优、保研、就业及绩效考核、岗位聘用、职称评聘、评优评奖等工作中徇私舞弊、弄虚作假。

九、坚守廉洁自律。严于律己，清廉从教；不得索要、收受学生及家长财物，不得参加由学生及家长付费的宴请、旅游、娱乐休闲等活动，或利用家长资源谋取私利。

十、积极奉献社会。履行社会责任，贡献聪明才智，树立正确义利观；不得假公济私，擅自利用学校名义或校名、校徽、专利、场所等资源谋取个人利益。

新时代中小学教师职业行为十项准则

教师是人类灵魂的工程师，是人类文明的传承者。长期以来，广大教师贯彻党的教育方针，教书育人，呕心沥血，默默奉献，为国家发展和民族振兴作出了重大贡献。新时代对广大教师落实立德树人根本任务提出新的更高要求，为进一步增强教师的责任感、使命感、荣誉感，规范职业行为，明确师德底线，引导广大教师努力成为有理想信念、有道德情操、有扎实学识、有仁爱之心的好老师，着力培养德智体美劳全面发展的社会主义建设者和接班人，特制定以下准则。

一、坚定政治方向。坚持以习近平新时代中国特色社会主义思想为指导，拥护中国共产党的领导，贯彻党的教育方针；不得在教育教学活动中及其他场合有损害党中央权威、违背党的路线方针政策的言行。

二、自觉爱国守法。忠于祖国，忠于人民，恪守宪法原则，遵守法律法规，依法履行教师职责；不得损害国家利益、社会公共利益，或违背社会公序良俗。

三、传播优秀文化。带头践行社会主义核心价值观，弘扬真善美，传递正能量；不得通过课堂、论坛、讲座、信息网络及其他渠道发表、转发错误观点，或编造散布虚假信息、不良信息。

四、潜心教书育人。落实立德树人根本任务，遵循教育规律和学生成长规律，因材施教，教学相长；不得违反教学纪律，敷衍教学，或擅自从事影响教育教学本职工作的兼职兼薪行为。

五、关心爱护学生。严慈相济，诲人不倦，真心关爱学生，严格要求学生，做学生良师益友；不得歧视、侮辱学生，严禁虐待、伤害学生。

六、加强安全防范。增强安全意识，加强安全教育，保护学生安全，防范事故风险；不得在教育教学活动中遇突发事件、面临危险时，不顾学生安危，擅离职守，自行逃离。

七、坚持言行雅正。为人师表，以身作则，举止文明，作风正派，自重自爱；不得与学生发生任何不正当关系，严禁任何形式的猥亵、性骚扰行为。

八、秉持公平诚信。坚持原则，处事公道，光明磊落，为人正直；不得在招生、考试、推优、保送及绩效考核、岗位聘用、职称评聘、评优评奖等工作中徇私舞弊、弄虚作假。

九、坚守廉洁自律。严于律己，清廉从教；不得索要、收受学生及家长财物或参加由学生及家长付费的宴请、旅游、娱乐休闲等活动,不得向学生推销图书报刊、教辅材料、社会保险或利用家长资源谋取私利。

十、规范从教行为。勤勉敬业,乐于奉献,自觉抵制不良风气;不得组织、参与有偿补课,或为校外培训机构和他人介绍生源、提供相关信息。

新时代幼儿园教师职业行为十项准则

教师是人类灵魂的工程师,是人类文明的传承者。长期以来,广大教师贯彻党的教育方针,教书育人,呕心沥血,默默奉献,为国家发展和民族振兴作出了重大贡献。新时代对广大教师落实立德树人根本任务提出新的更高要求,为进一步增强教师的责任感、使命感、荣誉感,规范职业行为,明确师德底线,引导广大教师努力成为有理想信念、有道德情操、有扎实学识、有仁爱之心的好老师,着力培养德智体美劳全面发展的社会主义建设者和接班人,特制定以下准则。

一、坚定政治方向。坚持以习近平新时代中国特色社会主义思想为指导,拥护中国共产党的领导,贯彻党的教育方针;不得在保教活动中及其他场合有损害党中央权威和违背党的路线方针政策的言行。

二、自觉爱国守法。忠于祖国,忠于人民,恪守宪法原则,遵守法律法规,依法履行教师职责;不得损害国家利益、社会公共利益,或违背社会公序良俗。

三、传播优秀文化。带头践行社会主义核心价值观,弘扬真善美,传递正能量;不得通过保教活动、论坛、讲座、信息网络及其他渠道发表、转发错误观点,或编造散布虚假信息、不良信息。

四、潜心培幼育人。落实立德树人根本任务,爱岗敬业,细致耐心;不得在工作期间玩忽职守、消极怠工,或空岗、未经批准找人替班,不得利用职务之便兼职兼薪。

五、加强安全防范。增强安全意识,加强安全教育,保护幼儿安全,防范事故风险;不得在保教活动中遇突发事件、面临危险时,不顾幼儿安危,擅离职守,自行逃离。

六、关心爱护幼儿。呵护幼儿健康,保障快乐成长;不得体罚和变相体罚幼儿,不得歧视、侮辱幼儿,严禁猥亵、虐待、伤害幼儿。

七、遵循幼教规律。循序渐进,寓教于乐;不得采用学校教育方式提前教授小学内容,不得组织有碍幼儿身心健康的活动。

八、秉持公平诚信。坚持原则,处事公道,光明磊落,为人正直;不得在入园招生、绩效考核、岗位聘用、职称评聘、评优评奖等工作中徇私舞弊、弄虚作假。

九、坚守廉洁自律。严于律己,清廉从教;不得索要、收受幼儿家长财物或参加由家长付费的宴请、旅游、娱乐休闲等活动,不得推销幼儿读物、社会保险或利用家长资源谋取私利。

十、规范保教行为。尊重幼儿权益,抵制不良风气;不得组织幼儿参加以营利为目的的表演、竞赛等活动,或泄露幼儿与家长的信息。

教育部关于印发《中小学教师违反职业道德行为处理办法（2018年修订）》的通知

（教师〔2018〕18号）

各省、自治区、直辖市教育厅（教委），新疆生产建设兵团教育局：

为深入贯彻习近平新时代中国特色社会主义思想和党的十九大精神，深入贯彻落实全国教育大会精神，扎实推进《中共中央 国务院关于全面深化新时代教师队伍建设改革的意见》的实施，进一步加强师德师风建设，我部对2014年印发的《中小学教师违反职业道德行为处理办法》进行了修订，现印发给你们，请遵照执行。

教育部

2018年11月8日

中小学教师违反职业道德行为处理办法

（2018年修订）

第一条　为规范教师职业行为，保障教师、学生的合法权益，根据《中华人民共和国教育法》《中华人民共和国未成年人保护法》《中华人民共和国教师法》《教师资格条例》和《新时代中小学教师职业行为十项准则》等法律法规和制度规范，制定本办法。

第二条　本办法所称中小学教师是指普通中小学、中等职业学校（含技工学校）、特殊教育机构、少年宫以及地方教研室、电化教育等机构的教师。

前款所称中小学教师包括民办学校教师。

第三条　本办法所称处理包括处分和其他处理。处分包括警告、记过、降低岗位等级或撤职、开除。警告期限为6个月，记过期限为12个月，降低岗位等级或撤职期限为24个月。是中共党员的，同时给予党纪处分。

其他处理包括给予批评教育、诫勉谈话、责令检查、通报批评，以及取消在评奖评优、职务晋升、职称评定、岗位聘用、工资晋级、申报人才计划等方面的资格。取消相关资格的处理执行期限不得少于24个月。

教师涉嫌违法犯罪的，及时移送司法机关依法处理。

第四条　应予处理的教师违反职业道德行为如下：

（一）在教育教学活动中及其他场合有损害党中央权威、违背党的路线方针政策的言行。

（二）损害国家利益、社会公共利益，或违背社会公序良俗。

（三）通过课堂、论坛、讲座、信息网络及其他渠道发表、转发错误观点，或编造散布虚假信息、不良信息。

（四）违反教学纪律，敷衍教学，或擅自从事影响教育教学本职工作的兼职兼薪行为。

（五）歧视、侮辱学生，虐待、伤害学生。

（六）在教育教学活动中遇突发事件、面临危险时，不顾学生安危，擅离职守，自行逃离。

（七）与学生发生不正当关系，有任何形式的猥亵、性骚扰行为。

（八）在招生、考试、推优、保送及绩效考核、岗位聘用、职称评聘、评优评奖等工作中徇私舞弊、弄虚作假。

（九）索要、收受学生及家长财物或参加由学生及家长付费的宴请、旅游、娱乐休闲等活动，向学生推销图书报刊、教辅材料、社会保险或利用家长资源谋取私利。

（十）组织、参与有偿补课，或为校外培训机构和他人介绍生源、提供相关信息。

（十一）其他违反职业道德的行为。

第五条　学校及学校主管教育部门发现教师存在违反第四条列举行为的，应当及时组织调查核实，视情节轻重给予相应处理。作出处理决定前，应当听取教师的陈述和申辩，听取学生、其他教师、家长委员会或者家长代表意见，并告知教师有要求举行听证的权利。对于拟给予降低岗位等级以上的处分，教师要求听证的，拟作出处理决定的部门应当组织听证。

第六条　给予教师处理，应当坚持公平公正、教育与惩处相结合的原则；应当与其违反职业道德行为的性质、情节、危害程度相适应；应当事实清楚、证据确凿、定性准确、处理恰当、程序合法、手续完备。

第七条　给予教师处理按照以下权限决定：

（一）警告和记过处分，公办学校教师由所在学校提出建议，学校主管教育部门决定。民办学校教师由所在学校决定，报主管教育部门备案。

（二）降低岗位等级或撤职处分，由教师所在学校提出建议，学校主管教育部门决定并报同级人事部门备案。

（三）开除处分，公办学校教师由所在学校提出建议，学校主管教育部门决定并报同级人事部门备案。民办学校教师或者未纳入人事编制管理的教师由所在学校决定并解除其聘任合同，报主管教育部门备案。

（四）给予批评教育、诫勉谈话、责令检查、通报批评，以及取消在评奖评优、职务晋升、职称评定、岗位聘用、工资晋级、申报人才计划等方面资格的其他处理，按照管理权限，由教师所在学校或主管部门视其情节轻重作出决定。

第八条　处理决定应当书面通知教师本人并载明认定的事实、理由、依据、期限及申诉途径等内容。

第九条　教师不服处理决定的，可以向学校主管教育部门申请复核。对复核结果不服的，可以向学校主管教育部门的上一级行政部门提出申诉。

对教师的处理，在期满后根据悔改表现予以延期或解除，处理决定和处理解除决定都应完整存入人事档案及教师管理信息系统。

第十条　教师受到处分的，符合《教师资格条例》第十九条规定的，由县级以上教育行政部门依法撤销其教师资格。

教师受处分期间暂缓教师资格定期注册。依据《中华人民共和国教师法》第十四条规定丧失教师资格的，不能重新取得教师资格。

教师受记过以上处分期间不能参加专业技术职务任职资格评审。

第十一条　教师被依法判处刑罚的，依据《事业单位工作人员处分暂行规定》给予降低岗位等级或者撤职以上处分。其中，被依法判处有期徒刑以上刑罚的，给予开除处分。教师受到剥夺政治权利或者故意犯罪受到有期徒刑以上刑事处罚的，丧失教师资格。

第十二条　学校及主管教育部门不履行或不正确履行师德师风建设管理职责，有下列情形的，上一级行政部门应当视情节轻重采取约谈、诫勉谈话、通报批评、纪律处分和组织处理等方式严肃追究主要负责人、分管负责人和直接责任人的责任：

（一）师德师风长效机制建设、日常教育督导不到位；

（二）师德失范问题排查发现不及时；

（三）对已发现的师德失范行为处置不力、方式不当或拒不处分、拖延处分、推诿隐瞒的；

（四）已作出的师德失范行为处理决定落实不到位，师德失范行为整改不彻底；

（五）多次出现师德失范问题或因师德失范行为引起不良社会影响；

（六）其他应当问责的失职失责情形。

第十三条　省级教育行政部门应当结合当地实际情况制定实施细则，并报国务院教育行政部门备案。

第十四条　本办法自发布之日起施行。

上海市教育委员会关于印发《上海市中等职业学校学生学籍管理实施办法》的通知

（沪教委规〔2018〕2号）

各区教育局，各有关委、局、控股（集团）公司：

为切实做好本市中等职业学校学生学籍管理工作，根据《教育部关于印发〈中等职业学校学生学籍管理办法〉的通知》（教职成〔2010〕7号）、《教育部等七部门关于印发〈第二期特殊教育提升计划（2017—2020年）〉的通知》（教基〔2017〕6号）精神，结合本市实际，我委修订了《上海市中等职业学校学生学籍管理实施办法》，现予印发。请各单位遵照执行。

上海市教育委员会

2018年2月1日

上海市中等职业学校学生学籍管理实施办法

第一章　总　　则

第一条　为加强本市中等职业学校学生学籍管理，保证学校正常的教育教学秩序，维护学生的合法权益，推进中等职业教育持续健康发展，根据国家有关法律法规和《教育部关于印发〈中等职业学校学生学籍管理办法〉的通知》（教职成〔2010〕7号）等文件，结合本市实际，制定本办法。

第二条　本办法适用于本市中等职业学历教育（含普通中专、职业高中、技工学校、特殊中等职业教育学校及普通中等职业学校附设特教班）学生的学籍管理。

第三条　中等职业学校（以下简称“学校”）应加强学生学籍管理，建立健全学籍管理部门和相关制度，落实管理责任，保障基本工作条件，切实做好学籍管理和相关工作。

第四条　中等职业学校学生学籍管理实行国家、市教育行政部门、学校主管部门（指区教育局，各委、局、控股集团公司，下同）和学校分级管理，市教育行政部门行使统筹管理职能。

第二章　入学与注册

第五条　凡完成国家九年制义务教育，具有初中毕业或同等学力的学生，符合招生条件，均可报考本市各类中等职业学校。中等职业学校可从省级教育行政部门规定的高中阶段学校招生渠道中录取新生。

第六条　新生须持录取通知书及本人身份证或户籍簿，按学校有关要求和规定日期到学校办理入学手续；特殊中等职业教育学校及普通中等职业学校附设特教班（以下简称“特殊职业教育学校”）新生如有沟通困难等情况须在监护人陪同下到学校办理入学手续。

学校应在报到时对新生入学资格进行初步审查，审查合格办理入学手续，予以注册学籍；审查发现新生的录取通知、考生信息与本人实际情况不符，或者违反本市高中阶段招生规定情形的，应取消入学资格。

因故不能如期报到者，须凭有关证明向学校提出延期报到书面申请。如无正当理由逾期超过 2 周不到学校办理相关手续，视为放弃入学资格。

第七条　根据原卫生部、教育部《中小学生健康体检管理办法》（卫医发〔2008〕37 号）规定，学校应组织所有入学新生进行健康体检，建立健康档案。新生入学后须由学校组织健康检查；特殊职业教育学校学生（以下简称“特殊教育学生”）其监护人须配合学校提供相关的医学证明；经检查合格，方可取得学籍。如发现患有疾病，不能坚持正常学习或影响他人健康安全等特殊情况的，应及时治疗，学校可保留其入学资格 1 年，治疗期间不享受在校生待遇。经本市二级甲等及以上医疗单位健康复查确已病愈者，可重新办理入学手续，复查仍不合格或延期不办理入学手续者，取消入学资格。

第八条　学生入学后，学校发现其不符合录取条件，应取消入学资格，并分别报学校主管部门和市教育行政部门备案。

学校应在 1 个月内将放弃入学资格和取消入学资格的学生材料按原招生渠道退回招生主管部门。

第九条　学校应从学生入学之日起建立学生学籍档案，学生学籍档案内容包括：

1. 入学前基本信息、招生入学成绩、录取通知书和体检表等相关材料，特殊教育学生档案还可有残疾证复印件、医学诊断评估报告等相关材料，在普通中等职业学校随班就读的残疾学生还应提供参加特教学业考试申请表和评估表；

2. 思想品德评价材料；

3. 公共基础课程和专业技能课程成绩；

4. 享受国家助学金和学费减免的信息；

5. 在校期间的奖惩材料；

6. 毕业信息登记表等相关材料。

学籍档案应由专人管理。学生离校时，由学校归档保存或移交相关部门。

第十条　学校应将新生基本信息按教育部和上海市要求，及时上报上海和全国中等职业学校学生管理信息系统，并办理电子注册手续。春季入学的学生电子注册截止日期为 3 月下旬；秋季入学的学生电子注册截止日期为 10 月下旬。

第十一条　外籍或无国籍人员进入本市中等职业学校就读，应按照国家留学生管理办法办理就读手续。香港、澳门、台湾地区的学生按照国家有关政策办理就读手续。

第十二条　本市与外省份联合招生合作办学招收的学生，学业全部在本市就读的，按本市生源办法进行注册；招生当年不在本市就读的学生，可采用预注册的办法取得本市中职预备学籍，预注册办法参照本市生源办法执行。联合办学应执行本市学校相关专业教学计划，并按本办法相关规定进行学生学籍管理。

学校不得以虚假学生信息注册学生学籍，不得为同一学生以不同类型的高中阶段教育学校身份分别注册学籍。

第十三条　每学期开学前，学生应按规定日期到学校办理学期注册手续。因故不能如期报到者，必须履行请假手续，未经批准而逾期2周不注册者，按自动退学处理。

第三章　学籍变动与信息变更

第十四条　学生发生转学、转专业、留级、休学、复学、退学及注销学籍等情况均应作为学籍变动并记录相关信息。学校应将每学年学生的学籍变动情况及时上报上海和全国中等职业学校学生管理信息系统。

第十五条　学生在每学年结束时修完教学计划规定的课程，并经考核（含补考）成绩合格或不及格课程在2门及以下者，准予升级。

第十六条　同一学年内，累计不及格课程（经补考后）达3门及以上者，应予留级。不及格课程门数按下列规定计算：

1. 学校专业教学计划规定为1个学期的课程，按1门课程计算；

2. 跨学期课程按1门课程计算；

3. 学校专业教学计划规定独立设置的各种实践性课程，均应单独考核，按1门课程计算。

学生留级以3次为限，原则上随本专业下一个年级学习；留级的学生在延长学习期限内仍应向学校交纳学杂费及其他相关费用。

第十七条　学生因户籍迁移、家庭搬迁等原因可以申请转学。市内转学和跨省份转学程序如下：

1. 由学生及其监护人提出申请，转出学校同意；

2. 学生及其监护人再向转入学校提出转学申请，转入学校同意；

3. 双方学校报各自主管部门备案；

4. 市内转学的由转入学校办理转学手续并报市教育行政部门备案；跨省份转学的，由转入、转出学校分别报所在省级教育行政主管部门备案。

在普通中职校随班就读的残疾学生需要转入特殊职业教育学校，由学生本人和监护人向学生所在学校提出申请，学校提出意见并报区教育行政部门，由区教育行政部门组织学生前往指定医疗机构进行残疾诊断，并根据残疾诊断结果报上海市特殊学生教育评估中心（以下简称“市特教评估中心”）进行评估，由市特教学生评估中心对学生进行评估并出具评估报告，将评估结果反馈给相应区教育行政部门，区教育行政部门根据评估报告对学生的转学申请进行审核，提出意见。符合转学条件的，经转入学校和学校主管部门同意后，方可转入。

第十八条　学生转学原则上在各类中等职业学校中进行。特殊教育学生转学原则上在各类特殊中等职业学校或普通中职校附设特教班之间进行。在中等职业学校学习未满1学期的，不予转学；毕业年级学生不予转学；休学期间不予转学。

普通高中学生可以转入中等职业学校，但在中等职业学校的学习时间不得少于1年半。

第十九条　有下列情况之一，经学校批准，可以转专业：

1. 学生确有某一方面特长或兴趣爱好，转专业后有利于学生就业及生涯规划；

2. 学生有某一方面生理缺陷或患有某种疾病，经本市二级甲等及以上医院证明，不宜在原专业学习；

3. 学生留级或休学，复学时原专业已停止招生。

跨专业大类转专业，原则上在一年级第一学期结束前办理；同一专业大类转专业原则上在二年级第一学期结束前办理。毕业年级学生不得转专业。

第二十条　有下列情况之一者，由学生本人和监护人提出申请，经学校审核同意，可准予休学。

1. 学生因病或其他特殊困难不能坚持学习者（缺课超过1个学期的$\frac{1}{3}$以上）；学生因病需要申请休学，应持本市二级甲等及以上医院病情诊断证明；

2. 学生因依法服兵役者，休学期限与其服役期限相当；

3. 学生在校期间申请出国、出境者（缺课超过1个学期的$\frac{1}{3}$以上）；

4. 学生参加社会创业、就业实践活动者。

学生休学以学期为单位，休学起讫日期由学校认定，休学累计不得超过两年（依法服兵役者除外）。学生休学须分别报学校主管部门和市教育行政部门备案。

学生休学期间，不享受在校学生待遇。学校和学生监护人应签订协议，明确学生管理由监护人负责，对学生离校期间的管理进行约定。

第二十一条　学生休学期满，应于学年或学期开学前两周内申请复学，经学校审核同意，分别报学校主管部门和市教育行政部门备案。学生复学后经学校审核后，原则上随原专业适当年级学习。

因病休学的学生在复学时，应当持二级甲等及以上医院的健康证明，并经学校审查确能坚持学习者，方可复学。

第二十二条　学生退学应由学生本人和监护人提出书面申请，经学校批准，可以办理退学手续。

学生具有下列情况之一，学校可以作退学处理：

1. 休学期满无特殊情况两周内未办理复学手续；

2. 连续休学两年，仍不能复学；

3. 一学期旷课累计达90课时以上；

4. 擅自离校连续两周以上；

5. 经相关专业机构认定，学生行为对他人的健康或安全造成严重影响的。

学生退学后，学校应当及时报学校主管部门和市教育行政部门备案。学生应在规定时间内办理退学手续；未经批准，逾期不办理退学手续者，视作自动退学。

第四章　成 绩 考 核

第二十三条　成绩考核包括学业与操行两个方面。学业方面，按照学校专业教学计划的规定及学生选修情况，考核学生的学习成绩；操行方面，通过平时对学生的思想品德、组织纪律、行为规范等方面的考核进行综合评定。考核成绩应及时记入学生本人学籍档案。

第二十四条　学生学业成绩的考核可分为考试、考查两种。学校按照国家、省市或行业有关标准和技能要求组织考试、考查。考试、考查结果是学生升留级或取得学分的依据。

对具有一定专业实践能力或已获得职业资格证书的学生，经学校审核，可折算相应学分或免于相关专业技能课程考试、考查。

第二十五条　学校应按照法律法规和国家教育行政部门文件规定组织学生实习。特殊职业教育学校按照专业教学计划要求，根据学生的残疾程度和具体情况，在确保安全情况下，采用不同方法组织学生实习。

学生参加实习前，学校、实习单位、学生三方应签订实习协议。特殊教育学生参加实习，学校还需与学生监护人对实习内容和安全责任进行责任约定。学生实习结束后，应由实习单位和学校共同完成学生实习考核工作。学校应将学生实习考核成绩等情况记入学籍档案，实习考核不合格者，不予毕业。

第二十六条　学业成绩优秀的学生，由本人申请，经学校审批后，可以参加高一年级的课程考核，合格者可以获得相应的成绩或学分。

第二十七条　学生取得与所学专业教学计划规定的相关课程合格证书、技能等级证书和职业资格证书，向学校申请，转换有效成绩。学校对学生进行评定，原则上只要等于或高于学校同类课程或职业能力要求，并持有效学习和资格证明，均应予以承认并按有效成绩记载。

学生通过自学或其他学习经历，可申请免修学校教学计划中相同或相近课程。经考核成绩合格，该门课程成绩可记入学籍档案。

允许学有余力的学生兼学其他专业的课程。

第二十八条　学生所学课程考试、考查不合格，学校应提供补考机会。补考次数和时间由学校确定。

第二十九条　学生操行评定应以上海市中等职业学校学生守则和行为规范要求为主要依据，操行评定每学期或每学年进行1次，采用写实性评语形式，毕业时进行全面鉴定。

第五章　奖励与处分

第三十条　学生在德、智、体、美等方面表现突出，应予以表彰和奖励，对学生的表彰和奖励应予以公示。

学生奖励分为全国、市、区(县)、行业、学校等层次，奖项包括单项奖和综合奖。学校奖励的具体办法由学校结合实际情况制定。

第三十一条　学校对于有违纪行为的学生，可以视其情节和态度分别给予批评教育及警告、严重警告、记过、留校察看、开除学籍等纪律处分。

受警告、严重警告、记过、留校察看处分的学生，经过一段时间的教育，能深刻认识错误、确有改正进步的，应解除其处分。

学校应制定本校学生纪律处分等相关规定，明确其适用范围和审批程序。学校根据学生违纪行为的性质，情节轻重，对学生进行纪律处分，并予以公布。

第三十二条　对违纪的学生，学校要加强教育帮助，要坚持实事求是的原则，依法依规处理。处理结论要同本人见面，允许本人申诉、申辩和保留意见。对开除学籍处分可以设立听证程序，充分听取本人申辩。对本人的申诉，学校有责任进行复议。对争议较大的决定，由学校主管部门负责进行调查，并按规定处理。

第三十三条　对触犯国家法律，构成犯罪的学生，经人民法院判决生效后，学校可以给予开除学籍处分。

第三十四条　对学生做出开除学籍处分，须经校长办公会议讨论决定、学校主管部门批准，并报市教育行政部门备案。

第三十五条　对学生的表彰与奖励、记过及以上处分的有关资料应存入学生学籍档案。

对学生的处分解除后，学校应将原处分决定和有关资料从学生个人学籍档案中移出。

第六章　毕业与结业

第三十六条　中等职业教育基本学制以3年为主；招收普通高中毕业生或同等学力者，基本学制以1年为主；特殊中等职业教育基本学制以4年为主。若学生无法在基本学制内完成学业，可申请推迟毕业，最长不超过3年。实行学分制管理的学校，允许学生在基本学制的基础上提前或推迟毕业。

第三十七条　具有中等职业学校学籍的学生达到以下要求，准予毕业：

1. 思想品德评价合格；

2. 修满专业教学计划规定的全部课程且成绩全部合格，或修满规定学分；

3. 顶岗实习或工学交替实习鉴定合格。

第三十八条　毕业证书由上海市教育委员会根据国家教育行政部门规定的统一格式印制，学校颁发。

采用弹性学习形式的学生毕业证书应注明学习形式和修业时间。特殊职业教育学校毕业证书可以注明特殊教育类别。

第三十九条　经学校批准，在校期间参加辅修专业学习，学完辅修专业教学计划规定的课程，并取得相应学分的学生，可由学校发给上海市教育委员会印制的辅修专业毕业证书。

第四十条　对于在基本学制的学习年限内，考核成绩(含实习)仍有不及格且未达到留级规定，或思想品德评价不合格者，以及实行学分制的学校未修满规定学分的学生，发给结业证书。

学生在基本学制内仍有部分课程(含实践性课程)经两次补考后不及格，或在基本学习年限内未修满规定学分，同时，未申请延长修业年限的学生，发给结业证书。

结业后，学生可在3年内向学校申请补考或补修学分，取得毕业资格后，换发毕业证书。毕业时间自换发毕业证书时算起。

第四十一条　对未完成学校专业教学计划规定的课程而中途退学的学生，学校应发给学生写实性学习证明。

第四十二条　毕业证书遗失后不再补发，由学校颁发上海市教育委员会或其委托机构出具统一印制的学历证明书。学历证明书与毕业证书具有同等效力。

第七章　附　　则

第四十三条　已注册学生(含注册毕业学生)各项信息修改属于信息变更，主要包括学生姓名、性别、出生日期、家庭住址、身份证号码、户口性质等。对信息变更，应由学生本人或监护人提供合法身份证明等相关资料，学校通过上海和全国中等职业学校学生管理信息系统进行信息变更操作。

第四十四条　本市成人中等职业学校学生的学籍管理参照本办法执行。本市中高等职业教育贯通培养模式学生学籍管理按照市教育行政部门具体规定执行。

第四十五条　各中等职业学校应根据本办法，结合学校实际制定实施细则和相关教学管理制度，并报学校主管部门和市教育行政部门备案。

第四十六条　本办法由上海市教育委员会解释。

第四十七条　本办法自2018年3月1日施行，有效期10年。原《上海市中等职业学校学生学籍管理实施办法》(沪教委职〔2016〕35号)予以废止。

上海市教育委员会关于印发《上海市进一步推进高中阶段学校考试招生制度改革实施意见》的通知

(沪教委规〔2018〕3号)

各区教育局：

为深入学习贯彻党的十九大精神，深化考试招生综合改革，根据《国务院关于深化考试招生制度改革的实施意见》(国发〔2014〕35号)、《教育部关于进一步推进高中阶段学校考试招生制度改革的指导意见》

(教基二〔2016〕4号)和上海市教育综合改革的要求,我委制定了《上海市进一步推进高中阶段学校考试招生制度改革实施意见》,现印发给你们,请按照执行。

上海市教育委员会

2018年3月21日

上海市进一步推进高中阶段学校考试招生制度改革实施意见

为深入学习贯彻党的十九大精神,深化考试招生综合改革,发展素质教育,推进教育公平,根据《国务院关于深化考试招生制度改革的实施意见》(国发〔2014〕35号)、《教育部关于进一步推进高中阶段学校考试招生制度改革的指导意见》(教基二〔2016〕4号)和上海市教育综合改革的要求,现就进一步推进本市高中阶段学校考试招生制度改革制定本实施意见。

一、总体要求

(一)指导思想

全面贯彻党的教育方针,落实立德树人根本任务,努力让每个孩子都能享有公平而有质量的教育,培养德智体美全面发展的社会主义建设者和接班人。遵循教育规律、学生成长规律,顺应义务教育优质均衡发展、高中阶段学校特色多样发展新要求,深化本市初中学业水平考试与初中学生综合素质评价相结合的高中阶段学校考试招生制度改革,为学生的终身发展夯实基础。

(二)基本原则

1. 全面考查,注重能力。坚持育人为本,关注共同基础,防止初中学生过度偏科;关注学生综合素养和个性特长的培育,丰富学生的学习实践经历,提升学生问题解决能力,扭转片面应试教育倾向。

2. 综合评价,多元录取。遵循科学的人才选拔和培养规律,建立健全多元多维综合评价体系,全面反映初中学生综合素质发展状况。通过综合评价、多元录取改革,增强高中阶段学校与学生双向选择的多样性和针对性,促进学生个性发展、高中阶段学校特色多样发展。

3. 促进公平,加强监督。进一步健全高中阶段招生录取机制,完善招生规则程序,加强信息公开,切实保障考试招生程序公开、结果公正、监督有力,为学生创造平等机会,努力促进义务教育优质均衡发展。

4. 统筹规划,系统改革。加强统筹规划,系统设计中学考试评价改革与课程教学改革、中学招生制度改革以及高考综合改革,形成推进素质教育的整体合力。通过考试招生制度改革,促进普通教育与特殊教育、普通高中教育与中等职业教育联动发展。

(三)改革目标

到2022年,初步建成具有上海特点、体现科学教育质量观,以初中学业水平考试为依据,结合初中学生综合素质评价的初中毕业和高中阶段学校招生录取制度。健全程序规范、结果公正、保障有力的考试招生管理机制,为进一步破除唯分数论、注重能力培养、促进初中毕业生全面发展、促进义务教育阶段学校优质均衡发展、促进高中阶段学校特色多样发展奠定基础。

二、改革任务和措施

(一)完善初中学业水平考试制度

自2017年入学的六年级学生起,全面实施初中学业水平考试制度。

1. 初中学业水平考试科目设置。初中学业水平考试设置语文、数学、外语、道德与法治(思想品德)、历史、地理、物理、化学、生命科学、信息科技、体育与健身、科学、社会、艺术(包括音乐和美术,下同)和劳动技术15门科目。引导学生认真学习每一门课程,避免过度偏科。初中学业水平考试各科目考试内容以初中课程标准为依据。

2. 初中学业水平考试组织实施。道德与法治(思想品德)、历史科目采用统一考试和日常考核相结合的方式进行,其中统一考试由市统一命题、统一组织开卷考试、统一评卷。语文、数学、外语、物理、化学5门科目考试由市统一命题、统一组织闭卷考试、统一评卷。外语增设听说测试,由市统一命题、统一组织考试、统一评卷;物理和化学实验操作考试由市统一命题、统一组织考试、统一评卷,学生可参加两次,选择其中较好的成绩计入初中学业水平考试总成绩中。地理、信息科技、生命科学、科学和社会5门科目考试由市统一命题、统一制定评分标准,由各区在统一时间组织开卷考试和评卷。体育与健身科目考试采用统一测试和日常考核相结合的方式进行。艺术和劳动技术2门科目考试,由学校根据本市课程标准要求和学生平时表现,综合评定其考试成绩。

3. 初中学业水平考试时间安排。各科目初中学业水平考试分散在初中阶段进行,随教随考随清,在相应基础型课程学习结束后进行考试,保障初中课程计划的有效实施。各科目初中学业水平考试,学生只能参加1次(物理和化学实验操作考试除外)。

4. 初中学业水平考试成绩呈现方式。初中学业水平考试成绩根据应用情况分别以等第和分数呈现。其中,语文、数学、外语、道德与法治(思想品德)、历史、物理、化学和体育与健身8门科目为计分科目,其成绩在以分数呈现的同时,还分为"合格、不合格"两个等第;其他科目为非计分科目,其考试成绩仅以等第呈现,分为"优秀、良好、合格、不合格"四个等第。

5. 初中学业水平考试结果应用。本市初中在籍学生均需参加初中学业水平考试,各科目初中学业水平考试成绩合格是初中学生毕业的必要条件。

2021年起,本市高中阶段学校招生以语文、数学、外语、道德与法治(思想品德)、历史、体育与健身6门科目初中学业水平考试成绩和综合测试成绩计分,总分750分,作为录取的基本依据。其中,语文、数学和外语满分各150分;道德与法治(思想品德)和历史满分各60分,其中日常考核计30分、统一开卷考试计30分;体育与健身满分30分,其中日常考核计15分、统一测试计15分;综合测试满分150分,试题由物理试题与化学试题、跨学科案例分析题、物理和化学实验操作题组成,其中物理试题与化学试题、跨学科案例分析题采用合场分卷考试形式。物理试题满分70分(不含实验操作),化学试题满分50分(不含实验操作);跨学科案例分析题满分15分,试题内容主要涉及地理、生命科学等学科,侧重对学生综合运用各学科知识分析和解决实际问题能力的考核;物理和化学实验操作题满分15分。

6. 探索符合特殊教育需求的初中学业水平考试制度。进一步提高本市义务教育阶段特殊教育质量,扩大特殊教育学生接受高中阶段教育的机会,实行视力、听力和智力障碍学生初中学业水平考试分类单独命题。视力、听力和智力障碍等学生可选择参加初中学业水平考试,升入高中阶段学校随班就读;也可选择参加相应类别单独命题的初中学业水平考试,升入高中阶段特殊教育学校或高中阶段学校专设的特殊教育班。

(二) 完善初中学生综合素质评价制度

根据初中学生学习和成长的特点,完善本市初中学生综合素质评价制度,自2018年入学的六年级学生起实施。综合素质评价要突出对学生成长过程的客观记录,整体反映学生德智体美全面发展情况和个性特长,引导学生践行社会主义核心价值观,弘扬中华优秀传统文化,增强社会责任感,培养创新精神和实践能力;尤其要关注初中学生社会考察、探究学习、职业体验等综合实践活动的情况记录,引导学生把课程学习内容与真实生活情境相结合,提高自身综合素质。综合素质评价内容包括:品德发展与公民素养、修习课程与学业成绩、身心健康与艺术素养、创新精神与实践能力等。在《上海市学生成长记录册》的基础上,建设初中学生综合素质评价信息管理系统,建立客观、真实、准确记录信息的管理和监督机制。

进一步加强综合素质评价在初中毕业和高中阶段学校招生录取中的运用。将综合素质评价结果作为初中学生毕业的必要条件。在高中阶段学校自主招生和高中名额分配综合评价录取过程中，将综合素质评价和高中阶段学校综合考查结果相结合，以此作为重要依据。初中学生综合素质评价可与高中阶段学校学生综合素质评价相衔接，为学生生涯发展规划提供参考。

（三）深化高中阶段学校招生录取改革

进一步健全初中学业水平考试与综合素质评价相结合的多元招生录取机制。整合和完善高中阶段学校招生录取办法，分为自主招生、名额分配综合评价录取和统一招生录取3种招生办法，为学生提供多次选择机会。从2018年入学的六年级学生起实施。

1. 完善高中阶段学校自主招生

（1）完善普通高中自主招生办法

市实验性示范性高中和市特色普通高中部分招生计划，可用于自主招收全市范围内有个性特长和创新潜质的初中毕业生。高中学校自主招生计划总数不超过普通高中招生计划总数的6%。招生学校需事先公布自主招生方案、招生计划，采取综合选拔的方式，根据报名考生的综合素质评价等信息，对学生综合能力、个性特长等进行自主选拔后择优预录取。预录取考生需公示，其成绩达到高中自主招生控制分数线方可被正式录取。体育、艺术特长生作为高中自主招生的特殊对象，招生学校和招生计划单列。招生学校招生项目需公示，预录取的体育、艺术特长生名单需公示，预录取考生成绩达到体育、艺术特长生规定的成绩要求方可被正式录取。

（2）完善中职校贯通培养和自主招生办法

继续推进中等职业教育—应用本科教育贯通培养（简称"中本贯通"）和中高职教育贯通培养（简称"中高职贯通"）试点，逐步扩大中本贯通和中高职贯通培养专业范围和招生规模。继续探索中职校自主招生办法，自主招生包括航空服务类、艺术类和自荐生，鼓励初中毕业生自主选择经济社会发展急需紧缺专业。报考中本贯通、中高职贯通和自主招生的考生，如有面试或专业考试要求，需在取得资格后方可在网上填报志愿。报考中本贯通的考生成绩达到公办普通高中最低投档控制分数线方可被录取，报考中高职贯通的考生成绩需达到全市统一控制分数线方可被录取。

2. 推行名额分配综合评价录取的招生办法

市实验性示范性高中推行名额分配综合评价录取的招生办法。市实验性示范性高中不超过65%的招生计划由市和区教育行政部门分别分配到有关区和初中学校，其中的70%分配到不选择生源的每所初中学校，并逐步扩大该比例。由招生机构根据考生志愿、初中学业水平考试计分科目总成绩和政策加分按1∶2的比例投档。高中学校结合投档考生综合素质评价内容进行综合考查，综合考查满分50分，按考生计分科目总成绩、政策加分和综合考查成绩总分进行录取。高中学校名额分配综合评价录取招生方案及计划报相关教育行政部门确认后向社会公布，投档考生综合考查成绩以及录取考生名单均需公示。

3. 完善高中阶段学校统一招生录取办法

进一步完善高中阶段学校统一招生根据考生志愿、计分科目总成绩和政策加分投档录取的办法。逐步探索中等职业学校统一招生录取实行招生计划不分区、全市投档录取的办法，进一步满足学生需求，促进学校内涵和特色发展。

（四）规范高中阶段学校招生录取政策加分

根据教育部规范加分的有关要求，结合本市实际，制定高中阶段学校招生录取加分政策，严格执行考生加分资格审核公示制度。

三、保障措施

（一）深化中小学课程改革

以学生核心素养培育为目标，完善课程方案，进一步凸显课程内容与社会生活的融合性。广泛利用校内外各种资源，加强学生社会责任感、创新精神和实践能力的培养，增加学生职业体验，为不同需求的学生提供可选择的综合学习经历，丰富学生学习实践经验，提高学生综合素养。加强师资配备和培训，保障外语听说教室、理科实验室建设等投入，满足初中课程教学和考试评价改革的需要。

（二）加强考试命题研究和管理

初中学业水平考试严格按照课程标准的要求进行命题，减少单纯记忆、机械训练性质的内容，增强与学生生活、社会实际的联系。科学设计综合测试试题内容，增强综合性和思辨性，着重考查学生独立思考和综合运用所学知识分析和解决实际问题的能力。加强对初中学业水平考试命题的程序管理和制度设计，加强对命题质量的评估，发挥考试对初中教学的正面导向作用。积极发挥市教育考试命题委员会的作用，统筹研究和推进考试命题改革，实现教考一致。

（三）加强监督检查

进一步规范高中阶段学校考试招生工作。高中自主招生预录取结果实行市和学校公示制度；严格规范高中名额分配综合评价录取招生工作，综合考查成绩和录取结果均需实行公示制度。加强学生诚信教育，健全个人、学校考试招生诚信档案，严查严处诚信失范行为。建立责任追究制度，严肃查处综合素质评价、考试招生中存在的违规行为，并严格进行责任追究，及时公布处理结果。深入实施招生“阳光工程”，健全高中阶段学校招生政策、招生计划、招生办法等信息公开制度。充分发挥社会舆论监督作用，共同维护考试招生秩序，保证公平公正。

本文件自2018年4月2日起实施，有效期10年。

上海市教育委员会关于印发《上海市普通高中学业水平考试实施办法》的通知

（沪教委规〔2018〕6号）

各区教育局，各高等学校：

为全面贯彻落实习近平新时代中国特色社会主义思想和党的十九大精神，全面贯彻党的教育方针，深化考试招生综合改革，根据《国务院关于深化考试招生制度改革的实施意见》（国发〔2014〕35号）、《教育部关于普通高中学业水平考试的实施意见》（教基二〔2014〕10号）、《上海市深化高等学校考试招生综合改革实施方案》（沪府发〔2014〕57号）和《上海市人民政府印发〈关于进一步深化本市高考综合改革试点工作的若干意见〉的通知》（沪府发〔2018〕14号）的要求，我委在《上海市普通高中学业水平考试实施办法（试行）》的基础上，研究制定了《上海市普通高中学业水平考试实施办法》，现印发给你们，请认真贯彻执行。

上海市教育委员会

2018年10月11日

上海市普通高中学业水平考试实施办法

为适应本市深化高中课程改革和高校考试招生综合改革的需要，根据《国务院关于深化考试招生制度改革的实施意见》(国发〔2014〕35号)、《教育部关于普通高中学业水平考试的实施意见》(教基二〔2014〕10号)、《上海市深化高等学校考试招生综合改革实施方案》(沪府发〔2014〕57号)、《上海市人民政府印发〈关于进一步深化本市高考综合改革试点工作的若干意见〉的通知》(沪府发〔2018〕14号)等文件精神，结合上海教育实际，特制定本办法。

一、指导思想与原则

坚持素质教育导向，实行全面考核，促进学生按国家规定学好每一门课程，实现全面发展。坚持分类考查，增加学生的选择性，促进学生发展学科兴趣和个性特长。坚持深化高中课程改革，促进高中教育特色多样发展。坚持统筹兼顾，与高校考试招生、高中学生综合素质评价等改革一并整体设计，促进高中和高校进一步提高人才培养和选拔水平。

二、考试科目与类别

高中学业水平考试科目包括语文、数学、外语、思想政治、历史、地理、物理、化学、生命科学(生物学)、信息科技(信息技术)、体育与健身(体育与健康)、劳动技术(通用技术)和艺术(音乐、美术)。

高中学业水平考试包括合格性考试和等级性考试两类。语文、数学、外语、信息科技(信息技术)、体育与健身(体育与健康)、劳动技术(通用技术)和艺术(音乐、美术)科目只设合格性考试，思想政治、历史、地理、物理、化学、生命科学(生物学)科目分设合格性考试和等级性考试。

三、考试内容与方式

(一) 合格性考试

各科目合格性考试内容限定在普通中小学各学科课程标准规定的普通高中基础型课程(必修课程)内容范围内。

语文、数学、外语科目合格性考试采用笔试方式，时间均为90分钟；其中，外语科目笔试不含听力，另设听说测试(采用人机对话方式)，时间为30分钟。思想政治、历史、地理、物理、化学、生命科学(生物学)科目合格性考试采用笔试方式，时间均为60分钟；其中，物理、化学和生命科学(生物学)科目合格性考试另设技能操作测试，时间均为15分钟。信息科技(信息技术)科目合格性考试采用上机考试方式，时间为60分钟。

体育与健身(体育与健康)、劳动技术(通用技术)和艺术(音乐、美术)科目不统一组织合格性考试，由学校依据相关学科课程标准要求，以学生平时表现为依据，综合评定合格性考试成绩。

(二) 等级性考试

思想政治、历史、地理、物理、化学、生命科学(生物学)科目等级性考试内容限定在普通中小学各学科课程标准规定的普通高中基础型课程(必修课程)和供学生选修的拓展型课程(选择性必修课程)内容范围内。各科目等级性考试均采用笔试方式，时间均为60分钟。

各科目合格性考试和等级性考试的命题应紧密联系社会实际与学生生活经验，在全面考核学生基础知识和基本技能的基础上，注重加强对综合能力的考查。逐步探索高中学业水平考试题库建设，为标准化考试积累经验。具体要求另行发文。

四、考试组织与实施

(一) 考试对象

本市普通高中在籍学生均须参加各科目合格性考试，具有本市普通高中学籍的外籍学生可自愿参加。

其他考生(包括高中阶段其他学校在校学生,年满 18 周岁的社会人员,取得初中毕业或结业证书的社会人员,下同)也可自愿报名参加思想政治、历史、地理、物理、化学、生命科学(生物学)、信息科技(信息技术)科目的合格性考试。

合格性考试成绩合格的考生方可报考相应科目的等级性考试。考生可根据高校招生要求和自身兴趣特长,在 6 门等级性考试科目中自主选择 3 门参加考试。

(二) 报名方式

参加考试的本市普通高中在籍学生基本信息由本市基础教育学生信息系统提供,学生通过其学籍所在高中学校集体报名。

参加考试的其他考生按要求自行网上报名。

考生报名后须在规定时间到指定现场进行确认。

(三) 考试费用

考生参加高中学业水平考试的费用由教育经费安排。

(四) 考试组织

语文、数学、外语(含听说测试)、信息科技(信息技术)科目合格性考试,思想政治、历史、地理、物理、化学、生命科学(生物学)科目的合格性考试及等级性考试由上海市教育考试院组织统一命题、统一考试、统一网上评卷。物理、化学、生命科学(生物学)科目技能操作测试由上海市教育考试院统一命题、统一制定评分标准,高中学校在统一时间组织实施、现场评定成绩。

(五) 考试时间安排

各科目高中学业水平考试分散在高中 3 年中,在相应课程结束后进行,随教随考随清。考生可根据各高中学校课程安排选择报考。高中学业水平考试各科目考试时间安排如下:

<table>
<tr><th>年级</th><th>开考科目</th><th>考试类别</th><th>考试时间</th></tr>
<tr><td>高一</td><td>地理、生命科学(生物学)、信息科技(信息技术)</td><td>合格性考试</td><td>第二学期末</td></tr>
<tr><td rowspan="3">高二</td><td>地理、生命科学(生物学)</td><td>合格性考试(仅供高一已报名参加考试但尚未取得合格成绩的考生参加)</td><td>第一学期末</td></tr>
<tr><td>思想政治、历史、物理、化学、地理、生命科学(生物学)、信息科技(信息技术)</td><td>合格性考试</td><td>第二学期末</td></tr>
<tr><td>地理、生命科学(生物学)</td><td>等级性考试</td><td>5 月</td></tr>
<tr><td rowspan="4">高三</td><td>语文、数学、外语</td><td>合格性考试</td><td>第一学期末</td></tr>
<tr><td>思想政治、历史、物理、化学、地理、生命科学(生物学)</td><td>合格性考试(仅供还未取得合格成绩的考生参加)</td><td>第一学期末</td></tr>
<tr><td>思想政治、历史、物理、化学、地理、生命科学(生物学)</td><td>等级性考试</td><td>5 月</td></tr>
<tr><td>思想政治、历史、物理、化学、地理、生命科学(生物学)、信息科技(信息技术)</td><td>合格性考试(仅供尚未取得合格成绩的考生参加)</td><td>第二学期末</td></tr>
</table>

体育与健身(体育与健康)、劳动技术(通用技术)和艺术(音乐、美术)科目由学校根据高中课程计划要求,在相应课程结束后综合评定合格性考试成绩。

(六) 考试管理要求

高中学业水平考试笔试科目考试及外语听说测试全部安排在标准化考点内进行。按照国家教育考试的标准和要求,规范考场设置和实施程序。加强安全保密,建立健全诚信机制,严肃考风考纪,对考试作弊等违规行为，严格按照《国家教育考试违规处理办法》(中华人民共和国教育部令第33号)等有关规定进行处理。

五、考试成绩与应用

(一) 成绩呈现方式

合格性考试成绩分合格、不合格两类。语文、数学、外语、思想政治、历史、地理、物理、化学、生命科学(生物学)和信息科技(信息技术)科目合格分数线以考试分数的标准分值划定。思想政治、历史、地理、物理、化学、生命科学(生物学)、信息科技(信息技术)科目合格性考试成绩不合格的高中在籍学生，在校就读期间可再次参加该科目合格性考试。其他科目合格性考试成绩不合格的学生由所在高中学校组织补考。

等级性考试成绩以等级呈现，按获得该次考试有效成绩的考生(即缺考或未得分的考生除外)总数的相应比例划分等级，位次由高到低分为A+、A、B+、B、B−、C+、C、C−、D+、D、E共五等11级。其中A+约占5%，A、B+、B、B−、C+、C、C−、D+各约占10%，D、E共约15%，E为考试有效成绩低于标准分值或约占5%。

(二) 成绩认定

已获得本市普通高中学业水平考试科目合格成绩的，可认定为该科目合格性考试成绩，但不能认定为该科目等级性考试成绩。由外省市转学进入本市普通高中就读的学生，若已参加过外省市省级教育考试机构统一组织的高中学业水平考试，可持省级教育考试机构出具的成绩证明，申请本市高中学业水平考试相应科目的合格性考试成绩认定，语文、数学、外语3门科目不予认定，其他考生参照执行。具体认定办法另行通知。

(三) 考试成绩应用

1. 高中毕业。合格性考试各科目成绩合格，是本市普通高中学生毕业的必要条件。高中学校根据本市普通高中学籍管理相关规定，分别准予学生毕业、结业或肄业。

2. 高中课程管理与质量评价。高中学业水平考试成绩将作为高中学校课程管理和高中教学质量监测的重要参考依据。市和区教育行政部门应加强对高中学业水平考试结果的研究与分析、教学反馈与指导，不断提高教育教学质量。

3. 高校招生录取。高中学业水平考试成绩是高考报名与高校招生录取的依据之一。本市应届高三学生通过物理、化学、生命科学(生物学)、地理、历史、思想政治、信息科技(信息技术)科目合格性考试，才能按要求报名参加普通高等学校春季招生考试(以下简称"春考")；考生通过物理、化学、生命科学(生物学)、地理、历史、思想政治6门科目中至少3门科目的合格性考试，才能按要求报名参加普通高等学校招生秋季统一考试(以下简称"秋季高考")。等级性考试成绩折算成相应分数计入秋季高考总成绩，作为高校招生录取的依据之一。其中，A+为满分70分，E计40分；相邻两级之间的分差均为3分。等级性考试成绩两年有效。高中在籍学生因休学、留级等原因导致高中修习年限延长，其高中在读期间取得的等级性考试成绩有效期可延长至学生毕业当年。

六、有关说明

(一) 参加春考或秋季高考的高中在籍学生可用春考或秋季高考语文、数学、外语成绩替代相应科目的合格性考试成绩(以合格/不合格呈现)，可不参加这些科目的合格性考试。

(二) 考生首次报名参加高考时，其选定的3门科目等级性考试均只能参加一次，且不可更换考试科目。考生若再次报名参加高考，3门等级性考试科目可更换，也可选择同一科目再次考试，但必须先注销有效期内前一次相关科目的等级性考试成绩。

(三) 相关科目等级性考试缺考的考生，如已报名参加当年高考，以0分计入高考总分；如未报名参加当年高考，则不计成绩。考生参加相关科目等级性考试，但未取得有效成绩的，以0分计入高考总分。

(四) 已预报名参加高考但尚未取得合格性考试合格成绩的其他考生，可参加高考当年第一学期末的思想政治、历史、物理、化学、地理、生命科学(生物学)科目合格性考试。

(五)高中学业水平考试的具体组织实施以上海市教育委员会转发上海市教育考试院的相关文件为准。

本办法自2018年10月15日起施行,有效期5年。

上海市教育委员会关于印发《上海市普通高中学生综合素质评价实施办法》的通知

(沪教委规〔2018〕7号)

各区教育局,各高等学校:

为全面贯彻落实习近平新时代中国特色社会主义思想和党的十九大精神,全面贯彻党的教育方针,深化考试招生综合改革,根据《国务院关于深化考试招生制度改革的实施意见》(国发〔2014〕35号)、《教育部关于加强和改进普通高中学生综合素质评价的意见》(教基二〔2014〕11号)、《上海市深化高等学校考试招生综合改革实施方案》(沪府发〔2014〕57号)和《上海市人民政府印发〈关于进一步深化本市高考综合改革试点工作的若干意见〉的通知》(沪府发〔2018〕14号)的要求,我委在《上海市普通高中学生综合素质评价实施办法(试行)》的基础上,研究制定了《上海市普通高中学生综合素质评价实施办法》,现印发给你们,请认真贯彻执行。

上海市教育委员会

2018年11月8日

上海市普通高中学生综合素质评价实施办法

为贯彻落实习近平新时代中国特色社会主义思想和党的十九大精神,深化考试招生综合改革,根据《国务院关于深化考试招生制度改革的实施意见》(国发〔2014〕35号)、《教育部关于加强和改进普通高中学生综合素质评价的意见》(教基二〔2014〕11号)、《上海市深化高等学校考试招生综合改革实施方案》(沪府发〔2014〕57号)和《上海市人民政府印发〈关于进一步深化本市高考综合改革试点工作的若干意见〉的通知》(沪府发〔2018〕14号)等文件精神,结合上海教育实际,特制定本办法。

一、指导思想

坚持立德树人,践行社会主义核心价值观,传承和弘扬中华优秀传统文化、革命文化和社会主义先进文化,反映学生全面发展情况和个性特长,着力促进每一个学生的终身发展,促进高中人才培养模式转变,为高校科学选拔人才提供参考。

二、基本原则

1. 客观记录,真实反映。以事实为依据,对学生成长过程中的主要经历和典型事例作客观记录和写实性描述，利用信息管理系统导入客观数据，真实反映学生的发展状况。

2. 内容全面，体现特色。反映学生全面发展情况和个性特长，注重考察学生的社会责任感、创新精神和实践能力，体现高中学校的办学特色。

3. 注重过程，指导发展。关注学生成长过程，发掘学生潜能，加强学习和生涯规划指导，促进学生个性化发展与健康成长。

4. 公开公平，强化监督。规范综合素质评价程序，建立综合素质评价的信息确认制度、信誉等级制度、公示和举报投诉制度。

三、记录和评价内容

1. 品德发展与公民素养。主要反映学生在践行社会主义核心价值观、弘扬中华优秀传统文化、革命文化和社会主义先进文化等方面的情况，包括爱党爱国、理想信念、诚实守信、仁爱友善、责任义务、遵纪守法等。重点记录学生遵守日常行为规范，参加志愿服务和公益劳动、党团活动等情况。

2. 修习课程与学业成绩。主要反映学生各门课程知识和技能掌握情况以及运用知识解决问题的能力等。重点记录学生学业水平考试成绩、基础型课程成绩、拓展型课程和研究型课程学习经历等情况。

3. 身心健康与艺术素养。主要反映学生的健康生活方式、体育锻炼习惯、身体机能、运动技能和心理素质，对艺术的审美感受、理解、鉴赏和表现的能力。重点记录《国家学生体质健康标准》测试结果，参加体育运动、艺术活动的经历及表现水平等情况。记录学生课外锻炼情况，强化每天体育锻炼1小时。

4. 创新精神与实践能力。主要反映学生的创新思维、调查研究能力、动手操作能力和实践体验经历等。重点记录学生参加研究性学习、社会调查、科技活动、创造发明等情况。

四、记录方法与程序

市教委建立上海市普通高中学生综合素质评价信息管理系统(以下简称“信息管理系统”)，以高中学校为记录主体，采用客观数据导入、高中学校和社会机构统一录入、学生提交实证材料相结合的方式，客观记录学生的学习成长经历。

1. 写实记录。教师要指导学生客观记录集中反映综合素质主要内容的具体活动，收集相关事实材料，每学期及时填写《上海市学生成长记录册》。高中学校在信息管理系统内统一录入学生自我介绍、军事训练、农村社会实践、党团活动、先进个人荣誉称号、违纪违规情况、基础型课程成绩、拓展型和研究型课程学习经历、研究性学习专题报告和学校特色指标等内容。学生基本信息、参加志愿服务和公益劳动信息、国防民防相关项目、高中学业水平考试成绩、《国家学生体质健康标准》测试综合得分、体育艺术科技活动项目等内容采用客观数据导入的方式记录。

2. 整理遴选。每学期末，教师指导学生整理、遴选用于撰写自我介绍的材料。高中毕业前，学生要在整理遴选材料的基础上撰写自我介绍，以及遴选最具代表性的研究性学习专题报告。

3. 公示确认。由高中学校统一录入的内容(除涉及个人隐私的信息外)及相关实证材料在录入信息管理系统之前必须于每学期末在教室、公示栏、校园网等显著位置公示。由上海市学生社会实践信息记录电子平台导入的志愿服务和公益劳动信息需先在该电子平台公示。相关部门和社会机构需要事先确认导入信息管理系统的客观信息与数据。

4. 导入系统。学校公示后的信息及基础型课程成绩由高中学校统一录入信息管理系统，客观数据由相关部门确认后统一导入信息管理系统，学生每学期对信息管理系统中的信息进行网上确认，如有异议，可以向学校提出更正申请。

5. 形成档案。学生高中毕业前，信息管理系统自动生成《上海市普通高中学生综合素质纪实报告》，经学生确认后在本校公示，公示无异议后，由学生本人签字，再经班主任和校长签字以及高中学校盖章后存档，并供高等学校招生参考使用。

由外省市转学进入本市普通高中就读的学生，其综合素质评价信息经相关部门认定后导入信息管理系统。

五、评价结果应用

1. 引导学生积极主动发展。引导学生开展自我评价并进行自我调整和自我管理，促进教师开展学生成长过程指导和生涯辅导，帮助学生确定个人发展目标，实现全面而有个性的发展。

2. 促进普通高中学校积极开展素质教育。通过综合素质评价改革，引导高中学校开展各种素质教育活动，促进学校多样化、特色化发展。

3. 作为高校人才选拔的参考。循序渐进、积极稳妥地推进综合素质评价信息在高校招生中的使用。积极引导在沪招生院校探索和参考使用普通高中学生综合素质评价信息，发挥素质教育的价值导向。相关高等学校应在招生章程中明确综合素质评价的具体使用办法并提前公布，规范、公开使用情况。

六、组织管理保障

1. 明确组织管理制度。实行市、区、高中学校三级管理制度，共同负责、协调、落实综合素质评价的组织、实施和管理。成立上海市中小学生综合素质评价工作领导小组，委托市校外联办协调市委宣传部、市文明办、市科委、市文广影视局、市体育局、团市委、市科协等部门共同为学生志愿服务和公益劳动、体育艺术科技活动、研究性学习等活动提供支持。市教委和各区教育局要建立市、区两级综合素质评价数据库。区和学校要安排专人负责综合素质评价的组织、实施和管理。

2. 坚持常态化实施。综合素质评价由高中学校组织实施。高中学校要建立健全学生成长记录规章制度，明确本校综合素质评价的具体要求。要注重在日常教育教学活动中，指导学生及时收集整理有关材料，避免集中突击。

3. 建立信息确认制度。提供综合素质评价信息的各相关社会机构、录入信息管理系统的比赛活动项目和荣誉称号等由相关管理部门进行确认。高中学校、社会机构、区和市级相关部门负责对各自录入或导入信息管理系统的信息与数据进行确认。

4. 建立信誉等级制度。对综合素质评价涉及的高中学校校长、社会机构等主体，由相关部门评定信誉等级。信誉等级评定采用等级下调的方式，一年评定一次。下调信誉等级的高中学校校长和社会机构将受到内部通报，连续两年被下调信誉等级的学校校长和社会机构将依纪依规严肃处理。

5. 建立公示与举报投诉制度。高中学校需要在全校公示本校综合素质评价的具体实施办法，学校统一录入信息管理系统的学生信息(除涉及个人隐私的信息外)都要公示。各高等学校要制定综合素质评价信息的使用办法并提前在网上公布。

对公示的综合素质评价内容，学生可以向所在高中学校、区教育局和市教委逐级举报投诉。高等学校在招生过程中发现不实信息可向市教委学生处举报投诉。对高中学校和社会机构的举报投诉一经查实，将采取下调高中学校校长和社会机构信誉等级等措施给予严肃处理。对学生个人的举报投诉一经查实，将按照《普通高等学校招生违规行为处理暂行办法》等有关规定给予严肃处理。

本办法自2018年11月15日起施行，有效期5年。

附件：上海市普通高中学生综合素质纪实报告(略)

上海市教育委员会　上海市人力资源和社会保障局
关于印发《上海市中小学高级教师评审条件》的通知

（沪教委规〔2018〕4号）

各区教育局、人力资源社会保障局：

为贯彻落实党的十九大精神，落实立德树人根本任务，深化教育综合改革，促进教育公平，推进基础教育优质均衡和城乡教育一体化发展，发展素质教育，培养造就党和人民满意的高素质专业化创新型教师队伍，深化中小学教师职称和考核评价制度改革，根据国家和本市有关精神，经研究，市教委、市人力资源社会保障局联合制定了《上海市中小学高级教师评审条件》，现印发给你们，请遵照执行。

上海市教育委员会

上海市人力资源和社会保障局

2018年4月12日

上海市中小学高级教师评审条件

为贯彻落实党的十九大精神，落实立德树人根本任务，深化教育综合改革，促进教育公平，推进基础教育优质均衡和城乡教育一体化发展，培养造就党和人民满意的高素质专业化创新型教师队伍，根据《中共中央　国务院关于全面深化新时代教师队伍建设改革的意见》（中发〔2018〕4号）、人力资源社会保障部、教育部《关于深化中小学教师职称制度改革的指导意见》（人社部发〔2015〕79号）、《上海市〈乡村教师支持计划（2015—2020年）〉实施办法》（沪府办〔2015〕120号）等文件精神，坚持育人为本、德育为先，形成以能力和业绩为导向、以社会和业内认可为核心、覆盖各类中小学校（含幼儿园）教师的评价机制，引导教师立德树人，爱岗敬业，积极进取，不断提高发展素质教育的能力和水平，制定上海市中小学高级教师评审条件如下：

一、师德素养

拥护党的领导，胸怀祖国，热爱人民，遵守宪法和法律，贯彻党和国家的教育方针，忠诚于人民教育事业，具有良好的思想政治素质和职业道德，牢固树立爱与责任的意识，爱岗敬业，关爱学生，为人师表，教书育人，自觉践行社会主义核心价值观，以德立身、以德立学、以德施教、以德育德，坚持教书与育人相统一、言传与身教相统一、潜心问道与关注社会相统一、学术自由与学术规范相统一，当好学生引路人，做新时代"四有"好老师。

中小学教师职务评审工作实行违背师德一票否决制，教师师德由学校负责考核。学校要严格落实教育部关于《中小学教师职业道德规范》（教师〔2008〕2号）、《严禁教师违规收受学生及家长礼品礼金等行为的规定》（教监〔2014〕4号）、《严禁中小学校和在职中小学教师有偿补课的规定》（教师〔2015〕5号）、《中小学教师违反职业道德行为处理办法》（教师〔2014〕1号）等规定，加强对教师师德师风的监察监督，建立教师个人信用记录，制订具体考核指标，形成由学校、教师、学生、家长共同参与的师德定期考核制度，师德考核结果作为评审的重要依据。

二、教育教学能力

根据所教学段学生的年龄特征和思想实际，能有效进行思想道德教育，积极引导学生健康成长，有效开展学科德育实践，在德育和班主任工作方面有比较突出的业绩，教书育人成果比较突出。

具有所教学科坚实的理论基础、专业知识和专业技能，具有良好的教学素养和科学人文素养，立足课堂，完成规定的教学课时量，积极参与教学和评价改革，有丰富的教学和评价经验，充分发挥学科育人功能，教育教学效果显著。

三、教育教学研究水平

具有一定的教育理论基础知识，以及指导与开展教育教学研究的能力，积极参与教育教学改革研究，在课程改革、教学方法等方面取得显著的成果，在素质教育创新实践中取得比较突出的成绩。

能胜任教育教学带头人工作，在指导、培养二级、三级教师方面发挥重要作用，取得明显成效。

任中级职务以来，在区级及以上刊物发表过较高水平的论文(含技术工作总结等)，或其他较高水平的教育教学实践研究成果(含校本及以上课程、通过市级以上信息化平台分享的自创教学资源等)。

四、学历学位

(一) 中学教师应具有大学本科及以上学历或学士及以上学位。

(二) 小学和幼儿园教师，1975 年 1 月 1 日以后出生的应具有大学本科及以上学历或学士及以上学位；1974 年 12 月 31 日以前出生的应具有大学专科及以上学历。

五、任职资历

(一) 基本资历

符合下列条件之一：

1. 在一级教师岗位任教累计满 5 年。

2. 具有博士学位，并在一级教师岗位任教累计满 2 年。

3. 从其他相关专业技术岗位转到教师岗位的人员，应有中级职务任职累计满 5 年的经历，其中被聘一级教师岗位原则上不少于 1 年。

(二) 任教学科(岗位)资历

1. 申报学科须与目前任教学科(岗位)一致，提交的论文等教育教学研究成果应与所任教育教学工作以及申报学科(岗位)相一致。

2. 目前任教学科(岗位)的经历一般应满 5 年，具有博士学位的应满 2 年。

六、破格评审

任职资历未达到第五条规定的，或者学历未达到第四条规定但达到《中华人民共和国教师法》规定学历的人员，在本市基础教育领域做出突出贡献、发挥重大作用的，如任中级职务以来，主持过省(市)级以上重大教育改革实践项目或研究课题，或以前 3 位署名作者申报的成果获省(市)级教学成果一等奖以上的，可以破格评审。其中，资历破格的年限一般不超过 1 年。

七、高中教师的初中或乡村学校教学经历

高中教师，应有不少于 1 个学年的初中或乡村学校教学经历。

八、继续教育

完成规定的教师职务培训任务。

九、支教教师政策

任中级职务以来：

(一) 到外省市对口地区支教满 1 年并经受援单位考核合格，并担任中级教师职务累计满 4 年者，可申报高级教师职务。

（二）到外省市对口地区支教满1年并经受援单位考核合格的教师，支教期间在当地所撰写的有关教育教学方面的调查报告以及论文被当地教育行政部门认可的，可视作在区级刊物发表。

（三）援藏援疆援青满1年并经受援单位考核合格的教师，论文不作为必备条件，但应有在校内交流过的教育教学方面的案例、总结等。

（四）到外省市对口地区支教满1年并经受援单位考核合格的教师，在当地开展培训、进行带教或开设公开示范课等，可视其具体开展工作的情况，折合成相应学分记入其本轮参加教师职务培训的学分。

十、乡村教师政策

（一）在乡村学校任教累计满10年且现仍在乡村学校任教，并在一级教师岗位任教累计满4年的教师，可申报高级教师职务。

（二）在乡村学校任教累计满5年且现仍在乡村学校任教，或从城镇学校交流、支教到乡村学校任教累计满3年的教师，论文发表不作为必备条件。

（三）从城镇学校交流、支教到乡村学校任教累计满3年的教师，其在受援学校交流过的教育教学方面的案例、总结等，可视作教育教学研究成果。

十一、其他

（一）任中级职务以来，有班主任工作经历的教师优先；任中级职务以来，学年度考核或年度考核优秀的教师优先；城区中小学教师，具有在乡村学校或薄弱学校任教满1年经历的教师优先。

（二）高评委评审未获通过的教师，次年一般不得连续申报。如新的一年在教育教学业绩或成果方面取得突出贡献，对本市基础教育发展起到积极作用，由本人申请，且经学校、区教育局推荐可连续申报。

（三）本规定从2018年6月1日起施行，有效期10年。原《上海市教育委员会关于做好中学高级教师职务评聘工作的通知》（沪教委人〔2004〕77号）同时废止。

上海市教育委员会等16部门关于印发《上海市3岁以下幼儿托育机构设置标准（试行）》的通知

（沪教委基〔2018〕27号）

各区教育局、发展改革委、公安局、消防局、民政局、财政局、人力资源社会保障局、建委、规土局、卫生计生委、地税局、市场监督管理局、工会、妇联、房管局：

为贯彻落实市委、市政府对本市3岁以下幼儿托育服务工作管理的相关要求，规范本市3岁以下幼儿托育机构的设置和管理，市教委、市物价局、市公安局、市消防局、市民政局、市财政局、市人力资源社会保障局、市住房城乡建设管理委、市规划国土资源局、市卫生计生委、市地税局、市工商局、市食品药品监管局、市总工会、市妇联、市房管局等16部门研究制订了《上海市3岁以下幼儿托育机构设置标准（试行）》（见附件），现印发给你们，请严格参照执行。

2018年4月28日

附件

上海市3岁以下幼儿托育机构设置标准（试行）

第一章　总　　则

第一条（目的依据）

为规范本市3岁以下幼儿托育机构（包括具有法人资格的托育机构和企事业单位、园区、商务楼宇举办的面向单位职工适龄幼儿的免费福利性托育点，以下统称“托育机构”）的设立和管理，促进托育机构健康发展，根据国家有关法律法规和相关政策要求，制定《上海市3岁以下幼儿托育机构设置标准（试行）》（以下简称《设置标准》）。

第二条（适用范围）

本《设置标准》中的托育机构，是指在本市行政区域内，由社会组织、企业、事业单位或个人举办，面向3岁以下尤其是2—3岁幼儿实施保育为主、教养融合的幼儿照护全日制、半日制、计时制机构。

幼儿园托班和托儿所不适用本标准。

第三条（举办原则）

坚持以幼儿发展为本、支持性而非替代性的原则，根据3岁以下尤其是2—3岁幼儿家庭实际需求，提供全日制、半日制、计时制等规范化、多层次、多样化、可选择的托育服务。

第四条（机构类型）

托育机构（不含托育点）分为营利性和非营利性两类。营利性托育机构（不含托育点）利用非国家财政性经费和非捐助资产设立，在工商（市场监督管理）部门办理公司制法人登记；非营利性托育机构（不含托育点）不以营利为目的，利用非国家财政性经费捐助设立，经业务主管单位审查同意后，在民政部门申请民办非企业单位法人登记。

第二章　基本规定

第五条（举办资格）

申请举办托育机构的社会组织、企业、事业单位，应当具有独立法人资格。事业单位出资举办的，应当经其上级主管单位批准同意；国有及国有控股企业投资举办的，应当向对其国有资产负有监管职责的机构履行备案手续。

申请举办托育机构的个人应当具有中华人民共和国国籍并具有政治权利和完全民事行为能力。

第六条（举办规模）

单个托育机构的规模不宜过大，应当有利于3岁以下尤其是2—3岁幼儿身心健康，便于进行照护和日常管理。

（一）托育机构建设规模宜符合表1要求。

表1　托育机构的规模

<table>
<tr><th>分　类</th><th>班级数</th><th>人　数</th><th>服务居住人口（人）</th></tr>
<tr><td rowspan="2">全日制/半日制
托育机构</td><td>5—7</td><td>（81—140人以内）</td><td>3001—6000</td></tr>
<tr><td>3—4</td><td>（41—80人以内）</td><td rowspan="3">小于3000</td></tr>
<tr><td rowspan="2">计时制
托育机构</td><td>3—4</td><td>（41—80人以内）</td></tr>
<tr><td>1—2</td><td>（20—40人以内）</td></tr>
</table>

（二）托育机构的单班规模应符合表2规定要求。

表2 托育机构的每班人数

机构类型	幼儿年龄	人数(人)
全日制/半日制托育机构	18—24个月	10—15
	24—36个月	15—20
计时制托育机构	18—24个月	5—10
	24—36个月	11—20

注:招收24个月以下幼儿的班级不应超出15人,招收2—3岁幼儿的班级不应超出20人。

第七条(举办经费)

托育机构(不含托育点)举办者应当根据所在区登记管理机关的相关要求或按照承诺,及时足额履行举办出(捐)资义务。

第八条(举办场所)

举办者应当提供能满足使用功能要求,与举办项目和举办规模相适应的场所,提供区级及以上卫生计生部门指定的医疗卫生机构出具的符合《托儿所幼儿园卫生保健工作规范》的卫生评价报告,以及消防、公安、食药监等相关政府职能部门出具的用房安全合格或许可证明。举办者租用场地的,租赁期限自申请开办托育机构之日起不得少于3年。

第九条(人员配置)

托育机构收托幼儿数应与从业人员之间保持合理比例,每班应配备育婴员和保育员(以下简称"保育人员"),且育婴员不得少于1名。2—3岁幼儿与保育人员的比例应不高于7∶1,18—24个月幼儿与保育人员的比例应不高于5∶1,18个月以下幼儿与保育人员的比例应不高于3∶1。

收托50人以下的托育机构,应至少配备1名兼职卫生保健人员;收托50—100人的,应至少配备1名专职卫生保健人员;收托101—140人的,应至少配备1名专职和1名兼职卫生保健人员。

托育机构应至少有1名保安员在岗,保安员应由获得公安机关颁发的《保安服务许可证》的保安公司派驻。

第十条(入托条件)

全日制、半日制托育机构一般每年秋季登记接收,平时若有缺额可随时登记接收,计时制托育机构可随时登记接收。

(一) 托育机构的3岁以下幼儿在入托前,应当经区级及以上卫生计生行政部门指定的医疗卫生机构进行健康检查,凭健康检查合格证明入托。

(二) 托育机构应根据幼儿的个体发展情况征询儿保医生的建议,与家长共同协商,选择采取最有利于幼儿健康成长的托育方式。

第三章 建筑设计

第十一条(建设原则)

托育机构的建设必须在坚持依法依规的前提下,符合幼儿生理和心理成长规律,确保安全卫生第一,做到功能完善、配置合理、绿色环保。

第十二条(规划布点)

应根据当地街道、乡镇的发展规划和实际需求,结合社区人口发展趋势、城市交通、环境等因素综合考虑,合理布点及规划托育机构的规模。托育机构(不含托育点)服务半径宜为300—500m。

第十三条(选址原则)

托育机构功能布局、建筑设计、设施设备等应当以保障安全为先,且符合下列要求:

(一) 选择地质条件较好、空气流通、日照保障、交通方便、排水通畅、场地平整干燥、基础设施完善、周边环境适宜、邻近绿化带、符合卫生和环保要求的宜建地带。

(二) 应避开可能发生地质灾害和洪水灾害的区域等不安全地带,避开加油站、输油输气管道和高压供电走廊等。

(三) 不得与公共娱乐场所、集市、批发市场等人流密集、环境喧闹、杂乱或不利于幼儿身心健康成长的建筑物及场所毗邻。应远离医院、垃圾及污水处理站等危及幼儿安全的各种污染源,远离城市交通主干道或高速公路等,符合国家现行有关卫生、防护标准的要求。

(四) 3 个班级及以上的全日制、半日制托育机构以及企事业单位、园区或商务楼宇开办的托育机构宜独立设置。在居住、就业集中建成区域,如符合消防安全、卫生防疫、环保等专业管理部门的相关要求,且房屋产权清晰、房屋性质不变更的,举办者可以试点结合住宅配套服务设施、商务办公、教育、科研、文化等建筑,综合设置幼儿托育设施,但须符合下列规定:

1. 新建、改建、扩建托育机构应符合《托儿所、幼儿园建筑设计规范》(JGJ39)和国家相关抗震、消防标准的规定。利用房龄 20 年以上的既有建筑提供托育服务的,须通过房屋结构安全检测。

2. 幼儿生活用房不应设置在地下或半地下,当设置在建筑的首层确有困难时,可设置在地上二、三层,除应当符合《建筑设计防火规范》要求外,还应满足以下条件:

(1) 应设置在一、二级耐火等级的建筑内。

(2) 场所下方对应区域也应为托育机构用房。

(3) 应设置独立的安全出口和疏散楼梯。

(4) 场所应采用耐火极限不低于 2.00h 的防火隔墙和 1.00 的楼板与其他场所或部位分隔,墙上必须设置的门、窗应采用乙级防火门、窗。

(5) 场所应设置自动喷水灭火系统和火灾自动报警设施。

(6) 场所顶棚的内装修材料应为 A 级,墙面、地面、隔断、装饰织物和其他装饰材料不应低于 B1 级。

3. 托育机构出入口处应当设置人员安全集散和车辆停靠的空间,且不应影响城市道路交通。

4. 宜设独立的室外活动场地,场地周围应当采取安全隔离措施,防止走失、失足、物体坠落等风险。

第十四条(建设项目)

托育机构的建设项目由房屋建筑和建筑设备等构成。

(一) 房屋建筑

房屋建筑由幼儿活动用房、服务用房、附属用房 3 部分组成。

1. 全日制、半日制托育机构的幼儿活动用房包括班级活动单元(含生活区与游戏活动区)、综合活动室等。计时制托育机构的幼儿活动用房包括生活区与游戏活动区。

2. 托育机构的服务用房包括保健观察室、晨检处、幼儿盥洗室(含淋浴功能)、洗涤消毒用房等。

3. 自行加工膳食的全日制托育机构的附属用房包括厨房、储藏室、教职工卫生间等;非自行加工膳食的全日制、半日制、计时制托育机构的附属用房包括配餐间、储藏室、教职工卫生间等,不提供点心的计时制托育机构可无配餐间。

(二) 建筑设备

主要包括建筑给排水系统、建筑电气系统、供暖通风和空气调节系统及弱电系统等。

第十五条(设计规划)

托育机构的建筑规划面积、建筑设计、功能要求、管线部署、房屋朝向、日照保障、机构内道路、装修材料以及提供的设施设备等，应符合《托儿所、幼儿园建筑设计规范》(JGJ39)的有关标准要求。环境、空气和物体表面等经检测应符合《托幼机构环境、空气、物体表面卫生要求及检测方法》(DB31/8)的有关标准要求。

第十六条(主出入口)

托育机构主出入口不应直接设在城市主干道或过境公路干道一侧，门外应设置人流缓冲区和安全警示标志。托育机构周边应设围墙或围护设施，围护设施应安全、美观，并能防止幼儿穿过和攀爬。全日制托育机构出入口应设大门和门卫室，对外应有良好的视野，机动车与供应区出入口宜合并，并独立设置。

第十七条(场地要求)

托育机构宜设专用室外活动场地，面积不宜低于60m²，各班活动场地之间宜采取分隔措施。室外公共游戏场地人均面积不宜低于2m²。计时制托育机构每班室外专用活动场地不宜低于40m²。托育机构的室外场地及设施设备需符合《托儿所、幼儿园建筑设计规范》(JGJ39)的有关标准。

全日制、半日制托育机构严禁种植有毒、带刺、有飞絮、病虫害多、有刺激性的植物。

第十八条(建筑面积)

托育机构建筑面积不低于360m²(只招收本单位、本社区适龄幼儿且人数不超过25人的，建筑面积不低于200m²)，且幼儿人均建筑面积不低于8m²。户外场地符合《托儿所、幼儿园建筑设计规范》(JGJ39)的机构，幼儿人均建筑面积不低于6m²。

第十九条(活动用房)

幼儿生活、活动用房应符合下列规定：

(一) 严禁设在地下或半地下。

(二) 宜按幼儿生活单元组合方法进行设计，各班幼儿生活单元应保持使用的相对独立性。班级活动单元应满足幼儿活动生活等功能需求。

1. 幼儿游戏活动室(区)

(1) 分为大动作活动区和综合活动区。大动作活动区主要满足大运动活动、地面构建活动、玩音乐活动等。综合活动区主要满足精细操作活动、桌面构建活动、创意表现游戏活动、阅读游戏活动等。

(2) 游戏活动区地面宜铺设木地板或柔软、有弹性的材料。

(3) 应为幼儿配备适宜的桌椅和玩具柜。幼儿桌椅表面及幼儿手指可触及的隐蔽处，均不得有锐利的棱角(建议用圆角)、毛刺及小五金部件的锐利尖端。

(4) 应配备数量充足、种类多样的玩具和图书，以及可供幼儿摆弄和操作的各种材料。提供给幼儿的玩具应符合GB 6675"《玩具安全》系列国家标准"。

2. 幼儿就寝室(区)

(1) 宜分班使用。

(2) 应安装窗帘和隔帘。隔帘厚度和颜色不得影响随班保育人员观察幼儿活动情况。

(3) 应配备调节温度的设备。

(4) 应保证幼儿午睡区及寝具的安全、卫生。

(5) 应保证每个幼儿有1张床位。不得设双层(多层)床，床位侧面不应紧靠外墙布置。

(6) 区域内宜设置收纳空间或配备收纳盒，保证每个幼儿有衣物存放处。

(7) 班级活动单元内不得搭建阁楼或夹层作寝室。

第二十条(供餐用房)

厨房平面布置应符合食品安全规定，满足使用功能要求。厨房不得设在幼儿活动用房的下部。房屋为多层时宜设置提升食梯。

(一) 厨房(配餐间)距离污水池、暴露垃圾场(站、房)等污染源 25m 以上,并设置在粉尘、有害气体、放射性物质和其他扩散性污染源的影响范围之外。

(二) 自行加工膳食的全日制托育机构应设不低于 $30m^2$ 的厨房,其中加工场所(包括初加工、切配、烹饪等)和备餐间分别不小于 $23m^2$ 和 $7m^2$。不自行加工膳食但提供午餐的全日制托育机构,需向有提供中小学餐饮服务资质的企业购买供餐服务,并设不低于 $8m^2$ 的配餐间。用餐人数超过 50 人的,执行本市食品经营许可中关于幼托机构食堂的要求。半日制、计时制托育机构提供点心的,企事业单位、园区或商务楼宇自办托育点且其用餐由本单位、园区或商务楼宇食堂提供的,应设不低于 $8m^2$ 的配餐间。

(三) 厨房(配餐间)应配备足够容量的冰箱、消毒柜,自行加工膳食的还应配备膳食烹饪设施。

(四) 厨房、配餐间应分设以下清洗水池:

1. 至少 1 个餐具专用清洗水池。

2. 至少 1 个水果专用清洗水池和 1 个水果专用消毒水池(水果消毒采用专用容器的可以只设清洗水池)。

3. 专用洗手水池及手部消毒、干手设施。

4. 自行加工膳食的,至少设 1 个食品粗加工专用水池。水池应有足够容量,以不锈钢等易清洁材质制作(洗手水池可以为陶瓷材质),内部角落部位应避免有尖角。各类水池应以明显标识标明用途。

5. 备餐间应为专用操作间,按要求设空调设施、温度计、专用冷藏设施、空气消毒设施、洗手水池、工具清洗消毒水池等设施。

6. 配餐间内应设标识明显的水果加工专用操作区域。

7. 厨房、配餐间各加工操作场所和设备设施布局合理。

8. 配餐间、备餐间内不应设明沟,地漏应带水封。

9. 用于原料、半成品、成品的容器和使用的工具、用具,应当有明显的区分标记,存放区域分开设置。

10. 厨房、配餐间地面、排水设施、墙壁、门窗、天花板、食品贮存场所、清洁工具存放场所、废弃物暂存设施、通风排烟设施等应当符合《餐饮服务食品安全操作规范》要求。

第二十一条(服务用房)

托育机构其他服务用房、附属用房均需符合《托儿所、幼儿园建筑设计规范》(JGJ39)中的相关规定。

第二十二条(建筑设计)

托育机构的建筑布局、结构、防火、各室及区域的设计、层高、走廊、楼地面、内外墙、门窗等均应符合《托儿所、幼儿园建筑设计规范》(JGJ39)中的相关规定。托育机构的消防设计应符合《建筑设计防火规范》(GB50016)等国家标准。技防、物防建设应符合公安部、上海市公安局校园安全管理相关规定。

第二十三条(建筑设备)

主要建筑设备应符合下列规定:

(一) 幼儿活动用房宜设置集中采暖系统,散热器应暗装。采用电采暖必须有可靠的安全防护措施。幼儿生活区宜设置热水地面辐射采暖系统等设备。禁止采用无烟道火炉采暖。室内空气质量新风量应符合现行国家标准。

(二) 室内照明值应符合《托儿所、幼儿园建筑设计规范》(JGJ39)表 6.3.4 所列要求。室内照明应采用带保护罩的节能灯具,不得采用裸灯。根据需要配置电源插座。幼儿活动用房应采用安全型插座,插座要科学合理地分布在多面墙面上,并为幼儿展示作品留出空间。距楼地面高度不应低于 1.80m。照明开关距楼地面高度不应低于 1.40m。动力电源与照明电源应分开敷设和控制,不得混用。

(三) 幼儿活动用房、卫生保健用房(包括晨检处、保健观察室、消毒操作间等)、备餐间宜安装紫外线杀菌灯,灯具距楼地面高度宜为 2.50m。紫外线杀菌灯开关应单独设置,距楼地面高度不应低于 1.80m,并应设置警示标识，采取防止误开误关措施。托育机构内应安装应急照明灯。

（四）配电箱下口距楼地面高度不应低于1.80m。

（五）应按信息化管理的需要敷设网络、通信、有线电视、安保监控等线路，预留接口。

（六）办公室内应设有监控视频观察区，对托育机构内所有场所（成人洗手间及更衣间除外）进行无死角监控。

第二十四条（设施设备）

托育机构应当根据用房的功能配备相应的基本设施设备、幼儿养护设施设备及玩教具，确保机构的照护工作和幼儿游戏生活活动安全、有序开展。

第二十五条（附属设施）

托育机构附属设施应符合下列规定：

（一）托育机构安全技术防范系统设计、检验、验收、维护应符合有关标准及智能安防系统要求。

（二）主出入口、幼儿生活及活动区域等应安装视频安防监控系统，确保监控全覆盖，录像资料保存30日以上，且出入口设置微卡口，符合“智慧公安”相关要求。

（三）设置安全、通透的实体周界，实施全封闭管理，周界宜设置入侵报警系统。根据实际场地，设置电子巡查系统，巡查点布点合理，安装牢固隐蔽。

（四）托育机构门卫室、安防控制中心、负责人办公室应安装紧急报警装置，且与区域报警中心联网。

（五）根据消防要求，在托育机构区域内和建筑内配置相应的消防设备。

（六）机构区域内严禁设置带有尖状突出物的围栏。

第四章　安 全 防 护

第二十六条（安全责任）

托育机构应建立安全责任制度，包括：

（一）责任主体制度。托育机构法定代表人和托育点举办者，是机构安全和卫生保健工作的第一责任人。

（二）安全问责制度。托育机构第一责任人对于本机构内由于故意或者过失，对幼儿的人身安全造成不良影响和后果的行为，应进行内部监督和责任追究。

（三）首问责任制度。第一位接到家长来访、来电或来信对托育机构提出异议的工作人员即为首问直接责任人，应做好事件的全程跟进。

（四）行为规范制度。严禁从业人员虐待、歧视、体罚或变相体罚等损害幼儿身心健康行为。

第二十七条（防范预警）

托育机构应建立防范预警制度，包括：

（一）安全防护制度。托育机构应实施全封闭管理，报警系统确保24小时设防。建立健全门卫、房屋、设备、消防、交通、食品、药物、幼儿接送交接、活动组织和幼儿就寝值守等安全防护制度。

（二）应急预警制度。制定重大自然灾害、食物中毒、传染病疫情、饮用水污染、踩踏、火灾、暴力等突发事件的应急预案和管理制度，规定突发事件发生时优先保护幼儿的相应措施。全体托育从业人员应当掌握基本急救常识和防范、避险、逃生、自救的基本方法，并定期进行事故预防演练。其中，至少有1名保育人员接受过急救培训并持有有效急救证书。

第二十八条（巡查上报）

托育机构应建立巡查上报制度，包括：

（一）安全巡查制度。加强对园舍、活动场地和设施设备的安全检查，落实各项安全防范措施，执行每日巡查制度,做好安全巡查记录,及时消除安全隐患。

(二) 安全上报制度。发现安全问题,应按要求及时准确上报有关信息。托育机构一旦发现幼儿遭受或疑似遭受从业人员或家庭暴力的,应当依法及时向公安机关报案。

第五章 卫 生 保 健

第二十九条(保健管理)

托育机构应建立健全保健管理制度,确保做好幼儿生理和心理卫生保健工作,遵守行业操作规范,保健资料齐全,定期开展检查与指导,并对从业人员进行健康与安全教育。

第三十条(健康检查)

托育机构应建立健康检查制度,包括:

(一) 幼儿入托健康检查、定期健康检查、晨检或午检以及全日健康观察制度及幼儿健康档案管理制度。

(二) 发现幼儿身体、精神状况、行为等异常时,及时处理并通知其监护人的流程规范。

(三) 从业人员上岗体检、在岗定期体检和健康档案管理制度,以及对患有可能影响幼儿身体健康疾病的从业人员及时调离工作岗位的规范条例。

第三十一条(卫生防病)

托育机构应建立卫生与消毒、传染病防控与管理、饮用水卫生、常见病预防与管理、健康教育宣传等相关制度,落实各相关工作措施与要求。

第三十二条(营养工作)

托育机构应严格执行国家和本市有关食品安全的法律法规,建立健全各项食品安全管理制度和营养食谱,包括:

(一) 托育机构提供的餐饮、点心服务,必须符合托育机构提供餐点的卫生要求与操作流程,应有食品经营许可证。

(二) 建立为全日制幼儿提供安全、卫生、健康膳食的管理制度,确保每周向家长公示幼儿食谱,定期进行营养摄入量分析。

(三) 建立食品留样制度。

第三十三条(防暑降温)

托育机构应建立极端天气防护制度,确保夏季防暑降温和冬季防寒保暖工作,防止幼儿中暑或冻伤。

第六章 托 育 服 务

第三十四条(内容设置)

托育机构应有明确的活动设置与内容安排计划,并须符合以下要求:

(一) 符合 3 岁以下幼儿的身心特点和发展规律,有利于幼儿身心健康和谐发展,不得开展违背幼儿养育基本要求、有损身心健康的活动。加强生活护理,并帮助幼儿养成良好的生活习惯。

(二) 合理安排幼儿在机构内的生活,各环节时间安排要相对固定。

(三) 活动以游戏为主,支持幼儿通过操作、摆弄、探索、交往,获得丰富的直接经验。活动组织方式灵活多样,以个别、小组为主,集中统一活动时间不宜过长,便于育婴员、保育员多与幼儿进行面对面、一对一地个别交流,体现情感关怀。

第三十五条(合作共育)

托育机构应建立指导服务制度,包括:

（一）让家长了解机构内对幼儿的照护情况的家庭联系制度，包括主动与幼儿家庭沟通制、为家长服务项目的公示制等。

（二）通过亲子活动、入户指导等多种形式，向家长提供正确的生活照护、生理和心理保健、早发现早干预等方面指导的全面指导制度。

第七章　从 业 人 员

第三十六条（人员设置）

托育机构人员设置应符合以下要求：

（一）应配备具有完全民事行为能力，品行良好，身心健康，热爱儿童，热爱保育工作的机构负责人、育婴员、保健员、保育员、财会人员、营养员、保安员等从业人员，负责人应具有政治权利。

（二）按照托育机构的人员配备和任职条件要求，从业人员应提供相应的资格证明材料，包括身份证明、学历证明、健康证明、从业资格证书等。鼓励托育机构对从业人员进行入职前心理健康测试，以及进行职后心理健康测试。

（三）专职负责人应具有大专及以上学历，同时具有教师资格证和育婴员四级及以上证书，有从事学前教育管理工作 6 年及以上的经历，能胜任机构管理。

（四）育婴员应具有大专及以上学历，并取得育婴员四级及以上证书。

（五）保健员应具有中等卫生学校、幼师或高中以上文化程度，经过本市妇幼保健机构组织的卫生保健专业知识培训并考核合格。

（六）保育员应具有四级及以上保育员资格。

（七）保健员、营养员等托育机构食品安全管理人员、关键环节操作人员应取得食品安全知识培训考核合格证书。

（八）财务管理人员应具有财会人员资质。

（九）保安员须由获得公安机关颁发的《保安服务许可证》的保安公司派驻，并均应经公安机关培训取得《保安员证》。

第三十七条（人员管理）

托育机构应建立从业人员管理制度，包括：

（一）聘任合同制，依法保障在职人员的合法权益。

（二）培训进修制，应参考公办托幼机构建立人员培训、职级评定等制度，建立保育人员继续教育制度。

第八章　管 理 监 督

第三十八条（决策机构）

托育机构应依法设立决策机构。该决策机构由举办者（或其代表人）、托育机构负责人、教职工代表等人员组成，成员应不少于 5 人，其中 1/3 以上的人员应当具有 3 年以上保教经验，设负责人 1 人。托育机构（不含托育点）的法定代表人，应根据有关法律法规规定，由该托育机构决策机构负责人或托育机构负责人担任。国家机关从业人员不得担任托育机构的决策机构成员。

第三十九条（监督机构）

托育机构（不含托育点），应当依法设立监督机构。

第四十条（基层党建）

托育机构应根据工作需要和党员人数，经上级党组织批准，分别设立党的基层委员会。机构内有正式党员 3 人以上的应成立党支部委员会，正式党员不足 3 人，没有条件单独成立党支部的单位，可与邻近单位的党员组成联合党支部。

第四十一条(工会组织)

托育机构应依照工会法,成立工会组织,维护职工合法权益。

第四十二条(财务管理)

托育机构应建立收、退费管理办法与财务管理制度,包括:

(一) 托育机构应当按月收取托育费,向社会公示收费项目和标准及退费办法等。

(二) 托育机构幼儿伙食和点心费应按月公示,专款专用。

(三) 对中途退出托育机构的幼儿,应当提供代办费使用明细账目,多退少补。

(四) 建立财务会计和资产管理制度,建立健全财务内部控制制度。同时,要加强财务和资产管理,所有资产由法人依法管理和使用,任何组织和个人不得截留、挤占、挪用。托育机构资产使用和财务管理,应当接受审批机关和其他有关部门监督。

第四十三条(业务管理)

托育机构应建立业务管理制度,包括发展规划与计划管理制度、定期检查和总结制度、与所在街道托育机构监管队伍的主动联系制度、幼儿个人信息以及隐私的保密管理制度等。

第九章　附　　则

第四十四条　本标准供各区严格参照执行。

上海市教育委员会关于实施百所公办初中强校工程的意见

(沪教委基〔2018〕45 号)

各区教育局、各有关直属事业单位:

为深入落实党的十九大精神和市委、市政府关于本市基础教育综合改革的部署,进一步提高初中教育优质均衡发展水平,努力让每个孩子都能享有公平而有质量的初中教育,决定实施百所公办初中强校工程(以下简称"强校工程")。

一、总体思路

坚持"办好每一所初中、成就每一名教师、教好每一位学生"的理念,按照"精准施策、注重内涵、提升质量"的思路,将"强校工程"与"名校长名师培养工程"(以下简称"双名工程")相结合、与紧密型学区化集团化办学相结合、与落实推进本市高中阶段学校考试招生制度改革要求相结合,通过制度创新、政策支持和项目化实施,激发百所公办初中办学的内生动力,提高办学质量,从而带动面上公办初中全面提升办学水平,营造更加健康的义务教育生态。

二、工作目标

经过 3—5 年的努力,实现百所公办初中在原有基础上,教育教学状态明显改善,学校办学特色明显增强,整体办学质量明显提高,家长对学校的满意度明显提升,建成"家门口的好初中"。

三、主要内容

各区教育局在开展区域初中办学质量调研的基础上，着眼于进一步抬升底部、促进优质均衡协调发展的要求，在学校自主申报的基础上，遴选区域内不同办学特点的公办初中，申报本市“强校工程”实验校（以下简称“实验校”）。

“实验校”作为第四期“双名工程”实践基地校，要成为名校长、名师培养锻炼的平台，成为促进学校校长和教师专业成长的舞台，提升学校管理水平和教师专业水平。各区要将“实验校”纳入紧密型学区、集团建设，突出管理团队和骨干教师流动、优质课程资源共享、教研科研共建、设施场馆共用。“实验校”要紧密对接本市高中阶段学校考试招生制度改革要求，以学生核心素养培育为目标，完善学校课程实施方案，深化教学改革，优化学生综合素质评价，提升教育教学水平。

四、主要任务

（一）“双名工程”有机融入

通过优质引进、学校培育等途径，加强市级名校长和名师（含培养对象）在“实验校”的配备，确保每一所“实验校”都有一名市级名校长（含培养对象、特级校长）、两名名师（含培养对象、特级教师）。

第四期“双名工程”教师“种子计划”优先选取“实验校”中有发展潜力的青年教师，确保每所“实验校”有不少于5%的教师纳入“种子计划”。

（二）优质品牌辐射带动

开展紧密型学区化集团化办学试点。根据“实验校”发展需求，因地制宜，由市实验性示范性高中、优质品牌初中学校领衔组建紧密型集团或学区，鼓励优质民办学校托管，采取“一带一”“一带二”等方式集中优势资源全方位支持“实验校”建设，提高学区、集团内优秀干部、骨干教师流动到“实验校”的比例，实施教师联合培训、联体研修、联动科研，多渠道提升“实验校”干部管理能力和教师专业能力。

建立“实验校”动态发展档案，反映学校干部培养、教师发展、学生成长、资源配置、课程教学、特色建设等方面的发展情况。突出增值评估，将“绿色指标”表现、学校综合考核等进步情况作为评价“实验校”建设和紧密型学区、集团建设等方面的主要指标。

（三）专家全程专业指导

市教委牵头成立市级专家指导团队，对各区“强校工程”实施方案和“实验校”三年实施规划进行论证，对各区实施“强校工程”进行专业指导。

建立区级指导专家团队。各区教育局应整合区域内专业资源，根据“实验校”发展需要，为每所“实验校”配备不少于3名指导专家，在进行初态评估的基础上，指导“实验校”制定学校三年实施规划，形成“一校一规划”，并给予全程专业指导。

将“实验校”建设成为教育科研基地校，指导学校完善日常教育科研机制，推进优秀成果在“实验校”的转化应用与合成再造。建立激励机制，保障市、区教育科研人员深入“实验校”，提供专业支持，开展蹲点实践研究。

（四）优化教育资源配置

各区要加强财力统筹，保证“强校工程”建设经费投入，并向“实验校”倾斜，确保经费投入高于区域内同类型、同规模的学校，重点保障“实验校”所需的校舍改造及听说测试教室、创新实验室、理科实验室建设和设施设备更新，满足开设丰富课程、转变教学方式的需要。

市教委建立“强校工程”专项经费，重点支持“实验校”内涵建设，确保其课程教学改革、师资队伍培养、特色建设及相关配套设备添置等经费需求。

（五）深化课程教学改革

“实验校”要以提升教育教学质量为核心，建立健全备课、上课、作业、辅导、评价等基本教学环节的规范，科学设计作业和测验制度，促进课程、教学、作业和考试评价的一致性。要充分利用校内外各种资源，开齐开足各类课程，广泛开展学生综合实践活动，加强学生社会责任感、创新精神和实践能力的培养，为不同需求的学生提供可选择的综合学习经历，提高学生综合素养。要优化学生综合素质评价，突出社会考察、探究学习、职业体验等综合实践活动的记录，树立正确的质量观和评价观，运用科学的教育评价理论对学生发展进行综合评价，促进学生积极主动发展和全面健康成长。

实施“课程领导力项目初中百校工程”。以上海市提升中小学（幼儿园）课程领导力行动研究项目（第三轮）为载体，聚焦课堂教学、课程计划编制、教研活动组织、特色课程建设等学校内涵发展核心主题，开展集群研究，深化实践探索，提炼策略方法，搭建分享平台，促进智慧传递，提升“实验校”课程品质和教学水平。

（六）激发自主办学活力

坚持外部支持与激发学校自主办学活力相结合。坚持简政放权，减少对学校不必要的检查、评估，依法保障“实验校”充分的办学自主权。“实验校”在有效利用外部支持的同时，充分利用专业资源，集聚学校教职工的实践智慧，制定本校“强校工程”三年实施规划，明确目标、时间表、路线图和具体实施项目。完善学校治理方式，激发教职工积极性和创造性，推进学校开放办学，形成学校、家庭、社区合力育人格局。

坚持创新与规范相结合。“实验校”要积极落实本市高中阶段学校考试招生制度改革要求，主动开展创新性教学和研究。要树立正确的教育质量观，增强底线意识，在规范中求创新，在创新中求突破。

（七）凝练办学特色品牌

加大市、区教研科研机构对“实验校”课程建设的指导，鼓励高等院校、市级基础教育研究所（中心）及社会专业机构参与“实验校”特色课程建设、特色教师培育，帮助学校建设符合校情的特色课程。帮助“实验校”在课程建设基础上，聚焦科技、艺术、体育、人文等领域，打造办学特色，努力形成品牌。

五、推进机制

（一）市级统筹与以区为主相结合

市教委建立“强校工程”建设领导小组，统筹协调“强校工程”的实施和管理工作。各区承担主体责任，健全组织领导机构和工作制度，研制区域实施“强校工程”方案，统筹资源，加大投入，保障“强校工程”的有效落实。“实验校”要充分抓住机遇，提升自身办学活力，切实提高办学质量。

（二）专业培训与交流宣传相结合

组织开展“实验校”校长三年集群式培训，切实提高校长的教育理论水平和专业领导水平。市、区开展交流展示活动，分享区、校典型经验和做法。开展“家门口的好初中”专题宣传，形成全社会理解、支持实施“强校工程”的良好氛围。依托市教科院普教所定期编发《初中“强校工程”工作专报》，发挥指导、交流、督促的功能。

（三）督政督学与专业评估相结合

市教委将“强校工程”列入对各区教育工作考核指标，纳入各区教育督政范围。各区教育督导部门要开展“强校工程”建设专项督导。开展对“实验校”增值评估和牵头校（支援校）辐射引领评估，对表现突出的学校和个人给予适当的奖励。

六、保障措施

（一）第四期“双名工程”培养对象遴选与“强校工程”相融合，名校长和名师培养对象（中学学段为主）在培养期间应有在“实验校”专职从教3—5年的经历。

（二）绩效工资区域统筹部分可根据实施情况，有一定比例向“实验校”倾斜，调动学校教职工的工作积极性。

（三）在中学高级职称评审上，探索初高中分开评审，并适当向初中倾斜。

（四）建立“强校工程”专项经费，重点用于“实验校”校舍改造、专用教室建设、设施设备更新、特色课程建设等项目。

（五）对参与“实验校”建设并取得实效的学区或集团牵头校、委托管理支援校，给予市级奖励。

（六）探索学区、集团招生改革，适度扩大中本贯通、中高职贯通招生计划，为毕业生提供更好的升学机会。

（七）加大宣传力度，在有关媒体上开辟专栏，对“实验校”工作进展和亮点进行集中报道。

上海市教育委员会

2018年7月2日

上海市教育委员会关于印发《2018年上海市部分普通高校专科层次实行依法自主招生改革试点方案》的通知

（沪教委学〔2018〕2号）

各有关高等学校：

为进一步深化本市普通高等学校招生考试制度改革，做好普通高校招生改革试点工作，我委制定了《2018年上海市部分普通高校专科层次实行依法自主招生改革试点方案》（见附件），现印发给你们，请按照执行。

附件：2018年上海市部分普通高校专科层次实行依法自主招生改革试点方案

上海市教育委员会

2018年1月15日

附件1

2018年上海市部分普通高校专科层次实行依法自主招生改革试点方案

依据国家有关法规以及《国务院关于深化考试招生制度改革的实施意见》（国发〔2014〕35号）《上海市深化高等学校考试招生综合改革实施方案》（沪府发〔2014〕57号）等文件精神，2018年本市继续在部分普通高校专科层次实行依法自主招生改革试点。试点院校依法自主进行入学考试、自主确定入学标准、自主实施招生录取。通过试点，逐步完善“文化素质＋职业技能”招生录取制度，健全与本科层次相对分开、符合职业教育特征的专科层次考试招生制度。

一、试点院校

2018年度共有29所试点院校参加专科层次依法自主招生，招生学校名单见附件1。

二、报名事宜

报名条件、报名时间等要求按照已公布的《上海市教育委员会关于做好2018年上海市普通高校考试招生报名工作的通知》(沪教委学〔2017〕56号)和《上海市教育考试院关于印发〈2018年上海市普通高校考试招生报名实施办法〉的通知》(沪教考院高招〔2017〕42号)规定执行。

三、志愿填报

2018年3月7日10:00至3月9日16:00,考生通过上海招考热线(www.shmeea.edu.cn)网上填报志愿。考生可填报2所院校志愿,每所院校最多可填4个专业志愿,并确认是否服从专业调剂。志愿填报期间考生可修改本人报考信息,过时系统将自动关闭,不再予以补填。

3月16日、17日,考生须到第一志愿院校办理网上报名信息确认手续。考生本人须在《2018年上海市部分普通高校专科层次依法自主招生考生志愿表》上签字确认并缴费,因填报错误造成的后果由考生本人负责。

第一、二院校志愿录取结束后,网上(www.shmeea.edu.cn)将公布有缺额计划的院校及其专业情况,未被录取的考生可再次在网上填报2所院校志愿。

四、考试安排与录取办法

(一) 考试安排

各项测试日期统一定于2018年3月25日(星期日)上午8:30开始,并须在标准化考场中进行。试题命制和印刷必须严格按照国家保密工作规定进行。

(二) 录取办法

1. 对普通高中学业水平合格性考试成绩齐全的应、历届高中学生,采用普通高中学业水平合格性考试成绩与高校职业适应性测试成绩相结合的办法录取。

作为录取依据的总分由普通高中学业水平合格性考试成绩和职业适应性测试成绩组成。其中,普通高中学业水平合格性考试成绩(7门科目)使用志愿填报前(2018年3月6日及以前)取得的成绩,以市教育考试院组织的考试成绩为准。普通高中学业水平合格性考试成绩折算办法与职业适应性测试考核方式,以及两者分值比例,均由试点院校自主确定,并在招生章程中公布。试点院校以总分从高到低,可参考普通高中学生综合素质评价信息,按招生计划择优录取。

2. 对具有中等职业教育的公共基础课程语文、数学、英语三门科目合格性考试成绩的中等职业学校(含中专、职校和技校)应届毕业生,采用文化素质测试成绩与职业技能测试成绩相结合的办法录取。

文化素质测试试行使用中等职业学校学生学业水平公共基础课语文、数学、英语3门科目的合格性考试成绩,每门满分50分,共计150分。每门科目的合格性考试成绩以市教育考试院组织的考试成绩为准,其中"合格"计50分,"不合格"但参加学校组织的补考"合格"计45分,"不合格"且参加学校组织的补考仍"不合格"或未参加补考计25分。

职业技能测试为素质技能测试(统一命题)或校考,满分100分,具体由试点院校自主确定其中一项,并在招生章程中公布。

作为录取依据的总分由文化素质测试成绩和职业技能测试成绩直接合成。试点院校以录取总分从高到低,可参考考生的学业水平等级性考试成绩、专业技能学习成果记录及其他综合素质评价信息等择优录取。

3. 对高中学业水平合格性考试成绩不全的应、历届高中生和中等职业教育的公共基础课程语文、数学、英语三门科目合格性考试成绩不全的中等职业学校(含中专、职校和技校)应、历届毕业生,采用统一入学测试成绩与职业技能测试成绩相结合的办法录取。其中:

(1) 一般专业:作为录取依据的总分由统一入学测试成绩、职业技能测试成绩直接合成。统一入学测试成绩满分150分,职业技能测试成绩满分100分。

(2) 艺体类专业:考试录取办法同上,录取时统一入学测试成绩和职业技能测试成绩比例由试点院校自主确定，并在招生章程中公布。

试点院校以总分从高到低，可参考普通高中学生综合素质评价信息，对普通高中毕业生按招生计划择优录取；或参考中等职业教育的公共基础课程等级性考试成绩、专业技能学习成果记录、思想品德评价等，对中等职业学校（含中专、职校和技校）毕业生按招生计划择优录取。

试点院校根据招生章程公布的录取规则，确定录取名单。试点院校须将拟录取名单在学校网站上公示。

4. 本市内地新疆、西藏中职班应届毕业生（名单由市教委锁定），该类考生将按照与中等职业教育的公共基础课程语文、数学、英语三门科目合格性考试成绩不全的中等职业学校（含中专、职校和技校）应、历届毕业生相同的方式选拔，计划单列，单独录取。

5. 退役士兵考生的考试录取办法，按照市教委、市民政局制定的文件（另发）规定执行。

（三）通过专科层次依法自主招生录取的考生凭院校录取通知书和统一印制的提档通知单，于 2018 年 8 月下旬，前往相关区高招办或高中阶段学校等个人档案所在地提取或转递纸质档案，并按院校的规定递送。

（四）通过专科层次依法自主招生被录取的考生不得参加《上海市教育委员会关于做好 2018 年上海市普通高校考试招生报名工作的通知》（沪教委学〔2017〕56 号）规定的其他考试；未被专科层次依法自主招生录取的考生，可参加符合文件规定报名条件的其他考试。

五、收费标准

试点院校的收费标准按《上海市物价局　上海市财政局　上海市教育委员会关于调整本市普通高校学费标准的通知》（沪价行〔2000〕120 号）《上海市物价局　上海市财政局　上海市教育委员会关于本市高校收费工作有关问题的通知》（沪教委财〔2007〕38 号）《上海市发展改革委员会关于印发上海市定价目录的通知》（沪发改价督〔2015〕1 号）《上海市教育委员会　上海市物价局　上海市财政局关于调整本市松江大学园区公办高校学生公寓住宿费标准的通知》（沪教委财〔2012〕118 号）等规定的收费标准执行。

如被录取考生已缴纳 2018 年 6 月统一高考考试费用的，在报到注册后，由录取院校负责退费，具体办法由上海市教育考试院制定。

六、招生章程

（一）各试点院校应依据《中华人民共和国教育法》《中华人民共和国高等教育法》《中华人民共和国民办教育促进法》和教育部有关规定制定本校 2018 年专科层次依法自主招生章程。

（二）专科层次依法自主招生章程包含以下内容：学校全称、就读校址、学校招生层次、办学类型、颁发学历证书的学校名称及证书种类、学校招生管理机构、招生计划、专业培养对入学外语考试语种的要求、选拔对象、考生身体健康状况要求、院校测试方法和安排、录取规则、收费标准、资助政策、监督机制及举报电话、网址及联系电话等。

（三）各试点院校须于 2018 年 1 月 18 日前认真填写《2018 年上海市普通高校招生章程核准备案表（正副表）》（见附件 2、附件 3）上报市教委。市教委将于 2018 年 1 月下旬前完成各试点院校春季考试招生章程的审核、备案工作。

（四）各试点院校专科层次依法自主招生章程经市教委核准备案后应及时向社会公布，不得擅自更改。学校法定代表人应对学校专科层次依法自主招生章程及有关宣传材料的真实性负责。市教委将对试点院校招生章程的执行情况进行督查。

（五）各试点院校须于 2018 年 2 月 26 日前将经市教委核准的招生章程寄至各区考试招生机构。

七、管理与监督

各试点院校在专科层次依法自主招生工作中，必须合理制定招生计划，精心组织、严格管理、规范操作，不断完善考试招生工作制度，确保专科层次依法自主招生工作公平、公正、公开地进行。

各级监察部门对2018年专科层次依法自主招生工作进行全过程监督并严肃查处各种违规行为。对报名、考试、招生过程中出现违法违规行为的，视情节依照《刑法修正案（九）》《教育法》《国家教育考试违规处理办法》（教育部令第33号）《普通高等学校招生违规行为处理暂行办法》（教育部令第36号）《中共上海市教育卫生工作委员会　上海市教育委员会关于印发上海市普通高等学校招生监察工作实施办法（试行）的通知》（沪教委办〔2013〕80号）等有关规定严肃处理，依法追究当事人及相关人员责任。对公职人员违规违纪的，依据《中国共产党问责条例》《中国共产党纪律处分条例》《行政机关公务员处分条例》《事业单位工作人员处分暂行规定》等相关规定严肃处理。涉嫌犯罪的，移送司法机关追究法律责任。

八、其他要求

（一）2017届高中阶段毕业生政治思想品德考核由毕业学校负责；2016届高中阶段毕业生，以原毕业学校品德评语为主；2016年以前的高中阶段毕业生，由考生所在街道、乡、镇或单位主管部门，对考生的政治思想品德作出鉴定。

（二）考生体检工作由试点院校组织。

附件：1. 2018年上海市部分普通高校专科层次实行依法自主招生改革试点学校名单

2. 2018年上海市普通高校招生章程核准备案表【正表】（略）

3. 2018年上海市专科层次依法自主招生章程核准备案表（略）

4. 2018年上海市部分普通高校专科层次实行依法自主招生改革试点工作日程（略）

上海市教育委员会

2018年1月5日

附件1

2018年上海市部分普通高校专科层次实行依法自主招生改革试点学校名单

编　号	学　校　名　称	编　号	学　校　名　称
1	上海建桥学院	16	上海思博职业技术学院
2	上海邦德职业技术学院	17	上海立达职业技术学院
3	上海震旦职业学院	18	上海电机学院
4	上海交通职业技术学院	19	上海工程技术大学
5	上海济光职业技术学院	20	上海商学院
6	上海城建职业学院	21	上海旅游高等专科学校
7	上海行健职业学院	22	上海东海职业技术学院
8	上海杉达学院	23	上海农林职业技术学院
9	上海工商职业技术学院	24	上海科学技术职业学院
10	上海中侨职业技术学院	25	上海民航职业技术学院
11	上海电子信息职业技术学院	26	上海体育学院
12	上海工艺美术职业学院	27	上海出版印刷高等专科学校
13	上海电影艺术职业学院	28	上海健康医学院
14	上海第二工业大学	29	上海民远职业技术学院
15	上海工商外国语职业学院		

上海市教育委员会关于印发《上海市小学体育兴趣化、初中体育多样化课程改革指导意见（试行）》的通知

（沪教委体〔2018〕36号）

各区教育局：

为贯彻落实《中共中央　国务院关于加强青少年体育增强青少年体质的意见》（中发〔2007〕7号）和《国务院办公厅关于强化学校体育促进学生身心健康全面发展的意见》（国办发〔2016〕27号）有关要求，2015年本市启动小学体育兴趣化、初中体育多样化课程改革。经过两年多的实践，已经取得一定成效，并得到师生的广泛认可。在总结各试点学校实践经验和科学论证的基础上，我委制订了《上海市小学体育兴趣化、初中体育多样化课程改革指导意见（试行）》（见附件），请各区教育局和试点学校参照执行。

附件：上海市小学体育兴趣化、初中体育多样化课程改革指导意见（试行）

上海市教育委员会

2018年7月2日

附件

上海市小学体育兴趣化、初中体育多样化课程改革指导意见（试行）

为深入贯彻落实《国务院办公厅关于强化学校体育促进学生身心健康全面发展的意见》（国办发〔2016〕27号）等文件精神，以学校体育课程改革为引领，建立科学的“小学体育兴趣化、初中体育多样化、高中体育专项化、大学体育个性化”学校体育教育教学体系，进一步推动学校体育全面改革，深化体育课程改革，着力解决当前本市中小学体育课程改革实践中存在的问题，更好地落实立德树人根本任务，发展学生核心素养，全面提高中小学体育教学质量，特制订《上海市小学体育兴趣化、初中体育多样化课程改革指导意见（试行）》，供各区教育局和试点学校参照执行。

一、充分认识小学体育兴趣化、初中体育多样化课程改革的重要意义

中小学《体育与健身》课程是一门将思维活动与身体练习紧密结合，以促进学生身心健康全面发展为目的，集知识性、健身性和实践性为一体的应用性课程，在促进学生健康成长方面具有重要的作用。

党的十九大提出了加强社会主义核心价值观教育，进一步提高国民综合素质要求。课程是贯彻落实党的教育方针和教育思想的载体，是国家意志的体现，是立德树人、实现教育目标的根本途径。《体育与健身》课程对培养学生健康体魄，塑造健全人格，发展学生核心素养具有重要意义。

随着上海城市发展的“五个中心”建设和社会主义现代化国际大都市国家战略的推进、“健康上海2030”规划各项措施的全面落实，上海社会、政治、经济、文化等各方面取得快速发展，人民的教育观、体育

观和健康观发生根本性转变，传统的学校体育课程内容、教学模式、教学组织越来越难以满足青少年学生日益增长的体育学习需求，学校体育工作需要新思想、新突破。小学体育兴趣化、初中体育多样化的课程改革正是基于这一出发点，以"为了每一个学生的终身发展"教育理念为引领，坚持"健康第一，全面育人"的指导思想，力求为学生身心健康发展和终身参与体育活动奠定坚实基础。

本市各级教育行政部门和各试点学校要充分认识小学体育兴趣化、初中体育多样化课程改革的重要意义，通过多种方式向师生及家长宣传学校体育课程改革的背景、意义、目标和任务，提高教师、学生及家长对课程改革理念的认同度，大力推进上海市中小学一体化体育课程体系建设。

二、全面深化《体育与健身》课程改革的要求

理解小学体育兴趣化、初中体育多样化的课程改革的基本含义：小学体育兴趣化是指在小学阶段培养学生基本的体育素养、激发学生广泛的体育与健身兴趣、引导学生热爱体育、乐于参加体育活动，以提高学生身体活动能力和基本运动技能、养成日常生活中良好的体育锻炼习惯、促进学生体质健康为目的的体育课程。

初中体育多样化是指在初中阶段培养学生的体育素养，在形成体育兴趣，经历多个运动项目和多种体验的基础上，发现符合学生个体需要的运动项目进行学习，达到以掌握基本的运动技能，促进体能发展和自主锻炼，养成健康的生活方式为目的的体育课程。

（一）指导思想

全面遵循学校体育教育教学规律和学生成长规律，落实立德树人的根本任务，坚持德育为先、能力为重、全面发展的教育理念，聚焦学生体育核心素养的培养，着力发展学生的运动能力和体能，提升学生运动兴趣及终身体育能力；为学生身心全面发展和适应社会生活奠定坚实基础。

（二）主要目标

根据《体育与健身》课程目标，在制定小学体育课教学目标时，低年级学生应在激发兴趣的基础上，突出发展身体基本活动能力及形成体育行为规范的目标；高年级学生以提高学习的乐趣，体验到成功的喜悦的基础上，突出身体基本活动水平的提高及自我健身意识的培养。在制定初中体育课教学目标时，要在内容、方法、组织、评价多样化的基础上，强化多种运动体验，突出发展基本运动能力、培养自主健身习惯与行为为主要目标。

（三）基本要求

1. 坚持基于课程标准理念开展课程改革，用先进的理念引领改革实践，把先进的教育理念转化为深化改革的实际行动，在改革实践中提升课程理念。

2. 坚持目标统领与问题导向相结合，紧紧围绕全面深化"小学体育兴趣化、初中体育多样化"课程改革的目标与任务，依靠深化改革着力破解课程实施中的问题。

3. 坚持试验和科学管理相结合，注重课程改革的连续性和可持续性，加强指导和引领，强化课程管理，提高实施水平，坚持学校体育课程改革与学校体育整体改革协同推进。

三、小学体育兴趣化、初中体育多样化课程改革的基本任务

（一）更新课程理念，完善课程体系

要以学校体育课程改革为契机，全面更新传统体育教学理念，进一步树立新的课程观，把体育课作为立德树人的重要载体，以提升学生核心素养为重点，聚焦学生身心健康为目标，创造性地使用教材。树立现代教学观，由传统知识的传授者向学生发展的促进者转变；树立多维时空观，加强课内外一体化，学校、社会、家庭一体化；树立终身体育观，强化"天天锻炼""人人健康"的理念，形成终身锻炼习惯和健康生活方式。

进一步研究小学、初中体育课程教材的科学体系和内容序列，形成纵向衔接合理、横向各具特色的教材体系，为构建“小学体育兴趣化、初中体育多样化、高中体育专项化、大学体育个性化”的教学发展体系，打下坚实的基础，让学生在丰富多彩的体育活动中强身健体，提升体育素养。

（二）优化教学目标，提高教学实效

体育教师作为学校体育课程实施的主导者，要优化小学体育兴趣化、初中体育多样化体育教学目标设计，根据《体育与健身课程标准》提出的三个目标维度、四个方面要求的基础上融合“兴趣化、多样化”的改革要求，设计行之有效的课堂教学过程，将目标具体细化到每节课的教学任务中，使学生明确本节课要完成的任务。优化体育教学目标设计，要有利于培养学生的体育兴趣爱好和体育运动实践能力、达到自主健身的目的；有利于增进健康、增强体能的实效性；倡导运用自主合作探究的学习方式，有利于创设积极有效、开放、互动的课堂氛围，有利于引导学生学习方法的转变，进一步提高体育课堂教学的效益。

（三）开发课程资源，创新教学方法

大力开发与利用体育课程资源。强化课程资源开发意识，系统整合课程优质资源，探索多形式、多层次、多维度课程资源开发途经。倡导以体育教研组为主体的自制器材创新与研发工作，以适应兴趣化、多样化课程改革需要。市教委教研室要牵头建立健全符合小学体育兴趣化、初中体育多样化课程改革的共建共享的课程资源开发机制，建设市、区、学校三级课程资源库。

小学体育课程教学要根据《体育与健身课程标准》教材内容的安排要求，对教材进行教育性、健身性、兴趣性、游戏性改造。小学低年级教学应注重体育游戏融入各种身体基本活动类型、活动方法及活动规则为主的教学内容选配，抓住身体素质发展的敏感期，采用多种方法与手段发展学生灵敏、柔韧、协调等能力；小学高年级注重集体性趣味运动游戏开发，让集体运动趣味游戏走进教学，做到每堂课在主教材中引入3—5个游戏性手段，突出体育游戏的教学元素植入，注重以基本动作技能、身体素质、练习方法和运动规则融入体育游戏手段为主的教学内容选配。在体育游戏过程中全面发展学生的身体活动能力。

初中体育课程内容主要是基于课程标准提供的教材的基础上，精选教学内容，在选编课程内容时，要有利于学生运动兴趣的激发和保持，特别要关注技能学习，体能发展和品格培养。应选择5—7个运动项目作为主要的教学任务，并以该运动项目的关键技术和关键能力设计教学单元，形成技能学习、练习方法和身体素质同步发展的教学内容，倡导学校以自身的传统体育项目或确定要发展的运动项目进行教学内容的选配。并注重它的教育性、健身性和多样性，使之更适合初中学生身心发展特点，让学生有多种练习体验和学习经历。要进一步加强初中学生力量、耐力等身体素质训练及心肺功能与全身肌力的均衡练习。

（四）改革教学方式，构建新型模式

试点学校在推进过程中要统筹安排，确保每周小学4+2(即每周4节体育课2节体育活动课)、初中4+1的课时安排模式(即每周4节体育课1节体育活动课)。要积极推进小班化教学，实施多形式协同教学、个别化教学，研究和探索适应课时灵活安排的教学组织形式。初二年级实行男女分班教学，初三年级施行体育选项教学，以利于与高中“专项化”相衔接。在实施“小学体育兴趣化、初中体育多样化”改革过程中，应积极探索兴趣化与多样化的体育课堂教学组织形式。

小学体育课程教学中基本上以班级上课的形式为主，提倡有条件的学校可以打破“班级授课制”以满足学生小班化教学的需要的组织形式。低年级学生教学组织形式的应注意多样性和灵活性；高年级学生教学组织形式应突出合作性和竞赛性。初中体育课程教学中需要关注教学组织形式的多样性、灵活性和互补性，将班级教学、分组教学、分层教学进行优化组合，促进信息技术与课堂教学的深度融合。创建基于现代教育技术和网络教育资源的新型教学模式，寻求适合学生个体特征和兴趣爱好的项目，使每位学生都能处在一个适宜的群体之中学习运动技能。构建交往互动、平等对话、沟通交流、共同发展的体育课堂文化平台。

（五）创新教学方法，提高教学质量

在中小学体育课程改革实践中，体育教师要树立整体优化教学方法的观点，要聚焦兴趣化、多样化的练习内容、练习方法手段、多种组合方式、多种练习负荷、身体多个部位的练习，均衡的全面的发展体能与技能。不断创新体育教学方法，有效地完成教学任务。

为了确保体育课中增强学生体质健康的实效，强化运动体验，保证学生享有体育与健身的权利，每次体育课的练习密度基本达到50％左右，每次课的50％时间达到中等以上的运动负荷强度，每次课中要安排8—10分钟的体能锻炼。应根据不同类型课程的教学任务、内容特点和学生特点，辅以恰当的练习情景和练习资源来选择方法手段，确保每堂体育课上主教材所采用的教法手段要达到5—7个，并力求活泼性、体验性和针对性。大力推进学生自主学习、合作学习、探究式学习，着力提高学生的自主健身学习力。

（六）深化评价改革，注重健身育人

中小学体育课程要充分发挥体育在“立德树人”方面的重要作用，激发学生在小学和初中阶段的体育兴趣，掌握体育知识，学习体育规则，弘扬体育精神，充分发挥体育在培养爱国主义和集体主义精神、磨练坚强意志品质及形成良好道德情操等方面的积极作用。

树立科学的教育质量观和评价观，坚持“立足过程，促进发展”的新理念，完善小学体育兴趣化、初中体育多样化课程改革学生综合评价制度。上海市学校体育评估中心要适时进行综合评估，全面、真实、科学地评价试点校的整体情况，每年要对试点校进行评估并公布评价结果，促进小学体育兴趣化、初中体育多样化课程改革。

为确保小学体育兴趣化、初中体育多样化课程教学的顺利推进，从体育教师教学质量（体育课教学）和学生体育学习（学习过程和结果）两个方面，构建有利于促进学生发展的综合评价体系。评价重点应放在动机激发、学习行为的评价，运用语言评价方法激励学生不断获得自我发展。应积极探索既符合未来发展目标，也适用于当前学生实际情况的相对统一的评价办法，逐步形成技能与体能相结合的科学评价体系。推进小学体育兴趣化、初中体育多样化课程考试制度改革。明确体育学科考试的性质，规范考试内容范围，增强学生体育与生活实际的联系，注重考查学生综合体育素养、运用技能的能力与体能。积极探索多样化考试和成绩呈现方式。

四、深化学校体育课程改革的措施保障

（一）加强组织领导，健全工作机制

1. 加强组织领导，提高全面深化课程改革的领导力。各区教育行政部门要成立课程改革专项工作领导小组，做好顶层设计，明确各方职责，并协调相关部门，及时解决教师有编不补、结构性缺编等问题，确保课程改革有序进行；各区教育学院负责制定本区课程改革实施方案，保证课改与学校体育工作的整体推进。体育教研员负责指导试点校完善课程改革方案和学校课程计划；各学校应成立以校长为组长的课程改革领导小组，负责研究、制订本校的实施方案，负责学校层面的决策、管理、保障和协调工作，把体育课程改革作为全校体育工作的突破口，带动学校教育的整体发展。保证每位学生在校体育锻炼的时间和质量。

2. 健全工作机制。统筹协调各方面力量，开展课程改革专题调研，建立课程改革的研究和指导机制；建立课程改革的专项督导评估机制；定期开展推进会与现场会研讨会及优秀课程改革成果评选，出版关于小学兴趣化、初中多样化的指导参考书。把课程改革成效作为考核教育行政部门和学校工作的约束性指标，真正把课程改革落到实处。

3. 开展教学视导。各区应依靠本区的师资力量成立视导组，各区教育学院负责本区域改革工作业务指导，要对课程改革环境进行分析、研究、判断和部署，制定本区推进的具体可行的方案和计划。在市教委推进工作领导小组的领导下，依托上海市学校体育评估中心对实施中小学体育课程改革学校的教学活动进行定期视导检查，发现问题并及时整改。试点学校每两周开展一次专题教研活动，做到定时间、定人员、定地点、定内容，加强教研组、备课组、集体备课，改善教研活动方式，提高教师专业发展水平；组成校际教研联合体，每月开展一次教研活动，区体育教研员深入试点学校了解掌握和指导教学工作，切实解决改革中存在的问题。

4. 建立通畅的信息公开机制。通过各区教育局和学校网页、微信公众号等不同渠道公开本次课程改革的相关信息，收集社会各界对改革的反馈信息和虚心听取相关的批评建议并积极做出回应，为本次改革创建健康的信息互动机制。

（二）加强队伍建设，强化教师培训工作

配足配齐承担中小学体育教学任务的教师。充分挖掘和合理安排学校现有的教师资源，引进或聘用具有高水平、适合本次课程改革教学任务的教学人员，强化管理与考核，坚持持证上岗，统一管理。

加强对承担本次课程改革任务的教师的培养和培训，并纳入全市中小学教师培训体系管理，相关学校应为教师参加培训提供保障，促进教师专业素养和能力提升。各区、各试点学校既要充分挖掘和用好区内、校内现有的教师资源，加强区级、校级培训和教研活动，又要引进或聘用具有较高教学能力的优秀兼职教师充实本校的体育师资队伍。同时，要根据试点工作的新要求，探索兼职教师管理制度，加强兼职体育教师的培训。各区教育局也可因地制宜，自行组织或委托具有资质的培训单位开展专项体育师资的培训工作。

（三）落实相关保障

1. 体育教学过程中要高度关注在不同的运动负荷和环境中学生机体的反应，加强医务监督；制定运动安全制度并张贴在相关场所，定期组织人员检查、维修各种设施和器材；加强运动安全教育和相关卫生保健知识的讲解，帮助学生学会有关防止运动伤害的方法。根据不同课程类型和场地设施做好防控运动风险的预案，细致做好安全服务工作。

2. 各区在落实“高中体育专项化”体育课程改革资金的基础上，保障“小学体育兴趣化、初中体育多样化”课程改革资金投入，经费主要用于各中小学校改造、修缮体育教学场地设备和添置器材等。探索符合试点校体育教师工作性质和特点的绩效考核和评价制度，落实试点学校体育教师超工作量补贴，为承担改革任务的体育教师提供时间和经费保障，保证本次课程改革顺利实施。

（四）加强宣传动员，营造良好氛围

为顺利开展小学体育兴趣化、初中体育多样化课程改革工作，应积极营造积极健康的校园氛围和社会环境，运用各种媒体和传播渠道，为学生、家长、体育教师和其他教师以及相关部门宣传本次体育课程改革的基本情况，营造关心、理解和支持体育课改的良好社会氛围，形成社会合力促进各项改革措施的推行。

五、其他

本《指导意见》自 2018 年 9 月 1 日起施行，由市教委负责解释。

上海市教育委员会　上海市人力资源和社会保障局关于印发《上海市3岁以下幼儿托育机构从业人员与幼儿园师资队伍建设三年行动计划（2018—2020年）》的通知

（沪教委人〔2018〕60号）

各区教育局，各区人力资源社会保障局，各有关高等学校，各有关委、局、控股（集团）公司：

现将《上海市3岁以下幼儿托育机构从业人员与幼儿园师资队伍建设三年行动计划（2018—2020年）》印发给你们，请按照执行。

附件：上海市3岁以下幼儿托育机构从业人员与幼儿园师资队伍建设三年行动计划（2018—2020年）

上海市教育委员会

上海市人力资源和社会保障局

2018年7月10日

附件

上海市3岁以下幼儿托育机构从业人员与幼儿园师资队伍建设三年行动计划（2018—2020年）

为深入贯彻党的十九大精神，落实习近平总书记关于“幼有所育”“解决好婴幼儿照护和儿童早期教育服务的问题”精神，根据《中共中央　国务院关于全面深化新时代教师队伍建设改革的意见》（中发〔2018〕4号）、《关于促进和加强本市3岁以下幼儿托育服务工作的指导意见》（沪府发〔2018〕19号）、《教育部等四部门关于实施第三期学前教育行动计划的意见》（教基〔2017〕3号）精神，满足人民群众对托育服务和学前教育的需求，不断促进托育服务和学前教育事业发展，特制定《上海市3岁以下幼儿托育机构从业人员与幼儿园师资队伍建设三年行动计划（2018—2020年）》。

一、指导思想

以党的十九大精神为指导，全面贯彻落实《中共中央　国务院关于实施全面两孩政策　改革完善计划生育服务管理的决定》和《中共中央　国务院关于全面深化新时代教师队伍建设改革的意见》，坚持以人民为中心的发展思想，努力应对人民群众对托育服务和学前教育的现实需求和期盼，完善托育工作管理的体制和机制，促进托幼一体化发展，建立保障机制，加大培养培训力度，建立具有良好的职业道德、以照料和看护为主要任务的托育机构从业人员队伍和一支师德为先、规模适当、结构合理、素质优良的幼儿园师资队伍。

二、基本原则

（一）立德树人，以德为先

职业道德是从业人员的立足之本。队伍建设必须把规范职业道德和师德师风建设放在重要地位，通过规范职业道德和师德师风建设，加强为人师表的自觉性和使命感，形成一支关爱幼儿、尊重幼儿人格，富有爱心、责任心、耐心和细心的托育机构从业人员和幼儿园师资队伍。

（二）统筹规划，分类建设

建立托育机构从业人员和幼儿园师资职前、职后多元化、多渠道的培养、培训体系及机制。立足市情，借鉴国际经验，针对托育机构从业人员和幼儿园师资的不同特点和发展实际，采取分类培养和分层提高的举措，定向发力，培养合格人才。托育机构从业人员以照料和看护为主要任务，幼儿园师资以保育和教育为主要任务。优化托育机构从业人员和幼儿园师资培养课程体系，科学开设儿童发展、保育活动、教育活动类课程，强化实践性课程，采取灵活多样的培养方式，提高托育机构从业人员和幼儿园师资队伍的综合能力。

（三）加大投入，强化保障

坚持学前教育重点发展战略，把托育机构从业人员和幼儿园师资队伍建设置于优先发展领域，统筹谋划，加大培养培训经费的投入和保障力度。加强学前教育管理体制改革与机制创新，提高幼儿园教师待遇，增强教师职业吸引力。

三、建设目标

（一）建立一支重德有能的托育机构从业人员队伍

建立一支品行良好、身心健康、关爱儿童、热爱保教工作、具有保育实践能力的托育机构从业人员队伍。应对市场需求，鼓励高校、上海开放大学、职业教育机构和社会培训机构开展托育机构从业人员培训工作，重点培养规模合理、业务水平高的育婴员、保健员和保育员。到2020年，对从业人员进行培训的能力能够基本满足托育机构发展的需求。

（二）建设一支高素质善保教的幼儿园师资队伍

建设一支规模适当、结构合理、素质优良的专业化幼儿园师资队伍。坚持实践导向和能力导向，创新培养培训模式，构建贯通培养体系，拓宽师资招聘渠道。到2020年，学前教育专业招生人数每年达到3000人以上，幼儿园教职工人数增加10%，达7.3万人左右，数量上基本满足市场需求；着力提升教师素质，到2020年，教师本科及以上学历提升10%，达80%；每所幼儿园至少有1名高级教师，中高级教师比例提升10%，达28%；培养一批初任园长和一定数量的卓越教师、名师。

四、发展任务

（一）创新发展托育机构从业人员培养培训体系

建立以托育服务指导中心、开放大学系统和托育机构等为主体，市、区联动，市场补充，相关院校及社会各方共同参与的托育机构从业人员培养培训体系。

1. 加强职业道德建设

坚持职业道德为先，培养具有正确的育儿观、关爱和尊重幼儿、具有高度责任心和良好服务态度的托育机构从业人员队伍。各级培养培训机构和托育机构将职业道德教育作为从业人员岗前入职、在岗及转岗培训的必修课，培训内容主要包括职业规范、职业素养、职业责任、心理健康和安全意识等。市、区主管部门加强从业人员优秀事迹宣传，营造尊重托育机构从业人员的良好社会氛围。对于违反职业道德的从业人员，行业协会建立行业黑名单制度。

2. 建立从业人员准入制度

坚持以德为先、幼儿为本、能力为重的原则，明确托育机构从业人员准入标准，制定从业人员的行为准则。市、区主管部门建立托育机构从业人员资格审查机制，原则上托育机构从业人员应具有中职以上学历，并具有育婴员或保育员等与岗位匹配的国家职业资格证书。

3. 拓宽从业人员职前培养途径

扶持上海开放大学、职业院校等增设相关专业，通过中高贯通、中本贯通、高本贯通等方式，系统培养托幼管理、育婴员、保健员、保育员和营养员等专业人员。鼓励上海开放大学、有资质的社会培训机构开展托育机构从业人员的岗前职业资格证书培训，经考核合格后，按照规定持证上岗。

4. 完善从业人员培训课程体系

上海开放大学和市早教指导中心探索建立培训课程指南，围绕托育机构照料和看护幼儿的核心任务，构建以取得职业资格证书为重点，兼具职业素养和综合技能的课程体系。将职业道德教育纳入岗前、岗中及转岗培训的必修课，且原则上每年不低于40课时。综合技能类课程要坚持实践和能力导向，设置一定比例的实践环节。集聚专家、学者、资深从业者等多方智力资源，建设精品的学历和非学历课程。支持上海开放大学开展相关专业培训课程的探索与建设，完善专业课程体系。依托上海开放大学非学历线上培训平台，运用前沿教育技术手段，打造精品在线课程，配套在线学习支持服务，满足在岗人员边工作边学习的需求。

5. 完善从业人员培训制度

托幼行业协会探索建立托育机构从业人员岗位分级发展制度，激发从业人员主动学习的积极性。通过政府购买服务，鼓励上海开放大学、培训机构实施培训工作，并由政府提供一定数量的免费培训，激励从业人员参与岗位培训，提升托育服务整体水平。依托上海开放大学办学系统，整合系统和各类社会资源，建立托育机构从业人员培训联盟和实训中心，形成教学做一体化的从业人员培训体系。充分利用终身教育资源和开放实训中心资源，对从业人员重点是育婴员、保健员、保育员3类从业人员，定期开展线上线下相结合的职后培训，且每年不低于72课时，积极探索从业人员在岗学习的精准推送。

6. 加快培育家庭科学育儿专业指导队伍

适应隔代养育和亲子育儿等社会关注度高的需求，依托上海开放大学及系统分校、各街道社区学校、老年大学等现有师资力量，通过招聘、返聘、兼职等多种途径，建立家庭科学育儿指导的专兼职师资队伍和各类志愿者队伍。通过开设各类公益性科学育儿课程、讲座、线上视频直播等途径，定期开展业务培训和交流活动，培育开放、多元、专业的家庭科学育儿指导队伍，扩大和完善托育机构从业人员队伍。

（二）优化完善幼儿园师资队伍培养培训体系

1. 加强师德师风建设

始终将师德师风建设放在育人工作的首要位置，加强师德师风建设，不断提高师德素养。健全师德师风建设长效机制，推动师德师风建设常态化长效化，引导幼儿园教师以德立身、以德立学、以德施教、以德育德，做幼儿健康成长的启蒙者和引路人。

将师德表现作为幼儿园教师准入、考核、聘任和评价的首要内容。加强对师德师风的监察监督，强化师德考评，体现奖优罚劣，推行师德考核负面清单制度，建立幼儿园教师个人信用记录，完善诚信承诺和失信惩戒机制，着力解决师德失范问题。

2. 扩大学前教育专业人才培养规模

（1）扩招计划

扩大高校和职业院校已有学前教育专业点、高等学历继续教育学前教育专业点的招生规模，力争到2020年，每年学前教育专业招生人数达3000人以上。

（2）增点计划

支持部分积极性高、具备办学条件的高校新增设置相应层次的学前教育本科专业点，鼓励学校挖掘自身专业特色，设置与学前教育相关的幼儿保健、体育教育、艺术教育等专科专业点，引导学校加大经费投入和师资队伍建设力度，提高新设置专业点办学水平和人才培养质量与数量。

3. 提升学前教育专业人才质量

（1）贯通培养计划

以师范院校为主体，中高职院校和本科高校参与，鼓励学校通过中高贯通、中本贯通、高本贯通等方式，建立“中高职—应用型本科—专业学位硕士”相衔接的贯通培养体系，加强学前教育各类专业人才的培养培训。

（2）学历提升计划

鼓励引导相关高校开展学前教育专业高一层次学历继续教育和职业能力培训，提高幼儿园在职人员的专业教学能力和学历层次，促进学历教育与职业培训相融通。

（3）卓越教师和名师培育计划

支持相关高校建立健全师范生培养机制，完善师范生在读期间、新教师入职与专业成长过程的培养与衔接，建立多层次选拔、定区定向培养、园校共育等机制，培养高素质的新教师。完善名师培养机制，培养一批在国家、本市享有较高声誉的学前教育教科研专家、名园长、骨干教师和教坛新秀。

（4）初任园长培训计划

依托华东师范大学和上海师范大学等院校，开展初任园长岗位胜任培训，提升初任园长在规划幼儿园发展、营造育人文化、领导保育教育、引领教师成长、优化内部管理、调适外部环境等方面的水平，使一大批初任园长缩短成长期，迅速胜任岗位要求。

4. 加强重点学科建设

重点扶持华东师范大学和上海师范大学学前教育专业高峰高原重点学科建设、重点实验室和实训基地建设，发挥示范和引领作用。利用重点学科在教学、科研、人才培养、师资等方面的优质资源，增强学前教育科研和创新能力。依托重点实验室的建设，聚集和培养学前教育高端人才，实行“开放、流动、联合、竞争”的运行机制，开展高层次学前教育学术交流。支持有关高校做大做强学前教育专业，共同培养优秀人才。建立高校与优质幼儿园共同培养机制，加强实训基地的建设，完善幼儿园名师名园长担任高校学前教育专业兼职教授制度，建设研训一体的师资队伍培训体系，创新人才培养模式。

5. 拓宽师资招聘渠道

鼓励优秀应届高校毕业生来沪从教，将本市幼儿园纳入引进非上海生源毕业生重点扶持用人单位范围。实施“未来教师储备与培养计划”，为非师范类院校的优秀大学生加入学前教育教师队伍搭建桥梁，鼓励体育、艺术类院校为学前教育输送优秀毕业生。实施就业鼓励政策，对进入乡村幼儿园任教的本市高校应届毕业生给予学费补偿和国家助学贷款代偿。鼓励各区实施人才支持计划，通过人才公寓、购房或租房补贴等措施吸引优秀人才加入幼儿园师资队伍。

五、保障机制

（一）管理保障

1. 定期召开市托幼工作联席会议制度，商议本市托育机构从业人员和幼儿园师资队伍建设工作，统筹协调解决重大问题。市、区成立托育服务工作机构，乡镇（街道）成立托育服务站。托幼行业协会成立相应组织机构，协调处理托育机构从业人员和幼儿园师资队伍培训工作。

2. 教育行政部门完善长效监督机制，建立托育机构从业人员准入、考核、奖惩和问责制度。教育督导部门根据相关规定对各区的落实情况进行督导，确保工作有序开展，及时发现问题并督促相关责任主体限期整改到位。

3. 完善幼儿园师资管理制度。落实长效师德师风建设机制，优化课程体系，逐步建设幼儿园教师信息平台。完善幼儿园教师准入标准，严把幼儿园教师入口关。优化幼儿园师资聘用、考核、退出等管理制度，保障教师合法权益，形成科学有效的幼儿园师资队伍管理机制。

（二）人员保障

1. 配齐配足托育机构从业人员。根据《上海市3岁以下幼儿托育机构管理暂行办法》（沪府办规〔2018〕12号）、《上海市3岁以下幼儿托育机构设置标准（试行）》（沪教委基〔2018〕27号），配齐配足托育机构各类从业人员，满足托育机构的保育、卫生保健、安全保卫等需求。

2. 足额配置幼儿园各类人员。采用单位聘用和政府购买服务相结合的方式，按照教育部《幼儿园教职工配备标准》配齐配足幼儿园教职员工，并优化完善公办幼儿园教职工编制配置标准。

（三）经费保障

1. 将托幼工作管理的所需经费等纳入各级政府财政预算。加大对学前教育专业人才培养和学科建设的专项经费投入力度，将相关高校学前教育专业纳入师范类专业范畴，按师范类专业生均经费标准予保障，保障学前教育专业培养课程体系的落实。

2. 进一步完善托育机构从业人员及幼儿园师资队伍建设的经费投入机制，保障托育机构从业人员和幼儿园师资队伍的职后培训。保障上海开放大学及分校区等学校和机构开展从业人员或隔代养育人员培训的经费。

3. 鼓励行业协会等组织发布保育员等各类从业人员工资市场指导价，引导用人单位合理核定从业人员工资待遇。托育机构从业人员和幼儿园教职工依法纳入社保体系。督促民办幼儿园保障教职工待遇，并鼓励为教职工足额缴纳年金。建立公办幼儿园教职工绩效工资正常增长机制，持续提高幼儿园教职工待遇，形成与中小学教职工相平衡的绩效工资水平，增强职业吸引力。

上海市人民政府教育督导室关于印发《上海市督学聘任实施办法（试行）》的通知

（沪教督〔2018〕2号）

各高等学校、各区教育局、各区人民政府教育督导室、各中等职业学校：

根据国务院《教育督导条例》《上海市教育督导条例》及教育部《督学管理暂行办法》（教督〔2016〕2号）精神，为更好适应教育督导工作的新形势，进一步加强上海市督学队伍建设，提高教育督导工作水平，我们对2007年制定的《上海市督学聘任实施办法（暂行）》进行了修订，以进一步规范和加强上海市督学的聘任管理工作。

现将修订后的《上海市督学聘任实施办法（试行）》印发给你们，请在上海市督学聘任工作中认真按照执行。

附件：上海市督学聘任实施办法（试行）

上海市人民政府教育督导室

2018年8月7日

附件

上海市督学聘任实施办法(试行)

第一条　为加强上海市督学队伍建设,提高教育督导工作水平,保障教育事业科学发展,根据国务院《教育督导条例》《上海市教育督导条例》及教育部《督学管理暂行办法》(教督〔2016〕2号),制定本办法。

第二条　上海市督学是由上海市人民政府教育督导委员会(以下简称"市政府教育督导委员会")聘任的依法实施教育督导工作的人员。

第三条　上海市督学应当符合下列基本条件:

(一)坚持党的基本路线,热爱社会主义教育事业,热爱教育督导工作,坚持原则,办事公道,品行端正,廉洁自律;

(二)熟悉教育法律、法规、规章和国家教育方针、政策,熟悉教育督导业务,掌握必要的检查指导、评估验收以及监测方面专业知识和技术,具有较强的组织协调能力、表达能力和综合研究分析能力;

(三)具有大学本科以上学历,从事教育管理、教学或教育研究工作10年以上,具有副处级及以上管理职务或高级专业技术职务,工作实绩突出;

(四)初聘年龄一般不超过60周岁,身体健康,能够深入一线、深入学校、深入师生开展教育督导工作,能够保证教育督导工作时间。

根据教育督导工作需要特聘的人选,应具备所属工作领域相应的条件和资质。

第四条　上海市督学聘任期限一般为5年,符合条件可以续聘,但续聘一般不得超过2届。任期届满且不再续聘的,自动解除上海市督学职务。

第五条　市政府教育督导委员会设立上海市督学聘任审查委员会,审查委员会由市政府教育督导委员会部分成员、部分在沪国家督学、具有较高政策水平和业务能力的行政人员及专家组成。审查委员会具体事务由上海市人民政府教育督导室(以下简称"市政府教育督导室")承担。

第六条　上海市督学聘任程序

(一)市政府教育督导委员会根据本市教育督导工作需要,确定推荐上海市督学的单位和人数。

(二)推荐单位根据上海市督学任职条件和推荐人数要求,从本单位已通过上海市督学资格认定的人员中研究推荐上海市督学人选。被推荐的上海市督学人选必须由本人提出申请,并按要求填写《上海市督学申请表》。

(三)推荐单位对上海市督学推荐人选的基本条件进行综合评价,提出推荐意见,将推荐人选名单和《上海市督学申请表》加盖公章后报送市政府教育督导室。

(四)上海市督学聘任审查委员会按照规定程序和聘任条件对上海市督学推荐人选进行资格审查,确定上海市督学拟聘人选。

(五)市政府教育督导室将上海市督学聘任审查委员会审查确定的拟聘人选名单在市政府教育督导室网站上予以公示,公示期为7个工作日。

(六)公示期满无异议的上海市督学拟聘人选,由市政府教育督导委员会审批并正式聘任,颁发上海市督学聘任证书和《上海市督学证》。

对于因教育督导工作需要的特聘人选,市政府教育督导室可以另行采取特殊程序予以聘任。

第七条　市政府教育督导室负责上海市督学的日常管理工作,根据工作需要和督学的专长,组织上海市督学参加教育督导工作。

第八条　上海市督学受市政府教育督导室指派,主要履行以下职责:

（一）对政府及有关部门履行教育职责情况实施督导；

（二）对各级各类学校规范办学情况实施督导；

（三）对区域教育发展状况和教育质量及各级各类学校开展评估监测；

（四）对师生或群众反映的教育热点、难点等重大问题实施督导；

（五）对严重影响或损害师生安全、合法权益、教育教学秩序等的突发事件，第一时间报告市政府教育督导室，并按照相关程序督促有关部门处理；

（六）每次完成督导任务后，及时向市政府教育督导室报告督导情况，提交督导情况报告；

（七）参与研究制定教育督导文件；

（八）对教育决策提出建议；

（九）接受上海市督学岗位培训；

（十）完成市政府教育督导室交办的其他任务。

第九条　上海市督学受市政府教育督导室指派，实施教育督导时可行使以下权力：

（一）就督导事项有关问题进入相关部门和学校开展调查；

（二）调阅、复制、核查与督导事项有关的文件、材料；

（三）要求被督导单位就督导事项有关问题作出说明；

（四）采取约谈有关负责人等方式督促问题整改落实；

（五）对被督导单位的整改情况进行监督、检查；

（六）教育督导法规和文件等规定的其他权力。

第十条　上海市督学因故需要辞去上海市督学职务的，可以向市政府教育督导室提出书面申请，市政府教育督导室批准后向社会公布，并通知推荐单位。

第十一条　上海市督学有下列情形之一的，市政府教育督导室给予解聘：

（一）无正当理由不参加教育督导工作的；

（二）弄虚作假，徇私舞弊，影响督导结果公平公正的；

（三）滥用职权，打击报复，干扰被督导单位正常工作的；

（四）受到行政处分、刑事处罚的。

第十二条　本办法最终解释权归市政府教育督导室。

第十三条　本办法自发布之日起施行。同时《上海市督学聘任实施办法（暂行）》（沪教委督〔2007〕6号）废止。

上海市教育委员会关于加快推进一流开放大学建设的意见

（沪教委终〔2018〕3号）

上海开放大学、各有关高等学校、各区教育局：

根据《教育部关于办好开放大学的意见》精神，为了加快落实《上海市教育改革和发展“十三五”规划》

和《上海市教育委员会等七部门关于进一步推进本市学习型社会建设的若干意见》的有关工作，现就本市推进一流开放大学建设提出如下意见：

一、明确总体要求

深入学习贯彻落实习近平新时代中国特色社会主义思想和党的十九大精神，指导与推进开放大学的建设与发展。坚持服务城市战略与促进人的终身发展相协调，坚持推进教育公平与提升教育质量相统一，以全面提升学校办学能力和社会服务能力为主线，以提高人才培养质量为核心，以现代信息技术为支撑，加快建设具有上海特点、中国特色、世界水平的一流开放大学。要着力把握以下目标要求：

提供一流的开放教育，成为服务上海经济发展需要的应用型人才培养重镇，成为市民素质和文化软实力提升的重要平台。

形成一流的联动融通，成为各类教育有机衔接、学历与非学历教育有效贯通、人才成长通道科学转换的重要枢纽。

建成一流的智慧校园，成为信息技术与教育教学深度融合的引领者和示范区，有力支持上海教育信息化向纵深发展。

构建一流的治理模式，形成政府主导、多条块协同推进的领导体制，形成市区联动、高校和行业企业共同参与的办学模式。

形成一流的战略服务，服务上海学习型城市和卓越全球城市发展，服务全国网络思政教育和终身教育发展。

二、强化战略服务

建设一流开放大学，应以战略服务为引领，坚持需求导向、问题导向、效果导向，坚持质量示范原则，在更高水平上服务城市发展战略，在全国形成服务学习型城市建设的示范引领效应。

培养适需对路的应用型人才。主动适应上海产业转型升级对人才的需求，重点加强特色学科、一流专业和精品课程建设，建立符合成人学习特点的培养机制，助力在岗人员学力提升。

做强市民素质与文化软实力提升项目。进一步优化线上线下一体化的资源配给，提升面向社会各类人群的终身教育品质，为建设创新之城、人文之城、生态之城提供人口素质基础。

着力打造网络思政教育示范平台。深化推进网络思政建设工程，立足上海、辐射全国，用信息技术手段创新网络思想政治教育，成为网络教育文化的重要阵地。

做强信息化支撑的智慧服务。建成智慧学习服务、体验与创新应用中心，面向社会大众，创设支持自主学习的时时能学、处处可学的泛在学习环境。

三、深化制度创新

建设一流开放大学，应进一步对标最高标准、深化综合改革、加快转型发展，进一步优化完善开放大学建设模式。

支持开放大学教育教学改革。加强与社会各方的广泛深度合作，建立开放联动、融通共享机制，把大学办在社会之中。探索实行宽进严出、弹性修学、学分互认，建立多种形式学习成果的认定转换制度，实现成人教育与普通教育、职业教育之间的学分转换。探索建立现代开放大学办学水平和教学质量标准，建立健全基于学习全过程的教学管理评价体系，全面提升开放教育质量。

支持开放大学体制机制改革。探索建立面向社会大众的优质教育资源开发、集聚与供给模式，拓展学习资源配送和市民学习智慧服务。汇聚优秀师资力量，建设适需应变、一专多能、专兼结合的师资队伍。探索建立以系统运行为特征的开放大学办学体系，实现总校分校多中心、多层次合作运行，完善“共商、共建、共管、共享、共赢”的办学系统治理结构。

四、加强保障措施

充分依靠开放大学校务委员会，加强开放大学建设与发展的领导与统筹，积极争取有关政府部门、高校、行业、企业以及其他相关社会部门的有力支持，建立部门联动、分工明确的开放大学协调推进机制。

建立符合开放大学发展特点的经费投入机制，重点支持开放大学学科专业建设、师资队伍建设、教育质量保障、智慧校园建设、网络思政平台建设和校园功能升级等内涵建设。

各区教育局要结合区域实际，支持各区分校参照总校成立分校校务委员会，统筹协调解决区分校发展中的重大问题，加大内涵建设经费投入，为分校发展创造良好条件和环境。

定期开展开放大学及其系统分校办学质量和学校建设的检查评估，不断推进学校建设与发展。

上海市教育委员会

2018年1月25日

上海市教育委员会关于印发《上海高校后勤信息化建设与应用指南》的通知

（沪教委后〔2018〕1号）

各高等学校：

根据《教育信息化十年发展规划(2011—2020年)》和《上海市教育信息化“十三五”规划》的要求，参照教育部教育信息化推进办公室编制的《教育管理信息化建设与应用指南》，我委制定了《上海高校后勤信息化建设与应用指南》，现印发给你们，请遵照执行。

附件：上海高校后勤信息化建设与应用指南

上海市教育委员会

2018年2月26日

附件

上海高校后勤信息化建设与应用指南

1. 前言

1.1　背景

随着互联网技术与应用的迅猛发展，以云计算、物联网、新一代移动通信等为代表的新技术得到广泛应用和社会的普遍认同，信息技术已成为推动社会发展和进步的重要生产力要素，对行业的发展和变革起到了革命性影响。高校后勤信息化既是高校信息化整体建设中不可或缺的组成部分，也是高校提升后勤服务保障能力、提高综合服务水平的重要载体和手段，不仅对高校后勤服务保障工作的传统理念带来巨大冲击，并直接关系到师生对高校的满意度评价，也将对新一轮后勤改革与内涵建设产生综合影响。

加快推进后勤信息化是推进后勤改革的迫切需要。当前高校的学生主体为95后，他们成长并生活在信息爆炸的时代，具有天然的互联网思维和基础，有着迫切的互动需求和感知愿望，也有着良好的参与意识和监督能力。后勤信息化是提升后勤服务品质的有效手段和重要载体，可以更好地适应和引导学生的需求，发挥好学生的潜能，对深化后勤改革和内涵建设将起到积极的推动作用。

加快推进后勤信息化是提升后勤保障水平的迫切需要。后勤保障工作多为基础性服务工作，随着后勤信息化建设的不断深入推进，将有助于高校后勤完善内控制度，优化服务流程，促进精细化管理，拓展个性化服务，创新服务模式和领域，健全互动和监督机制，通过“内推外促”，推动后勤保障水平的有效提升。

加快推进后勤信息化是强化政府部门监管的迫切需要。高校后勤信息化可成为强化政府部门监管的有效支撑，使政府部门及时掌握第一手信息，通过充分、准确的综合分析，形成真实、可靠的决策依据，进而不断调整政策导向，强化监管措施。同时，推进高校后勤信息化也可为开展高校办学与服务水平的综合评价奠定扎实的基础，使政府部门的综合决策能力得到进一步的提升。

加快推进后勤信息化是深化校园信息化建设的迫切需要。后勤保障是高校公共服务的重要组成部分，也是校园信息化的基础内容之一。经过十多年建设，高校校园信息化在教学、管理、科研、服务、决策支持等方面已经取得了很大进展和成效，云技术与大数据的应用也正在逐步深入和普及。高校后勤保障工作涉及校园民生，后勤服务内容涉及餐饮、住宿、物业、维修、会务、超市、快递、交通等诸多领域，直接关系到师生在校内的日常生活水平和质量，也关系到校园信息化的深度和广度，涉及学生在校内更多行为数据的运用与挖掘，改变后勤保障的服务理念、推动后勤信息化建设、运用信息化手段不断提升后勤综合服务品质与效果已成为校园信息化建设不断深入的一项重要内容和紧迫任务。

1.2　依据与目的

在《教育信息化十年发展规划(2011—2020年)》的基础上，2013年教育部出台了《国家教育管理信息系统建设总体方案》，明确了“十二五”期间国家教育管理信息系统建设的总体目标、主要内容、路线图以及各级教育行政部门和各级各类教育机构的建设任务。2014年10月，教育部又出台了《教育管理信息化建设与应用指南》，从总体目标、推进原则、重点内容、支撑体系、组织实施、保障措施等方面规划了“十三五”期间国家教育管理信息化建设与应用的发展蓝图。

2015年3月5日，李克强总理在十二届全国人大第三次会议上所作的政府工作报告中明确提出，“制定‘互联网+’行动计划，推动移动互联网、云计算、大数据、物联网等与现代制造业结合，促进电子商务、工业互联网和互联网金融健康发展，引导互联网企业拓展国际市场”，从政府的最高层面指出了运用信息化手段对传统行业进行升级换代、提高综合竞争力的基本方向和明确要求。

上海市政府2016年8月发布的《上海市教育改革和发展“十三五”规划》中指出，“发挥信息化在管理服务中的作用，创新教育数据资源管理机制，加快管理流程优化再造，提升各级教育行政部门和学校管理过程精细化，提高教育管理和服务水平。构建基于大数据的教育决策支持体系，推动高效灵敏的教育管理决策，缩短教育决策响应周期”，进一步明确了信息化在推动教育改革与发展中的作用。

高校后勤信息化水平的整体提升，需要教育行政部门、各高校及高校后勤部门的各类信息系统协同发挥作用。《上海高校后勤信息化建设与应用指南》(以下简称《指南》)以国家“互联网+”战略、《教育信息化十年发展规划(2011—2020年)》《教育管理信息化建设与应用指南》《上海市教育改革和发展“十三五”规划》等相关文件为基础，以指导上海市各高校及后勤部门开展后勤信息化建设与应用、服务高校改革发展需求为出发点，阐明了上海市高校后勤信息化建设的总体目标和推进原则，对各高校及后勤部门在推进后勤信息化体系建设和应用过程中的职责分工、权利义务、重点工作和推进方式提出指导性意见，明确了以“大融合”、“大服务”、“大支撑”为基本内容的三位一体的重点建设内容。《指南》特别强调了高校要对本校的后勤信息化进行统筹规划和系统建设，在技术保障、资金投入等方面给予适度倾斜，加快后勤信息化的建设进度与应用广度。

2. 机遇和现状

2.1 优势

近年来，我国教育后勤信息化取得明显进展，正在进入一个全面建设和广泛应用的新阶段。上海作为改革开放与引领市场经济发展的前沿城市，对后勤信息化内在价值的认识更加深刻，保障和支持力度更大，高校后勤信息化面临着前所未有的发展机遇。

教育行政部门及高校高度重视。后勤信息化对高校发展的促进作用越来越明显，受到了前所未有的重视。市教委积极研究制定后勤信息化建设整体规划，推动建立不同部门之间协作与协调的工作机制。不少高校也已建立信息化主管部门与后勤部门的联动与协调机制，努力发挥各自优势，协同推进后勤信息化建设。

高校后勤信息化建设初见成效。2015 年开展的上海市高校后勤信息化建设状况调研结果表明，许多高校已将后勤信息化纳入校园信息化“十三五”发展规划，在大多数高校已经拥有涉及部分后勤业务的信息系统的基础上，部分高校正在尝试在深度和广度方面不断拓展后勤信息化的建设领域，还有一些高校已经实现了后勤业务系统与校园信息化的相互融合。同时，各高校高度重视移动终端的应用，基于本校后勤服务的 APP、微信公众号陆续推出和应用，广受学生好评。

新技术、新需求为推进后勤信息化提供了持续动力。虚拟化、大数据、云计算、GIS 等新技术的应用为推进后勤信息化奠定了基础，依托数据科学进行分析、挖掘、预测、发现和判断成为引领后勤综合改革和可持续发展的重要手段和依据。后勤信息化建设一方面满足了师生的需求变化，提高了服务效能；另一方面，通过对所积累的数据进行可靠的综合分析，进而从细微之处不断发现师生对后勤服务的新需求、新特点，使后勤部门及时调整服务方向，不断提高科学预测水平和综合管理能力。

2.2 挑战

我们也应该看到，虽然上海高校后勤信息化取得了一些阶段性成果，积累了一定的基础和经验，但所面临的挑战依然相当严峻：“重建设、轻应用”、“重管理、轻服务”的建设理念依旧盛行；高校内部对后勤信息化的整体关注度不够，后勤信息化顶层设计能力不足，建设水平参差不齐；后勤信息系统分散建设、重复建设和“信息孤岛”的状况比较严重；后勤部门技术队伍缺失、技术力量薄弱，建设与运维经费、可持续发展的长效机制等尚不健全；市级层面的指导和统筹能力不强，后勤信息化公共服务平台建设滞后。

3. 总体目标和推进原则

3.1 总体目标

上海高校后勤信息化建设的总体目标是：到 2020 年，上海高校后勤信息化成为校园信息化的有机组成部分，各高校后勤信息化的整体水平得到大幅提升，上海高校智慧后勤建设处于全国先进水平；通过后勤信息化建设，后勤服务品质显著提升，后勤综合管理水平明显提高，学生个性化需求基本满足；后勤信息化成为深化高校后勤综合改革、促进高校后勤可持续发展、构建现代后勤运行保障机制、服务于教育现代化的有力支撑与坚实保障。具体目标是：

第一，建设目标：建成市校联动的后勤信息化规范体系

各高校后勤信息化建设基本实现服务内容的全覆盖，按照统一的数据与应用标准建立物资采购管理、资产管理、维修服务、服务点评、楼宇安全等关键类信息系统；各高校可结合本校实际需求建立人力资源、健康饮食、便利购物、便捷交通等特色类信息系统；在此基础上，通过市校联动、数据采集与分析建立市级监管类信息系统，逐步构建食品安全溯源、食堂运行监测、校园能源监管、服务质量测评等市级后勤综合保障监管与评价体系。到 2020 年，各高校基本完成关键类信息系统建设，核心数据符合统一的规范和标准；同时，特色类系统在各高校积极实践，后勤信息化的应用范围逐步扩大。到 2022 年，市级监管类系统及高校后勤内部管理、考核评价等相关系统初步建立，“监管类系统政府建、关键类系统规范建、特色类系统按

需建”的三位一体建设与运行模式基本形成。

第二，应用目标：促进后勤管理与服务理念持续提升

通过后勤信息化建设，积极探索后勤领域的创新型应用，引导高校及后勤部门运用各类后勤信息系统开展业务管理、决策支持、监测监管、评估评价、公共服务等5个方面的应用，实现管理过程精细化、决策支持科学化、数据获取伴随化、评价主体多元化、公共服务人性化，促进后勤部门的管理理念和服务方式由“粗放式、大一统”向“精细化、个性化”方向转变，提升高校后勤的现代化管理和综合治理能力，显著提高后勤综合服务水平。到2020年，业务管理、公共服务类应用在各高校得到普及，高校的内部管理、基础服务基本实现信息化。到2022年，业务管理、公共服务类应用不断深化，决策支持、监测监管、评估评价等相关系统初步建立，“五项应用”在高校基本实现全覆盖，高校后勤的管理与服务理念持续提升，综合管理能力和服务水平大幅提高。

第三，服务目标：培育服务品质常态化提升的生态环境

各高校后勤部门要切实转变思维方式，深化服务理念的创新，充分运用信息化手段拓展服务领域、服务方式；同时，积极引导师生广泛参与到后勤服务的各个环节，提高师生的参与度，强化师生的监督作用，汲取师生建议与反馈信息中的智慧和精髓，形成“体内循环”的自适应效应，逐步培育服务品质常态化提升的生态环境，使学校师生有获得感、后勤员工有成就感、学校领导放心。到2020年，基础服务型应用基本普及，符合各高校特点的各类新型应用不断涌现，主要服务功能支持移动端应用，师生切实感受到后勤信息化所带来的便利。到2022年，具备师生全面参与监督后勤服务的能力，师生的日常服务评价成为各高校考核与评定后勤服务能力和水平的基本依据。

第四，保障目标：建立全面融合的可持续发展长效机制

市教育行政部门、各高校及后勤部门要明确分工，各司其职，紧密配合，相互协作，建立和完善符合各高校自身特点的建设与安全运行机制，为后勤信息化的可持续发展保驾护航。要探索建立共建共享、开放合作的新机制，鼓励行业、企业和社会参与后勤信息化建设，发挥各方力量的优势和统一运营的特长，努力探索多元化的后勤信息化可持续发展模式和运行机制。到2020年，各高校后勤信息系统与学校公共平台实现初步融合，基本完成各系统的统一身份认证和数据共享。到2022年，基本完成后勤服务系统与学校信息门户的集成，支持一站式访问和服务信息的综合查询，部分为高校提供统一服务的系统开始运行，各类后勤信息系统的日常运维纳入市教育行政部门及各高校信息化保障体系。

3.2　推进原则

第一，坚持以应用为导向，以服务为核心

各高校要坚持以应用为导向的原则，结合自身服务范围，不断拓展后勤信息化的应用广度和深度，逐步实现服务范围的后勤信息化全覆盖。要坚持以服务为核心的理念，通过“五项应用”的建设，在全面服务好师生的同时，为管理者和决策者提供更有效的服务，促进后勤保障能力和服务水平的整体提升。

第二，坚持整体规划，做好顶层设计

市教育行政部门要结合教育部及本市教育信息化的发展战略指导各高校开展后勤信息化的整体规划和顶层设计。各高校要结合开展校园信息化建设的经验，取长补短，高校的信息化主管部门要积极协助、指导后勤部门，坚持统筹规划、分类指导、分步实施的原则，统一调配和运用资源，避免重复建设、分头建设，实现规划、建设的高起点和高效率。

第三，坚持从实际出发，循序渐进逐步推进

各高校要坚持从实际出发的原则，结合自身优势和特点，立足实际，分析现状，既要有改变现状、“补短板”的魄力和勇气，又要在统筹规划的基础上循序渐进地开展后勤信息化建设工作，避免因盲目建设、一哄而上而导致的建设脱离实际、功能不深不细、应用难以普及等现象，夯实基础，关注效果，注重普及，更好地

发挥后勤信息化的效能。

第四，坚持以点带面，加快全面推进

各高校要以现有应用为示范，推动后勤其他服务部门转变观念，加大推进力度，努力营造“你追我赶”的建设氛围。市教育行政部门、协会组织要发挥自身优势，努力挖掘具有示范效应的高校和应用典型，加大宣传力度，加强示范推广，并通过行政手段和评估体系的完善，加快全面推进后勤信息化的步伐。

4. 重点建设内容

高校后勤信息化建设既要体现“互联网＋”的国家发展战略，实现各类业务的网络化、系统化，还要突破传统的服务理念和思维模式，以应用促融合、以融合促创新、以创新促发展，挖掘和创新应用范围、应用方式，不断拓展应用的广度和深度，更要“瞻前顾后”，一是要高起点、高标准地建立后勤信息化的保障体系，促进后勤信息化与校园信息化的有机融合，健全可持续发展的长效机制，二是要立足长远，深层次地挖掘后勤信息化的丰富内涵和长期价值，发挥其在管理与决策层面的积极作用，逐步形成“健全体系，创新服务，强化支撑”三位一体的上海高校后勤信息化建设新格局。

4.1　大融合

各高校要将后勤信息化建设作为校园信息化的重要组成部分纳入“十三五”发展规划中，有效推动后勤信息化的建设与发展，使后勤信息化成为保障学校教学、科研、管理的基础环境和维护学校稳定、确保校园安全、活跃校园文化、丰富校园生活、提升服务品质的有效载体，逐步实现与校园信息化体系的“大融合”。

一是实现体系融合，为后勤信息化建设提供资源支持。各高校信息化主管部门应协助、指导后勤部门开展顶层设计和规划工作，促进后勤部门业务需求与信息技术的有机结合，提升业务需求与信息系统的关联度，提高信息系统的应用效果。要将后勤信息系统全部纳入学校的统一身份认证体系和信息门户，并提供服务器、存储、网络基础环境、系统运维、信息安全监测与防护、系统与数据备份等基础保障支持，确保后勤信息系统安全稳定运行。

二是实现业务融合，为后勤信息化建设提供应用支持。各高校信息化主管部门要加强统一规划和指导，后勤部门要认真梳理现有业务模式，明确业务责任，精简业务流程，避免业务重叠。通过对业务进行深入、全面的分析和整合，融合同类业务，避免多头建设，方便师生应用和推广普及。鼓励有技术优势和成熟建设经验的高校及市级载体建立或多单位共建后勤信息化“云”应用平台，为其他高校提供统一的后勤信息化解决方案和应用服务，实现各高校后勤信息化应用的相互融合和相互促进，加快后勤信息化建设整体进程。

三是实现队伍融合，为后勤信息化建设提供智力支持。各高校后勤部门可以采取“走出去、引进来”的方式培养、配置适合本校特点的技术开发或运维团队，或通过校内师生兼职、服务外包等形式弥补目前技术人员严重不足的短板。各高校信息化主管部门要成为支持、培养和建立后勤信息化技术队伍的中坚力量，通过两支技术队伍的相互融合、技术互补或由信息化主管部门向后勤部门安排专人、实行有偿技术输出等方式，为后勤信息化持续和深入发展提供可靠的人员和技术保障。

四是实现数据融合，为后勤信息化建设提供平台支持。各高校信息化主管部门要根据国家、部委及学校信息标准与技术规范指导后勤信息化建设，完善内部运行机制和具体措施，提高数据质量，确保数据共享，并将相关数据纳入学校的数据仓库或公共数据平台。对于有条件的高校，应尽可能通过整体设计，建立全局性的信息系统和数据库，避免系统繁多和数据冗余现象；对于短期内暂无法建立全局性系统的高校，要建立合理的数据交换与共享机制，确保各类系统间数据相互应用的有效性，彻底消除信息孤岛，实现后勤信息系统间及与学校其他各类系统的数据共享与融合。

4.2　大服务

各高校在开展后勤信息化规划时，应充分考虑本校后勤服务所涉及的各个方面，从规划层面做到服务类应用的全方位覆盖，通过分步实施的方式逐步予以落实，努力为师生提供“大服务”。

一是健全和完善关键类系统，确保“基础型”保障服务。各高校要重点推进关键类系统建设和应用的推广，充分运用信息化手段，改进服务方式，提高服务的针对性和时效性，推动“基础型”保障服务质量、效率的不断提升。作为对后勤信息化建设的基本考核内容，各高校要建立网上报修、食堂菜品查询与菜价监督、宿舍及楼宇信息发布、网上失物招领、快递服务、各类服务综合评价等系统，通过相关信息系统的建立和广泛使用，为校内师生提供更加高效、便捷的“基础型”保障服务。

二是拓展应用的广度和深度，创新“全方位”特色服务。

各高校应结合自身特点和服务内容，深刻理解“大后勤”的内涵和要求，坚持服务为先、服务至上的理念，以战略性和前瞻性的视角统一规划，除传统服务外，充分考虑一些相对边缘化或新兴的服务内容，如校车动态查询、网上物资领用、浴室空闲查询、洗衣机网上预约、行李寄取、健康饮食等其他类型的公共服务，使后勤信息化的触角最大限度地延伸到与校园生活相关的各个方面和更多细节，创新应用范围和形式，不断拓展应用的广度和深度，使师生感受到后勤信息化“处处相伴，始终为你”的获得感，充分体现建设价值和成效。

三是多角度适应需求变化，提升“便利性”体验效果。

各高校后勤部门要紧跟时代发展脚步，保持旺盛求知欲，主动了解和掌握新概念、新技术，及时把握师生对后勤信息化的新需求，不断提供符合服务对象需求的服务内容和方式，积极探索“自助点餐，扫码结算”、“宿舍刷卡开门”等物联网、人工智能应用新模式；要结合移动技术与应用的便利性，以PC端为基础、移动端为便捷手段，重点推广智能移动终端应用模式，通过App或微信的广泛应用，提升后勤信息化的体验效果，推动后勤信息化应用的广泛普及和师生的普遍参与。

四是强化互动与服务跟踪，培育“常态化”生态环境。

各高校要在转变管理理念、明确服务方向的基础上，重视师生的参与度，建立由师生广泛参与的互动与评价机制，强化师生对后勤服务的日常监督和服务反馈，通过服务点评、服务跟踪、投诉建议等方式，逐步完善服务闭环体系，营造良好的生态环境，促进后勤部门服务品质改进常态化机制的形成和逐步健全，结合激励机制和奖惩措施的创新与配套，使后勤信息化成为收集师生诉求、加强互动交流、评价服务效果、促进后勤部门改进服务措施的常态化渠道和有效方式。

4.3　大支撑

各高校在开展后勤信息化建设时，要充分认识到信息化对强化规范管理、提升管理效率、提高管理水平的重要作用，重视和加强后勤管理信息化建设，并结合其他应用及“大数据”技术，深入开展数据挖掘，提高决策支持能力，努力为市教育行政部门、学校和后勤部门提供“大支撑”。

一是制定标准规范，为推进后勤信息化提供基础支撑。要积极推进后勤信息化标准与规范建设，为后勤信息化可持续发展创造条件。市教育行政部门积极支持有关行业组织和专业机构开展的后勤信息化信息标准、建设规范、考核标准等的研究和制定，逐步规范信息系统建设，统一数据标准，为提升后勤信息系统建设质量、确保数据有效利用、建立和完善评价体系提供可靠的基础支撑。各高校在后续的新建及改建过程中，要按照统一的标准开展建设。

二是强化安全管控，为实现有效防控提供技术支撑。各高校要结合后勤部门人员多、业务覆盖面广、经营风险大等特征和自身需要，在日常管理（包括人力资源管理、财务管理、采购管理、合同管理、资产管理、资源管理、节能管理等方面）、食品安全溯源、食堂成本控制、生产安全监管、廉政监督、党建管理等方面开展信息化建设，通过信息化建设实现流程再造与优化，完善管理措施，实现有效防控，提升后勤部门的综合管理水平和安全防范能力，降低管理和经营风险。积极探索人脸识别、指纹识别、指静脉识别、宿舍刷卡或手机开门等在学生宿舍的应用，提升宿舍门禁系统的有效性和数据的可靠性，改进安全防范措施，提高对学生行为分析的能力。

三是完善评价体系，为考核与评价提供数据支撑。通过后勤信息化建设，要改变服务考核与评价的形式，逐步建立更加行之有效的考核与评价体系，更多地以师生对后勤服务的日常评价数据作为对高校后勤服务质量的考核与评价依据，使考核与评价结果更加契合高校后勤服务效果的实际情况。各高校要高度重视服务评价互动机制的常态化，确保原始数据的真实性和有效性，为进一步完善考核与评价体系提供可靠的数据支撑。市教育行政部门和行业协会要积极探索在高校评比、检查中对师生日常服务评价数据的利用，并将其纳入相关专业委员会的6T标准，丰富和完善评比的量化指标。

四是推进数据利用，为后勤改革与发展提供决策支撑。适应“大数据”时代的发展趋势，各高校与市级载体要积极探索“大数据”处理技术在后勤信息化建设中的应用，多角度、全方位地充分挖掘数据应用。各高校要将已建的“校园一卡通”系统、门禁系统、校园监控系统等与后勤信息系统有机结合，研究和探索新型综合应用场景；市级载体通过整合各高校后勤信息资源，逐步建立全市高校的食品安全溯源体系、食堂运行监测体系、校园能源监管体系、学生社区安全防控体系、服务质量测评体系等，不断为市教育行政部门、学校及后勤部门的改革与发展提供具有前瞻性分析、研究、预测效果的决策支持参考依据，充分体现后勤信息化建设的延伸价值。

5. 组织实施

5.1　市教育行政部门的主要任务与工作职责

市教育行政部门作为高校后勤信息化的主管与实施监督主体，主要职责是统筹上海市高校后勤信息化规划，指导各高校后勤信息化的推动实施。主要任务是：

1. 制订后勤信息化的信息标准和建设规范；

2. 推动和落实关键类信息系统建设；

3. 建设监管类系统，完善市级监管与决策支持平台；

4. 在条件许可的前提下，建设市级服务平台，提供公共服务；

5. 总体推动后勤信息化在各高校的业务管理、决策支持、监管监测、评估评价和公共服务等方面的深入和广泛应用。

5.2　各高校的主要任务与工作职责

各高校信息化主管部门是后勤信息化的推动和落实单位，主要职责是将后勤信息化纳入学校信息化建设规划，开展后勤信息化建设顶层设计，提供相关资源和技术支撑，指导后勤部门开展符合自身特点和师生实际需求的系统建设。主要任务是：

1. 统筹后勤信息化建设规划，指导开展顶层设计；

2. 建立后勤信息化建设规范，统一数据标准和安全标准；

3. 安排专人，为后勤信息化建设与运维提供技术指导；

4. 提供设施、设备、资金等资源保障；

5. 提供统一身份认证、数据交换、数据备份等技术支持，建立统一的数据仓库或公共数据平台，建设或指导建设基于数据挖掘与运用的决策支持系统；向市教育行政部门的决策支持系统提供必要的统计数据。

各高校后勤部门是后勤信息化的具体建设和实施部门，主要职责是以应用为导向，以服务为核心，按照市教育行政部门及学校规划开展信息系统建设与运行管理，向师生提供各类服务。主要任务是：

1. 落实规划要求，坚持以点带面、先易后难、循序渐进的建设原则，逐步推进后勤信息化建设；

2. 执行建设规范和信息标准；

3. 开展流程再造，优化管理流程，促进服务品质提升；

4. 强化与师生互动，健全常态化响应与完善机制；

5. 重视数据的积累和挖掘，以提升管理水平、改善服务品质为出发点，结合自身需要，建设基于已有信息系统数据的综合分析系统、决策支持系统。

6. 保障措施

6.1　制度保障

各高校要建立和完善后勤信息化建设与运维的相关规章制度，健全与后勤信息化相关的考核评估体系，完善内部考核机制，使后勤信息化建设与后勤服务评价、员工岗位考核等有机结合，充分发挥后勤信息化建设的综合价值，促进后勤信息化的可持续发展。

6.2　人员保障

各校应结合自身情况和特点，吸引具有一定技术能力的人员加入后勤管理队伍，逐步培养后勤部门自身的技术人员，健全技术保障队伍；通过提升后勤基层员工信息素养、与学校信息化主管部门相互配合等方式，形成多层次的信息化建设与运维的技术保障力量。

6.3　安全保障

各高校在后勤信息化建设、实施、应用过程中要高度重视信息安全，坚持“谁建设、谁负责，谁主管、谁负责”的原则，切实强化技术防范措施。高校信息化主管部门要严格执行系统上线安全测试和使用过程安全测试等相关措施，并提供统一的备份策略，从源头上把好安全关，保证后勤信息化的健康发展。

6.4　经费保障

各高校在制定学校信息化建设规划时应考虑后勤信息化起步晚、起点低、基础弱等特点，在建设及运维经费支持上给予适当的倾斜；学校应多渠道筹措资金，通过专项资金、引入社会资金等方式，加快后勤信息化建设步伐。

教育统计

Educational Statistics

上海市各级普通学校基本情况

单位：万人

指　　标	学校数（所）	毕业生数	招生数	在校学生数	教职工数	#专任教师
总　计	**3416**	**68.31**	**79.29**	**275.30**	**29.91**	**21.17**
研究生	**49**	**4.31**	**6.36**	**17.88**		
高等学校	28	4.25	6.30	17.70		
科研机构	21	0.06	0.06	0.18		
普通高等学校	**64**	**13.26**	**14.34**	**51.78**	**7.51**	**4.46**
本科院校	39	9.71	10.71	41.18	6.78	3.97
高职（专科）学校	25	3.55	3.63	10.60	0.74	0.49
普通中等学校	**925**	**16.59**	**21.38**	**68.04**	**8.74**	**6.76**
普通中学	833	13.62	18.51	59.07	7.54	5.94
高　中		5.19	5.23	15.82		1.84
初　中		8.43	13.28	43.25		4.10
职业中学	23	0.61	0.66	1.99	0.35	0.27
高　中	23	0.61	0.66	1.99	0.35	0.27
初　中		0.00	0.00	0.00		
中等专业学校	50	2.07	1.80	5.98	0.72	0.47
技工学校	7	0.27	0.38	0.93	0.09	0.05
工读学校	12	0.02	0.03	0.07	0.04	0.03
小　学	**721**	**15.03**	**18.25**	**80.02**	**6.44**	**5.68**
特殊教育	**30**	**0.07**	**0.06**	**0.44**	**0.16**	**0.13**
幼儿园	**1627**	**19.05**	**18.90**	**57.14**	**7.06**	**4.14**

注：1. 表中幼儿园招生数指当年入园幼儿数。
2. 2014学年起，中科院、煤炭院所属科研机构不纳入本市研究生培养机构统计。
3. 表中研究生包含2018年招收的非全日制学生。
4. 2018学年中，职业初中毕业生数为28人，招生数为0人，在校生数为28人。

上海市各级成人学校基本情况

单位：万人

指　　标	学校数（所）	毕业生数	招生数	在校学生数	教职工数	#专任教师
总　计	**662**	**179.75**	**10.62**	**206.26**	**1.59**	**0.88**
成人高等学校	**14**	**4.62**	**4.56**	**12.86**	**0.14**	**0.07**
独立设置成人高校	14	0.18	0.19	0.60	0.14	0.07
广播电视大学	1				0.03	0.01
职工高等学校	10	0.15	0.18	0.54	0.08	0.05
管理干部学院	3	0.03	0.01	0.06	0.03	0.01
普通高校举办	(56)	4.44	4.37	12.26		
函授部	9	0.24	0.10	0.45		
业　余	46	4.20	4.27	11.81		
成人脱产班	1					
成人网络本、专科		**4.20**	**5.56**	**13.75**		
成人中、初等学校	**17**	**0.55**	**0.50**	**1.47**	**0.04**	**0.02**
成人中等专业学校	12	0.51	0.50	1.36	0.03	0.01
全日制		0.48	0.31	1.00		
非全日制		0.03	0.19	0.35		
成人中学	5	0.04		0.11	0.01	0.01
成人小学						
职业技术培训机构	**631**	**170.37**		**178.18**	**1.41**	**0.79**

注：1. 表中成人中学、职业技术培训机构在校学生指累计注册数，毕业生数指累计结业数。
2. 普通高校举办的函授、业余、脱产班学校数是指举办这类教育的学校点数，括号内是点数之和。
3. 成人脱产班有在校学生1人。

研究生教育基本情况

单位：人

指　　标	合　计	中央部委所属	教育部所　属	其他部委所属	地方所属	教育部门	其他部门
毕业生数	**43084**	**26996**	**26647**	**349**	**16088**	**15815**	**270**
攻读硕士学位	37504	22221	21888	333	15283	15043	237
攻读博士学位	5580	4775	4759	16	805	772	33
招生数	**63628**	**39821**	**39463**	**358**	**23807**	**23508**	**299**
攻读硕士学位	54596	32440	32100	340	22156	21903	253
攻读博士学位	9032	7381	7363	18	1651	1605	46
在校学生数	**178790**	**114832**	**113891**	**941**	**63958**	**63014**	**944**
攻读硕士学位	144068	86454	85594	860	57614	56860	754
攻读博士学位	34722	28378	28297	81	6344	6154	190
预计毕业生数	**61949**	**39664**	**39300**	**364**	**22285**	**21933**	**352**
攻读硕士学位	47592	28463	28136	327	19129	18877	252
攻读博士学位	14357	11201	11164	37	3156	3056	100

注：表中研究生包括非全日制学生。

研究生分学科学生数

单位：人

指　　标	毕业生数	招生数	在校学生数	预计毕业生数
总　计	**43084**	**63628**	**178790**	**61949**
女　生	22770	33562	91220	30048
学术型学位	24019	32824	101590	35213
专业学位	19065	30804	77200	26736
哲　学	278	350	1174	499
经济学	3335	4085	10464	4480
法　学	3953	5279	14342	5097
教育学	2159	3533	9225	3254
文　学	2874	3410	9890	3878
历史学	379	464	1530	635
理　学	3490	5389	16328	5021
工　学	13648	20945	59959	19279
农　学	415	631	1728	537
医　学	4117	5421	15604	5046
管理学	7079	12261	32943	12255
艺术学	1357	1860	5603	1968

注：表中研究生包含2018年招收的非全日制学生。

普通本专科教育基本情况

单位：人

指标	学校数（所）	本专科学生数								教职工数	#专任教师
		毕业生数	#本科	招生数	#本科	在校生	#本科	预计毕业生	#本科		
总计	**64**	**132508**	**85832**	**143428**	**98157**	**517796**	**383459**	**143897**	**95125**	**75115**	**44585**
部属	10	26644	24203	30008	27015	116357	108529	28652	26057	32480	16395
市属	54	105864	61629	113420	71142	401439	274930	115245	69068	42635	28190
民办	19	29609	10596	34514	14423	110336	50750	32020	11508	7561	5082
中外合作办	1	143	143	221	221	696	696	154	154	567	193
综合大学	4	15033	14822	16504	16504	67748	67469	17100	16932	25164	11737
理工院校	24	51043	31097	55745	35057	198734	139416	56273	35355	21060	14068
农业院校	2	4090	2818	4153	3022	15155	11862	3962	2774	1468	1073
医药院校	2	3581	800	4648	2896	15126	8191	4426	1120	2108	1236
师范院校	2	8278	8275	8576	8576	34912	34911	9070	9069	6907	4228
语文院校	3	5376	1448	4493	1478	14850	5986	4569	1476	1913	1247
财经院校	17	34353	18714	37519	22043	129919	82245	37143	20041	10925	7329
政法院校	3	6105	5220	6677	5626	23347	21315	6364	5383	2391	1695
体育院校	2	1053	971	1149	1037	4493	4094	1161	1021	1210	682
艺术院校	5	3596	1667	3964	1918	13512	7970	3829	1954	1969	1290

注：2018年开始，增加举办者类型为中外合作办的统计数据。

普通本科分学科学生数

单位：人

指标	毕业生数	招生数	在校学生数	预计毕业生数
总计	**85832**	**98157**	**383459**	**95125**
哲学	128	127	530	135
经济学	8454	9314	36983	9084
法学	5479	5929	22786	5792
教育学	2059	2583	9576	2362
文学	8914	10083	37537	9137
历史学	237	438	1229	223
理学	4862	6056	22700	5401
工学	27957	34192	132126	32567
农学	401	596	2160	509
医学	2538	4441	16521	2947
管理学	18149	17007	71839	19425
艺术学	6654	7391	29472	7543

普通专科分专业学生数

单位:人

指　　标	毕业生数	招生数	在校学生数	预计毕业生数
总　计	**46676**	**45271**	**134337**	**48772**
农林牧渔大类	923	924	2463	836
资源环境与安全大类	489	282	915	387
能源动力与材料大类				
土木建筑大类	2338	2708	7453	2635
水利大类				
装备制造大类	4143	3708	11431	4438
生物与化工大类	285	150	458	226
轻工纺织大类	794	445	1602	625
食品药品与粮食大类	447	433	1122	378
交通运输大类	4065	5008	13499	4447
电子信息大类	3490	5046	13437	4396
医药卫生大类	5605	4541	15667	6376
财经商贸大类	10302	7188	24169	9525
旅游大类	2338	2502	7296	2466
文化艺术大类	5025	4528	14153	5153
新闻传播大类	1652	1633	4495	1485
教育与体育大类	3134	4529	12341	3855
公安与司法大类	1031	1238	2514	1099
公共管理与服务大类	615	408	1322	445

普通高等学校专任教师基本情况

单位:人

指　　标	专任教师数	正高级	副高级	中　级	初　级	未定职称
总　计	**44585**	**8462**	**14403**	**17209**	**2715**	**1796**
学　历						
研究生	37526	7881	12204	14000	1968	1473
博　士	24384	7285	9424	6893	68	714
硕　士	13142	596	2780	7107	1900	759
本　科	6711	536	2133	3092	684	266
专科及以下	348	45	66	117	63	57
年　龄						
29 岁及以下	2867	7	21	754	1261	824
30—34 岁	6338	145	719	4128	837	509
35—39 岁	9723	586	3092	5477	349	219
40—44 岁	8430	1160	3695	3339	130	106
45—49 岁	6277	1578	2840	1760	57	42
50—54 岁	5488	2071	2214	1111	44	48
55—59 岁	3726	1646	1449	556	32	43
60—64 岁	1163	874	233	48	5	3
65 岁及以上	573	395	140	36	0	2

普通高等学校分科专任教师

单位：人

指　标	专任教师数	正高级	副高级	中　级	初　级	未定职称
总　计	**44585**	**8462**	**14403**	**17209**	**2715**	**1796**
哲　学	999	190	283	416	65	45
经济学	2413	417	857	930	101	108
法　学	3385	547	983	1414	265	176
教育学	3508	288	903	1673	464	180
文　学	6735	779	1873	3323	423	337
历史学	590	183	179	206	12	10
理　学	5064	1624	1827	1381	93	139
工　学	12397	2973	4559	4056	483	326
农　学	339	84	116	103	18	18
医　学	2387	531	756	855	152	93
管理学	3786	564	1273	1514	252	183
艺术学	2982	282	794	1338	387	181

中等职业学校基本情况

单位：人

指　标	总　计	普通中专	职业高中	技工学校	成人中专
机构数合计(所)	**92**	**50**	**23**	**7**	**12**
中央部委属	2	1		1	
地方所属	86	48	22	6	10
教育部门	50	23	22	1	4
非教育部门	36	25		5	6
民办	3	1			2
中外合作办	1		1		
教职工数(人)	**11947**	**7218**	**3519**	**946**	**264**
中央部委属	238	120		118	
市　属	11564	7010	3476	828	250
民　办	102	88			14
中外合作办	43		43		
专任教师数(人)	**8083**	**4691**	**2737**	**542**	**113**
中央部委属	124	41		83	
市　属	7892	4614	2707	459	112
民　办	37	36			1
中外合作办	30		30		

注：2018年开始，增加举办者类型为中外合作办的统计数据。

普通中等专业教育学生数

单位：人

指　　标	毕业生数	招生数	在校学生数	预计毕业生
总　计	**20715**	**18029**	**59779**	**19797**
中央部委属				
市　属	20469	17798	59011	19551
民　办	246	231	768	246
中外合作办				
农林牧渔类	373	411	1168	379
资源环境类	233	225	719	240
能源与新能源类	281	285	1087	449
土木水利类	1660	1664	4752	1603
加工制造类	3297	2926	10326	3410
石油化工类	431	311	1375	441
轻纺食品类	291	339	1035	308
交通运输类	2201	1792	6232	2159
信息技术类	2096	2232	6839	2070
医药卫生类	2430	1509	5708	2222
休闲保健类	49	116	219	45
财经商贸类	4834	3325	11312	4025
旅游服务类	610	764	2095	561
文化艺术类	1205	1023	4149	1134
体育与健身	214	162	471	157
教育类	98	157	375	93
司法服务类				
公共管理与服务类	215	364	913	236
其他	197	424	1004	265

注：2018 年开始，增加举办者类型为中外合作办的统计数据。

分区职业高中学校(班)基本情况

单位：人

指　　标	学校数（所）	毕业生数	招生数	在校学生数	预计毕业生	教职工数	#专任教师
全市合计	**23**	**6134**	**6627**	**19925**	**6432**	**3519**	**2737**
黄浦区	2	527	415	1416	515	389	297
徐汇区	1	252	215	639	228	179	132
长宁区	1	407	384	1260	415	190	112
静安区	2	194	486	969	252	323	228
普陀区	1	228	239	760	262	153	115
虹口区	1	476	424	1520	555	297	219
杨浦区	2	265	385	1074	297	159	119
闵行区	1	542	533	1694	555	182	154
宝山区	2	576	559	1673	513	201	129
嘉定区	1					54	44
浦东新区	5	2022	2161	6686	2101	704	639
金山区							
松江区	2	192	227	615	205	321	278
青浦区	1	34	23	104	64	65	36
奉贤区							
崇明区	1	419	576	1515	470	302	235

职业高中(班)学生数

单位:人

指　　标	毕业生数	招生数	在校学生数	预计毕业生
总　计	**6134**	**6627**	**19925**	**6432**
中央部门办				
地方教育部门	5915	6368	19223	6227
地方非教育部门				
民　办				
中外合作办	219	259	702	205
农林牧渔类	80	72	208	61
资源环境类				
能源与新能源类				
土木水利类				
加工制造类	553	583	1519	463
石油化工类				
轻纺食品类				
交通运输类	1096	1022	3243	1057
信息技术类	552	578	2031	696
医药卫生类	69	50	148	48
休闲保健类	27	23	74	23
财经商贸类	1180	963	2984	1007
旅游服务类	1304	1297	4246	1481
文化艺术类	417	773	1851	497
体育与健身	44	18	73	39
教育类	478	616	1955	633
司法服务类				
公共管理与服务类	33	28	107	40
其他	301	604	1486	387

注:2018年开始,增加举办者类型为中外合作办的统计数据。

职业高中学校专任教师基本情况

单位:人

指　　标	专任教师	正高级	副高级	中　级	初　级	无职称
合　计	**2737**		**523**	**1498**	**627**	**89**
学　历						
研究生	336		42	133	131	30
本　科	2389		481	1363	490	55
专　科	11			2	6	3
高中及以下	1					1
年　龄						
29岁及以下	269			5	188	76
30—39岁	782		47	439	286	10
40—49岁	1125		266	727	131	1
50—59岁	561		210	327	22	2
60岁及以上						

普通中等专业学校专任教师基本情况

单位：人

指　　标	专任教师	正高级	副高级	中　级	初　级	无职称
合　计	**4691**	**19**	**1124**	**2324**	**1112**	**112**
学　历						
博　士	34		13	16	4	1
硕　士	1153	3	181	549	382	38
本　科	3403	12	920	1725	678	68
专　科	81	2	8	31	35	5
高中及以下	20	2	2	3	13	
年　龄						
29 岁及以下	522			42	405	75
30—34 岁	741		9	365	350	17
35—39 岁	963		121	640	190	12
40—44 岁	642	3	167	402	68	2
45—49 岁	703	4	278	375	45	1
50—54 岁	728	5	352	344	24	3
55—59 岁	391	7	196	156	30	2
60 岁及以上	1		1			

普通中等专业学校分学科专任教师数

单位：人

指　　标	合　计	正高级	副高级	中　级	初　级	无职称
总　计	**4691**	**19**	**1124**	**2324**	**1112**	**112**
文化基础课	1891		450	942	447	52
专业课	2619	19	666	1295	584	55
农林牧渔类	39		11	16	12	
资源环境类	29		6	15	7	1
能源与新能源类	58		23	15	10	10
土木水利类	112		36	44	31	1
加工制造类	428		126	207	83	12
石油化工类	82		32	35	15	
轻纺食品类	57		19	31	7	
交通运输类	163		36	85	37	5
信息技术类	340		76	169	92	3
医药卫生类	164		61	81	22	
休闲保健类	8		3	3	2	
财经商贸类	463		97	259	98	9
旅游服务类	81		18	43	17	3
文化艺术类	283	15	61	146	60	1
体育与健身	151	4	41	57	46	3
教育类	73		6	38	28	1
司法服务类						
公共管理与服务类	21		7	10	4	
其　他	67		7	41	13	6
实习指导课	181		8	87	81	5

中学校数、班数

单位：人

指　标	全　市	城　区	镇　区	乡　村
学校数(所)	**833**	**682**	**117**	**34**
完全中学	89	80	5	4
高级中学	143	125	15	3
初级中学	369	300	55	14
九年一贯制学校	204	152	40	12
十二年一贯制学校	28	25	2	1
班数(班)	**17853**	**15453**	**1915**	**485**
初　中	13163	11283	1499	381
高　中	4690	4170	416	104

中学分年级学生数

单位：人

指　标	全　市	城　区	镇　区	乡　村
总　计	**590712**	**515859**	**60982**	**13871**
初中小计	**432531**	**376089**	**45705**	**10737**
初　一	132931	115319	14075	3537
初　二	108575	94299	11520	2756
初　三	103197	90094	10641	2462
初　四	87828	76377	9469	1982
高中小计	**158181**	**139770**	**15277**	**3134**
高　一	52856	46662	5151	1043
高　二	53275	47083	5115	1077
高　三	52050	46025	5011	1014

教育系统所属中学校数、班数、学生数

单位：人

指　标	全　市	城　区	镇　区	乡　村
学校数(所)	**701**	**566**	**108**	**27**
完全中学	62	56	4	2
高级中学	127	111	14	2
初级中学	336	268	54	14
九年一贯制学校	169	124	36	9
十二年一贯制学校	7	7		
班数(班)	**15326**	**13153**	**1799**	**374**
初　中	11170	9459	1413	298
高　中	4156	3694	386	76
学生数(人)	**506279**	**437803**	**57464**	**11012**
初　中	363279	311843	43117	8319
高　中	143000	125960	14347	2693

民办中学教学机构数、班数、学生数

单位：人

指　　标	全　市	城　区	镇　区	乡　村
机构数(个)	**131**	**115**	**9**	**7**
完全中学	27	24	1	2
高级中学	15	13	1	1
初级中学	33	32	1	0
九年一贯制学校	35	28	4	3
十二年一贯制学校	21	18	2	1
班数(班)	**2488**	**2261**	**116**	**111**
初　中	1990	1821	86	83
高　中	498	440	30	28
学生数(人)	**83696**	**77319**	**3518**	**2859**
初　中	69239	64233	2588	2418
高　中	14457	13086	930	441

普通中学招生、毕业生数

单位：人

指　　标	全　市	城　区	镇　区	乡　村
2018 年招生数	**185100**	**161417**	**19131**	**4552**
初　中	132770	115195	14055	3520
高　中	52330	46222	5076	1032
2018 年毕业生数	**136214**	**119277**	**14054**	**2883**
初　中	84272	73223	9143	1906
高　中	51942	46054	4911	977

中学教职工、教师分部门人数

单位：人

指　　标	全　市	城　区	镇　区	乡　村
教职工数	**75398**	**64399**	**8735**	**2264**
教育部门办	64286	54396	8172	1718
其他部门办				
民　办	10999	9890	563	546
中外合作办	113	113		
其中：专任教师数	**59346**	**51103**	**6699**	**1544**
教育部门办	51761	44108	6347	1306
其他部门办				
民　办	7505	6915	352	238
中外合作办	80	80		

注：2018 年开始，增加举办者类型为中外合作办的统计数据。

中学专任教师学历情况

指　　标	总　计	研究生	本　科	专　科	高　中	高中以下
初中(人)	**40996**	**5665**	**34939**	**391**	**1**	
所占比重(%)	100	13.82	85.23	0.95	0.00	
高中(人)	**18350**	**4413**	**13924**	**12**	**1**	
所占比重(%)	100	24.05	75.88	0.07	0.01	

中学专任教师职称情况

指　　标	总　计	中学高级	中学一级	中学二级	中学三级	未评职称
初中(人)	**40996**	**4843**	**20855**	**12660**	**86**	**2552**
所占比重(%)	100	11.81	50.87	30.88	0.21	6.22
高中(人)	**18350**	**5589**	**7991**	**3771**	**14**	**985**
所占比重(%)	100	30.46	43.55	20.55	0.08	5.37

中学专任教师年龄情况

指　　标	专任教师数(人)	29岁及以下	30—39岁	40—49岁	50—59岁	60岁及以上
初中(人)	**40996**	**8263**	**13522**	**13159**	**5881**	**171**
所占比重(%)	100	20.16	32.98	32.10	14.35	0.42
高中(人)	**18350**	**2901**	**6057**	**5885**	**3388**	**119**
所占比重(%)	100	15.81	33.01	32.07	18.46	0.65

中学占地和校舍建筑面积数

单位：万平方米

指　　标	全　市	城　区	镇　区	乡　村
学校占地面积	2513.36	1930.87	457.66	124.83
#运动场地面积	699.16	539.99	126.17	33.01
校舍建筑面积	1545.47	1290.65	199.70	55.12

分区高中分年级在校生情况

单位：人

指　　标	毕业生数	招生数	高中在校生	一年级	二年级	三年级
全市合计	**51942**	**52330**	**158181**	**52856**	**53275**	**52050**
黄浦区	3218	3139	9206	3141	3126	2939
徐汇区	4244	3981	12461	4004	4147	4310
长宁区	1587	1426	4485	1444	1538	1503
静安区	3638	3412	10606	3441	3614	3551
普陀区	2600	2416	7540	2470	2485	2585
虹口区	2152	2078	6384	2104	2161	2119
杨浦区	3584	3407	10627	3432	3548	3647
闵行区	3891	4508	13147	4532	4494	4121
宝山区	3393	3297	10107	3396	3329	3382
嘉定区	2218	2491	7119	2515	2436	2168
浦东新区	11456	11660	35008	11737	11743	11528
金山区	1954	2337	6983	2412	2435	2136
松江区	2494	2777	8145	2805	2798	2542
青浦区	1856	1932	5793	1938	1902	1953
奉贤区	2007	2114	6309	2126	2121	2062
崇明区	1650	1355	4261	1359	1398	1504

分区初中分年级在校生情况

单位：人

指　　标	毕业生数	招生数	初中在校生	一年级	二年级	三年级	四年级
全市合计	**84272**	**132770**	**432531**	**132931**	**108575**	**103197**	**87828**
黄浦区	2521	4320	13778	4320	3516	3190	2752
徐汇区	5074	7920	26303	7936	6478	6526	5363
长宁区	2472	3692	12402	3702	3069	3105	2526
静安区	4872	6920	23761	6923	5979	5967	4892
普陀区	3659	6225	20366	6250	5168	4885	4063
虹口区	3071	4350	15156	4356	3902	3818	3080
杨浦区	4126	5863	20464	5863	5242	5061	4298
闵行区	7316	14549	43944	14557	11094	10178	8115
宝山区	6588	10180	33351	10199	8431	7812	6909
嘉定区	4709	7537	24385	7549	6279	5719	4838
浦东新区	20105	33825	105572	33850	26405	24565	20752
金山区	4003	4998	17711	5000	4216	4313	4182
松江区	5434	8986	28484	8997	7040	6676	5771
青浦区	3404	5026	17204	5032	4338	4264	3570
奉贤区	4473	5146	18093	5153	4339	4446	4155
崇明区	2445	3233	11557	3244	3079	2672	2562

分区中学基本情况

单位：人

指　标	学校数（所）	完全中学	高级中学	初级中学	九　年一贯制学　校	十二年一贯制学　校	初高中学生数	教职工数	#专任教师	初　中	高　中
全市合计	**833**	**89**	**143**	**369**	**204**	**28**	**590712**	**75398**	**59346**	**40996**	**18350**
黄浦区	35	6	9	15	4	1	22984	3482	2714	1516	1198
徐汇区	40	11	8	18	2	1	38764	4634	3708	2208	1500
长宁区	26	4	4	14	2	2	16887	2893	2036	1398	638
静安区	51	13	9	22	7	0	34367	4900	3677	2345	1332
普陀区	48	8	5	12	21	2	27906	3930	3039	2114	925
虹口区	37	5	9	18	5	0	21540	3152	2703	1659	1044
杨浦区	49	3	11	25	7	3	31091	4192	3396	2097	1299
闵行区	75	4	15	33	20	3	57091	7257	5508	4023	1485
宝山区	68	5	8	27	27	1	43458	4589	3988	3003	985
嘉定区	44	0	8	21	13	2	31504	3772	2910	2196	714
浦东新区	167	21	28	81	29	8	140580	14623	12548	8917	3631
金山区	34	3	7	19	3	2	24694	3289	2494	1757	737
松江区	44	3	5	9	26	1	36629	5327	3510	2578	932
青浦区	33	1	5	17	9	1	22997	3052	2412	1754	658
奉贤区	45	0	7	14	23	1	24402	3261	2644	1991	653
崇明区	37	2	5	24	6	0	15818	3045	2059	1440	619

实验性示范性中学基本情况

单位：人

指　　标	总　　计	市实验性示范性中学	区实验性示范性中学
学校数(所)	**147**	**63**	**84**
班数(个)	**4363**	**1922**	**2441**
初　中	835	115	720
高　中	3528	1807	1721
毕业生数	46349	22098	24251
初　中	6163	989	5174
高　中	40186	21109	19077
招生数	**49023**	**22215**	**26808**
初　中	8132	1111	7021
高　中	40891	21104	19787
在校学生数	**155588**	**67556**	**88032**
初　中	33365	3703	29662
高　中	122223	63853	58370
预计毕业生数	**46393**	**22023**	**24370**
初　中	6177	988	5189
高　中	40216	21035	19181
教职工数	**20972**	**9988**	**10984**
其中：专任教师	16933	8075	8858
初　中	2516	385	2131
高　中	14417	7690	6727
学校占地面积(万平方米)	**743**	**456.51**	**286.04**
校舍建筑面积(万平方米)	**498**	**303.27**	**194.95**

小学校数、班数、学生数、教职工数

指　　标	全　市	教育部门	其他部门	民　办	中外合作办
学校数(所)	**721**	**610**		**111**	
班数(班)	**21786**	**18782**		**3004**	
学生数(人)	**800222**	**693581**		**106641**	
一年级	182656	159870		22786	
二年级	163734	141943		21791	
三年级	157751	136283		21468	
四年级	149459	128396		21063	
五年级	146622	127089		19533	
教职工数(人)	**64356**	**56084**		**8272**	
# 专任教师数	56803	49751		7052	

注：2018年开始，增加举办者类型为中外合作办的统计数据。

小学占地和校舍建筑面积数

单位:万平方米

指　标	学校占地面积	运动场地面积	校舍建筑面积
全　市	**1054.20**	**367.76**	**610.01**
城　区	839.18	301.97	512.78
镇　区	159.30	49.29	75.61
乡　村	55.72	16.50	21.62

小学专任教师年龄、职称情况

单位:人

指　标	专任教师	29岁及以下	30—39岁	40—49岁	50—59岁	60岁及以上
总　计	**56803**	**14490**	**16035**	**20393**	**5756**	**129**
中学高级教师	1354		121	939	274	20
小学高级教师	25435	260	5706	14744	4643	82
小学一级教师	22537	9747	8060	4072	650	8
小学二级教师	2022	1013	733	235	39	2
小学三级教师	72	41	25	4	2	0
未评职称	5383	3429	1390	399	148	17

小学专任教师学历情况

指　标	合　计	本科及以上	专　科	高　中	高中以下
专任教师(人)	**56803**	**47586**	**8928**	**289**	
所占比重(%)	100	83.77	15.72	0.51	

分区小学基本情况

单位:人

指　标	学校数(所)	毕业生数	招生数	在　校学生数						教职工数	#专任教师
					一年级	二年级	三年级	四年级	五年级		
全市合计	**721**	**150256**	**182522**	**800222**	**182656**	**163734**	**157751**	**149459**	**146622**	**64356**	**56803**
黄浦区	29	4016	4739	20822	4743	4093	4016	3940	4030	2159	1799
徐汇区	43	7820	10095	44212	10098	8916	8683	8352	8163	3155	2730
长宁区	23	4278	4953	22207	4959	4440	4372	4110	4326	1997	1661
静安区	44	6746	8087	35576	8094	7113	6920	6598	6851	3267	2609
普陀区	24	7007	9203	40241	9210	8271	7739	7453	7568	3096	2903
虹口区	33	4396	4994	22719	4997	4579	4396	4240	4507	2175	1981
杨浦区	42	6035	8912	37905	8912	7843	7413	7045	6692	3200	2914
闵行区	66	17490	21658	94572	21671	19278	18705	17859	17059	7238	6273
宝山区	68	12011	15609	67600	15624	14143	13165	12388	12280	5372	5115
嘉定区	42	8323	11870	48749	11880	10280	9640	8726	8223	3610	2973
浦东新区	162	39613	44593	200262	44597	40753	39908	37525	37479	13901	13076
金山区	26	5065	5693	24703	5697	4973	4740	4692	4601	2305	1935
松江区	37	11086	14645	62010	14672	12941	12289	11591	10517	4958	4126
青浦区	26	7105	6886	29289	6890	6054	5722	5415	5208	2914	2525
奉贤区	27	5928	7355	33869	7359	6882	6948	6526	6154	2656	2452
崇明区	29	3337	3230	15486	3253	3175	3095	2999	2964	2353	1731

幼儿园基本情况

指　　标	全　市	教育部门	集体办	其他部门	民　办	中外合作办
独立幼儿园	1627	954	24	24	623	2
班数(班)	19781	13375	192	221	5973	20
幼儿数(人)	571412	392426	5512	5156	167834	484
教职工数(人)	70637	43930	769	1160	24672	106
专任教师数	41385	29264	400	505	11166	50

注:2018年开始,增加举办者类型为中外合作办的统计数据。

幼儿园园长、教师学历情况

指　　标	合　计	本科及以上	专　科	高　中	高中以下	合计中:幼教专业毕业
园　长	2050	1726	306	18		1766
所占比重(%)	100	84.20	14.93	0.88		86.14
专任教师	41385	30906	9437	1038	4	30946
所占比重(%)	100	74.68	22.80	2.51	0.01	74.77

幼儿园园长、教师职称情况

指　　标	中学高级	小学高级	小学一级	小学二级	小学三级	未评职称
园　长	555	835	281	57	3	319
所占比重(%)	27.07	40.73	13.70	2.78	0.14	15.56
专任教师	250	9780	15182	3938	411	11824
所占比重(%)	0.60	23.63	36.68	9.51	0.99	28.57

分区托儿所基本情况

指　　标	独立设置托儿所(所)	班数(个)	托儿数(人)	教职工数(人)	#教养员
全市合计	**23**	**170**	**2689**	**733**	**370**
黄浦区	1	4	90	14	8
徐汇区	2	8	222	36	22
长宁区					
静安区	3	9	166	42	20
普陀区					
虹口区	4	21	495	87	46
杨浦区	2	7	156	26	10
闵行区					
宝山区					
嘉定区					
浦东新区	7	108	1314	461	232
金山区	1	4	111	20	10
松江区	3	9	135	47	22
青浦区					
奉贤区					
崇明区					

分区幼儿园基本情况

单位：人

指　　标	园数（所）	入　园幼儿数	离　园幼儿数	在　园幼儿数	教职工数	#专任教师	占地面积（万平方米）	校舍面积（万平方米）
全市合计	**1627**	**188991**	**190534**	**571412**	**70637**	**41385**	**945.71**	**659.76**
黄浦区	45	4221	3955	12109	1395	943	8.34	9.57
徐汇区	94	8212	8061	24490	4210	1901	34.88	23.00
长宁区	39	4659	4701	13967	1899	1208	34.65	15.84
静安区	88	7533	7520	22260	2787	1892	28.30	24.79
普陀区	83	9492	9038	27880	4059	2159	37.19	29.23
虹口区	54	4322	4636	13545	1686	1152	18.19	14.14
杨浦区	83	9051	8672	26777	2701	1809	32.85	24.33
闵行区	183	24094	24932	73298	11105	5446	119.23	80.54
宝山区	167	18280	19221	57750	5456	3587	89.23	63.51
嘉定区	88	11817	12458	37994	5329	2691	66.27	44.47
浦东新区	319	41683	43682	132047	12827	8900	237.57	168.24
金山区	40	6347	5718	17153	2462	1272	39.72	23.00
松江区	135	17668	16592	49237	6829	3605	74.33	54.78
青浦区	91	10240	8602	27396	3832	2196	49.22	33.55
奉贤区	77	8254	9458	25940	2844	1795	46.66	32.50
崇明区	41	3118	3288	9569	1216	829	29.08	18.27

特殊教育学校基本情况

单位：人

指　　标	学校数(所)	班数(个)	学生数	教职工数	#专任教师
总计	**30**	**488**	**7435**	**1641**	**1286**
视力残疾		21	162		
听力残疾		45	416		
言语残疾			8		
肢体残疾			136		
智力残疾		390	6328		
精神残疾			85		
多重残疾		32	300		
盲人学校	1	21	132	93	60
聋哑学校	4	45	322	227	164
培智学校	22	349	3283	1173	925
其他学校	3	24	250	148	137
小学附设特教班		7	33		
中学附设特教班		4	19		
其他附设特教班		38	339		
小学随班就读			1103		
中学随班就读			1897		
小学送教上门			31		
中学送教上门			26		

注：1. 其他学校指对两类以上残疾人进行教育的学校。

2. 随班就读学生是普通中、小学学生的其中数，不计入独立的特教校班数据中。

工读学校基本情况

单位：人

指　　标	学校数（所）	班数（个）	学生数	教职工数	#专任教师
全市合计	**12**	**68**	**731**	**427**	**333**
黄浦区	1	5	16	22	18
徐汇区	1	5	15	27	19
长宁区	1	2	5	18	13
静安区	1	10	143	47	39
普陀区	1	3	4	23	18
虹口区	1	4	31	30	26
杨浦区	1	5	43	28	19
闵行区	1	4	21	33	19
宝山区	1	9	75	34	30
嘉定区	1	3	50	29	21
浦东新区	1	13	298	79	71
金山区					
松江区					
青浦区					
奉贤区					
崇明区	1	5	30	57	40

职业技术培训机构基本情况

指　　标	学校数（所）	教学班（点）（个）	结业生数（万人次）	注册学生数（万人次）	教职工数（人）	#专任教师	聘请校外教师（人）
总　计	**631**	**21079**	**170.37**	**178.18**	**14051**	**7914**	**6816**
职工技术培训学校	**10**	**1275**	**6.26**	**6.72**	**743**	**571**	**119**
教育部门办和集体办	6	1180	5.35	5.69	637	525	28
其他部门办	1	43	0.23	0.23	7	1	25
民办	3	52	0.69	0.80	99	45	66
中外合作办							
农村技术培训学校	**78**	**4906**	**57.28**	**49.75**	**675**	**490**	**1587**
教育部门办和集体办	69	4513	55.54	48.40	627	472	1418
县办	41	1722	28.70	24.22	410	326	810
乡办	28	2314	25.27	23.96	217	146	602
村办		477	1.57	0.22			6
其他部门办	8	392	1.74	1.36	37	15	162
民办	1	1			8	3	7
中外合作办					3		
其他培训机构	**543**	**14898**	**106.83**	**121.70**	**12633**	**6853**	**5110**
教育部门办和集体办	24	1453	7.32	9.31	1366	1112	599
其他部门办	34	2687	13.27	14.38	542	170	926
民办	485	10758	86.25	98.01	10725	5571	3585
中外合作办							

说明：1. 表中结业生数、注册学生数均指一学年内的累计数。

2. 2018 年开始，增加举办者类型为中外合作办的统计数据。

成人本、专科分形式学生数

单位:人

指　标	毕业生数	#本科	招生数	#本科	在校生数	#本科	预计毕业生数	#本科
总　计	**46168**	**31025**	**45574**	**34164**	**128567**	**91070**	**46852**	**30010**
函授	2413	1384	1010	794	4548	2504	1788	960
业余	43629	29641	44474	33370	123595	88566	44777	29050
脱产	126		90		424		287	

注:含普通高校举办的成人本专科及独立设置的成人高校学生。

网络本、专科学生数

单位:人

指　标	毕业生数	#本科	招生数	#本科	在校生数	#本科
总　计	**42048**	**13508**	**55641**	**25384**	**137533**	**53948**
成人生	42048	13508	55641	25384	137533	53948

独立设置的成人高等学校专任教师学历情况

单位:人

指　标	总　计	正高级	副高级	中　级	初　级	未定职称
专任教师数	**728**	**17**	**189**	**394**	**92**	**36**
博士	62	11	31	18		2
硕士	280	1	60	159	42	18
本科	384	5	98	216	49	16
专科及以下	2			1	1	

成人本科分学科学生数

单位:人

指　标	毕业生数	招生数	在校生数	预计毕业生数
总　计	**31025**	**34164**	**91070**	**30010**
哲学	40		5	5
经济学	1329	1647	4690	1307
法学	1045	554	1588	789
教育学	939	446	1514	738
文学	1679	1699	4721	1588
历史学				
理学	240	313	720	269
工学	4877	4213	11916	4481
农学	110	55	217	94
医学	4732	5375	15462	4862
管理学	15206	18835	47076	14984
艺术学	828	1027	3161	893

成人专科分学科学生数

单位：人

指　　标	毕业生数	招生数	在校生数	预计毕业生数
总　计	**15143**	**11410**	**37497**	**16842**
农林牧渔大类	150	67	378	144
资源环境与安全大类	49		22	22
能源动力与材料大类	158	7	194	102
土木建筑大类	322	130	470	203
水利大类				
装备制造大类	396	298	1398	471
生物与化工大类	27		110	20
轻工纺织大类		2	13	11
食品药品与粮食大类	65	6	61	42
交通运输大类	807	447	1756	785
电子信息大类	259	249	816	388
医药卫生大类	529	173	1335	696
财经商贸大类	8891	8107	23240	9634
旅游大类	339	221	1166	805
文化艺术大类	540	534	1547	555
新闻传播大类	55	5	78	73
教育与体育大类	1120	417	1629	978
公安与司法大类	17		11	11
公共管理与服务大类	1419	747	3273	1902

分区校外教育单位和教职工数

单位：人

指　标	少　年　宫		少年科技站		少　年　之　家	
	单位数(所)	教职工数	单位数(所)	教职工数	单位数(所)	教职工数
全市合计	**19**	**1208**	**3**	**130**	**1**	**26**
黄浦区	2	99				
徐汇区	1	86				
长宁区	1	33	1	27		
静安区	2	194				
普陀区	1	67				
虹口区	1	66				
杨浦区	1	47	1	41		
闵行区	1	68				
宝山区	1	41	1	62		
嘉定区	1	50			1	26
浦东新区	1	137				
金山区	2	80				
松江区	1	45				
青浦区	1	58				
奉贤区	1	58				
崇明区	1	79				

历年研究生基本情况

单位：人

年份	合计			普通高等学校			科研单位		
	招生数	在读生数	毕业生数	招生数	在读生数	毕业生数	招生数	在读生数	毕业生数
1999	9413	24420	5611	8758	22656	5196	655	1764	415
2000	12652	30614	5868	11796	28582	5435	856	2032	433
2001	15826	39043	6817	14751	36528	6380	1075	2515	437
2002	19211	48896	7926	17848	45713	7481	1363	3183	445
2003	22524	59090	10079	20767	55092	9501	1757	3998	578
2004	25334	69437	13469	23545	64747	12788	1789	4690	681
2005	27692	78728	16741	25845	73557	15857	1847	5171	884
2006	30099	86906	19931	28250	81487	18833	1849	5419	1098
2007	30610	91763	23926	28748	86177	22691	1862	5586	1235
2008	32142	95498	25753	30195	89778	24431	1947	5720	1322
2009	37425	103492	28291	35418	97639	26949	2007	5853	1342
2010	38643	111717	28207	36619	105711	26843	2024	6006	1364
2011	40080	119017	30816	37971	112902	29431	2109	6115	1385
2012	44229	127014	34606	41899	120503	33189	2330	6511	1417
2013	46223	134799	35669	43659	127803	34148	2564	6996	1521
2014	43930	133554	36572	43353	131806	36013	577	1748	559
2015	46005	138287	37868	45400	136539	37289	605	1748	579
2016	49079	144987	39733	48488	143248	39212	591	1739	521
2017	59519	161046	40982	58906	159261	40425	613	1785	557
2018	63628	178790	43084	63010	176984	42499	618	1806	585

历年普通高等学校基本情况

单位：万人

年份	学校(所)	毕业生数	招生数	在校学生数	教职工数	#专任教师
1999	41	4.03	6.32	18.63	6.03	2.01
2000	37	4.09	8.13	22.68	6.08	2.05
2001	45	4.28	9.86	28.00	6.17	2.17
2002	50	5.52	10.92	33.16	6.18	2.29
2003	57	7.12	12.03	37.85	6.31	2.44
2004	59	8.86	13.06	41.57	6.83	2.87
2005	60	10.34	13.18	44.26	7.09	3.18
2006	60	11.05	14.04	46.63	7.17	3.39
2007	60	11.85	14.46	48.49	7.18	3.55
2008	61	12.21	14.58	50.29	7.31	3.69
2009	66	12.69	14.35	51.28	7.45	3.81
2010	66	13.37	14.46	51.57	7.42	3.92
2011	66	13.90	14.11	51.13	7.41	3.96
2012	67	13.98	13.67	50.66	7.33	4.01
2013	68	13.38	14.09	50.48	7.34	4.03
2014	68	13.24	14.19	50.66	7.34	4.06
2015	67	12.87	14.07	51.16	7.36	4.16
2016	64	13.26	14.27	51.47	7.34	4.23
2017	64	13.42	14.28	51.49	7.39	4.35
2018	64	13.25	14.34	51.78	7.51	4.46

历年普通中学基本情况

单位：万人

年　份	学校(所)	毕业生数	招生数	在校学生数	教职工数	#专任教师
1999	855	23.28	27.24	76.68	7.67	5.03
2000	861	22.92	26.46	79.54	7.66	5.01
2001	865	24.91	26.42	80.23	7.65	5.04
2002	857	26.40	26.02	78.97	7.63	5.07
2003	844	25.77	23.04	75.47	7.60	5.08
2004	822	25.68	21.81	82.78	7.54	5.13
2005	807	25.39	20.90	77.02	7.46	5.12
2006	794	22.24	17.84	71.17	7.33	5.14
2007	786	21.23	16.72	65.60	7.11	5.13
2008	774	20.09	16.63	61.77	6.89	5.03
2009	762	17.03	16.50	60.37	6.76	5.05
2010	755	16.13	16.33	59.44	6.73	5.07
2011	754	15.48	16.84	59.17	7.53	5.11
2012	760	14.91	17.00	59.04	7.58	5.18
2013	762	14.68	17.34	59.35	6.82	5.26
2014	768	14.32	16.51	58.42	6.95	5.41
2015	790	14.55	16.87	57.05	7.96	6.43
2016	801	14.37	17.83	57.11	8.11	6.57
2017	818	14.12	17.38	57.06	7.36	5.72
2018	833	13.62	18.51	59.07	7.54	5.94

历年小学基本情况

单位：万人

年　份	学校(所)	毕业生数	招生数	在校学生数	教职工数	#专任教师
1999	1208	19.19	10.49	87.16	6.40	4.68
2000	1021	18.73	10.28	78.86	6.13	4.43
2001	852	17.43	10.27	72.28	5.87	4.23
2002	751	15.76	10.11	67.24	5.62	4.06
2003	686	12.87	10.05	64.83	5.34	3.88
2004	648	10.97	10.55	53.74	5.07	3.75
2005	640	10.93	10.36	53.50	4.94	3.74
2006	626	10.85	10.87	53.37	4.86	3.75
2007	615	10.55	11.00	53.33	4.84	3.85
2008	672	10.44	12.39	59.06	5.10	4.10
2009	751	11.36	13.86	67.12	5.48	4.43
2010	766	12.44	15.05	70.16	5.58	4.52
2011	764	13.09	16.94	73.11	4.82	4.63
2012	761	12.95	17.23	76.04	4.89	4.81
2013	759	13.45	18.10	79.25	5.81	4.98
2014	757	13.12	16.34	80.30	5.96	5.15
2015	764	13.79	15.58	79.87	6.03	5.23
2016	753	14.69	16.08	78.97	5.11	4.34
2017	741	14.31	16.37	78.49	6.29	5.47
2018	721	15.03	18.25	80.02	6.44	5.68

历年幼儿园基本情况

单位:万人

年　份	独立幼儿园(所)	幼儿数	教职工数	#专任教师
1999	937	24.22	2.53	1.55
2000	958	24.12	2.52	1.50
2001	1003	23.40	2.42	1.44
2002	1001	24.21	2.42	1.46
2003	1014	25.22	2.47	1.49
2004	1017	26.58	2.56	1.55
2005	1035	28.70	2.79	1.70
2006	1057	29.98	3.04	1.88
2007	1058	31.32	3.19	2.02
2008	1058	32.88	3.36	2.17
2009	1111	35.38	3.60	2.36
2010	1252	40.03	4.09	2.67
2011	1337	44.42	4.58	2.92
2012	1401	48.06	4.90	3.13
2013	1446	50.10	5.10	3.29
2014	1462	50.29	5.34	3.49
2015	1510	53.59	5.62	3.66
2016	1553	55.65	5.89	3.83
2017	1591	57.27	6.66	4.01
2018	1627	57.14	7.06	4.14

历年中等技术学校基本情况

单位:万人

年　份	学校(所)	毕业生数	招生数	在校学生数	教职工数	#专任教师
1999	85	2.54	3.48	12.83	1.27	0.52
2000	83	3.80	2.98	11.77	1.25	0.51
2001	81	2.91	3.48	12.06	1.22	0.50
2002	81	2.94	3.93	12.65	1.18	0.50
2003	83	3.39	4.34	13.69	1.19	0.53
2004	82	3.08	3.87	14.05	1.12	0.53
2005	81	3.39	3.33	13.67	1.09	0.53
2006	81	3.52	3.47	13.70	1.06	0.52
2007	76	3.86	3.23	12.81	1.00	0.51
2008	73	3.71	3.24	12.08	0.97	0.51
2009	70	3.39	2.98	11.50	0.94	0.49
2010	65	3.34	2.99	10.91	0.91	0.50
2011	64	3.14	2.78	10.22	0.89	0.50
2012	61	2.77	2.76	9.88	0.85	0.48
2013	55	2.76	2.51	9.23	0.82	0.48
2014	54	3.55	2.25	7.74	0.80	0.48
2015	51	2.49	2.22	7.24	0.78	0.48
2016	50	2.27	2.02	6.77	0.76	0.48
2017	50	2.14	1.90	6.31	0.74	0.47
2018	50	2.07	1.80	5.98	0.72	0.47

历年特殊教育学校基本情况

单位:人

年　份	学校(所)	毕业生数	招生数	在校学生数	教职工数	#专任教师
1999	35	760	902	5269	1604	973
2000	34	844	1139	5407	1584	943
2001	32	615	731	5463	1599	946
2002	32	639	641	5529	1653	987
2003	31	767	692	5463	1629	985
2004	29	809	650	5358	1597	978
2005	28	853	692	5238	1598	1002
2006	28	869	675	5043	1614	1047
2007	28	886	741	5043	1603	1092
2008	29	828	752	5131	1612	1115
2009	29	901	758	5044	1594	1121
2010	29	918	776	5036	1596	1143
2011	29	907	732	4927	1577	1158
2012	29	876	783	4885	1580	1177
2013	29	813	602	4724	1588	1207
2014	29	844	621	4603	1587	1228
2015	29	754	529	4334	1590	1239
2016	29	755	521	4226	1588	1248
2017	30	840	734	4330	1623	1268
2018	30	717	640	4378	1641	1286

历年成人高等学校基本情况

单位:万人

年　份	学校(所)	毕业生数	招生数	在校学生数	教职工数	#专任教师
1999	39	2.27	3.67	9.82	0.77	0.33
2000	37	3.10	4.23	11.49	0.66	0.30
2001	31	2.77	5.38	13.83	0.53	0.24
2002	30	3.08	6.73	17.09	0.49	0.22
2003	27	4.24	7.22	19.80	0.45	0.21
2004	22	6.08	11.64	26.67	0.36	0.18
2005	21	7.68	9.32	22.45	0.32	0.15
2006	21	1.50	6.78	19.46	0.31	0.16
2007	21	5.20	7.26	20.68	0.30	0.15
2008	18	5.69	7.25	21.38	0.24	0.13
2009	18	5.97	6.94	21.33	0.23	0.13
2010	17	6.88	6.54	19.86	0.20	0.11
2011	17	6.06	5.79	18.86	0.19	0.10
2012	16	5.66	5.85	18.37	0.17	0.09
2013	15	5.40	5.44	17.46	0.16	0.09
2014	14	5.16	5.24	16.84	0.15	0.08
2015	14	4.97	4.79	15.80	0.15	0.08
2016	14	4.90	4.16	14.39	0.15	0.08
2017	14	4.72	4.55	13.46	0.14	0.07
2018	14	4.62	4.56	12.86	0.14	0.07

普通高等学校基本情况一览表(一)

单位：人

指标	研究生在校生数			普通本专科							
	全日制	专业学位	非全日制	毕业生	#本科	招生	#本科	在校生	#本科	预计毕业生	#本科
总计	**156759**	**56825**	**20225**	**132508**	**85832**	**143428**	**98157**	**517796**	**383459**	**143897**	**95125**
部委属高校	**96726**	**36043**	**17244**	**26644**	**24203**	**30008**	**27015**	**116357**	**108529**	**28652**	**26057**
复旦大学	19112	6958	3498	3035	2824	3351	3351	13656	13377	3285	3117
上海交通大学	22321	8493	3346	3678	3678	4123	4123	16129	16129	3694	3694
同济大学	18098	7306	3251	3677	3677	4353	4353	17757	17757	4010	4010
华东理工大学	9672	3155	1142	3419	3419	4181	4181	16485	16485	3870	3870
东华大学	6403	2036	419	3499	3499	3456	3456	14104	14104	3782	3782
华东师范大学	12753	4162	3646	3275	3272	3479	3479	14363	14362	3536	3535
上海外国语大学	3154	1113	226	1448	1448	1478	1478	5986	5986	1476	1476
上海财经大学	5134	2741	1716	1906	1906	1975	1975	8006	8006	2013	2013
上海海关学院	79	79		480	480	619	619	2323	2323	560	560
上海民航职业技术学院				2227		2993		7548		2426	
市属院校	**60033**	**20782**	**2981**	**105864**	**61629**	**113420**	**71142**	**401439**	**274930**	**115245**	**69068**
本科院校	**60033**	**20782**	**2981**	**72638**	**61629**	**80083**	**71142**	**303032**	**274930**	**80779**	**69068**
上海大学	14712	3882	744	4643	4643	4677	4677	20206	20206	6111	6111
上海理工大学	8035	3270	225	3819	3819	4134	4134	16836	16836	4455	4455
上海海事大学	4278	1715	407	4016	4016	3959	3959	16585	16585	4451	4451
上海海洋大学	3084	911	117	2818	2818	3022	3022	11863	11862	2774	2774
上海中医药大学	3028	1342	4	854	800	984	917	3857	3651	973	903
上海师范大学	7788	2833	234	5003	5003	5097	5097	20549	20549	5534	5534
上海对外经贸大学	2659	1375	245	2275	2257	2232	2232	9217	9217	2481	2481
华东政法大学	4315	1471	536	2812	2812	2847	2847	11437	11437	2903	2903
上海工程技术大学	3177	908		4787	3928	4605	4342	18750	17239	5174	4566
上海电力大学	1917	424	38	2303	2303	2555	2555	10635	10635	2898	2898
上海应用技术大学	1387	498	14	3134	2972	4237	4015	15912	15247	3647	3395
上海科技大学	1426			184	184	422	422	1423	1423	303	303
上海纽约大学				143	143	221	221	696	696	154	154
上海第二工业大学	230	230		3183	2336	3562	2703	12691	10265	3670	2602
上海健康医学院				2727		3664	1979	11269	4540	3453	217
上海体育学院	1697	445	216	1053	971	1149	1037	4493	4094	1161	1021
上海音乐学院	778	473	110	362	362	438	438	1721	1721	402	402
上海戏剧学院	368	160	91	414	414	462	462	1832	1832	466	466
上海立信会计金融学院	212	212		5005	4467	4325	4288	18846	18321	5193	4833
上海电机学院	304	304		3202	2431	3290	2633	12303	10321	3456	2554
上海政法学院	638	329		2464	2408	2479	2479	9469	9428	2521	2480

续表

指　　标	研究生在校生数			普　通　本　专　科							
	全日制	专业学位	非全日制	毕业生	#本科	招　生	#本科	在校生	#本科	预　计毕业生	#本科
上海商学院				2731	1946	2276	1960	8804	7625	2628	2057
上海公安学院				829		1351	300	2441	450	940	
上海杉达学院				3423	3136	4518	4151	15063	13978	3655	3304
上海建桥学院				3916	3027	5457	4634	17808	15369	3998	3206
上海兴伟学院				17	17	44	44	89	89	28	28
上海视觉艺术学院				891	891	1018	1018	4417	4417	1086	1086
上海立达学院				2105		2682	200	7123	200	2380	
上海外国语大学贤达经济人文学院				1495	1495	1984	1984	7206	7206	1587	1587
上海师范大学天华学院				2030	2030	2392	2392	9491	9491	2297	2297
专科院校				**3205**		**2989**		**8825**		**3016**	
上海旅游高等专科学校				1127		1222		3575		1233	
上海出版印刷高等专科学校				2078		1767		5250		1783	
高职学院				**30021**		**30348**		**89582**		**31450**	
上海行健职业学院				1246		1338		3915		1396	
上海城建职业学院				2782		3671		9431		2963	
上海交通职业技术学院				1729		1581		4520		1692	
上海海事职业技术学院				481		118		963		386	
上海电子信息职业技术学院				2613		3206		9358		3424	
上海工艺美术职业学院				1243		1344		3660		1267	
上海科学技术职业学院				1586		1540		4808		1682	
上海农林职业技术学院				1272		1131		3292		1188	
上海工会管理职业学院				1337				496		463	
上海体育职业学院											
上海东海职业技术学院				1803		1977		6090		2138	
上海工商职业技术学院				1845		1992		5701		1965	
上海震旦职业学院				1282		1517		4665		1693	
上海民远职业技术学院				324		154		802		316	
上海思博职业技术学院				2137		2198		6754		2400	
上海济光职业技术学院				1966		1819		5155		1767	
上海工商外国语职业学院				2591		3015		8368		2630	
上海邦德职业技术学院				1120		1113		3594		1305	
上海中侨职业技术学院				1978		1932		6128		2167	
上海电影艺术职业学院				686		702		1882		608	
上海欧华职业技术学院											
上海中华职业技术学院											

普通高等学校基本情况一览表(二)

单位:人

指　　标	成人本专科在校生	#本科	教职工数				占地面积(万平方米)		校舍面积(万平方米)	
				专任教师数	正副高	研究生学历	学校产权	非产权独用	学校产权	非产权独用
总计	**122603**	**91070**	**75115**	**44585**	**22865**	**39437**	**3479.46**	**455.05**	**2233.04**	**284.75**
部委属高校	**42832**	**39219**	**32480**	**16395**	**11254**	**15448**	**1350.53**	**185.62**	**1032.82**	**53.78**
复旦大学	6621	6576	6415	2849	2271	2738	130.30	113.62	216.58	7.82
上海交通大学	5820	5749	7258	3061	2143	2917	335.88	2.98	199.52	
同济大学	7486	7140	5974	2814	2057	2642	254.38	12.52	180.41	14.74
华东理工大学	11989	10284	3019	1739	1139	1630	168.99		91.57	
东华大学	1351	1130	2166	1285	879	1194	125.63		81.47	
华东师范大学	2129	1743	3990	2317	1695	2182	168.32	19.09	142.46	2.26
上海外国语大学	2388	2184	1401	829	414	812	72.87	0.72	43.49	
上海财经大学	4413	4413	1578	1044	542	1011	54.19		61.48	
上海海关学院			297	145	66	131	31.22		11.50	
上海民航职业技术学院	635		382	312	48	191	8.73	36.69	4.34	28.95
市属院校	**79771**	**51851**	**42635**	**28190**	**11611**	**23989**	**2128.93**	**269.43**	**1200.22**	**230.97**
本科院校	**73858**	**51851**	**35663**	**23581**	**10394**	**21091**	**1810.11**	**88.84**	**1042.85**	**120.69**
上海大学	19372	13279	5517	3013	1625	2742	183.77	1.06	132.10	9.75
上海理工大学	4322	3592	2273	1690	686	1527	60.28	11.19	59.96	9.13
上海海事大学	2413	1603	1904	1229	509	1154	138.07	1.55	67.84	2.92
上海海洋大学	4541	3257	1240	938	441	852	135.74	0.44	44.66	1.71
上海中医药大学	4068	3852	1340	778	367	693	36.44	2.86	33.39	3.00
上海师范大学	5871	4649	2917	1911	1028	1742	153.24		65.35	
上海对外经贸大学	341	304	1061	785	408	746	66.88	0.15	28.63	1.53
华东政法大学	1367	1231	1300	947	402	884	75.43		33.19	
上海工程技术大学	2905	2022	1749	1388	513	1309	92.84		47.73	
上海电力大学	1795	1573	1143	793	388	752	75.13		42.95	
上海应用技术大学	4496	2729	1617	1114	510	1003	92.37	2.23	56.29	0.92
上海科技大学			684	373	227	373	59.87		70.66	2.43
上海纽约大学			567	193	103	192		0.86		6.92
上海第二工业大学	6644	3376	1102	780	329	676	40.26	6.59	25.93	7.08
上海健康医学院	1036	680	768	458	115	418	43.51	14.79	28.60	10.50
上海体育学院	480	376	738	431	244	401	37.07		33.24	
上海音乐学院	241	241	520	299	172	240	6.67	2.05	14.80	
上海戏剧学院	1179	1016	500	287	118	242	12.58		14.12	0.59
上海立信会计金融学院	5657	3822	1676	1288	469	1162	62.29	20.86	40.24	15.03
上海电机学院	4325	2367	1049	801	285	749	76.46		36.46	
上海政法学院	985	831	678	540	220	489	62.76		22.83	

续表

指　　标	成人本专科在校生	#本科	教职工数	专任教师数	正副高	研究生学历	占地面积（万平方米）		校舍面积（万平方米）	
							学校产权	非产权独用	学校产权	非产权独用
上海商学院	1490	877	847	531	210	433	20.73	1.43	17.58	3.72
上海公安学院			413	208	30	85	43.83	1.87	6.92	6.09
上海杉达学院	163	163	907	585	218	516	49.28	4.53	28.64	5.72
上海建桥学院	166	11	998	697	219	522	53.26		35.92	6.01
上海兴伟学院	1		27	11	3	10	14.53	8.57	4.65	5.75
上海视觉艺术学院			448	344	168	282	49.21		12.08	4.36
上海立达学院			500	358	140	229	33.78		20.43	
上海外国语大学贤达经济人文学院			551	340	105	307	8.66	1.93	7.50	7.27
上海师范大学天华学院			629	471	142	361	25.16	5.87	10.17	10.26
专科院校	**166**		**621**	**383**	**112**	**324**	**19.12**	**27.59**	**5.53**	**13.27**
上海旅游高等专科学校	65		246	164	44	144	0.78	20.61	1.57	6.33
上海出版印刷高等专科学校	101		375	219	68	180	18.34	6.98	3.96	6.94
高职学院	**5747**		**6351**	**4226**	**1105**	**2574**	**299.70**	**153.01**	**151.84**	**97.01**
上海行健职业学院	432		185	139	39	120	7.08	4.24	9.11	2.14
上海城建职业学院	520		584	433	123	279	22.93	37.95	13.82	12.99
上海交通职业技术学院	179		306	253	52	120	4.90	18.00	3.57	7.74
上海海事职业技术学院	47		120	78	23	38	5.50		7.92	
上海电子信息职业技术学院	297		378	269	56	218	27.04	3.01	15.30	2.74
上海工艺美术职业学院	61		321	230	75	146	12.95	0.53	7.88	1.21
上海科学技术职业学院			256	162	51	111	21.40		11.86	
上海农林职业技术学院			228	135	22	116	26.74	28.50	2.51	9.56
上海工会管理职业学院							28.60		11.76	
上海体育职业学院	62		472	251	77	39		9.40		4.76
上海东海职业技术学院	850		480	243	79	120	12.66		9.46	0.66
上海工商职业技术学院	75		408	282	63	162	13.87	8.57	8.19	8.18
上海震旦职业学院	945		423	236	76	133	10.41	2.04	4.49	6.22
上海民远职业技术学院			102	40	9	27		10.67		6.24
上海思博职业技术学院	589		384	271	85	151	33.19		3.62	11.00
上海济光职业技术学院			322	193	41	120	11.25		10.14	
上海工商外国语职业学院	1249		512	418	84	290	19.88	3.43	15.64	3.43
上海邦德职业技术学院	67		225	112	21	71	5.13		4.84	0.57
上海中侨职业技术学院	374		465	351	117	243	36.16		11.73	11.68
上海电影艺术职业学院			180	130	12	70		26.68		7.88
上海欧华职业技术学院										
上海中华职业技术学院										

成人高校基本情况一览表

单位:人

指标	学生情况				教职工数	#专任教师数			占地面积（平方米）		校舍面积（平方米）	
	毕业生	招生	在校生	预计毕业生			正高	副高	学校产权	非产权独用	学校产权	非产权独用
总计	**1741**	**1898**	**5964**	**3595**	**1425**	**728**	**17**	**189**	**442737**	**652602**	**459643**	**1015437**
上海科技管理干部学院	45	106	441	167	96	17	2	4	16606		18552	
上海市黄浦区业余大学	228	196	427	231	102	72		19	13230		29611	
上海市徐汇区业余大学	144	134	692	440	91	61		17	40325		22553	
上海市长宁区业余大学	172	184	1615	1431	76	53	1	13	23581		35732	
上海市静安区业余大学	195	280	508	228	97	80	1	6	48576		59763	864
上海市普陀区业余大学	130	153	301	148	84	60	1	19	40266		31137	
上海市虹口区业余大学	68	120	246	126	68	40		6	21730	3406	29795	3406
上海市杨浦区业余大学	262	203	542	339	56	34		9	24629		21133	
上海市宝山区业余大学	68	64	132	68	93	50		14	25529		28912	3663
上海纺织工业职工大学	55	327	398	23	80	28		3		15267		32444
上海医药职工大学	135	131	526	258	45	18		1	5491		15973	22137
上海开放大学					342	118	7	42	55904	633929	62564	952249
上海市经济管理干部学院	140		26	26	104	31	2	17	24333		45779	674
上海青年管理干部学院	99		110	110	91	66	3	19	102537		58140	

实验性示范性中学名单

单位:所

地区	市实验性示范性中学		区实验性示范性中学	
	校数	校名	校数	校名
全市合计	**63**		**84**	
黄浦区	7	光明中学	4	五爱高级中学
		卢湾高级中学		第八中学
		向明中学		第十中学
		上外附属大境中学		储能中学
		大同中学		
		敬业中学		
		格致中学		
徐汇区	5	市二中学	5	徐汇中学
		南洋中学		第四中学
		南洋模范中学		中国中学
		上海中学		五十四中学
		位育中学		西南位育
长宁区	3	市三女中	4	华师大附属天山学校

续表

地　区	市实验性示范性中学		区实验性示范性中学	
	校数	校　名	校数	校　名
		延安中学		建青实验学校
		复旦中学		华东政法附中
				仙霞中学
静安区	7	华东模范中学	8	市一中学
		市西中学		同济附属七一中学
		育才中学		民立中学
		市北中学		上戏附属高中
		市六十中学		风华中学
		新中中学		彭浦中学
		回民中学		久隆模范中学
				闸北第八中学
普陀区	3	宜川中学	5	同济二附中
		曹杨二中		甘泉外国语
		晋元中学		曹杨中学
				长征中学
				桐柏中学
虹口区	4	北郊中学	5	北虹中学
		上外附中		澄衷中学
		华师大一附中		继光中学
		复兴中学		虹口中学
				鲁迅中学
杨浦区	5	杨浦中学	9	市东中学
		控江中学		上理工附中
		复旦附中		中原中学
		同济一附中		财大附中
		交大附中		少云中学
				同济中学
				复旦实验中学
				民星中学
				体院附属中学
闵行区	4	闵行中学	5	莘庄中学
		七宝中学		文来中学
		上师大附中闵行分校		田园中学
		交大附中闵行分校		上外闵行外国语中学
				华理附属闵行科技中学
宝山区	3	吴淞中学	5	罗店中学

续表

地区	市实验性示范性中学		区实验性示范性中学	
	校数	校名	校数	校名
		行知中学		宝山中学
		上大附中		通河中学
				顾村中学
				行知实验中学
嘉定区	2	嘉定一中	3	上外嘉定外国语
		交大附中嘉定分校		嘉定二中
				安亭中学
浦东新区	11	洋泾中学	18	华师大附属东昌中学
		实验学校		上南中学
		进才中学		高桥中学
		建平中学		杨思中学
		华师大二附中		三林中学
		南汇中学		华师大附属周浦中学
		川沙中学		新场中学
		浦东复旦附中分校		海洋大学附属大团中学
		上海中学东校		浦东中学
		上外附属浦东外国语学校		陆行中学
		上师大附中		香山中学
				建平世纪中学
				新川中学
				海事大学附属北蔡中学
				高行中学
				南汇一中
				交大附属浦东实验高中
				文建中学
金山区	2	华师大三附中	4	上师大二附中
		金山中学		张堰中学
				华师大附属枫泾中学
				亭林中学
松江区	2	松江一中	2	上师大附属外国语中学
		松江二中		华师大松江实验中学
青浦区	3	青浦中学	1	青浦一中
		朱家角中学		
		复旦附属青浦分校		
奉贤区	1	奉贤中学	2	致远中学
				曙光中学

续表

地　　区	市实验性示范性中学		区实验性示范性中学	
	校数	校　　名	校数	校　　名
崇明区	1	崇明中学	4	扬子中学
				民本中学
				城桥中学
				堡镇中学

民办小学名单

单位:所

地　区	校数	校　　名	
全市合计	**111**		
黄浦区			
徐汇区	4	爱菊小学	
		逸夫小学	
		世界外国语小学	
		盛大花园小学	
长宁区	2	新世纪小学	
		东展小学	
静安区	4	上外静安外国语小学	
		扬波外国语小学	
		童园(实验)小学	
		彭浦实验小学	
普陀区	1	金洲小学	
虹口区	4	四中心实验小学	宏星小学
		丽英小学	上外附属外国语小学
杨浦区	2	打一外国语小学	
		阳浦小学	
闵行区	17	双江小学	七宝外国语小学
		振兴小学	华星小学
		银星学校	华博利星行小学
		华虹小学	弘梅小学
		育苗小学	马桥小学
		浦江文汇学校	文博小学
		浦江文馨学校	塘湾小学
		弘梅第二小学	文河小学
		协和双语学校	
宝山区	10	罗希小学	申华小学
		山海小学	杨行小学

续表

地　区	校数	校　　名	
		杨东小学	惠民小学
		肖泾小学	海兰小学
		顾教小学	益钢小学
嘉定区	9	桃苑小学	仓场小学
		包桥小学	育红小学
		华武小学	沪宁小学
		杨林小学	天宇小学
		娄塘小学	
浦东新区	31	育才小学	浦东外国语小学
		精忠小学	竹林小学
		博奥利星行小学	明辉小学
		宣桥小学	徐庙小学
		新农小学	豫息小学
		博爱小学	智源小学
		新苗小学	浦光小学
		利民小学	唐四小学
		育苗小学	淮安小学
		福山正达外国语小学	明光金都小学
		鲁冰花小学	联营小学
		寿春小学	梅林小学
		新金童小学	航头小学
		皖蓼小学	英才小学
		筑桥实验小学	新星小学
		常青藤小学	
金山区	3	新联小学	查山小学
		红扬小学	
松江区	18	薛家小学	古松三村小学
		北干山小学	刘家小学
		联庄小学	打铁桥村小学
		南门村小学	陈春小学
		众兴小学	马汤村小学
		潘家浜村小学	永悦小学
		花桥村小学	善荣小学
		向阳小学	世泽小学
		昆港小学	新叶小学
青浦区			
奉贤区	6	宏翔小学	青溪小学

续表

地　区	校数	校　　名	
		童梦小学	厚才小学
		星光小学	育才小学
崇明区			

民办中学名单

单位:所

地　区	校数	校　　名	
全市合计	**131**		
黄浦区	5	明珠中学	永昌学校(九)
		立达中学	康德双语实验学校(十二)
		震旦外国语中学	
徐汇区	7	西南高级中学	世界外国语中学
		西南模范中学	位育中学
		华育中学	南模中学
		西南位育中学	
长宁区	3	包玉刚实验学校(九)	新虹桥中学
		新世纪中学	
静安区	6	上外静安外国语中学	田家炳中学
		风范中学	扬波中学
		精文中学	新和中学
普陀区	7	兰田中学	玉华中学
		培佳双语学校(十二)	进华中学
		新黄浦实验学校(九)	桐柏中学
		托马斯实验学校	
虹口区	6	迅行中学	瑞虹高级中学
		新北郊初级中学	新华初级中学
		上外第一实验学校	新复兴初级中学
杨浦区	9	沪东外国语高级中学(九)	杨浦实验学校
		控江中学附属学校(十二)	兰生复旦中学
		存志中学	同济大学实验学校(九)
		杨浦凯慧初级中学	上实剑桥外国语中学
		上外附属双语学校(十二)	
闵行区	21	文绮中学	星河湾双语学校(十二)
		万源城协和学校(九)	协和双语高级中学
		教育学院附中	教科实验中学
		协和双语尚音学校(九)	上师初级中学
		复旦万科实验学校(九)	上宝中学

续表

地　区	校数	校　　名	
		新清华博世凯外国语学校(九)	文来中学
		上外闵行外国语初级中学	美高双语学校(九)
		燎原双语学校(九)	莘庄初级中学
		万科双语学校(九)	燎原双语高级中学
		华东师大二附中紫竹双语学校(九)	德闳学校(十二)
		诺德安达双语学校(十二)	
宝山区	9	和衷中学	锦秋学校(九)
		行知二中	交华中学
		建峰职业技术学院附属高中	行中中学
		日日学校(九)	同洲模范学校(十二)
		华二宝山实验学校(九)	
嘉定区	8	远东学校(十二)	怀少学校(九)
		嘉一联合中学	华二初级中学
		桃李园实验学校(九)	斌心学校(九)
		华师大附属双语学校(十二)	世界外国语学校(九)
浦东新区	27	东方外国语学校(十二)	工商外国语职业学院附属中学
		进才外国语中学	平和学校(十二)
		东方阶梯双语学校(九)	丰华高级中学
		金苹果学校(十二)	洋泾外国语学校
		常青中学	更新学校(九)
		育辛高级中学	新竹园中学
		尚德实验学校(十二)	浦东交中初级中学
		弘德学校	张江集团学校
		民远高级中学	光华中学
		中芯学校(十二)	沪港学校(九)
		上师大附属第二外国语学校(十二)	建平远翔学校
		协和双语学校(九)	华二浦东实验学校
		万科学校(九)	惠立学校(九)
		宏文学校(九)	
金山区	7	金盟学校(九)	枫叶国际学校
		交大南洋中学	永昌中学
		世界外国语学校(十二)	金山剑桥实验中学
		杭州湾双语学校(十二)	
松江区	7	西外外国语学校(十二)	九峰实验学校
		包玉刚实验高中	茸一中学
		赫德双语学校(九)	领科双语学校
		尚文武术专业学校(九)	

续表

地　区	校数	校　　名	
青浦区	4	宋庆龄学校(十二)	世界外国语学校(九)
		复旦五浦汇实验学校(九)	平和双语学校(九)
奉贤区	3	帕丁顿双语学校(十二)	上外临港外国语学校(九)
		铭远双语高中	
崇明区	2	新纪元双语学校(九)	
		民一中学	

上海市国际学校名单

学 校 名 称	地　　址
上海美国外籍人员子女学校	闵行区金丰路258号
上海日本人外籍人员子女学校	闵行区虹梅路3185号
上海英国外籍人员子女学校	浦东沪南公路2729弄康桥半岛600号
上海法国外籍人员子女学校	青浦区高光路350号
上海虹桥德国外籍人员子女学校	青浦区高光路350号
上海韩国外籍人员子女学校	闵行区华漕镇联友路355号
上海新加坡外籍人员子女学校	闵行区朱建路301室
上海耀中外籍人员子女学校	长宁区水城路11-15号
上海长宁国际外籍人员子女学校	虹桥路1161号
上海协和国际外籍人员子女学校	浦东金桥明月路999号
上海德威外籍人员子女学校	浦东蓝桉路266号
上海西华外籍人员子女学校	青浦区徐泾镇联民路555号
上海李文斯顿美国外籍人员子女学校	长宁区甘溪路580号
上海虹桥国际外籍人员子女学校	虹桥路2381号
上海不列颠英国外籍人员子女学校	闵行区古北路1988号
上海惠灵顿外籍人员子女学校	浦东新区耀龙路1500号
上海奥伊斯嘉外籍人员子女幼儿园	长宁区茅台路715弄20号
上海美丘外籍人员子女幼儿园	闵行区虹许路788号(名都城内)
上海泰宁外籍人员子女幼儿园	复兴西路43号
上海恩吉尔外籍人员子女幼儿园	闵行区虹中路375号
上海东进外籍人员子女幼儿园	闵行区虹梅路3081号虹桥别墅内
上海骏台日本人补习中心	延安西路2633号美丽华商务中心B308室
上海青海韩国人补习中心	长宁区水城南路37号万科广场北楼705室
上海一麦日本人补习中心	虹梅北路3201弄26号101室
东进上海日本人补习中心	浦东新区花木路1883弄御翠园230号
上海日本人教育补习中心	长宁区水城南路55号六月汇广场5楼501室
上海飞翔日本人补习中心	长宁区荣华东道96号维多利亚商务楼C座504-505室
上海哈罗外籍人员子女学校	浦东新区外高桥高西路588号

上海市老年教育机构情况

指 标 名 称	合 计	市	区、县	街道、乡、镇	居、村委
老年学校教育	—	—	—	—	—
老年大学	—	—	—	—	—
数量(个)	69	4	65		
学员人数(人)	170703	33448	137255		
老年学校	—	—	—	—	—
数量(个)	221	—	—	221	—
学员人数(人)	229235	—	—	229235	—
老年教学点	—	—	—	—	—
数量(个)	5503	—	—	—	5503
学员人数(人)	415231	—	—	—	415231
老年远程教育	—	—	—	—	—
集体收视点(个)	5889	—	—	—	5889
集体收视人数(人)	263913	—	—	—	263913
有组织个人收视人数(人)	365957	—	—	—	365957
老年社会教育	—	—	—	—	—
学习团队数(个)	23637	169	830	10148	12490
参加人数(人)	650217	4226	29989	276268	339734
群众性教育活动	—	—	—	—	—
次数(次)	125871	173	2102	28286	95310
参加人次(人次)	5450378	32010	146326	1609824	3662218

索　引

Index

索　引

说明：①本索引的主题词索引及人名索引采用主题分析索引方法，按主题词及人名首字的汉语拼音字母顺序排列。串文图片索引按页码先后顺序排列。②索引名称后的数字表示内容所在的页码，数字后面的a、b表示内容所在版面的左、右区域。③在上海的单位和在上海发生的事件名称前的“上海”两字一般均予省略。括号内高校名称一般用全称。

主题词索引

C

D

E

F

G

H

J

K

L

M

N

P

Q

R

S

T

W

X

Y

Z

人名索引

Z

串文图片索引

《2019 上海教育年鉴》编纂人员

总 编 审：蒋 红
副总编审：丁 力 陆黎英
《上海教育年鉴》编辑部：刘 捷 郑秀敏

供稿单位组稿人：（以姓氏笔画为序）

丁晓丹 万翰杰 马宏亮 王会姣 王 阳 王 欢 王金晶 王晓红
牛牧原 方乐莺 邓 宇 邓劲松 平 婧 叶丽玉 史志明 白前永
印成君 包玉全 任 远 刘红菊 刘丽英 刘 君 刘晓燕 汤 杰
许 凌 许 诺 许梅英 孙金懿 孙 慧 杜 宇 李池峰 李 莉
李惠君 杨 阳 杨怿瑢 杨 静 吴永丽 沈 华 宋 娟 宋偲蕾
张仲礼 张 林 张毅婷 陆祎琳 陈少东 陈春峰 陈晓旭 武 婕
范春燕 季慧琴 岳 强 金舒莺 周益斌 庞 媛 郑 亮 郑贺春
郑 辉 郑 楷 单驹超 郝玉凤 胡 珺 胡萌萌 俞晓菁 姜传松
费 明 秦 凤 袁 源 聂韶晶 徐 华 徐 晨 高 哲 黄 华
黄 欣 梅 飞 梅湘瀛 曹佳凤 曹婷婷 章玲苓 梁 艳 葛春晖
蒋啸天 程伟超 童子益 赖黎明 甄炜旎 虞 兰 廖文文 潘 旻
戴 泓

供稿单位审稿人：（以姓氏笔画为序）

于 莹 马荣超 马 强 王玉林 王占勇 王志良 王 彤 王明华
王剑岳 王晓波 王爱祥 毛成功 叶福林 史成宇 史佳华 史 寅
曲玉梁 朱成实 刘文星 刘 丽 孙德彪 杜守龙 李少丹 李希萌
李 旺 李柏林 李梦隽 李 梅 杨旭辉 吴新林 何 杰 张 红
张 凯 张哲民 张锦华 张 鹰 陈 龙 陈宇卿 陈志东 陈沅恺
陈国兰 陈敬良 范以纲 茅卉弦 尚 娅 金峥杰 周 英 宗 宏
胡花玉 段仁启 俞光虹 费国强 姚晓东 姚赟勤 秦立卿 聂荣鑫
夏 星 钱 波 徐 畅 徐 咏 徐沫扬 徐祖广 徐 辉 徐皓刚
徐 斌 徐燕雯 高兰兰 高雪岭 郭伟钧 郭飒飒 陶 强 接剑桥
黄 琦 曹士勋 曹锡康 章甘群 梁晓峰 葛 朗 蒋昕宇 韩 玲
滑智平 蔡樱华 蔡 磊 潘慧斌

特邀审稿人：（以姓氏笔画为序）

王正华 江 岚 杨 琼 孙 慧 沈蕴辉 宣念蜀 顾剑华 郭天和
盛 懿 蒋侯玲 鞠 敏

主要摄影者：（以姓氏笔画为序）

叶辰亮 朱水苗 李立基 顾 超

英文翻译：江 岚

责任编辑：鲍 静
特邀编辑：余鸿源

图书在版编目(CIP)数据

2019 上海教育年鉴/上海市教育委员会编.—上海：上海人民出版社，2019
ISBN 978-7-208-16138-2

Ⅰ.①2… Ⅱ.①上… Ⅲ.①教育工作-上海-2019-年鉴 Ⅳ.①G527.51-54

中国版本图书馆 CIP 数据核字(2019)第 223842 号

责任编辑 鲍 静
特约编辑 余鸿源
封面设计 张志全工作室

2019 上海教育年鉴
上海市教育委员会 编

出　　版 上海人民出版社
（200001 上海福建中路 193 号）
发　　行 上海人民出版社发行中心
印　　刷 浙江新华数码印务有限公司
开　　本 890×1240 1/16
印　　张 40
插　　页 16
字　　数 992,000
版　　次 2019 年 11 月第 1 版
印　　次 2019 年 11 月第 1 次印刷
ISBN 978-7-208-16138-2/G·1990
定　　价 200.00 元